시경 속 식물

시경 속 식물

詩經植物筆記

한위성(韓育生) 지음

남곡소련(南穀小蓮) 그림

강초아 옮김

PROLOGUE_1 《시경》을 읽지 않으면 세상 만물에 영성이 있음을 어찌 알겠는가?

내 친구가 이런 말을 했다.

"《시경》은 중국에서 가장 아름다운 텍스트이며 중국 예술성의 시초이자 어린 시절이다."

이렇게 말할 때 내 친구인 그 여자의 눈은 반짝였고 얼굴에 순수한 아름다움에 푹 빠진 평온함이 담겨 있었다.

내 친구가 이렇게 말한 것은 문학을 중심으로, 중국 문명의 고향이라는 감흥을 느낀 것일 터다. 일본의 한학자인 오카 겐포(岡元鳳, 1737~1787)는 《모시품물노고(毛詩品物圖考)》에서 "사람의 감정이 사물을 움직이고, 사물이 움직이면 마음이 움직인다(夫情緣物動, 物感情遷)"고 썼다. 이처럼 《시경》의 아름다움을 읽는 것은 만물의 흥성함을 느끼고 요정의 노랫소리가 마음속에서 뛰어 도는 것과 같다.

내가 처음 《시경 속 식물》을 쓰게 된 것은 '사물이 움직이면 마음이 움직인다'는 경지에는 크게 미치지 못하는 이유였다. 다만 여러 가지 인연과 우연이 겹쳐 《시경》에 가까워진 방법 중 하나였다.

인터넷의 일각에서 성격과 취미가 잘 맞는 친구들이 모였고, 시간이 흐르면서 만나지 않아도 가끔 마음이 쓰이는 관계가 되었다. 우리는 모두 꽃이니 풀이니 하는 것들을 좋아했고, 이 책 저 책을 넘겨보다가 얻는 즐거움을 공유하곤 했다. 《시경 속 식물》(개정판에서는 《시경 식물 노트》라고 제목을 바꾸었는데, 이 제목이 좀 더 본래 취지에 가까운 듯하다)을 쓴 또 하나의 소소한 이유는 친구의 부추김 외에 당시 일본 작가 가와바타 야스나리의 《고도》, 《이즈의 무녀》, 《설국》을 읽고 있었던 덕분이었다. 가와바타 야스나리는 대학에서 서양 문학을 배웠는데, 초기의 집필 기법은 '의식의 흐름' 유파를 참고했지만 세계적인 인정을 받은 것은 일본 문화의 전통으로 회귀한 이후의 일이었다. 그가 글을 쓰는 과정에서 겪은 사유의 변화가 나의 독서 습관에도 영향을 주었고, 나는 중국 문학의 고전에 눈을 돌리게 되었다.

중국의 현대 문학은 말과 글을 일치시키자는 '백화문 운동'에서 시작된다. 중국 사람들이 사고하는 방식과 세계가 변화하는 리듬을 느끼는 방식, 양쪽 모두에서 운문의 껍질을 뚫어내고 내용에서나 형식에서나 좀 더 자유롭고 삶에 밀착된 언어를 구사하고자 했다. 경제의 세계화가 사람들의 생활에 미치는 영향은 점점 심대해지고 있다. 이럴 때일수록 글쓰기가 추구해야 할 방향은 미학적 감수성, 사회적 사고, 도덕적 비판, 그리고 인간의 마음 깊은 곳에서 발현되는 모순의 심연을 드러내는 것이다.

독서는 정신의 풍요로움을 기르고, 동시에 내면의 예민한 호기심을 점차 싹틔운다. 학교를 졸업하고 복잡한 사회에 발을 들이면 다차원의 입체적인 삶이 새로운 감각과 시야를 일깨운다. 일상생활이든 직장생활이든 어렵고 힘들지만 결국에는 통째로 삼켰으나 체계화하지 못한 서양철학, 서양 예술, 세계문학의 각종 고전을 읽게 된다. 그러나 서양의 사변적 논리와 동양의 직관적 감수성 사이에는 명확한 차이점과 모순점이 존재한다. 효모가 촉매 작용을 하듯 읽으면 읽을수록 양자의 간극은 점점 격렬해진다. 의혹이 점점 늘어나자 오히려 생각과 상상을 촉발하는 충동을 글로 쓰는 데는 동력이 되었다. 나는 글쓰기를 고집할수록 글쓰기가 삶으로 변해간다는 사실을 자각했다.

나는 엄격한 문과 교육을 받은 적이 없다. 만약 역대의 주석을 참고하는 경로를 채택해서 《시경》을 읽는다면 《시경》의 방대한 주석량에 뒷걸음질 칠 것이다. 그렇다면 《시경》의 아름다움은 나에게 있어서 허무한 메아리에 지나지 않았을 터다. 중국 시학의 고택인 《시경》에 능동적으로 개입하지 못한다면 중국 문명이 한 사람의 심미관을 어떻게 촉발시키고 지성의 쾌락을 안겨주는지도 알지 못했을 터다. 다행히 내 친구 중 한 사람이 식물 속에 숨어 있는 이야기를 읽어내는 것을 좋아했는데, 내가 마침 《시경》을 만나게 되어서 글쓰기의 과정이 더불어 즐거움을 나누는 과정이 될 수 있었다. 친구들과 함께 여러 생각들을 교류하고 토론하고 수다 떨며 이 책에 대한 시각이 형성되었다. 그래서 《시경 속 식물》을 쓰는 과정은 매우 즐거웠다. 옛말에 "미인과 부딪히면 다치지만 미인과 동행하면 그 사람을 가지는 것과 같다"고 했다. 《시경 속 식물》을 쓰는 과정이 이와 같다. 내가 《시경》을 읽고 《시경》과 식물 세계가 서로 공명하여 생겨난 영혼의 맥동을 느낀 것은 《시경》의 아름다움과 식물 세계의 신비한 찬란함 때문이 아니라 그저 약간의 기쁨을 위해서였다. 이것은 사람을 사랑하는 것과 다를 바 없다. 내가 그녀를 사랑하는 것은 그 사람이 아름답고 부자이며 재능이 출중하기 때문이 아니다. 그저 함께 있으면 즐겁고 마음이 편안해지며 내 삶이 함께할 때 더 가치 있기 때문에 사랑하는 것이다. 마음속에 이처럼 좋아하는 마음이 가득할 때는 눈앞의 그 사람은 더 이상 독립적인 개인이 아니라 무궁무진한 매력을 지닌 하나의 세계가 된다. 세계가 당신을 향해 열려 있을 때, 사람들은 평생을 걸고 그 세계를 탐구하지 않던가? 오래 지속되는 사랑은 바로 이렇게 생겨나는 것이다.

글을 반쯤 썼을 때 출판사에서 책을 내보자는 제안을 받았다. 그때는 깊이 생각할 여력이 없었고, 다만 머릿속에서 웅웅 울리는 듯했다. 가슴에 불씨가 당겨진 것처럼, 혹은 새로운 생명력의 원천이 용솟음치는 것처럼 말이다. 나는 평온하게 하던 일을 그만두고 고향으로 내려갔다. 그곳에서 나머지 원고를 완성할 셈이었다. 그 조용하고 단단한 선택은 일종의 분기점과 같았다. 과거의 나와 지금의 나는 완전히 달랐다. 내 인생이 선명하게 두 개의 구역으로 나뉘었던 것이다.

고향은 조용한 시골이다. 머리가 하얗게 센 부모님과 담담하게 곁을 지켜준 아들은 그들 입장에서는 불가사의였을 나의 결정을 지지해 주었다. 형님 두 분은 이과 전공에다 화학공업 분야에서 오랫동안 일한 동생이 이런 선택을 했다는 것이 신기했을 텐데도 묵묵히 내 선택을 응원했다. 그래서 나의 글쓰기에 담긴 정서는 평온함이었다.

조용한 시골과 식물의 세계는 긴밀하게 연계되었다. 글을 쓰다가 지치면 마을의 산등성이를 걸었다. 시원한 바람을 쐬다 보면 주나라나 춘추전국시대의 삶이 이랬을까 하는 생각이 들었다. 마침 내 고향인 시베이(西北)의 톈수이(天水)는 고대의 진(秦)나라 땅이다.《시경》에 등장하는 열다섯 나라의 노래 중에서 '진풍(秦風)'에 속하는 작품의 분위기에 푹 젖은 바로 그 땅이다. 마른 풀이 바람에 흩날리고, 쑥, 비봉(飛蓬), 냉이, 버드나무, 뽕나무, 백양나무, 작약, 산앵두, 복숭아나무, 측백나무 등 이런《시경》속에서 보던 식물을 고향 땅에서 고스란히 만날 수 있었다. 나는 그 식물들과 같이 한 걸음 한 걸음 시성(詩性)과 물성(物性)의 대화를 이어갔다.《시경》을 읽을 때 나는 마치 하나의 세포가 되어 중국 문명의 면면히 이어지는 맥박을 원동력 삼아 줄기줄기 파란만장한 핏줄을 따라 흘러가는 것 같았다.《시경》속의 여러 구절은 오늘날 우리가 일상적으로 사용하는 속담이나 고사성어로 변했다.《시경》의 언어가 지닌 생명력은 이미 중국인의 혈류를 타고 흐르는 것이다. 이처럼 영원히 마르지 않는 생명력은 중국인에게 자신감과 자존감을 얻게 하고, 문화적 자신감은 서구의 작품을 읽을 때 자신의 모체가 되는 문화를 거울삼아 대조할 때 더욱 많은 것을 느끼게 한다. 서구 문명의 숲속을 걸어다닐 때에도 마음속에 모체가 되는 중국 문화의 등불이 앞을 비춰준다면 길을 잃지 않을 것이다.

《시경》에 등장한 식물을 인지하게 되면서 나는 저도 모르게 중국 문명이 생성된 장소를 상상하게 되었다. 마음속에 애정과 원망이, 얼굴에는 찡그림과 미소가 떠올랐다. 산바람을 들이마시고 내쉬며 비바람에 흩날렸다 떨어지면서, 그런 곳들은 3천 년의 시간 차가 있지만 우리 선조의 마음이 흘러온 길을 따라서 시 속에 담긴 고향의 땅과 산천에 남아 있다. 이런 친밀한 인식 외에도 더욱 두텁고 희미하지만 신비로운 감응을 느낄 때가 있다. 바로 이런 익숙함이 마음속에 피어나는 애정을 더욱 진실하게 만든다.

《시경 속 식물》은 처음에 중국의 고전과 자연환경, 그리고 나 자신의 정신적 성장에 관한 수필집이었다. 몇 년이 지나 개정판을 내게 되면서 《시경》을 읽어온 나의 여성은 사언에 대한 너 깊은 인식과 식물의 생태에 대한 관심, 《시경》의 풍부함과 《시경》 속 여러 유명한 대상물(식물에 국한되지 않는)의 세계에 대한 이해 등으로 나날이 더 깊어지는 뿌리와 무성해지는 잎처럼 다양한 내용이 끊임없이 충만해지는 경험을 했다. 《시경》과 식물 관련 문헌을 읽으며 오랫동안 축적된 지식을 깊이 읽을수록 내가 그동안 《시경》을 읽어온 시야가 얼마나 좁은지, 《시경》을 이해해온 방식이 얼마나 부족한지 더욱 깨닫게 된다.

물고기가 바다로 헤엄쳐 가면 더 많은 가능성이 열리듯, 비록 구체적인 깨달음은 모두 다르겠지만 고전을 읽는 과정은 알지 못하던 것을 이해하게 되는 과정이라는 사실만큼은 누구나 비슷할 것이다.

2019년 8월 1일
서우두(首都)도서관에서

PROLOGUE_2 고전을 읽는 모든 아이들에게,
참고할 만한 길을 제시하다

편집자 원젠빈(溫建斌)이 《시경 속 식물》이었던 책 제목을 《시경 식물 노트》로 변경하자고 한 후로, 한 권짜리 개인 수필집이었던 책 내용 역시 매 장마다 다섯 가지의 구성 요소가 서로 조화를 이루는 '필기체(筆記體)' 방식으로 바뀌었다.

'필기체'란 중국 고대사 기록의 주요한 방식이기도 하다. 정사(正史)는 여러 세력의 균형과 억압으로 도출된 모양새가 단정하다 못해 재미없을 정도다. 그러나 인류의 진짜 역사는 격정과 놀라움으로 가득 차 있다. 야사(野史)로서 정사를 뒷받침하는 '필기체' 문헌은 필기(筆記), 필담(筆談), 잡식(雜識), 일기(日記), 찰례(札禮) 등의 방식으로 귀신과 신선의 기이한 일들과 역사의 자질구레한 일들을 기록했으며 다른 기록과 상호 참고하고 검증하는 근거가 되었다. 자유롭고 기발한 생각들로 가득한 활력은 필기체 문헌에 개성을 드러낼 기회를 주었다.

다섯 부분으로 나눈 책의 구조는 송나라 때 심학(心學, 유학의 여러 갈래 중 마음(心)의 문제를 사상의 핵심으로 하는 학문 체계) 대가인 육구연(陸九淵)의 말에서 비롯되었다. 육구연은 공자의 '술이부작(述而不作)'이라는 오래된 가르침을 따라 육경(六經; 시경, 서경, 역경, 춘추, 예기, 악경의 여섯 경전)을 주해(註解)하는 데 심혈을 기울였다. 그는 육경을 읽을 때 취해야 할 행동 강령을 다음과 같이 정했다.

육경이 나에게 주석을 달고, 내가 육경에 주석을 단다. 이 방식은 심학의 영향이 점점 커지면서 중국의 여러 경전과 문헌을 읽는 중요한 학습법으로 받아들여졌다.

《시경》의 텍스트는 한나라 이후 '경전'으로서의 지위가 줄곧 굳건했다. 모든 왕조에서 《시경》을 백성을 도덕적으로 교화하는 역할로 사용했으며, 시경에 사용된 총 300개의 글자는 글자, 단어, 작품까지 모든 층위에서 중국어의 원천으

로 인정받았다. 육구연의 방식은 자연스럽게 내가 이 책의 텍스트를 수정할 때도 중요한 지침으로 작용했다. 편집자의 제안에서 아이디어를 얻은 나는 이 책의 구성을 '《시경》 원문', '잡다한 해설', '내가 《시경》에 주석을 단다면', '식물 이야기', '《시경》이 나에게 주석을 단다면'의 다섯 부분으로 정리했다. 고전을 읽는다면 기본적으로 이 다섯 부분이 적절히 지탱해 주어야 읽는 사람의 마음속에 제대로 고전의 세계를 쌓을 수 있다고 본다.

《시경》 원문은 읽기의 출발점이고 위대한 창작의 근원을 보여준다. 고전 세계를 읽는 기초이기도 하다. 많은 경우 나는 원문을 통째로, 이런 고전문학과 사상의 영원한 이정표를 암기하려고 했다. 원문에 대한 강한 애정이 있어야만 다른 부분들을 새롭게 발전시킬 견고한 토대가 마련된다.

'잡다한 해설'에는 다양하고 우수한 문헌에서 찾아낸 내용이 들어 있다. 고전의 원문이 거대한 강의 급류라면 이 '잡다한 해설'은 강에서 튀어오르는 물보라 중에서 가장 반짝이는 것들이라고 하겠다. 이처럼 흩어져 있는 마음의 물보라를 한데 모은 언어는 독자들의 마음에 가서 닿는 내용이어야 한다. '해설'이라고 한 부분이 가장 흥미로운 대목인데, 논리적으로 엄격한 추론일 수도 있고, 각 문헌에서 가장 독특하고 개성 있는 표현을 종합한 것이기도 하다. 나는 이 '해설'을 중국식의 자유로운 심성, 본질을 꿰뚫는 자각을 촉발시키는 데 자주 사용한다. 해석학적으로 여러 가지 잡다한 추론에도 사용한다. 이번에 '잡다한 해설' 파트를 쓸 때 바로 이런 '해설'이 《시경》을 현대적으로 읽어내려는 용기를 낼 수 있었다.

'내가 《시경》에 주석을 단다면'은 중국 문학사와 언어사의 무한한 디테일을 개척하는 파트다. 무수한 '나'는 시끌시끌 떠들면서 저마다 하고픈 말을 한다. 그 말과 생각하나하나에 삶의 성장이 숨겨져 있다. 이 파트는 여름밤에 세상을 두드리는 빗소리와 같다. 모든 '나'는 역사의 하늘에서 떨어져서 유일무이한 주석을 두드린다. 모든 '나'는 놀랍고 매혹적인 역사적 배경과 시대적 목적을 지니고 있다. 공자가 제자를 가르칠 적에 마음으로 '술이부작'했던 주나라 초기의 세상을 우러렀던 것처럼 이어지는 모든 왕조의 훌륭한 기상으로 지식과 정신의 맥락이 부단히 정돈되고 솟아올랐다. '내가 《시경》에 주석을 단다면'은 뜨거운 흐름이 문명의 정수를 아교처럼 녹여서 정체되어 있던 《시경》 원문을 가볍게 바꾸고 새로운 시공간의 항로에서 세차게 흘러가게 해 준다.

'식물 이야기'는 내가 《시경》을 열렬히 사랑하게 된 이유에 관한 파트다. 중국인의 민속과 음식문화의 변천, 삶과 죽음을 통찰하는 자연철학 등이 풀과 나무에서 드러난다. 각 식물에는 자연의 기묘함이 담겨 있고, 시의 몽롱함과 영혼의 장엄함에 부딪혀 여러 시대의 화가들을 매혹시켰다. 그들은 붓과 색채의 혼백을 《시경》 속 식물의 노래에 각인했다.

'《시경》이 나에게 주석을 단다면'은 내가 처음 생각했던 수필의 형식이다. 이 파트는 움직이지 않는 얼음이 아니라 끊임없이 흐르는 물이다. 사물이 움직이면 감정이 이끌려 솟아난다. 만물의 순환에 대해 감흥이 일어난다. 《시경》이 장차 나에게 깊은 애정을, 동서양의 문화가 교차하는 광활함을 주석으로 달아주기를 기대한다. 이 파트의 주석은 다종다양한 혼령으로 변화하여 예측할 수 없는 여러 경로로 나아갈 것이다. 자유로운 특질에 근거하여 고전이 나에게 주석을 다는 파트를 수정하면서는 알 수 없는 가능성이 나의 마음에 모여드는 듯했다.

고전을 읽는 일은 쉽지 않지만 쉽다. 고전을 제대로 파고들어 읽는다면 한 사람의 정신에 있어서 조그만 싹이 자라 커다란 나무가 될 수 있는 기초를 닦을 수 있다. 고전을 읽는 모든 아이들이 고전을 펼쳤을 때 조금도 당황하지 않고 마음속에 명확한 독서의 길을 각인할 뿐 아니라 독서의 길을 통해 어제보다 더 빛나는 자신을 발견하기를 바란다.

2019년 6월 11일
서우두도서관에서

〈시경 속 식물〉 일러두기

1. 인명, 지명 등 고유명사는 국립국어원의 외래어표기법을 따랐습니다.

2. 책 제목은 《 》, 책 속의 편명은 ' '(작은따옴표), 작품 제목은 〈 〉으로 묶었습니다. 《시경》 속 시 제목은 각각 하나의 작품으로 보아 〈 〉를 사용했습니다.
예) 《논어(論語)》 '학이편(學而篇)' / 《시경(詩經)》 '주남편(周南篇)'의 〈관저(關雎)〉

3. 고유명사의 원어는 처음 나올 때만 병기했습니다.
다만 본문 속에 한자(漢字)가 언급될 때는 독자의 이해를 돕기 위해 앞에 나온 글자라도 계속 한자를 병기했고, 한 문단 안에서 같은 한자가 계속 언급될 때는 맥락에 따라 간혹 한자를 병기하지 않은 경우가 있습니다.

시경 속 식물
詩 經 植 物 筆 記

주남
(周南)

01 마름 — 수생 환경의 기준점이 되는 식물 _020
02 칡 — 야생마 _034
03 도꼬마리 — 감정과 연관된 물건 _048
04 복숭아나무 — 방긋 웃다 _066
05 질경이 — 즐거운 마음으로 속세를 살다 _080
06 목형 — 우연히 마주친 길목 _092

소남
(召南)

07 고사리 — 입에 넣고 씹으니 밝은 유리와 같다 _108
08 자라풀 — 시냇가의 소녀 _122
09 팥배나무 — 공징하고 자애롭게 _136
10 매실나무 — 불처럼 뜨거운 사랑 _148
11 백모 — 바람에 날리는 깃털 같은 _162

패풍
(邶風)

12 측백나무 — 큰 나무에 바람이 부니 사람이 간 데 없다 _178
13 멧대추나무 — 어머니께 드리는 글 _192
14 박 — 시 속의 이야기 _204
15 씀바귀와 냉이 — 슬픔과 기쁨이 함께 우는 것처럼 _216

용풍
(鄘風)

16 남가새 — 어두운 밤에 덜덜 떨며 _238
17 새삼 — 흡착과 기생을 읽어내는 기술 _250
18 오동나무 — 침울함과 가벼움 사이 _262
19 보리와 밀 — 중국 문화의 천성 _278

위풍(衛風)	20 뽕나무 — 고향을 그리워하는 그릇	_ 296
	21 대나무 — 단단한 것이 부드럽게 변할 때	_ 316
	22 박주가리 — 조화와 장엄	_ 330
	23 원추리 — 사랑을 전해 주는 우체부	_ 342
	24 모과나무 — 언제까지나 좋게 지내길	_ 356

왕풍(王風)	25 기장 — 슬픔의 용광로	_ 372
	26 갯버들 혹은 부들 — 실처럼 끊어지지 않는	_ 386
	27 익모초 — 여성의 덕을 구하다	_ 400
	28 새머루 — 산과 들에 널려 있는 야포도(野葡萄)	_ 412
	29 쑥 — 정(情)은 어디에서 오는가	_ 424
	30 자두나무 — 행복한 풍년	_ 438

정풍(鄭風)	31 청단 나무 — 신비한 빛깔에 담그다	_ 452
	32 무궁화 — 여성과 동행하다	_ 466
	33 연꽃 — 부용의 색만 보고 연밥의 마음은 보지 않네	_ 480
	34 밤나무 — 사랑의 열매, 아름다운 열매	_ 492
	35 꼭두서니 — 아주 오래된 붉은 색의 어머니	_ 504
	36 패란과 초작약 — 봄 강물과 꽃으로 보여주는 애정	_ 516

| 제풍(齊風) | 37 강아지풀 — 희롱당한 황량함 | _ 530 |

| 위풍
(魏風) | **38** 산모 — 새콤한 야생 시금치 | _ 546 |

당풍 (唐風)	**39** 시무나무와 느릅나무 — 고향에 보내는 편지	_ 560
	40 산초 — 다자다복(多子多福)하다는 믿음의 오류	_ 574
	41 벼 — 슬픈 외침이 남긴 여운의 바탕색	_ 586
	42 오렴매 — 시간이 갈라놓지 못하는 깊은 사랑	_ 600

| 진풍
(秦風) | **43** 갈대 — 거울에 비친 꽃과 물에 비친 달의 걸작 | _ 614 |
| | **44** 상수리나무 — 비천하기도 하고 광활하기도 하다 | _ 628 |

| 진풍
(陳風) | **45** 청양 나무 — 별하늘 아래의 데이트 | _ 640 |
| | **46** 새완두와 자운영 — 이상한 일과 불길한 징조 | _ 652 |

| 회풍
(檜風) | **47** 키위 — 슬픔의 절창 | _ 666 |

| 조풍
(曹風) | **48** 개암나무 — 이어받은 숲에 내려앉는 새 | _ 680 |
| | **49** 시초 — 강신술사의 도구 | _ 694 |

주남(周南)

지리적 위치

《모시서》에서는 주남편을 통한 '문왕교화(文王敎化)'의 공로를 강조한다. 문왕은 본래 기주(岐周)에서 일어났다. 기주는 기산(岐山)의 주원(周原)을 말하며 주나라 사람들의 발상지다. 서주(西周)의 옛 도읍으로, 넓은 의미로 보면 주원의 동쪽인 무공(武功)에서 서쪽으로 봉상(鳳翔)까지, 북쪽인 북산(北山)에서 남쪽으로 위하(渭河)까지를 이른다. 총 면적은 수백 제곱킬로미터다. 좁은 의미의 주원 유적지는 기산과 부풍(扶風) 두 개의 현의 접경지에 있는 주원의 핵심 지구 20여 제곱킬로미터를 말한다. 문왕은 덕으로 백성을 교화했는데, 기산 주원을 근간으로 하여 줄곧 남하하면서 강한(江漢, 오늘날 후베이성 장한 평원)까지 이르렀다.

왕응린(王應麟)의 《시지리고(詩地理考)》에는 "주(周)와 소(召)는 《우공(禹貢)》*에서 '옹주(雍州) 기산의 양(陽)이며, 지명이다'라고 했다. 지금 부풍 우측의 미양현(美陽縣)이다.** 이곳은 지형이 험준하고 토질이 비옥하다. …… 무왕이 주왕을 토벌하고 천하를 안정시켰을 때 영토를 순시하였는데, 여러 나라의 시를 낭송하게 하여 백성의 풍속을 살폈다. 육주(六州) 사람들 중 이공(二公)의 덕으로 교화된 자는 유순하여 이를 따로 기록했다. 속지 중 큰 곳에 나라를 세울 때 성인(주공)의 교화를 받은 것은 '주남(周南)'이라고 하고, 현인(소공)의 교화를 받은 것을 '소남(召南)'이라고 했다"고 기록되어 있다.

주나라 성왕(成王) 때, 주공과 소공이 섬(陝, 오늘날 허난성 싼먼샤三門峽시의 경계)을 나누어 다스렸는데, 왕선겸(王先謙)이 《시삼가의집소(詩三家義集疏)》에서 '노시'를 언급하며 "낙양(洛陽)을 주남이라고 하는 것은 섬(陝)을 기준으로 하여 그 동쪽을 주남이라고 한다"고 했다. 주공이 다스리는 남방 지역은 주남이라고 한 것이니 오늘날 허난성 남서부 뤄양(洛陽)과 후베이성 북서부 일대다.

---

* 《우공》은 약 1,200자이며 구주(九州), 도산(導山), 도수(導水), 오복(五服)의 네 부분으로 구성된다. 중국에서 현존하는 최고(最古)의 정사 사료집인 《상서(尙書)》의 한 장(章)이다. 중국의 옛 문헌 중에서 가장 오래되었으면서 체계적인 지리 관념을 갖춘 저작이다. 《사기》와 《한서》 '지리지'에 전문이 수록되었다. 《우공》은 대우(大禹)의 이름을 따서 지었다고 하는데, 시기는 학설이 분분하다. 구제강(顧頡剛, 1893~1980)은 《우공》이 전국시대 후기에 쓰였음을 고증했다. 여러 나라가 다툼을 벌이던 상황이 지나가고 통일이 되면서 전면적이고 면밀하게 나라를 다스릴 방안을 떠올렸을 것으로 본다.

** 오늘날 산시성 푸펑현(扶風縣) 파먼진(法門鎭)이다.

① 마름

수생 환경의
기준점이 되는
식물

관저(關雎)

"관관" 우는 물수리 한 쌍이 모래언덕에 있네
아름다운 아가씨는 군자의 좋은 짝이라네
關關雎鳩, 在河之洲.
窈窕淑女, 君子好逑.

들쭉날쭉한 마름 사이로 이리저리 흐르며
아름다운 아가씨를 자나 깨나 그리워하네
參差荇菜, 左右流之.
窈窕淑女, 寤寐求之.

그리워도 만나지 못해 자나 깨나 생각하네
그립고 그리워서 이리 뒤척 저리 뒤척
求之不得, 寤寐思服.
悠哉悠哉, 輾轉反側.

들쭉날쭉한 마름을 이리저리 캐며
아름다운 아가씨와 금과 비파를 타며 가까워지네
參差荇菜, 左右采之.
窈窕淑女, 琴瑟友之.

들쭉날쭉한 마름을 이리저리 고르며
아름다운 아가씨와 종과 북을 치며 즐기네
參差荇菜, 左右芼之.
窈窕淑女, 鐘鼓樂之.

잡다한 해설

흔히 〈관저〉를 중국 역사상 최초의 문학 작품이라고들 말하는데, 그다지 정확한 표현이 아니다. 그러나 중국 문학사의 세계에 들어가려면 필연적으로《시경》에 나오는 〈관저〉를 가장 먼저 만나게 되는 것이 사실이다. 중국 문학의 첫 번째 목소리가 이토록 순수하고 투명하며 열렬하기까지 한 연가(戀歌)라니 참 멋진 일이 아닐 수 없다. 공자가 새로 엮기 이전의《시경》이 어떤 모습이었는지 지금은 짐작하기 어렵지만, 공자의 시대에 와서 〈관저〉가《시경》의 첫 편이 된 것은 오래된 전통을 따랐거나 그게 아니면 공자 자신이 고민한 결과라고 봐야 한다. 〈관저〉는 가정을 꾸리고 사회를 구성하는 일이 '아름답다'고 노래한다. 이 아름다움을 행하는 것이야말로 '군자'와 '숙녀'로 인정받는 조건이며(그렇기에 군자라는 개념은 유교의 핵심 중 하나다) 나아가 사랑, 결혼, 인륜이라는 예법(禮法)의 규칙이 된다. 이는 공자가 사회와 가정을 위해 바로 세우고자 했던 중요한 법칙이었다.

《논어(論語)》의 '팔일편(八佾篇)'에서 공자는 〈관저〉를 두고 "즐거워하되 정도에 지나치지 않았고 슬퍼하되 마음에 상처를 입지는 않았다(樂而不淫, 哀而不傷)"고 말했다. 이처럼 여유롭고 깊이 있는 해석이 있었기에 《시경》 전체를 두고도 '온유하고 돈후하다'는 감상이 기본적인 기조로 자리 잡았다.《논어》'태백편(泰伯篇)'에서는 공자가 〈관저〉를 듣고 느낀 감상을 "태사 지(摯)가 음악을 연주하기 시작하여 〈관저〉의 합주로 끝맺었는데, 그 모든 과정에서 내내 아름다운 음악이 귀를 가득 채웠다(師摯之始, 關雎之亂, 洋洋乎盈耳哉)"고 했다. 그래서 〈관저〉의 노랫말은 유교 철학이 숭상하는 도(道)이자 사물의 변화를 민감하게 관찰하는 '중용(中庸)'의 모범 사례와 같았다.

〈관저〉는 물가에서 행채(마름)를 따는 아름다운 여성을 보고 사랑을 느끼는 남자의 마음을 담았다. "요조숙녀, 군자호구(窈窕淑女, 君子好逑)"라는 구절은 오랫동안 중국 사회에서 사랑과 혼인을 통해 도달할 수 있는 행복의 기준으로 작용했다. 그 기준이란 다시 말해 하늘과 땅의 이치에 순종하고[종심(從心)], 도덕과 예법에 순종하는[종례(從禮)] 것이었다. 〈관저〉라는 작품에서 중국 문학의 시작이 찬란하고 다채롭다는 점과 옛사람이 삶의 의미를 추구했던 태도가 생활에 몹시 밀착되어 있었으며 단정하고 엄숙했음을 알 수 있다.

　《모시서(毛詩序)》에서는 〈관저〉를 "후비(后妃)의 덕"이라고 말했다. 제왕이 다스리던 시대에 〈관저〉는 그만큼 대단히 높은 지위를 가졌다. 이는 변화무쌍한 역사의 흐름 속에서도 '가화만사성(家和萬事成)'의 뜻을 줄곧 관철하려 했던 옛사람의 의도를 잘 보여준다. 〈관저〉가 대변하는 사회적 법칙은 오늘날과 다가올 미래에도 여전히 중요한 가치로 작용할 것이다.

내가
《시경》에
주석을 단다면

1
關關雎鳩, 在河之洲. "관관" 우는 물수리 한 쌍이 모래언덕에 있네
窈窕淑女, 君子好逑. 아름다운 아가씨는 군자의 좋은 짝이라네

관관저구(關關雎鳩) '관관(關關)'은 의성어로, 암수 한 쌍의 새가 서로 호응하는 소리다. 이 단어는 흥을 돋우는 역할도 하기 때문에 독자들을 빠르게 시의 세계로 이끌어준다. '저구(雎鳩)'는 물새의 이름이다. 《집소(集疏)》에 인용된 《금경(禽經)》에서 "'저구'는 어응(魚鷹)이다"라고 했고, 《본초강목(本草綱目)》의 권49에서는 '악(鶚)'을 설명하면서 "저(雎)라고 부른다"고 했다. '저구'에 대한 주해(注解)는 사람마다 다르지만 대부분 물수리라고 보는데, 물수리는 악(鶚) 또는 어응(魚鷹)이라 부르는 중형 맹금류다.

주(洲) 강물 중간에 있는 모래언덕을 가리킨다. 독자들에게 내려다보는 시야를 제공하는 동시에 뒤에 나오는 "요조숙녀, 군자호구"라는 애틋한 구절이 등장할 수 있도록 진지하고 근엄한 분위기를 만들어준다.

요조숙녀(窈窕淑女) '요조(窈窕)'는 자태와 용모가 아름답다는 뜻이다. 요조라는 말은 여성의 신체적 아름다움만을 강조하는 것이 아니라 몸과 마음의 아름다움이 조화를 이루는 것을 중요하게 표현한다. 요(窈)는 심오하다는 의미로, 마음의 맑음을 말한다. 조(窕)는 우아한 아름다움을 가리키는데, 신체를 이루는 여러 선이 조화롭고 운율을 갖췄다는 뜻이다. 청나라 때의 문

인인 저혼(儲欣)은 요조라는 단어를 두고 "천고의 시인이 모두 고개를 숙여야 한다"고 평했다. 요조의 핵심은 사실상 숙녀의 '숙(淑)' 자에 있다. 숙(淑)은 우선 어질고 선량한 품성을 강조하는 말이며, 또한 성년이 된 규중 여성을 예우하는 말이다. 중국 사회에서 숙녀란 '요조'한 자질을 가진 여성이자 그런 여성이 내면에서부터 발산하는 사람을 끌어당기는 매력을 가리킨다.

군자호구(君子好逑)   '군자(君子)'는 《시경》에서 군왕과 귀족 남자를 통칭하는 말이다. 그래서 〈관저〉는 주나라 왕족 혹은 귀족 계층의 연애시로 여겨진다. '구(逑)'는 배필을 말한다. '호구(好逑)'란 다시 말해 훌륭한 배우자라는 뜻이다. 숙녀야말로 군자의 좋은 배필이다. 송나라 때 이후로 구(逑) 자는 남성이 여성에게 구애하는 보편적인 감정을 의미하게 되었다. 좋은 짝을 만난다는 고전적인 인식과 마음이 통하는 상대를 찾는다는 오늘날의 인식은 삶의 자유로운 추구라는 점에서 교차된다.

2
參差荇菜, 左右流之. 들쭉날쭉한 마름 사이로 이리저리 흐르며
窈窕淑女, 寤寐求之. 아름다운 아가씨를 자나 깨나 그리워하네

참차행채(參差荇菜)   참차(參差)는 길이가 일정하지 않고 들쭉날쭉한 것을 가리킨다. 이 단어는 물의 얕고 깊은 차이에 따라서 행채의 줄기가 길게 자라기도 하고 짧게 자라기도 하는 수생 식물의 특성을 보여주는 표현이다. 또한 '참차'는 세상의 모든 미세한 차이를 담아내는 단어이자 《역경(易經)》에서부터 전승된 만물의 변화와 차이에 관한 인식 및 심미관을 반영하는 말이기도 하다. 이 단어에 담긴 시적 의미는 놀라울 정도로 섬세하며, 고요한 상태에 집중하는 장엄함을 품고 있다. 고르지 않고 들쭉날쭉하게 형성된 시야를 독자에게 제공하는 역할도 한다. 행채에 관해서는 나중에 나올 '식물 이야기' 부분을 참고하길 바란다.

좌우류지(左右流之)   손이나 발이 물에 닿으면 자연히 물은 왼쪽과 오른쪽

으로 나뉘게 된다. 이 시 속에서 '좌우(左右)'라는 단어는 독자에게 생생하고 역동적인 화면을 제공한다. '류지(流之)'는 물의 흐름이자 마음의 움직임을 가리키며, 그 속에는 사랑하는 마음이 솟아난 이후의 선택이 포함된다. '좌우류지'라는 구절은 이처럼 다층적인 의미가 중첩되어 형성하는 불확실한 느낌을 독자에게 전달하는 탁월한 시어다.

오매(寤寐) 이 단어는 깨어 있는 것과 잠든 것, 다시 말해 낮과 밤을 가리킨다. 오(寤)는 깨어난 상태, 매(寐)는 잠든 상태다. 〈관저〉에서 '오매'는 깊은 그리움을 드러내는 역할을 한다. 고전문학 연구자인 예자잉(葉嘉瑩, 1924~)은 '오매'라는 단어의 뜻을 두고 '약덕(弱德, 약자의 위치에서 본 아름다움)'이라고 표현하고, 또한 중국 문화의 함축적이고 내밀한 특징과 연결했다. "중국 사람은 마음에 품은 뜻이나 짐작한 생각을 그대로 드러내는 것을 좋아하지 않는데, 그것은 〈관저〉에 나오는 '오매'라는 단어와 관련이 있다."

3
求之不得, 寤寐思服. 그리워도 만나지 못해 자나 깨나 생각하네
悠哉悠哉, 輾轉反側. 그립고 그리워서 이리 뒤척 저리 뒤척

오매사복(寤寐思服) 사(思)는 그리움이다. 또한 낮이나 밤이나 잠을 이루지 못하고 그리움의 파도가 끝없이 밀려오는 것을 말한다. '복(服)'은 어조사(語助詞, 한문에서 실질적인 뜻이 없이 다른 글자를 보조하는 역할을 하는 글자. 문장의 의미나 화자의 감정, 태도 등을 나타냄)다. 《시경》에는 다양한 어조사가 나온다. 이런 어조사는 《악경(樂經)》에서 유실되어 버린 가락과 리듬을 표현해 주는 시적 장치다.

유재(悠哉) 유(悠)는 느리고 오래 이어지는 것을 말한다. 여기서는 그리움이 끊이지 않고 지속됨을 가리킨다. '유재(悠哉)'는 "정말 그립구려!"라고 말하고 픈 마음이다. 그립다고 외치고 싶은 강한 바람이 담겨 있지만 그 마음을 입 밖에 내지 않는 것이다. 말하고 싶지만 꾹 눌러 참는 마음이란 슬프지만 맑고 아름다운 경험일 것이다.

4
參差荇菜, 左右采之. 들쭉날쭉한 마름을 이리저리 캐며
窈窕淑女, 琴瑟友之. 아름다운 아가씨와 금과 비파를 타며 가까워지네

금슬우지(琴瑟友之) 금슬(琴瑟)은 악기를 연주하는 행위(일종의 의식)를 통해 내면의 정신적인 조화를 표현한다. 금과 슬은 둘 다 현악기로, 금은 본래 5현이었다가 나중에 7현으로 늘어났고 슬은 형태는 금과 비슷한데 25현 또는 23현이라 다양한 음을 낼 수 있다. 우(友)는 '가깝다', '친밀하다'는 뜻이다. 이 구절에서 금과 슬이 서로 통했기 때문에 가깝다는 의미의 우(友) 자가 의미심장해진다. 여기서 선진(先秦)시대에는 부부관계에서 사랑 외에도 친구 사이의 우정과 같은 감정도 강조했음을 알 수 있다. 친구 사이의 우정에는 '평등'이라는 의미가 포함된다. 벗 우(友) 자를 사용해서 원래는 개인적이고 비밀스러울 남녀의 애정을 참으로 담담하고 정중하게 표현했다. 명나라 때의 문인 진조수(陳組綬)는 《시경부묵(詩經副墨)》에서 우(友) 자에다 이렇게 주석을 달았다. "얼마나 우아한가, 우(友)라는 글자를 새롭게 했구나!"

5
參差荇菜, 左右芼之. 들쭉날쭉한 마름을 이리저리 고르며
窈窕淑女, 鐘鼓樂之. 아름다운 아가씨와 종과 북을 치며 즐기네

모(芼) 《모전(毛傳, 《시경》을 주해한 주요 경전 중 하나)》에서 '모(芼)'는 '고르다', '선택하다'라는 뜻이라고 했다. 남송(南宋) 때의 학자 여조겸(呂祖謙)은 《여씨가숙독시기(呂氏家塾讀詩記)》와 《시집전(詩集傳)》에서 "익으면 딴다"고 했고, 청나라 때의 대진(戴震)은 《모정시고정(毛鄭詩考正)》에서 "고기는 갱(羹)이라 하고, 채소는 모(芼)라 한다"고 했다. 또한 모(芼) 자에는 여성이 결혼하여 일상적으로 가족의 식사를 주관한다는 암시가 담겨 있다. 한 글자에 지나지 않지만 담긴 의미는 상당히 함축적인데, 모(芼) 자는 자연스럽게 뒤따라오는 "종고락지(鐘鼓樂之)"에서 묘사하는 행복한 결혼 생활을 드러낸다. 원래는 타인이었던 남자에게 시집가서 편안하게 지내는 여성의 생활을 표현하는 것이다.

6

〈관저〉가 즐거울 락(樂) 자로 노래를 끝맺는 것은 원만하고 행복한 가정에 대한 기대를 반영한다. '종과 북'은 '금과 슬'에 대응하는데, 종과 북은 단순하고 큰 소리를 내고 금과 슬은 야릇하고 감정적인 소리를 낸다. 이는 작품 속의 남자와 여자 두 사람이 사랑을 속삭이는 관계에서 종과 북을 치며 경사를 치르는(결혼) 단계로 넘어왔음을 보여주는 것이다. 촘촘하고 섬세하게 정서와 시간 흐름, 예법 질서를 정리해낸 멋진 표현이다.

식물 이야기

〈관저〉에 나오는 행채(荇菜, 마름)는 접여(接余), 수경초(水鏡草), 금련아(金蓮兒), 수하(水荷), 연잎 행채(荇菜 혹은 杏菜) 등으로 불린다. 《모전》에서는 "행채는 '접여'다"라고 했고, 《육소(陸疏)》에서는 "접여라고도 하며 줄기는 희고 잎은 자홍색이다. 둥근 잎의 지름은 한 치 남짓이며, 물 위에 뜬다. 뿌리는 물 아래에 있고 수심이 얕고 깊은 데 따라 길이가 다르다. (뿌리는) 비녀를 닮았으며 위는 푸르고 아래는 희다. 흰 줄기는 팔기도 하고, 식초에 담가 술을 만든다"고 했다.

《이아(爾雅)》의 '석초(釋草)'에서는 "행채는 접여의 잎 부분이다", 《이아주(爾雅注)》에서는 "물에 살고 줄기 끝에 둥근 잎이 난다. 수심에 따라 길이가 다르다. 강동(江東) 지역에서는 식용하며, 행(杏)으로 부르기도 한다"고 했다.

《강희자전(康熙字典)》에서는 "지주(池州, 오늘날의 안후이성安徽省) 사람은 행공수(杏公須)라고 부르는데, 가느다란 줄기를 덮듯이 잎이 자란다"고 했다.

'접여'라는 옛 이름으로 미뤄볼 때 행채는 인간이 기르는 작물이 아니라 야생초이며 옛사람의 구황 식물이었다는 것을 알 수 있다. 물의 깊이에 따라 잎자루의 길이가 다르기 때문에 〈관저〉에 '참차행채'라고 하여 들쭉날쭉하다는 표현이 나왔다. 행채는 한자리에서 정적으로 생장하는 습성을 가진 식물이지만, 강물이 흐르는 대로 출렁이는 동적인 모습도 보인다. 그래서 '참차행채'는 식물의 움직임에 마음의 움직임이 겹쳐지는 중의적인 표현으로 읽을 수 있다. 이처럼 시는 사물의 성질과 인간의 마음을 있는 그대로 드러낸다. 말하자면 시의 본질은 물리적 움직임과 감정적 움직임의 공명인 셈이다.

〈관저〉에서는 '荇菜'라고 썼지만 중국어 정식 명칭은 '莕菜'(한자음은 둘 다

荇菜

參差荇菜
左右流之

행채)다. 용담과의 다년생 수생 식물로, 뿌리줄기가 물 밑의 땅속에서 파고들어 자란다. 줄기는 가늘고 원통 모양이며, 여러 개의 가지를 뻗는다. 줄기와 가지는 물에 잠겨 있고 잎은 수면에 떠 있다. 잎의 윗면은 녹색이고 광택이 나며, 아랫면은 자홍색을 띤다. 꽃은 약 3~7센티미터에 꽃술은 노란색이고 꽃받침과 꽃잎이 5장이다. 꽃은 4월에서 10월 사이에 핀다.

행채는 늪이나 연못 등 물이 잘 흐르지 않는 곳에서 자란다. 꽃 하나가 피어 있는 시간은 아침 9시에서 낮 12시까지로 짧지만 한 개체에서 여러 송이가 차례로 꽃을 피우며 개화기 자체는 4개월 정도로 긴 편이다. 연꽃이나 수련에 비해 작지만 아름다운 꽃을 피우는 수생 관상식물이다. 중국 전역에 분포하며 예로부터 어린잎을 요리해 먹었다. 선진시대에는 제사를 모실 때 올리는 채소였다. 거름이나 사료, 미끼로도 사용한다.

《시경》이 나에게 주석을 단다면

〈관저〉는 중국 사람이라면 누구나 줄줄 외우는 시다. 그러나 어린 시절 선생님의 엄한 가르침 아래 한 글자도 틀리지 않으려 애쓸 때는 이 시의 깊은 의미나 중국 문학사에서 어떤 의미인지 등을 생각할 겨를이 없었다. 나이를 먹고 다시 〈관저〉를 읽으니 바쁜 세상사에 짓눌린 마음이 1천 년이 지나도 여전히 싱싱하게 반짝이는 언어에 놀라 깨어나는 것을 느꼈다. 이제야 《시경》이 몇십 쪽의 종이에 글자를 붙였다 뗐다 하고 줄을 바꾸며 적은 무미건조한 글이 아니라 중국 역사와 문화에 숨겨진 생기를 되살려주는 가지와 꽃이라는 것을 깨달았다. 그만큼 《시경》 속 시는 누구나 다시 한번 자세히 음미하며 읽어야 할 가치가 있다.

아름다운 여자를 만난 남자가 마음으로부터 우러난 찬사를 보내고 그 여자와 함께하고 싶다는 바람을 품는 것은 이보다 더 자연스러울 수 없는 '인지상정(人之常情)'이다. 지금은 오락과 유흥의 시대라고 해도 과언이 아니라서 매혹적인 눈망울, 아름다운 몸매, 가느다란 어깨, 옥을 깎은 듯한 얼굴 등 미모를 찬양하는 언어들이 도처에 널려 있다. 이처럼 소유욕을 수반한 시끄러운 소리에 옛사람이 오랫동안 개척하고 탐구해온 내면의 아름다움에 대한 목소리가 가려졌다. 오늘날 물질적인 아름다움을 찬양하는 목소리에는 물욕과 소멸만 있고, 사랑과 관심은 없다.

상나라와 주나라 때의 옛사람은 길을 가다 마음을 움직이게 하는 사람을 만나면 "요조숙녀, 군자호구(窈窕淑女, 君子好逑)"라고 말했다. 이 말에는 두근두근 가슴이 뛰는 감정이 숨김없이 담겨 있다. 그들은 좋아하는 마음을 낮이나 밤이나 생각나고 들쭉날쭉 고르지 못한 마음이라고 노래했다. 이런 노랫말을 읽으며 그 속의 심오한 뜻을 짚어본다. 풍부하고 달콤한 감각, 환희에 차서 그 사람을 계속 생각하는 시간. 그 마음에는 모든 것을 조화롭게 융합하는 물소리도 담겨 있다. 〈관저〉라는 시는 사람이라면 자기 자신을 아는 데 그치지 않고 세상 만물을 느끼고 깨달아야 하며 자연스러운 감정의 흐름에 따라 내가 좋아하는 사람을 사랑하라고 말하는 작품이다.

좋은 시는 종종 조화롭고 간결한 대화로 읽힌다. 시가 진정으로 말하는 순간을 마주하게 되면 당신은 오래전부터 존재하던 말을 옛사람을 대신해 다시 한번 말했을 뿐임을 알게 될 것이다. 시의 말은 역사의 한구석에서 잠시 쉬고 있다가 적당한 시기가 왔을 때 적당한 사람을 만나서 서로 마음과 영혼이 통하면 잠에서 깨어난다. 이렇게 깨어난 시를 만났다면 기뻐하며 미소를 지어도 좋다.

행채는 수생 환경의 기준점이다. 행채가 자라면 물이 맑다는 뜻이다. 더러운 물에서는 행채를 찾아볼 수 없다. 〈관저〉에서 그리는 장면을 떠올려보자. 천천히 흐르는 물줄기를 헤치며 행채를 따는 소녀가 있다. 멀리서도 소녀가 눈에 들어오고 가슴을 두근거리게 한다. 행채를 따는 모습에서 소녀의 성실함과 선함, 아름다움까지 다 드러나고, 독자는 사랑의 고결함까지 느낄 수 있다.

흔하디흔한 식물인 행채는 세상을 구성하는 수많은 것 중 대단치 않은 하나일 뿐이지만, 물가에서 자라는 그 식물이 마음을 움직이게 하는 아름다움, 사랑의 감정을 보여주는 것이다. 행채를 따서 가져가듯 사랑을 따서 가져가는 것은 새로운 세계를 따서 가져가는 것과 비슷하지 않을까?

《안씨가훈(顏氏家訓)》에서는 "행채는 물에 살며 노란 꽃이 수련과 같다"고 했다. 이 말은 〈관저〉를 빌려와서 자손을 훈계한 것인데, 세상을 살 때는 깨끗한 마음으로 행동해야 한다, 행채를 따는 아름다운 사람처럼 마음이 올곧아야 한다는 가르침이다.

행채는 새로 잎이 나서 연할 때 채취하면 식용할 수 있다. 《시경》이 쓰여진 시대부터 지금까지 이어지는 중국의 전통 요리다. 그러니 옛사람의 눈에 '요조숙녀'가 손에 쥔 행채는 자연에서 온 맛있는 음식이자 사랑을 표현하는 꽃이며 올바른 마음이 모여 형성된 사회의 중심이었을 것이다. 행채의 산뜻한 노란색 꽃을 보면 삶을 이해하는 깨끗한 마음이 그 위를 노니는 것 같다.

02 칡

야생마

갈담(葛覃)

칡덩굴 길게 자라 산골짜기에 널리 퍼져 그 잎사귀 무성하네
황조가 날다가 관목에 모여 앉아 지저귀네
葛之覃兮, 施于中谷, 維葉萋萋.
黃鳥于飛, 集于灌木, 其鳴喈喈.

칡덩굴 길게 자라 산골짜기에 널리 퍼져 그 잎사귀 다 자랐네
칡을 자르고 쪄서 곱고 거친 옷감을 짜고 옷 짓는 일이 싫지 않네
葛之覃兮, 施于中谷, 維葉莫莫.
是刈是濩, 爲絺爲綌, 服之無斁.

시집가서 어찌해야 하는지 스승에게 가르침을 청하자
내의는 비벼 빨고 윗옷은 깨끗한 물에 빨고
빨 옷과 빨지 말아야 할 옷을 구분하여 부모님을 안심시켜 드려야지
言告師氏, 言告言歸.
薄汙我私, 薄澣我衣.
害澣害否, 歸寧父母.

잡다한 해설

《모시서》에서는 〈갈담〉을 "후비(后妃)의 근본"이라고 하며 공손하고 근면한 부녀자의 덕행을 강조했다. 옛날 귀족 여성은 부지런해야 그 존귀함을 드러낼 수 있다고 여겨졌다. 검소한 기풍이야말로 풍요로움의 주춧돌이며, 효심을 오래도록 간직해야 가정과 장유유서의 기초가 튼튼해진다. 이 시는 한 여성이 칡을 캐서 옷을 만드는 작업 과정을 묘사한다. 그리고 그 여자는 이런 옷 만드는 작업을 즐거워하고 있다. 특히 시가 끝나는 시점이 의미심장하다. 바쁜 일이 끝난 뒤, 시의 주인공인 여성은 부모님이 자신을 걱정하는 마음을 생각하며 그 마음이 평안해지기를 바란다. 근면하고 검소하게 가정을 꾸리는 것, 인자하고 효심이 깊은 것은 옛 여성에게 요구되었던 '여덕(女德)'의 근본이었다. 〈갈담〉은 칡을 캐는 일을 노래한 작품이지만 청나라 사람인 우운진(牛運震)은 이 시를 두고 소박한 일상을 다룬 듯해도 사실은 근면하고 인자한 마음을 그려서 국모(國母)의 기상을 드러내고 있다고 평가했다.

경전학자가 이렇게 해석하는 것은 〈갈담〉이 《시경》 '주남편'에서 등장하는 순서와 관련 있다. 〈갈담〉을 가장 심오하게 독해한 이는 다름 아닌 공자다. 《공자시론(孔子詩論)》에서는 이렇게 말한다. "나는 〈갈담〉에서 근본을 숭상하는 깊은 뜻을 보았다. 인간의 본성이 곧 이러하다. 아름다운 직물을 보면 반드시 그 직물의 원료를 알고자 한다. 칡이 노래로 불리는 이유는 그것으로 직물을 짜기 때문이다. 주나라의 시조인 후직(后稷)이 존중받는 이유는 그의 후인들이 주나라 문왕과 무왕의 덕행을 지녔기 때문이다."

내가
《시경》에
주석을 단다면

1
葛之覃兮, 施于中谷, 維葉萋萋. 칡덩굴 길게 자라 산골짜기에 널리 퍼져 그 잎사귀 무성하네
黃鳥于飛, 集于灌木, 其鳴喈喈. 황조가 날다가 관목에 모여 앉아 지저귀네

갈지담혜(葛之覃兮) 칡을 뜻하는 '갈(葛)' 자에 관해서는 다음에 나올 '식물 이야기'를 참고하길 바란다. '담(覃)' 자는 길게 이어지는 것을 말한다. 이 구절은 칡의 덩굴줄기가 길게 이어져서 끊김이 없이 이리저리 얽혀 있는 모습을 보여준다.

이(施) '널리 퍼지다'라는 뜻이다.《정의(正義)》라는 책에서는 "이(施)는 옮기다[移]라는 뜻으로, 줄기가 그 뿌리 쪽으로 움직이는 것을 가리킨다"고 설명했다. 산골짜기에서 칡덩굴이 길게 얽혀 자라고 있는 모습이다. 이 글자로 미뤄 볼 때 골짜기의 칡은 야생이 아니라 인간이 재배하는 것일 가능성이 크다.

유엽처처(維葉萋萋) 유(維)는 어조사다.《모시(毛詩)》에서는 '維'로 쓰고《논어》는 '唯'로 쓰며《상서(尚書)》는 '惟'로 쓴다. 청나라 때의 경전학자 학의항(郝懿行)은《이아의소(爾雅義疏)》에서 "세 글자 모두 어조사다. 어조사는 글자의 뜻이 아니라 음을 따서 쓴다"고 설명했다. 처처(萋萋)는《모전(毛傳)》에서 "무성하다"라고 해석했다.

지금까지 설명한 세 가지는 각기 칡의 줄기가 길고, 가지가 많고, 잎이 무성한 것을 표현한다.

황조우비(黃鳥于飛) 《모전》에서 "황조(黃鳥)는 박서(搏黍, 꾀꼬리를 부르는 여러 이름 중 하나)다"라고 했다. 이 시에 나오는 '노란 새'는 황작(黃雀, 검은머리방울새)이라고 보는 것이 가장 정확하겠지만, 황리(黃鸝, 꾀꼬리) 또는 금시작(金翅雀, 방울새)일 가능성도 있다. 황작은 참새목 되새과에 속하는 소형 조류로, 무리를 지어 날고 나무 위에 앉곤 한다. '우(于)' 자에 관해서는 청나라 사람 마서진(馬瑞辰)이 《통석(通釋)》에서 "우(于)는 왈(曰)이다. '왈'은 예전에 율(聿)이라고 읽기도 했다"라고 설명했다. 우, 왈, 율은 모두 어조사다. '날다'라는 뜻의 비(飛)는 새의 움직임을 보여준다. 대상이 정태적 세계에서 벗어나 동태적 시공간으로 들어가는 것을 표현하며, 시를 감상하는 사람에게 감각의 변화를 전달하는 단어다.

개개(喈喈) 새의 울음소리는 대부분 '개개'라고 표현한다. 방울새속(屬)의 새들은 조류 중에서도 노래를 잘하는 '가수'로 불리는데, 이 구절에서 표현하고자 하는 것은 아름다운 새소리와 이를 듣는 사람의 편안한 마음 상태다. 칡덩굴이 무성하게 자라 있고 새가 지저귀는 자연 속 한 장면을 묘사했지만 사실은 작품 속 인물이 어떤 심경의 변화를 보이는지에 주의를 기울여야 한다.

2
葛之覃兮, 施于中谷, 維葉莫莫. 칡덩굴 길게 자라 산골짜기에 널리 퍼져 그 잎사귀 다 자랐네
是刈是濩, 爲絺爲綌, 服之無斁. 칡을 자르고 쪄 곱고 거친 옷감을 짜고 옷 짓는 일이 싫지 않네

막막(莫莫) 《모전》에서는 '막막(莫莫)'이 "완성된 모습"이라고 했다. 명나라 사람 하해(何楷)는 《시경세본고의(詩經世本古義)》에서 "막(莫)의 옛 글자는 '모(暮, 저물다)'이다. 오늘날 '막막(莫莫)'이라고 표현할 때는 조밀하고 어두컴컴하다는 뜻이다"라고 했다. 앞에 나온 '처처(萋萋)'가 무성하게 자란 것을 강조했다면 '막막(莫莫)'은 성숙했다는 의미다. 즉 칡덩굴이 충분히 자라서 수확할 수 있다는 뜻이 된다.

시예시확(是刈是濩) 예(刈, 낫)는 원래 풀을 베는 도구다. 《설문해자(說文解

字》에서는 "예(乂)는 풀을 베는 것이다. 혹은 칼[刀]을 넣어 '예(刈)' 자를 만든다"고 설명했다. 《모시》에서는 '확(濩)'을 끓이는 동작이라고 설명했다. 후대에는 확(濩)을 확(鑊, 솥)의 통용자(通用字)로 보아 조리도구로 해석하기도 한다. 《회남자(淮南子)》의 '설산훈(說山訓)'에서는 "발이 있으면 정(鼎)이라 하고, 발이 없으면 확(濩)이라 한다"고 했고, 《정의》에는 "삶은 칡을 '치격(締綌)'이라 하는데, 이때 칡을 확(濩)에 넣어 끓이기에 이 과정을 확자(濩煮)라고 한다"고 했다. 즉 확(濩)은 칡덩굴을 처리하는 절차 중 한 단계인 것이다.

위치위격(爲締爲綌) 칡을 재료로 만든 옷감 중 고운 것을 치(締), 거친 것을 격(綌)이라 한다. 《사기(史記)》의 '오제본기(五帝本紀)'에서 요 임금이 순 임금에게 치의(締衣)를 내렸다고 적혀 있는 것을 보면 칡이 당시 얼마나 귀한 재료였는지 짐작할 수 있다. 이 구절과 바로 앞의 '시예시확'은 칡으로 만든 옷감의 제조 공정이라는 점에서 밀접하게 연관된다.

복지무두(服之無斁) '복(服)' 자에 대해서는 두 가지 해석이 있다. 《정전(鄭箋)》에서는 복(服) 자가 칡으로 짠 베를 이용해 옷을 짓는 일과 다스림을 표현한다고 설명한다. 다스린다는 것은 칡을 사람이 사용할 수 있도록 처리한다는 의미다. '두(斁)'는 《모전》에서 "싫어하다[厭]"라고 해설한다. 피곤하고 귀찮아서 싫은 감정이다. 칡으로 베를 짜고 옷을 짓는 일이 번거롭기 때문이다. 무두(無斁)는 그런 힘든 일도 긍정적으로 바라보는 태도다. 주나라 시대의 여성은 결혼하기 전에 칡을 다루는 법을 익혀야 했다. 칡을 캐고 삶아서 베를 짜는 것과 그 베로 옷을 짓는 것까지 전부 이에 포함된다. 칡을 다루는 것은 옛 여성이 해야 하는 기본적인 직무 중 하나였다.

3
言告師氏, 言告言歸. 시집가서 어찌해야 하는지 스승에게 가르침을 청하자
薄汙我私, 薄澣我衣. 내의는 비벼 빨고 윗옷은 깨끗한 물에 빨고
害澣害否, 歸寧父母. 빨 옷과 빨지 말아야 할 옷을 구분하여 부모님을 안심시켜 드려야지

언고사씨(言告師氏) 《모전》에서는 '언(言)' 자를 '나[我]'라고 해석했는데, 일설에는 뜻이 없는 어조사라고도 한다. '고(告)'는 '가르침을 청하다', '부탁하다'라는 뜻이다. 사씨(師氏)는 《모전》에서 "여자 스승[女師]"이라고 했다. 옛날 귀족 집안에는 출가하지 않은 가족 내 여성에게 덕행과 올바른 언사, 용모 가꾸기, 집안일 등을 가르치기 위한 전문적인 교사가 반드시 있었는데, 이들을 여사(女師)라고 한다. 여사가 되려면 어떤 사람이어야 할까? 《혼례(昏禮)》에는 "쉰 살이 넘어도 아들이 없고 출가한 후에 재차 혼인하지 않았으면서 부녀자의 덕행을 가르칠 수 있는 사람이 유모(乳母)가 된다"고 나와 있다. 여사는 자사(子師), 자모(慈母), 보모(保母)로 나뉜다. 전한 말기의 유학자 정현(鄭玄)은 "자사는 올바른 도를 가르치는 사람이고, 자모는 (돌보는 이가) 무엇을 좋아하고 필요로 하는지 아는 사람이고, 보모는 집안의 일을 처리하는 사람이다"라고 했다.

언고언귀(言告言歸) 이 구절의 의미는 '귀(歸)' 자의 해석에 따라 두 가지로 나뉜다. '출가하다'로 해석하면 결혼을 앞두고 부녀자의 덕행이 무엇인지 가르침을 청한다는 뜻이 된다. '돌아가다'로 해석하면 결혼한 부인이 친정에 다녀오겠다고 요청한다는 뜻이 된다. 어느 쪽이든 시를 이해하는 데는 문제가 없지만 '출가하다'로 해석할 때 좀 더 절실하게 느껴진다.

박오아사(薄汙我私) '박(薄)'은 《집전(集傳)》에서 '적다[少]'라는 뜻이라고 해석했으나 어조사라는 설도 있다. 오(汙)는 '더러울 오(汚)'의 통용자다. 《정전(鄭箋)》에서는 이를 '비빌 연(撋)'과 같은 뜻으로 해석했는데, 손으로 주물러 빠는 것을 말한다. 청나라 사람 나전(羅典)은 《응원독시관견(凝園讀詩管見)》에서 "'한(澣)'은 깨끗한 물로 씻는 것이다. 때가 빠지지 않으면 '오(汙)'를 쓰는데, 오늘날 (빨래할 때) 잿물을 쓰는 것과 같다"고 했다. 풀과 나무를 태운 재를 침전시키면 '오(汙)'가 된다. 지금도 이런 방법을 이용해서 기름 얼룩을 지운다. '사(私)'는 《모전》에서 '연복(燕服)'이라고 해설했다. 평상복이라고 이해하면 된다. 청나라 말기의 왕선겸(王先謙)은 《집소(集疏)》에서 사(私)를 '근신의(近身衣)'라고 표현했는데, 내의라는 뜻이다.

박한아의(薄澣我衣) 《정전》에서는 '한(澣)' 자를 "'탁(濯)' 자와 같다"라고 해설했다. '씻을 탁(濯)'은 깨끗한 물로 씻어내는 것을 가리킨다. 현대 중국인은 이럴 때 '탁(濯)' 자 대신 '완(浣)' 자를 쓴다. 같은 뜻이지만 '한(澣)' 자는 이제 사용되지 않는 글자라고 하겠다. '의(衣)'는 윗옷을 말한다. 허리 아래에 입는 옷은 '상(裳)'이라고 한다.

할한할부(害澣害否) '할(害)'은 《모전》에서 '어느[何]'라는 뜻이라고 해설했다. '할(害)'은 갈(曷), 합(盍), 하(何) 등의 의문사와 통용된다. 전부 '어느 것', '무엇'이라는 뜻이다. '부(否)'는 '아니다'라는 뜻인데, 청나라 사람 단옥재(段玉裁)는 옛 경전에 나오는 '부(否)' 자는 전부 예전에 그저 '부(不)' 자였던 데에 후대 사람들이 입 구(口)를 덧붙인 거라고 했다.

산시(山西)대학 교수인 류위칭(劉毓慶, 1954~)은 《시경휘통(詩經彙通)》이라는 책에서 《시경》 시대의 직물은 지금의 견직물이나 화학섬유보다 튼튼했으리라고 추측한다. 지금처럼 물질적으로 풍요로운 시대가 아니었기 때문에 여성은 결혼하기 전에 어떤 옷감이 자주 빨아도 되는지, 어떤 옷감은 되도록 적게 빨아야 하는지 배워야 했다. 그래야 근면하고 검소하게 집안 살림을 꾸릴 수 있을 터다. 이렇게 생각하면 '할한할부(害澣害否)'라는 구질의 의미가 더욱 깊게 다가온다.

귀녕부모(歸寧父母) 《모전》에서는 "부모가 살아계시니 돌아가서 뵈어야 한다"고 설명했다. 《모시》에서는 이미 출가한 여자가 부모님을 뵈러 친정에 가는 상황으로 〈갈담〉을 해석한 것이다. 그러나 이런 해석은 후대에 여러 사람에게 비판을 받았다. 《설문해자》에서는 "이안부모(以晏父母)"라고 풀었는데, '부모님을 안심시키다'라는 뜻이다. 단옥재는 이 구절을 마땅히 '녕부모(寧父母)' 세 글자를 묶어서 해석해야 한다고 보았다. 나이가 차고도 출가하지 않으면 부모님이 근심하기 때문에 결혼하는 것을 부모님을 안심시키는 행동으로 본 것이다.

4

〈갈담〉은 여성은 결혼할 수 있을 만큼 충분히 배우고 익히는 것으로 부모님을 안심시켜 드려야 한다는 뜻으로 해석하는 것이 가장 일반적이다.

식물 이야기

'갈(葛)'은 칡이다. 계제(雞齊), 녹곽(鹿藿), 치격(絺綌), 갈등(葛藤), 야등(野藤)이라고도 불린다. 《모전》에서는 "갈(葛)은 곧 치격(絺綌)이다"라고 했다. 옛 중국에서는 칡으로 짠 직물 중에서 가늘고 보드라운 베는 치(絺), 굵고 거친 베는 격(綌)이라 불렀다. 칡 섬유로 만든 갈포(葛布)는 일반 백성이 여름에 쓰던 옷감이다.

"칡으로 삼은 신은 신분이 낮은 자가 신는다"거나 "여름에는 칡으로 삼은 신을 신고 겨울에는 가죽으로 만든 신을 신는다"(《모전》), "구천(勾踐)이 오나라에 패한 뒤 칡을 심고, 이 칡으로 월나라 여자에게 삼포를 짜게 한 후 오나라 왕 부차(夫差)에게 바쳤다"(《월절서》)라는 기록을 보면 주나라 시대에 칡은 이미 보편적으로 재배하던 작물이었던 듯하다. 면화가 들어오기 전까지 칡은 여름철 옷감을 만드는 중요한 재료였다.

또한 칡은 《시경》 속에 여러 차례 등장하는 식물로, 대부분 일반 백성들의 목소리를 대변하는 작품에 쓰였다. '주남편'의 〈갈담〉에서 "칡덩굴 길게 자라 산골짜기에 뻗으니 그 잎사귀 무성하네"라고 한 것은 칡을 캐는 일이 그 시대의 일상생활이었음을 보여준다. '왕풍편' 〈채갈(采葛)〉에서는 "저 무성한 칡, 하루만 못 봐도 석 달이나 된 듯하다"고 노래한다. 이 구절은 중국의 고전 시가에서 그리워하는 마음을 갑자기 시간과 공간이 변화하는 것으로 표현하는 경향을 보여준다. '위풍편' 〈갈규(葛屨)〉는 "칡을 엮어 만든 신, 그 신으로 서리 내린 땅을 밟는다"면서 추운 날씨에도 여름철에나 신는 칡 신을 신고 지내는 괴로움을 노래했다. 이 작품은 힘든 현실 속에서 위정자를 비판하는 백성의 목소리를 드러낸다. '당풍편' 〈갈생(葛生)〉은 "칡덩굴이 가시

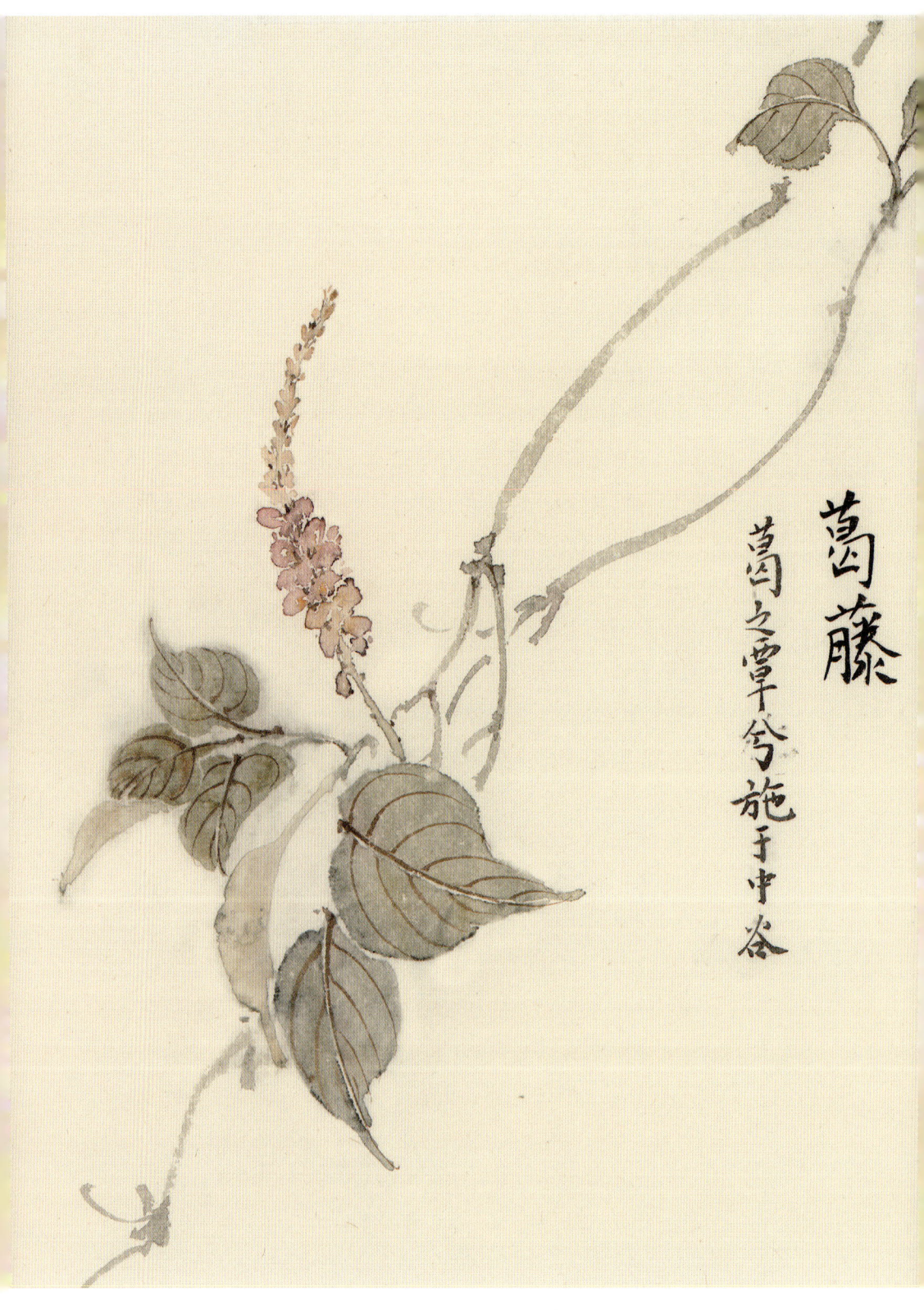

나무를 덮고, 가위톱덩굴이 온 들판에 뻗었다"는 구절로 슬픔과 걱정으로 가득한 애도의 마음을 표현했다.

칡은 흔한 식물이지만 《시경》의 작품 속에서는 자연 속 미물의 신(神)이자 사랑에 빠진 삶의 주인이 되어 마음을 숨김없이 드러내는 시원시원하고 반짝반짝 빛나는 생기 넘치는 존재로 그려진다. 후대 사람들이 칡을 표현하는 언어 역시 기본적으로 《시경》의 그것에서 크게 다르지 않았다. 《정전》에서는 칡을 해설하면서 "흙의 기운이 부드러우면 칡이 잘 자란다(土氣緩, 則葛生闊節)"고 했다. 이때 활(闊) 자를 썼는데, 이 글자가 참 묘하다. 칡은 덩굴식물로 환경에 잘 적응하고 생명력이 왕성하다. 마음대로 줄기를 뻗으며 자라는 칡은 들판의 야성을 드러낸다고 여겨졌다. 정현은 이런 야성을 '넓을 활(闊)' 한 글자로 풀어낸 것이다.

중국에서 칡을 뜻하는 한자는 예나 지금이나 '갈(葛)'이다. 콩과의 다년생 덩굴식물이며 땅 아래에서 자라는 부분은 두껍고 둥근 기둥 모양의 뿌리다. 덩굴줄기는 아랫부분이 두툼하고 위로 올라갈수록 여러 개의 가지를 뻗는다. 줄기는 약 8미터까지 자란다.

칡은 주변의 다른 물체를 휘감으며 자란다. 잎자루에서 세 장의 작은 잎이 함께 나며 어긋나기로 달린다. 잎이 붙은 자리에서 그대로 꽃이 피는데, 다섯 개의 꽃잎으로 이루어지고 나비와 비슷한 모양의 꽃부리를 가진 접형화관(蝶形花冠)이다. 꽃은 자주색이며, 9~10월에 핀다. 열매는 11~12월에 익는다. 해발 1,700미터 이하의 온난다습한 구릉, 산지, 골짜기 등에서 주로 자란다. 중국 전역에 고르게 분포한다.

칡 섬유로는 종이, 밧줄, 신 등을 만들 수 있다. 칡의 덩굴줄기는 가루로 만들어 복용할 수 있는데, 이를 갈분(葛粉)이라고 하며 술을 빚을 때 쓴다. 갈분을 쪄서 먹으면 술 깨는 데 도움이 된다. 칡의 어린잎은 채소 요리에 쓸 수 있다. 단맛이 나는 뿌리는 익히지 않고 먹을 수 있으며, 열을 내리고 갈증을 해소하는 효능이 있다. 칡은 모든 부위를 약재로 쓰는 식물이다.

《시경》이
나에게
주석을 단다면

〈갈담〉을 현대 중국어로 옮긴 여러 번역문 중에서도 특히 어린아이의 순수함과 갓 내린 비의 깨끗함이 느껴지는 시가 있어서 여기에 소개한다.

가지와 잎이 길고 긴 칡덩굴, 온 산과 들에서 연녹색으로 싱싱하게 자란다.
칡덩굴 옆에서 작은 새가 이리저리 날다가 나무 위에 앉아 지저귄다.
가지와 잎이 길고 긴 칡덩굴, 온 산과 들에서 옅은 녹색으로 튼튼하게 자란다.
칡덩굴 잘라와서 열심히 끓인 뒤 가는 베 굵은 베를 만들어 옷 지어 입자.

이 시를 읽으면 사람이 자연 속에서 새나 바람이 되어 노니는 듯한 기분이 든다. 마음 깊은 곳에서 편안하게 이완되는 정서도 느낄 수 있다. 이런 이완된 감각은 읽는 이를 평온하게 한다. 좋은 시는 이처럼 마음을 진실하고 올바른 상태로 되돌리는 힘이 있다. 이익과 욕망을 좇아 싸우는 현실을 벗어나 시의 세계에서는 긴장을 풀고 살아 있음의 진정한 의미를 느끼게 된다.

칡은 콩과에 속하는 다년생 덩굴식물이다. 비탈진 산지, 도시의 공원, 거친 흙으로 덮인 도로변, 바람이 세게 부는 바위 사이까지 어디서나 잘 자란다. 칡은 언제나 자신이 뿌리를 내리고 가지를 뻗을 틈을 찾아내는 듯하다. 칡의 성질은 부드럽지도 않고 뻣뻣하지도 않다. 칡은 보이지 않는 폭발적인 생명력을 숨기고 있다. 어디로 튈지 모르는 불확실성을 지닌 악동 같다. 그러나 칡의 성질을 잘 이해한다면 칡뿌리로 끓인 맛있는 탕, 칡가루를 넣어 볶은 향긋한 달걀 요리, 쓴 맛이 일품인 칡술을 즐길 수 있다.

1970년대에 칡이 미국으로 건너갔다. 천적이 없는 환경에서 무시무시하게 자라난 칡은 미국 조지아주, 미시시피주, 앨라배마주 등을 점령하다시피 했다. 현지 식물을 거의 멸종시킬 정도였다. 이처럼 칡의 생명력은 길들이기 힘든 야생마를 닮았다. 아시아에서는 잘 훈련되어 온순한 말처럼 보였던 칡이 서양 땅에서는 재앙에 가까운 힘을 발휘했다.

　나의 어린 시절에도 미국에서의 칡처럼 제멋대로 미친 듯이 자라던 한때가 있었다. 그 시절은 밤이고 낮이고 쉬지 않고 비가 내리던 여름날과 닮았다. 여름비가 그렇듯 청소년기의 뜨거운 파도는 일상 곳곳을 침범했다가 좌절과 고통을 겪은 뒤에야 비로소 조금 잦아든다. 이성(理性)이 내면세계를 조금씩 장악하고 나면 식물이 미친 듯 자라는 거친 들판이 아니라 내가 원하는 작물을 선택해서 기르는 농경지가 되는 것이다.

　칡은 근면하고 소박함을 내포한 식물이다. 나는 긴 인생의 길을 걸으며 차차 삶을 이해하게 되었고, 내 몸에 흐르는 고전문학의 정신적 강줄기도 알게 되었다. 삶과 죽음 사이의 감정도 깨달았다. 그리고 나서야 칡처럼 산다는 것, 칡처럼 자란다는 것이 어떤 의미인지 조금 알 듯했다.

ⓧ 도꼬마리

감정과 연관된
물건

권이(卷耳)

따고 또 따는 도꼬마리, 기울어진 광주리에 차지 않네
아, 그리운 나의 님은 길에 버려져 있네
采采卷耳, 不盈頃筐.
嗟我懷人, 寘彼周行.

흙산에 올라가려 하나 말이 지쳐 병들었구나
잠시 금잔에 술을 따라서 긴 그리움을 잊을까
陟彼崔嵬, 我馬虺隤.
我姑酌彼金罍, 維以不永懷.

높은 산등성이에 올라가려 하나 말이 누렇게 병들었구나
잠시 쇠뿔 잔에 술을 따라서 긴 슬픔을 잊을까
陟彼高岡, 我馬玄黃.
我姑酌彼兕觥, 維以不永傷.

바위산에 올라가려 하나 말이 지쳐 쓰러졌구나
마부도 병이 났으니 어떻게 해야 당신을 볼 수 있을까!
陟彼砠矣, 我馬瘏矣.
我仆痡矣, 云何吁矣!

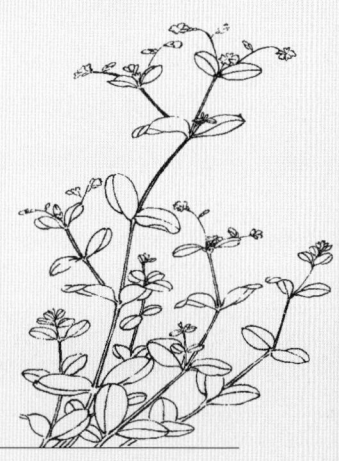

잡다한 해설

《모시서》에서는 〈권이〉를 두고 "후비(後妃)의 뜻[志]이다"라고 했다. 후비가 멀리 전쟁터에 나간 주나라 문왕을 그리며 쓴 작품이라는 설이 있을 만큼 남편을 그리워하는 여성의 마음을 담았다. 부드럽고 돈독한 느낌이 가득하다. 특히 "차아회인(嗟我懷人)"의 탄식은 상사(相思)의 정을 담아낸 구절로 《시경》을 해설하는 학자들이 칭찬을 아끼지 않은 대목이다. 〈권이〉는 그리움을 노래한 중국 고대 시 중에서 불멸의 작품이라고 할 만하다. "불영경광(不盈頃筐)"이라는 구절 또한 아무리 해도 채울 수 없는 광주리라는 물상(物象)과 사무치는 그리움이라는 심상(心象)을 교묘하게 일치시킨 탁월한 표현이다. 남조(南朝)시대에 "아침에는 계란(桂蘭)이 핀 모래톱에 있다가 낮에는 서쪽 뽕나무와 느릅나무 아래서 쉰다. 당신과 함께 부들을 뽑는데 종일 일해도 다 하지 못한다"는 민가가 불려졌다. 〈권이〉의 시정(詩情)이 확장된 것이라 하겠다. 사랑이라는 깊은 감정은 이런 시와 노래 속에서 끊임없이 연속되는 활력을 얻는다. 명나라 사람 대군은(戴君恩)은 《시풍억평(詩風臆評)》에서 〈권이〉를 "정(情) 속의 풍경, 풍경 속의 정(情)이 구절구절 생생하고 곡진하니 고금을 통틀어 규방의 그리움을 읊은 작품 중 으뜸이다"라고 평가했다.

〈권이〉가 불멸의 명작인 이유는 작품에 담긴 무한한 해석 가능성과 관련이 있다. 무한히 새로운 해석이 가능한 힘은 그리움과 애틋함이 끝나지 않는 감정이라는 데서 나온다. 이 시에서 남편과 삶의 어려움을 함께 이겨내려 하는 애정은 조금의 티끌도 없는 진심이며, 세상 사람이 바라마지 않는 사랑이 바로 이 작품 속에 담겨 있는 것이다. 다시 말해 이 시는 본래 별개였던 두 영혼이 만나서 '삶과 죽음을 함께하는 사이'가 되는 시공간이다. 그리고 이런 그리움을 잘 드러내는 대상이 산과 들에 흔하게 널려 있어서 눈에 띠지 않는 도꼬마리라는 것이 놀라움을 안긴다.

내가
《시경》에
주석을 단다면

1
采采卷耳, 不盈頃筐. 따고 또 따는 도꼬마리, 기울어진 광주리에 차지 않네
嗟我懷人, 寘彼周行. 아, 그리운 나의 님은 길에 버려져 있네

채채권이(采采卷耳) '채채(采采)'는 따고 또 딴다는 뜻이고 '권이(卷耳)'는 도꼬마리다. 사실 어떤 식물인지 다양한 견해가 있지만 보편적으로는 국화과 식물인 도꼬마리라고 본다. 도꼬마리를 따는 것은 별것 아닌 간단한 동작이지만 이 동작을 거듭하는 것을 표현함으로써 노래에서는 음률이 반복되는 효과를 주고 정서적으로는 오락가락하는 마음과 그리움이 물결치는 기분을 드러냈다. 또한 '채채(采采)'는 춤과 비슷한 느낌으로 음악적 리듬을 가진 동작이라 그리움이 일상생활 속에 깊이 뿌리 내렸다는 감상을 느끼게 한다. 시 속 등장인물의 마음이 맑기 때문에 강렬한 그리움의 감정을 일상적 노동의 동작 안에 함축적으로 담아낼 수 있는 것이 아닐까. 도꼬마리를 계속해서 따는 행동이 다음 구절에 나오는 것처럼 재난이나 다름없이 강렬하고 고통스러운 그리움의 감정을 이끌어낸다. 행동은 간결하고 경쾌한데 그 속에 담긴 마음은 무겁기만 하다.

불영경광(不盈頃筐) 《설문해자》에서는 '경(頃)' 자를 "머리가 기울어진 것"이라고 했다. '경광(頃筐)'은 한쪽은 높고 한쪽은 낮아서 입구가 기울게 만들어진 광주리를 가리킨다. 이런 광주리는 중국의 남쪽 지방에서 흔히 사용하는 것으로, 대나무를 엮어서 만들며 등에 지고 다니는 것이다. 도꼬마리의

보드라운 잎을 따고 또 따서 광주리에 넣지만 그다지 깊지 않은 광주리는 왜 채워지지 않을까? '채울 수 없는 광주리'라는 한탄 속에서 마찬가지로 채워지지 않는 그리움에 텅 빈 듯한 마음이 드러난다.

차(嗟) 어조사다. 마음이 흐트러질 때 자연히 이런 소리가 나온다. '차(嗟)'라는 감탄사는 바로 앞의 (광주리에) "차지 않네(不盈)"라는 두 글자와 절묘하게 대응한다. 《시경》 속 작품에는 순수성이 있다. 즉 사람의 마음과 주변 자연환경이 연관되는 감각을 주는 것이다. 마음속 목소리와 사물 혹은 동작이 아무런 어색함 없이 감응하는 경지다.

"아, 그리운 나의 님(嗟我懷人)"이라고 노래하는 순간, 그립다는 감정이 일어나며 안타까운 탄식이 즉각적으로 터진다. 그 순간은 중국 시 문학 역사에서도 특별하다. 순수하고 깊으며 온후하게 바라는 마음을 드러내는 순간이면서, 청나라 문인 단옥재가 말했듯 "잊을 수 없는 그리움(不忘之思)"이라는 지고한 기준을 중국 시 문학 역사에 아로새긴 순간이기 때문이다.

치피주행(寘彼周行) 《정전》에서는 '치(寘)' 자를 '둘 치(置)' 자와 같다고 해설했다. 이 구절에서 '놓을 방(放)' 자가 아니라 치(寘)를 쓴 이유를 생각해 보자. 들고 있던 광주리를 땅에 놓는 것은 사소한 동작이지만 작품 속 화자의 복잡하고 피곤한 심사가 연결되어 있다. 그렇기 때문에 광주리를 가볍게 내려놓는 것이 아니라 불만을 담아 땅바닥에 내버려둔다는 의미가 담겨야 한다. '치(寘)' 자로 대변되는 동작에는 그리움이 화자의 마음에 남긴 슬픔까지 포함된다.

'주행(周行)'은 주희가 《집전》에서 "대도(大道)"라고 해석했다. 이 큰길이라는 말은 화자가 그리워하는 사람을 가리키는 동시에 멀리 길을 떠나야 했던 그 사람이 짊어진 책임과 나라와 백성을 위해 지켜야 할 도리라는 뜻을 품고 있다. 이 구절과 문왕을 그리워하는 후비의 마음이라는 작품 해석이 대응을 이룬다. 민속학자 쑨쭤윈(孫作雲, 1912~1978)은 '주행(周行)'을 주나라 수도로 통하는 큰길이라고 해석했는데, 이런 풀이는 작품 속 장면을 실제처럼 생생히 상상하게 한다.

이 구절이 표현하는 그리움은 또렷하고 간결한 장면이다. 한 여인이 도꼬마리를 따면서 때때로 님이 떠나간 큰길 위를 바라보며 한탄한다. 마음이 흐트러져서 그런지 일이 손에 잡히지 않아 한참을 일해도 광주리를 채우지 못한다.

2
陟彼崔嵬, 我馬虺隤. 흙산에 올라가려 하나 말이 지쳐 병들었구나
我姑酌彼金罍, 維以不永懷. 잠시 금잔에 술을 따라서 긴 그리움을 잊을까

척피최외(陟彼崔嵬) '척(陟)'은 높은 곳에 올라가는 행동이다. '피(彼)'는 지시대명사로 '저기'라는 뜻이다. 보잘것없는 지시대명사 한 글자가 이 작품에서 전하려는 감정과 긴밀하게 엮여 있다. '저기'가 화자의 마음이 향하는 방향이자 삶의 태도를 보여주며, 또한 높은 데 올라가는 행동의 동사와 뒤따라오는 명사 사이에서 신경계를 이어주는 듯한 역할을 한다. 이 구절에서 '저기'는 말로 표현하기 힘든 슬픔과 기쁨을 은연중에 드러내는 장치인 셈이다. '최외(崔嵬)'는 《모전》에서 "흙산에 돌이 얹혀 있는 것"이라고 해설했다. 《이아(爾雅)》에 나오는 설명도 이와 비슷한데, "돌을 얹은 흙더미를 최외(崔嵬)라고 한다." 즉 '최외'란 산봉우리 형상인데 돌이 그 위에 있는 것이니 높고 험준한 지형이라고 하겠다.

아마훼퇴(我馬虺隤) '아마(我馬, 내 말)'라는 표현에서 말을 타고 남편을 찾으러 가는 정경이 떠오른다. 그만큼 화자의 정성과 강한 마음이 느껴지는 표현이다. '훼퇴(虺隤)'는 《모전》에서 "병들다"라고 풀이했다. 《시경음의(詩經音義)》에서는 《설문해자》를 빌려와 "훼(虺)는 엄(瘂, 병들다)이고 퇴(隤)는 퇴(頹, 무너지다)다"라고 했다. 말이 병들면 피로를 이기지 못하고 다리를 후들거리다가 쓰러진다.

아고작피금뢰(我姑酌彼金罍) '고(姑)'는 '잠시', '우선'이라는 뜻이다. '뢰(罍)'는 주나라 때 술을 담던 그릇이다. 명나라 문인 풍복경(馮複京)은 《육가시명물소(六家詩名物疏)》에서 뢰가 "존(尊, 술잔의 한 종류)보다 크다"고 하면서, "뢰는 주전자 모양인데 큰 것은 1곡(斛)이 들어간다"고 주석을 달았다. 옛날 계

량 단위로 10두(斗)가 1곡이다. 《한시(韓詩)》에서는 "금뢰(金罍)는 대부(大夫)의 그릇이다"라고 했다. 주나라의 예법에 따르면 신분에 따라 사용하는 기물이 다른데, 천자는 옥, 제후와 대부는 금, 선비[士]는 가래나무로 된 것을 쓴다. 현대 고고학 발굴에서 청동으로 된 '뇌(罍)'가 여럿 출토되었다. 배 부분이 둥글고 목은 가늘며, 입구가 작고 좌우에 귀가 달린 것이 많다. 대부분 뿔이 없는 용 무늬가 새겨져 있다. 이 작품에서 말하는 '금뢰'도 청동으로 만든 것일 터다. 뇌를 사용해 술을 마신다면 호기롭고 규모가 큰 자리라고 생각된다.

유이불영회(維以不永懷) '유이(維以)'는 '정말 바란다', '그것만 원한다'는 뜻이다. 이 두 글자만으로 골짜기를 휘돌아 들려오는 메아리처럼 화자가 어떤 심경인지 독자가 곧바로 그 마음의 깊이를 느낄 수 있다. '영회(永懷)'는 생각을 오래도록 품었다는 뜻이다. 어떤 생각인지는 더 설명할 것도 없다. '영회(永懷)'와 '상사(相思)'는 서로 공명하고 대응한다. 그 앞에 놓인 '불(不)'이라는 글자 덕분에 부정하면서도 사실은 더 강하게 인정하는 속마음이 드러난다. 이런 표현법은 외강내유(外剛內柔)라고 풀이할 수 있겠다. 그립지 않다고 말하고 싶지만 어떻게 그럴 수 있을까? 오랫동안 생각한[永懷] 사람이 어떻게 그리운 사람이 아닐까? 생각의 끝은 멀고, 마음의 바다는 변화가 심하다. 평이하게 서술하는 듯하지만 내면에는 파도가 친다. 이렇듯 《시경》에서 묘사하는 사물이나 풍경은 은연중에 복잡하고 다변하는 심상을 함축한다.

3
陟彼高岡, 我馬玄黃. 높은 산등성이에 올라가려 하나 말이 누렇게 병들었구나
我姑酌彼兕觥, 維以不永傷. 잠시 쇠뿔 잔에 술을 따라서 긴 슬픔을 잊을까

고강(高岡) 《이아》에서는 "산등성이를 '강(岡)'이라 한다"고 해설한다. 산등성이란 산의 중심 줄기를 말하는데, 지리학적으로는 길게 이어진 산의 중심선을 가리킨다. 즉 산에서 높은 부분이 '강(岡)'인 것이다. 앞서 나온 '최외'와 이 구절의 '고강' 사이에서 지형과 산세가 점진적으로 변화하는 감각을 느낄 수 있다.

현황(玄黃) 《모전》에서는 "검은 말이 병들면 누렇게 된다"고 했다. 남조시대 학자 도홍경(陶弘景)은 《진고(眞誥)》 '운상이(運象二)편'에서 "얼굴은 정신의 집이고 머리카락은 두뇌의 화려함을 보여준다. 마음이 슬프면 얼굴이 초췌해지고, 두뇌가 나빠지면 머리카락이 빠진다"고 했다. 옛날에는 '현(玄)'이라는 글자로 검은색을 표현했다. '현황(玄黃)'은 노란색인데 검은빛이 도는 것이니 어두운 노랑이다. 《우마경(牛馬經)》에서는 "소와 말이 병들면 털에서 색과 윤기가 사라지고 대부분 누렇게 되어 말라간다"고 했다. 즉 '현황'이란 말이 병들어 털이 칙칙해진 것을 가리킨다.

시굉(兕觥) 《모전》에서 '시굉(兕觥)'을 "뿔로 만든 술잔"이라고 풀이했다. 《집전》에서는 '시(兕)'는 들소이고 푸른색 뿔 하나가 나 있으며 몸무게가 1천 근이라고 설명했다. 이런 해설을 보면 노자(老子)가 푸른 소를 탔다는 전설이 생각난다. 《본초강목》 권51에서는 이런 무소[犀] 종류의 동물에 대해 산서(山犀), 수서(水犀), 시서(兕犀)의 세 종류가 있으며, 이 가운데 시서는 사서(沙犀) 혹은 독각서(独角犀)로 부른다고 설명하고 있다. '굉(觥)'은 《정의》에서 "칠승(七升)의 술을 담을 수 있는 잔이며, 시각(兕角)으로 만든다"고 해설했다. 굉 역시 옛날 술을 마시던 큰 잔을 가리키는 말인 것이다. 당나라 때만 되어도 이런 술잔은 다 사라지고 없다. 아마도 뿔을 얻을 '시서(兕犀)'가 멸종했기 때문이 아닐까.

불영상(不永傷) 이 세 글자는 앞선 구절에 나온 '불영회(不永懷)'의 감상에서 벗어나 꽃이 지는 가을이나 잎이 말라버린 겨울과 같은 시리고 비장한 슬픔으로 읽는 이에게 처절한 감동을 준다. 그리움이 깊어도 그립다고 말하지 않는다. 앞 구절에서는 '불영회'라고 슬픔을 위로했다. 그때는 그리움을 마음속에 숨기고 참을 수 있었다. 그러나 '불영상'의 슬픔에 이르러서는 그리움이 순간적으로 눈물이 되어 흘러내리는 느낌이다. 그리움은 말로 다할 수 없는 슬픔이고, 또한 스스로 원해서 품은 상처다. 그리움은 끝을 모르고 이어지며, 술에 취해서도 끝없는 풍경을 보며 어디로 가야 할지 모른다. 이렇게 그리운 마음이 팽창해서 다음 구절에서 네 번의 '의(矣)' 자가 광풍처럼 휘몰아치게 되는 것이다.

〈권이〉는 그리움을 노래한 시 중에서 최고봉으로 인정받는데, 확실히 사람의 마음을 깊은 곳까지 들여다보는 힘이 있다. 가장 힘든 곳까지 가고 가장 깊은 곳까지 취해서 슬픔이 곧 아픔이 되는 경지다. 담담하게 읊었지만 실제로는 산과 강을 뒤흔드는 강한 감정이 시에 담겼다.

4
陟彼砠矣, 我馬瘏矣. 바위산에 올라가려 하나 말이 지쳐 쓰러졌구나
我仆痡矣, 云何吁矣! 마부도 병이 났으니 어떻게 해야 당신을 볼 수 있을까!

저(砠) 《설문해자》에서 '저(砠)'를 '돌산 저(岨)'라고 풀었다. 돌 위에 흙이 덮인 산이라고도 했다. 이런 산은 산세가 광활하면서 완만하다. 앞서 나온 '최외'가 표현하는 산과 반대된다.

도(瘏) 《모전》에서는 '도(瘏)'를 "병(病)"이라고 해석했다. 현대 중국어에서 '병(病)'은 생리적이고 병리적인 문제를 가리키므로 의미가 좁은 편이다. 옛날 중국 사람들이 '병(病)'이라고 말할 때는 범위가 넓었다. 질병, 노동, 빈곤, 피로, 배고픔, 슬픔, 그리움 등에 다 '병(病)'이라는 글자를 쓴 것이다. 이 구절에서는 말이 너무 무리하는 바람에 쓰러졌고, 그래서 더 달리지 못하고 멈춰섰다는 의미다.

아복부의(我仆痡矣) 《정전》에서 '복(仆)'은 "수레를 끄는 사람"이라고 했다. 즉 마부다. '부(痡)'는 《정의》에서 "사람이 피로하여 더는 길을 갈 수 없는 병"이라고 했다. 과로해서 쓰러졌다고 보면 되겠다.

우(吁) 《모시》에서 '우(吁)'를 '근심 우(忧)' 자라고 풀이했지만 '우(吁)' 자는 우(吁)로 통용된다. 《설문해자》에서는 이 두 글자의 다른 점을 이렇게 해설했다. 우(吁)는 놀라는 것이고 우(旴)는 눈을 뜨는 것이다. "운하우의(云何吁矣)"라는 한탄에는 어찌할 바를 모르는 감정, 우울하고 슬픈 마음이 담겼다. 그립지만 보지 못하는 고통이 깊게 느껴진다. 일본 학자 가메이 쇼요(龜井昭陽)

는 이 구절의 한탄을 두고 〈권이〉의 그리움이 얼마나 괴로운지 알 수 있다고 했다.

5

청나라 때의 우운진(牛運震)은 〈권이〉를 두고 "높은 곳에 오른다고 어찌 사람을 볼 수 있겠는가? 술을 마신다고 어찌 근심이 풀리겠는가? 근심이 깊으면 우화로 삼아 마땅히 이와 같이 하라"고 평가했다. 한편 당나라 때 지어진 시 〈춘규사(春閨思)〉는 〈권이〉의 정취를 이어받아 비슷한 감성으로 그리움에 대해 읊었다.

하늘하늘 변성의 버드나무, 푸릇푸릇 언덕 위에 뽕나무
바구니 들고 잎 따는 것도 잊은 채, 지난밤 꿈에 본 어양(漁陽)을 생각하네
裊裊邊城柳, 青青陌上桑
提籠忘采葉, 昨夜夢漁陽

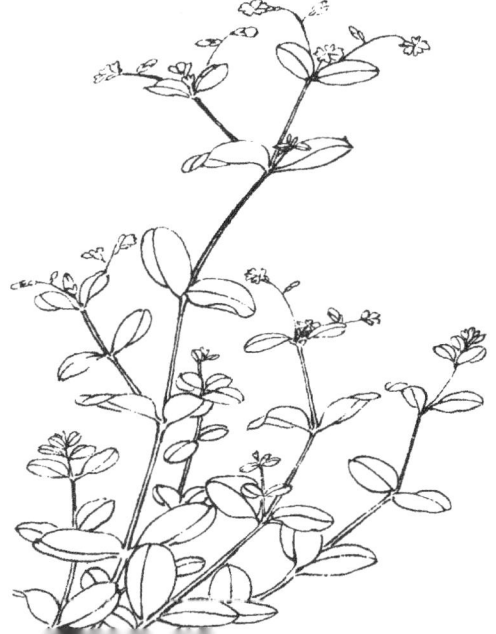

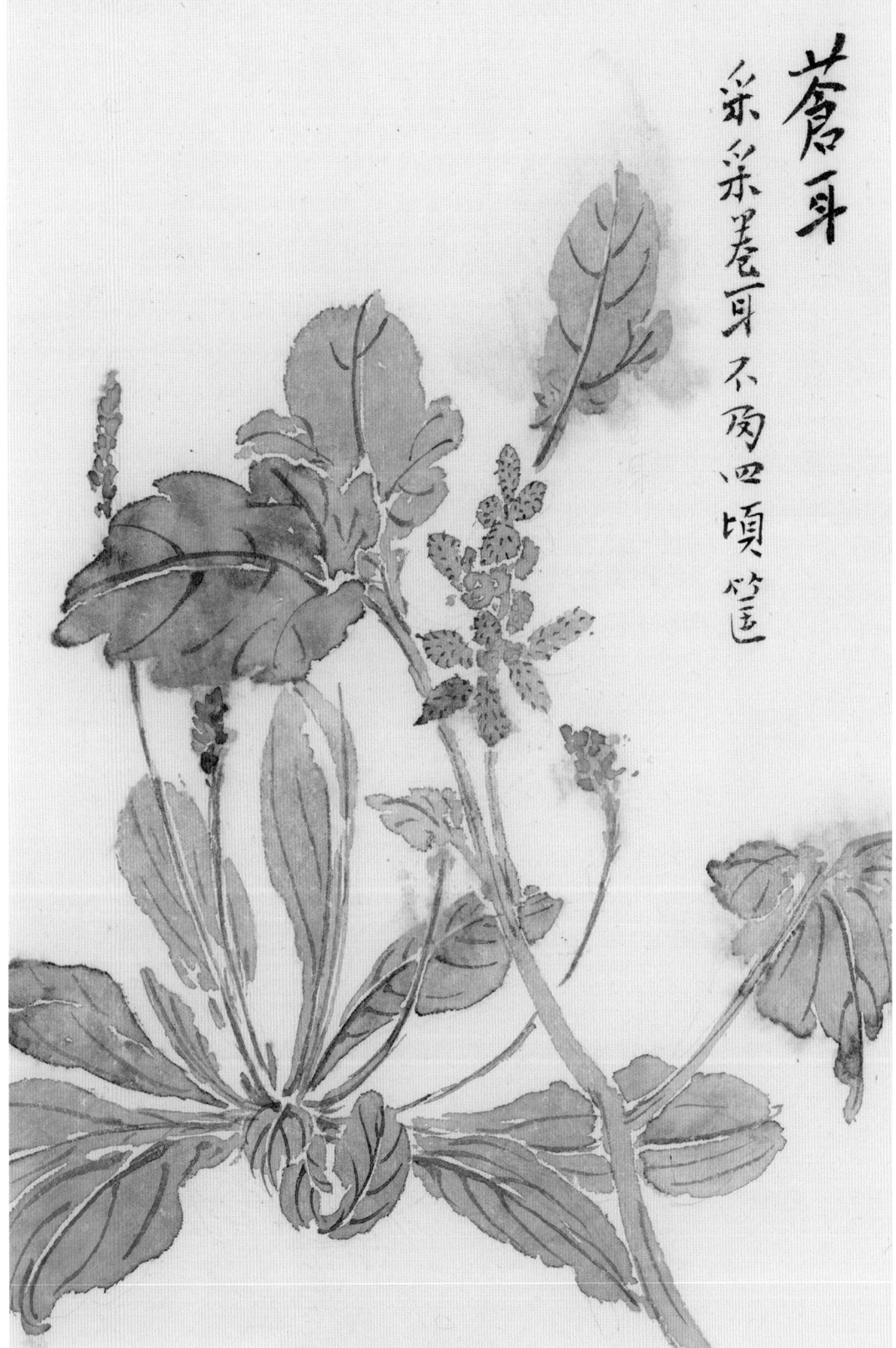

식물 이야기

《시경》에 나오는 '권이(卷耳)'가 어떤 식물인지에 대해서는 여러 설이 있다. 현대 식물분류학에서는 '권이(卷耳, 점나도나물)'와 '창이(蒼耳, 도꼬마리)'가 과가 다른 식물이다. 권이는 석죽과고, 창이는 국화과다.

시경의 〈권이〉 중 한 구절을 보면 "채채권이, 불영경광(采采卷耳, 不盈頃筐)"이라고 했는데, 권이라는 식물을 따는 광경을 묘사했다. 진(秦)나라 이전 시대는 농경 초기여서 재배하는 채소 종류가 적었다. 그러므로 권이를 산나물로 취급하는 것은 정상적인 일이었다.

《시경》에 나오는 '권이'를 부르는 여러 가지 이름에 관해서는 현존하는 고문헌 기록을 여러 가지 살펴볼 수 있다. 동한(東漢) 시기의 《모시고훈전》(《모전》이라고 약칭한다)에서는 권이가 곧 '영이(苓耳)'라고 했다. 《모전》에 나오는 권이에 관한 해설은 한나라 초기에 책으로 엮어진 《이아》의 '석초(釋草)편'에 나온다. 《이아》는 한나라 초의 학자가 진나라 이전 시기의 오래된 문집을 정리한 중국 최초의 백과사전이다.

삼국시대 오나라의 학자 육기(陸璣)는 《육소(陸疏)》에서 이렇게 설명한다. "권이는 시이(枲耳), 호시(胡枲), 영이(苓耳)라고도 한다. 잎은 청백색이고 호유(胡荽, 고수)와 비슷한데, 흰 꽃과 가는 줄기가 덩굴로 난다. 4월에 싹이 나는데, 부인네들의 귀걸이를 닮아서 이 풀을 이당초(耳璫草)라고 부르기도 한다. 정강성(鄭康成)은 이것을 백호유(白鬍荽)라고 했고, 유주(幽州) 사람은 작이(爵耳)라고 부른다."

서진(西晉) 말기, 곽박(郭璞)은 《광아(廣雅)》에서 "시이(枲耳)는 곧 호시(胡枲)를 말한다. 강동(江東) 지역에서는 상시(常枲) 혹은 영이(苓耳)라고 부른다"

고 했다.

　동진(東晉) 사람인 장화(張華)는 중국 최초의 박물학 저작인 《박물지(博物志)》에서 '호시'의 모양과 유래를 이렇게 설명했다. "어떤 사람이 양을 몰고 촉(蜀)으로 들어갔는데 호시의 열매에 가시가 많아서 양털에 달라붙었다가 중국으로 들어왔다."

　동진 시기에 이르면 《시경》에 나오는 '권이'는 형태상으로 볼 때 '창이(蒼耳)'를 가리키는 것이 확실한 듯하다.

　그 이후에 《설문해자》,《강희자전》,《초사장구》에서 권이를 해설한 것을 찾아보면 전부 《이아》,《광아》,《육소》,《박물지》의 기록을 인용한 것이다.

　북송(北宋) 때의 소송(蘇頌)은 《본초도경(本草圖經)》에서 "《시경》에서 말하는 '권이'는 《이아》에 나온 영이(苓耳)다. 《광아》에서는 시이(葈耳)라고 하는데, 모두 열매를 보고 이름을 붙였다"고 했다. '권이'라는 이름은 꽃의 모양이 아니라 열매의 모양을 보고 붙여진 것을 알 수 있다. 그러나 《이아》에서는 권이를 영이(苓耳)라고 했지 창이(蒼耳)라고 하지 않았다. 이런 이유 때문에 후대 사람이 창이(蒼耳)가 영이(苓耳)라는 글자를 흘려 쓰는 과정에서 생긴 오기일 것이라 보고, 그로부터 창이(蒼耳)라는 이름이 생겼으나 권이와 창이는 같은 식물을 가리키는 말이라고 추론하기도 한다. 다만 이런 의견은 추론일 뿐 근거가 있는 설은 아니다.

　창이(蒼耳), 즉 도꼬마리에는 카우렌(kaurene) 독성 물질이 소량 함유되어 있어서 줄기와 잎을 생으로 먹을 수 없다. 옛사람은 '신농(神農)이 100가지 풀을 먹어서 독성을 검사했다'는 전설 속 정신을 따라서 도꼬마리를 굽거나 삶으면 식용할 수 있다는 것을 알아냈다. 예로부터 도꼬마리를 먹고 독성 물질에 해를 입었다는 기록은 없다. 명나라 때의 책 《구황본초(救荒本草)》에는 도꼬마리를 식용하는 방법에 대해 나와 있다. "어린 싹을 기름에 튀기거나 끓는 물에 데치면 나물로 먹을 수 있다. 씨앗은 볶은 뒤 껍질을 벗기고 가루로 만들어서 떡을 구워 먹는다. 씨앗에서 기름을 짤 수도 있다."

　도꼬마리는 음력 4월에 싹이 나고 7~8월에 꽃이 피고, 9~10월에 열매를 맺는다. 줄기는 곧게 자라고 덩굴로 나지 않는다. 이런 점은 《육소》에 기록된 것과 모순되는 부분이다.

두보가 〈구수자적창이(驅豎子摘蒼耳)〉라는 시를 지은 적이 있다.

강에는 추분이 이미 지나갔지만 숲속에는 여전히 더위가 심하니
밭에서 일하는 사람이 힘들다고 하고 매일 먹을 채소를 구하지 못하네
쑥과 강아지풀만 말라 죽지 않고 물가의 그늘에 풀이 자라니
도꼬마리[卷耳]는 풍중을 치료하는 데 좋아 시중 드는 아이에게 때 맞춰 따오라고 하였네
이른 새벽에 보내었더니 제멋대로 멀리 갔다 오는데,
정오가 되어 광주리를 내려놓고 씻고 껍질 벗겨서 보자기를 덮어 두었네
반쯤 익도록 데쳐서 식탁에 올리고 젓가락으로 집어 먹으니 먹을 만한데
박과 염교 사이에 섞어 무쳤더니 귤로 맛을 낸 것 같다
혼란한 시절에 관리의 착취가 심하니 백성은 나쁜 음식조차 먹지 못하는데
배불리 먹는 심보가 무엇이냐, 기름진 고기와 좋은 곡식을 먹는 자들이 황당하도다
부잣집 부엌에는 고기 냄새가 나고 전쟁터에는 백골이 널려 있으니
못된 아이들에게 말하노니, 금을 흙처럼 함부로 버리지 말라

江上秋已分, 林中瘴猶劇.　畦丁告勞苦, 無以供日夕.
蓬莠獨不焦, 野蔬暗泉石.　卷耳況療風, 童兒且時摘.
侵星驅之去, 爛熳任遠適.　放筐亭午際, 洗剝相蒙冪.
登牀半生熟, 下箸還小益.　加點瓜薤間, 依稀橘奴跡.
亂世誅求急, 黎民糠籺窄.　飽食復何心, 荒哉膏粱客.
富家廚肉臭, 戰地骸骨白.　寄語惡少年, 黃金且休擲.

　　기울어진 광주리에 산나물을 따오는 오래된 풍습을 생각해 보자면, '창이'와 '권이'는 같은 식물을 가리킨 것으로 볼 수 있다.

《시경》이
나에게
주석을 단다면

그리움은 영원한 빛이다. 그리움이 마음에서 흘러나와 눈앞에 있는 도꼬마리에 닿는다. 그리워하는 사람에게는 그때가 연약해지는 순간이다. 도꼬마리 입장에서 보자면 평범한 식물에서 영혼을 가진 대상이 되어 사람의 마음속에 들어가게 되는 순간이다. 더는 단순한 자연 속 도꼬마리가 아니게 된다. 자연과 사람은 그렇게 서로 마음과 영혼을 나눈다. 또한 다른 층위의 의의가 생성되는데 애정과 의탁, 물성과 환상이 하나로 합쳐져 세상과 인간이 동시에 같은 슬픔과 기쁨이 교차하는 감상 속에 존재한다.

시의 미학적 의의로 보자면 〈권이〉를 읊을 때 우리는 물처럼 마음이 온화한 여성을 떠올릴 수 있다. 사랑의 빛이 이끄는 대로 일상생활 속에서 활달한 이미지가 부드러운 연기로 화해서 눈앞에 있는 식물인 도꼬마리 위에 가볍게 내려앉는다. 도꼬마리는 이런 고요한 순간에 단순한 식물이 아니라 신비한 힘에 의해 시간과 사람의 마음을 이어주는 통로로 변한다. 사랑에 빠진 눈길이 공간의 제약을 넘어서 꿈인 듯 환상인 듯 내내 그리워하던 사람을 본다. 그 사람이 힘들게 전쟁터로 나아가는 길을 본다.

시대가 달라지면서 오늘날에는 여성을 물의 이미지에 비유하면서 삶에 피어난 아름다운 꽃으로 여기는 일은 거의 없다. 여성들도 대부분 자신을 유순한 물이 아니라 단단한 얼음으로 여기며 강인한 힘과 날카로움으로 사회에서 활약하려 한다. 그러나 이런 시를 읽을 때는 우리 마음속에 떠오르는 여성은 사랑의 유연함, 사랑의 끈기, 우리 마음속 사랑의 이미지를 대변한다.

도꼬마리의 열매에 난 가시는 독립적인 개체의 개성을 드러내는 것이 아니라 남자와 여자 사이의 조화로운 관계가 보여주는 '연결'을 느끼게 한다. 이런 연결은 외부의 이익에 따른 연대일 뿐 아니라 내면적으로 서로 그리워하는 마음이 공명하는 것이기도 하다.

사랑의 영원성과 인류문명의 영원성 사이에는 뗄 수 없는 통일적 가치가 존재한다. 〈권이〉의 물처럼 부드러운 감정에도 강렬한 힘이 숨겨져 있다. "채채권이(采采卷耳)", 도꼬마리를 따고 또 따는 행동이나 "아마훼퇴(我馬虺隤)", 지치고 병든 말의 피로감 등 일상생활 속의 이런 고단함이 몇 번이고 반복되지만 아무리 슬프고 힘들어도 사랑하는 이를 그리워하는 마음을 잊지 않는다.

〈권이〉의 세계에서는 하늘도 땅도 고요하며 오로지 당신과 나만 존재한다. 이런 시 속 정경은 현대사회에서는 정말 희소하고 진귀하다.

〈권이〉를 읽으며 파릇파릇 풀이 자란 산길 옆에 우울한 표정으로 서 있는 여자를 떠올리자. 도꼬마리 열매에 난 가시가 여자의 살갗을 긁는다. 몸에서 느껴지는 은은한 통증이 여자의 마음속 고통과 대비된다. 님이 그리워서 아픈 것에 비하면 가시에 긁힌 것쯤 뭐가 대수일까? 도꼬마리는 순간 팽팽하게 시위를 낭긴 활이 되어 아늑한 하늘로 여자의 그리움을 쏘아올린다. 그리움이라는 화살이 가리키는 것은 순간의 사랑이 아니라 시간이라는 장애물조차 넘어선 영원함이다.

뛰어난 화가가 〈도꼬마리의 그리움〉이라는 제목으로 감정을 눈앞의 사물에 의탁하는 방식의 그림을 그린다면 어떨까? 어떤 여자, 그 여자의 사랑, 그리고 도꼬마리 사이에서 오가는 그리움에서 오래도록 변하지 않는 사랑을 표현할 수 있지 않을까? 1천 년의 시간이 쌓여 만들어진 동양 문명의 신비로운 감성은 확실히 남다른 느낌을 줄 것이다.

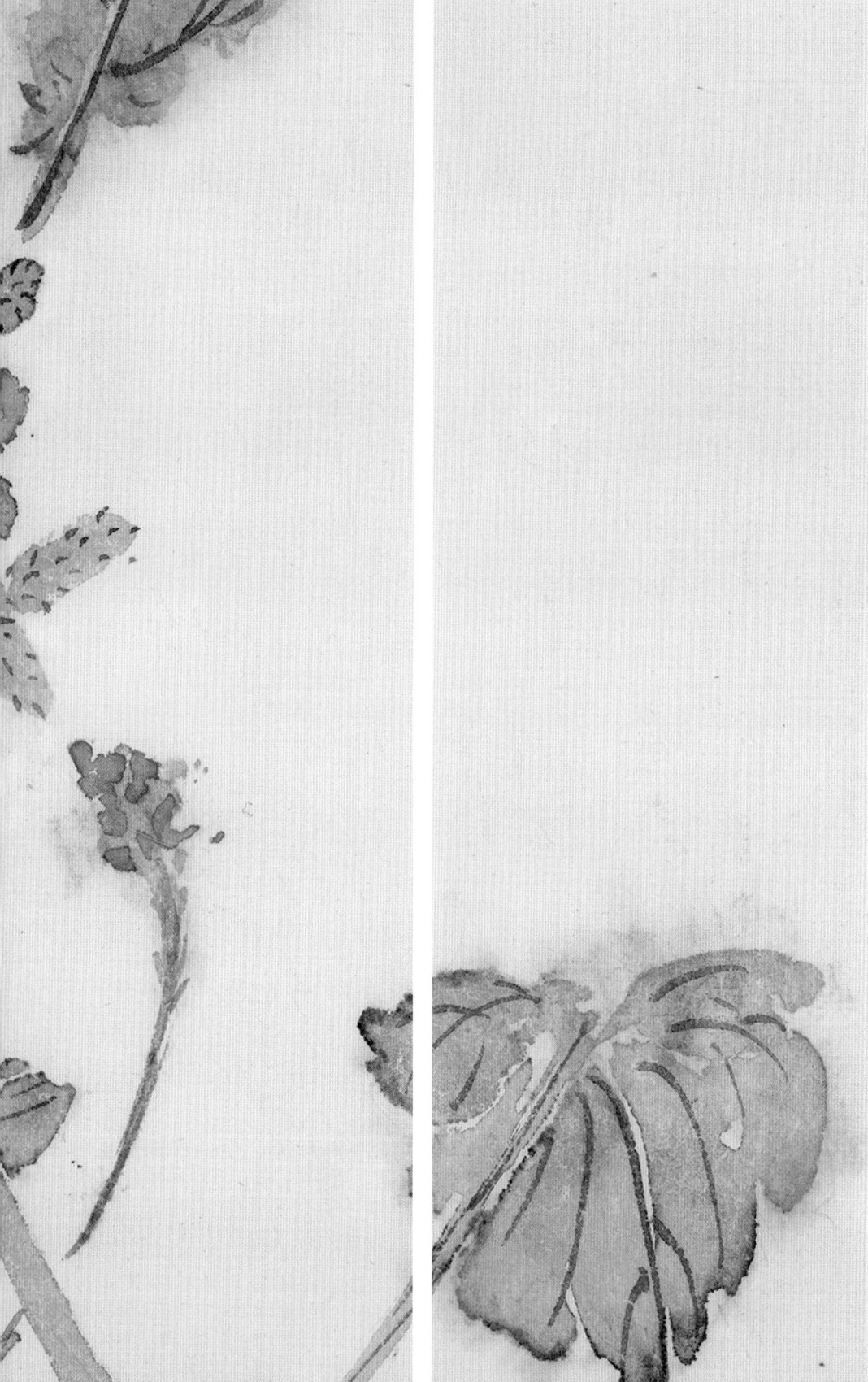

04 복숭아나무

방긋 웃다

도요(桃夭)

복숭아나무 가지에 복사꽃이 활짝 피었네
아가씨 시집가서 시댁을 기쁘게 하겠네
桃之夭夭, 灼灼其華.
之子于歸, 宜其室家.

복숭아나무 가지에 복숭아가 주렁주렁 열렸네
아가씨 시집가서 친정을 기쁘게 하겠네
桃之夭夭, 有蕡其實.
之子于歸, 宜其家室.

복숭아나무 가지에 잎사귀가 무성하네
아가씨 시집가서 온 집안을 기쁘게 하겠네
桃之夭夭, 其葉蓁蓁.
之子于歸, 宜其家人.

잡다한 해설

〈도요〉는 여성이 시집가는 것을 축하하는 시다. 혼례식 중간에 축복을 빌며 노래하기에 적합하다. 시인이자 서예가인 류사허(流沙河, 1931~)는 《류사허의 시경 강의》에서 자신이 어린 시절(1930년대) 결혼식에서 '예생(禮生, 오늘날 결혼식 사회자)'이 이 시를 읊었다고 설명한다. 시를 읊을 때는 음악 연주를 곁들였으며 몹시 전문적인 절차였다고 술회한다.

《모시서》에서는 〈도요〉를 "후비의 소치(所致)이다. 질투하지 않고 남녀 관계가 올바르며 때가 되어 혼인하면 나라에 홀로 사는 사람이 없다"고 설명했다. 이때 '치(致)'란 왕공귀족의 딸이 적당한 때에 시집을 가는 것을 말한다. 이른바 시집가기 적당한 때란 《주례(周禮)》에 "중춘지월, 영회남녀(仲春之月, 令會男女)"라고 기재되어 있다. 주나라 사람은 복사꽃이 한창인 봄이 젊은 아가씨가 시집가기 가장 좋은 때라고 여긴 것이다. 시의 분위기는 즐겁고 명랑하다. 기쁨 속에는 행복한 가정을 꿈꾸는 마음이 가득 담겼다. 《모전》에서는 "요요(夭夭)는 젊고 원기왕성하다는 뜻이다"라고 했다.

봄이 시집가기 좋은 때라면 〈도요〉의 시구를 글자 그대로 이해하는 것이 시를 가장 정확히 감상하는 것일 터다. 결혼하는 여성의 젊고 화려하며 아름다운 모습을 그린 시다. 청나라 문인인 요제항(姚際恆)은 "복사꽃의 색깔이 가장 아름답기에 고래로 이 꽃으로 여자를 비유했는데, 미인을 칭찬하고 노래하는 시의 시초다"라고 했다. 요제항이 말하려던 시 작품은 〈도요〉가 분명하다. 《시경》에서 미인의 아름다움을 노래한 뛰어난 작품으로는 〈석인(碩人)〉도 있다.

〈도요〉의 매력은 사랑, 결혼, 가정에 대한 기대감과 기쁨을 더할 나위 없이 드러냈다는 것이다. 노한 이 시의 기상은 더 높은 데까지 닿는다. 수(周) 왕실이 나라를 세우고 흥성하는 징조를 드러내는 의미도 담았기 때문이다. 중국 예술의 역사에서 '도지요요(桃之夭夭)'는 아름답고 생명력 넘치는 청년기의 느낌을 선연하게 드러낸다.

내가 《시경》에 주석을 단다면

1
桃之夭夭, 灼灼其華. 복숭아나무 가지에 복사꽃이 활짝 피었네
之子于歸, 宜其室家. 아가씨 시집가서 시댁을 기쁘게 하겠네

도지요요(桃之夭夭) 도(桃), 즉 복숭아나무는 장미과 벚나무속의 낙엽교목이다. 자세한 내용은 '식물 이야기' 부분을 참고하길 바란다. 복숭아나무는 행복한 결혼생활을 비유하는 식물이다. '도지(桃之)'라는 두 글자에서 그것을 충분히 느낄 수 있다. 요요(夭夭)는 꽃이 풍성하게 피어난 것을 가리킨다. 복사꽃이 흐드러지게 핀 모습을 '요요'하다고 한 것이다. 또한 젊은 아가씨의 외모가 지극히 아름답다는 의미이기도 하다. 《모전》에서는 "요요(夭夭)는 젊고 원기왕성하다[少壯]는 뜻이다"라고 했는데, 사실 이 시에 담긴 뜻은 아름답다는 것이다. 서진시대 문인인 왕육(王育)은 《설문인시변증(說文引詩辨證)》에서 "夭는 여자의 웃는 얼굴을 말한다. 夭는 곧 '계(薊, 삽주 혹은 엉겅퀴를 뜻하는 식물)'인데, 이 식물이 고개를 아래로 숙인 듯한 모습이라 여자가 웃을 때 고개를 숙이는 것을 비유한 것이다. 복사꽃도 이와 비슷하다. 요(夭)는 머리를 오른쪽으로 살짝 기울인 것인데, 이렇게 머리를 기울인 자세 역시 여성의 꽃과 같은 아름다움에 미치지 못한다"고 썼다. 작가이자 문학 연구자인 첸중수(錢鍾書, 1910~1998)는 《관추편(管錐編)》이라는 책에서 "요요(夭夭)는 비유하는 말이며, 꽃의 아름다움을 형용하는 것이지 복숭아나무가 어리고 원기왕성하다[少壯]는 뜻이 아니다"라고 했다. 당나라 시인 이상은(李商隱)은 〈즉목(即目)〉이라는 시에서 "복사꽃이 활짝 웃으니, 나비가 공연히 춤추는 게

아니구나(夭桃唯是笑, 舞蝶不空飛)"라고 했다. 여기서 '요(夭)'는 '웃다'이고, '무(舞)'는 '날다'이다. 〈도요〉의 첫 구절은 이처럼 환하게 웃는 얼굴을 떠올리게 한다.

작작기화(灼灼其華) 작작(灼灼)은 '불사를 작(灼)' 자로 구성되었지만 사실은 꽃의 색깔이 불이 붙은 것처럼 선연하다는 의미다. 젊은 아가씨의 웃음소리가 가진 '요요(夭夭)'한 매력, 그 생동하는 에너지가 마치 불꽃처럼 타오른다는 비유이기도 하다. 《모전》에서는 '작작(灼灼)'을 "꽃이 활짝 핀 것이다"라고 해설했다. 작열하는 생명력은 불처럼 붉다. 적당한 때에 혼인하면 새로운 생명이 탄생할 것이므로 화염의 이미지로 강렬하고 풍요로운 생명력을 표현할 만하다. 옛날 사람들은 불을 신비롭게 여기고 숭배했다. '작작기화(灼灼其華)'에는 그런 신비감도 포함되어 있을 터다. 선조들의 상상력과 강한 생명력에 대한 동경은 상나라 혹은 주나라 시대부터 이어진 무속 신앙과도 연관된다. 그래서 복숭아나무는 다른 나무와 달리 고대의 신화와 관련이 깊다. '빛날 화(華)' 자는 예전에 '꽃 화(花)' 자의 통용자로 쓰였다. 화(華)의 의미는 꽃이 만개한 모습이자 세력이 크게 흥성하는 것을 뜻한다.

지자우귀(之子于歸) 지자(之子)는 이 시에서 갓 혼인한 아가씨를 가리킨다. 옛적에는 남녀를 통틀어 '지자(之子)'라고 불렀다. '지(之)'와 '자(子)'는 모두 옛 중국의 존대어 표현이다. 후대 사람들이 《시경》에서 자녀의 이름을 따올 때 '지(之)'나 '자(子)'를 포함하는 이름은 모두 존귀함과 정중함의 뜻을 담았다. 지자(之子)라는 표현에서 알 수 있듯 〈도요〉는 왕공귀족 가문의 딸이 시집 가는 장면을 그린 것이다. 또한 지자(之子)에 경쾌하고 친밀한 감정이 포함되어 있으며, 이는 혼례식의 분위기를 드러낸다고 보는 견해도 있다. 우귀(于歸)의 '귀(歸)' 자를 해석하려면 구체적인 장면에 근거하는 것이 좋다. '부모님께 돌아가다'라는 뜻이면 여자가 친정에 가는 것이다. 만약 '시댁으로 돌아가다'라면 여자가 혼인하는 것이다. 이곳에서의 '귀'는 다음 구절인 '실가(室家, 시댁)'와 대응하여 혼인하는 것으로 보아야 한다.

의기실가(宜其室家) 의(宜)는 《정전》에서 "남자와 여자 모두 때가 적당하다"

라고 설명했다. 결혼이라는 상황을 생각해 보면, 시집가는 여자가 바라는 것은 서로 평안하게 지내는 일일 터다. 서로 평안하기를 바라는 대상이 바로 '실가(室家)'다. 《좌전》에서 "여자는 '가(家)'가 있고 남자는 '실(室)'이 있다"고 한 것을 보면 '실가'란 남편의 집, 즉 시댁을 가리키는 것이다. 시댁 사람과 안락하고 순조롭게 지낸다는 의미다. 좀 더 큰 범위로 확장하여 '나라'에 대한 이야기로 이 구절을 이해한다면, 《대학》에 나오는 것처럼 "의기실가(宜其室家) 이후에 나라 백성을 가르칠 수 있다"는 말로 표현할 수 있다. 집안이 평안하고 나라가 순조로워야 흥성하고 발전할 수 있다.

이 첫 장에서는 '요요'와 '작작' 네 글자로 복사꽃의 화려한 아름다움을 충분히 드러냈다. 중국에서 이후로 수많은 시인이 봄을 노래했는데, 〈도요〉는 그런 전통의 멋진 시작이다. 당나라 사람 최호(崔護)는 《제도성남장(題都城南莊)》에서 "지난해 오늘 이 문에서, 그대 얼굴이 복숭아꽃처럼 붉었네. 지금 그 얼굴은 어디로 갔는지 알 수 없고, 복숭아꽃만 여전히 봄바람에 웃고 있네(去年今日此門中, 人面桃花相映紅. 人面不知何處去, 桃花依舊笑春風)"라고 읊었다. 시의 뜻이 '요(夭)'라는 글자의 그림자에 덮여 형성된 듯하다.

2
桃之夭夭, 有蕡其實. 복숭아나무 가지에 복숭아가 주렁주렁 열렸네
之子于歸, 宜其家室. 아가씨 시집가서 친정을 기쁘게 하겠네

두 번째 구절의 '요요'라는 두 글자는 복숭아 열매의 색깔이 화려하고 아름다우며, 과육이 실하고 촉촉하다는 의미다. 복숭아로 생명력이 충만한 모습을 비유한 것인데, 촉촉한 과즙과 달콤한 맛이 '요요'라는 글자에 담겼다.

분(蕡) 《모전》에서는 "열매의 생김"이라고 했다. 잘 익은 복숭아의 모습을 표현한 것이다. 알이 크고 붉은색과 흰색이 어우러져 있으며 둥근 것을 말한다. '분(蕡)'이라는 한 글자가 이런 묘사를 전부 내포하고 있다. 《시경》에서 형용사 앞에 '있을 유(有)'가 붙으면 글자를 중첩하는 것과 같다. "유분기실(有蕡其實)"은 "분분기실(蕡蕡其實)"이라고 해석해야 한다. 《역경》에서 '분(賁, 크다)' 괘

는 산 아래에 불이 있는 것인데, 마음에 불씨가 있으면 '분(憤, 분하다)'이 된다. 식물의 생명력이 왕성한 것을 표현할 때는 '분(蕡, 과실이 주렁주렁하다)'이 된다.

두 번째 구절에서 '우귀(于歸)'는 '가실(家室)'과 대응하며, 이는 여성이 친정으로 돌아가는 것을 가리킨 것으로 이해할 수 있다. 여기서는 친정 사람들과 지내면서 안락하고 화목한 것을 말한다. 《시경》이 지어진 시대의 문학은 후대 사람들이 쓴 글과 그 의미가 같지 않다. 《시경》 시대의 문학은 국가 통치, 도덕, 예법, 일상생활을 종합한 문자 서술이었다. 당시의 문자 서술이 추구하는 기준은 하늘과 땅에 감응하는 것 외에 의의를 개괄하고 농축된 정서를 표현하는 것이었으며, 단순히 아름다운 문장과 필력으로 흥취를 얻는 것이 아니었다. 후대 사람들이 시학을 바라보는 관점에서는 이처럼 원시적이고 소박한 시학 관념이야말로 시의 순수성에 진정으로 도달한 것이라고 하겠다. 또한 현대 시에서 이른바 '순수 시'라고 일컫는 작품의 본질이기도 할 터다. 표면적으로 '지자우귀'라는 글자의 뜻은 변함이 없으나 대응하는 단어가 '실가(室家)'에서 '가실(家室)'로 바뀌면서 사건과 의미가 가리키는 바는 완전히 달라졌다. 혼인할 때 부르는 노래라는 점에서 본다면, 두 번째 구절은 마땅히 시집가는 여자의 친정 식구들에게 들려주는 대목이라고 하겠다.

3
桃之夭夭, 其葉蓁蓁. 복숭아나무 가지에 잎사귀가 무성하네
之子于歸, 宜其家人. 아가씨 시집가서 온 집안을 기쁘게 하겠네

세 번째 구절의 '도지요요'는 이제 더 이상 단독으로 꽃이나 열매의 훌륭한 모습을 서술하지 않는다. '기엽진진(其葉蓁蓁)'은 《모전》에서 "진진(蓁蓁)은 몹시 무성한 모습"이라고 설명했다. 이 대목에서 '잎[葉]'을 언급하는 데 대해서는 학계에서 여러 논쟁이 있었다. 복숭아나무의 꽃, 잎, 열매가 나오는 시기와 순서가 다르다는 것이 문제였다. 어떤 학자들은 세 번째 구절과 두 번째 구절의 순서를 바꿔야 한다고 주장한다. 그래야 합리적이라고 말이다. 그런데 두목(杜牧)이 쓴 시 구절에서 '기엽진진'을 이해할 독특한 실마리를 얻었다. 이 시의 내용과 전체 모습을 이해할 때 많은 도움이 된 구절이다. 두

목은 "거센 바람에 붉은색이 다 떨어지고 나니, 푸른 잎이 무성하고 열매가 가지에 가득하다(狂風落盡深紅色, 綠葉成陰子滿枝)"라고 썼다. 이 시에서 보듯 '잎'은 단지 복숭아나무의 잎사귀만을 가리키지 않는다. 눈앞에 있는 나무 한 그루에 큼직한 복숭아가 주렁주렁 달린 것을 의미하는 것이다. 즉 꽃과 열매, 잎을 포함한 나무 전체를 말한다고 봐야 한다. 이렇게 '지자우귀'를 이해한다면, 앞서 첫 구절과 둘째 구절에서의 '지자우귀'와 또 달라진다. 여기서는 '돌아갈 귀(歸)' 자가 강조된다. 이제 여러 사람들이 혼례 장소로 돌아와서 시댁과 친정 양쪽 친척이 한자리에 모이는 것이다. 원래는 두 집안이었던 사람들이 지금부터 상대방을 가족으로 대하게 된다. 그러므로 혼례 장소에 모인 사람들은 모두 '이(宜, 마땅하다)'를 주고받아야 한다. 혼례식은 '도지요요(桃之夭夭)'의 즐거움으로 시작해 '이기가인(宜其家人)'의 최종 목적에 도달한다. 이렇게 해서 혼례식이 원만하게 마무리되는 것이다.

식물 이야기

복숭아나무는 장미과의 낙엽교목이다. 복숭아는 영양이 풍부하고 맛이 좋아 중국인이 가장 좋아하는 과일 중 하나로 꼽힌다. 복숭아를 가리키는 이름은 예나 지금이나 변함없이 '복숭아 도(桃)'를 쓴다. 예로부터 널리 재배된 과실수로, 약 3천 년의 재배 역사를 지녔다. 《본초강목》에서는 "복숭아는 일찍 꽃이 피고 심기 쉬우며 열매가 잘 맺힌다. 그래서 글자도 '나무 목(木)'과 '조 조(兆)'를 따른다"고 했다. 1조는 10억이니 '많다'는 뜻이다. 혹은 '복숭아 도(桃)'가 '조 조(兆)'의 음을 땄다고도 한다.

복숭아 품종은 아주 많은데, 꽃 색에 따라 명명하면 홍도(紅桃), 벽도(碧桃), 백도(白桃), 강도(絳桃) 등이 있고(대부분 명나라 때 왕상진王象晉이 엮은 《군방보群芳譜》에서 인용), 열매의 모양에 따라 명명하면 면도(綿桃), 유도(油桃), 방도(方桃) 등이 있다. 수확 시기에 따라 명명하기도 하는데, 오월조도(五月早桃), 시월동도(十月冬桃), 추도(秋桃), 상도(霜桃) 등이 있다. 모든 품종의 복숭아 열매를 다 먹을 수 있다.

복숭아나무는 높이가 3~8미터, 나무껍질은 어두운 적갈색이다. 잎은 홀잎이 어긋나며, 꽃이 잎보다 먼저 핀다. 꽃은 단독으로 피는데 자루가 없고 꽃잎이 5개다. 꽃 색은 대개 분홍색이나 선홍색과 흰색 꽃도 있다. 복사꽃은 풍성하고 아름다워 일반적으로 '미인'에 비유한다. 열매는 달걀 모양에 황백색인데, 껍질에 붉은 기가 돌고 선명한 골이 있다. 표면에 짧고 부드러운 털이 나 있으며 과육은 즙이 많고 달콤하다. 씨앗은 쓴맛이 난다.

복숭아의 원산지는 중국 서북 지방으로, 《시경》과 《상서》 등 옛 문헌에 기재되어 있는 것 외에 저장성(浙江省)의 하모도(河姆渡) 문화, 허난성(河南省)

의 이리강(二里崗) 문화 등 신석기시대 유적에서 복숭아 씨가 발견된 바 있다. 한나라 무제(武帝) 때 '비단길(실크로드)'을 통해 페르시아와 인도에 전해졌고, 그 후 유럽으로 유입되었다. 고대 그리스의 식물학자는 복숭아가 페르시아에서 나는 과일이라고 생각해 '페르시아 열매'라는 이름을 붙였는데, 이것이 라틴어 학명의 유래가 되었다(이 내용은 후셴수(胡先驌)의 《경제식물학(經濟植物學)》에서 인용한 것이다). 동쪽으로는 한국과 일본으로 전래되었고, 청나라 초기에는 아메리카 대륙에도 전해졌다.

《산해경》에서 과보(夸父)가 해를 쫓아가다가 목이 말라 죽을 뻔했을 때 나무지팡이를 꽂아 숲을 만들었는데 그곳을 등림(鄧林)이라고 했다. 그 숲이 바로 복숭아나무 숲이다. 민간의 전설에서는 복숭아나무를 신선의 나무라고 하고, 악귀를 물리치고 귀신을 쫓아낸다고 했다. 그래서 중국 민간에서는 복숭아나무로 춘련(春聯), 선도(仙桃), 수도(壽桃)를 만드는 전통이 있다. 동진 시대의 시인 도연명(陶淵明)이 〈도화원기(桃花源記)〉를 지어서 중국인의 마음속에서 세속의 분쟁에서 벗어난 이상향을 그리기도 했다.

문학 작품에 그려진 복숭아의 이미지는 몇 차례 전환을 겪는다. 《시경》에서 복숭아는 결혼하는 젊은 여성의 미소, 기대감, 수줍음, 아름다움 등을 상징했다. 한 여성이 삶에서 화사한 봄을 보내는 순간을 복숭아로 표현한 것이다. 《시경》 속 복숭아는 '요요(夭夭)'라는 두 글자로 번성하고 건강한 모습, 아름다운 자태, 마음을 흔드는 매력 등이 최고조에 이르렀다는 것을 보여준다. 선진(先秦)시대와 한나라, 당나라 때 복숭아는 길하고 아름다운 식물로 추앙되었다. 중국 문화는 송나라 때에 와서 절정기를 맞는데, 물질적으로 고도의 풍요로움을 누리면서 문학 사상도 내면을 향하는 섬세하고 부드러운 경향을 띠었고, 정신적으로는 일종의 너무 익은 과실이 조금씩 썩어가는 듯한 모습도 나타났다. 송나라 때의 시를 보면 복숭아 역시 이런 경향에 따른 변화를 겪어 '요객(妖客, 요사스러운 존재)'으로 불린다. 명청 시대에는 복숭아가 창기의 대명사로 쓰였다. 중국 문화에서 복숭아의 '신분'은 이처럼 기복이 심했다. 현대인이 '도지요요(桃之夭夭)'라는 구절에서 복숭아가 가진 어리고 활기찬 아름다움을 이해하고, 복숭아라는 식물이 어떤 문화에 남겨준 다채로움과 축복을 이해하는 것은 새로운 시작이 될 것이다.

《시경》이 나에게 주석을 단다면

4월, 구름이 흐르고 웅성거리는 소리에 놀람을 받은 분홍색 복사꽃이 산간에서 말없이 웃는다. 꽃이 다 지면 열매가 맺는데, 산 전체가 초록으로 물든 복숭아나무 숲이다. 가지 끝에는 달콤하고 즙이 많은 과일이 달렸다. 잘 익었지만 아직 떨어지지 않은 과실은 누군가 와서 따가기를 기다린다. 어린 시절 머릿속에 각인된 복숭아나무 숲의 모습은 자연과 함께하는 기쁜 웃음소리와 더불어 있다. 성장하는 과정에서 슬픔이 생겨나며 당혹스러우면서도 호기심 넘치는 눈동자에는 여전히 '작작기화(灼灼其華)'에 관한 인생 최초로 느꼈던 순수한 햇살이 남았다.

복숭아는 야생에서 정원으로 들어온 식물이며 어느 시대나 인간과 조화를 이루며 살았다. 이처럼 하늘이 내린 멋진 과실은 마치 옥황상제의 반도원(蟠桃園)에 살던 짓궂은 복숭아나무가 천상의 계율을 어겨 즐거움과 괴로움이 교차하는 인간세상에 떨어진 것이 아닐까 생각하게 된다. 복숭아는 향기로운 황궁의 제사상이나 기근으로 수척해진 산골 사람들의 거친 손길, 혹은 문인의 애틋한 시 속에서 빠짐없이 함께하며 삶의 쓸쓸함과 영광됨을 지켰다. 이 복잡하게 뒤엉킨 역사에서 복숭아는 매혹적인 욕망의 금지된 열매이거나 아름답게 타오르는 청춘의 유혹이었다. 복숭아의 유혹하는 힘은 놀라울 정도로 강력해서 수많은 남녀를 사랑에 빠뜨렸고, 그로 인해 삶이라는 정원에 활력 넘치는 복숭아꽃이 만개하게 되었다.

복숭아라는 과일 역시 천상의 물건이자 인간계의 훌륭한 열매다. 복숭아나무는 또 신화 속에 등장하는 선기(仙器)다. 《시경》 속 복숭아는 꽃이 만개하면 아름답고 단정하며, 열매를 맺으면 주렁주렁 매달린 과실이 원만한 결혼 생활의 상징이 된다. 평온한 가정에서 복숭아의 달콤함과 포용력은 오랫동안 쌓인 사랑의 자양분이며 〈도요〉라는 시에서는 마땅하고 화목하다는 뜻의 '의(宜)' 자로 표현되었다. 옛사람은 복숭아를 주제로 시를 지으면서 온 세상이 향기로 가득한 복숭아나무 숲처럼 되기를 바랐을 것이다.

영남(嶺南, 오늘날 중국의 광둥성 및 광시성) 지역의 문화 발전에 지대한 역할을 한 진(秦)나라 시대의 장수이자 남월국(南越國)을 세운 조타(趙佗)는 《국일설(菊逸說)》에서 "식물의 정수는 꽃이다. 복숭아꽃은 봄에, 국화는 가을에, 연꽃은 여름에, 매화는 겨울에 핀다. 사계절의 꽃이 각자 다른 향기를 가졌으니 꽃에 비유할 사람도 각기 다르다. 반악(潘岳)은 복숭아꽃, 도원량(陶元亮)은 국화, 주원공(周元公)은 연꽃, 임화정(林和靖)은 매화다"라고 했다. 복숭아꽃은 인간의 마음을 담아낼 만한 꽃이자 사계절 중 한 계절을 대표하며 열정과 용기를 읽어낼 수 있는 꽃이다. 우리는 복숭아를 통해 인간됨이 무엇인지, 마음의 평온함이 무엇인지 알게 된다. 누구나 일생에서 가장 소중한 것은 복숭아꽃처럼 화사한 젊음과 4월의 꽃향기 같은 그리움이 아닐까.

05 질경이

즐거운 마음으로
속세를 살다

부이(芣苢)

질경이를 따자, 바쁘게 질경이를 따자.
질경이를 따자, 바쁘게 질경이를 얻자.
采采芣苢, 薄言采之.
采采芣苢, 薄言有之.

질경이를 따자, 바쁘게 질경이를 줍자.
질경이를 따자, 바쁘게 질경이 씨앗을 훑자.
采采芣苢, 薄言掇之.
采采芣苢, 薄言捋之.

질경이를 따자, 바쁘게 질경이를 담자.
질경이를 따자, 바쁘게 질경이를 담자.
采采芣苢, 薄言袺之.
采采芣苢, 薄言襭之.

잡다한 해설

추상적 요약으로 유명한 중국 시 중에서도 〈부이〉는 의미가 간결하고 음이 번잡한 작품이다. 이 시의 정취는 질경이(또는 차전車前이라고도 한다)에 의해 일어나는데, 시에 담긴 뜻은 세상 만물 중 하나의 생명체를 채집하는 생생한 동작 여섯 개에 따라 춤춘다. 사건, 사물, 마음이 간결하니 시의 운율은 자연스레 하늘, 땅, 사람이 한데 모인 듯한 한결같음이 느껴진다. 시의 음을 깊이 음미하면 그 속에 담긴 영혼의 맑음을 알 수 있다. 시적인 간결함은 깊은 산에 핀 난초처럼 부름에 답하는 메아리로 가득하다. 이 메아리가 지닌 활력은 특별하여 향기를 뿜어내는 듯하고, 한 생명이 살아가는 의미란 이와 같은 아름다운 기운이 있어야 마땅할 것이다. 간결한 시여서 그 뜻 역시 강렬하지는 않다. 그래서 〈부이〉는 다양한 해석과 추측을 불러일으킨다. 읽는 이가 저마다 시구의 깊은 곳에서 독립적인 자아를 느낄 수 있다.

《모시서》에서는 〈부이〉를 "후비의 아름다움(后妃之美)"이라고 평했고, 이어서 "평화로움이란 부인이 아들을 얻은 기쁨"이라고 덧붙였다. 주나라 사람들은 질경이(차전)가 여성의 난산을 치료할 수 있다고 여겼고, 그로 인해 아들을 얻어 기쁘다고 표현한 것이다. 〈부이〉는 자손이 많고 복을 누리는 것을 기원하는 노래다. 중국의 전통적인 관념에서는 제왕부터 장사꾼, 말단 병사까지 인생의 궁극적인 행복이란 이런 것이었다.

〈부이〉는 주나라 선조들이 질경이를 따면서 읊던 노래다. 이 시를 읊조리면 쾌활하고 열렬한 정서에 쉽게 물든다. '인생이 어렵다고 해도 많은 즐거움이 그 속에 있다'는 낙관적인 시의 정신이 읽는 이에게 왕성한 생명력을 길러준다. 자연을 접할 기회가 적은 현대 도시인이라도 봄에 교외로 나들이를 가서 〈부이〉를 읽으면 옛사람의 정취를 자신의 몸으로 느껴볼 수 있을 것이다.

　〈부이〉라는 시에 스며들어 있는 것은 삶에 대한 열정이다. 이는 질경이라는 식물이 가진 강인한 생명력과 호응한다. 〈부이〉는 훌륭한 학자들이 저마다 다양한 평론과 주석을 남긴 시이기도 하다. 간결함의 극치인 시어를 보면 문장력이 잘 드러나지 않을 것 같은데 도리어 문학적 재능이 가장 돋보이는 작품이 된 셈이다. 육심(陸深)은 《시미(詩微)》에서 〈부이〉를 "천하에서 가장 뛰어난 글이다"라고 평했다. 〈부이〉는 시 속에 근면함이 약동하고 평화가 뚜렷이 나타나 있으며 자연을 잘 정리해 표현했다. 동양 문화 특유의 초월한 듯하면서도 그 안에 깊이 빠져 있는 삶에 대한 관념이 잘 드러난다.

내가
《시경》에
주석을 단다면

1
采采芣苢, 薄言采之. 질경이를 따자, 바쁘게 질경이를 따자.
采采芣苢, 薄言有之. 질경이를 따자, 바쁘게 질경이를 얻자.

채채부이(采采芣苢) 채채(采采)를 두고 《모전》에서는 "하나의 말이 아니다"라고 했다. 이른바 '여러 사람이 입을 모아 하는 말'이다. 그러므로 여기서는 질경이를 한 명이 아니라 여럿이 딴다는 의미가 된다. '부이(芣苢)'는 질경이(차전車前)다. 상세한 설명은 '식물 이야기' 부분을 참고하길 바란다.

박언채지(薄言采之) 박언(薄言)은 어조사로 실질적인 뜻을 갖지 않는다. 다만 '박(薄)'은 적다는 뜻이므로 '박언'은 말수가 적다는 의미로 볼 수 있다. 질경이를 따는 여인들이 조용히 일에 집중하는 중임을 알려준다. 양간(楊簡)은 《자호시전(慈湖詩傳)》에서 "박(薄)은 곧 략(畧, 다스리다)이고 어조사이니 '박언'은 여유롭고 강요하지 않는다는 의미다"라고 했다. 왕부지(王夫之)는 《시경패소(詩經稗疏)》에서 주나라 때의 고된 생활방식을 언급하며 '박언'은 채집하는 사람들끼리 서로 성실하게 일하자고 독려하는 의미로 풀었다. 캐다 혹은 뜯다의 뜻을 가진 '채(采)'에서 바로 연상되는 동작은 '적(摘, 따다)'이다. '적(摘)'이라는 동작에서는 열심히 일하는 양손이 떠오른다. 중국 역사에는 이처럼 근면히 노동해온 수많은 손이 투영되어 있다. 수천 년 동안 어떠한 고난과 풍파를 겪더라도 이 손은 태만한 적이 없었다. 그러니 이 시에 나오는 '채(采)'는 중국 민족의 근면함을 드러내는 글자라고 하겠다.

유(有) '취하다[取]'라는 뜻이다. 《모전》에서는 "감추다[藏]"라고 풀이했다. 《시집전》에서는 "얻다[得]"라고 했다. 질경이를 따서 내 손에 들어오는 것이 곧 '유(有)'인 것이다. 이 '유(有)'라는 글자에는 질경이 어디에나 가득 널려 있으니 누구든지 따서 가질 수 있다는 의미도 담겼다. 우리는 이처럼 '번성함'의 토양 위에서 살아가며, 이런 여유로운 번성함에 기대어 대대손손 생명을 이어가는 것이다. '유(有)' 자에는 미간을 찌푸리지 않는 환한 얼굴, 부드러운 미소가 감도는 입매 같은 시원시원한 느낌이 담겼다. 〈부이〉는 공경하는 마음의 리듬을 보여주지만 그 속에는 평온하고 안락한 기쁨이 숨어 있다.

2
采采芣苢, 薄言掇之. 질경이를 따자, 바쁘게 질경이를 줍자.
采采芣苢, 薄言捋之. 질경이를 따자, 바쁘게 질경이 씨앗을 훑자.

철(掇) 《설문(說文)》에서는 "주워서 가진다"라고 풀이했다. '철(掇)'은 양손으로 집어서 취하는 동작이므로 질경이를 따서 한데 모아쥐는 행동이 된다. 여기저기 무성하게 자라난 질경이를 채집하느라 분주한 여인들이 연방 허리를 굽히는 모습을 어렵잖게 상상할 수 있다. 아름다운 몰입이자 대지를 향한 기도라고 할 만하다.

랄(捋) 《설문》에서는 "취하여 바꾼다[取易]"라고 했다. '랄(捋)'은 다섯 손가락을 움켜서 손에 넣는 동작이다. 이 글자를 통해 질경이를 딸 때 부드러운 잎만 채집한 것이 아니라 씨앗도 훑어 모았다는 것을 알 수 있다. 질경이의 씨앗을 차전자(車前子)라고 하는데, 약재로 쓰인다. 한의학에서 차전자는 이뇨 작용과 눈을 밝게 한다. 무속 신앙이 통용되던 시대에는 차전자가 난산을 치료하고 임신과 출산에 도움이 된다고 믿었다. '랄(捋)'에는 〈부이〉라는 노래에 자식을 바라는 마음도 담겼음을 보여준다.

3
采采芣苢, 薄言襭之. 질경이를 따자, 바쁘게 질경이를 담자.
采采芣苢, 薄言襭之. 질경이를 따자, 바쁘게 질경이를 담자.

결(襭) 《설문》에서는 "옷섶을 잡는[執衽] 것을 결(襭)이라 한다"고 설명했다. '결(襭)'은 제비 꼬리처럼 갈라져서 하의를 덮고 있는 상의의 옷자락을 손으로 들어 올려서 주머니처럼 만드는 동작을 가리킨다. 옷자락에 물건을 가득 담아둔 모습이 풍성한 수확의 기쁨을 표현한다. 거친 베옷을 입은 여인이 일하느라 붉어진 얼굴에 맺힌 땀을 닦으며 즐겁게 웃는 모습이 보이는 듯하다.

힐(襭) 《모전(毛傳)》에서는 "옷섶을 끼우는[扱衽] 것을 힐(襭)이라 한다"고 설명했다. 상의의 옷자락을 뒤집어서 허리띠에 끼우면 주머니처럼 쓸 수 있다. 또한 이렇게 해두면 양손이 자유로워지니 다시 질경이를 딸 수 있다.

식물 이야기

질경이, 즉 부이(芣苢)는 《이아》에서 "부이는 마석(馬舃)이고, 마석은 차전(車前)이다."라고 했다. 석(舃)은 신발이라는 뜻으로, 석리(舃履)는 발 앞을 가리킨다.

육기는 《육소》에서 "부이는 마석 혹은 차전이라 하는데 당도(當道)라고도 불린다. 소가 지나간 흔적에서 흔히 자라기 때문에 차전(車前, 수레 앞) 또는 당도(當道, 길을 막다)라고 불렀다. 지금 약재 중에 차전자(車前子)도 유주(幽州) 사람은 이를 우설초(牛舌草)라고 한다. 죽을 끓여 먹을 수 있는데 미끌거려서 그 씨앗은 부인네의 난산을 치료하는 데 쓴다"고 했다.

《본초도경》에서는 "지금은 세상 어디서나 부이를 볼 수 있다. 초봄에 싹이 나는데 잎이 넓으며 여러 해 동안 계속해서 자란다. 가운데서 여러 줄기가 돋아나며 쥐꼬리처럼 생긴 이삭이 생긴다. 꽃은 가늘고 푸른색인데 약간 붉은색도 띤다. 열매가 맺히면 꽃다지[葶藶]와 비슷하고 검붉은색이다. 오늘날 사람들은 5월에 잎을 따고 7~8월에 열매를 딴다. (…) 육기는 '어린 잎을 먹을 수 있고 미끈거린다'고 했는데 지금은 먹지 않는다"고 했다.

문일다는 《시경통의》에서 "'부이'의 음이 '배태(胚胎)'와 비슷하기 때문에 옛사람이 서로 발음이 비슷하다는 마술적인 관념에서 부이를 먹으면 아이를 배고 낳을 수 있다는 생각을 가졌다"고 했다.

질경이는 차전초, 우설초, 합마의(蛤蟆衣), 차륜초(車輪草), 전관초(錢貫草), 전파채(田菠菜) 등의 이름으로도 불린다. 질경이는 주나라 때 먹던 채소다. 봄에 어린잎을 따서 데치고 끓여서 채소 죽을 만들어 먹는데, 맛이 좋다. 그러나 오늘날 중국에서는 질경이를 끓여 먹는 풍습을 찾아보기 힘들지만 한국

에는 아직 남아 있다.

〈부이〉는 질경이를 다룬 가장 오래된 시다. 이 시는 질경이를 신비롭고 사실과 허구를 가리기 어렵도록 표현했다. 후대 사람들은 질경이를 가지고 시를 쓸 때면 주로 여행이나 큰 뜻을 품고 멀리 떠나는 상황에 빗대었는데, 〈부이〉에서 나타나는 것처럼 고풍스러운 신묘함은 더 이상 찾아보기 어렵다. 〈부이〉의 간결하고 오묘한 정취는 질경이가 담고 있는 거의 모든 의미를 다 드러냈다고 할 수 있다. 그러니 후대 사람들이 이를 모방하려 하는 것은 어려운 일이다.

질경이는 질경잇과의 여러해살이풀로 높이 20~60센터미터로 자란다. 잎은 광택이 나고 간혹 짧은 털이 있다. 뿌리줄기는 짧고 굵으며, 줄기 없이 뿌리에서 바로 잎이 난다. 홑잎이고 잎의 모양은 타원형이다. 활 모양의 잎맥이 5~7개 나 있다. 잎자루와 잎이 거의 비슷한 길이로 자란다. 꽃은 수상꽃차례(이삭 모양으로 피는 꽃차례)로 피며 녹색을 띤 흰색이다. 열매 안에는 4~8개의 씨앗이 들어 있는데, 씨앗은 작고 모서리가 있으며 갈색 혹은 검은색이다. 꽃은 4~8월에 피고, 열매는 6~9월에 맺는다. 중국 전역에 넓게 분포하며 씨앗은 약재로 쓰인다. 이뇨 작용을 하고 눈을 밝게 하며 열을 내리고 가래를 없애는 효능이 있다.

흔히 말하는 질경이란 큰길에 평평하게 놓여 있는 가장 흔히 볼 수 있는 질경이를 말한다.

《시경》이
나에게
주석을 단다면

〈부이〉의 훌륭함에 관해 청나라 사람 방옥윤(方玉潤)은 《시경원시(詩經原始)》에서 "읽는 이가 마음을 가라앉히고 이 시를 감상하면, 마치 농가의 아낙이 삼삼오오 모여서 들판을 누비는 모습이 눈앞에 떠오르는 듯하다. 바람이 불고 햇빛이 내리쬐는 가운데 사람들이 주거니 받거니 부르는 노랫가락이 멀어졌다 가까워졌다 하고 끊어졌다 이어졌다 하는 장면을 상상하면, 그 정취가 어떻게 옮겨오고 또 어떻게 편안해지는지 일일이 해석하지 않아도 자연스럽게 알게 된다"고 했다. 이처럼 〈부이〉는 운율의 자연스러운 전환 외에도 여인들의 소박한 기쁨을 생동감 넘치게 담아낸 동태적 전원시다.

산과 들, 길거리와 도랑까지 어디서나 잘 자라는 질경이는 농경시대가 우리에게 전해 준 장면 속에서 기쁘고 편안한 노랫소리로 표현된다. 질경이의 푸른 잎에는 옛사람의 낙천적이고 자연에 순응하는 세계관이 담겼다. 〈부이〉를 농가의 여인이 지은 노동요로 보든, 혼인하는 여인이 들판에서 자식 얻기를 기원하며 부른 노래라고 보든, 어떤 해석을 따르더라도 인간과 자연이 순수하고 열렬하게 합창하는 노래라는 점은 분명하다. 이처럼 경쾌하면서도 활달한 노래에는 마음을 씻어주는 느낌과 인간과 그들이 살아가는 땅 사이에 흐르는 깊은 정이 담겨 있다.

고요하고 푸르른 자연속에 들어갈 때 사람들은 상쾌함과 신선함을 느낀다. 이는 어느 시대 사람들의 전유물이 아니라 인간이라면 유전자 깊이 새겨진 천성이지만 특히 농경시대에는 인간이 자연을 가까이하고 그 은혜를 입는 관계가 특히 긴밀했다.

오늘날의 현대화된 사회도 물론 생명력이 넘치지만, 인간과 자연이 공생하는 면모는 전보다 흐릿해진 면이 있다. 우리는 점차 자연과 일체화되어 살아가는 기쁨을 잃었고, 맑고 깨끗했던 자연은 점점 흉하게 변해가고 있다. 인간이라는 동물은 욕망을 드러내는 과정에서 자신을 낳고 길러준 마지막 보금자리를 파괴하는 중이다.

생명 진화의 흐름은 언제나 자연과 균형을 이루고 공존하는 것을 추구한다. 화합과 분쟁이 번갈아 일어나는 인류 역사의 탐욕스러운 본성에는 늘 비극적인 운명이 숨어 있다. 인간과 자연, 또는 인간과 욕망의 관계를 균형 있게 유지하는 것은 항상 인류에게 중요한 과제였다. 우리의 선조는 질경이를 따면서 노래를 불렀고, 자신의 존재를 자연의 거대한 흐름에 맡겼다. 그렇다면 현대인은 어떤가? 이와 같은 경쾌하고 낙관적인 삶의 전승이 사라진 후, 우리가 생각했던 현란하고 속박 없는 자유가 인간에게 무엇을 주고 또 무엇을 잃게 할까?

질경이는 시골에서 돼지 귀를 닮은 풀이라는 뜻의 저이타초(豬耳朵草)라고 불린다. 어릴 적 학교를 마치면 들판에 나가 돼지에게 먹일 풀을 뜯었는데, 그럴 때 광주리에서 가장 흔히 볼 수 있는 것이 질경이였다. 질경이는 밭 근처에서 착실히 자라는 식물이다. 그 생김새나 온화한 분위기가 몹시 평범하여 사람들이 쉽게 무시한다. 불규칙하고 거칠게 생긴 잎, 대나무 작대기처럼 삐죽 솟아나서 바람에 흔들리는 삭은 꽃, 섬붉은색의 딱딱한 씨앗. 〈부이〉라는 노래를 불렀던 주나라 시대부터 지금까지 길가에 자란 질경이를 보면서도 많은 이들이 이 식물에 담긴 깊은 정취와 간결한 미학, 낙천적이고 느긋한 성정을 알지 못하고 지나가곤 했다.

06 목형

우연히 마주친
길목

한광(漢廣)

남쪽에 우뚝 솟은 나무 있어도 그늘이 없어 쉴 수 없고
한수를 건너는 여인 있어도 가까이할 수 없네
한수가 지나는 땅이 넓으니 헤엄쳐 갈 수 없고
강수는 길고 길어서 뗏목을 타고 건널 수 없네
南有喬木, 不可休思; 漢有遊女, 不可求思.
漢之廣矣, 不可泳思; 江之永矣, 不可方思.

빽빽이 우거진 수풀 속에서 목형 나무를 베자
저 아가씨 시집가면 그 말을 먹이겠지
한수가 지나는 땅이 넓으니 헤엄쳐 갈 수 없고
강수는 길고 길어서 뗏목을 타고 건널 수 없네
翹翹錯薪, 言刈其楚; 之子于歸, 言秣其馬.
漢之廣矣, 不可泳思; 江之永矣, 不可方思.

빽빽이 우거진 수풀 속에서 물쑥을 베자
저 아가씨 시집가면 망아지를 먹이겠지
한수가 지나는 땅이 넓으니 헤엄쳐 갈 수 없고
강수는 길고 길어서 뗏목을 타고 건널 수 없네
翹翹錯薪, 言刈其蔞; 之子于歸, 言秣其駒.
漢之廣矣, 不可泳思; 江之永矣, 不可方思.

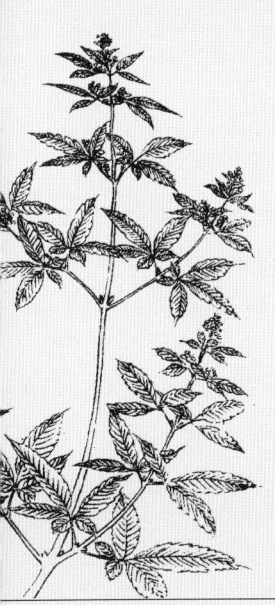

잡다한 해설

《시경》의 시는 매 작품이 여러 차원의 다양한 세계를 보여준다. 시의 차원에서 논리를 전개하자면 간결하고 신비로워 쉽게 예측할 수 없는 점이 예술 창작의 방향이라 하겠고, 경학의 차원에서 살펴보자면 역사, 사회, 도덕의 여러 층위에서 인류의 복잡성을 폭넓게 다룰 수 있다. 《시경》의 노래들 중에서 흠모하는 마음을 표현한 시의 걸작으로는 〈겸가(蒹葭)〉가 있고, 하나 더 꼽자면 〈한광(漢廣)〉이다.

〈겸가〉는 사랑을 묘사할 때 '표묘(縹緲, 멀고 희미함)'라는 표현을 주로 쓴다. 반면 〈한광〉의 특별한 점은 '미사(迷思, 헤매는 생각)'라는 표현에 담겨 있다. 두 단어는 모두 중국 문학에서 사랑의 안타까움을 서술하는 본보기라 할 수 있다. 청나라 문인 진계원(陳啓源)은 《모시계고편(毛詩稽古編)》에서 〈한광〉에서 표현하려는 뜻을 "볼 수 있으나 원할 수 없는" 대상을 향한 마음으로 정리했다. 이를 두고 '환(幻)'이라는 글자로 설명한다.

사랑을 다룬 문학 작품에서 영원불멸할 주제가 있다면 만남과 이별일 것이다. 〈한광〉은 '만남'에 대한 특별한 해석을 보여준다. 방옥윤은 《시경원시》에서 〈한광〉을 '초가(樵歌)', 다시 말해 나무꾼이 부르는 노래라고 해석했다. 시의 주인공은 젊은 나무꾼이라는 것이다. 이 나무꾼은 아름다운 아가씨를 보고 한눈에 반했지만 사랑을 이루지 못했다. 그러나 사랑하는 마음에서 벗어나지 못해 끝없이 넓고 긴 강물을 보면서 마음속 서글픔을 토로한다.

《모시서》에서는 "덕이 널리 미침을 의미한다. 문왕의 도(道)가 남쪽 나라에까지 퍼져서 강한(江漢) 지역을 교화하였으니 (남자가) 예를 지키지 않는 행동을 할 생각이 없어 (여인을) 원하면서도 얻으려 하지 않는다"고 설명했다. 〈한광〉의 해석을 바탕으로 이 작품을 읽는다면 '사랑하는 감정이 일어나도 예의를 지켜 멈춘다(發乎情, 止乎禮)'는 훌륭한 행동을 표현한 것으로 이해할 수 있다. 〈시서(詩序)〉에서는 이를 두고 "사랑하는 감정이 일어나는 것은 백성의 본성이고, 예의를 지켜 멈추는 것은 선왕의 가르침 덕분이다"라고 해설했다.

〈한광〉의 네 장(章) 마지막은 '불가방사(不可方思)'라는 탄식으로 끝난다. 수천 년간 이어져 내려오며 중국 전통사회에 영향을 주었던 '예(禮)'라는 관념이 드러나는 부분이다. 이 관념은 고대든 현대든 구분 없이, 그리고 미래에까지도 중국 사회에 영향을 미칠 것이며, 중국 문화가 연속성을 유지하도록 하는 중요한 요소 중 하나다.

《시경》의 세 판본인 제시(齊詩), 노시(魯詩), 한시(韓詩) 모두 이 작품 속 '한녀(漢女)'를 한수(漢水)의 여신이라고 여긴다. 이런 견해가 《문선(文選)》에 영향을 주어 '금부(琴賦)'편에서 "유녀(遊女)는 한신(漢神)이다"라고 했다.

내가
《시경》에
주석을 단다면

1
南有喬木, 不可休思; 漢有遊女, 不可求思.
남쪽에 우뚝 솟은 나무 있어도 그늘이 없어 쉴 수 없고 한수를 건너는 여인 있어도 가까이할 수 없네

漢之廣矣, 不可泳思; 江之永矣, 不可方思.
한수가 지나는 땅이 넓으니 헤엄쳐 갈 수 없고 강수는 길고 길어서 뗏목을 타고 건널 수 없네

남유교목(南有喬木) '남(南)'이라는 글자는 오늘날 창장강의 큰 지류인 한수(漢水)와 호응하는 표현으로 이 시의 배경이 남쪽 지방임을 보여준다. 교목(喬木)은 《모전》에서 "'교(喬)'는 높게 우뚝 솟은 것이다"라고 했고, 《시집전》에서는 "높게 우뚝 솟았는데 가지가 없으면 '교(喬)'라고 한다"고 했다. 가지가 없다는 말은 나무에서 가장 굵고 중심이 되는 줄기를 가리킨다. 현대의 식물학에서 정의하는 '교목'의 뜻과 가깝다. 교목은 높게 자라는 나무다. 이 시에서는 교목이 '닿기 어렵다'는 것을 은유한다. 경학(經學)의 관점에서 해석하자면, 남쪽 지방에서 '문왕의 덕'은 친분이나 인척 관계를 맺어 자신의 신분을 높이기를 바라는 것조차 힘들 정도로 고귀하다는 뜻이 되겠다.

휴사(休思) 《모전》은 이 부분의 글자를 '휴식(休息)'이라고 했다. 당나라 초기의 학자 공영달(孔穎達)은 《모시정의(毛詩正義)》에서 운율을 따지면 마땅히 '휴사(休思)'가 되어야 한다고 여겼다. '휴(休)'라는 글자에는 원래 휴식한다는 의미가 담겨 있다. 그러므로 이 구절에서는 키가 큰 나무는 그늘이 없어 시원하게 쉴 곳이 없다는 뜻이다. 남쪽 지방의 뜨거운 여름을 묘사한 구절이

라고 하겠다. '사(思)'는 어조사다. 이 글자는 〈한광〉 전체에서 끝없는 안타까움과 슬픔을 드러낸다. 실제로 이 노래를 부를 것을 생각하면, 작품 속에 여덟 번 등장하는 '사(思)'는 분명히 매번 다른 음으로 불러서 사모하는 마음의 격정적인 물결을 표현했으리라. 중국 근대의 언어학자 페이쉐하이(裴學海, 1899~1970)는 《고서허자집석(古書虛字集釋)》에서 이 '사(思)'는 옛 시에 많이 쓰였던 조사 '혜(兮)'와 같은 역할을 한다고 설명했다.

한유유녀(漢有遊女) '한(漢)'은 한수(漢水)다. 이 강은 창장강의 지류 중 하나로, 오늘날 산시성(陝西省) 서남쪽의 닝창현(寧強縣)에서 시작하여 동쪽으로 후베이성(湖北省) 우한시(武漢市)에서 창장강과 만난다. '유녀(遊女)'는 한수를 건너는 여인을 말한다. 원이둬(聞一多)는 《시경통의》에서 "'유녀(遊女)'는 강의 신을 가리킨다. 유(遊)는 강물 위에 떠서 이동했다는 의미이니 〈낙신부(洛神賦)〉에 나오는 구절인 '물결 위를 사뿐히 걸으니 비단 버선에서 먼지가 피어나네(凌波微步, 羅襪生塵)'와 비슷한 뜻이다"라고 했다.

구사(求思) '구(求)'는 추구하다, 원하다라는 의미다. 여기서 쓰인 '사(思)'는 어조사다.

광의(廣矣) 한수가 흘러가는 지역이 광활함을 감탄하는 부분이다. 여기서는 앞에서 설명한 '유녀(遊女)'와 헤어진 후 마음속에 생겨난 그리움을 이야기한다.

불가영사(不可泳思) 《모전》에서는 "물에 잠긴 상태로 움직이는 것을 '영(泳)'이라 한다"고 설명했다. 여기서 '영(泳)'은 실제 상황이 아니라 마음속에서 솟아나는 그리움과 미련을 표현한 것이다. '불가(不可)'는 방향감각을 잃은 상태다. 어디로 가야 그 여인을 찾을 수 있는지 모르는 마음을 담았다.

강지영의(江之永矣) 전한 말기의 학자 정현(鄭玄)은 이 시에 나오는 강수(江水, 오늘날 창장강)와 한수(漢水)를 서로 다른 강이라 여겼다. 송나라 때의 주희(朱熹)는 "강수는 영강군(永康軍) 민산(岷山)에서 시작하여 동쪽으로 흘러서 한수와 만난다"고 했다. 여러 학자들은 강수와 한수가 만나는 지점을 무창(武昌)과 한양(漢陽) 사이라고 보았다. 시의 배경이 되는 것은 강수와 한수가 합류하는 지점이다. 오래전 한수를 '강한지수(江漢之水)'라고 부르기도 했다. '영(永)'은 《모전》에서 "길다"라고 설명했다. 강물이 면면히 이어져 흐르는 것을 가리킨다. 이 글자는 화자의 감정과 대응하며 공명한다.

불가방사(不可方思) 《모전》에서 "'방(方)'은 곧 '부(泭)'다"라고 했다. 부(泭)는 대나무로 엮은 뗏목이다. 《이아》에서는 '방(舫, 방주)' 자를 썼다. 여기서는 동사로 쓰였으므로 뗏목을 만들어 강을 건넌다는 뜻이다. 시에서 거듭 '불가(不可)'하다고 말하는데, 물결이 강변의 벼랑을 끊임없이 두드리는 것처럼 정이 깊은 사람은 점점 더 그 미련에 빠져들 뿐이다. 이 시에 나타난 공간을 살펴보면 높은 나무, 안개 낀 강물, 넓은 강폭과 미혹된 감정, 애절함, 절망의 호흡이 한데 뒤엉켜 있다. 원하지만 얻을 수 없는 마음이 계속해서 시의 주변을 맴돈다.

2
翹翹錯薪, 言刈其楚; 之子于歸, 言秣其馬.
빽빽이 우거진 수풀 속에서 목형 나무를 베자 저 아가씨 시집가면 그 말을 먹이겠지

漢之廣矣, 不可泳思; 江之永矣, 不可方思.
한수가 지나는 땅이 넓으니 헤엄쳐 갈 수 없고 강수는 길고 길어서 뗏목을 타고 건널 수 없네

교교착신(翹翹錯薪) '교교(翹翹)'는 《설문》에서 새의 긴 꽁지깃이라고 했다. 온갖 풀이 무성하고 높게 자란 것을 비유한 것이다. '착신(錯薪)'은 이것저것 섞여 있는 땔감을 말한다. 옛날에는 혼례식에서 촛불 대신 횃불을 썼는데, 그래서 《시경》에서는 혼인하는 것을 땔나무를 꺾거나 베는 것으로 비유하곤 한다. 《주례》에서 '전사(甸師)'라는 옛 관직을 설명한 대목 중에 "큰 나무를 '신(薪)'이라고 한다"는 말이 나온다. 여기서 파생되어 땔나무라는 뜻이 되었다. 이 시에서는 주인공의 상황을 드러내는 말로 볼 수 있다. '유녀(遊女)'가 혼인을 하여 집안일을 돌보는 일상을 보내고 있다고 상상할 수 있다.

언예기초(言刈其楚) '예(刈)'는 벤다는 뜻이다. '초(楚)'는 낙엽교목인 '모형(牡荊)'을 가리키는데, 일반적으로 '황형(黃荊)'이라고 보면 된다.* 상세한 설명은 '식물 이야기'를 참조하길 바란다.

지자우귀(之子于歸) 무한히 깊은 정을 담은 표현이다. 《시경》에서 '지자(之子)'라는 말로 부르는 대상은 전부 화자의 마음속에서 무엇보다 중요하고 소중한 사람이다. '귀(歸)'는 시집간다는 뜻이다. 여기서는 남자의 사랑이 몹시 깊어서 일종의 환상에 빠진 것을 느낄 수 있다. 《시경》의 작법은 이처럼 언어의 표현 층위가 입체적이다. 실제를 그리기도 하고 허구를 이야기하기도 한다. 깊은 사랑이 있다면 환상에 빠질 만큼 미쳐버린 그리움도 있다. 이런 감정은 온 세상과 자연에 투사되었다가 다시 조용하고 맑은 모습을 드러낸다.

언말기마(言秣其馬) 《설문》에서는 "'말(秣)'은 말에게 곡식을 먹이는 것이다"라고 했다. 이 글자는 풀이나 곡식을 말에게 먹이로 주는 일을 말한다. 《정전》에서는 이 부분을 혼례식과 관련 지어 해설한다. 신부가 신랑에게 건네는 일종의 서약으로 보는 것이다. 의미가 명확한 부분이 아니어서 후대에 이 구절을 두고 다양한 해석이 나왔다. 청나라의 문인 우운진(牛運震)은 "그 사람을 위하여 말 채찍을 쥐고 있는 상황과 마찬가지다. 몹시 사랑하여 보내기 아쉬워하는 마음을 지극하게 표현했다"고 했다. 다시 말해 '지자우귀, 언말기마(之子于歸, 言秣其馬)'는 '요조숙녀, 군자호구(窈窕淑女, 君子好逑)'와 같은 뜻이다.

3
翹翹錯薪, 言刈其蔞; 之子于歸, 言秣其駒.
빽빽이 우거진 수풀 속에서 물쑥을 베자 저 아가씨 시집가면 망아지를 먹이겠지

---

* 중국에서 '황형(黃荊)' 또는 '모형(牡荊)'이라고 부르는 식물의 학명은 Vitex negundo L.으로 우리나라에서는 '목형'이라고 한다. 표준국어대사전에 '황형(黃荊)'이라는 식물 이름이 등재되어 있으나 중국의 '黃荊'과는 다른 식물이다. ―옮긴이주

漢之廣矣, 不可泳思; 江之永矣, 不可方思.
한수가 지나는 땅이 넓으니 헤엄쳐 갈 수 없고 강수는 길고 길어서 뗏목을 타고 건널 수 없네

루(蔞) 《육소》에서 "루(蔞)'는 루호(蔞蒿, 물쑥)다. 그 잎은 쑥과 비슷하게 생겼고 흰색이며 길이는 몇 치, 높이는 1장 정도로 자란다. 물가나 늪에 살며 정월에 뿌리가 새로 자라서 옆으로 줄기를 뻗는데 흰색이다. 생으로 먹을 수 있는데, 향긋하며 아삭하다. 잎은 쪄서 먹는다"라고 했다. 물쑥은 국화과의 여러해살이풀이다. 물쑥을 캐는 것은 주나라 때 여성들이 흔히 하던 일이었다.

구(駒) 《모전》에서는 "(말의 크기가) 5척 이상이면 구(駒)라 한다"고 했고, 《설문》에서는 "말이 두 살일 때 구(駒)라 한다"고 했다. 앞에 나온 '언말기마(言秣其馬)'와 대조를 이루는 구절이므로 나이가 찬 말과 아직 어린 말로 차이를 둔 것이다. 혹은 앞에서는 나이 찬 말을 잘 먹이고, 여기서는 그 말이 낳은 망아지를 키우는 것으로 해석할 수 있겠다.

4

〈한광〉에서 가장 눈길을 끄는 작법은 총 3장으로 이루어진 구성에서 각 장의 마지막 네 구절이 한 글자도 달라지지 않고 똑같다는 점이다. 사랑이라는 복잡하고 기복이 큰 감정을 근심과 걱정 가득하게 그려냈다. 이처럼 감정이 끊임없이 변화하도록 부추기는 것은 만남과 이별, 그리고 밤새 뒤척이며 상대방을 떠올리는 상상이다. 그리고 사랑하는 그 사람과 손을 맞잡고 함께 살아가기를 바라지만 현실적으로는 불가능한 환상이다. 시에서는 슬픔과 기쁨이 교차하는데, 그 감정은 마치 절망처럼 보이는 동시에 마음속 사랑을 영원히 뒤따르게 하는 강력한 원동력이다. 이런 원동력은 바로 한수라는 강가에서 처음 보고 마음이 흔들렸던 한순간에 생겨난다.

식물 이야기

'초(楚)'란 무엇인가? 청나라 때의 장수인 다릉아(多隆阿)가 《모시다식(毛詩多識)》에서 상세히 해설한 바 있다. "초(楚)'는 작은 나무다. (……) 《설문》에서는 이를 총목(叢木, 관목)이라고 했고 다른 말로 '형(荊)'이라 부른다고 했다. 대개 초(楚)는 곧 형(荊)이니, 형에는 여러 종류가 있다. 다만 모형(牡荊, 목형)을 초(楚)라고 하고, 황형(黃荊)이라고도 한다. 큰 나무가 없고 오직 떼 지어 길게 자랄 뿐이다. 이씨의 《본초》(이시진의 《본초강목》)에서는 옛사람은 곤장을 만들 때 이 나무를 썼기에 형벌 형(刑) 자에서 '형(荊)'이라는 글자가 나왔다. 자란 모양이 수풀을 이루면서도 느분느분하고 시원하기 때문에 '초(楚)'라고도 불렀다. 초(楚)라는 글자의 머리인 수풀 림(林) 자는 이 나무가 떼 지어 자라는 데서 왔고, 그 아래에 있는 짝 필(疋) 자는 드문드문한 모양에서 왔는데, 필(疋)은 곧 소(疏, 드물다) 자와 같다. 소씨의 《본초》(소송의 《본초도경》)에서는 '형(荊)'에는 푸른 것과 붉은 것 두 종류가 있다. 푸른 것은 형(荊)이라 하고 붉은 것은 호(楛)라 한다. 부드러운 가지로 바구니를 만들 수 있다. 옛날 가난한 여인은 형(荊)을 비녀로 썼다. 또한 형은 땔나무로, 관좌(關左, 동관潼關의 동쪽) 지역에 두 종류가 있는데 다 길쭉길쭉하며 키가 큰 것은 7~8척에 이른다. 그중 하나는 잎이 다소 둥글며 꽃은 자색이다. 나뭇가지는 가늘고 부드러우면서 껍질 색이 적황색이다. 물건을 담는 도구를 만들 수 있는 것을 속칭 '자조(紫條)'라고 부른다. 다른 하나는 나무껍질이 검고 잎은 푸르며[碧] 갈라진 곁가지가 있다. 꽃은 자색이고 열매는 검은색인데 속칭 '철형조(鐵荊條)'라고 부른다. 자조는 호(楛)에 속하고, 철형조는 초(楚)에 속한다."

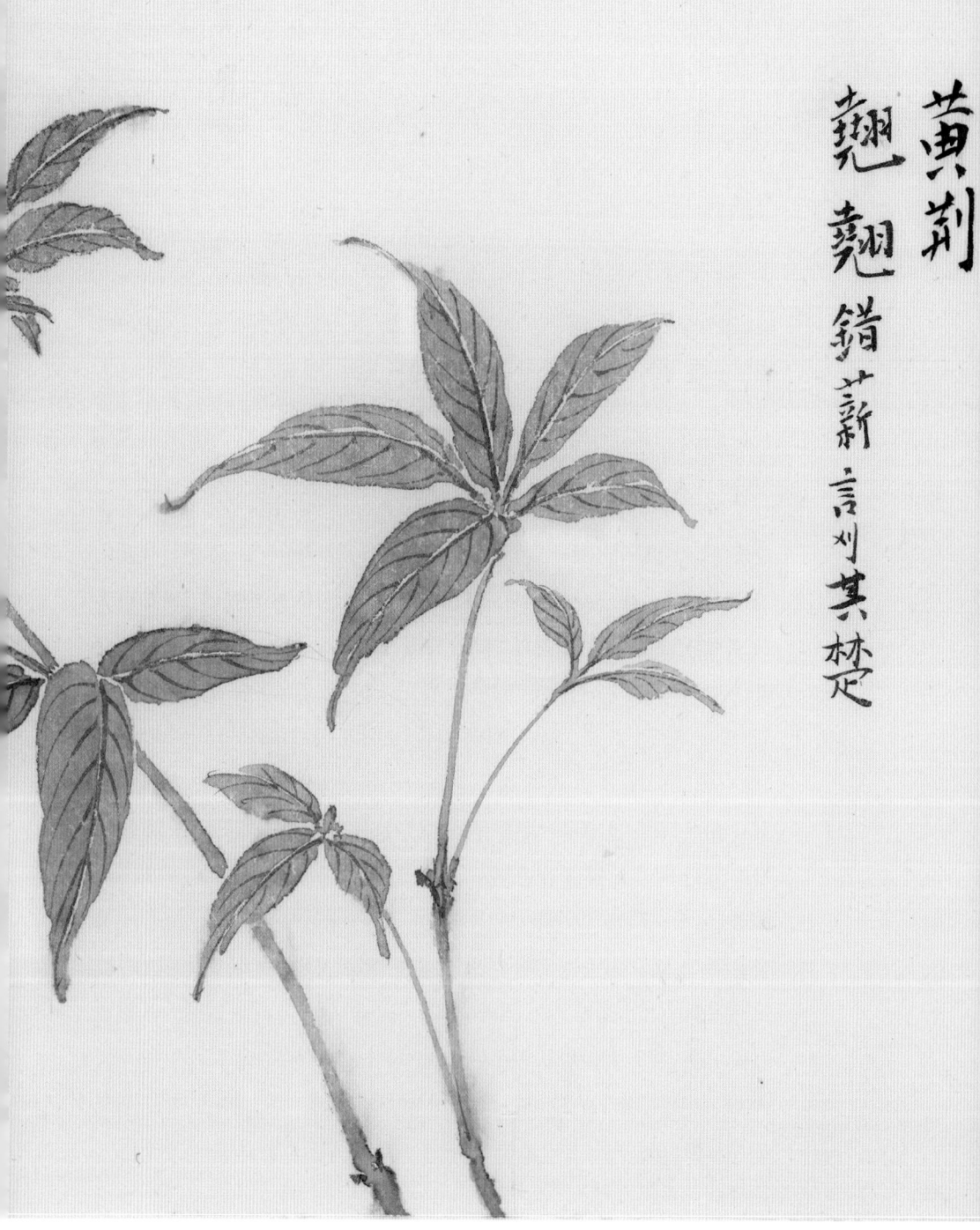

黄荆

翹翹錯薪言刈其楚

《한서》의 '교사지(郊祀志)' 편에는 목형[牡荊]을 깃대로 쓴다고 했다. 남북조시대의 학자 도홍경(陶弘景)은 《등진은결(登眞隱訣)》에서 "목형의 꽃과 잎은 신통하고 귀신을 보게 한다"고 썼다. 이를 통해 목형이라는 나무가 제사를 지내는 데 사용한 신령스러운 나무임을 알 수 있다. 《사기》에는 염파(廉頗)가 이 나뭇가지를 등에 지고 와서 벌을 내려달라고 청했던 '부형청죄(負荊請罪)' 이야기가 실려 있다. 여기서는 목형이 죄인을 처벌할 때 사용한 형구의 일종인 것을 알 수 있다. 진(晉)나라 때의 배연(裴淵)은 《광주기(廣州記)》에서 "'형(荊)'은 세 종류가 있는데, 금형(金荊)은 베개를 만들고, 자형(紫荊)은 침대를 만들며, 백형(白荊)은 신을 만든다"고 했다. '형(荊)'이라는 나무가 다양한 종류가 있음을 알 수 있다.

상술한 내용을 살펴보면, '초(楚)'는 곧 목형[牡荊]이고, 목형을 다른 이름으로 황형(黃荊)이라 하는 것을 알 수 있다. 현대 식물학의 분류에서는 목형을 황형의 변종이라고 본다. 옛 중국의 식물 분류법이 오늘날의 식물학보다 정밀하기는 불가능하다. 그러므로 옛사람이 말하는 목형 역시 황형이라 보아야 할 것이다.

황형은 마편초과 목형속의 낙엽관목 혹은 소형 교목이다. 높이는 6미터에 달하고 가지를 많이 뻗으며, 가지와 잎에서 향이 난다. 작은 가지는 나름 모꼴이며 회백색이다. 가지에는 미세한 융털이 빽빽하게 나 있다. 잎은 마주나며 손모양겹잎이다. 꽃은 원추꽃차례로 피며, 옅은 자색이고 꽃부리가 작고 꽃받침은 종 모양이다. 4~6월에 꽃이 피고, 7~10월에 열매를 맺는다. 주로 양지바른 산비탈, 들판, 길가에 자라며 관목 덤불을 이룬다. 주로 창장강 이남에 분포하는데, 북쪽으로는 중국 중부를 가로지르는 친링(秦嶺)산맥에 이른다. 황형의 가는 가지를 엮어 바구니 등을 만들 수 있고 굵은 가지는 땔감으로 쓴다. 나무껍질의 섬유질로는 종이나 솜을 만들 수 있다. 개화기에는 벌꿀의 좋은 원료가 되는 나무이기도 하다. 이 나무는 거의 모든 부위를 약재로 쓸 수 있는데, 가지와 잎을 말려서 태우면 모기를 쫓을 수 있다. 옛날 가난한 집안의 여성이 이 나무를 깎아서 비녀를 만들었기 때문에 '형채(荊釵)'는 남성이 가장 먼저 혼인한 배우자, 즉 본처를 가리키는 말로 많이 쓰인다.

《시경》이
나에게
주석을 단다면

운명적으로 만났다가 헤어졌다. 그렇게 사랑했던 사람과 서로 세상의 끝처럼 멀리 떨어져 지내야 한다. 그리워하는 고통이 마음을 찢어놓는다. 사랑을 찾아가는 길은 멀고 험하다. 가시덤불이다. 어떻게 해야 할까?

마음은 어떤 가시덤불이나 도도히 흐르는 강물조차 막을 수 없다. 사랑하는 사람의 그림자가 있는 곳, 목소리가 들리는 강 건너 언덕이 낮이고 밤이고 생각난다.

진정한 사랑을 만난다는 것은 어떤 모습일까? 시간과 장소가 어떻게 바뀌더라도 사랑 이야기의 서막은 비슷하다.

사랑이라는 글자에서 감동적인 부분에는 모두 '금슬(琴瑟, 거문고와 비파)'의 소리가 얽혀 있다. 두 마음이 거문고 줄의 떨림에 따라 황홀감과 그리움, 고통, 방황 등이 거울에 비춘 듯 고스란히 드러난다. 사랑이 지난한 일이라는 사실은 인간이 마음속 깊은 곳에서 지향하는 행복과 늘 차이가 난다.

"교교착신, 언예기초(翹翹錯薪, 言刈其楚)"라는 표현에서는 주나라 때 농경문화 속에서 살아가는 사람의 풍경이 나타난다. 특히 '초(楚)'라는 글자는 강수와 한수와 만나는 지역에서 흔히 볼 수 있는 식물인 목형이다. 목형의 가지가 시공간을 넘어 지금까지도 사랑을 증명한다.

깊이 애모하는 장면은 눈으로 보고 마음으로 생각한 것을 한 남자의 마음속에 거대한 파도로 일어났다. 그는 더 이상 완력에 의지해 무모한 일에 덤비는 사람이 아니다. 그는 이제 한 여인의 그림자가 되어버렸고 사랑이라는 술에 취해버렸다. 그의 마음속 불길이 심장을 태운다. 그는 시간과 공간에서 환영을 가리고 있는 장막을 조금씩 뜯어낸다. 그는 순식간에 불붙은 걱정이 '영원할 수 없다[不可泳思]'는 것을 잘 알지만 마음속 깊은 곳에서 '(강을) 건널 수 없다[不可方思]'는 목소리가 들린다.

세상이 끝없이 광활하게 펼쳐진 들판이기를 바란다. 그러나 산을 이루는 굴곡이 계속 이어지고 파도는 끊임없이 출렁이기에 세상이 늘 차단막을 만든다. 산과 들에 널린 가시덤불이 사랑에 도달하지 못하게 막는다. 사회적 관계 속에서 무기와 죽음, 모략과 욕망이 우리의 발목을 붙잡고 괴롭히는 일 역시 사람의 마음을 자극하며 의지를 시험한다.

운명이 어떤 무늬를 그리는지는 누구도 알지 못한다. 일단 사랑의 아픔이 마음속에 머무르게 되면 사랑을 추구하는 사람은 눈에 보이지 않는 운명에 대해 저항해야 한다. 저항하려는 노력은 운명의 굴레는 벗어버리는 일일까, 아니면 운명의 안배에 순종하는 것일까?

한 번 더 이처럼 멋진 만남이 기다리는 길목을 마주치게 될까? 다시 한 번 딱 좋은 시기의 만남이 있을까?

〈한광〉이라는 작품이 이런 물음에 해답을 준 듯도 하고 안 준 듯도 하다.

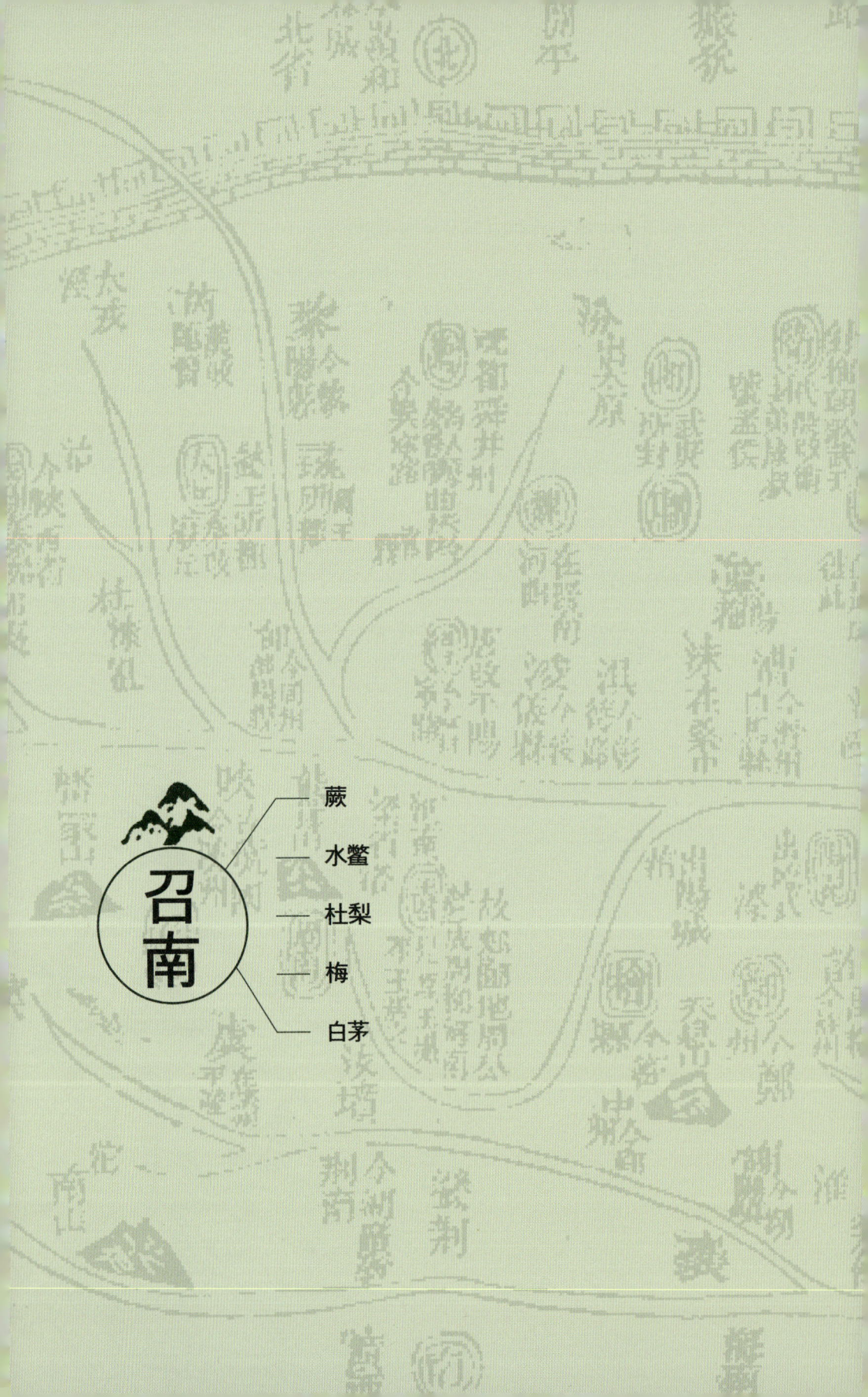

소남(召南)

지리적 위치

소(召)는 소공 희석(姬奭)의 채읍(采邑)으로 기산의 남쪽이다. 무왕이 상나라를 멸망시킨 후 소공을 북연(北燕, 지금의 베이징)에 봉했고, 적장자를 실제로 책봉하고 소공은 도성에 남아서 어린 성왕을 보좌했다. 《사기》 '연소공세가(燕召公世家)'의 기록에 따르면 "성왕이 즉위했을 때 섬(陝)의 서쪽을 소공에게, 섬(陝)의 동쪽을 주공에게 주었다"고 한다. 여기서 말하는 섬(陝)은 오늘날 허난성 싼먼샤시 산저우구(陝州區)다. 소공이 관리하는 지역은 대략 섬남(陝南), 예서(豫西), 악서북(鄂西北)의 서쪽 지역이다. 주나라 민족이 막 흥성할 때 서북부와 북부는 융적에게 막혀 있었고, 동쪽은 강력한 상나라에 눌려 있었다. 그래서 남쪽으로 확장하는 것이 순조로웠다. 《시경전석》에서는 무왕이 주나라를 세운 후 중심 지역은 왕족이 관리하고 그 아래(즉 주남)는 주공이 관리했다고 한다. 주남의 남쪽(여전히 주나라의 중요한 세력 범위 내에서)에는 제후국이 있었는데 이것이 소남이며 소공이 관리했다. 이런 지리적 방위는 섬남, 예서, 악서북의 서쪽 지역이라는 기술과 부합된다.

07 고사리

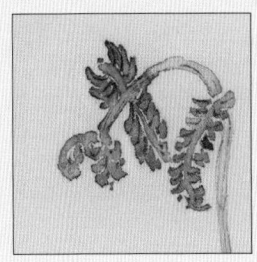

입에 넣고 씹으니
밝은 유리와
같다

초충(草虫)

풀벌레가 울고 메뚜기가 뛴다
그분을 볼 수 없어 초조하네
그분을 만나고 그분을 만나서 내 마음이 안심하네
喓喓草蟲, 趯趯阜螽;
未見君子, 憂心忡忡.
亦旣見止, 亦旣覯止, 我心則降.

남산에 올라 고사리를 뜯는다
그분을 볼 수 없어 가슴이 뛰네
그분을 만나고 그분을 만나서 내 마음이 기뻐하네
陟彼南山, 言采其蕨;
未見君子, 憂心惙惙.
亦旣見止, 亦旣覯止, 我心則說.

남산에 올라 고사리를 뜯네
그분을 볼 수 없어 마음이 아프네
그분을 만나면 그분을 만난다면 내 마음이 편안할 텐데
陟彼南山, 言采其薇;
未見君子, 我心傷悲.
亦旣見止, 亦旣覯止, 我心則夷.

잡다한 해설

　　동중서(董仲舒)가 "시는 통달할 수 없다(詩無達詁)"고 한 말은 《시경》에 수록된 시 한 편의 의미를 이해하는 데는 표준화된 정답이 없다는 의미다. 〈초충〉이라는 작품이 지닌 다양한 의미는 지금까지 수많은 경전학자가 남김없이 드러냈다. 오늘날 사람들은 《시경》을 해석할 때 시가 지닌 본래의 뜻을 따르는 '시설(詩說)'과 도덕적이고 경학적인 의미로 확장하는 '경설(經說)'로 나누어 바라본다. 시설의 시각으로 작품을 읽으면 시에 담긴 감정과 문학적 표현을 중점적으로 살핀다. 경설의 시각은 《시경》을 사회적이고 역사적으로 해석하여 묵직하고 복잡하게 읽는다. 시설과 경설 두 가지 시각은 《시경》 연구를 나아가게 하는 두 개의 바퀴와 같으므로, 어느 한쪽에 치우쳐서는 안 된다.

　　〈초충〉은 문자 그대로의 의미만 보면 부부간의 이별을 다룬다. 흥(興)의 수법을 써서 간단한 문자로 사상(사회), 감정(개인), 정신(문화)의 정수를 종합적으로 담았으며, 특히 교묘한 부분은 실제 삶을 생생하게 그려냈다고 하겠다. 〈초충〉은 풀벌레 울음소리 사이에 미물의 신이 가진 통찰력을 녹여내어 여인이 사랑하는 사람과 헤어진 후 겪는 내면의 감정 기복을 불러일으킨다. 한 여자가 남자를 사랑하는 깊은 정이 시공간의 속박에서 벗어나 신체의 모든 감각을 촉발시키고, 그리운 사람이 눈앞에 있는 듯한 기분을 느끼게 한다. 시의 내용은 이별이지만 전체적인 정서는 평온하고 즐겁다. 그러니 지금의 이별은 죽음으로 인해 영원히 만나지 못하는 종류의 헤어짐이 아니라 열렬히 사랑하는 남녀가(결혼 전이든 결혼 후든 상관없이) 모종의 이유로 잠시 떨어져 있는 상황일 것이다. 이 작품에서 이별의 괴로움은 그리움이고, 애절함은 곧 달콤함이니, 지금의 이 슬픔도 행복의 일종이라 하겠다.

《모시서》에서 "〈초충〉은 대부(大夫)의 아내가 예(禮)를 지키는 내용이다"라고 했다. 즉 옛날 여성이 대부의 집안에 시집을 가서 부녀자의 도를 지키지 않고 남녀간에 예의에 어긋나는 행동을 하면 남편의 집안에서 버림받고 친정으로 돌려보내진다는 뜻이다. 이런 해석은 《주례(周禮)》와 관련이 있다. 송나라 때는 두 번째 해석이 등장했는데, 구양수(歐陽修)가 《시본의(詩本義)》에서 "규방의 여성이 남편을 그리는 시"라고 해설했다. 주희는 《시집전》에서 〈초충〉에 담긴 뜻을 "남쪽 나라가 문왕에 의해 교화되어 제후와 대부가 병역을 치르러 멀리 나가 있으니 그 아내가 홀로 집을 지키면서 시간이 흐르고 사인이 바뀌는 것을 느끼며 남편을 그리워하는 것이다. 이는 '주남편'의 〈권이〉라고 하겠다"라 썼다. 대부의 아내는 남편이 병역 때문에 멀리 나가 있을 때 자신은 혼자 빈방에서 정절을 지키고 있는 내용인데 시 속에는 명확하게 묘사된 것이 없다. 어쩌면 시에 담긴 깊은 애정은 곧 한 여자가 사랑하는 이를 위해 정절을 지키는 모습을 가장 잘 증명해 주는지도 모른다.

명나라 이후로 "남쪽 나라에서 소공(召公)을 만난다"는 해석이 등장했다. 군주가 뛰어난 인재를 갈망하는 마음을 담았다는 것이다. 근대 학자 중에는 '야합'을 의미한 시라는 설도 있다.

〈초충〉의 뛰어난 점이 바로 단어의 구성 형식에서 단정하고 원만하여 〈관저〉의 구성 형식과 비슷하다. 시의 내용이 읽는 이에게 감동을 주고 필력은 기쁨과 슬픔을 관통하며, 시 속에 담긴 안타까운 그리움은 시간과 공간을 멈춰버리는 듯하다. 평온하고 즐거운 결말을 보면 시를 쓴 사람이 사랑에 깊은 믿음을 품고 있는 것 같다.

내가 《시경》에 주석을 단다면

1
喓喓草蟲, 趯趯阜螽; 풀벌레가 울고 메뚜기가 뛴다
未見君子, 憂心忡忡. 그분을 볼 수 없어 초조하네
亦既見止, 亦既覯止, 我心則降. 그분을 만나고 그분을 만나서 내 마음이 안심하네

요요초충(喓喓草蟲) 요요(喓喓)는 벌레 우는 소리로, 빠르고 날카롭다. 또 다른 설로는 '요요(喓喓)'와 '유유(呦呦)'가 같은 뜻이라고 하는데, 유유(呦呦)가 좀 더 작은 소리를 가리킨다. 초충(草蟲)은 풀밭에 사는 곤충을 말한다. 《육소》에서 "크기나 길이가 메뚜기와 비슷하고 소리를 내며 푸른색이다. 띠 사이에 산다"고 했다. 귀뚜라미나 여치처럼 소리 내 우는 곤충에 가깝다.

적적부종(趯趯阜螽) 《설문》에서 "적(趯)은 뛴다는 뜻이다"라고 했다. 적적(趯趯)이라고 하면 곤충이 폴짝 뛰어오르는 모양을 가리킨다. 부종(阜螽, 메뚜기)은 《본초강목》에서 "여러 종류가 있는데 이를 통틀어 '부종'이라고 한다. 강동(江東) 지역에서는 책맹(蚱蜢)이라고 부르는데, 가늘고 긴 생김새에 잘 뛰기 때문에 좁고[착(窄)] 용맹하다[맹(猛)]"고 했다.

미견군자(未見君子) 미견(未見)이라는 두 글자에 시의 정경이 모두 담겨 있다. 이별과 슬픔이 '볼 수 없다'는 마음에서 우러난다. 군자(君子)는 존칭으로, 옛 시대에는 덕이 있는 군왕, 현명한 신하를 다 군자라고 불렀으며, 아내가 남편을 부를 때도 군자라고 했다.

우심충충(憂心忡忡) 근심하여 가슴이 뛰고 조마조마한 것을 충충(忡忡)이라고 표현한다. 마음이 편치 않은 감정인데, 여기서 '우심충충(憂心忡忡)'이라는 사자성어가 나왔다. 이 단어가 최초에 표현하고자 한 것은 겁이 나서 가슴이 뛰는 것이 아니라 깊은 그리움과 사랑하는 마음이라는 것을 알 수 있다.

역기견지(亦既見止) 역(亦)과 지(止)는 모두 어조사다. 기견(既見)은 만났다는 의미이니, 남편이 돌아온 것이다. 기묘한 점은 어조사가 구절의 처음과 끝에 배치되어 운율을 강조한다는 사실이다. 그리운 사람을 만났다는 감정이 이 구절에서 강렬하게 드러난다.

역기구지(亦既覯止) 《모전》에서 "구(覯)는 곧 우(遇, 만나다)다"라고 했다. 《정전》에서는 혼인을 의미하는 글자인 '구(媾)'라고 여겼다. 《역경》에서는 "남녀구정, 만물화생(男女覯精, 萬物化生)"이라는 말이 나오는데, 이는 남성과 여성의 정기가 서로 만나는 것을 가리킨다. 남녀가 만나서 몸과 마음이 서로 기쁘고 즐거운 감정을 강조한 것이다.

강(降) 《모전》에서 "강(降)은 아래[下]라는 뜻이다"라고 했다. 갑골문자는 발가락이 높은 곳에서 아래로 내려오는 모습을 본따 만들어졌는데, 그 의미는 안심한다는 것이다.

2
陟彼南山, 言采其蕨; 남산에 올라 고사리를 뜯는다
未見君子, 憂心惙惙. 그분을 볼 수 없어 가슴이 뛰네
亦既見止, 亦既覯止, 我心則說. 그분을 만나고 그분을 만나서 내 마음이 기뻐하네

척피남산(陟彼南山) 척(陟)은 높은 곳에 오른다는 뜻이다. 이 구절에 나오는 남산(南山)에 관해서는 여러 해석이 있지만, 시의 내용을 보면 어떤 특정한 지역이 요구되는 것은 아니다. 이 시에서 표현하고자 하는 것은 마음과 정신의 태도다.

언채기궐(言采其蕨) 언(言)이라는 글자에는 민요를 흥얼거리는 의미가 있다. 채(采)는 시를 쓴 사람이 시상을 떠올린 현장이다. 궐(蕨, 고사리)은 《시경》이 만들어진 시대에도 잘 알려져 있던 산나물이다. '채궐(采蕨)', 즉 고사리를 채집하는 일은 당시 광범위하게 이루어졌고 시의 구성과도 잘 대응한다. 고사리의 어린싹은 갓난아기의 주먹처럼 생겼는데, 잎이 좀 더 자라 봉황의 꼬리처럼 펼쳐지면 그때부터는 먹을 수 없다. 이백이 "옛날의 행적을 돌이켜보니 고사리 몇 그루에서 주먹을 닮은 싹이 돋았을까(不知舊行徑, 初拳幾枝蕨)"라고 시를 읊은 것을 보면 당나라 때도 고사리 나물은 흔히 즐기던 채소였던 것 같다. 사령운(謝靈運)은 "산 복숭아는 꽃받침이 붉어지고 산 고사리는 점차 보라색 봉오리를 맺는다(山桃發紅萼, 野蕨漸紫苞)"고 읊어 더욱 마음을 울린다. 그러나 이런 시에서 강조하는 것은 사물의 특성이라 〈초충〉을 읽을 때 넓고 깊은 세계를 느끼는 것에 비기기 어렵다. 후대 사람들은 궐(蕨)을 '자기(紫萁, 꿩고비)'라고 여겼다.

우심철철(憂心惙惙) 철철(惙惙)은 《모전》에서 "근심하다[憂]"라고 해석했다. 철(惙)이 왜 근심인지를 이해하려면 〈초충〉의 두 번째 구절이 "척피남산(陟彼南山)"으로 시작하는 것부터 살펴야 한다. 높은 곳에 올라갔다가 이 구절의 마지막에서는 "아심칙설(我心則說)"이라는 기쁨으로 대응된다. 철철(惙惙)에서 드러난 근심과 걱정은 앞서 나온 충충(忡忡)의 근심과 걱정보다 한 걸음 더 나아간 감정이며, 그렇기에 다가올 만남의 순간에 더 가까워졌음을 느낄 수 있다. 철철(惙惙)은 마음속 생각이 끊임없이 이어진다는 것을 의미한다. 《한서》에서는 "꿰맬 철(綴) 자는 끊이지 않는다는 뜻이다"라고 했다. 그러니 심방변으로 바꾼 근심할 철(惙) 자를 쓴 '우심철철(憂心惙惙)'은 어린 사슴이 폴짝거리며 이리저리 날뛰는 것처럼 가슴이 뛰는 상태를 가리킨다.

아심칙설(我心則說) 말씀 설(說) 자는 기쁠 열(悅) 자로 통한다. 마음의 응어리가 풀리고 긴장된 순간이 지나가 편안해졌다. 문자 그대로 보면 단순하지만, 시적으로 말하자면 이 대목이 〈초충〉이 불러일으키는 심상의 정점이다. 시어에 담긴 정서를 건드리며 변화의 중심이 되는 구절이다. 시집을 가면 남의 집 부인네가 된다는 말이 있는데, 그런 행복하고 원만한 감정이 '아심칙설

(我心則說)'이라는 구절에서 드러난다.

3
陟彼南山, 言采其薇; 남산에 올라 고사리를 뜯네
未見君子, 我心傷悲. 그분을 볼 수 없어 마음이 아프네
亦旣見止, 亦旣覯止, 我心則夷. 그분을 만나면 그분을 만난다면 내 마음이 편안할 텐데

미(薇) 육기의 《육소》에서 "산나물이다. 줄기와 잎이 모두 팥과 비슷하고 덩굴이 자라며 맛도 팥과 같다. 잎은 끓여 먹거나 생으로 먹을 수 있다"고 했다. 이 식물은 콩과의 두해살이풀로 오늘날 중국에서는 '대소채(大巢菜)', '야완두(野豌豆)'라고 불린다. 미(薇)는 궐(蕨)과 마찬가지로 진나라 이전 시대에 주로 먹던 산나물이다. 조식(曹植)의 시 중에 "갈색 털은 가려지지 않고 미곽(薇藿, 미의 잎 부분)은 가득하지 않네(毛褐不掩形, 薇藿常不充)"라는 구절이 있다.

아심상비(我心傷悲) 마지막 장의 이 구절로 추측하자면, 1장과 2장에서 남편과 만난 것은 그리움의 감정에 의탁한 마음속 상상이었던 듯하다.

아심칙이(我心則夷) 이(夷)란 《모전》에서 "평온하다[平]"라고 했고, 《이아》의 '석언(釋言)'편에서 "기쁘다[悅]"라고 했다. 이처럼 편안한 마음은 그리워하던 사람과 함께 있기에 나오는 감정일 것이다.

4

〈초충〉의 특별한 점은 "아심칙강(我心則降)", "아심칙설(我心則說)", "아심칙이(我心則夷)"가 건네는 위로와 "역기견지, 역기구지(亦旣見止, 亦旣覯止)"가 반복되는 데 있다. 특히 이 반복은 사람의 마음이 흘러나오는 출구를 움직이고, 사랑의 진심을 흔들며, 심장 박동과 사물의 움직임이 공진하도록 이끈다. 이 시가 주나라 시대에 쓰였을 때는 아주 열렬하고 육체적 본능과 자연스러운 감

정에 충실했다. 강물이 거침없이 흐르는 듯한 기세가 시 안에 충만하다. 삶이 이토록 생명력으로 가득하기에 시가 여전히 생장하고 말라 죽지 않을 수 있었다. 〈초충〉에 등장하는 여성은 자신의 삶과 감정을 깊이 이해하고 있으며, 그런 이해도가 그녀의 내면에 힘을 보탰을 것이다. 그녀는 자기 마음에서 일어나는 풍랑과 육체적 갈망을 다 알고 있으면서, 이런 흔들림이 언젠가는 고요히 가라앉아 어딘가로 귀결될 것도 알고 있다.

식물 이야기

"언채기궐(言采其蕨)"이라는 구절을 보면 중국에서 양치류 식물을 먹은 지 이미 3천 년이 되었음을 알 수 있다. 육기는 《육소》에서 "궐(蕨, 고사리)은 자라 별(鼈) 자를 쓰기도 하며, 산나물이다. 주나라와 진나라는 궐(蕨), 제나라와 노나라는 별(鼈)이라고 했다. 처음 날 때는 마늘과 비슷하며 줄기는 어두운 보라색이다. 식용 가능하며 '규(葵, 해바라기 혹은 아욱)'와 비슷하다"고 했다. 육전(陸佃)이 쓴 《비아(埤雅)》에서는 "어린 고사리는 잎이 없고 생긴 모양이 마치 참새 발이 주먹 쥔 듯하거나 사람이 넘어진 모양과 비슷하여 궐(蕨)이라고 불렀다"고 했다. 옛사람들은 고사리의 새싹을 먹었기 때문에 새싹의 모양을 따서 생동감 넘치는 이름을 지었다. 예를 들어 고사리가 처음 날 때는 어린잎이 돌돌 말려 있어서 자라 발과 비슷하게 생겼다. 그래서 고사리의 가장 오래된 이름이 '별(鼈)'이다(민간에서는 '별각(鼈脚)'이라고도 불렀다).

청나라 때의 서정(徐鼎)은 《모시명물도설(毛詩名物圖說)》에서 고사리에는 '별각채(鼈脚菜)'라는 이름도 있는데, 생김새는 닮았지만 뜻이 좋지 않아서 널리 쓰이지 않았다고 설명했다. 이와 비슷하게 고사리의 모양을 따서 불린 이름에는 묘조자(貓爪子, 고양이 발), 용두채(龍頭菜, 용 머리 모양 나물), 권두채(拳頭菜, 주먹 모양 나물) 등이 있다. 청나라 사람인 사신행(查愼行)이 쓴 시 중에 "봄날의 산에 난 죽순과 고사리는 원래 달아서 시중에서는 둘 다 보기 어렵구나(春山筍蕨本來甜, 難得城中二者兼)"라는 구절이 있는데, 이 시를 보면 고사리의 또 다른 이름인 '첨궐(甜蕨)'의 내력을 알 수 있다. 봄이 되면 산과 들에서 주먹 쥔 손 같은 어린 고사리 줄기를 따는데, 가늘고 부드러워서 깔끔하고 상쾌한 맛을 내는 식재료로 유명하다. 그뿐 아니라 고사리는 단백질, 지방, 탄수화물, 카로틴, 비타민, 섬유질, 칼슘, 인, 철분 등 여러 영양소가 풍부하다. 한의학에서는 고사리에 구충, 해열, 해독, 보양의 효능이 있다고 하며, 그 외에도 부종을 가라앉히고 이뇨 작용을 하여 풍기와 한기를 없애고 혈압을

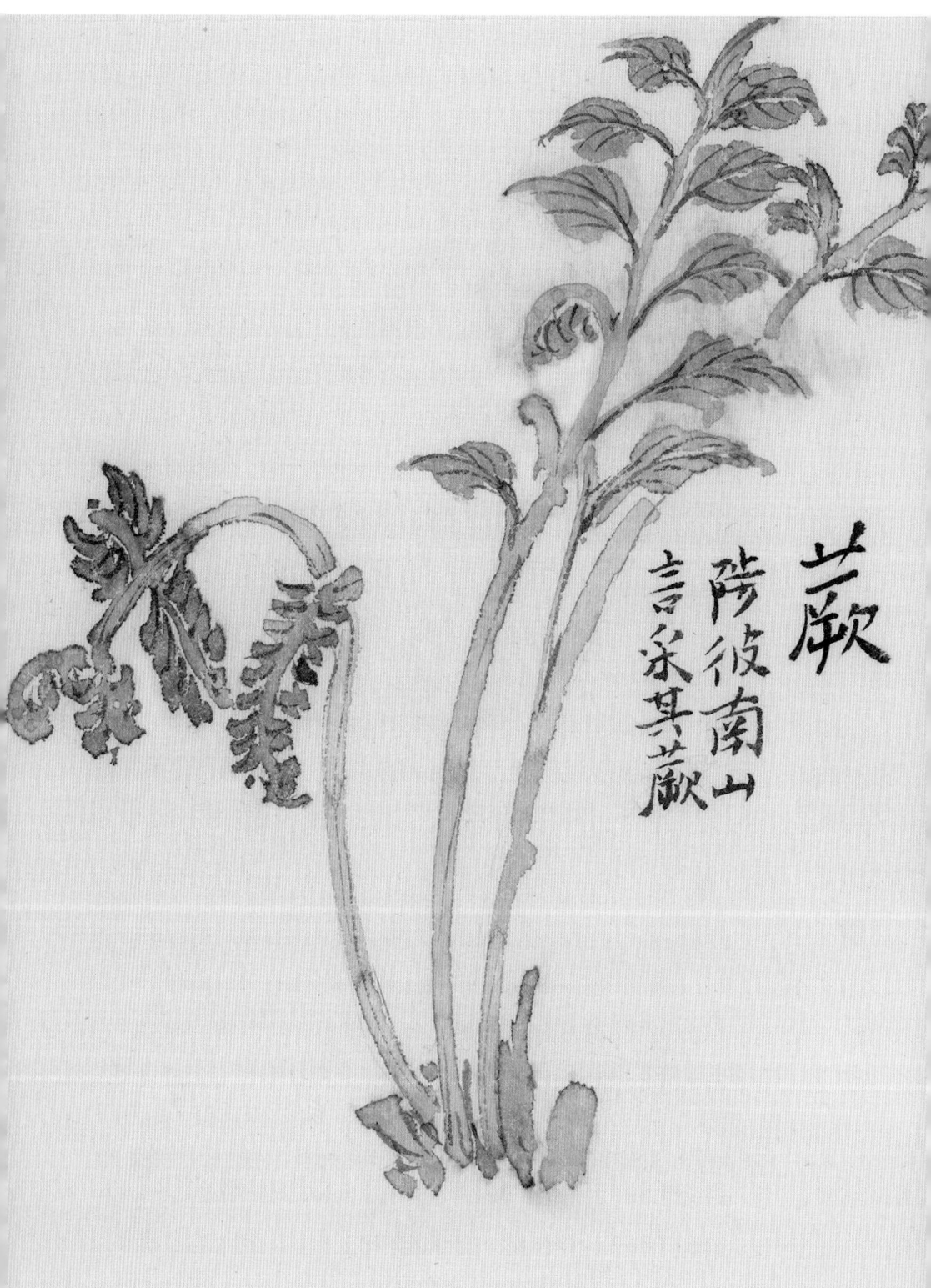

蕨
陟彼南山
言采其蕨

낮추는 약재로 쓴다.

현대 생물학 연구 결과를 보면, 고사리의 잎, 줄기, 뿌리에는 프타퀼로사이드(ptaquiloside)라는 화학 성분이 포함되어 있으며 특히 부드러운 줄기에 함량이 높다. 프타퀼로사이드는 세계보건기구(WHO)에서 지정한 2급 발암물질이다. 다만 중국의 옛 문헌에서 '고사리를 언급하면 낯빛이 변한다'는 기록이 없는 것을 보면 옛날부터 고사리에 독성이 있다는 것과 이를 해결할 방법을 잘 알고 있었던 것 같다. 이시진의 《본초강목》에는 "줄기가 부드러울 때 채취하여 석회 물에 끓여서 진액을 제거한 후 햇볕에 말리면 단맛이 나는 채소가 되며, 식초도 먹을 수 있다"고 했다. 오늘날 마트에서 살 수 있는 고사리는 적절히 가공 처리를 한 식용 채소이지만, 야생에서 직접 채취한 고사리라면 데친 후 베이킹소다를 푼 물에 담가 두었다가 먹어야 한다. 옛사람들이 석회 물에 끓이는 과정이 바로 베이킹소다를 푼 물에 담그는 것과 같이 고사리의 프타퀼로사이드를 제거하는 방법이다.

고사리는 봄나물 중 최고급으로 친다. 고사리는 중국 북동부에서 남동부까지 널리 분포하며, 예로부터 좋은 산나물로 여겨졌다. 고사리의 보라색 뿌리는 껍질을 벗기고 으깨면 흰색의 고사리 가루가 되는데, 이것이 간식으로 먹는 '궐근분(蕨根粉)'의 원료다. 고사리 가루로는 술을 담그기도 하는데, 풍미가 깊고 달콤하다.

고사리는 중국에서 옛적이나 지금이나 같은 이름인 궐(蕨) 자로 불린다. 고사리는 고사리속 고사리과에 속한다. 고사리 종류 중에서 유럽 고사리는 변종으로, 부드러운 줄기가 높이 자라지 않는 편이지만 전체 길이는 1미터에 이르기도 한다. 뿌리 형태의 줄기가 옆으로 뻗는데, 녹황색의 부드러운 털이 빽빽하게 나 있다가 점차 떨어진다.

고사리의 새싹은 예로부터 '산에서 나는 음식 중 제왕'이라고 불렸다. 《중국식물지》에서는 발암물질이 함유된 유독 식물로 분류하고 있다. 신농(神農)이 100가지 식물을 맛보며 독이 있는지 먹을 수 있는지 알아냈다는 옛이야기를 떠올리면 선조들이 자연과 공존하는 방식에는 무한한 탐구심과 두려움 없는 용기도 포함된다는 생각이 든다.

《시경》이
나에게
주석을 단다면

계절의 흐름에 따라 차가운 눈의 기운은 점점 사라지고, 봄바람의 따뜻한 기운이 산과 들, 그 검은 흙 속으로 파고드는 때가 바로 고사리가 자라나는 시기다. 봄기운은 고사리의 생장뿐 아니라 사람의 정서도 깨어나라고 재촉한다.

나무에 잎이 돋고 고사리의 싹이 지표면을 뚫고 나오는데 세상은 온통 고요하다. 벌레 울음소리는 고요함 중에도 사랑하는 마음을 흔들며 쌓인다. 누군가를 그리워하는 마음속을 슬픔과 기쁨이 번갈아 휘젓고 가는데, 세상의 비밀을 다 꿰뚫어 보는 것 같다. 다시 만나 서로 껴안고 나면 마음은 다시 물처럼 평온해지고 온 세상도 더불어 고요해진다.

세상의 거리낌 없는 당당함, 시간에 따라 자연이 바뀌는 신기함은 사랑하는 마음의 당당함과 그리움의 신기함에 대응된다. 시의 세계에서 사랑에 관한 시가 언제나 가장 많은 이유다.

고사리는 봄날의 시에서 영원한 계절, 번성하는 사랑, 그리고 사랑의 비밀이 들여다보아도 좋다고 허락한 틈새를 상징한다. 자연의 비밀과 사람의 마음에 숨은 비밀이 한순간 서로를 비호하고 서로를 인정하며, 더 설명할 필요가 없는 조화를 이룬다.

양치식물인 고사리는 식물의 진화 역사에서 하등식물에서 고등식물로 진화하는 경계선에 위치한다. 또한 인간의 일상생활과 밀접하게 관계를 맺어 온 오랜 역사가 있다. 주나라 때 이미 고사리는 흔하게 접하고 먹었던 채소였고, 지금까지도 우리 식탁에서 사랑받고 있다. 고사리의 식감은 깔끔하고 부드러우면서 매끄럽다. 맛은 향긋한 풍미가 있으면서 은근하게 쓴맛도 난다. 명나라 사람인 나영공(羅永恭)은 고사리를 두고 "철판에 볶으면 자색 마노석 같고 입에 넣고 씹으면 밝은 유리 같네. 단맛이 줄줄 흘러 엿과 같으니 굶주린 배에 봄이 다시 오는 듯하다"라고 했다. 고사리의 맛은 이처럼 매혹적이고 식욕과 딱 달라붙어 있다. "언채기궐(言采其蕨)"이라는 구절에서는 더 큰 세계에 속해 있으면서 사랑의 그리움과 회상으로 이끄는 존재이며, 우리의 어지러운 삶을 정신적인 면에서 깨끗하게 씻어준다. 마음과 미각의 경계선에서 고사리와 삶이 밀접하게 연관되어 있다. 그런 점을 음미한다면 고사리를 대하는 마음이 평소와는 조금 달라질 것이다.

08 자라풀

시냇가의
소녀

채빈(采蘋)

어디서 자라풀을 딸까? 남쪽 계곡의 물가에서
어디서 수초를 딸까? 저기 흐르는 물에서
于以采蘋? 南澗之濱
于以采藻? 于彼行潦

어디에 담을까? 네모난 광주리와 둥근 광주리에
어디에 삶을까? 다리가 있는 솥과 다리가 없는 솥에
于以盛之? 維筐及筥
于以湘之? 維錡及釜

어디에 차릴까? 종묘와 창문 아래
누가 주관할까? 제나라의 소녀가
于以奠之? 宗室牖下
誰其尸之? 有齊季女

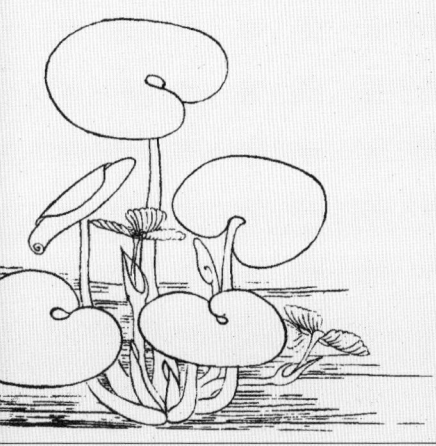

잡다한 해설

옛날 제사를 지낼 때 왜 '빈(蘋)'을 따야 했는지는 왕질(王質)의 《시총문(詩總聞)》에 이렇게 나와 있다. "제사에 사용하는 저(菹, 소금에 절인 채소)는 육지에서 나는 채소는 적게 사용하고 물에서 나는 채소를 쓴다. 육지 채소는 분뇨를 쓰지 않으면 무성하게 자랄 수 없지만 수초는 뿌리를 물에 의탁하므로 깨끗하다. 그러므로 익힌 음식을 바칠 때는 육지의 것을 주로 쓰고, 제사에는 물에서 나는 것을 주로 쓴다." 〈채빈〉의 내용은 여성이 제사에 참여하는 상황을 다룬다.

개구리밥을 따는 행동은 주나라 여성이 성년이 되어 치르는 의례의 일부로 볼 수 있다. 중국 문명은 육경(《시경》, 《서경》, 《악경》, 《예경》, 《역경》, 《춘추》를 가리키는데, 진나라와 한나라 시대 이후로는 《악경》을 전파하는 것이 금지되어 오경만 남았다)을 중심으로 한다. 따라서 줄곧 중국 문화에서는 예절과 의례 문화를 따르고 그에 구속되었으며, 이를 예악 문화라고 자처했다. 《예기》에 따르면 젊은 남자는 스무 살이 되면 관례를 치르고 머리를 들어올려서 관을 쓴다. 이때 이름을 얻는데, 성인이 되어 사회에 나간다는 의미다. 이처럼 중국 문화에서 예와 의를 따지는 시작점은 《예기》에 규정한 성년 의식을 치르는 것부터다(성년 의식은 주나라 때부터 명나라 때까지 이어졌으나 청 왕조에 들어와서 폐지되었고, 현대 중국에서 다시 회복되는 추세가 보인다). 여성의 성년 의식도 별도로 있는데 계례(笄禮)라고 부른다. 소녀가 열다섯 살이 되면 가장이 머리카락을 감아올려서 비녀로 고정해주는 의식을 치른다. 계례를 치르고 나면 긴 머리카락을 흩날리며 다니던 소녀 시절이 끝난 것이다.

그때부터는 인생의 청년기에 접어드는데, 혼인하여 누군가의 아내가 될 수 있는 나이다. 《예기》에 따르면 시집가는 여성은 배워야 할 것이 많았다(시집을 늦게 가면 공부를 마치고 혼인할 수 있고, 시집을 일찍 가면 신혼 기간에도 계속해서 '부인'으로서 해야 할 일을 배워야 했으며 '여성의 4대 덕목'을 모두 완수해야 한 사람의 아내로 합격점을 받았다).

정현은 "옛사람이 말하기를, 부인은 시집가기 석 달 전에 종묘가 있으면 공궁에서 가르치고 종묘가 없으면 종실에서 가르친다고 했다. 가르치는 것은 부덕(婦德), 부언(婦言), 부용(婦容), 부공(婦功)이다. 가르침이 끝나면 제사를 지내는데, 물고기와 개구리밥, 마름을 쓰며, 이로써 부순(婦順)을 이룬다"고 했다. 이 말에서 보면 주나라 때 부인 교육을 받는 여성은 한 과목을 수료할 때마다 중요한 의식을 치렀고, 그것을 '교성지제(教成之祭)'라고 불렀음을 알 수 있다. 〈채빈〉은 바로 주나라 여성이 제사 의식을 거행함으로써 부인 교육 중 한 가지를 잘 마쳤음을 보여준다. 오늘날 졸업식과 비슷한 행사인 셈인데, 훨씬 엄숙하고 성대하며 엄격한 행사였으리라. 〈채빈〉의 주인공은 시의 마지막에 등장하는 '계녀(季女)'다. 계녀를 두고 《모전》에서는 '소녀(少女)'라고 해석했다. 인물, 시간, 장소, 사건이 모두 명확하기 때문에 시에 이입하기 쉽다. 물론 이 시가 지닌 더 큰 의의는 우리의 마음에 어떤 감흥을 불러일으키느냐에 있을 것이다.

내가
《시경》에
주석을 단다면

1
于以采蘋？南澗之濱 어디서 자라풀을 딸까? 남쪽 계곡의 물가에서
于以采藻？于彼行潦 어디서 수초를 딸까? 저기 흐르는 물에서

우이채빈(于以采蘋) 어디서 빈(蘋)을 딸까? 이처럼 확실한 질문의 어조에서 순수하게 집중하고 있는 마음을 느낄 수 있다. 이 질문은 이어지는 대답과 호응하여 이 시의 전체적인 분위기를 만들어낸다. 빈(蘋)은 주나라 때 제사용 공물이자 왕공 귀족에게 올리던 채소였다. 당시 시냇가에서 흔히 볼 수 있는 수초였는데, 옛 문헌의 기록에 따르면 평[蘋, 속칭 전자초(田字草)라고도 함], 부평[苤菜, 또는 수별(水鱉)이라고도 함]이라 한다. 기록된 식물의 특징으로 추론하자면 수별(水鱉, 자라풀)에 더 가까운 것 같다.

남간지빈(南澗之濱) 이처럼 간결하게 '남쪽을 향한 계곡의 물가'라고 한 표현에서 제사 의식의 신비로움과 산과 물이 있는 풍경에 대한 철학적 생각을 느낄 수 있다. 이후 중국의 산수시(山水詩)는 모두 물가에서 수초를 따는 이 장면의 영향을 받았다.

조(藻) 《모전》에서 "조(藻)는 취조(聚藻)다"라고 했고, 육기의 《육소》에서는 "조(藻)는 수초다. 물 아래서 살며 두 종류가 있다. 하나는 잎이 차조기와 비슷하고 줄기가 젓가락만 하며 4~5척 정도로 자란다. 다른 하나는 줄기가 비녀만 하고 잎은 쑥갓과 비슷한데 취조(聚藻)라고 한다. 부풍(扶風) 지역 사람

은 이것을 조(藻)라고 하고 '취(聚)'는 소리로 낸다. 두 종류의 조(藻)를 모두 먹을 수 있다. 문질러 비린내를 없애고 쌀가루를 뿌려서 쪄먹는다. 양주(揚州) 사람들이 기근이 들면 이것을 곡식 삼아 쪄서 먹는다." 조(藻)는 이삭물수세미 혹은 물수세미인데, 개미탑과 물수세미속의 여러해살이 침수식물이다.

우피행료(于彼行潦) 《모전》에서 "행료(行潦)는 유료(流潦)다"라고 했고, 《정전》에서는 "유료(流潦)는 물이 얕은 것"이라 했다. 공영달(孔穎達)은 《정의(正義)》에서 "행(行)은 길이다"라고 했고, 《설문》에서 "료(潦)는 빗물이다. 그러므로 행료(行潦)는 길 위에 흐르는 물이다"라고 했다. 그러나 수초인 조(藻)가 길 위에 얕게 고인 물에서 자랄 수는 없다. 료(潦)라는 글자의 본뜻은 물보라가 사방으로 튀는 것으로 동사다. 또한 '그' 또는 '저'라는 뜻의 피(彼)가 쓰였으니 여기서 가리키는 것은 여전히 앞에 나온 "남간지빈(南澗之濱)"임이 분명하다. 행료(行潦)는 자라풀을 따느라 바쁘게 움직이는 모습을 묘사한 것으로 보아야 한다.

2
于以盛之? 維筐及筥 어디에 담을까? 네모난 광주리와 둥근 광주리에
于以湘之? 維錡及釜 어디에 삶을까? 다리가 있는 솥과 다리가 없는 솥에

우이성지(于以盛之) 수초를 따서 어디에 담지? 이런 문장은 일상생활에서 비롯했지만 그보다 좀 더 숭고하다. 그 이유는 시의 질문에 대응하고 포함되는 의례의 감각에 있을 터다. 현대의 시는 이런 의례의 감각이 결핍되었기에 시의 깊고 광활한 신비로운 속성도 어느 틈에 사라지고 말았다.

유광급거(維筐及筥) 유(維)는 어조사다. 얼핏 보기에는 뜻이 없는 듯하지만 시의 기승전결은 바로 이 유(維)라는 글자가 이끌어간다. 《시경》 연구 중에서도 어조사, 발어사(發語詞), 어음사(語音詞) 등 실제 가리키는 바가 없는 어휘 연구는 부족한 편이다. 이런 어휘의 깊은 의미를 독해하는 방식은 실전되었으며, 《시경》의 음운학적 신비로움이 유실된 셈이다. 《시경》의 발음과 가락의

특징은 이런 발어사류의 단어에 포함되어 있을 테니 말이다. 《모전》에서는 "네모난 것을 광(筐), 둥근 것을 거(筥)라 한다"고 했다. 주나라 때 물건을 담던 바구니를 네모난 모양이면 광(筐), 둥근 모양이면 거(筥)라고 불렀다는 뜻이다. 이처럼 네모나거나 둥근 모양의 차이에는 《주례》에 언급된 제사 의식의 기호화가 서로 다른 것도 있다.

우이상지(于以湘之) 상(湘)은 《모전》에서 "상(湘)은 형(亨)이다"라고 했다. 형(亨)은 곧 팽(烹)과 같아서 끓이고 삶는다는 뜻이다. 상(湘)이 조리한다는 의미로 사용된 사례는 《시경》뿐으로 후대에는 이렇게 사용된 예가 극히 드물다. 《한시(韓詩)》에서는 이 부분의 글자가 상(鬺)이지만 다른 문헌에서 이를 뒷받침할 증거가 없다.

유기급부(維錡及釜) 《모전》에 따르면 "기(錡)는 솥의 일종이다. 다리가 있으면 기(錡), 다리가 없으면 부(釜)라고 한다." 《모시음의》에서는 "기(錡)는 다리가 셋 달린 부(釜)다"라고 했다. 기(錡)와 부(釜)는 모두 주나라 때 음식을 조리하던 금속 기물이다. 2장에서는 수초를 요리하는 내용을 담았다. 이 시의 서사는 어떤 대상을 다루는 엄격한 절차를 따른다. 제사용품의 경우에는 채집하고, 솥에 담아 조리하는 과정이다. 여성이 제사를 준비하는 일이 얼마나 바쁜지, 또 얼마나 정성스러운지 알 수 있다.

3
于以奠之? 宗室牖下 어디에 차릴까? 종묘와 창문 아래
誰其尸之? 有齊季女 누가 주관할까? 제나라의 소녀가

우이전지(于以奠之) 《모전》에서 "전(奠)은 치(置)이다"라고 했다. 전(奠)이라는 글자는 추(酋)에서 왔는데, 《설문》에서 "추(酋)는 주(酒)다"라고 했다. 그러므로 전(奠)은 제사상에 배열하는 용품임을 알 수 있다. 제사상에 올라가는 물건을 놓는 방식은 시대마다 다르지만 주나라 때에는 엄격한 사회 계급의 질서에 따라 구분했다.

종실유하(宗室牖下) 《모전》에서는 "종실(宗室)은 대종(大宗)의 묘다. 대부(大夫)와 사(士)는 종묘에서 제사하고, 유하(牖下)에 놓는다"고 했다. 주나라는 종법사회(宗法社會)여서 적장자 승계제를 시행했다. 적장자가 아버지의 종주(宗主) 지위를 이어받아서 대종(大宗)이 되는 것이다. 대종 집안의 여성이 제사를 지낼 때는 종묘에서 한다. 유하(牖下)는 《정전》에서 "창문 앞이다. 실내에서 제사를 지내지 못하는 사람은 혼인할 때 여자의 예를 건물 밖에서 지내는데 그 뜻이 이와 같은가?"라고 했다. 여기서 말하는 호유(戶牖)의 아래라는 것은 일반적인 건물의 창문을 가리키는 것으로, 보통의 백성이 '교성지제(教成之祭)'를 거행한 장소를 말한다.

수기시지(誰其屍之) 《모전》에서 "시(屍)는 주(主)이다"라고 했다. 옛사람은 제사할 때 사람을 신(神)으로 삼고 시(屍)라고 칭했다. 이 구절에서 우리는 〈채빈〉에 나오는 제사 의식의 주인공이 등장한 것을 알 수 있다. 주인공은 곧 성년을 앞둔 소녀로, 얼굴 생김새는 알 수 없지만 천지의 신령과 소통할 수 있는 사람이다. 소녀가 부인의 교육을 수료한 일은 국가와 가정에 남다른 의미를 지닌다.

유제계녀(有齊季女) 선진시대 문학 연구자인 양즈수이(揚之水, 1954~)는 《시경》에 나오는 유(有) 자는 한나라 시대에 유행한 부(賦)의 자태가 시작된 지점이라고 평했다. 어조사일 뿐이지만 이 글자에 중국 문학의 깊고 무거우며 자신감 넘치는 메아리가 담겨 있다고 보았다. 《모전》에서 "제(齊)는 경(敬)이다"라고 했다. 아름답고 공경한다는 의미다. 《한시》에는 이 부분의 글자가 재(齋)인데, 재(齋)는 재(齋)의 가차자다. 마서진의 《통석》에서는 《좌전》 양공(襄公) 28년의 기록을 인용하여 "제수와 연못에서 수초를 따서 종묘에 놓고 계란(季蘭)이 제사상을 차린다"고 했다. 이런 해석을 통해 보면 이 구절에 등장하는 제(齊)는 제나라라고 보아야 할 듯하다. 《모전》에서 "계(季)는 소(少)이다"라고 했다. 이는 이제 막 부인 교육을 받고 있는 소녀를 가리킨다.

식물 이야기

빈(蘋)이 '전자초(田字草)'인지 '수별(水鱉)'인지 늘 쟁점이 된다. 현대에도 통용되는 자전(字典)이나 기록 등에서도 이를 두고 다르게 해석한다(《사해(辭海)》와 《시경학대사전(詩經學大辭典)》에서는 전자초라고 하지만 2004년 출간된 식물학 학술서 《중국식물지(中國植物誌)》에서는 수별에 가깝게 설명한다). 《여씨춘추(呂氏春秋)》는 빈(蘋)을 상당히 추앙하여 "채소 가운데 아름다운 것은 곤륜(崑崙)의 빈(蘋)이다"라고 했다. '채소 가운데 아름다운 것'이라는 말은 빈(蘋)이라는 식물에 대한 실제적 탐색과 환상적 관심을 불러일으킨다. 다만 여기서는 '곤륜'에 비유하고 있으므로 제사나 무속 쪽으로 기울어진 신성함이 도드라진다. 《좌전》에서는 "(이런 수초는) 귀신에게 공양하거나 왕공을 대접할 수 있다"고 했다. 빈(蘋)이라는 식물이 주나라 때 중요한 지위였음을 짐작할 수 있다. 제사용품으로 사용하거나 왕공 귀족이 먹는 특별한 식재료였던 것이다. 육기는 《육소》에서 빈(蘋)에 관해 많이 해설하지는 않았지만, 여기서 처음으로 구체적으로 분류하고 차이를 언급했다. "지금 물 위에 떠 있는 부평(浮萍, 여기서는 현대의 식물학적 분류에 따른 '부평'이라는 식물을 가리키는 것이 아니라 식물의 생장 모습을 묘사한 표현이다)이 이것이다. 굵고 크면 빈(蘋), 작으면 평(萍)이라 한다." 남송 시대 사람인 나원(羅願)은 《이아익(爾雅翼)》에서 이렇게 해설했다. "평(萍)은 곧 평(蓱)이다. 그중 큰 것은 빈(蘋)이라고 하는데, 잎이 네 방향으로 나고 가운데가 십(十) 자 모양으로 접혀 있다. 뿌리는 물 아래서 자라며 잎은 수면에 뜬다. 소부평(小浮萍)이 뿌리 없이 물 위를 떠다니는 것과는 다르다."

이시진은 《본초강목》 19권에서 다음과 같이 상세히 설명했다.

"빈(蘋)은 부채(芣菜), 사엽채(四葉菜), 전자초(田字草)다. 빈(蘋)은 본래 빈

(賓)이며 (……) 빈(蘋)에는 손님[賓]이라는 뜻이 있고 여기서 글자가 유래했다. 이 식물은 잎 네 장이 함께 나며 가운데가 십(十) 자로 접혀 있어서 사엽채, 전자초, 파동전(破銅錢) 등 그 모양을 딴 이름으로 불린다. 여러 책에서 빈(蘋)을 '수평(水萍)'이라고 해석했는데, 아마도 빈(蘋)과 평(萍) 두 글자의 음이 비슷하기 때문일 것이다. (……) 《본초집해(本草集解)》에서는 '수평(水萍)은 수렴(水廉)이라고도 한다. 못이나 늪지의 물 위에서 산다. 잎은 둥글고 작으며, 줄기 하나에 잎 하나가 난다. 물 아래에 뿌리를 내리고 5월에 흰 꽃이 핀다. 3월에 채집하여 햇빛에 말린다'고 했다. (……) 내가 말하기를, '빈(蘋)이란 사엽채다. 잎이 수면에 뜨고 뿌리는 물 바닥에 이어진다. 줄기는 가늘어 순채(蓴菜), 행채(荇菜)와 같다. 잎은 크기가 손가락 끄트머리만 하고 앞면은 청색이고 뒷면은 자색이다. 잎에 가느다란 무늬가 있으며 올방개나 결명(決明)의 잎과 닮았다. 네 장의 잎이 함께 나며 가운데가 십(十) 자로 접힌다. 여름과 가을에 작고 흰 꽃이 피어서 백빈(白蘋)이라고 한다. 잎이 한데 모여 있는 모양이 평(萍)과 같아서 《이아》에서 큰 것을 빈(蘋)이라 한다'고 했다. (……) 또 항(項) 씨가 말하기를 '백빈(白蘋)은 물에 살고 청빈(青蘋)은 육지에서 자란다'라고 했는데, 이는 지금의 전자초로 수중에 사는 것과 육지에 사는 것 두 종류다. 육생하는 전자초는 낮고 습한 땅에서 주로 자란다. 네 잎이 한데 붙어 있는 것이 백빈과 같다. 다만 줄기가 땅 위에서 자라고 3~4촌 길이이며 먹을 수 없다."

이시진이 《본초강목》에서 빈(蘋)을 묘사한 내용 중에 모순된 점이 있는데, 5월에 흰 꽃을 피운다고 한 '전자초'가 오늘날 우리가 말하는 전자초(한국에서는 '네가래'라고 한다)가 맞는지는 확실하지 않다.

당나라 때 사람인 진장기(陳藏器)는 《본초습유(本草拾遺)》에서 "수평(水萍)은 세 종류가 있는데, 큰 것은 빈(蘋)이라 하고 잎이 둥글며 폭이 1촌 정도다. 작은 것은 계곡의 냇물에 산다. (……) 빈(蘋)의 잎은 둥글고 폭이 1촌 정도이며 잎 아래에 수포가 있다. 부채(苻菜)라고도 불린다"라 했다. 《본초습유》에서 묘사한 특징을 보면 오늘날 말하는 수별(水鼈, 자라풀)과 비슷하다. 경쉬안(耿煊)이 1996년에 출간한 《시경 속의 경제적 식물(詩經中的經濟植物)》에서는 "우이채빈(于以采蘋)에서 언급한 빈(蘋)이 정말로 전자초인지는 확정할 수 없다. 전자초의 잎은 너무 얇아서 식용으로 적합하지 않다"고 했다. 이런 묘

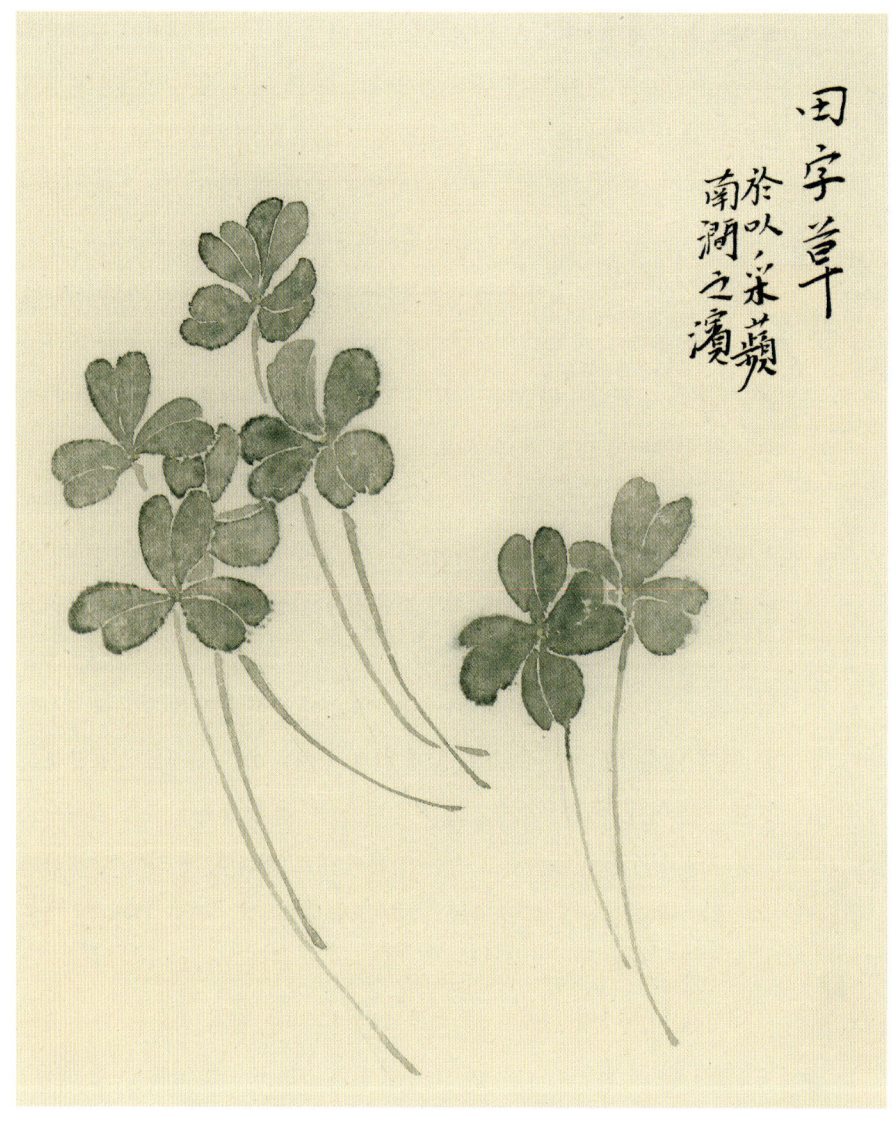

사를 보면 〈채빈〉의 빈(蘋)은 현대 식물학에서 말하는 평(蘋), 즉 전자초와는 차이가 크다.

옛 문헌의 기록을 살펴보면 빈(蘋)의 확실한 특징이 바로 여름에 흰 꽃이 핀다는 점이다. 《중국식물지》에서 전자초의 중국 학명은 '평(蘋)'이고 양치식물의 일종이다. 속씨식물처럼 꽃이 피는 특징은 없다. 중국 남쪽 지방에서 부채(苹菜), 마뇨화(馬尿花)라고 부르는 수생 식물이 있는데, 이 식물이 바로 수별(자라풀)이다. 잎이 '네 장이 한데 나고 가운데에서 십(十) 자로 접힌다'는 특징만 제외하면 다른 묘사는 여러 문헌에서 이야기하는 빈(蘋)과 부합한다.

《한전》과 《사해》에서는 빈(蘋)을 대평(大萍), 전자초라고 여겼는데, 이런 문자학 방면의 고증은 구체적인 식물분류학에는 집중하지 않았다. 《중국식물지》에서는 수별(자라풀)의 속칭이 마뇨화(馬尿花)와 부채(芣菜)라고 했지만 《시경》에 나오는 빈(蘋)인지는 명확히 언급하지 않는다.

전자초는 평(蘋)의 속칭이고, 평(蘋)은 양치식물이다. 고대에는 지금보다 더 힘든 환경에서 형성된 식습관을 가졌기 때문에 현대인이 짐작하기는 쉽지 않다. 무엇보다 주나라 때의 중국 북부는 기후 환경이 지금보다 온난다습했기 때문에 빈(蘋)의 생장이나 형태가 지금과는 다소간 차이가 있을 것이다.

수천 년 사이에 식물의 생장과 형태가 비교적 안정적으로 유지되었다고 한다면, 빈(蘋)은 수별(자라풀)일 가능성이 더 크다. 자라풀은 외떡잎식물 자라풀과 자라풀속에 속하는 부유식물이다. 수염뿌리가 30센티미터에 이르고 기는줄기가 발달했다. 마디 사이의 길이는 3~15센티미터, 지름은 약 4밀리미터로 줄기 끄트머리에서 싹이 나는데, 겨울이 싹이 나서 봄까지 유지된다. 잎은 무리지어 떠다니고, 때로 수면 위로 뻗어나가는데, 잎은 하트 모양이거나 둥글다. 수꽃차례에서 액생(싹이나 꽃 따위가 잎에 붙어 있는 자리에서 나는 것)한다. 꽃자루는 길이가 0.5~3.5센티미터이고 투명한 막질의 불염포(佛焰苞, 꽃을 감싼 변형된 포)가 2개 난다. 자홍색 줄무늬가 있는 불염포 내에 수꽃 5~6개가 있고 한 번에 한 송이만 핀다. 꽃잎은 3장이고 노란색이다. 암불염포는 작고, 그 안에 암꽃 1개가 있다. 꽃잎은 3장이고 흰색인데, 꽃잎 아랫부분은 노란빛을 띤다. 꽃잎 모양은 넓은 도란형(계란을 거꾸로 세운 모양)이거나 원형이다.

자라풀과에는 해초나 고사리속에 속하는 식물 등 잘 알려진 야생의 수생식물이 포함된다. 중국 남부 사람들은 자라풀의 어린줄기를 맛 좋은 식재료로 여긴다. 주나라 시대에 자라풀을 야생에서 채집할 수 있는 채소로 여겼다고 해도 이상하지 않다. 다만 《시경》이 지어진 시대에 들에서 채소를 채집해서 말리거나 절여 제사용품으로 만드는 것은 현대인이 천연의 녹색 식재료를 높이 평가하는 것과는 좀 다른 영역이다.

《시경》이
나에게
주석을 단다면

가와바타 야스나리의 소설 《고도》에는 주인공 치에코의 어린 시절 친구인 마이가 기온 마츠리에서 눈썹을 그리고 입술을 붉게 칠한 후 옛 왕조의 복식을 입고 퍼레이드용 가마에 묶여서 행진하는 장면이 있다. 내 기억 속에서 이 장면은 어린아이를 신으로 분장시켜 제사에 참여시키는 일로 인상 깊게 남았다. 《고도》를 읽을 때는 내가 아직 《시경》의 〈채빈〉에 나오는 성스러운 "유제계녀(有齊季女)"의 이미지를 만나기 전이었다.

막 성년 의식을 마친 소녀는 특별한 제사를 통해 자신이 자격을 갖춘 젊은 여성이 되었음을 증명해야 했다. 이처럼 장엄하고도 신비로운 힘에 따라 세례와 지도를 받는 과정은 타인의 아내로 시집가기 전에 소녀가 경험하는 가장 중요한 인생의 한 관문이다.

소녀는 태어나 처음으로 영문도 모른 채 하늘과 땅을 잇는 가운데 위치에 서서 사람들의 마음이 갈라지고 흩어지는 것을 지켜본다. 또한 사람들에게 투사된, 알아보기 힘들 정도로 치장된 자신을 본다. 소녀는 꼼짝도 하지 못하고 의아하게 상황을 지켜보다가 서서히 자신만의 변별력이 생겨난다.

제사 의식의 신성화란 동시에 제단에 서서 긴장한 나머지 정신을 잃을 정도가 된 소녀를 신성화하는 것이다. 엄격하고 자세한 제사 절차는 세상을 자유롭고 유영하는 청춘이었던 소녀에게서 엄숙하고 경건한 모성을 일깨운다. 남쪽 골짜기의 맑은 시냇가에서 자라풀을 따고 물수세미를 딴다. 두 가지 수초를 따서 둥글거나 네모난 광주리에 담는다. 익힌 물고기는 세 발 달린 솥이나 가마 등 여러 기물에 담는다. 왕공 귀족 가문의 소녀는 자신 집안 종묘에서 부인 교육의 예를 마친다. 평민 집안이라면 자기 집 창문 아래에 상을 차리고 교육을 마쳤다는 제사를 올린다.

〈채빈〉이라는 시에는 '소남(召南)'의 전형적인 서사 특징이 나타난다. 소남 편의 시는 문학적 아름다움이나 정신적인 감응이 아니라 사회적 가치관을 정돈하고 드높이는 데 중점을 둔다. 존귀함과 비천함, 제사를 지내는 중에 나타나는 한 인간의 운명을 정하는 움직일 수 없는 궤적이 시 속에 드러난다. 이처럼 한 사람의 운명은 출신이나 지위로 엄격하게 구분되며, 신분이라는 것은 절대 깨뜨릴 수 없는 가치라는 것을 보여주는 것이다.

이 시의 마지막 구절은 정말 감탄스럽다. 제사 의식의 주인공은 신성한 모습으로 분장하고 조마조마한 심정을 억누르고 있는 소녀다. 시에서는 이 소녀가 종묘에서 어떤 모습을 하고 있는지 설명하지 않지만, 신성한 소녀는 지금 인간 세상과 천지 사이에서 어떤 신비한 힘에 의해 찢겨지는 중이며 자신의 삶이 한순간에 무한히 확장하는 것을 느끼고 있을 것이다. 그 감각은 그녀에게 이 세상에서 여자와 남자 사이에는 태어날 때부터 서로 다른 차이점이 있다는 것을 깨닫게 할 것이다. 생기발랄했던 소녀의 마음에 점차 박애와 경건함, 포용이 솟아나고, 나아가 세상 만물에 대한 연민으로 바뀔 것이다. 제사를 지내는 동안 드넓고 풍요로우며 자유로운 사랑이 이 신성한 소녀에게서 서서히 탄생할 것이다.

나는 오래전부터 오늘날까지 전해지는 시를 통해 하늘이 소녀에게 내려준 마음을 조금 이해한 느낌이다. 소녀의 미간에는 천진함이 아직 남아 있지만 표정에는 갑작스레 더해진 부담감도 드러난다. 눈빛은 점점 진지해진다. 소녀에게는 이제 가까이 가서 만져보고 싶은 사랑스러움과 감동이 생겼다. 앞으로 소녀는 누군가의 아내가 될 테고, 무거운 책임감을 지고 살아가게 될 터이다. 그녀가 이 세계에 가져올 무언가는 전쟁이나 격변에 심취한 남자들이 가져올 그것과는 크게 다를 것이다. 그녀가 세상에 선사할 것은 죽어가며 절망의 경계에서 몸부림치는 생명을 되살리는 일이다.

다만 이 순간 청춘임이 분명한 그녀는 더할 나위 없이 아름답다.

그녀는 고개를 들고 눈을 내리깔 것이다.
그녀는 물 그 이상의 존재다.

09 팥배나무

공정하고
자애롭게

감당(甘棠)

빽빽하게 우거진 팥배나무 자르지 말고 베지 마라
소백님이 지으신 곳이니
蔽芾甘棠, 勿翦勿伐, 召伯所茇.

빽빽하게 우거진 팥배나무 자르지 말고 꺾지 마라
소백님이 쉬시던 곳이니
蔽芾甘棠, 勿剪勿敗, 召伯所憩.

빽빽하게 우거진 팥배나무 자르지 말고 구부리지 마라
소백님이 멈추신 곳이니
蔽芾甘棠, 勿剪勿拜, 召伯所說.

잡다한 해설

주나라는 문왕과 무왕이 기틀을 잡고 성왕과 강왕 때 전성기를 구가했다. 이를 두고 역사가들은 '형벌을 정했지만 백성들이 죄를 짓지 않아 벌을 줄 일이 없었던 40년'이라고 부른다. 이 시기는 주 왕조의 황금기로, 공자가 "그 문화가 찬란하구나(鬱郁乎文哉)"라고 늘 감탄했던 시대다. 이런 황금기에 지방 관리와 백성의 관계는 어땠을까? 〈감당(甘棠)〉이라는 시를 보면 관리인 '소백(召伯)'과 백성들이 아주 가깝게 지냈음을 알 수 있다. 〈감당〉은 어떤 나무를 볼 때 떠오르는 사람이 있을 경우에 그 나무를 그 사람처럼 대하며 아끼는 마음을 담았다. 경문을 연구하는 학자든, 역사를 연구하는 학자든, 혹은 문학을 하는 사람이든 누구나 이의를 제기하지 않는 확실한 해석이다.

한나라 때 이후로 이 시에 등장하는 소백은 소공(召公) 석(奭)이라고 여겼으나 근대 역사학계에서는 주나라 때의 금문(金文)을 연구하여 주선왕(周宣王) 시기의 대신인 소목공(召穆公) 호(虎)라는 학설이 제기되었다. 후자의 관점은 좀 더 많은 출토 문물의 증명을 필요로 한다. 어쨌든 〈감당〉에 나오는 소백이 누구인지는 이 시에 담긴 뜻을 읽어 내는 데는 전혀 영향을 미치지 않는다.

내가
《시경》에
주석을 단다면

1
蔽芾甘棠, 勿翦勿伐, 召伯所茇.
빽빽하게 우거진 팥배나무 자르지 말고 베지 마라 소백님이 지으신 곳이니

폐패감당(蔽芾甘棠) 《모전》에서 "폐패(蔽芾)는 작은 모습을 말한다"고 했다. 공영달의 《정의》에서는 "큰 나무에 비해서는 작지만 그 아래서 쉴 수 있다"고 했다. 폐(蔽)는 본래 빽빽하고 무성한 모습을 가리킨다. 구양수(歐陽修)의 《시본의(詩本義)》는 이 뜻에서 출발해서 "폐패(蔽芾)는 큰 나무의 잎이 무성한 것이다"라고 해석했다. 주희의 《시집전》에서 이 해석을 계승하여 후대 사람에게 영향을 주었으므로 대부분 이 구절을 큰 나무에 가지와 잎이 울창한 것으로 이해했다. 감당(甘棠)은 장미과 배나무속의 두리(杜梨, 팥배나무)다. 자세한 설명은 '식물 이야기'에서 하겠다.

물전물벌(勿翦勿伐) 《모전》에는 "전(翦)은 버리는[去] 것이다"라고 했다. 전(翦)은 곧 전(剪)과 같다. 청나라 사람인 호문영(胡文英)은 《시의의석(詩疑義釋)》에서 "전(翦)은 칼로 가지와 잎을 자르는 것이고 벌(伐)은 삽으로 뿌리를 땅에서 파내는 것으로, 모두 감당나무를 상하게 하는 일이다"라고 상세히 설명했다. 자르지 말고 베지 말라.

소백소발(召伯所茇) 발(茇)은 《정전》에서 "초가집[草舍]이다"라고 했다. 《주례》의 '대사마'편에서는 "여름에 발사(茇舍)를 둔다"고 기록했는데, 야외에 세운

천막 같은 것이다. 감당나무 아래에 지은 공간이 어떤 용도였는지는 몰라도 소백이 백성을 위해 지은 것은 분명하다. '소백소발'이라는 시어에는 소백의 뜻을 알고 그를 그리워하는 백성의 마음이 담겼다.

2
蔽芾甘棠, 勿剪勿敗, 召伯所憩.
빽빽하게 우거진 팥배나무 자르지 말고 꺾지 마라 소백님이 쉬시던 곳이니

물전물패(勿翦勿敗) 《설문》에 "패(敗)는 부수는[毁] 것이다"라고 했다. 《시집전》에서는 "패(敗)는 꺾는[折] 것이다"라고 했는데, 이 꺾을 절(折) 자에는 망가뜨린다는 뜻이 담겼다. 이 구절에 나오는 패(敗)와 앞서 1장에서 나온 벌(伐)은 의미가 조금 다르다. 나무를 대상으로 하는 행동인 만큼 둥치를 베는 벌(伐)은 아예 없애버리는 것이라면 가지를 꺾는 절(折)은 일부를 상하게 하는 일이다.

소백소게(召伯所憩) 《모전》은 "게(憩)는 쉬는[息] 것이다"라고 했다. 시가 표현하는 장면을 떠올리면 소백이 감당나무 그늘에서 짧게 휴식하는 모습이 되겠다. '소백소게'에는 나랏일로 분주한 소백을 안타까워하는 백성들의 마음이 담겼다.

3
蔽芾甘棠, 勿剪勿拜, 召伯所說.
빽빽하게 우거진 팥배나무 자르지 말고 구부리지 마라 소백님이 멈추신 곳이니

물전물배(勿翦勿拜) 《정전》에서 "배(拜)는 뽑는[拔] 것이다"라고 했다. 발(拔)은 뺄 배(扒) 자와 같다. 《시집전》에서는 "사람이 절하듯이 약간 낮게 구부리는 것"이라 했다. 즉 가지가 둥글게 휜 상태라고 할 수 있다. 가지를 손상시키는 정도는 앞서 나온 '패(敗, 꺾다)'보다 경미하다.

소백소설(召伯所說) 《모전》에서 "설(說)은 쉬는[舍] 것이다"라고 했다. 《이아》에서는 설(說)이 곧 세(稅)라고 했다. 세(稅)는 말이나 수레를 멈추고 잠시 쉰다는 뜻이다. '소백소설'은 이 장소가 소백이 과거에 말을 멈추고 휴식했던 곳이라는 뜻이니 그를 향한 무한한 그리움과 존경심을 느낄 수 있다.

4

원이둬(聞一多)는 《시경통의》에 "옛적에 입사(立社), 즉 관리의 덕을 기려 그가 살아 있을 때 사당을 세우려면 반드시 숲과 나무에 의지하며 (……) 판결을 내리려면 신명(神明)의 뜻을 살펴 서로 어울리게 해야 한다. 사목(社木)은 신명의 근거이니, 따라서 소송 사건을 처리할 때는 반드시 사(社)에서 했다", "감당은 남국(南國)의 사목이니 소백이 그 나무 아래 멈추고 사건을 처리했다"고 썼다. 이는 〈감당〉이라는 시가 지어진 역사적 맥락에 대한 것인데, 《모시서》와 《정전》의 관점에서 파생된 것이라 참고할 만한 가치가 있다.

5

〈감당〉은 좋은 관리의 네 가지 기준을 세웠다. 한마음으로 백성을 위하고, 그들을 힘들게 한 일이 없어야 하며, 공정하고, 동시에 훌륭한 정치적 식견과 처세의 결단력이 있어야 한다. 소백과 같은 이런 관리가 있었기에 〈감당〉과 같은 기념하는 시가 생겼다. 이 시는 그 정취가 직접적이고 구조가 간결하며, 구절마다 뜻이 명확하다. 깊은 곳에서 우러난 진심이 그대로 보여지는 내용이다. 어떤 사물을 보고 그에 관련된 사람을 떠올리며 그리워하는데 조금도 아부하는 듯한 느낌이 없다. 〈감당〉이 지어진 시대가 태평성대였든 난세였든 이처럼 훌륭한 관리는 귀한 존재였고, 이런 관리를 만나는 것이야말로 백성들이 마음 깊이 바라는 일이었다.

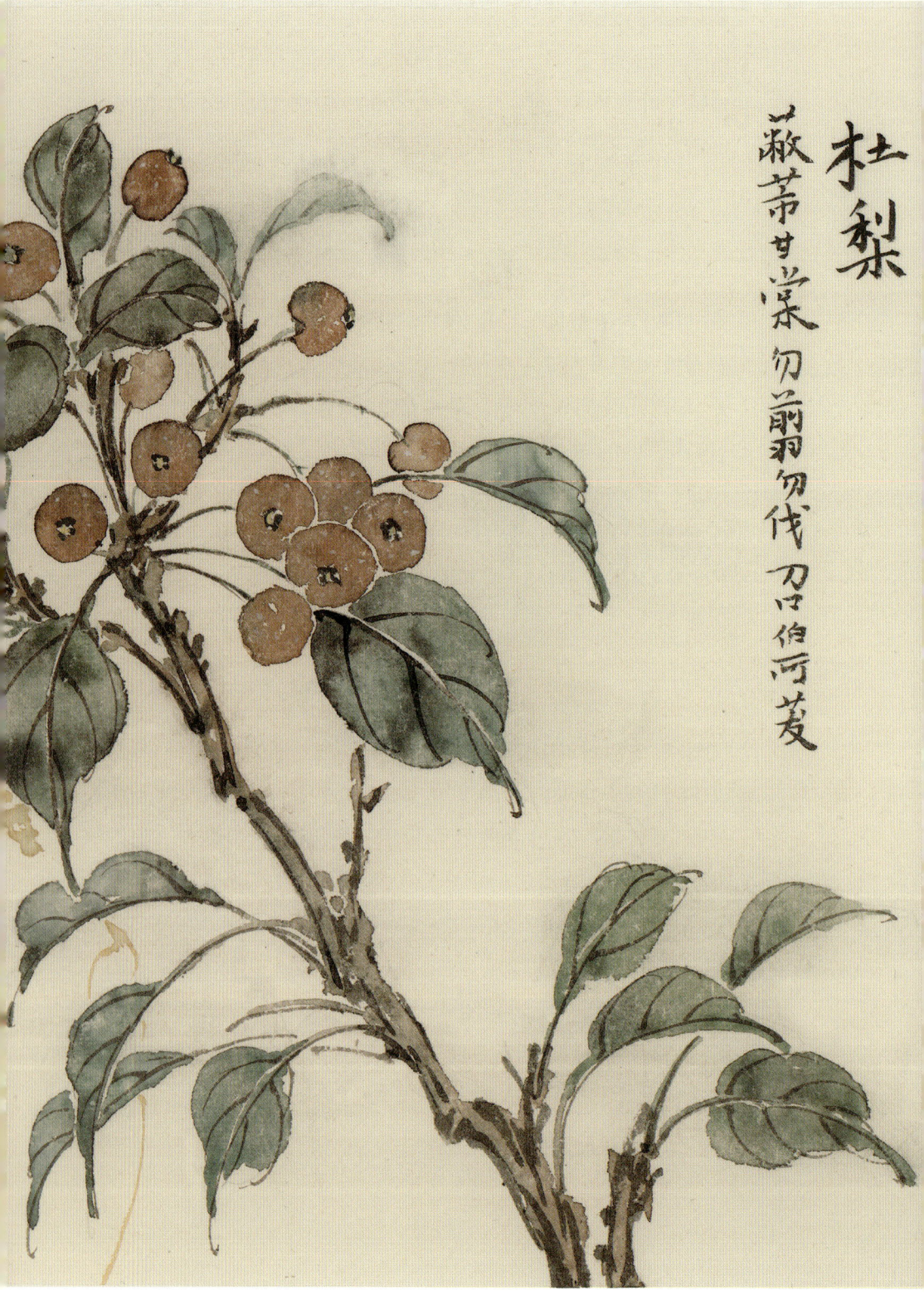

식물 이야기

《모시》에서는 "감당(甘棠)은 두(杜)다"라고 했다. 이 '감당'이라는 나무 이름은 가장 오래된 《시경》 주해에서 이미 분명하게 밝히고 있다. 《이아》의 '석목'편과 《설문》에도 똑같이 해설한다. 육기의 《육소》에 이르러 조금 다른 설이 나오는데, "감당은 지금의 당려(棠棃)이며 두려(杜棃), 적당(赤棠)이라고도 한다. 백당(白棠)과 같지만 열매의 색으로 구분한다. 열매가 흰 것은 백당, 감당이라 하고 약간 신맛이 나며 매끄럽고 곱다. 붉은 열매는 떫고 시어 맛이 좋지 않아 속어로 '쓰기가 두(杜)와 같다'는 말이 이래서 나왔다. 적당은 나무의 성질이 질기고 살 끊어지지 않아서 활을 만들 때 쓴다." 육기는 여기서 감당을 여전히 같은 식물로 보았다. 그러나 《이아》에서 "두(杜)는 적당이고, 흰 것은 당(棠)이다"라고 한 설명과 달리 두 식물이 다른 것처럼 표현했다.

후대의 연구자들은 감당이 두리(杜梨)냐 당리(棠梨)냐를 두고 의견이 갈렸다. 《방언》에서는 "교(?)는 떫다. 조나라에서 두(杜)라고 부른다" 했다. 《본초강목》에는 "당리(棠梨)는 야생 배다. 산과 숲에 어디나 있다. 배나무보다 작다. 잎은 삽주[蒼朮] 잎과 비슷한데 둥글거나 세 갈래로 갈라지며 가장자리가 톱니 모양이다. 잎의 색은 연하게 청색을 띤 검은색이다. 2월에 흰꽃이 피며 열매는 작은 멀구슬나무 열매만 하다. 서리가 내린 후에 열매를 먹을 수 있다. 이 나무는 배를 닮아 아름답다. 단 것과 신 것, 붉은 것과 흰 것의 두 종류가 있다"고 했다. 여기서도 당리는 두리와 같은 식물로 본 것이다.

두(杜)의 갑골문 글자 모양은 문을 나뭇가지로 막고 있는 형상이다. 두리는 질기고 잘 떨어지지 않는 작은 가지가 나고 가지에는 가시가 있다. 이 가시로 동물의 가죽을 상하게 할 정도다. 상나라와 주나라 시대에는 밤에 두리의 나뭇가지 묶음으로 문을 막아서 짐승이 들어오는 것을 방지하는 것이 흔한 일이었을 것이다. 《주례(周禮)》 '대사마(大司馬)'에는 "범령능정칙두지(犯令陵政則杜之)"라는 말이 나오는데, 법을 어기면 법령과 형벌로 이를 저지하고 근절해야 한다는 뜻이다. 여기서 두(杜)의 의미는 짐승을 막는다는 뜻에서 범죄를 없애는 것으로 발전했다. 이 글자에는 가로막는다는 뜻이 있기 때문에 나중에는 '두문사객(杜門謝客, 문을 걸어 잠그고 방문객을 사절한다)'의 표현에 쓰였다. 《모전》에는 "감당은 두(杜)다"고 했다. 이런 해석은 주나라 때에 상식이었던 것 같다. 《정전》에는 "소백이 남녀의 소송을 듣고 백성을 곤란하게 하지 않으려고 소당(小棠) 아래에서 듣고 처리했다"고 했다. 시에서 두리로 '사(社)'를 짓는다고 했으니 그곳에서 귀신에게 의지하여 소송 사건을 해결하는 것도 주나라 때의 전통일 것이다.

두리가 일반 백성의 삶에 얼마나 가까웠는지는 《구황본초(救荒本草)》에 잘 나와 있다. "잎의 맛은 약간 쓰다. 잎이 부드러울 때 튀기거나 물로 씻어서 기름과 소금에 무쳐서 먹는다. 잎을 찌면 차 대용으로 쓸 수 있다. 꽃은 튀겨 먹기도 하고 말린 후 가루로 만들어 구운 떡을 만들면 허기를 달랠 수 있다."

두리의 씨앗은 흰색과 검은색인데, 씨앗 껍질이 형성되기 전인지 후인지에 따라 다를 수 있다. 과육의 단맛과 신맛도 상대적이다. 현대 식물학에서는 옛 시대의 두리와 당리를 모두 '두리(杜梨)'라는 하나의 종으로 본다.

두리는 장미과에 속하는 낙엽교목으로, 높이가 10미터에 달한다. 나무의 가지와 잎이 달려 있는 부분인 수관(樹冠)은 넓게 펼쳐지는 모양이며, 가지에는 가시가 나 있다. 여리고 작은 가지는 회백색 솜털로 빽빽하게 덮여 있다. 2년쯤 지난 가지에는 솜털이 적거나 거의 없으며 자주색을 띤 갈색이다. 잎은 마름모꼴의 계란형 혹은 길쭉한 타원형이다. 우산 모양의 총상꽃차례에 10~15개의 꽃이 핀다. 꽃자루에도 회백색 솜털이 나 있고, 꽃자루의 길이는 2~2.5센티미터다. 꽃잎은 흰색이다. 열매는 둥글며 지름이 5~10밀리미터다. 열매에는 두세 개의 씨방이 있고 갈색이며 옅은 색 반점이 있다. 꽃은 4월에 피고, 8~9월에 열매를 맺는다.

두리는 야리(野梨), 토리(土梨), 회리(灰梨)로도 불린다. 두리는 사람들이 일반적으로 알고 있는 과일인 '배[梨]'와는 다르다. 하지만 봄철 두리나무에 꽃이 피면 소동파가 시에서 말한 "배꽃은 옅고 희며 버드나무는 짙고 푸르네. 버들개지가 날릴 때 온 성에 꽃이 만발하구나(梨花淡白柳深靑, 柳絮飛時花滿城)"의 풍경에 두리의 꽃도 잘 어울린다.

《시경》이
나에게
주석을 단다면

　《시경》에 나오는 '감당'은 산과 들에 자라는 야생 배를 가리킨다. 다른 이름으로 당리(棠梨)라고 부르는데, 엄지손가락과 집게손가락을 붙여 원을 만들면 대충 당리 열매의 크기가 된다. 이른 봄 2월에 흰 꽃을 피우고, 늦여름에는 막 익은 열매가 가지 끝에 한 무더기씩 매달린다. 황갈색 열매가 유혹적이라 따서 입에 넣으면 새콤달콤한 맛이 난다. 씨앗이 크고 과육이 적기 때문에 먹으면 모래를 씹는 느낌도 든다. 어릴 때 야생의 당리를 갓 익은 사과와 한데 삶아 먹었다. 열매가 푹 익어서 향기가 냄비 밖으로 솔솔 풍기면 온 집안에 새콤달콤한 맛이 가득 찬 듯했다. 이렇게 만든 즙을 식혀서 마셔도 좋고, 자그마한 당리 열매를 건져 먹으면 말랑말랑하게 삶아져서 꿀처럼 달다. '감당(甘棠)'이라는 말에 들어 있는 달 감(甘) 자를 보면 완전히 익었을 때의 맛을 가리키는 것이다.

　바닷가에서 일할 때, 허름하고 작은 어부의 집에 세 들어 살았다. 영원히 멈추지 않을 것 같은 파도 소리가 밤의 안개 같은 어수선한 꿈과 함께했다. 그럴 때면 이유 없이 화가 치밀어 올랐다. 요리사였던 동료가 '빙당설리연자갱(冰糖雪梨蓮子羹, 배와 연밥을 넣어 차갑게 만든 탕)'을 만드는 방법을 알려주었다. 우선 큰 배의 껍질을 깎고 얇게 썬다. 배, 대추, 연밥, 설탕을 냄비에 넣고 약한 불에서 천천히 끓인다. 대추와 배의 향긋한 냄새와 연밥은 쌉싸름한 냄새가 집안에 가득할 때까지 오래도록 끓여야 한다.

　밤에 전등불 아래서 오에 겐자부로의 작품을 읽을 때, 《개인적 체험》과 《만엔(萬延) 원년의 풋볼》의 기괴한 줄거리에서 삶의 쓰고 떫은 맛, 미지와 조우하는 막막함을 느낀다. 그럴 때 내가 직접 만든 빙당설리연자갱을 먹으면 어쩔 수 없다는 체념과 더불어 편안한 기분이 내 주변을 채운다. 배의 맛과 슬픔의 맛이 하나 되어 그 순간의 삶을 형성하는 것이다.

내가 가장 좋아하는 배는 역시 고향에서 나는 향초리(香蕉梨, 1950년대 중국에서 개발한 배의 품종)다. 9~10월쯤 손바닥만 한 크기에 조롱박을 닮은 열매가 열리는데, 푸르스름하고 단단하다. 외할머니는 이웃에서 향초리 한 바구니를 얻으면 솜을 깐 나무 궤짝에 차곡차곡 넣어두곤 하셨다. 그렇게 솜 한 층 배 한 층 넣다 보면 궤짝이 절반 가까이 찼다. 맨 위에는 두꺼운 솜을 단단히 덮은 다음 궤짝은 청동 자물쇠를 걸어서 잠갔다. 설이 다가오면 궤짝에서 향기로운 냄새가 풍긴다. 배가 먹고 싶어서 견딜 수 없어지면 외할머니를 붙잡고 졸랐다. "궤짝 좀 열어보세요! 궤짝 좀 열어보세요!" 때가 되어 외할머니가 달고 말랑한 배를 궤짝에서 꺼내주시면 잘 익은 배는 황금색이다. 손가락으로 살짝 누르면 껍질이 갈라지면서 진액 같은 즙이 흘러나온다. 이 배는 깨끗이 씻어서 먼저 조상님께 공양해야 했다. 조상님은 과일 향기를 맡으시고 후손의 깊은 정을 느끼셨을 것이다. 그다음에 이제나저제나 배를 기다리던 어린아이들이 맛볼 수 있다. 푹 익은 과육은 촉촉하고 부드러우며 당도가 높아 입에 넣으면 곧 흐물거린다. 그렇게 맛본 달콤함과 사랑의 온기는 오랜 세월이 흐른 후 떠올릴 때도 여전히 생생했다.

〈감당〉의 시 세계는 드넓고 평화롭다. 개인의 삶에서 체험한 것이 사회와 국가의 분위기에도 녹아들어 있다. 번잡한 일상에는 어려움과 쓸쓸함이 숨어 있는데 소백은 자신의 직무를 성실히 행하며 백성들이 겪는 힘든 삶을 해결해 주었다. 그러니 소백이 떠난 뒤에 백성들이 그를 그리워하며 감당이 열릴 때마다 공정하고 부지런했던 관리를 떠올리는 것이다. 소백이 백성들에게 잘 대해 주었기에 백성들도 그를 잊지 못했으리라.

❿ 매실나무

불처럼
뜨거운 사랑

표유매(摽有梅)

매실을 따서 열매가 칠할 남았네
남자분들께 바라오니 길일에 맞춰 오세요
摽有梅, 其實七兮.
求我庶士, 迨其吉兮.

매실을 던져서 열매가 삼할 남았네
남자분들께 바라오니 오늘 바로 오세요
摽有梅, 其實三兮.
求我庶士, 迨其今兮.

매실을 던지고 광주리도 놓아 버렸네
남자분들께 바라오니 혼인 이야기를 하러 오세요
摽有梅, 頃筐墍之.
求我庶士, 迨其謂之.

잡다한 해설

〈표유매(摽有梅)〉는 원래 매실을 따는 노래로, 일할 때 부르는 노동요와 비슷하다. 그러나 매실을 따는 아가씨는 매실 따는 일에 관심이 없어 보인다. 매실을 던지며 노래를 부르는데, 듣는 사람을 적극적으로 끌어당긴다. 그래서 〈표유매〉는 한 곡을 계속 반복해서 듣는 사람들의 사랑 노래가 되었다.

어떤 시든 넋이 나간 심정을 이야기한다. 시에 담긴 심정은 격분했을 때는 잠언으로 바뀌고, 행복할 때는 저절로 영원을 맹세하는 말이 떠오르며, 유쾌할 때는 물보라와 새소리로 끝없는 궁전을 짓는다. 우울할 때는 세상의 근심을 다 짊어지고 구름 속을 떠다니고, 서글플 때는 시공간에 존재하는 수많은 바늘구멍으로 비단실을 꿴다. 〈표유매〉에 담긴 심정은 늦게 혼인하는 것에 대한 원망이다. 마치 세상 모든 것이 그 사람에게 빚이라도 진 것 같은 그런 마음이다. 구양수(歐陽修)가 《시본의(詩本義)》에서 〈표유매〉를 해석한 내용이 훌륭한데, 주희(朱熹)도 구양수의 해석에 동의하며 이렇게 말했다.

"매실이 한창일 때는 떨어진 열매는 적고 매달려 있는 것이 일곱이겠지만 한창때가 지나면 떨어진 열매가 많고 남은 것이 셋이 되니 차차 매실이 전부 떨어질 것이다. 시인은 이런 점을 이용해 사물이 흥성하는 시간이 길지 않음을 드러내면서 소남 사람들을 불러서 남녀의 좋은 시기를 잘 챙기고 때를 놓쳐 쇠락하는 것을 두려워하라고 말하니, 이는 서사(庶士)에게 혼인을 청하는 것이다. 그래서 소남의 풍속이 문왕의 교화를 거치며 때가 되기 전에 먼저 달려가서 예의를 잃고 방종했던 풍속이 달라졌음을 알 수 있다. 남녀 모두 각자 시집가고 장가드는 나이를 기다려서 혼인을 청하게 되었으므로 그들의 한창때가 길지 않으니 시기를 놓칠 것을 걱정한다."

이렇듯 〈표유매〉라는 시에는 늦게 혼인하는 사람의 초조함이 숨어 있다. 이런 초조한 마음은 단순히 그 사람의 연령이 높아지면서 느끼는 압박감이 아니라 가정과 사회에서 그 사람을 바라보는 시선에 의한 압박감이다.

결혼이나 연애에 대한 시가 아니라 정치 시로 〈표유매〉를 이해하자면, 《시경》의 시대에 시는 강력한 도덕적 교화 기능을 가진 매체로 활용되었다. 후대의 경전 연구자 역시 〈표유매〉의 도덕적 의미와 사회석 의미를 다양하게 해석한 바 있다. 내실이 익는 시기와 남녀가 성년이 된 때를 나란히 두고 비유하면서 감흥을 느끼는 것은 중국의 오랜 전통인 천인일체(天人一體)의 관념이다. 생명의 맥박과 자연의 성쇠를 보며 공감하는 것 역시 《시경》의 사상이 《역경》에 뿌리내린 철학적 토양이다. 바로 이런 차원에서 〈표유매〉는 노동하는 자의 감성부터 군주가 현명한 인재를 구하는 마음까지 자연스럽게 표현해내는 시가 된다. 손바닥과 손등처럼 하나의 사물이 지닌 두 가지 면이 담겼다.

역사의 현장에서 시에 담긴 뜻을 이리저리 생각해 보면 또 다른 해석도 가능하다. 《주례》의 '지관·매씨(地官·媒氏)'에 따르면 진(秦)나라 이전 시대에 3월 3일은 상사절(上巳節)이라고 하여 남녀가 몰래 만나는 명절이었다. 〈표유매〉는 시집가고 싶은 마음이 있는 여성이 상사절에 자신의 속마음을 털어놓았던 노래일지도 모른다.

내가
《시경》에
주석을 단다면

1
摽有梅, 其實七兮. 매실을 따서 열매가 칠할 남았네
求我庶士, 迨其吉兮. 남자분들께 바라오니 길일에 맞춰 오세요

표유매(摽有梅) 표(摽) 자는 글자 모양만 보면 '손을 쓴다'는 뜻이 있다. 매실이 가지에 얼마나 달려 있는지, 즉 익은 정도에 따라서 표(摽) 자가 보여주는 매실 따는 방법이 조금씩 다르다. 매실의 70퍼센트가 가지에 달려 있을 때는 매실을 딸 때 치거나 때리는 동작이 필요할 것이다. 그래서 〈표유매〉의 1장에서 표(摽)는 열매를 쳐서 떨어뜨린다는 의미가 된다. 매실의 30퍼센트가 가지에 달려 있을 때는 이미 떨어진 매실을 던져서 옮기면 된다. 그러니 2장에서 표(摽)는 던지는 동작으로 이해하면 된다. 매실이 대부분 가지에서 떨어져서 바닥에 가득해진 상황인 3장에서는 어쩌다 한두 개가 떨어질 것이다. 다음 글자인 유(有)는 어조사로, 이 시에서 시집가지 못해 원망하는 심정은 전부 이 글자에 기대어 드러난다. 시 속의 감정으로 말하자면 유(有)는 끝없이 이어지는 불안감을 내포하고 있다.

시를 읽는 독자는 유(有)라는 글자를 투과해서 화자의 마음이 어디에 있는지를 느끼게 된다. 이 시의 구조로 말하자면 유(有)는 골격에 해당하며, 시가 뻗어나가는 세 겹의 맥락을 떠받친다. 매(梅)는 매실나무를 말하는데, 장미과 살구속의 작은 교목이다. 품종으로 따지면 과매(果梅, 매실을 따서 먹는 용도의 품종)와 화매(花梅, 꽃을 감상하는 용도의 품종)가 서로 조금 다르다. 이 시에서는 당연히 과매에 속하는 나무일 것이다. 상세한 설명은 '식물 이야기'를

읽어주길 바란다.

기실칠혜(其實七兮) 칠(七)이란 허수이자 어림수이며, 7할(70퍼센트)로 이해하면 된다. 2장에 나오는 '기실삼혜(其實三兮)' 역시 동일한 의미다. 《정전》에서는 "매실의 7할이 떨어지지 않았다는 것은 이제 막 쇠하기 시작했음을 비유한다. 여자가 스무 살이 되어 봄이 절정일 때에 시집가지 않고 여름이 오면 시들게 된다"고 했다.

구아서사(求我庶士) 여자가 혼인하는 데 있어서 가장 두려운 일이 바로 결혼하고 싶다고 애원하는 것인데, 그 상황이 바로 구(求) 자에 담겨 있다. 구(求)라는 글자에서 드러나는 힘이 모자라고 약한 모습을 삶을 지탱하는 자신감을 바꾸려면 얼마나 큰 힘이 필요할까? 그런데 이 구(求) 자에는 사랑과 결혼을 향한 믿음도 담겨 있다. 이 시는 총 3장으로 구성되는데, 모든 장에 이 글자가 나온다. 이처럼 겹겹이 같은 글자를 사용해 의미를 확장하는 것은 결혼하고자 타인에게 부탁한다기보다 화자인 여성이 자신을 압박하는 듯하다.

태기길혜(迨其吉兮) 《정전》에서 "태(迨)는 급(及)이다"라고 했다. 어떤 시기에 도달한 것을 가리키는 말이니 분명히 '좋은 때'를 노리고 있다는 의미다. 그렇다면 좋은 때란 언제일까? 시의 1장에서는 길(吉) 자를 썼다. 다시 말해 길하고 운이 좋은 날짜다.

2
摽有梅, 其實三兮. 매실을 던져서 열매가 삼할 남았네
求我庶士, 迨其今兮. 남자분들께 바라오니 오늘 바로 오세요

금(今) 오늘, 지금. 바로 이 순간이 좋은 날이다.

3
摽有梅, 頃筐墍之. 매실을 던지고 광주리도 놓아 버렸네
求我庶士, 迨其謂之. 남자분들께 바라오니 혼인 이야기를 하러 오세요

경광기지(頃筐墍之) 경광(頃筐)은 입구가 기울어진 광주리를 가리키는데, 오늘날 사용하는 쓰레받기의 초기 형태라고 할 수 있다. 기(墍) 자의 뜻을 《모전》에서는 "취(取)"라고 했다. 이 글자는 가지다, 손에 들다라는 뜻으로, 이 간결한 동작에서 결혼하지 못한 화자의 처량함을 느낄 수 있다. 매실이 거의 다 떨어진 상태를 자신의 상황에 빗대어 슬퍼하는 것이다. '경광기지(頃筐墍之)'에는 말로 표현하기 힘든 애절함이 담겼다. 《시경》에 나오는 시는 한 가지 동작을 골라 시의 핵심으로 삼는데, 그것이 삶의 전반적인 모습을 시 안에 반영하는 역할을 한다. 현대의 시가 《시경》처럼 고도로 농축된 의미를 담기 어려운 것은 음악적인 부분이 부족하기 때문이다.

위(謂) 중매인에게 혼약에 관해 이야기하러 오라는 뜻.

4
당나라 중기의 작자 미상인 노래 〈금루의(金縷衣)〉는 두추낭(杜秋娘)이 부른 뒤로 오랫동안 이어져왔다. "금실로 짠 옷을 아까워하지 말고 젊음을 아까워하라(勸君莫惜金縷衣, 勸君惜取少年時). 꽃이 피면 마땅히 꺾어야 하니 텅 빈 가지가 될 때까지 기다리지 마라(花開堪折直須折, 莫待無花空折枝)." 이 노래의 정취는 〈표유매〉를 계승한 것인데, 네 글자로 하나의 구를 이루는 사언(四言)에서 일곱 글자짜리 칠언(七言)으로 넘어오면서 젊음을 아끼는 마음, 시간을 헛되이 하지 말라는 교훈이 더욱 화려하게 표현되었다. 청나라 사람인 등상(鄧翔)은 《시경역참(詩經繹參)》에서 옛 시 "꽃봉오리의 찬란함을 품은 고운 난초가 상했네(傷彼蕙蘭花, 含英揚光輝). 때가 지나도 따지 않으면 가을 풀처럼 시들고 만다네(過時而不采, 將隨秋草萎)."를 인용했다. 〈표유매〉의 의미는 여기서 상처입한다는 의미의 '상(傷)'이라는 글자로 표현된다.

식물 이야기

《시경》에 나오는 매실나무는 중국인에게는 정신적 토양에 깊이 심어진 씨앗과 같다. 이 씨앗은 시간이 지날수록 중국인의 정신적 의지가 살을 에는 듯한 추위에서도 꽃이 만발하는 것을 상징한다. 매(梅)의 본자는 모(某)다. 《설문》에서는 "매(梅)는 남(枏, 녹나무 남, 매실나무 염)이다. 먹을 수 있다. 뜻은 목(木), 음은 매(每)를 따른다. 발음은 '막배절(莫桮切, 옛 중국에서 한자의 발음을 표현하던 방식)'이며, 모(某)를 쓰기도 한다", "모(某)는 신 과일이다"라고 했다. 단옥재가 주석을 단 《설문》에서는 "소남에 나오는 매(梅)는 신맛이 나는 과일이고 진(秦)과 진(陳)에서 나오는 매(梅)는 녹나무[楠樹]다"라고 했다. 육기가 쓴 《육소》에서 좀 더 명확하게 나온다. "매(梅)는 살구의 일종이다. 나무와 잎 모두 살구와 같고 버섯이 자란다. 햇볕에 말리면 납(臘)이고, 국물이 있는 요리나 생강, 마늘, 부추를 갈아 만든 가루에 넣는다. 입에 머금어서 냄새를 없앤다." 《시집전》에는 "매(梅)는 나무 이름이다. 꽃은 희고 열매는 살구와 비슷하고 시다"고 했다. 《본초강목》에는 이렇게 나와 있다. "매(梅)는 살구의 일종이며 옛 글자로 '槑'에서 '呆'가 되는데, 도토리가 나무 위에 있는 모양이다. 매실은 살구의 일종이라서 반대로 살구를 呆로 쓰기도 한다. 서예가가 잘못하여 감목(甘木)으로 썼다. 나중에 '梅'가 되었는데, 비슷한 발음을 따라서 매(每)를 쓴 것이다. 혹은 '매(梅)는 매(媒)이며, 여러 가지 맛을 중매한다고도 한다."

남송 시대의 범성대(范成大)가 쓴 《매보(梅譜)》의 기록은 이렇다. "강매(江梅)는 야생에서 자라며 심어서 기르지 않는다. 꽃이 작고 향기로우며 씨앗은 작고 단단하다. 소매(消梅)는 열매가 둥글고 아삭하며 즙이 많고 더러운 것

梅子

摽有梅其實七兮
求我庶士迨其吉兮

이 없어서 달이지 않고 날것으로 먹을 수 있다. 녹악매(綠萼梅)는 가지와 꽃받침이 녹색이다. 중엽매(重葉梅)는 꽃잎이 겹쳐 있고 열매를 많이 맺는다. 홍매(紅梅)는 꽃 색깔이 살구와 같다. 행매(杏梅)는 색이 옅은 붉은색이고 열매는 납작하며 반점이 있는데 맛이 살구와 같다. 원앙매(鴛鴦梅)는 잎이 많은 홍매인데 꼭지 하나에 두 개의 열매가 달린다."

매실나무는 장미과 살구속의 작은 교목 혹은 희관목(稀灌木)이다. 높이는 4~10미터이고 나무 껍질은 연한 회색 또는 녹색이며 매끄럽고 털이 없다. 잎은 타원형이고 길이가 약 4~8센티미터, 너비가 2.5~5센티미터이며 끝이 뾰족하고 잎자루 쪽이 넓은 쐐기 모양 혹은 둥근 모양이다. 잎 가장자리에는 작고 날카로운 톱니가 있는데, 이 톱니 부분은 회색을 띤 녹색이다. 매화는 하나씩 피거나 가끔 두 송이가 같은 자리에 피는데, 꽃의 직경은 2~2.5센티미터다. 꽃은 향이 강하고 잎보다 먼저 피며 꽃받침은 보통 적갈색이나 일부 품종은 꽃받침이 녹색 또는 녹색을 띤 자주색이다. 꽃잎은 거꾸로 놓은 계란 모양이고 흰색 또는 분홍색이다. 열매인 매실은 대개 둥근 구형으로, 지름이 2~3센티미터이고 노란색이거나 녹색을 띤 흰색이며 부드러운 털이 나 있다. 신맛이 나며 과육은 핵에 딱 붙어 있다. 핵은 타원형으로 윗부분은 둥근데 드물게 뾰족하며, 아래로 갈수록 좁아지고 양쪽 측면은 약간 납작하다. 핵의 배 부분은 둥근 편인데, 배와 등에 모두 확실하게 홈이 파여 있다. 핵의 표면에는 벌집 모양의 구멍이 나 있다. 개화기는 겨울과 봄이며, 열매는 5~6월에 열린다(중국의 화베이 지역에서는 7~8월까지도 열매를 수확할 수 있다).

중국 전역에서 균등하게 재배되는데, 창장강 유역의 남쪽 각성에서 가장 많다. 장쑤성 북쪽과 허난성 남쪽에도 소수의 품종이 보이는데 품종에 따라서는 화베이 지역으로 옮겨 심는 데 성공하기도 했다. 일본과 한국에서도 재배한다.

매실나무는 중국 남쪽 지방이 원산지로, 3천 년이 넘는 재배 역사를 가진 식물이다. 관상용이든 과수용이든 품종이 다양하다. 여러 종류가 노지에서도 관상용으로 재배되며, 화분에 심어서 매화로 울타리를 만들기도 한다. 매화에서는 향료를 추출할 수 있고, 꽃과 잎, 뿌리, 씨앗은 약재로 쓰인다. 매실은 식용 가능한 열매다. 염장하거나 건조할 수 있고, 훈제하여 오매(烏梅)로 만들어 약에 넣는다. 매실은 기침과 설사를 멎게 하고 갈증 해소 효과가 있다. 또한 매실나무는 병충해에 저항력이 높아 핵과류 나무와 과실수를 접붙일 때 바탕이 되는 대목(臺木)으로 쓴다.

매실나무의 품종은 과실수인 과매(果梅)와 관상용인 화매(花梅)로 나뉜다. 과매에 속하는 여러 매실나무 품종이 있는데, 쩡몐(曾勉, 1901~1988) 교수는 다음과 같이 세 종류로 구분한다.

(1) 백매(白梅) : 열매는 노란색을 띤 흰색이고 굵으며 쓴맛이 난다. 핵이 크고 과육이 적으며 말린 매실을 만드는 데 사용된다. 백매에 속하는 품종으로 대백두(大白頭), 태공종(太公種) 등이 있다. 열매가 익는 시기는 4월 초순에서 중순이다.

(2) 청매(青梅) : 열매는 청색 혹은 청색을 띤 노란색이고 신맛에 약간의 떫은 맛이 더해진다. 열매의 품질은 중등급 정도이며, 대부분 설탕절임을 만든다. 청매에 속하는 품종으로 사월매(四月梅), 오월매(五月梅), 백수매(白水梅) 등이 있다. 열매가 익는 시기는 4월 중순에서 하순이다.

(3) 화매(花梅) : 열매는 빨간색 혹은 자주색을 띤 빨간색이다. 과육이 아삭하고 약간 신맛이 난다. 품질이 우수한 품종이라 고급형 매실 당절임의 일종인 진피매(陳皮梅), 벽매(劈梅)를 만든다. 화매에 속하는 품종으로는 연조매(軟條梅), 자체매(紫蒂梅), 대엽저간(大葉豬肝), 연지매(胭脂梅) 등이 있다. 열매가 익는 시기는 5월 초순에서 6월이다.

매실나무는 중국인이 무척 좋아하는 관상용 식물로, 오랫동안 문인이 시를 읊고 그림을 그리는 대상이 되었다. 또한 매화가 겨울에 가장 먼저 꽃을 피우기 때문에 난초, 대나무, 국화와 더불어 꽃 중의 사군자(四君子)로 불린다. 소나무, 대나무, 매화를 일컬어 세한삼우(歲寒三友)라고도 한다.

《시경》이
나에게
주석을 단다면

《시경》에서 나오는 매실나무는 시 속에 나타난 상황으로 미뤄볼 때 매화가 핀 뒤 결실을 맺어 매실이 열린 듯하다. 매(梅)의 중국어 발음은 거성(去聲)이라고 하여 가볍게 읊조리듯 읽는데, 부드러움 속에 단단함이 숨겨져 있어 '부드러움과 강함이 서로 조화를 이룬다'는 의미를 지닌다. 매실나무는 장미과 살구속에 속하는 식물로, 창장강 유역을 따라 자생한다. 매화는 추위를 이기고 이른 봄에 눈이 쌓인 풍경에 별빛이 쏟아지듯 분홍색과 빨간색이 피어난다. 긴 겨울이 지나가고 점점 따뜻해질 때쯤 가장 먼저 웃는 얼굴을 드러내는 꽃이다.

매실이 자라는 것은 매화가 만개하는 데서 비롯된다. 눈이 펑펑 내리는데도 한 줄기 한 줄기 붉게 피어나는 매화 꽃잎은 마음을 물들이는 가장 힘찬 빛깔이다. 그래서 나는 모든 사람의 마음에서 피어나는 매화를 떠올렸다.

"여섯 장 매화 꽃잎의 그림자가 서리를 물들이니, 새로 내린 눈이 가지에 꽃을 피우네(六瓣梅影染霜色, 引得新雪鬥芳菲)." 이 시는 언젠가 차가운 비가 내리던 날 《시경》의 〈표유매〉를 읽다가 떠오른 것이다. 〈표유매〉에는 외로운 여성이 깊은 정을 품고 기다리는 모습이 배어 있다. 그래서 〈표유매〉를 읽으면 《시경》 주남편에 실린 〈한광(漢廣)〉을 떠올리게 된다. 〈한광〉에서는 사랑에 빠진 남자가 나온다. 그는 가시덤불을 헤치고 강을 건너서 점점 멀어지는 여자를 따라가려 한다. 〈표유매〉의 여자와 〈한광〉의 남자가 만나서 사랑하게 된다면 얼마나 아름다운 일일까?

고요함, 깊은 외로움. 물리적 공간의 거리보다 인간의 마음이 만들어낸 울타리가 외로움의 이유가 된다. 사회의 도덕 구조에서 세태에 순응하며 생겨난 실망감이 마음에 가시처럼 박힌다. 이렇게 깊은 곳에 숨겨져 드러나지 않던 원망이 고독한 삶의 덩굴을 무성하게 키우고 우리 주변을 적막하게 만든다. 이런 고요한 외로움은 인간이 눈에 보이지 않는 시간을 보내며 반드시 감당해야 하는 운명인 듯하다. 그래서 사랑을 노래하는 문학이 끊임없이 탄생하고, 사람마다 자신의 독립된 공간에서 사랑하고 사랑받기를 갈망하는 진실을 드러낸다. 사랑해 줄 사람이 없는 게 아니다. 그 사람이 아직 오지 않은 것이다. 그 사람은 어디에 있을까? 이렇듯 진솔한 고백은 사랑할 가치가 있는 그 사람이 얼른 곁에 오기를 기다리는 마음을 담았다. 2500년 전이나 지금이나 사랑을 기다리는 외로움과 쓸쓸함은 똑같다.

그렇다면 매화는 뭘까? 빨간 꽃을 피우는 홍매(紅梅)가 눈 쌓인 풍경을 순결하고 도도하게 물들인다. 차가워 보이지만 그 내면에는 불타는 듯한 야성적인 사랑이 맥동하고 있다. "매화와 여성은 오랫동안 함께한 친구(梅女長伴是知音)"라는 말은 마음을 다 터놓을 수 있는 어린 시절의 이상적인 친구를 비유한다. 매화는 추운 겨울에 피지만 따스한 온기를 뿜어낸다. 정적 속에 숨겨진 활력이자 눈 쌓인 나뭇가지를 떨리게 하고 눈꽃이 우수수 떨어지게 하는 맑은 웃음이다. 매화는 활짝 피어도 시끌벅적하지 않고, 화려하지만 서속하지 않으며, 얼음과 눈으로 덮인 시설에도 수줍어하지 않는다. 매화에는 여유롭고 강직하며 단아한 아름다움이 있다. 중국 전통 그림에서 세한삼우 가운데 매화는 부드러움 속에 숨긴 강인한 기개로 표현된다. 굳센 나뭇가지에 감도는 것은 매화의 빨간 웃음이며, 잿더미에 맺힌 이슬처럼 보는 이의 말문을 막히게 한다.

매화가 만발한 길은 '망매로(望梅路)'라고 불려야 마땅할 것이다. 매화의 발자국 아래를 살펴보면 꽃잎의 향기가 마음속 깊이 스며든다. 백매(白梅)에는 깊은 정이, 홍매(紅梅)에는 그리움이 있다.

오늘 밤 매화에 관해 글을 쓰면서 20세기 초의 이론가, 작가인 가오쥔위(高君宇)와 스핑메이(石評梅)의 사랑 이야기를 떠올리며 잠시 눈가가 촉촉해졌다.

⑪ 백모

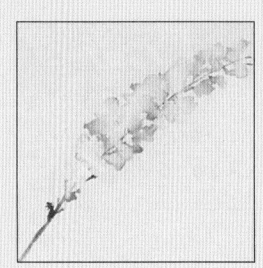

바람에 날리는
깃털 같은

야유사균(野有死麕)

들판에서 잡은 노루 고기를 흰 띠로 싸서 주었네
봄을 품은 아가씨에게 멋진 사내가 구애하네
野有死麕, 白茅包之.
有女懷春, 吉士誘之.

숲속의 작은 나무와 들판에서 잡은 사슴 고기를
흰 띠로 묶어서 옥같이 아름다운 아가씨에게 주었네
林有樸樕, 野有死鹿.
白茅純束, 有女如玉.

"천천히, 조심하세요! 내 손수건을 건드리지 마세요!
삽살개가 짖게 하지 마세요!"
"舒而脫脫兮! 無感我帨兮!
無使尨也吠!"

잡다한 해설

〈야유사균〉은 《시경》의 작품 중에서 독특한 구조를 가진 작품이다. 남녀 한 쌍이 서로 사랑에 빠져서 결혼하기에 이르는 과정을 담았다. 이 시에는 거대한 파도, 사랑의 별과 마주친 충격, 서로를 만날 순간을 위해 바쁜 세상살이에서 노력하는 마음, 안개에 숨어 몸과 마음을 다해 사랑하던 기쁨이 있다. 시 속의 장면은 주나라 시대 후회 없는 사랑의 무대극 같다. 봄기운을 품은 여자, 멋진 풍모의 남자, 한창 좋은 나이인 두 사람이 좋은 기회에 딱 만났다. 그들의 눈빛에는 놀라움이 스쳐갈 때 가슴에는 뜨거운 불길이 일었다. 사랑의 문턱을 넘어가는 것은 원래 쉽지 않은 일이다. 이렇게 고난이 있기 때문에 그리워하고 흠모하는 감정은 실제적인 시험을 겪게 되고, 역시 이런 시험을 겪은 후라야 감정이 깊어져 진실한 기반을 얻게 된다.

《모시서》에서는 이 시가 난세에 쓰였다고 했다. 천하가 혼란하여 폭력에 괴롭힘 당하자 결국 음란한 풍속이 생겼다고 본다. 시로 세상을 바라보면 〈야유사균〉의 시대는 그렇게 나쁘지 않은 것 같지만 춘추시대에 이르러 주나라 왕실이 쇠퇴하고 제후들 사이에서 끊임없는 공격과 탈취가 횡행했으니 《모시서》에 나오는 것처럼 가시 돋친 풍자를 하려는 동기가 있었더라도 이상하지 않다.

시에 담긴 빛은 마음속 선량함과 아름다움을 비춘다. 막이 오르면 시의 마음이 인간 본성을 밝히는 불꽃이 흐릿해진다. 인간의 원시적이고 소박한 사랑에 대한 관점은 현대인이 추구하는 자유롭고 평등하며 진실한 사랑과 본질적으로 다르지 않아서 모두 인생의 행복을 위해 노력하자고 말한다. 시에 나오는 "유녀회춘(有女懷春)", "유녀여옥(有女如玉)"이라는 말은 중국 문학에서 뜨거운 불길과 같은 사랑의 원동력을 함축하고 있다. 이런 원동력은 인간적이고 순수하며, 아름답고 맹렬하다. 마치 무지개와 같은 사랑은 솔직한 세상에서 날개를 달고 꿈나라로 날아간다.

이 시의 1장은 남자와 여자가 합창을 하는 것과 같아서 두 사람이 만나 정이 싹 트고 마음이 움직이는 것이 드러난다. 2장에서는 남자의 시선에서 나무가 우거진 산림에서 칼과 화살로 사냥을 하고, 옥녀(玉女)와 만날 수 있는 조건을 달성한다. 3장에서는 여자의 시선에서 남자와 여자의 사랑이 시작되어 화산처럼 폭발하는 순간을 그렸다. 《시경》 전체에서, 어쩌면 중국 문학사 전체에서 〈야유사균〉의 3장처럼 욕망을 참지 못하면서도 인간의 도리와 도덕을 잃지 않는 모범 사례는 드물다. 애욕은 본래 이처럼 아름다운 것으로, 도덕적 비난을 받아야 하는 더러운 것이 아니다.

내가 《시경》에 주석을 단다면

1
野有死麕, 白茅包之. 들판에서 잡은 노루 고기를 흰 띠로 싸서 주었네
有女懷春, 吉士誘之. 봄을 품은 아가씨에게 멋진 사내가 구애하네

야유사균(野有死麕) 야(野)는 성 밖의 들판을 말한다. 《시집전》에서는 "균(麕)은 장(獐, 노루)이다. 사슴의 일종으로 뿔이 없다"고 했다. 사슴과 노루속의 소형 동물인데, 아장(牙獐) 혹은 장자(獐子)라고도 불린다. 외형은 사향노루와 비슷한데 조금 더 크며, 사슴보다는 작다. 헤엄을 잘 쳐서 하궤(河麂)라고도 불린다.

백모포지(白茅包之) 육기의 《육소》에서 "모(茅) 중에서 흰 것은 예물을 포장하고 제사에서 축주(縮酒)할 때 쓴다"고 했다. 상세한 설명은 '식물 이야기'를 참고하시기 바란다.

유녀회춘(有女懷春) 유녀(有女)라는 두 글자가 참 묘하다. 여주인공이 등장했는데 달랑 '있을 유(有)'만 쓰고 옷차림이 어떤지 용모가 어떤지는 전혀 묘사하지 않는다. 읽는 이에게 무한한 상상의 여지를 남기는 것이다. 모든 남자의 마음속에는 동경하는 여성이 있으니 자연히 수천수만 가지의 모습을 떠올릴 수 있다. 회춘(懷春)이라는 두 글자는 시인 류사허가 해석하기로 여자가 결혼할 나이가 되어 배우자를 찾고 싶거나 연애하고 싶은 상태를 '회춘(懷春, 봄을 품다)'이라고 보았다. 《모전》에서는 "춘(春)이란 가을을 기다릴 겨

이 없는 것"이라고 했다. 옛 시에서 가을과 겨울은 결혼하기 좋은 계절로 묘사된다. 그러니 이 시에 나오는 아가씨는 연애하고 싶은 조바심에 가을이 오기까지 기다리지 못하는 것이므로 이를 두고 '사춘(思春, 봄을 그리워하다)'이라고 했다. 옛 시 중에 "봄 여자는 양(陽)을 보면 그리워하고, 가을 남자는 음(陰)을 보면 슬퍼한다(春女感陽則思, 秋士見陰而悲)"는 구절이 있다. 《백호통(白虎通)》에서는 이를 다음과 같이 해석했다. "봄은 천지가 교류하고 만물이 태어나는 때이므로 음양이 서로 만나는 때다." 그러니 봄을 품었다는 것은 마음에 둔 남자와 연애하고 싶다는 뜻이 된다.

길사유지(吉士誘之) 길사(吉士)는 《정의》에서 "좋은 남자[善士]"라고 했고, 주희의 《시집전》에서는 "아름다운 남자[美士]와 같다"고 했다. 길사(吉士)는 분명히 멋을 아는 남자일 것이다. 유(誘)는 구애하는 것이 본래의 뜻이다. 시인 류사허는 그가 어릴 적에 학당의 선생이 이 '유혹할 유(誘)' 자를 집적거리다, 희롱하다의 뜻으로 해석했다고 회고했다. 좋아하는 여자의 주의를 끌기 위해 남자들은 저마다 자기만의 방법을 사용한다는 것을 알 수 있다. 이렇듯 유(誘)는 이야기를 품은 글자다.

2
林有樸樕, 野有死鹿. 숲속의 작은 나무와 들판에서 잡은 사슴 고기를
白茅純束, 有女如玉. 흰 띠로 묶어서 옥같이 아름다운 아가씨에게 주었네

임유박속(林有樸樕), 야유사록(野有死鹿) 《모전》에서는 "박속(樸樕)은 작은 나무다"라고 했다. 관목 수풀을 말한다. 여기서는 어떤 나무인지 명확히 나오지 않는다. 이 구절은 남자가 사랑을 이루려고 어떤 노력을 하는지를 담았다. 열정적이고 용감하며 성의 있는 남자가 위풍당당하게 숲속을 돌아다니며 사냥감을 뒤쫓는 모습을 상상할 수 있다.

백모순속(白茅純束), 유녀여옥(有女如玉) 이 구절 역시 서사적인 부분이다. 사냥감을 흰색 띠로 싸서 옥처럼 아름다운 여자에게 바치는 장면이다. 또한

이 구절은 서정적인 부분이기도 한데, 백모(白茅, 흰 띠)라는 식물과 옥을 대응시켜서 마음에 품은 여자를 순결하고 단아하며 현숙하게 여기는 남자의 시선을 담아냈다. 《시경》에서 이런 구절의 작법은 중첩되는 이중서사의 매력을 지니고 있으며, 서사성과 서정성을 모두 만족시킨다. 유녀여옥(有女如玉)이라는 표현에 함축된 문학성은 〈야유사균〉이라는 시를 중국 문학사에서 영원히 빛나게 할 것이다.

3
"舒而脫脫兮! 無感我帨兮! 無使尨也吠!" "천천히, 조심하세요! 내 손수건을 건드리지 마세요! 삽살개가 짖게 하지 마세요!"

서이탈탈혜(舒而脫脫兮) 옷을 묘사하고 사람은 언급하지 않는데, 영혼이나 정신이 우리 몸에 붙어 있는 것처럼 이해할 수 있다. 《모전》에서는 "서(舒)는 서(徐, 천천히 하다)다"라고 했다. 탈탈(脫脫)은 이 시가 가장 많이 오해받는 부분이다. 여기 나온 '벗을 탈(脫)' 자는 허리띠를 풀고 옷을 벗는 것이 아니다. 또한 남자의 시점이 아니라 여자가 화자로 말하는 것이기에 여성의 외모가 아름답다고 묘사하는 내용도 아니다. 《설문》에는 "탈(脫)은 태(娧, 아름답다)이다"라고 했다. 다시 말해 좋은 모습이라는 의미가 된다. 이 장면은 여자가 남자에게 행동거지를 올바르게, 동작을 느긋하고 예의 바르게 하라고 경고하는 것으로 보인다. 그러나 사실상 시 속에 담긴 의미는 마음속의 기쁨을 감추지 못하는 것이다.

무감아세혜(無感我帨兮) 감(感)은 '흔들 감(撼)' 자와 같다. 움직이다, 건드리다라는 의미다. 세(帨)가 무엇인지는 류사허 시인이 말한 바 있다. 《주례》에 따르면 주나라 때의 성인 여성은 왼쪽 가슴 앞에 다는 손수건인 '세건(帨巾)'을 가지고 다녀야 했다는 것이다. 옛날 식당의 종업원이 왼쪽 어깨에 수건을 걸고 있다가 그것으로 탁자를 닦곤 했다. 이것을 '수수(隨手)'라고 했는데, 수수가 바로 이 시에 나오는 세(帨)다. "내 세건을 건드리지 말라"는 말은 남자의 손이 여자의 왼쪽 가슴에 닿았다는 뜻이다. 여자가 부끄러워서 '세건'이라고 돌려서 말한 것이다.

무사방유폐(無使尨有吠) 방(尨)은 《설문》에서 "개 중에서 털이 많은 것이다"라고 했다. 옛적의 음은 '어지러울 방(龐)' 자와 같았는데, 이 글자에는 크고 높은 물건을 가리키는 뜻이 있다. 그러니 방(尨)은 털이 길고 커다란 개를 말한다. 사(使)는 놀라게 하다는 뜻이다. 이 마지막 구절은 남녀의 장난스럽고 활기차며 사랑에 막 눈뜬 모습을 담아낸 것으로, 희극적인 충돌이 갑작스럽게 일어나는 장면이기도 하다. 시의 표현에는 곧 튀어나오려고 움직이는 커다란 개의 존재는 정태적인 시의 감상에 강렬한 역동성을 더해 준다. 이 장면은 중국 현대 소설가 선충원(沈從文, 1902~1988)의 《변성(邊城)》에서 등장인물 취취(翠翠) 곁에 있는 누런 개를 떠올리게 한다.

白茅

野有死麕
白茅包之

식물 이야기

백모(白茅), 즉 흰 띠는 예나 지금이나 같은 이름으로 불리는 식물이다. 이 식물이 주는 시적인 정서 역시 변함이 없다. 옛날에는 백모를 이용해 제사용품을 포장했기 때문에 물성과 신성의 깨끗함을 갖게 되었고, 나아가 인간 본성의 순수함과 온화함을 상징했다. 따라서 백모는 여성의 궁극적인 아름다움과도 긴밀히 연결된다. 그 아름다움이란 소녀일 수도 있고, 여덕(女德)일 수도 있고, 여체일 수도 있다. 혹은 모성일지도 모른다. 이 모든 것이 백모가 지닌 은유다.

백모와 여성의 아름다움 사이의 연관성은 《시경》 '위풍(衛風)'의 〈석인(碩人)〉이라는 작품에서도 드러난다. "수여유이(手如荑荑)"라는 구절이 있는데, 여기서 유이(荑荑)가 바로 백모의 꽃이다. 《육소》에서는 "모(茅) 중에서 흰 것은 예물을 포장하고 제사에서 축주(縮酒)할 때 쓴다"고 했다. 《본초강목》 권13에서는 다음과 같이 설명한다.

"잎이 모(矛, 창)와 닮아서 모(茅)라고 한다. 뿌리가 서로 연결되어 있어서 여(茹, 연결된 모습)라고 불렀고, 《역경》에 '띠를 하나 뽑으면 다른 뿌리들도 덩달아 뽑혀 나온다[拔茅連茹]'고 한 것이 바로 이런 뜻이다. 띠[茅]에는 여러 종류가 있는데, 여름에 꽃이 피는 것을 모(茅)라고 하고 가을에 꽃이 피는 것을 관(菅)이라고 한다. 두 종류의 띠가 가진 효능은 비슷하며 이름이 다를 뿐이다. 《시경》에서는 '관(菅)의 흰 꽃을 백모(白茅)로 묶네(白華菅兮, 白茅束兮)'라고 했다. (……) 띠에는 백모(白茅), 관모(菅茅), 황모(黃茅), 향모(香茅), 파모(芭茅) 등 여러 종류가 있으며 잎은 전부 비슷하다. 백모는 키가 작은 편이고 3~4월에 흰 꽃이 이삭 모양으로 피며 가느다란 열매를 맺는다. 뿌리는 매우 긴데, 희고 부드러우며 마디가 있고 맛이 달다. 뿌리를 사모(絲茅)라고 속칭하기도 하는데, 덮개나 제사용 그릇으로 쓸 수 있다."

백모는 볏과에 속하는 여러해살이풀이다. 굵고 긴 뿌리 모양의 줄기가 난다. 줄기는 곧게 자라며, 높이는 30~80센티미터다. 약 1~3개의 마디가 있고, 마디에는 털이 없다. 줄기에 자라나는 잎은 길이 1~3센티미터로 좁은 선형이다. 일반적으로 안쪽으로 말리는 형태인데 꼭대기는 뾰족하고 아래쪽은 점점 좁아진다. 간혹 자루가 있는데 단단하고 흰 가루가 있으며, 자루의 아랫부분에는 부드러운 털이 난다. 원추꽃차례로 조밀하게 꽃이 피며 길이는 20센티미터, 너비는 3센티미터다. 꽃은 4~6월에 핀다. 중국의 랴오닝(遼寧), 허베이(河北), 산시(山西), 산둥(山東), 산시(陝西), 신장(新疆) 등 북부 지역에서 자라고, 저지대 평야나 강변의 초원, 모래가 많은 초원, 사막, 해변에서도 자란다.

《중국식물지》에 백모속으로는 황수모(黃穗茅), 광엽백모(寬葉白茅), 사모(絲茅), 백모(白茅)의 네 종류가 실려 있다. 사모와 백모의 특징이 비슷한 편이라 옛사람들이 말하는 백모는 이 두 종류의 식물을 모두 일컫는 것일 터다.

《시경》이 나에게 주석을 단다면

〈야유사균〉은 동서고금을 막론하고 성적 욕망에 대해 가장 감동적으로 묘사한 시 중 하나다. 이 시에는 모자이크 처리가 되었지만 남녀 두 사람의 몸과 마음이 모두 기뻐하는 장면이 담겨 있으며, 이는 확장성이자 역동성이며 읽는 이의 심장 박동이 시의 운율에 따라 움직이게 한다.

사냥꾼은 백모로 자신이 잡은 노루 고기를 싸서 선물한다. 이 남자의 정성스러운 태도에서 그가 여자의 마음을 얻기 위해 정말 세심하게 준비했다는 것을 느낄 수 있다. 봄을 품은 그 여자는 얼굴에서 빛이 나고 뺨이 연지를 바른 것처럼 붉어졌다. 여자는 남자가 자신에게 다가오도록 유혹하며 종종걸음으로 서둘러 걷는다. 서로 사랑하는 두 사람의 세상에 아름다운 인생의 한 막이 열리고 있다.

이렇게 풍성하고 열렬한 문학이 역사 속에서 끊임없이 연출되는 것을 읽노라면, 마치 파란만장한 역사 두루마리를 보는 듯하다. 죽음과 삶이 생기 넘치는 물결 속에서 서서히 전개된다. 사계절의 변화가 짧은 순간에 응축되고, 한 쌍의 연인이 경험하는 격정이 세계를 회전하게 한다. 마치 백모의 깃털 같은 꽃이 바람에 흩날리는 것처럼.

주나라 시대의 사람들이 쓴 시에 이처럼 열렬하고 자유분방하며 마음 가는 대로 사랑을 좇는 내용이 있다고 말하면 현대인은 의아하게 여길 것이다. 사냥감은 날카로운 화살을 맞고 쓰러진다. 용맹한 남자는 허둥지둥하며 어찌할 바를 모르고, 봄을 품은 여자는 매혹적인 눈빛을 던진다. 이처럼 시간 속에 고정된 장면들은 정적으로 보이지만 사람의 마음에는 동적인 흐름이 있다. 음악 안에서 뛰노는 음표이자 뜨겁게 사랑하는 삶의 춤이다.

미국에서 공부하는 한 친구가 쓴 여행기 중에 이런 내용이 있다. 그녀는 차를 몰고 미국 남부의 고속도로를 달리고 있었다. 운전하다 지쳐서 차를 세우고 황금빛 햇살 속에서 잠시 쉬었다. 눈앞에 작은 강이 흐르고 강변에는 백모가 가득 자라 바람에 흔들렸다. 그녀는 가지고 다니던 《시경》을 꺼냈다. 바람을 맞으며 '국풍'에 담긴 깊은 정을 나직이 낭독했다. 그 순간 보이지 않는 고향의 음률이 울려 퍼지는 것을 느꼈다고 한다. 자신이 햇빛 속에서 바람을 타고 날아올라 1만 리는 떨어져 있을 황허강의 강변에 도착한 것 같았다. 강물이 흐르는 소리가 귓가를 때리고 무성하게 자란 푸른 풀을 직접 만질 수 있을 듯했다. 나는 백모가 가득 자란 강변에서 《시경》을 읽는 그녀의 모습을 떠올리며 깊은 감동을 느꼈다.

백모에 대해 이야기해 보자. 볏과 식물인 백모는 창처럼 곧게 서 있고, 이삭이 익으면 흰색이 부드럽고 순하게 보인다. 들판에서 아주 오랫동안 한 번도 자신의 용모를 바꾸지 않고 지낸 식물이다. 눈을 감고 백모처럼 희고 유순한 여자를 상상해 보자. 이 여자는 누군가에게 기대지도 않고 누군가를 연민하지도 않으며 그저 즐겁게 당신과 함께 가을바람이 서늘한 강둑에 서 있다. 그렇게 바람 소리가 가지 끝을 스치는 것을 보고, 붉은 노을이 하늘 끝까지 붉드는 것을 본다. 백모의 깃털 같은 이삭을 이(荑)라고도 부른다. 유이(柔荑)라고 하면 옛적부터 미인의 아름다운 손을 의미했다. 희고 가느다란 손은 마음속의 부드러움을 일깨운다.

두보(杜甫)가 쓴 〈모옥위추풍소파가(茅屋爲秋風所破歌)〉에 이런 구절이 있다. "8월에 가을이 깊어지니 거센 바람이 불어, 세 겹으로 올린 띠 지붕이 날아갔네. 띠가 사방으로 날려서 강 너머 강변까지 이르렀네. 높이 날아간 것은 나무 꼭대기에 걸렸고, 낮게 날아간 것은 연못과 웅덩이에 빠졌네(八月秋高風怒號, 卷我屋上三重茅. 茅飛渡江灑江郊, 高者掛罥長林梢, 下者飄轉沉塘坳)." 《시경》에서 내 마음에 녹아든 백모는 두보의 시에서는 나라를 지키는 애국심과 충성심을 의미한다. 격동의 시대에 곤궁한 처지가 된 시인은 여전히 천하의 선비들을 염려하고, 나라의 산하에 어떤 일이 있는지를 생각한다. 이런 시에 묘사된 백모는 바람을 맞아 하늘 높이 날아오를 만큼 가볍고, 사람의 마음속에 깊이 파고들 만큼 무겁다.

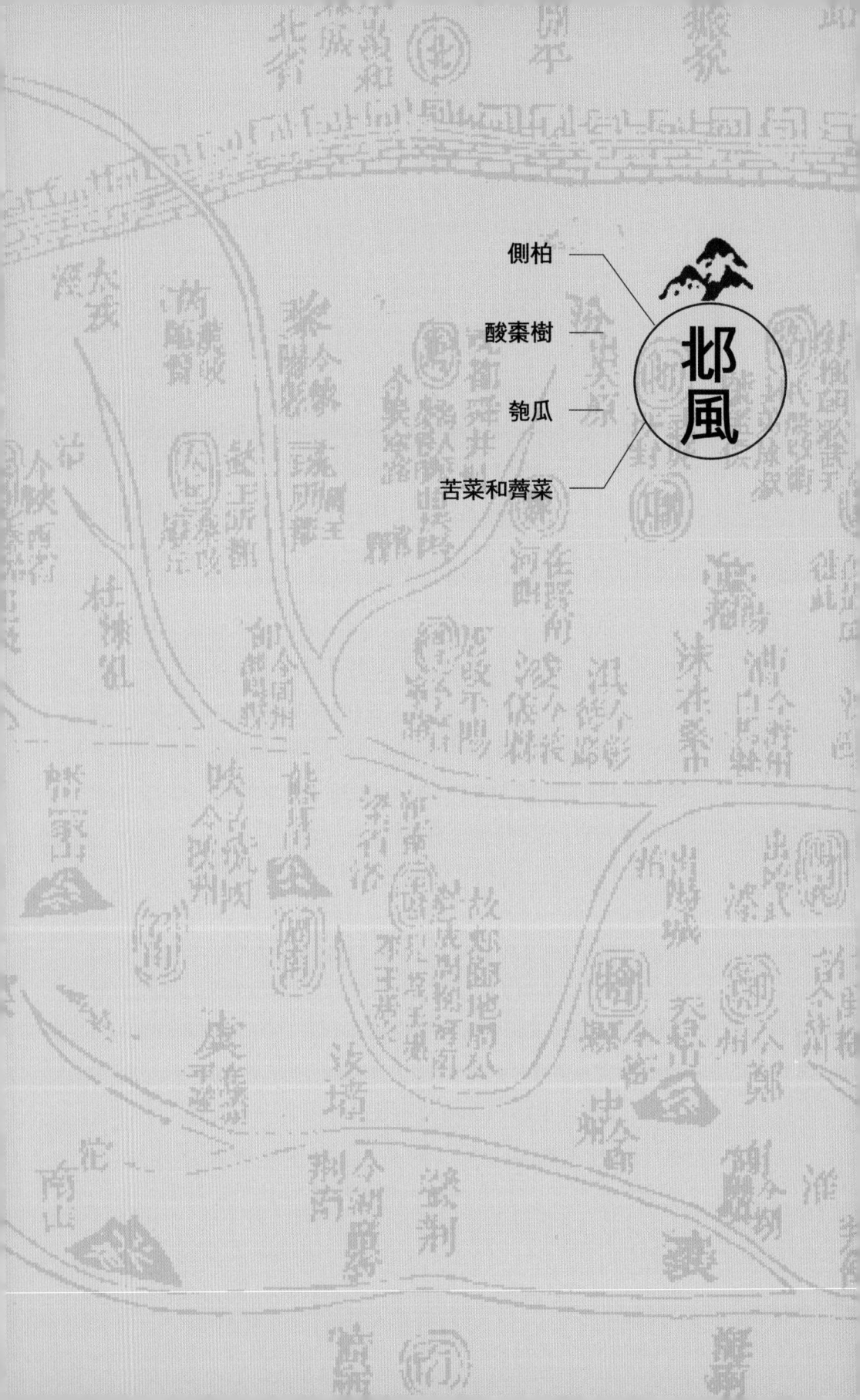

邶風

- 側柏
- 酸棗樹
- 匏瓜
- 苦菜和薺菜

패풍(邶風)

지리적 위치

패(邶), 용(鄘), 위(衛) 세 나라는 모두 기주(冀州)에 위치한다. 이곳은 은나라와 상나라의 수도 조가(朝歌)가 있던 곳이다. 서주 초기에 패와 용이 '국(國)'으로 봉해졌다. 패나라와 용나라 모두 작은 나라여서 일찍이 위나라에 병탄되었다. 《한서》 '예문지(藝文志)'에 제(齊), 노(魯), 한(韓) 세 나라가 펴낸 《시경》 목록이 나와 있는데, 이때는 패, 용, 위를 구분하지 않았다. 《모시》에 이르러서야 이 세 나라의 시를 구분했다. 왕응린의 《시지리고》에는 "주성(紂城, 조가를 말하며 오늘날 허난성 허비鶴壁시 치현淇縣이다)의 북쪽이 패, 남쪽이 용, 동쪽이 위다"라고 했다. 옛날 황허 유역의 주요 건축물은 남향으로 지어야 했는데, 채광을 위해서였다. 북쪽은 건물의 등에 해당하니 북(北)을 배(背)라고 읽었다. 패나라는 조가의 등 뒤에 있는 나라다. 패나라의 대략적인 위치는 오늘날 허난성 치현 북쪽에서 탕양현(湯陽縣) 일대다.

⑫ 측백나무

큰 나무에
바람이 부니
사람이 간 데 없다

백주(柏舟)

둥둥 떠 있는 측백나무 배 물결 따라 흘러간다
밤에 잠들지 못하고 무슨 근심이 있는 듯
나에게 술이 없는 것은 아니지만 차라리 밖에 나가서 노닐자
汎彼柏舟, 亦汎其流. 耿耿不寐, 如有隱憂. 微我無酒, 以敖以遊.

내 마음은 거울이 아니어서 비추어 포용할 수 없고
형제가 있어도 의지할 수 없어
하소연하더라도 노여움만 사리라
我心匪鑑, 不可以茹. 亦有兄弟, 不可以據. 薄言往愬, 逢彼之怒.

내 마음 돌이 아니어서 굴릴 수 없고
내 마음 돗자리가 아니어서 말 수 없으며
태연하고 당당하니 굴복시킬 수 없다
我心匪石, 不可轉也. 我心匪席, 不可卷也. 威儀棣棣, 不可選也.

근심하는 마음 때문에 소인배들에게 노여움을 사고
괴로움을 많이 받았으며 수모도 적잖았다
가만히 생각하니 가슴을 치고 물건을 던지네
憂心悄悄, 慍于羣小. 覯閔旣多, 受侮不少. 靜言思之, 寤辟有摽.

해와 달이여 어찌 이렇게 어두컴컴한가?
마음의 근심은 빨지 않은 옷 같구나
가만히 생각하니 날아가지 못하는 새 같구나
日居月諸, 胡迭而微? 心之憂矣, 如匪澣衣. 靜言思之, 不能奮飛.

잡다한 해설

〈백주〉의 장점은 모호함이다. 이 시는 남자의 말인지 여자의 말인지 파악하기 어려워 오묘하다. 시의 깊은 곳에 서 있는 아련한 뒷모습이 〈백주〉의 의미를 두 갈래로 뻗어나가게 한다. 《모시서》에서는 "〈백주〉는 인(仁)을 말하되 만나지 않는다. 위경공(衛頃公) 때 어진 사람을 만나지 않으니 소인배가 곁에 있었다"라고 했다. 위경공 시대에 소인배가 권력을 잡아서 현명한 사람이 중용되지 못한다고 여겨서 〈백주〉라는 시를 통해 불만을 표출했다는 것이다. 그렇다면 이 시는 관리가 썼을 것이다.

유향(劉向)의 《열녀전(烈女傳)》에서는 "정녀(貞女)는 마음을 바꾸지 않으므로 돌처럼 굳은 의지에 대한 시가 있다"고 했다. 왕응린(王應麟)의 《시고(詩考)》에서는 《한시(韓詩)》를 인용해서 〈백주〉는 여성의 시라고 여겼다. 주희는 《시서변설(詩序辨說)》에서 《모시서》의 견해를 뒤집고 〈백주〉가 여성이 쓴 시라고 보았다. 이 학설은 오늘날까지도 큰 영향을 미쳤다. 청쥔잉(程俊英, 1901~1993)이 쓴 《시경주석(詩經注析)》에서도 여성의 시라고 했다. 시에 담긴 뜻을 보면 현대 여성이 경제와 사회적 지위에서 평등을 추구하는 것과 비슷해 보인다.

이 시에 원망하는 뜻이 담겼지만 결코 슬프지 않고 오히려 호기로움이 있다.

내가
《시경》에
주석을 단다면

1
汎彼柏舟, 亦汎其流. 둥둥 떠 있는 측백나무 배 물결 따라 흘러간다
耿耿不寐, 如有隱憂. 밤에 잠들지 못하고 무슨 근심이 있는 듯
微我無酒, 以敖以遊. 나에게 술이 없는 것은 아니지만 차라리 밖에 나가서 노닐자

범피백주, 역범기류(汎彼柏舟, 亦汎其流) 공영달(孔穎達)의 《모시정의(毛詩正義)》는 "흥(興)은 범(汎), 물에 뜬 모습이다"라고 했다. 범(汎) 자는 곧 범(泛) 자인데, 둥둥 떠서 움직이는 것을 말한다. 유(流) 자는 표류하는 것을 가리킨다. '백주(柏舟)'가 물에 떠 있고, 물길 따라 흘러가는 상황이다. 백주는 격동하는 세상에 이리저리 치이는 운명을 암시하며, 사람 마음속의 감정적 기복을 가리키기도 한다. 백주란 측백나무로 만든 배를 말한다. 측백나무는 배를 만들기에 가장 좋은 목재다. 여기서 말하는 측백나무는 자신을 특별히 인정한다는 의미를 담고 있다. 백(柏)은 여기서 편백나무[柏木]와 측백나무[側柏]의 통칭으로 쓰였다. 자세한 설명은 '식물 이야기'를 참고하기 바란다.

경경불매, 여유은우(耿耿不寐, 如有隱憂) 경경(耿耿)은 《노시(魯詩)》에서는 형형(炯炯)으로 쓰여 있다. 뜻은 눈이 밝다는 것이다. 밤에 눈을 뜨고서 쉽게 잠들지 못하는 것을 말한다. 뭔가 좋지 못한 일이 벌어질 것처럼 느끼는 상황이다.

미아무주, 이오이유(微我無酒, 以敖以遊) 미(微)는 '아니다'라는 뜻이다. 《석문》에서는 "오(敖)는 오(遨, 돌아다니며 놀다)이다"라고 했다. 이 글자는 유(遊)와 같

은 뜻으로, 방(放) 자의 의미가 담겨 있어서 '방랑하다'가 된다. 나에게 술이 없는 것이 아니라 술로 근심을 달래려 하면 더욱 근심이 풀리지 않기 때문에 술을 마시지 않는 것이다. 기왕 술로 마음속의 근심을 풀 수 없다면 배를 타고 강을 건너 마음속의 애수를 풀자. 이 구절에서는 한자가 단음(單音)의 글자에서 다음(多音)의 단어로 변화하는 과정을 살펴볼 수 있다. 《시경》에서 오(敖)와 유(遊)는 모두 각자 표현하는 뜻이 있는 단음자(單音字)였다. 《설문》에서는 "오(敖)는 나가서 이리저리 다니는 것이며, 출(出)과 방(放)에서 왔다", "유(遊)는 깃발을 꽂고 다니는 것이다"라고 했다. 옛적에 왕공귀족이 집 밖으로 나가 이동할 때는 깃발을 세우고 길을 열었는데, 그러니 유(遊) 자의 의미에 들어맞는다고 하겠다. 옛날에는 오민(敖民)이 곧 유민(遊民)이었고, 보통의 백성이 길을 나설 때는 오(敖) 자를 썼다. 나중에 '오유(遨遊)'로 두 글자를 합친 단어가 형성되면서 신분의 차이를 표현하던 의미가 사라졌다.

2
我心匪鑑, 不可以茹. 내 마음은 거울이 아니어서 비추어 포용할 수 없고
亦有兄弟, 不可以據. 형제가 있어도 의지할 수 없어
薄言往愬, 逢彼之怒. 하소연하더라도 노여움만 사리라

아심비감, 불가이여(我心匪鑑, 不可以茹) 비(匪)는 곧 '아닐 비(非)' 자와 같다. 《정전》에서는 "감(鑑)은 형태를 살필 수 있으나 둥글고 각진 것, 희고 검은 것을 알 수 있을 뿐 진짜와 가짜를 가릴 수 없다"고 했다. 감(鑑)은 거울을 말한다. 옛적에는 구리로 만든 동경(銅鏡)을 썼다. 《모시정의》에서는 "여(茹)는 도(度)다"라고 했다. 여기서 여(茹)는 포용하다, 참다라는 뜻이다. 따라서 이 구절은 마음속의 원망이 몹시 크다는 의미다. 내 마음은 거울이 아니며, 거울이 그렇듯 무엇이든 비추어 감별하거나 포용하지 못한다는 것이다.

역유형제, 불가이거(亦有兄弟, 不可以據) 《정전》에서는 "형제는 지극히 가까운 사이이니 서로 의지해야 한다"고 했다. 거(據)는 의지한다는 뜻이다. 형제(兄弟)라는 단어는 옛날에 오늘날보다 좀 더 넓은 의미로 쓰였다. 같은 부모에

게서 태어난 형제 외에도 '가족'이라는 의미를 포함했다. 같은 가문, 같은 성(姓)을 가진 사람 역시 '형제'라고 부를 수 있었다. 이 구절은 형제 사이라면 서로 의지할 수 있다고 생각했는데 실제로는 누구도 믿을 수 없다고 말한다.

박언왕소, 봉피지로(薄言往愬, 逢彼之怒) 박언(薄言)은 어조사다. 자질구레한 말이 많고 허둥대는 모습을 표현한다. 소(愬)는 소(訴) 자와 같은데, 어려움을 하소연하고 불평하는 것을 가리킨다. 봉(逢)의 옛 음은 팽(磞, 부딪치다) 자와 비슷했다. 청나라 사람인 우운진(牛運震)은 이 봉(逢) 자가 참 오묘하다면서, 본래 형제 사이에는 하소연을 좀 했다고 해서 화낼 일이 없지만 공교롭게도 그 사람이 화가 났을 때 가서 하소연 하는 바람에 장애물에 딱 부딪친 것처럼 어려운 상황을 말하지 못하게 되었다고 해석했다.

3
我心匪石, 不可轉也. 내 마음 돌이 아니어서 굴릴 수 없고
我心匪席, 不可卷也. 내 마음 돗자리가 아니어서 말 수 없으며
威儀棣棣, 不可選也. 태연하고 당당하니 굴복시킬 수 없다

아심비석, 불가전야(我心匪石, 不可轉也) 내 마음은 돌이 아니다. 돌은 어디든 굴러다닐 수 있지만 마음은 돌이 아니라서 다른 이의 마음이 어떤지에 따라 뜻대로 달라지지 않는다. 〈백주〉는 이 구절 덕분에 '비석(匪石)의 시'라고 불렸다. 이는 굳건한 마음으로 절개를 지키는 것을 의미한다.

아심비석, 불가권야(我心匪席, 不可卷也) 내 마음은 돗자리가 아니라서 뜻대로 말 수 없다. 나는 사람으로서 존엄하며 어떤 일에든 나만의 원칙이 있기에 마음을 굽혀 바람이 이는 대로 키를 돌리지 않는다. "비감(匪鑑)", "비석(匪石)", "비석(匪席)"으로 이어지는 멋진 비유는 간단하면서도 정확하게 화자의 심정을 표현한다. 시에서 표출된 의지는 평범한 자기반성이 아니라 각성된 저항 의식을 품고 있다. 〈백주〉에서 사용된 세 가지 비유는 눈부시게 빛난다. 명나라 사람 안세봉(安世鳳)은 《시비석(詩批釋)》에서 "(거울[鑑]은 너무 밝아서 혼란하고) 돌

[石]은 너무 강직해서 완고하며 돗자리[席]는 너무 부드러워서 미약하다"고 했다. 인간의 존엄성과 가치가 무엇인지는 누구나 〈백주〉에 나오는 정확하고 강력한 세 가지 비유를 통해 자신만의 판단과 인정을 내릴 수 있을 것이다.

위의체체, 불가선야(威儀棣棣, 不可選也) 《모시정의》에서는 "체체(棣棣)는 부유하고 한가로운 습성이다"라고 했다. 이 말은 무슨 일에든 태연자약하고 당당한 태도를 보인다는 뜻이다. 선(選)은 옛 음으로는 손(巽)과 같은데, 굴복하다라는 뜻이다. 이 구절은 소인배가 자기 앞에서 무릎을 꿇고 복종하게끔 하려 하지만 그럴 수 없다는 의미를 담았다. 이런 시어에는 감정이 충만하여 긴장감이 느껴진다.

4
憂心悄悄, 慍于羣小. 근심하는 마음 때문에 소인배들에게 노여움을 사고
覯閔既多, 受侮不少. 괴로움을 많이 받았으며 수모도 적잖았다
靜言思之, 寤辟有摽. 가만히 생각하니 가슴을 치고 물건을 던지네

우심초초, 온우군소(憂心悄悄, 慍于羣小) 온(慍)은 《모시정의》에서 "증오, 분노이다"라고 했다. 마음에 근심이 가득한데도 감히 말을 꺼내지 못하는 것은 소인배가 알게 되면 이유 없는 증오와 분노를 자초하는 결과가 될 수 있어서다. 시를 쓴 사람이 우유부단하게 염려하는 듯 보이는데, 이런 점에서 작품의 온유하고 정이 많은 성향을 증명한다.

구민기다, 수모불소(覯閔既多, 受侮不少) 구(覯)는 구(遘)와 같아서 만나다, 조우하다라는 뜻이다. 민(閔)은 민(憫)과 같으며 불쌍히 여기다, 슬퍼하다라는 뜻이다. 명나라 때의 손광(孫鑛)은 《비평시경(批評詩經)》에서 "구민(覯閔)"이라는 구절은 대구(對句)라고 했다. 중국에서 가장 오래된 대구인 셈이다. 류사허 시인은 "이 구절은 중국어의 특성이 자연스럽게 반영된 것으로, 나중에 사람들에게 발견되어 특정한 수사법이 되었다"고 말하기도 했다. 상처받은 일이 이미 많고, 모욕받은 일도 적잖다.

정언사지, 오벽유표(靜言思之, 寤闢有摽) 정언(靜言)은 마음에 담아두고 말하지 않는 것이다. 지(之, 그것)는 상처받고 모욕받은 일을 가리킨다. 오(寤)는 역방향이라는 뜻이다. 《좌전》 중 '정백극단우언(鄭伯克段于鄢)'이라는 부분에 장공(莊公)이 "오생(寤生)"이라고 기록되어 있는데, 이는 장공이 어머니의 태에서 나올 때 발부터 나왔다는 의미다. 벽(闢)은 손바닥을 바깥쪽으로 향하게 하여 밀어내는 것이다. 다시 말해 오벽(寤闢)은 손으로 가슴을 치는 동작이 된다. 표(摽)의 옛 음은 포(拋, 던지다)와 같으니 유표(有摽)의 뜻은 집어든 물건을 내던지는 것이다. 화가 난 정도를 알 수 있는 표현이다.

5
日居月諸, 胡迭而微? 해와 달이여 어찌 이렇게 어두컴컴한가?
心之憂矣, 如匪澣衣. 마음의 근심은 빨지 않은 옷 같구나
靜言思之, 不能奮飛. 가만히 생각하니 날아가지 못하는 새 같구나

일거월제, 호질이미(日居月諸, 胡迭而微) 거(居)와 제(諸) 모두 허사(虛詞, 단독으로 쓰일 수 없고 문상 구성을 돕는 역할을 하는 문장 성분)다. 미(微)는 빛이 희미하고 어둑어둑한 것을 말한다. 해와 달이여, 너희 하나하나가 어찌 이렇게 어두컴컴한가?

심지우의, 여비한의(心之憂矣, 如匪澣衣) 마음속에 근심과 고민을 담아두고 말하지 못하면 빨지 않은 더러운 옷을 입은 것과 다름 없다. 이 구절을 읽으면 마음이 무거워진다. 류사허 시인은 이 구절처럼 사람의 마음속 괴로움을 생생하게 표현한 작품이 없다고 평가했다.

정언사지, 불능분비(靜言思之, 不能奮飛) 앞 구절의 감정을 이어받아 자연스럽게 눈앞의 장면으로 돌아왔다. 물 위를 떠가는 배가 나오지는 않지만, 돌아갈 곳을 찾지 못하는 새처럼 멍하니 뱃머리에 서 있는 사람이 보이는 듯하다. 마음속에 일렁이는 큰 파도가 있지만 현실을 직면하면 그저 조용히 입을 다물 수밖에 없다.

6

〈백주〉에 나오는 한 글자, 한 구절 모두 시인의 슬프고 분노하는 감정과 유기적으로 연결되어 있어서 어느 한 부분도 뺄 수 없다. 상상할 수 있는 여백이 완전히 열려 있기에 더욱 훌륭하다. 서사성과 생생한 현장감 외에 작품의 영혼도 살아 있는 듯하다.

식물 이야기

주나라 때 배를 만들던 목재는 측백나무만이 아니었다. 《시경》의 작품 중 〈죽간(竹竿)〉에서는 "회즙송주(檜楫松舟, 전나무 노와 소나무 배)"라고 했고, 《청청자아(菁菁者莪)》에서는 "범범양주(汎汎楊舟, 둥둥 떠 있는 백양나무 배)"라고 했다. 주나라 때 소나무와 백양나무, 측백나무 모두 배를 만드는 목재였음을 알 수 있다. 《모전》에는 "백(柏)은 배를 만들기 좋은 나무다"라고 했다. 측백나무는 배를 만드는 최고급 목재였다. 측백나무에는 여러 종류가 있는데, 《이아》에서는 "백(柏)은 국(椈)이다"라고 하고, 《본초강목》에서는 "국(椈)은 측백(側柏)이다"라고 했다. 또한 《본초강목》에서는 다음과 같이 측백나무를 설명한다.

"위자재(魏子才)가 쓴 《육서정온(六書精蘊)》에서 '모든 나무가 해를 향하는데 백(柏)만 서쪽을 향해 자란다. 음지를 숭상하는 나무에는 정결한 덕이 있으니 그래서 백(白) 자를 따서 이름 붙였다. 백(白)은 서쪽을 가리킨다'고 했다. 육전(陸佃)의 《비아(埤雅)》에서는 '백(柏)이 서쪽을 가리키는 것은 나침반이 남쪽을 가리키는 것과 같다. 백(柏)에 여러 종류가 있지만, 약에 넣을 때는 잎이 편평하고 한쪽으로 기울어져 자란 것만 쓰기에 측백(側柏)이라고 부른다'라고 했다."

중국에서는 전통적으로 장(樟), 송(松), 백(柏), 남(楠)을 집에서 악귀를 몰아내는 진택사목(鎭宅四木)이라 했다. 백(柏)은 가장 먼저 제사와 관련된 나무로, 영혼이나 귀신과 통한다고 여겼다. 그래서 측백나무는 일반적으로 집 안의 정원에 심지 않고 사당이나 묘지, 절 등에 심었다. 영혼을 안정시키고 지키는 역할을 한 것이다.

두보는 "공명의 묘 앞에 늙은 측백나무가 있어 줄기와 가지는 청동과 같고 뿌리는 돌과 같다(孔明廟前有老柏, 柯如青銅根如石)"고 읊었다. 몸체는 청동이고 뿌리는 돌이라는 묘사는 중국인의 어떤 천성에 잘 부합했다. 중국인들은 문명이 안정되고 오래도록 지속되려면 측백나무처럼 단단한 보호가 있어야 한다는 믿음을 갖고 있다.

측백나뭇과에는 측백나무, 편백나무, 노송나무가 속한다. 《시경》에는 총 일곱 작품에서 백(柏)이라는 나무가 나오는데, 각각 측백나뭇과의 어떤 나무를 가리키는지는 확실하지 않다. 측백나뭇과에 들어가는 식물은 현재 중국 영토 내에서 8개의 속, 약 30개 품종이 있다. 하나의 속에 품종 하나만 속하는 '복건백(福建柏)'이라는 나무는 중국의 고유 품종이다. 하나의 속에 품종 하나만 속하는 측백나무 품종은 대체로 중국이 주산지다.

측백나무는 측백나뭇과에 속하는 다년생 상록교목이다. 중국에서 조경과 녹지 조성을 할 때 가장 널리 심는 수종 중 하나로, 황백(黃柏), 편백(扁柏), 향백(香柏), 황심백(黃心柏), 운편백(雲片柏), 편송(扁松), 편회(扁檜), 향수(香樹) 등으로 불리기도 한다. 측백나무는 높이 20미터, 줄기 둘레가 1미터에 달한다. 어린나무일 때는 수관(樹冠, 원래의 몸통에서 나온 줄기)이 계란형으로 끝이 뾰족한 탑 모양이고, 성체 나무가 되면 수관이 옆으로 넓은 원형이다. 중심이 되는 줄기는 곧게 자라며, 연한 회갈색 나무껍질이 세로로 열을 지은 모양을 이루며 갈라져 있다. 작은 가지는 가늘고 납작한데, 하나의 평면을 이루듯이 배열되어 있다. 암꽃과 수꽃이 한 그루에 같이 피는데, 모두 가지 끝에 하나씩 난다. 개화기는 3~4월이고, 열매는 9~10월에 맺는다. 햇빛을 좋아하고 가뭄에 강하며, 대개 해발 1,500미터 이하의 양지바른 경사지에 심는다. 측백나무는 수명이 긴 편이고 전체적인 모양이 아름다우며 재배하기 쉽다. 병충해에 강하고 공기를 정화하는 효과가 있어서 사찰, 묘지, 기념관, 정원, 관상용 녹지 등을 만들 때 주로 심었다. 또한 측백나무는 바르고 굳센 기개, 정절, 지조, 영원불변함 등의 상징이었다. 산시성(陝西省) 황링현(黃陵縣)에 조성한 '헌원묘(軒轅廟)'에는 헌원백(軒轅柏)이라는 측백나무가 있는데, 일곱 사람이 손을 잡아야 겨우 껴안을 수 있을 만큼 커서 '전 세계 측백나무의 아버지'라고 불린다.

측백나무는 경도가 적당하고 수지(樹脂, 나무에서 분비하는 점도 높은 액체)가 풍부하며 향기가 나고 부패에도 강해 고급 목재로 분류된다. 주로 건축물이나 배를 만들 때, 농기구 등 기물을 만들 때, 섬세한 목공예품 등에 사용한다.

《시경》이
나에게
주석을 단다면

삶의 자질구레한 일들이 가슴을 짓누르는데 이런 심정을 주변 사람 누구도 이해하지 못한다. 고민은 털어놓을 곳이 없어 쌓여가기만 한다. 기분이 우울하지만 집안의 여러 일은 잘 처리해두자. 문을 닫고 홀로 오솔길을 따라 강변의 나루터로 향한다. 배를 묶은 밧줄을 풀고 우리 집안의 측백나무 배에 오른다. 시 속의 화자는 그렇게 배를 타고 하늘과 땅이 아득한 곳으로 미끄러져 나갔다. 뱃전에 앉아 사발을 꺼내서 곡주 한 잔을 마시며 시원한 바람을 맞는다. 잠을 이루지 못하게 하던 걱정거리가 우르르 떠올랐지만 오르락내리락하는 강물의 기복에 흔들리다 보니 마음속 울분이 조금씩 이 세상에 받아들여지는 기분이다.

〈백주〉라는 시를 다 읽으면 눈앞에 이런 그림이 떠오른다. 시의 정취를 빌려 마음을 편안하게 다스리는 이 여성은 분명히 호방하고 섬세하며 선량한 사람일 것이다. 이 여성이 보여주는 슬프지만 원망하지 못하는 심정은 읽는 이의 공감을 불러일으키고, 사람들에게 화자를 좀 더 알고 싶은 마음이 들게 한다. 〈백주〉의 정취는 일상을 살아가는 한 여성의 사소한 하소연에서 시작해 작은 배와 고요하게 흐르는 강물, 잠 못 이룬 눈 등이 얽혀 모순과 갈등으로 가득한 시공간을 만들었다는 데 있다. 이처럼 간결하고 명료하게 그림을 그리듯이 시를 짓는 방식은 《시경》이 후대 사람들에게 깊은 영향을 주었던 '사무사(思無邪, 생각에 사악함이 없다)'의 정신을 고스란히 보여준다. 《시경》의 사언시에서 파생된 오언시, 칠언시와 달리 이 시대의 작품은 소박하고 진솔하며 자연스러운 운율이 은은하게 배어나오는데, 부드럽고 정감 있는 심성이 뒷받침되어 있다고 느끼게 한다.

진나라 이전 시대의 시는 현악기, 관악기, 타악기의 소리가 한데 어우러진 것과 같다. 사언시의 노랫소리는 운율이 고르고 서사가 일상적이어서 해질녘의 잔디밭이나 종묘 사당에서 베옷을 입은 백성들이 함께 이 음악을 듣고 복을 빌거나 내적 공감을 얻고 심미적 즐거움을 누릴 수 있었다. 안타깝게도 이렇게 노래와 함께하는 옛 음악이 오늘날에는 전해지지 않는다. 이렇듯 진지하게 근심하는 시의 정서가 마음과 영혼을 진동시키며 생성하는 운율을 우리는 포착할 수 없는 것이다.

《시경》의 간결하고 소박하며 생동감 있고 엄숙하지만 자연스러운, 깊은 뜻을 숨기고 있는 고풍스러운 운치는 늘 단번에 사람의 마음을 사로잡곤 한다. 이런 시를 통해 우리는 세상의 여러 자연물이 어떻게 인간의 감정을 뒷받침하는지 탐구할 수 있다. 감정이라는 날개는 식물 세계의 낙엽이나 뿌리, 줄기에도 날아갈 수 있다. 측백나무 배 위에서 벌어지는 감정의 흐름이 천 년이라는 세월이 지나도 여전히 생생하고 사람의 마음의 움직이게 할 줄 누가 알았을까? 시에서 일어난 사건은 마치 어제 일처럼 느껴진다.

배를 만든 나무 이야기로 돌아가자. 측백나무는《시경》보다 생명력이 길지 모른다.《시경》에서 시를 지은 사람은 그 나무를 텍스트 속의 장식으로 활용했는데, 자연의 정령이 사람 영혼의 동반자가 되어 세월의 골짜기를 따라 흘러왔다.

측백나뭇과에 속하는 나무는 자연재해와 인류의 전쟁 등에서 항상 수호자의 상징이었다. 고비사막에서는 측백나무가 모래와 황토를 단단히 붙잡아 집을 삼키려 드는 자연에 맞선다. 묘지에서는 조상, 친척, 친구의 유골이 안치된 곳에 하늘 높이 솟은 측백나무를 심어 존경심과 그리움을 드러내고 눈, 비, 바람, 서리 등에서 영혼을 보호한다. 순자(荀子)는 "추운 시절이 없으면 소나무와 측백나무를 알지 못하고, 일이 어렵지 않으면 군자를 알 수 없다"고 했다. 이것 역시 측백나무의 가느다란 잎과 단단한 줄기에서 찾아낸 지혜일 것이다.

산시성 황링현의 '헌원황제능묘원(軒轅黃帝陵廟院)'에는 황릉고백(黃陵古柏, 황제릉의 오래된 측백나무라는 뜻)이라는 나무가 있다. 높이 20미터, 둘레 10미터, 전설에 따르면 헌원이 직접 심었다고 한다. 약 4천 년의 역사를 지닌 나무이니 중국 문명과 동갑내기인 셈이다. 나는 이 나무 아래에 서서 나무 꼭대기를 올려다본 적이 있다. 오래된 측백나무 꼭대기에 푸른 하늘이 걸쳐 있었다. 하늘은 침묵하고 있었지만 신비한 세계가 무한히 열려 있다는 느낌을 받았다. 나는 그 나무 주위를 한 바퀴 돌면서 빽빽한 가지와 잎 사이로 비치는 햇빛을 보았다. 측백나무 그늘에서 해그림자와 세월이 만들어낸 화면이 오늘날 이렇게 청량해 보이는 것이 놀라웠다. 생각하면 할수록 어리둥절한 기분이었는데, 그런 와중에도 평온한 기쁨이 솟아올랐다. 뭔지 모를 기쁨이 마음속에서 피어났다. 나무가 몹시 크고, 바람이 불며, 사람은 어디에도 없다.

⓭ 멧대추나무

어머니께
드리는 글

개풍(凱風)

남쪽에서 온 산들바람 멧대추나무 새싹에 불어오네
멧대추나무 새싹이 무성하니 어머니의 수고하심이라
凱風自南, 吹彼棘心.
棘心夭夭, 母氏劬勞.

남쪽에서 온 산들바람 멧대추나무 가지와 줄기에 불어오네
어머니는 지혜로우시지만 우리 형제 중에는 뛰어난 사람이 없구나
凱風自南, 吹彼棘薪.
母氏聖善, 我無令人.

어디에 한천(寒泉)이 있는가? 준읍으로 흐르네
아들이 일곱이나 있는데 어머니는 고생만 하시네
爰有寒泉? 在浚之下.
有子七人, 母氏勞苦.

아름다운 꾀꼬리는 지저귀는 소리도 예쁘다
아들이 일곱이나 있는데 어머니 마음조차 위로하지 못하네
睍睆黃鳥, 載好其音.
有子七人, 莫慰母心.

잡다한 해설

　〈개풍〉은 '효자'를 다룬 가장 오래된 시로 꼽힌다. 《모시서》에서는 "〈개풍〉은 효자를 찬미하는 작품이다"라고 했다. 시를 해석해 보면 모성애를 숭앙하고 불효를 자책하는 내용이다. 〈개풍〉의 의미는 아주 오래전부터 밝혀졌고 "어머니의 노래"의 주체에 대한 의견도 기본적으로 달라지지 않았다. 당나라 때의 시인 맹교(孟郊)가 〈유자음(遊子吟)〉에서 "자애로운 어머니의 손에 실이 들려 있고 나그네의 몸에는 저고리가 있도다(慈母手中線, 遊子身上衣). 떠날 때 촘촘히 꿰매어 놓았으니 아마도 늦게 돌아오겠구나(臨行密密縫, 意恐遲遲歸). 자식의 작은 마음으로 봄볕 같은 어머니의 사랑을 어찌 보답하겠나(誰言寸草心, 報得三春暉)"라고 읊었다.
　이 시는 고풍스럽고 소박한 〈개풍〉의 전통적인 뜻을 이어받아 아들의 옷을 지어주는 어머니의 자애로움을 노래하는 것으로 발전시켰다. '개풍(凱風)'이라는 두 글자에 대한 해석은 청나라 때 사람인 등상(鄧翔)이 《시경역참(詩經繹參)》에서 이렇게 설명했다. "개(凱)는 악(樂, 즐겁다)이다. 어머니는 자식을 보면 즐겁고 자식은 어머니를 보면 즐거우니 인의가 화합한다. (……) 어머니는 자식을 가리지 않고 기르고, 바람은 물건을 가리지 않고 분다."

내가
《시경》에
주석을 단다면

1
凱風自南, 吹彼棘心. 남쪽에서 온 산들바람 멧대추나무 새싹에 불어오네
棘心夭夭, 母氏劬勞. 멧대추나무 새싹이 무성하니 어머니의 수고하심이라

개풍(凱風) 산들바람. 일설에는 남풍 혹은 여름에 부는 바람이라고도 한다. 청나라 때의 마서진(馬瑞辰)은 《모시전전통석(毛詩傳箋通釋)》에서 이렇게 썼다. "개(凱)의 원래 뜻은 크다[大]라는 것이다. 그래서 《광아》에서도 '개(凱)는 대(大)다'라고 했다. 가을은 거두어들이는 때이기에 주로 근심하고, 여름은 커지는 때이기에 주로 즐거워한다. 큰 것과 즐거운 것은 마땅히 서로 연관되어 있다." 《모전》에서는 "극(棘)은 기르기 어렵다"고 했고, "극(棘)은 조(棗, 대추)다"라고도 했다. 육전의 《비아》에서는 "큰 것은 조(棗)라 부르고, 작은 것은 극(棘)이라 부른다. 극은 산조(酸棗, 멧대추)다"라고 했다. 산조(酸棗)는 갈매나뭇과 대추속의 낙엽관목 혹은 작은 교목이다. 자세한 설명은 '식물 이야기'를 참조하기 바란다.

극심요요(棘心夭夭) 옛사람들은 심(心)을 새싹으로 비유하곤 했다. 극심(棘心)은 멧대추의 새싹을 말한다. 요요(夭夭)는 〈도요〉를 해설한 장을 참고하기 바란다. 무성하게 자란 모습을 가리킨다. 여기서 멧대추의 새싹은 아들을 말한다. 《시경》에는 선조의 강력한 자연철학이 담겨 있다. 사물을 인생이나 사람의 태도에 비유함으로 해서 시의 세계는 폐쇄적인 형식에서 개방적인 형식으로 변한다.

모씨구로(母氏劬勞) 모씨(母氏)는 씨(氏)를 붙여서 어머니를 높여 부른 것이다. 《모전》에서 "구로(劬勞)는 병이 나서 고통스러운 것이다"라고 했다. 고생하다, 수고하다라는 뜻이다.

2
凱風自南, 吹彼棘薪. 남쪽에서 온 산들바람 멧대추나무 가지와 줄기에 불어오네
母氏聖善, 我無令人. 어머니는 지혜로우시지만 우리 형제 중에는 뛰어난 사람이 없구나

극신(棘薪) 가지와 줄기를 가리키는 말로 자식의 성장을 암시한다. 시는 언어로 표현하지 않아도 많은 뜻을 내포할 수 있다. 《정전》에서는 "지혜[睿]가 성스러움[聖]이 된다. 어머니는 지혜로움의 선한 덕을 가진 분이다"라고 했다. 《정의》에서는 "성스러움[聖]은 지혜롭다는 이름과 통한다. 옛말로 예(睿)이다"라고 했다. 어머니는 세상의 이치를 다 꿰고 계시며 마음이 선량한 존재라는 의미다.

영인(令人) 유능하고 실력 있는 사람. 전반적으로 자책하는 의미다. 또한 어머니가 말과 행동으로 자식을 가르칠 때 그 영향력이 얼마나 큰지를 느낄 수 있다. 어머니가 올바르다면 아들도 올바르다.

3
爰有寒泉? 在浚之下. 어디에 한천(寒泉)이 있는가? 준읍으로 흐르네
有子七人, 母氏勞苦. 아들이 일곱이나 있는데 어머니는 고생만 하시네

원(爰) 허사다. 문장을 시작할 때 쓰며, 우(于)와 언(焉)이 합쳐져서 원(爰)이 되는데 '어디에'라는 뜻이다. 준(浚)은 위나라의 도시인 준읍(浚邑)을 말한다. 역사에 기록되어 있기로 준읍에는 한천강(寒泉岡)이 있고 그곳에서 한천이 흘러서 준읍 전체에 영양분을 공급한다고 했다. 이 시에서는 어디에 한천이 있어서 준읍 사람들을 윤택하게 하느냐고 반문한다. 아들이 일곱이나 있

지만 키운 공로도 헛되이 어머니는 만년의 즐거움을 누리기는커녕 오히려 더 고생스럽게 지내고 계신다. 생계를 위해서 다른 사람에게 다시 시집가야 하는 상황에 몰렸다.

4
睍睆黃鳥, 載好其音. 아름다운 꾀꼬리는 지저귀는 소리도 예쁘다
有子七人, 莫慰母心. 아들이 일곱이나 있는데 어머니 마음조차 위로하지 못하네

《정의》는 "현환(睍睆)은 아름다운 용모를 말한다"고 했다. 외모가 훌륭하다는 뜻이다. 황조(黃鳥)는 여기서 음색이 뛰어나다는 것을 가리킨다. 꾀꼬리를 말한다. 류사허 시인은 이 구절에 사용된 재(載)에는 '기왕 이렇게 된 바에야'라는 뜻이 있다고 해석했다. 시의 표층에 드러난 것은 꾀꼬리가 예쁘고 우는 소리도 듣기 좋아서 꾀꼬리가 나무 위에 앉아 지저귀는 것을 들으니 유능한 사람이 기뻐한다는 의미다. 그 뒤에 따라오는 문장과 대비된다. 아들이 일곱 명이나 있지만 능력 있는 사람이 없으니 어머니 한 분조차 편안하게 생활하게 해드리지 못한다. 아들들이 꾀꼬리보다도 못한 것이다. 어머니가 재가하는 일은 시 전체에서 전혀 언급되지 않는다. 아들된 입장에서 그런 일을 입에 올리기가 부끄러워 어쩔 수 없이 거듭 자책할 뿐이다. 《정의》에서는 "어머니가 시집가고자 하니 안색에 불편함이 보이고 말도 순하게 할 수 없는 것이다. 자신이 꾀꼬리보다 못하다고 자책한다"고 설명했다.

5

류사허 시인은 〈개풍〉을 해설하면서 옛사람이 《시경》을 두고 '온유돈후(溫柔敦厚)'라고 평가했는데 이 시에 담긴 인간의 성정이야말로 돈후(敦厚, 인정이 두텁고 후하다)한 것이라고 말했다.

酸枣
凯風自南吹
彼棘心

식물 이야기

　극(棘)이 옛적에 무엇을 가리키는 말이었는지는 명확하다. 바로 멧대추다. 《모전》에는 "극(棘)은 조(棗, 대추)다"라고 했다. 《이아》의 석목(釋木)편에서는 "이(樲)는 산조(酸棗, 멧대추)다"라고 했다. 《이아주(爾雅注)》에서는 "나무가 작고 열매가 신 것"이라고 설명했다. 육전의 《비아》는 "큰 것은 조(棗)라 부르고, 작은 것은 극(棘)이라 부른다. 극은 산조(酸棗, 멧대추)다"라고 했다. 진장기(陳藏器)의 《본초습유(本草拾遺)》에 멧대추를 상세히 묘사한 대목이 있다. "숭양자(嵩陽子)가 말하길, 자신의 집이 활대(滑臺)에 있는데 오늘날의 산조현(酸棗縣)이고 활(滑)의 속읍이라고 했다. 그 나무는 높이가 수 장에 이르고 둘레는 한두 자이며 나무의 줄기가 가늘고 단단하며 무거워서 수레바퀴의 축이나 수저 등을 만든다. 이 나무의 껍질은 얇고 단단하며 뱀 비늘과 비슷한 무늬가 있다. 열매인 대추는 둥글고 신맛이 나며 핵은 둥글고 속씨는 약간 길쭉하며 붉은색이다. 의료용으로 중요하게 쓰이므로 주민들이 쉽게 구할 수 없다. 오늘날 시중에서 파는 것은 다 극(棘)의 씨앗이다." 소송(蘇頌)은 《본초도경(本草圖經)》에서 "야생하는 것은 주로 산비탈과 성채 주변에 많고 대추나무[棗木]처럼 껍질이 얇고 나무 안쪽은 붉은색이다. 줄기와 잎은 푸르며 꽃은 대추꽃[棗花]과 비슷하다. 8월에 열매를 맺으며, 열매 색은 자홍색이다. 대추같이 둥글고 신맛이 난다. 같은 달에 열매를 따고 속씨를 채취한다. 맹자가 '양기이조(養其樲棗)'라고 말한 바 있다"고 했다.

　극(棘), 다시 말해 멧대추는 갈매나뭇과에 속하는 낙엽관목으로, 현대 식물분류학에서는 대추의 변종으로 간주한다. 다른 이름으로 이(樲), 이극(樲棘), 극(棘), 소산조(小山棗), 각침(角針), 야조(野棗) 등이 있다. 잎이 비교적 작고 핵과도 작은 편이다. 핵과는 구에 가까운 모양이거나 길이가 짧은 구 모양이다. 직경은 0.7~1.2센티미터다. 중과피는 얇고 신맛이 나며 핵의 양 끝은 날카롭지 않다. 개화기는 6~7월이고 열매는 8~9월에 맺는다. 멧대추는 생으로 먹거나 볶아 먹거나 모두 수면에 도움을 준다. 멧대추나무는 대추나무의 대목(臺木)으로 쓸 수 있다. 가지에 날카로운 가시가 많아서 울타리로 쓸 수 있다. 중국에서 랴오닝(遼寧), 네이멍구(內蒙古), 허베이(河北), 산둥(山東), 산시(山西), 허난(河南), 산시(陝西), 간쑤(甘肅), 닝샤(寧夏), 신장(新疆), 장쑤(江蘇), 안후이(安徽) 등 지역에 분포한다. 주로 양지바른 곳, 건조한 언덕, 산비탈, 구릉, 평야에서 흔히 자란다.

《시경》이
나에게
주석을 단다면

〈개풍〉에 나오는 극(棘)은 곧 자연에서 쉽게 볼 수 있는 멧대추나무를 말한다. 사계절이 뚜렷한 중국 북부 지방에서는 특히 친숙한 식물이다. 아무리 황폐해진 땅이라도 이 나무는 홀로 앙상한 모습을 드러낸다. 몸에는 가시를 달고 열매를 맺는 성정은 고집스럽고 가까이하기 어려운 사람을 보는 듯하다. 이 나무를 세상의 모든 어머니 마음과 연결해 어리석고 완고한 아들이 어머니에게 감사하는 마음을 표하는 시로 읊었다. 중국 시 중에서는 〈개풍〉이 최초의 원류라고 할 수 있다.

아들이 멀리 떠나는데 부모님이 건강히 댁에 계신 경우 이 시를 읽으면 마음속에 '어머니가 아침마다 운동하시는 모습'이 떠오른다. 산은 멀리 있고 밥 짓는 연기는 가까이 있다. 옅은 안개가 주변의 들판에 가득하다. 살집이 있는 편인 어머니와 깡마른 아버지는 서로 부축하면서 새가 울고 찬 이슬이 깔린 오솔길을 지나 후루허(葫蘆河) 강의 큰 다리 근처로 향하신다. 이른 아침 첫 햇빛을 받으며 운동을 하시는 것이다. 나는 이런 상상 속에서 멀리 떨어진 시골의 정경이 드러나는 것을 좋아한다. 내가 살아가는 세상에서 이런 장면은 그야말로 신성한 그림이기 때문이다.

세상을 떠돌며 땅속 깊이 묻힌 자신의 근원을 찾고 내 눈으로 보고 해석할 수 있는 세계를 추구하는 행동은 때로는 우습기도 하고 때로는 진실하게 느껴지기도 한다. 하지만 여전히 이런 행동은 한 인간으로서 제대로 살아가고자 하는 책임이라고 생각한다. 그래서 일상적인 세계에서 몇 번이나 바닥으로 떨어지더라도 내면세계는 여전히 든든하다. 비바람과 서리를 맞아도 나는 웃을 수 있다. 그러나 내가 내면세계의 책임을 다하기 위해 노력하는 사이 한 사람의 아들로서 책임을 다하는 일을 잊어버리고 있었다. 때때로 부모님께 전화를 걸어 안부를 묻기는 하지만, 몇 년째 어머니를 직접 뵙지 못하고 있으니 말이다.

 올해는 아버지 건강이 좋지 않으셔서 일을 그만두고 고향 집에 와서 한 달간 머물렀다. 지난 몇 년 동안 분주히 뛰어다니며 고생하느라 몸도 마음도 지쳤다. 하지만 몸과 마음이 아무리 피로해도 평소에 해야 할 일은 여전히 번잡했고, 나 역시 자신의 상태를 그다지 신경 쓰지 않았다. 그런데 집에 돌아와 부모님 곁에 앉아 시간을 보내니 피곤한 새가 둥지로 돌아온 듯했다. 부모님께서도 기뻐하며 내 곁에서 이런저런 일을 물으시고, 생계 걱정 없이 지내니 그제야 자신이 바쁜 삶 속에서 얼마나 무감각하게 살았는지를 깨달았다. 부모님과 이야기를 나누는 동안 일찍이 새카맸던 두 분의 머리카락이 희끗희끗해진 것을 보았다. 대화하며 나는 담담했지만 어머니는 명절을 쇠는 어린아이처럼 얼굴에 희색이 가득하셨다. 양손으로 아들의 손을 잡고서 지난 몇 년 그리워하며 표현하지 못한 따뜻함을 수척해지고 피곤한 기색이 역력한 아들에게 모두 전해 주시려는 듯했다.

 부모님이 잠자리에 드시면 나는 방으로 돌아와 컴퓨터를 켰다. 한적한 마음으로 '귀가 일기'라는 제목의 글을 쓰며 스스로 질문했다. "너의 고집스러움이 부모님 마음에 가시 박히게 한 것은 아니냐?" 내가 막 고향 집에 도착했을 때, 늙은 부모님께서 아들이 눈앞에 나타난 것을 보고 하늘에서 상서로운 기운이 내려온 듯 기뻐하고 놀라워하셨다. 그러나 이 아들은 잠시 머물렀다가 또 자신의 인생을 찾아서 먼 길을 떠나야 한다. 부모님은 몸과 마음이 약간 평온해지셨다가 다시 이별을 겪으셔야 한다. 삶에서 무언가를 찾고 추구하는 일과 이별하는 일은 어쩔 수 없이 다가온다. 컴퓨터 화면을 바라보며 나는 또 한 번 뭐라 말하기 힘든 슬픔에 빠졌다.

 어머니는 강직하고 일을 재빠르게 하는 분이다. 공부를 많이 하지 못하셨지만 어떤 일을 하든 남보다 못하지 않았다. 하지만 고지식하면서도 온화한 성품인 어머니는 자신이 남에게 뒤처지거나 아들이 남의 아들에게 뒤처지는 것에는 신경 쓰지 않으셨다. 세상의 아들들에게 각자 다른 태도의 어머니가 있다는 것을 이해하셨고, 나를 재촉하거나 다그치는 법이 없으셨다. 전화 통화를 할 때면 "얘야, 밥은 먹었니?", "뭘 먹었니?", "맛있게 먹었니" 같은 말씀을 하셨다. 세상에서 가장 익숙한 목소리가 이렇게 말하는 것을 들으면 어릴 적 어머니 곁에서 지내던 때처럼 웃음이 새어나왔다. "나나 네 아버지나 다 잘 지낸다. 그저 걱정되는 거라고는 네가 저녁에 집에 가도 아무도 없이 혼자 지내는 거지……." 늘 강한 모습을 보이는 어머니지만 여기에 이르면 목이 메곤 하셨다. 그러면 나는 괜히 다른 화제를 꺼내며 어머니를 웃겼다. 그런 다음 어머니께 책망과 당부의 말씀 몇 마디를 더 들어야 전화를 끊을 수 있었다.

오늘 이 글을 쓰면서 '한천(寒泉)을 생각한다'든가 '바람이 극(棘)을 훑고 지나간다'든가 하는 글을 읽으니 마음에 전류가 지나가는 듯하다. 어머니는 대지가 자라나는 묘목과 산림을 사랑하듯 우리 형제를 아끼셨다. 외롭고 힘들 때, 나는 자신에게 물었다. 아들로서 멀리 떠나와 있으면서 한천(寒泉)이 그러듯 어머니께 보답한 적이 있는가? 어머니의 마음을 윤택하고 풍요롭게 적신 적이 있는가? 나는 어머니를 슬프게 하는 심한 말은 거의 하지 않는 편이지만, 고집을 부린 적도 많고 주변을 신경 쓰지 못한 적도 많았다. 이런 성격은 어머니께서 내게 물려준 것일지도 모른다. 내가 독립하여 여러 해를 살았으니 부모님의 마음을 이해하지 못한다는 것은 거짓말이다. 그러나 알고 있으면서도 부모님의 마음을 편안히 해드리지 못한 것 역시 말로 다할 수 없이 무거운 심정이다.

멧대추나무에 열린 멧대추는 손가락 첫 마디 정도로 자랐을 때쯤 먹을 수 있다. 껍질이 파랄 때 따서 먹으면 시고 떫다. 서리가 내린 뒤 붉어진 열매를 먹으면 달다. 시고 떫은 맛이 지나가면 달콤함을 부모님께 드릴 수 있다. 꾀꼬리의 노래처럼 부모님께 기쁨을 드릴 수 있다. 이것이 내가 지금 늘 기원하는 일이다. 고치를 깨고 나온 이후의 인생에서 이런 바람을 이룰 수 있기를 바란다.

14 박

시 속의
이야기

포유고엽(匏有苦葉)

박에 쓴 잎이 달리고 제수(濟水)가 걸어서 건널 만큼 깊어지네
깊으면 박을 매고 헤엄쳐 건너고 얕으면 바지를 걷고 건너지
匏有苦葉, 濟有深涉.
深則厲, 淺則揭.

물이 차올라 나루터가 잠기고 암꿩이 한숨 쉬듯 운다
물이 차올라도 수레바퀴가 잠기지 않을 테니 암꿩이 울며 수컷을 찾네
有瀰濟盈, 有鷕雉鳴.
濟盈不濡軌, 雉鳴求其牡.

기러기가 울고 아침 해가 솟아오른다
사내가 아내를 맞이하려면 강이 다 얼 때까지 기다리지 마라
雝雝鳴雁, 旭日始旦.
士如歸妻, 迨冰未泮.

뱃사공이 손을 흔들며 묻지만 다들 강을 건너도 나는 가지 않으리
다들 강을 건너가도 나는 그 사람을 기다려야지
招招舟子, 人涉卬否.
人涉卬否, 卬須我友.

잡다한 해설

〈포유고엽〉은 《시경》에서 보기 드물게 뜨겁고 진지한 감정에 깊은 이성이 융합된 작품이다. 시의 뜻은 한 여인이 제수(濟水) 기슭에서 사랑하는 사람을 기다리는 내용이다. 초조한 기다림과 그리워하는 마음이 자연의 웅장미에 의해 확장되고, 행간에는 흘러가는 시간에 대한 슬픔도 느껴진다. 화자의 단호하고 지혜로운 태도가 자유롭고 낙관적인 믿음에 힘을 더해 준다.

《시서(詩序)》에서는 이 시를 음란한 시로 분류했지만, 오늘날에는 이런 분류 방식이 현실적으로 전혀 의미가 없다. 《시경》은 특별하다. 《시서》와 《시집전(詩集傳)》에서는 역사적 사실을 끌어와서 '음란하다'고 평하지만, 그런 시들은 걸출한 사랑 시이자 훌륭한 문학 작품이다. 유교의 도덕이 우리 인생에 미쳤던 박해와 속박에서 벗어나게 해 준다. 《시경》의 의의는 시의 순수성과 인간성의 자유로움에 있으며, 현대에 와서 더욱 새롭게 승화되기를 기대한다.

내가
《시경》에
주석을 단다면

1
匏有苦葉, 濟有深涉. 박에 쓴 잎이 달리고 제수(濟水)가 걸어서 건널 만큼 깊어지네
深則厲, 淺則揭. 깊으면 박을 매고 헤엄쳐 건너고 얕으면 바지를 걷고 건너지

포(匏) 《모전》에서 "포(匏)는 호(瓠, 박)를 말한다. 박잎은 써서 먹을 수 없다"고 했다. 육기의 《육소》에서는 "포(匏)의 잎이 어릴 때는 국을 끓일 수 있다. 물에 넣고 삶으면 맛이 좋다. 양주(揚州) 사람들이 이 잎을 먹는데, 8월이 되면 쓴맛이 생기기 때문에 '고엽(苦葉)'이라고도 부른다"고 했다. 포(匏), 호(瓠), 호(壺)는 각기 서로의 별칭으로 지금까지 통용된다. 박과 박속의 덩굴식물이다. 옛날에는 채소의 종류가 적었기 때문에 박의 잎을 요리해 먹었다. 8월이 되면 잎이 쓰게 변하므로 그 이후에는 먹지 못했다. 이 시기가 박이 익을 때인데, 바람에 말려서 허리춤에 매달면 강을 건널 때 물 위에 뜰 수 있었다. 자세한 설명은 '식물 이야기'를 참조하기 바란다.

제유심섭(濟有深涉) 제(濟)는 제수(濟水)라는 해석도 있고 나루터라는 해석도 있다. 섭(涉)은 걸어서 강을 건넌다는 뜻이다. 첫 구절에서 명확하게 계절을 밝히고 있다. 박잎에 쓴맛이 돌 때면 여름이다. 여름이 되면 수위가 높아지니 돌아올 사람이 강을 건너기 어려울 것이다. 《시경》에서는 감정 표현이 이처럼 매우 절제되어 있으므로 작품 속 깊은 뜻은 독자들이 각자 느껴보아야 한다.

려(厲) 《설문》에서는 려(砅, 징검다리) 자로 썼다. 려(砅)는 돌을 밟고 강을 건넌다는 뜻이다. 물속에 큰 돌을 한 줄로 세우는데, 돌 사이 간격이 좁고 수면 위로 돌이 솟아 있으면 이를 밟고 강을 건넌다. 중국 남부 지역에서는 도각석(跳腳石), 도등석(跳蹬石)이라고 부르기도 한다.

게(揭) 바지를 걷어 올리고 강을 건너는 것을 말한다. 《이아》의 '석수(釋水)편'에 따르면 강을 건널 때 수심이 무릎 이하여서 바지를 발목이 보일 정도로 걷어 올리는 것은 게(揭), 수심이 무릎 위로 올라와 바지를 허벅지가 보일 정도로 걷어 올리면 섭(涉)이라 한다. 수심이 허리띠를 넘는데 강을 건넌다면 려(厲)라고 한다. 려(厲)의 방식으로 강을 건널 때 조롱박을 허리에 묶고 헤엄쳐 건넌다.

시에 묘사된 것을 보면 사랑하는 사람의 마음이 얼마나 섬세한지를 느낄 수 있다. 이 부분의 표현은 몹시 오묘해서 《시경》에서는 드물고, 《도덕경》 같은 철학적 언어와 비슷하다.

2
有瀰濟盈, 有鷕雉鳴. 물이 차올라 나루터가 잠기고 암꿩이 한숨 쉬듯 운다
濟盈不濡軌, 雉鳴求其牡. 물이 차올라도 수레바퀴가 잠기지 않을 테니 암꿩이 울며 수컷을 찾네

유미제영(有瀰濟盈) 미(瀰)는 옛 음이 미(瀰)이며 물이 많고 넓어서 망망하다는 뜻이다. 영(盈)은 물이 늘어나서 나루터가 잠겼다는 뜻이다.

요(鷕) 《정의》에서는 "암꿩이 우는 소리"라고 했다. 암컷 꿩의 울음소리는 한숨 소리와 비슷하다. 이번이 시에서는 두 번째 만남인데, 이제 늦여름에서 초가을로 접어들며 물살이 전보다 세졌기 때문에 꿩의 한숨 소리를 빌어 탄식하는 것이다. 순수하고 사랑에 충실한 여성의 모습이 보이는 듯하다.

제영불유궤, 치명구기모(濟盈不濡軌, 雉鳴求其牡) 《정의》에서는 "유(濡)는 지(漬, 담그다)다"라고 했다. 그 뜻은 물에 젖는다는 것이다. 궤(軌)와 모(牡)는 오

래전에 같은 운(韻)에 속하며 수레바퀴의 축을 가리킨다. 옛날 수레바퀴는 오늘날의 것과 달리 축이 높고 바퀴 지름이 컸다. 모(牡)는 수컷을 의미하기도 하므로 이 시에서는 여인을 만나러 올 남자를 가리킨다. 여자는 연인이 타고 올 수레가 강을 건널 수 있으리라고 여겼다. 강물이 흐르는 소리가 세차고 새 소리가 급박한 것을 들으면서도 자신을 다독이고 있는 것이다. 여인의 다급한 마음, 강물의 격류, 물에 잠겨 굴러가는 수레바퀴 등이 강렬한 대비를 이루면서 뛰어난 화면감을 형성한다. 이 시에 내재된 활력이 독자들의 시 속의 세계로 이끈다.

3
雝雝鳴雁, 旭日始旦. 기러기가 울고 아침 해가 솟아오른다
士如歸妻, 迨冰未泮. 사내가 아내를 맞이하려면 강이 다 얼 때까지 기다리지 마라

옹옹(雝雝) 《모시정의》에서 "기러기 소리"라고 했다. 기러기가 우는 소리는 맑고 부드럽다. 시의 여주인공은 기러기 울음 소리에서 부드럽고 달콤한 사랑의 느낌을 찾아냈다. 여기에는 중국 시의 고전적인 창작 방법인 '물동화명(物動和鳴)'이 반영되어 있다. 화자의 감정에 자연 혹은 사물이 공감하는 것처럼 표현하면 한 사람의 정서보다 더 서정적이고 풍부해진다.

욱일시단(旭日始旦) 욱일(旭日)은 아침의 태양을 가리킨다. 시단(始旦)은 해가 떠오른다는 것으로 날이 밝았음을 말한다. 가을 아침에 해가 막 떠오르는 아름다운 장면은 여인의 마음속 간절한 기대감을 보여준다. 시에서 드러나는 인간의 마음과 자연 환경의 공명이 강렬하면서도 순수하다. 이런 공명이 작품 속 시공간에서 여러 차례 벌어지는데, 그때마다 마음을 울리는 힘이 느껴진다.

사여귀처(士如歸妻) 사(士)는 옛날에 남자를 총칭하던 말인데, 여기서는 여자가 기다리는 연인을 가리킨다. 이 시에 등장한 사랑에 빠진 남녀 모두 귀족 가문의 자녀라는 것을 추측할 수 있다. 귀(歸)는 《주례》의 '사혼례(士昏禮)'에

서 혼인하여 여성을 맞이하는 일이라고 설명했다. 여기 쓰인 귀(歸) 자는 여자가 친정에 가는 것이 아니라 시집가는 것을 말한다.

태빙미반(迨冰未泮) 태(迨)는 《모전》에서 "기다리다"라고 했다. 반(泮)은 모으다, 합치다라는 뜻이다. 강이 얼 때는 강변부터 수면이 결빙해서 점점 가운데로 모여서 한 덩어리로 얼어붙는다. 강이 다 어는 겨울까지 기다리지 말고 빨리 와서 혼인하자는 의미다.

4
招招舟子, 人涉卬否. 뱃사공이 손을 흔들며 묻지만 다들 강을 건너도 나는 가지 않으리
人涉卬否, 卬須我友. 다들 강을 건너가도 나는 그 사람을 기다려야지

주자(舟子) 뱃사람.

인섭앙부(人涉卬否) 인섭(人涉)은 강을 건너는 다른 사람을 가리킨다. 앙(卬)은 《정의》에서 "나[我]"라고 설명했다.

우(友) 연인, 남자 친구를 말한다. 다정함을 담은 애칭이다. 시에 안타까우면서도 달콤함 분위기를 더해 준다.

뱃사공이 손짓으로 물었다. "다들 강을 건너가려고 하는데, 같이 건너겠습니까?" 여자는 단호하게 "아니요"라고 대답한다. "나는 남자 친구가 오기를 기다릴 거예요!" 이 부분은 정말 멋진 대화문이다. 문장은 중복되지만 단락은 또 분할했다. 이렇게 간격을 두는 방식에 정말 감탄이 절로 나온다. 노래로 불렀을 당시에는 이 사이에 분명히 완곡하고 긴 가락의 변화가 있었을 것이다. 그렇게 해서 시에 담긴 사랑에 대한 염원을 끝없는 시공간으로 밀어냈을 것이다.

식물 이야기

〈포유고엽〉에서는 박의 용도를 자세히 알려준다. 잘 익은 박을 말린 뒤, 크고 가벼우며 튼튼하다는 특성을 살려 허리에 묶어서 물에 몸을 띄우는 도구로 쓰는 것이다. 이 도구는 오늘날의 구명부표의 초기 형태다.

박과의 식물 중 《시경》에 언급된 종류에는 특별한 구분이 있다. 〈포유고엽〉에는 쓴맛이 나는 잎이 언급되었으니 우리가 잘 아는 박일 것이다. 빈풍(豳風)의 〈칠월(七月)〉에는 "칠월에는 오이를 먹고 팔월에는 박을 자른다(七月食瓜, 八月斷壺)"고 했는데, 여기 나오는 것은 아마도 참외일 것이다. 소아(小雅)의 〈남유가어(南有嘉魚)〉에는 "달콤한 박에 지친다(甘瓠累之)"가 나오는데, 여기서 말하는 것은 월과(越瓜)일 것이다.

옛사람은 박과에 속하는 포(匏), 호(瓠), 호로(壺盧)를 잘 구분해 분류하지 못했고, 세 가지 식물이 서로 다른 이름으로 불리곤 했다. 《정전》에서는 "박잎의 쓴맛이 깊어지는 때를 8월이라 하는데, 음양이 교차하고 혼례, 납채(納采), 문명(問名, 혼인 절차 중 하나)을 시작할 수 있다"고 했다. 쓴맛이 나는 잎을 언급했으니 초기 농경 시대에 재배하는 채소가 적었던 것을 알 수 있다. 박잎을 봄과 여름에 채소로 먹었고, 가을이 오면 잎에 쓴맛이 생기면 먹을 수 없었다. 《모시육소광요(毛詩陸疏廣要)》에서는 "박잎이 어릴 때는 국을 끓일 수 있고 삶으면 맛이 좋다"고 했다. 《설문해자》에서는 《모전》의 해석을 따라 "포(匏)는 호(瓠)다"라고 했다. 육전의 《비아》에서는 "길고 가느다란 것을 호(瓠)라고 하고, 짧고 배가 큰 것을 포(匏)라고 한다"고 했다. 《본초강목》에서는 "옛사람들은 호(壺), 포(匏), 호(瓠) 세 가지 이름을 통칭해서 썼다. (……) 지금 자세히 살펴보면 모양은 가기 다르지만 싹, 잎, 껍질, 열매의 맛은

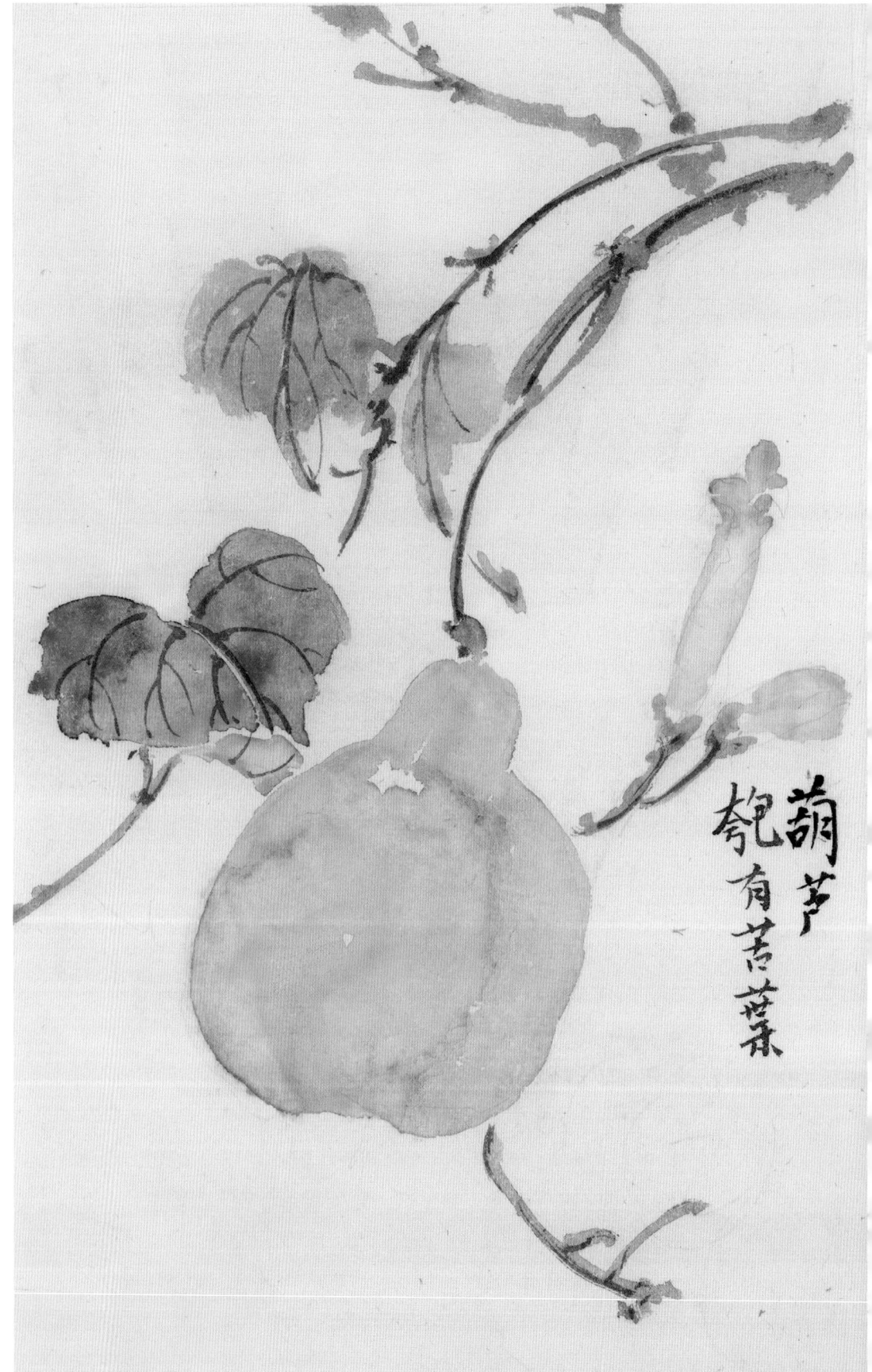

같으므로 구분하지 않는다"고 했다.

《중국식물지》에서는 박과 박속에 해당하는 식물은 1종이며 세 가지 변종이 있다고 설명한다. 호호(葫蘆, 호리병박), 호자(瓠子), 호과(瓠瓜), 소호호(小葫蘆)다. 호호(葫蘆)는 호(瓠), 포(匏), 포호(蒲蘆), 호로(壺盧), 포자(蒲子) 등으로도 불린다. 이 시에 나오는 포(匏)는 박과 박속의 식물 중에서 호호(葫蘆)라고 보는 것이 가장 적절하다.

호리병박은 한해살이 덩굴식물이다. 줄기와 가지에는 홈이 있고 끈적끈적하고 긴 털이 나 있는데 이 털은 호리병박이 늙으면 떨어진다. 잎은 계란형 혹은 심장 모양이며, 양면에 부드러운 털이 있다. 덩굴은 곱슬곱슬하고 가느다란데 처음에는 부드러운 털이 났다가 나중에 없어진다. 한 그루에 암꽃과 수꽃이 같이 피지만, 암꽃과 수꽃은 각기 따로 난다. 열매는 처음에 녹색이었다가 흰색 혹은 노란색으로 변한다. 열매의 모양은 품종에 따라 다르다. 어떤 것은 아령 모양이고 어떤 것은 납작한 구형이며, 막대 모양도 있다. 열매가 익으면 껍질이 단단해진다. 씨앗은 흰색이고 계란형이거나 세모꼴인데 길이가 약 20밀리미터다. 개화기는 여름이고 열매는 가을에 맺는다.

호리병박의 씨앗은 호서(瓠犀)라고 불리는데, 옛날 여성의 치아가 가지런하고 흰 것을 묘사할 때 사용되었다. 열매가 익으면 속은 비고 껍질이 딱딱해진다. 삶은 후 말리면 병, 바가지, 국자, 약을 달이는 주전자 등을 만들 수 있었다. 또한 옛사람들은 말린 박을 허리에 묶어서 헤엄칠 때 몸을 띄우는 용도로 썼기에 요주(腰舟)라고도 불렀다. 호리병박은 악기의 재료로도 쓰였다. 《요전(堯典)》에서는 포(匏)를 팔음(八音) 중 하나라고 말하면서 생(笙, 생황), 우(竽, 생황과 비슷하게 생긴 피리) 등 악기의 재료라고 했다. 호리병박의 줄기가 길고 덩굴에 열매가 많이 맺히기 때문에 자손이 번창한다는 상징이기도 했다.

《시경》이
나에게
주석을 단다면

〈포유고엽〉의 내용을 보면 물살이 급한 강기슭에 젊은 여자가 서서 멍하니 강 이쪽과 저쪽을 바라보고 있다. 새소리가 마음을 어지럽힌다. 여자는 초조하게 늦어지는 연인을 기다린다. 기다림은 막막하지만 사랑은 견고하다. 박은 이처럼 애틋하고 단호한 마음을 표현하는 매력적인 허리 장식품이다.

"강을 건너지 못하는 것은 아니야. 물이 깊어도 허리에 박을 매달고 헤엄쳐서 갈 수 있어. 물이 얕다면 옷자락을 걷어 올리고 걸어서 건너가면 돼. 하지만 사랑하는 사람이 아직 오지 않았잖아!"

깊으면 헤엄쳐서 건너고 얕으면 걸어서 건넌다는 순수하고도 객관적인 묘사에 오히려 깊은 사랑이 함축되어 있다.

박앞에 쓴맛이 든다고 할 때의 '쓴맛'은 세월이 흐르며 시들어 가면서도 고집스럽게 지조를 지키는 마음이기도 하다. 시에 내재된 '쓴맛'의 깊이가 따뜻한 열정을 드러나게 한다. 시에서 마지막으로 허공을 바라보는 시선은 어떤 특정한 결말을 가리키지 않는다. '기다렸지만 만나지 못했다'는 결과가 아니라 기다림 그 자체에 시의 정서를 계속 남겨두는 것이다. 이 짧은 시가 천 년이 지나도 흩어지지 않은 긴 그리움을 표현한다. 기다림의 끈기는 여전히 변함없고 사랑에 대한 믿음 역시 조금도 물러서지 않았다. 희망은 남아 있다. 그저 기대하던 결과가 아직 나타나지 않았을 뿐이다. 이런 감상은 인간이 하늘과 땅의 광활함을 마주할 때 그렇듯, 단지 사랑의 감정이라고 치부해버릴 수 없는 일종의 공감이다. 이미 지극히 사랑하는 대상을 만났든, 아니면 사랑이 다가오기를 기다리고 있든, 〈포유고엽〉을 읽으면서 시의 정서를 느끼다 보면 마음속으로 꿈꾸던 것이 우아한 음악 소리와 더불어 공명하는 듯한 깊은 울림이 생길 것이다.

덩굴 지지대에 매달린 둥글둥글한 박은 인간의 역사와 문화의 강물을 따라 흘러왔다. 박이 사람에게 준 것은 복(福)도 있고 마음의 세척도 있고 깊은 사랑을 불러일으키는 뜨거운 감정도 있다.

공자와 제자인 자로 사이에 박과 관련된 이야기가 전해진다. 어느 날 공자가 반역자인 필힐(佛肸)에게 가서 관직을 받을 생각을 했다. 자로는 스승을 이해하지 못해 물었다. "선생님께서 항상 우리에게 올바른 군자는 나쁜 일을 하는 사람과는 함께하지 않는다고 가르치셨습니다. 그런데 지금 이렇게 하시는 것은 무슨 까닭입니까?" 자로의 말투에는 원망이 가득했다. 공자가 설명했다. "자로야, 스승인 나 역시 한 사람이다. 도덕과 인(仁), 예(禮)의 두터움은 맷돌로 간다고 얇아지지 않고 진흙에 굴러도 오염되지 않는다. 이런 이치를 너도 이해해야 한다. 내가 매일 덩굴에 매달린 박처럼 아무 일도 하지 않고 밥만 축낼 수는 없구나." 자로가 듣고 보니 그 말도 맞았다. 자로는 거칠고 경솔한 사람이었지만 그가 공자에게 이런 질문을 던지지 않았더라면 오늘날 임기응변에 대한 '박 이론'이 중국 사람의 사회생활에 전파되지 못했을 것이다. 유가 사상은 박의 둥그런 배 위에서 뛰기 시작했으니 바깥에서는 굴복하고 안에서는 굽히지 않는다.

어릴 때 집 마당에 박을 심은 적이 있다. 봄이 되면 가벼운 줄기가 뻗어나와 덩굴을 감고, 여름에는 노랗고 작은 꽃을 피운다. 그때쯤 나는 진흙 묻은 손가락으로 열매를 맺지 못하는 가짜 꽃을 잘라냈다. 열매를 맺은 꽃은 대나무로 만든 지지대에 매달려 나의 보호를 받았다. 박은 눈웃음을 짓는 작은 불상처럼 가을바람을 맞으며 푸근한 미륵불로 자라났다. 〈포유고엽〉에서 박으로 표현한 깊은 사랑을 읽은 후, 나는 내 주변의 푸르고 싱싱한 여러 채소를 보며 새로운 상상을 펼치게 되었다.

박의 특별한 쓰임새로는 옛사람들이 물을 뜨는 바가지가 있다. 가을 서리가 내리고 푹 익은 박을 반 갈라 바가지로 만든다. 그것을 흙을 구워 만든 항아리에 담은 물에 띄워둔다. 〈포유고엽〉에서 "깊으면 박을 매고 헤엄쳐 건넌다"고 했던 것처럼 물을 바가지로 떠서 마시는 일에도 '물줄기가 삼천이라도 물 한 바가지만 마시면 된다'는 말에 담긴 천고의 정취가 숨어 있다.

⑮ 씀바귀와 냉이

슬픔과 기쁨이
함께 우는 것처럼

곡풍(谷風)

習習谷風, 以陰以雨.	쏴쏴 불어오는 곡풍, 흐리고 비가 내린다
黽勉同心, 不宜有怒.	노력하며 마음을 맞춰야지 쉽게 성질을 내서야 되겠는가
采葑采菲, 無以下體?	순무를 뽑고 무를 뽑는데 잎만 보고 뿌리는 보지 않나?
德音莫違, "及爾同死".	같은 날 죽기를 바라던 사랑의 맹세를 어기지 마오
行道遲遲, 中心有違.	느릿느릿 떠나네, 마음은 발과 반대로 가고 싶구나
不遠伊邇, 薄送我畿.	당신은 나와보지도 않고 나에게 떠나라고 강요하네
誰謂茶苦, 其甘如薺.	누가 씀바귀를 쓰다고 했나, 나에게는 냉이처럼 달구나
宴爾新昏, 如兄如弟.	당신은 신혼이 즐거워 마치 형제의 정과 같네
涇以渭濁, 湜湜其沚.	경수를 만나 위수가 탁해졌어도 강바닥이 보일 만큼 맑다네
宴爾新昏, 不我屑以.	당신은 신혼이 즐거워 나를 멸시하는구나
毋逝我梁, 毋發我笱.	내 어량에 가지 말고 내 통발도 건드리지 마라
我躬不閱, 遑恤我後.	내가 몸을 굽혀 빈더라도 당신들이 용납하지 않을 텐데 내 아이가 걱정이구나
就其深矣, 方之舟之.	물이 깊으면 뗏목이든 배든 타고 건넜고
就其淺矣, 泳之遊之.	물이 얕으면 잠수하든 헤엄치든 건넜네
何有何亡, 黽勉求之.	무엇이 있는지 없는지 애써 얻고자 했으며
凡民有喪, 匍匐救之.	이웃과 화목하게 지내려고 온 힘을 다했네
不我能慉, 反以我爲仇.	당신은 나를 받아주지 않고 도리어 원수처럼 여겨서
旣阻我德, 賈用不售.	나의 호의를 모른 척하고 하인 취급조차 거절하네
昔育恐育鞠, 及爾顚覆.	지난날 두렵고 가난할 때 함께 하며 고난을 겪었는데
旣生旣育, 比予于毒.	이제 아이도 낳고 잘살게 되니 나를 독충처럼 생각하네
我有旨蓄, 亦以御冬.	내가 맛있는 채소절임을 만들었는데 당신들이 가져가 겨울을 나고
宴爾新昏, 以我御窮.	신혼이 즐거운 당신은 나를 곤궁하게 하네
有洸有潰, 旣詒我肄.	어렵고 힘들 때 고생하며 일했는데
不念昔者, 伊餘來墍.	당신에게 사랑만 주었던 예전의 나는 생각하지 않네

잡다한 해설

《시경》에서 원한과 분노의 감정을 표현한 긴 작품인 〈곡풍〉은 예술적인 표현 방식이 잘 어우러지고 깊이가 있다. 원망하지만 분노하지 않는 "다른 사람의 충고에 귀를 기울이다 죽음에 이르는" 한 여성의 마음속 깊은 울음과 하소연을 놀라울 정도로 잘 묘사했다. 청쿼잉은 원망하는 여자의 마음이 깊을수록 독자의 안타까운 심정이 시의 정서를 따라 요동친다고 했다. 이를 통해 연민하는 마음이 점차 강해지기 때문이다.

탁문군(卓文君)의 〈백두음(白頭吟)〉이라는 작품과 〈곡풍〉을 비교해 보면, 두 편의 시는 모두 "한 사람의 마음을 얻어 백발이 될 때까지 헤어지지 않기를" 바라는 두 여자가 등장한다. 또한 그들은 똑같이 남자에게 배신당하는 비참한 운명을 겪는다. 한 여인은 성격이 강직하고, 다른 여인은 원망하는 마음에 얽혀 있다. 이 두 작품을 보면 중국에서 여자가 개인의 행복을 추구할 때 보여주는 두 가지 태도를 알 수 있다. 〈곡풍〉으로 《시경》의 특징인 '온유돈후'를 이해하게 되면 중국 고시에 조화로움과 자유로움을 추구하는 기조가 있으며 오늘날 현대시와 일치하는 부분이 있음을 알게 된다. 그러나 하늘이 정한 운명을 몰래 살펴보는 태도를 보자면 질서를 존중하려는 깨달음이 있다는 것도 느끼게 된다. 이처럼 질서를 따르려고 하는 태도가 '돈후'의 의미를 《시경》 속 작품 곳곳에 스며들게 했다.

옛날 여성들은 처음부터 권력의 중심에서 제외되었다. 남녀의 지위가 심히 불평등한데다 여자는 종속적인 사회적 위치에서 늘 속박당하고 괴로움을 겪었다. 진나라 이전 시대에서는 남녀가 이혼하지 않았다고들 알려졌는데, 사실 남자는 아내를 쫓아낼 수 있었고 여자는 오로지 피동적으로 결혼의 파국을 감내해야 했다. 〈곡풍〉은 남편에게 쫓겨난 여자의 목소리로 쓴 원망하는 시다. 《시경》의 또 다른 긴 시 '위풍(衛風)' 〈맹(氓)〉도 비슷한 주제를 다룬다. 부부 사이에 고난만 함께할 수 있을 뿐 부귀는 같이 누릴 수 없다는 말도 〈곡풍〉에서 나왔다.

내가
《시경》에
주석을 단다면

1
習習谷風, 以陰以雨. 쏴쏴 불어오는 곡풍, 흐리고 비가 내린다
黽勉同心, 不宜有怒. 노력하며 마음을 맞춰야지 쉽게 성질을 내서야 되겠는가
采葑采菲, 無以下體? 순무를 뽑고 무를 뽑는데 잎만 보고 뿌리는 보지 않나?
德音莫違, "及爾同死". 같은 날 죽기를 바라던 사랑의 맹세를 어기지 마오

습습(習習) 바람이 쏴쏴 하는 소리를 내며 멈추지 않고 분다. 《정의》에서는 "습습(習習)은 화목하고 편안한 모습이다. 동풍을 곡풍(谷風)이라고도 부른다. 음양이 합쳐지고 곡풍이 불면 부부가 화목하여 가정을 이루며, 가정을 이루면 자손이 태어난다"고 했다. 엄찬(嚴粲)의 《시집(詩緝)》에서는 "산골짜기에서 부는 바람은 큰바람이고 분노한 바람이다. 쏴쏴 소리를 내며 쉬지 않고 불어온다. (……) 흐리고 비가 내리니 맑게 개일 기미가 없다"고 했다.

민면(黽勉) 《석문》은 "면면(勉勉, 부지런히 애쓰다)과 같다"고 했다. 민(黽)은 근면하다, 노력하다는 뜻이다. 처음부터 아내는 남편에게 이렇게 말한다. 결혼생활이란 함께 바람을 쐬고 부슬비를 맞는 것과 같으니 마음을 맞춰 협력해야지 걸핏하면 성질을 내서는 안 된다고 말이다. 도입부의 네 구절에서 결혼을 오래도록 유지하려면 깨달아야 할 본질을 쉽게 설명하고 있다.

채봉채비(采葑采菲) 봉(葑)은 순무다. 잎과 뿌리를 먹는다. 육기의 《육소》에서 "봉(葑)은 순무이고 유주(幽州) 사람은 개(芥)라고 한다"고 했다. 북방 지역

에서 부르는 속칭으로는 날흘탑채(辣疙瘩菜)라고 한다. 비(菲)는 《모전》에서 "홀(芴, 순무)이다"라고 했다. 《통석》에서도 "비(菲)와 홀(芴)은 발음이 비슷하고, 비(菲), 복(菔), 파(萉)도 발음이 크게 다르지 않으니 호복(蘆菔)은 오늘날 말하는 무다"라고 했다.

무이하체(無以下體) 잎을 원하고 뿌리를 싫어한다는 말이다. 즉 남편이 새 것만 좋아하며 오래된 것은 싫어한다는 뜻이다. 하체(下體)는 뿌리를 말한다.

덕음(德音) 듣기 좋은 말. 처음 두 사람이 연애할 때 했던 사랑의 맹세나 달콤한 대화를 가리킨다. 아내는 사랑하는 사람을 선택하는 것이 순무나 무를 수확하는 것과 비슷하다고 표현한다. 땅 위로 보이는 잎만 평가하고 땅 속에 있는 뿌리줄기가 큰지 작은지는 전혀 고려하지 않나요? 처음 부부 사이에 사랑이 깊을 때는 같은 날 태어나지는 못해도 같은 날 죽기를 바란다고 하지 않았나요? 당신은 설마 그 말을 다 잊었습니까?

2
行道遲遲, 中心有違. 느릿느릿 떠나네, 마음은 발과 반대로 가고 싶구나
不遠伊邇, 薄送我畿. 당신은 나와보지도 않고 나에게 떠나라고 강요하네
誰謂荼苦, 其甘如薺. 누가 씀바귀를 쓰다고 했나, 나에게는 냉이처럼 달구나
宴爾新昏, 如兄如弟. 당신은 신혼이 즐거워 마치 형제의 정과 같네

행도지지, 중심유위(行道遲遲, 中心有違) 아내는 남편에게서 이혼장을 받고 문 밖으로 쫓겨났다. 《모전》에서는 "지지(遲遲)는 느리게 움직이는 모습"이라고 했다. 중심(中心)은 마음, 생각을 가리킨다. 생각과 행동이 서로 다른 상황이다.

불원이이(不遠伊邇) 이(伊)는 어조사로 다음에 나오는 이(邇)를 강조한다. 이(邇)는 가깝다는 뜻이다.

박송아기(薄送我畿) 박(薄)은 명말청초의 문인 왕부지(王夫之)가 쓴 《시경패소(詩經稗疏)》에서 "박(薄)은 곧 면(勉, 힘쓰다)이다. 어쨌든 강요하다라는 뜻이다. 기(畿)는 근처라는 뜻이다. 경기(京畿)는 나라의 수도 근처 지역을 말한다. 아기(我畿)는 집의 문 입구를 가리킨다"고 했다.

2장에서부터 비통하고 분노한 말이 시작된다. 길을 떠나야 하는데 마음으로는 전혀 가고 싶지 않다는 것을 보여준다. 발이 향하는 곳과 내 마음이 향하는 곳이 완전히 반대다. 그런데 남편은 배웅조차 할 마음이 없고 나를 억지로 문밖으로 내보내고 있다.

도(荼) 씀바귀. 국화과에 속하는 식물로 고거채(苦苣菜) 혹은 거속채(苣蕒菜)다.

제(薺) 십자화(十字花)과 냉이속의 냉이를 가리킨다. 먹을 수 있다. 주로 볶아서 익혀 먹으며, 역사가 긴 맛 좋은 나물이다. 자세한 설명은 '식물 이야기'를 참조하기 바란다.

2장의 첫 두 구절은 남편에게 버림받은 고통에 비해 씀바귀의 쓴맛은 차라리 냉이의 달콤함처럼 느껴진다, 마음이 너무 괴롭다는 뜻이다.

연이신혼, 여형여제(宴爾新昏, 如兄如弟) 연이신혼(宴爾新昏)은 나중에 신혼을 축하하는 말인 '연이신혼(燕爾新婚)'이 되었다. 갓 결혼한 부부를 두고 '형제의 정'이라고 묘사하는 것은 적절하지 않다. 여기서는 남편이 맞이한 새로운 아내와의 관계를 간통이라고 암시하면서 버림받은 전 아내의 입장에서 남편에 대한 증오를 표현했다.

3
涇以渭濁, 湜湜其沚. 경수를 만나 위수가 탁해졌어도 강바닥이 보일 만큼 맑다네
宴爾新昏, 不我屑以. 당신은 신혼이 즐거워 나를 멸시하는구나
毋逝我梁, 毋發我笱. 내 어량에 가지 말고 내 통발도 건드리지 마라
我躬不閱, 遑恤我後. 내가 몸을 굽혀 빌더라도 당신들이 용납하지 않을 텐데 내 아이가 걱정이구나

경이위탁(涇以渭濁) 경수(涇水)와 위수(渭水)는 간쑤성에서 시작해 산시(陝西)성 가오링(高陵)에서 합류한다. 원래 경수는 물이 흐리고 위수는 맑다. 여기서는 경수의 혼탁함을 여인의 젊은 시절이 지나갔기 때문에 안색이 초췌하다는 뜻으로 썼다. 위수의 맑음으로는 새로 나타난 사람의 젊고 아름다운 모습을 비유했다.

식식기지(湜湜其沚) 식(湜)은 《설문》에서 "물이 맑아 바닥이 보이는 것"이라고 했다. 지(沚)는 강바닥을 말한다. 여기서는 화자가 자신의 얼굴은 비록 초췌하지만 품성이 맑고 흠잡을 데 없다는 의미로 말한 것이다.

불아설이(不我屑以) 주나라 시기의 표현 방식으로, '나를 경멸한다'는 뜻인데 도치법으로 쓴 것이다. 당신들의 행복한 신혼은 내가 존재하지 않는 것처럼 나를 무시한다고 화자가 말하고 있다. 이 부분에서 새로 시집온 아내의 횡포, 새 사람을 향한 남편의 애정이 드러난다.

무서아량(毋逝我梁) 서(逝)는 '가다'라는 뜻이다. 량(梁)은 어량(魚梁)을 말한다. 돌을 쌓아 물길을 막고 한 군데만 터 놓는데, 그곳에 통발을 설치한다.

무발아구(毋發我笱) 발(發)은 발(拔)과 같은 뜻으로 쓰여 혼란스럽게 한다는 의미다. 구(笱, 통발)는 물고기를 잡는 도구로, 대나무나 등나무를 엮어서 만드는데 입구가 크고 기구의 목에 대항하는 부분에 장치가 되어 있어서 물고기가 헤엄쳐 들어가기는 쉽지만 빠져나오지는 못한다.

아궁불열(我躬不閱) 궁(躬)은 내 몸을 굽힌다는 뜻으로, 전체적인 국면을 그르치치 않도록 유연한 태도를 취하는 것을 말한다. 열(閱)은 용납하다라는 뜻이다.

황휼아후(遑恤我後) 황(遑)은 어찌 늦지 않겠느냐고 묻는 것이다. 휼(恤)은 걱정한다는 뜻이다. 후(後)에 대해서는 두 가지 해석이 있다. 하나는 '내가 떠난 후에' 어찌 대들보와 통발을 돌볼 수 있겠는가로 해석하고, 다른 하나는 이 여성이 낳은 아이, 즉 후손으로 해석한다.

내 어량에 가지 말고, 내가 쳐둔 통발을 건드리지 마라. 내가 굴욕을 참고 이 집에 남겠다고 빌더라도 당신들은 나를 용납하지 못할 것이다. 하지만 내 아이가 이 집에서 살아가야 하니 아이들을 생활이 더 힘들어질까 걱정이다.

4
就其深矣, 方之舟之. 물이 깊으면 뗏목이든 배든 타고 건넜고
就其淺矣, 泳之遊之. 물이 얕으면 잠수하든 헤엄치든 건넜네
何有何亡, 黽勉求之. 무엇이 있든지 없든지 애써 얻고자 했으며
凡民有喪, 匍匐救之. 이웃과 화목하게 지내려고 온 힘을 다했네

방지주지(方之舟之) 방(方)은 뗏목이고, 주(舟)는 배다. 표면적으로는 둘 다 명사지만 그 안에는 동사처럼 쓰여서 강을 건넌다는 의미를 내포한다.

영지유지(泳之遊之) 영(泳)과 유(遊)를 《시집전》에서는 이렇게 해석한다. "잠수해서 헤엄치는 것을 영(泳), 물에 떠서 헤엄치는 것을 유(遊)라고 한다." 《모시정의》에서는 "물이 얕든지 깊든지 반드시 건너려 한다는 것으로, 군자의 집안일에 빗대어 일이 어렵든 쉽든 반드시 이루겠다는 뜻이다"라고 했다.

이 구절의 의미는 물이 깊은 곳에서는 뗏목을 만들든 배를 타든 해서 건너겠다, 물이 얕은 곳에서는 직접 헤엄쳐서라도 건너겠다는 것이다. 내가 이 집을 위해 밤낮없이 노력했으며 개인의 이득을 따지지 않고 고생했다는 의미다. 《정전》에서는 "군자가 무엇을 가졌는가? 군자가 무엇을 잃었는가? 나는 근면하게 노력하며 가진 것이 있을 때는 더욱 가지고자 했고 아무것도 없을 때는 얻고자 했다"고 설명했다. 아무리 힘들어도 이 가정의 평온과 부귀를 위해 갖은 방법으로 애썼다는 의미다.

범민유상(凡民有喪) 주희의 《시집전》에서 "이웃과 화목하게 잘 지냈으니 도리를 다하지 못했다고 할 수 없다"고 했다.

포복구지(匍匐救之) 포복(匍匐)은 손과 발을 땅에 대고 네발로 기듯이 움직이는 것이다. 구(救)는 온 힘을 다했다는 뜻이다. 이웃과 잘 지내려고 모든 힘을 쏟았다.

5
不我能慉, 反以我爲仇. 당신은 나를 받아주지 않고 도리어 원수처럼 여겨서
旣阻我德, 賈用不售. 나의 호의를 모른 척하고 하인 취급조차 거절하네
昔育恐育鞫, 及爾顚覆. 지난날 두렵고 가난할 때 함께 하며 고난을 겪었는데
旣生旣育, 比予于毒. 이제 아이도 낳고 잘살게 되니 나를 독충처럼 생각하네

휵(慉) 수용하다, 받아주다. "불아능휵(不我能慉)"은 도치법으로, 나를 받아주지 못한다는 뜻이다.

기조아덕(旣阻我德) 여기서 '아덕(我德)'의 결과는 나중에 나오는 '가용(賈用)'과 서로 연결된다.

가용불수(賈用不售) 가(賈)는 '팔다[賣]'라는 뜻이다. 용(用)은 용(傭, 고용하다) 자와 통용된다. 새로 사랑하는 사람이 생겼으니 집에서 나를 받아주기는커녕 원수처럼 여기기나 한다. 집안사람과 화목하게 지내려고 나를 하인으로 취급해도 좋다고 했는데 나의 이런 호의마저 당신들이 거절했다.

육공육국(育恐育鞫) 《시집전》에서 "육공(育恐)은 두려움 속에서 태어나는 것을 말한다. 육국(育鞫)은 가난할 때 태어나는 것을 말한다"고 했다.

전복(顚覆) 고난을 가리킨다. 옛날 우리는 어렵고 궁핍한 상황에서 고난을 함께 겪었다.

기생기육, 비여우독(旣生旣育, 比予于毒) 이 구절에 대해 두 가지 해석이 있다. 하나는 생활 환경이 갈수록 나아진다는 것이고, 다른 하나는 아이를 낳

고 키우면서 원만하게 지냈다는 것이다. 독(毒)은 《시경통의》에서 독충이라고 해석했다. 이 구절은 상심하여 삶의 희망을 잃었다는 것이다. 속담에 부부는 고난을 함께할 수는 있어도 부귀를 함께 누리기는 어렵다는 말이 있다. 이 속담에 담긴 뜻이 바로 이 구절에 있다. 이런 생각이 후대 사람에게도 깊은 영향을 미쳤다.

6

我有旨蓄, 亦以御冬. 내가 맛있는 채소절임을 만들었는데 당신들이 가져가 겨울을 나고
宴爾新昏, 以我御窮. 신혼이 즐거운 당신은 나를 곤궁하게 하네
有洸有潰, 既詒我肄. 어렵고 힘들 때 고생하며 일했는데
不念昔者, 伊餘來墍. 당신에게 사랑만 주었던 예전의 나는 생각하지 않네

아유지축(我有旨蓄) 지(旨)는 맛있다는 뜻이다. 축(蓄)은 저축이다. 여기서는 명사로 쓰여서 겨울에 먹을 채소절임을 말한다. 북부 지역에서는 소금에 절인 채소를 먹으며 겨울을 난다. 이 구절은 슬픔에서 시작해 점차 울분을 참지 못해 원망을 쏟아내는 것으로 볼 수 있다. 개인의 정서를 담은 시어는 읽는 이의 마음에 더욱 가깝게 다가가고 시를 더 생생하게 만든다. 내가 만든 채소절임을 당신들이 가져가서 먹는구나. 이 배신자, 내 노력 덕분에 궁핍한 시절을 지나왔으면서 이제 와서 내가 힘들게 쌓은 가산으로 신혼을 즐기다니!

유광유궤(有洸有潰) 《설문》에서 "광(洸)은 물줄기에서 빛이 나오는 것"이라 했다. 물이 출렁거리는 것을 말한다. 《모전》에서는 "광광(洸洸)은 용맹한 것이고, 궤궤(潰潰)는 분노한 것이다"라고 했다. 궤(潰)는 둑이 터져 물이 크게 범람하는 것을 말한다. 여기서는 여인이 처한 어려운 처지를 가리킨다.

기이아이(既詒我肄) 기(既)는 전부 다 했다는 것이다. 이(詒)는 남아 있다는 뜻이다. 이(肄)는 이(勩)의 통용자다. 《이아》에서 "이(勩)는 로(勞)다"라고 했다. 즉 힘들게 일한다는 뜻이다.

이여래기(伊餘來墍) 이(伊)는 어조사다. 여기서는 분노하던 감정이 조금 가라앉았음을 보여준다. 래(來)는 전반적으로 시(是)와 같은 뜻으로 많이 쓰인다. 기(墍)는 사랑[愛]이라는 뜻이다. 마서진의 《통석》에서는 "애(愛)의 정자는 애(㤅)다. 《설문》에서는 '애(㤅)는 혜(惠)다. 애(㤅)는 옛 글자다'라고 했다. 애(㤅)가 고문으로 애(愛)인 것이다. 이 시에서는 기(墍)가 애(㤅)의 가차자로 쓰였다. 이여래기(伊餘來墍)란 '사랑만 주었다'는 말과 같다. 앞에 나온 '석자(昔者, 예전)'에서 이어받은 것이다"고 했다. 해석하자면 이렇다. 나를 때리고 욕할 뿐 아니라 모든 집안일까지 다 나에게 시켰다. 당신은 옛날에 내가 당신을 얼마나 사랑했는지 기억나지 않는 걸까? 시는 기(墍) 자에 얽힌 사랑의 감정으로 끝맺는다. 원래는 원망으로 가득 차 다시 보지 않을 것처럼 이별해야 했지만 분노의 긴 시가 마지막에 와서는 한숨으로 마무리되었다. 이 남자가 짐승만도 못한 놈이지만 집에서 쫓겨난 아내의 마음에는 여전히 그를 향한 미련이 남아 있다. 사실 미련이란 그 남자를 향한 마음이라기보다 과거에 존재했던 사랑을 향한 것일 테다.

7

〈곡풍〉은 원망하는 시다. 파국을 맞은 결혼생활에 대해 토로한다. 그러나 이 시의 뛰어난 점은 세상의 비정함을 털어놓고서 여전히 마음속에는 절망하는 가운데서도 조금의 여지를 남겨두고 있다는 것이다. 이 시에 담긴 정신은 수천 년 동안 차가운 현실에서 희망을 잃은 사람들의 마음 깊은 곳에 조그만 따스함을 전한다. 시에서 여지를 남겨둔 것은 배신한 사람을 이해해 주자고 말하는 것이 아니라 희망을 바라보자는 의미다.

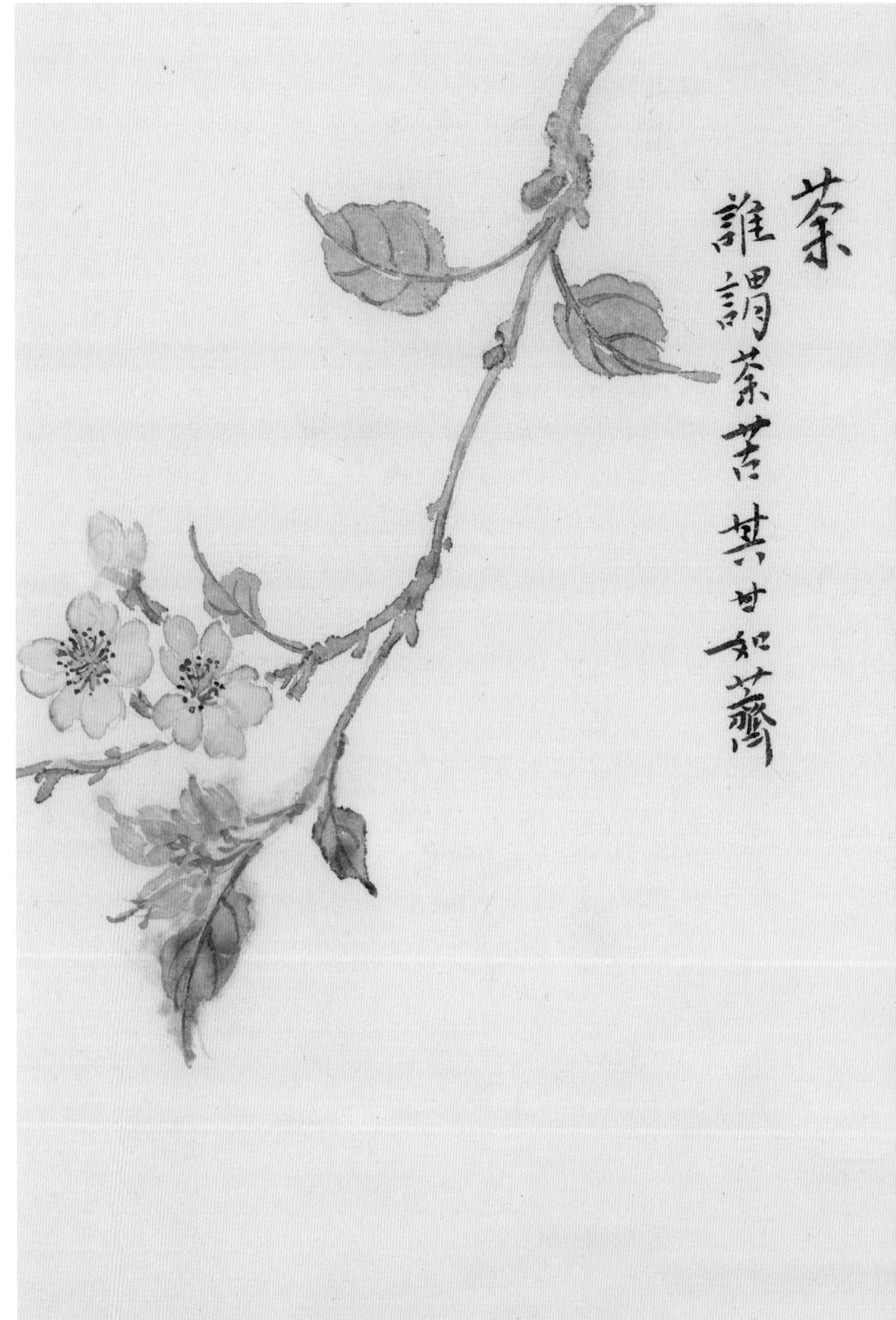

茶
誰謂茶苦其甘如薺

식물 이야기

1. 도(荼)

《모전》에서 "도(荼)는 고채(苦菜, 씀바귀)다"라고 했다. 육기의 《육소》에서는 "씀바귀는 산과 연못가에 자라며 서리가 내릴 때쯤 달고 시원해져 맛이 좋아지므로 이른바 '제비꽃과 씀바귀의 맛이 엿과 같다'라 한다"고 했다. 곽박의 《이아주》에서는 "《시경》에서 '수위도고(誰謂荼苦)'라고 했으니 씀바귀는 먹을 수 있다"고 했다. 《본초강목》에서는 "도(荼)는 곧 고거(苦苣), 고속(苦蕒), 유동(遊冬), 편거(褊苣), 노관채(老鸛菜), 천향채(天香菜)다. 고도(苦荼)는 맛에서 비롯된 이름이다. 겨울과 봄을 보내며 자라기 때문에 유동(遊冬)이라고도 부른다고 했다. 《가우본초(嘉祐本草)》에서는 영남(嶺南)과 오(吳)나라 사람들이 거(苣)를 심고 제사 음식 이름으로 고거(苦苣)라고 불렀는데, 그래서 고거(苦苣)와 고속조(苦蕒條)라는 이름이 나왔다. 지금은 같이 사용한다"고 했다. 옛 사람들은 씀바귀[苦菜]를 고거(苦苣, 방가지똥)와 고속(苦蕒, 선씀바귀)이라고 여겼다. 그런데 고거와 고속의 구분에 있어서는 혼란스러웠다. 어떨 때는 고거와 고속을 서로 다른 식물이라고 했는데, 설명하는 둘의 특징은 매우 비슷했다. 또 어떨 때는 둘을 같은 식물이라고도 했다. 《역통괘험현도(易通卦驗玄圖)》에서는 "고채는 추운 가을에 나서 겨울과 봄을 지나 여름에도 무성하다. 또 다른 이름으로 유동(遊冬)이라고 한다. 잎은 고거(苦苣)와 비슷한데 좀 더 가늘고, 자르면 흰 즙이 나오며, 꽃은 노랗고 국화를 닮았고, 어디에서나 자란다"고 했다. 여기서 말하는 '고채'는 거속채(苣蕒菜, 사데풀)에 더 가까운 듯하다.

도(荼)는 여러 가지를 의미한다. 《시경》에서 도(荼)는 볏과 식물의 꽃을 가리키기도 하고, 산과 들에서 자라는 나물을 가리키기도 한다.

현대 식물 분류학에서 고속채(苦蕒菜, 선씀바귀)는 한해살이풀이니 옛사람들 눈에 '겨울과 봄을 거쳐 자란다', '겨울에도 시들지 않는다'는 식물은 아닐 것이다. 사람이 재배하는 고거채(苦苣菜)는 새잎이 나서 아직 부드러울 때 따는데, 잎에 이미 쓴맛이 돈다. 두보의 시 〈원관송채(園官送菜)〉에서 "고거의 가시가 바늘과 같고 쇠비름 잎도 무성하다(苦苣刺如針, 馬齒葉亦繁)"라고 읊었다. 이 시에서 묘사한 고거가 바로 사람이 밭에서 키우는 고거다. 그러나 야생 고거의 잎은 여전히 고채(苦菜)와 같다. 거속채(苣蕒菜)의 어린 잎은 쓴맛이 나는데, 뜨거운 물에 데친 후 찬물에 담가 쓴맛을 빼야 먹을 수 있다. 룽상(隴上) 지역 사람들이 거속채(현지에서는 옛 이름은 고속채苦蕒菜를 쓴다)를 데쳐서 쓴맛을 제거하고 국수물에 담가서 발효시켜 장수면(漿水面)의 기본 탕을 만든다.

거속채(苣蕒菜)는 국화과 방가지똥속의 여러해살이풀로, 뿌리가 수직으로 뻗고 뿌리줄기가 있다. 줄기가 곧게 서고 높이는 30~150센티미터이며 가늘게 줄무늬가 있다. 뿌리나 땅속줄기에서 돋아 땅 위로 나온 근출엽이 여러 개 나는데, 근출엽과 중하부의 줄기, 잎은 거꾸로 된 창 모양이거나 긴 타원형이다. 비탈진 삼림의 습지, 물에서 가까운 곳, 마을 근처나 자갈 해변 등에서 자란다. 주로 해발 300~2,300미터에 분포하며 중국에서는 화베이(華北), 시베이(西北), 둥베이(東北) 지역에서 널리 볼 수 있다.

2. 제(薺)

《모전》에서 "제(薺, 냉이)는 감채(甘菜)다"라고 했다. 《본초강목》의 제채(薺菜) 부분을 보면 "호생초(護生草)다. 한데 모여서 자라므로[濟濟] 이름을 제(薺)라고 했다. 불교에서는 이것의 줄기로 등롱 걸이를 만드는데 모기와 나방을 막아준다. 그래서 호생초라는 이름이 붙었는데, 중생을 보호해 준다는 의미다. (……) 잎으로는 초 절임을 만들어 먹거나 국을 끓이면 좋다"고 했다.

냉이는 작지만 생명력이 강하다. 예로부터 나물 중에서도 귀한 나물로 불렸다. 냉이는 생으로 먹어도 맛있지만 국을 끓이면 더 좋다. 중국에서는 초기 농경 시대부터 냉이가 맛있는 채소일 뿐 아니라 백성을 재난에서 구해주는 채소로 알려졌다. 《시경》에서 "달기가 냉이와 같다(其甘如薺)"고 했는데,

옛사람들이 냉이에 대해 사실 그대로 기록한 것일 테다. 《초사》에서는 "씀바귀와 냉이는 같은 밭에서 자라지 않는다"고 읊었다. 춘추전국시대에 냉이와 씀바귀가 이미 재배되었다는 것을 알 수 있다. 서민이 동파갱(東坡羹)이라는 탕 요리를 끓일 때는 냉이로 만드는 것이다. 육유(陸游)는 자신이 먹은 요리에 대해서 "냉이 가루를 뿌려서 정말 맛있다"고 했다. 냉이와 오곡으로 만든 채소죽이었을 것이다. 닭, 오리, 생선 등의 기름진 요리 사이에 냉이와 곡물을 삶아서 만든 죽이 나오면 확실히 더할 나위 없이 맛있을 것이다. 냉이는 한의학에서 이뇨, 지혈, 해열, 시력 개선, 소화 증진 등의 효능이 있다. 《식경(食經)》에서는 냉이가 심장과 비장에 좋다고 한다. 민간 속설로 "봄의 냉이는 선단(仙丹)에 비할 만하다"고 한다. 그래서 청명절에는 북부 지방이든 남부 지방이든 지금까지도 냉이로 계란을 삶아 먹는 풍습이 있다. 선단에 비할 만큼 몸에 좋다는 이야기는 좀 과장되었지만 냉이가 중국인의 식단에서 중요한 위치를 차지하는 것은 확실하다. 중국 음식 문화와 관련된 여러 식물 중에서 냉이는 '달 감(甘)' 자를 받을 만큼 인기가 있었다. 그러나 현대인이 경험한 단맛과는 조금 다르다.

식물 분류학에서 냉이는 십자화과 냉이속의 한해살이풀 혹은 두해살이풀이나. 다른 이름으로 계심채(雞心菜), 정상초(淨腸草), 백세갱(白歲羹), 청명초(淸明草), 지미채(地米菜) 등이 있다. 높이는 10~50센티미터이고 뿌리가 가늘고 길게 자란다. 줄기가 곧게 서는데, 하나이거나 하부에서 새 줄기가 뻗는다. 전체적으로 털이 나 있다. 잎은 뿌리에서 나온 잎과 줄기에서 나온 잎 두 종류가 난다. 꽃은 작고 흰색이며, 꽃잎은 네 장이 십자 모양으로 난다. 열매는 단각과(短角果)이며 역삼각형 혹은 뒤집어진 심장 모양이다. 열매는 편평하고 여러 개의 씨앗이 들어 있다. 개화기는 4~6월이다. 중국 전역에 분포한다.

《시경》이
나에게
주석을 단다면

〈곡풍〉의 시는 슬픔, 애원, 비정의 세계를 그려냈다. 천년 전에 쓴 〈곡풍〉을 읽으면서 사람의 욕망이 이렇게나 진실하다는 것을 다시 느꼈다. 인간은 태어나면서부터 동물적 본능인 새로운 것을 좋아하고 낡은 것을 싫어하는 천성을 지녔다. 힘들 때는 서로 의지하지만 부유해지면 뿔뿔이 흩어진다.

중국 고전 시가 중에서 〈곡풍〉은 원부시(怨婦詩) 갈래에서 절대 잊히지 않을 강렬한 이미지를 남겼다. 버림받은 이 여자의 천성은 연약함이 솔직함을 앞선다. 이 여자는 자신이 상처받을지언정 남을 상처주고 싶지 않아 하는 사람이다. 이 여자의 인생을 읽다 보면 독자에게도 뭔지 모를 우울감과 스트레스가 생길 수 있다. 그러나 시에 내재된 불공평함을 독자가 느끼도록 하는 것이 시인의 목적이다. 인생에는 그 자체로 일종의 특징이 있다. 살다 보면 안개 속을 헤치며 걷는 것 같다. 삶이란 본래 이렇게 신비하고, 미처 알지 못했던 씁쓸함이 있는 여정이다. 버려진 여자는 말한다. 씀바귀가 아무리 쓰다고 해도 그 뒷맛은 냉이처럼 달다고. 여기에는 고생스럽더라도 삶을 긍정하는 마음이 담겼다. 무정한 남편이 자신의 마음을 아프게 했지만, 이 여자는 그 사람에게 자신을 헌신한 것 자체를 후회하지는 않는다.

〈곡풍〉에 담긴 하소연이 쓸쓸하고 참담하지만 마음을 부수지는 못했다. 천년의 세월을 넘어 햇빛 비치는 산골짜기의 바람이 여전히 읽는 이의 마음을 적신다.

국화과에 속하는 씀바귀는 내가 어렸을 적부터 익숙하게 보던 고속채(苦蕒菜, 선씀바귀)와 비슷하다. 서북 지방의 시골에서는 고속채를 고거채(苦苣菜)라고 부르기도 했다. 황량한 이 지역에서도 잘 자라는 고거채는 나에게 익숙한 정도가 아니라 어려서부터 먹었던 나물이다. 십자화과의 냉이는 서북 지방의 시골에서 어디서나 볼 수 있는 식물로, 장난꾸러기 소년이라면 산으로 들로 뛰어다니며 놀기 때문에 씀바귀든 냉이든 모를 수가 없다. 봄에서 여름으로 넘어갈 즈음, 황토로 덮인 고원의 경사지에 파릇파릇한 야생의 향기가 돈다. 이때가 씀바귀와 냉이를 따기 좋은 시기다. 어머니는 우리가 따 온 산나물로 장수면(漿水面) 국물을 만들었다. 국물을 만드는 방법은 아마 오래전부터 전해지는 방식일 것이다. 서북 지방 특유의 면 요리 중에는 씀바귀를 넣은 국물로 만드는 것이 있다. 씀바귀는 국물에 특별한 시고 떫은 맛과 청량함을 더해 준다. 이 국물의 발효된 특별한 맛은 서북 지방 사람에게는 가장 익숙한 맛일 것이다. 무더운 여름에 이 장수면을 한 그릇 먹으면 더위가 싹 가신다. 장수면을 만드는 국물에 가장 적합한 것이 봄 여름에 산과 들에 잔뜩 자라는 씀바귀의 새싹이다. 씀바귀를 끓는 물에 데쳐서 덩어리로 빚은 후, 쓴맛이 나는 즙을 짜내어 식힌다. 이 즙을 항아리에 담아뒀다가 팔팔 끓는 면 국물에 넣는다. 3~4일 발효시키면 씀바귀 탕이 시고 떫지만 청량한 장수면 국물이 된다. 더운 여름에는 집에 파둔 토굴에서 우유 한 잔 마시듯이 시원한 국물을 떠서 마시곤 했다. 그때 온몸을 훑고 지나가는 담백한 쓴맛은 시원한 콜라나 오렌지 주스도 따라오지 못한다. 어릴 적 열이 나거나 감기에 걸려 목에 염증이 생겼을 때도 증상이 심하지 않으면 어머니나 외할머니가 집안의 상비약과 함께 씀바귀로 만든 장수면 국물을 마시라고 하셨다. 그러고 나면 아픈 것이 훨씬 나아졌다.

씀바귀는 어디서나 볼 수 있고 쓴맛이 나기 때문에 궁궐 문 안에서 먹기에는 좋은 음식이 아니었다. 그러나 보통의 백성들은 수천 년 동안 씀바귀를 풍년에는 나물로 먹고 흉년에는 주식으로 먹었다. 어떤 의미에서 씀바귀가 가진 끈기과 쓴맛은 식물 자체의 속성이자 중국의 농경 문화 기저에 깔린 성향일지도 모른다.

들판에는 씀바귀와 냉이가 동시에 자라는 시기가 있다. 작고 파릇파릇할 때는 나물로 먹고, 좀 더 자라서 작고 흰 꽃을 피우면 그걸 따서 돼지 먹이를 만들었다. 냉이의 성질은 온화한 편이라 괴롭힘당하는 천덕꾸러기처럼 보인다. 혹은 어디나 잘 끼어드는 개구쟁이처럼 보이기도 한다. 평범한 얼굴로 녹색 들판에 섞여 있다. 마치 사람들이 냉이의 자연스러운 모습을 쉽게 분별해내기를 원하지 않는 듯하다. 냉이는 독립적으로 한 요리의 주재료로 쓰일 수 있는데 담백하지만 조화를 이루는 맛은 아니다. 국에 넣을 수도 있는데, 이때는 다른 요리의 곁들임 요리가 된다. 냉이는 단맛이 나서 옛사람들이 일찍이 '감채(甘菜)'라고 불렀다.

　〈곡풍〉의 상처는 계속해서 찢어지고 찢어지며 인간성에 숨겨진 장대한 비극성을 보여준다. 고대 그리스에서 헤겔에 이르기까지, 필연은 비극의 중요한 요소 중 하나였다. 말하자면 한 인물이 처음부터 정해진 비극적인 운명을 갖고 있는 것이다. 비극적인 인물은 그의 삶이 초기에 아무리 화려하고 휘황찬란하더라도 결국에는 황량한 광야로 내쫓기게 되고, 뼛속에서 우러나오는 쓸쓸함을 경험하게 된다. 이처럼 씀바귀의 타고난 성질은 슬픔 속의 기쁨이 품고 있는 영원히 꺼지지 않는 구원의 정서를 보여준다. 중국의 상고시대 문화에는 비극적 부활의 씨앗이 일찌감치 묻혀 있었다. 씀바귀와 냉이는 이 비극에서 무대 배경의 일부로 중국 문학이라는 무대에 올라 〈곡풍〉에서 노래하는 원망을 음미한다. 이 파란만장한 흐름은 중국인이 운명을 대하는 눈물 같은 토로를 담고 있다.

　〈곡풍〉에서 씀바귀와 냉이가 같이 등장하는데, 평범한 식물이지만 '슬픔의 쓴맛'과 '기쁨의 단맛'이라는 이미지가 이 비극적인 무대를 조화롭게 한다. 《홍루몽》과 《서상기》를 생각해 보자. 이처럼 웅장한 두 문학 작품은 하나는 씀바귀로, 하나는 냉이로, 식물의 습성을 이용해 간결하지만 오묘하게 연출한 사랑의 서사시가 아닐까? 인생은 한 발짝 쓰고 한 발짝 달고, 이렇게 교대로 균형을 이루며 여정을 완주하는 것이 아닐까?

薺菜
誰謂荼苦其甘如薺

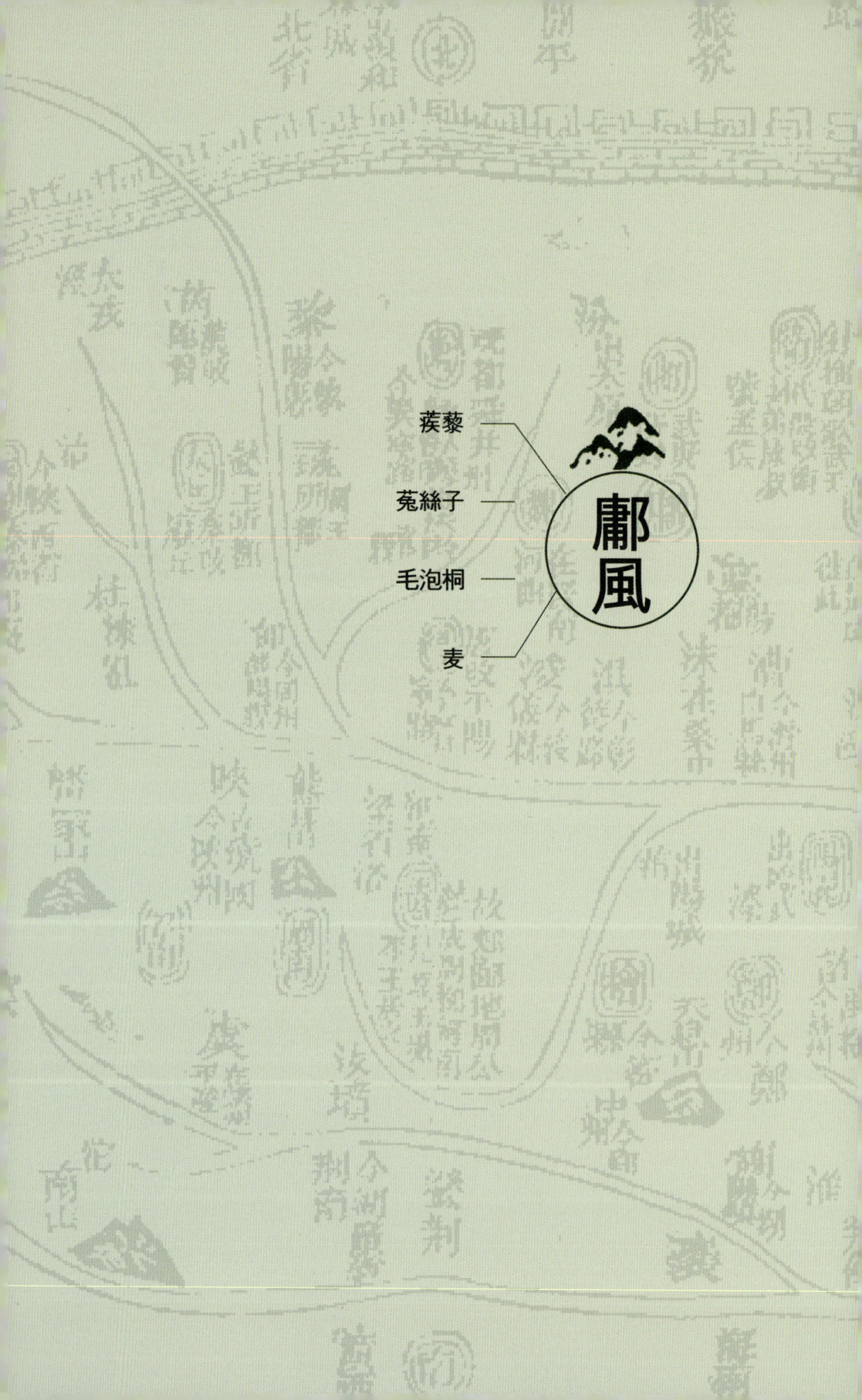

- 蒺藜
- 菟絲子
- 毛泡桐
- 麦

鄘風

용풍(鄘風)

지리적 위치

용나라는 존재한 시간이 짧은 나라다. 주나라 무왕이 즉위한 후 상나라의 옛 백성을 위로하기 위해 주왕의 아들 무경(武庚)에게 상나라의 옛 도읍인 은허(殷墟, 지금의 허난성 탕양현 동남쪽)를 관리하게 했다. 무경이 반란을 일으키는 것을 막기 위해 은허 주변에 세 개의 나라를 책봉해 주었는데, 북쪽이 패, 남쪽이 용, 동쪽이 위나라였다. 이곳에는 무왕이 자신의 동생인 관숙(管叔), 채숙(蔡叔), 곽숙(霍叔)을 보내서 지키게 했다. 역사가들이 이를 두고 '무왕삼감(武王三監)'이라고 불렀다. 나중에 무경이 세 나라를 끌어들여 모반을 꾀했는데, 주공이 군대를 이끌고 가서 토벌했다. 무경은 죽이고, 세 나라는 하나로 합쳐 위나라가 되었다.

왕응린의 《시지리고》에 따르면 용성(鄘城)은 급현(汲縣) 동북쪽에 있었다고 한다. 지금의 허난성 웨이후이시(衛輝市)다. 류사허 시인은 치현 서남쪽에 영성(榮城)이라는 작은 성이 있는데, 옛적 용국의 소재지라고 했다. 《통전》에서는 "신향현(新鄉縣)의 서남쪽 32리에 용성이 있으니 여기가 용국이다"라고 했다. 혹자는 오늘날 신향현 다자오잉진(大召營鎭) 다이뎬촌(代店村)과 뎬허우잉촌(店後營村) 부근이라고 한다.

⑯ 남가새

어두운 밤에
덜덜 떨며

장유자(墻有茨)

담장의 남가새를 치우지 마라
방에서 속삭인 말은 밖에서 꺼내지 마라
만약 꺼낸다면 추한 말이 된다

牆有茨, 不可埽也.
中冓之言, 不可道也.
所可道也, 言之醜也.

담장의 남가새를 없애지 마라
방에서 속삭인 말은 상세히 떠들지 마라
만약 상세히 떠든다면 더러운 말이 된다.

牆有茨, 不可襄也.
中冓之言, 不可詳也.
所可詳也, 言之長也.

담장의 남가새를 깨끗이 버리지 마라
방에서 속삭인 말은 글로 쓰지 마라
만약 읽는다면 수치스러운 말이 된다.

牆有茨, 不可束也.
中冓之言, 不可讀也.
所可讀也, 言之辱也.

잡다한 해설

〈장유자〉는 나라가 몰락할 때의 세태가 메아리처럼 드러난 시다. 난세의 슬픔과 백성의 분노가 이 시 속에 나라의 위기를 담아냈다. 중국 역사에서 왕조가 교체될 때마다 〈장유자〉와 같은 분노와 풍자의 언어가 눈에 띄는데, 그럴 때면 나라가 아직 죽지 않았다는 것을 깨닫게 된다. 〈장유자〉에 담긴 깊은 뜻은 '근심하는' 것이다.

〈장유자〉의 내용은 역사적 배경이 확실하다. 위나라 궁궐에서 벌어지는 음란한 일을 풍자한 것이다. 그러나 〈장유자〉를 읽을 때 독자의 심정은 아무래도 복잡할 수밖에 없다. 중국 시 문학에서 볼 때 〈장유자〉에서 풍자하고 조롱하는 여자 선강(宣姜)은 중국 문학사에서 최초의 여성 시인으로 기록될 만한 허목부인(許穆夫人)의 어머니이기 때문이다. 허목부인은 뛰어난 시인일 뿐 아니라 의지가 굳고 용감한 사람으로, 홀로 나라를 구해낸 놀라운 여성이다. 그래서 〈장유자〉 속 조소를 읽을 때 약간의 연민을 느끼게 된다.

기원전 700년, 위나라는 세력이 쇠했다. 위선공(衛宣公)이 죽고 어린 태자 삭(朔)이 즉위해 위혜공(衛惠公)이 되었다. 《좌전》의 '민공(閔公) 2년'에는 "혜공이 즉위했을 때 나이가 어렸고, 제나라에서 소백으로 하여금 선강을 취하게 했다. 소백이 따르려 하지 않자 강제로 혼인하였다. 두 사람 사이에서 제자(齊子), 대공(戴公), 송환부인(宋桓夫人), 허목부인이 태어났다"고 기록되어 있다.

혜공은 어린 나이에 왕위에 올랐기 때문에 제나라에서 그의 지위를 공고히 하고 제나라와 위나라의 관계를 유지하기 위해 위선공의 서자인 소백에게 계모이자 위혜공의 어머니인 선강과 결혼하라고 강요했다. 이 일을 위나라에서 모르는 사람이 없었다. 하지만 당시 강대국이었던 제나라가 위나라의 정치를 통제하고 있었기 때문에 감히 공개적으로 비판하지 못했다. 그래서 백성들이 〈장유자〉를 지어 부르며 수치심과 울분을 표현했다. 시의 배경이 된 선강의 운명도 생각해 볼 만하다. 어떤 의미에서 볼 때 선강의 인생도 〈장유자〉라는 시에 드러난 어두운 그림자에서 좀 더 깊이 엿볼 수 있다.

제나라의 공주인 신강은 미모로 이름을 떨쳤는데, 바로 그 미모 때문에 불운한 운명이 시작되었다. 선강은 원래 위나라 태자 급(急子)의 아내가 될 예정이었는데, 사신으로 제나라에 다녀온 신하에게서 선강이 몹시 아름답다는 말을 들은 선공(태자 급의 아버지)이 중간에 마음을 바꿔 자신의 왕비로 삼았다. 선강은 선공과의 사이에서 공자 수(壽)와 삭(훗날의 위혜공)을 낳았다. 《좌전》에 기록된 선강의 이야기는 짧은 두 줄뿐이다. 이름이나 어떤 말을 했는지 등은 남아 있지 않다. 가부장제의 시선으로 선강을 바라보면 너무 아름다워서 화근이 되었다고 하겠고, 좀 더 인간적인 관점에서 선강의 일생을 비극이라고 여길 수도 있겠다. 어쨌든 〈장유자〉는 선강에 대한 후대 사람들의 해석, 평론, 공연의 서곡처럼 보인다.

내가
《시경》에
주석을 단다면

1
牆有茨, 不可埽也. 담장의 남가새를 치우지 마라
中冓之言, 不可道也. 방에서 속삭인 말은 밖에서 꺼내지 마라
所可道也, 言之醜也. 만약 꺼낸다면 추한 말이 된다

자(茨) 《모전》에서는 "자(茨, 남가새)는 질려(蒺藜)다"라고 했다. 백질려(白蒺藜)라고도 부른다. 남가새는 남가샛과 남가새속의 한해살이풀이다. 열매에는 날카로운 가시가 있다. 일반적으로 땅을 기듯이 자라기 때문에 담장 위로 자라나는 것은 특별한 상황이다. 주나라 때 "담장 위에 남가새가 있다"는 것을 오늘날 도둑을 막기 위해 담장에 유리조각을 박거나 가시가 달린 철조망을 치는 것과 비슷하다. 상세한 설명은 '식물 이야기'를 참고하기 바란다. 담장 위의 남가새를 치우지 마라, 뽑아버리면 도둑이 들어올 테니까.

중구(中冓) 청나라 때 사람 진환(陳奐)이 쓴 《전소(傳疏)》에 "중구(中冓)는 장(牆)과 대칭된다. 장은 궁궐의 담장이니 중구 역시 궁중의 방이다"라고 했다. 내실(內室)의 말이란 남자와 여자가 베갯머리에서 속삭이는 말이니 밖에서는 꺼내지 마라.

소(所) 시(是)와 약(若)이 연결되어 '만약'이 된다. 만약 사람들이 다 보는 데서 말한다면 교양 있는 행동이 아니며 풍속을 해치는 일이다.

2
牆有茨, 不可襄也. 담장의 남가새를 없애지 마라
中冓之言, 不可詳也. 방에서 속삭인 말은 상세히 떠들지 마라
所可詳也, 言之長也. 만약 상세히 떠든다면 더러운 말이 된다.

양(襄) 고본(古本)에서는 양(攘)으로 썼다. 《설문》에서 "옷을 벗고 농사를 짓는다"고 해석했다. 뜻을 확장하면 '제거하다'가 된다.

상(詳) 상세하다.

장(長) 여기서의 장(長) 자는 더럽다는 뜻의 장(髒) 자와 같이 발음해야 한다. 내실에서 한 말은 세세하게 떠벌릴 수 없고, 떠벌린다면 더러워 보인다. 류사허 시인이 이 장(長) 자의 의미를 발견한 이야기를 들려준 적이 있다. 이 일화는 중국 문화에서 문맥이 연속되어 끊어지지 않는 이유를 잘 설명해 준다. 내가 이 이야기를 기록해둔다면 〈장유자〉를 읽으며 선배 연구자들께 도움받은 일을 기념하는 일이 될 것이다. 류사허 시인은 이렇게 말씀했다. "장(長) 자의 발음은 내가 발견한 것이 아니라 내 오랜 친구이자 유명한 교수인 허젠쉰(何劍薰, 1911~1988)이 알아낸 것이다. 그는 충칭대학 중문과 교수였는데, 나중에 '우파'로 몰렸다. 문화대혁명이 막 시작되던 시기에 내가 그를 만나러 갔다. 우리 두 '우파'가 찻집에서 만나 이 시에 대해 토론했다. 내가 그에게 '말이 길다(言之長也)'는 게 무슨 뜻이냐고 물었다. 그랬더니 허젠쉰이 그 글자는 사실 '장(髒)'이라고 말했다. 안타깝게도 허젠쉰은 80년대 중반에 돌아가셔서 이 내용을 직접 발표하지 못했다. 내가 지금 그의 발견을 여러분께 소개하는 것은 이런 기회를 빌려 내 친구이자 훌륭한 연구자인 그를 기리기 위해서다." 〈장유자〉라는 시를 읽으며 이런 곁가지 이야기도 나눌 수 있어서 재미있고 좋다.

3
牆有茨, 不可束也. 담장의 남가새를 깨끗이 버리지 마라
中冓之言, 不可讀也. 방에서 속삭인 말은 글로 쓰지 마라
所可讀也, 言之辱也. 만약 읽는다면 수치스러운 말이 된다.

속(束) 묶고 정리해서 깨끗하게 한다. 왕선겸이 《집소》에서 "속(束)은 전부 모은다는 의미가 있고, 한데 모아서 버리면 깨끗하기 그지없다. 소(掃, 비로 쓸다)나 양(襄, 치우다)과 비교해 더 나아간 뜻이다"라고 했다.

독(讀) 읽을 수 있는 문자로 정리하다. 이 부분에 관해 류사허 시인은 이렇게 설명했다. "점을 찍어서 정리하는 것을 가리킨다. 옛사람은 글을 읽을 때 문장부호가 없었기 때문에 책을 받은 뒤 직접 구두점을 찍는 '점단(點斷)'을 해야 했다. 이런 문장부호는 딱 두 종류로, 동그라미를 그리는 것이 구(句), 점을 찍는 것이 두(逗)다." 여기서 읽을 독(讀) 자의 의미는 머무를 두(逗) 자에 있다. 점을 찍어서 이해할 수 있는 문자로 정리해버리면 너무 수치스러운 일이 된다.

4

위나라가 쇠약해지고 군주가 황당한 일을 저질러 나라 전체가 음탕하고 혼란해졌다. 〈장유자〉는 나라가 염치를 잃었으니 백성이 슬퍼하며 목소리를 높이는 것을 기록했다. 그래서 시에서는 차마 말할 수 없고, 자세히 설명할 수 없고, 글로 읽을 수 없다고 하는 것이다.

식물 이야기

자(茨, 남가새)는 예나 지금이나 같은 이름으로 불린다. 《모전》에서 "자(茨)는 질려(蒺藜)다"라고 했다. 곽박의 〈이아〉 주해에서는 "덩굴이 땅에 펼쳐져 자라며, 잎은 가늘고 씨앗은 삼각형이며 가시가 있다"고 했다. 청나라 사람인 진계원(陳啓源)의 《모시적고편(毛詩籍古編)》에는 "질려에는 두 종류가 있는데, 씨앗이 삼각형이고 가시가 있는 것을 두질려(杜蒺藜)라고 한다. 씨앗이 크고 깨를 닮았으며 그 모양이 양 콩팥과 같은 것을 백질려(白蒺藜)라고 한다. (……) 두질려는 땅에서 덤불로 자라는데 간혹 담장 위에서 자라기도 하며, 작고 노란 꽃을 피운다. 《시경》에서 '장자(牆茨)', '초자(楚茨)'라고 불렀다"라고 했다. 《본초강목》 권16의 '질려'에서는 "자(茨), 방통(旁通), 굴인(屈人), 지행(止行), 표우(豹羽), 승추(升推)라고도 한다. 홍경(弘景)이 말하기를 주로 길이나 담장에서 자라며 잎은 땅에 퍼져 있고 씨앗에 가시가 있으며 능(菱, 마름)을 닮았지만 그보다 작다. 장안(長安)에 질려가 많아서 사람들이 길에서 나막신을 주로 신는다. 지금 군대에서는 철로 주조하여 적군이 다니는 길에 뿌리는 데 이것을 철질려(마름쇠)라고 한다"고 했다. 여기서 당시 장안 사람들이 길 위의 남가새를 피하려고 나막신을 신고 다니는 광경을 상상할 수 있다.

남가새는 남가샛과 남가새속의 한해살이풀이다. 줄기는 편평하고 깃털 모양 복엽이 짝수로 나는데 길이가 1.5~5센티미터. 작은 잎이 마주나는데 3~8쌍 정도다. 꽃은 잎이 붙어 있는 자리에서 피며, 꽃자루가 잎보다 짧다. 꽃은 노란색이다. 열매는 다섯 개의 씨방으로 나뉘며 길이가 4~6밀리미터다. 중앙의 가장자리에 날카로운 가시 2개, 아래쪽에 작은 가시 2개, 나머지 부위에는 작은 혹이 있는 경우가 있다. 개화기는 5~8월이며, 열매는 6~9월에 맺는다. 모래밭, 황무지, 산비탈, 주거지 근처에서 자란다. 중국 전역에 분포하며, 온대 지역에서 널리 볼 수 있다.

蒺藜
牆有茨不可埽也

《시경》이
나에게
주석을 단다면

남가새는 길을 따라 땅 가까이에서 자라거나 담장을 타고 오르며 자란다. 작고 노란 꽃을 피우며 열매에는 가시가 있다. 아름다운 자태가 돋보이는 식물은 아니다. 아주 평범한 풀인 셈이다. 남가새는 기후의 변화와 자연선택의 진화에 따라 차차 열매에 가시를 만들었다. 바깥 세계의 위협에 대항하기 위한 뿔을 키운 셈이다.

들판에서 남가새는 전혀 눈에 띄지 않는 작은 풀이다. 가을이 오면 찬바람에 낙엽이 지고, 남가새의 열매도 땅에 떨어져 갈라진다. 이때 단단하고 뾰족한 남가새 열매의 가시가 사람들을 따끔거리게 한다. 갑자기 가시에 찔린 사람들은 눈가를 찡그리며 이를 악물게 된다. 핏방울이 배어나오기도 한다. 남가새는 이처럼 펄떡이는 핏줄과 그 속을 흘러가는 혈액, 찢긴 근육 등과 연관된 식물이다.

남가새의 이미지에는 기쁨이 없다. 남가새는 사람들이 인식의 막으로 겹겹이 가려둔 나약한 자신을 바라보게 하고, 나쁜 생각과 은은한 통증, 삶의 모든 순간에 존재하는 상처를 떠올리게 한다. 나는 원만한 결혼생활을 영위하고, 가끔 힘든 점이 있어도 꾹 참고 행복한 다락방을 꾸리고 있다. 쓸쓸함도 있지만 그 속에서 점차 삶의 어려움을 깨닫기도 했다. 이것이 남가새가 나에게 들려준 삶의 이야기다.

〈장유자〉는 남가새가 등장하는 가장 오래된 기록이다. 시의 배경은 궁궐이고, 화려한 모피 옷을 입고 도도하게 구는 사람의 숨겨진 추악한 행실을 이야기한다. 그토록 어두운 세계에는 햇빛도 비치지 않을 것이다. 궁궐 담장 바깥에 사는 사람들은 소문을 전해 듣고서 세상이 다 알게 된 추악한 일을 수군거린다. 다들 욕망의 바다에서 표류하는 이 세상에서 절대적으로 깨끗한 곳이 어디 있을까? 다만 보통의 백성들은 세상이 변화하는 과정에서 언제나 가장 큰 고초를 견뎌야 한다. 그들은 마음속 고통을 털어놓을 곳이 없어서 노래를 만들어 불렀다. 말로 표현할 수 없는 일을 기록하는 악사와 인간 세상의 고통과 기쁨을 끊임없이 전달하는 음유시인은 이러한 원망과 울분을 수집해 노래를 만들었다. 〈장유자〉에 담긴 정서는 이렇게 민중의 마음을 대변하는 소리가 되었고 세월의 흐름과 권력의 속박을 뚫어냈다.

단단한 남가새 열매는 하나가 다섯 조각으로 나뉘는데, 조각마다 길고 짧은 가시 한 쌍이 난다. 무술가들이 '질려자(蒺藜子)'라는 이름의 암기(暗器)를 만들게 된 근원이다.

옛말에 복숭아나무와 배나무는 여름에 쉬고 가을에 먹는다고 했다. 질려는 여름에는 그 아래서 쉴 수 없고 가을에는 가시가 난다. 이 말을 좀 더 설명하자면, "오이 심은 데는 오이가 나고, 콩 심은 데는 콩이 난다"는 이치에 닿는다. 그러나 세상에는 시간이 지나야 겨우 깨닫는 사람이 많고 미리 이해하는 사람은 적다. "복숭아나무와 배나무가 있으면 나무 아래에 길이 생긴다(사람들이 모여든다는 의미)"고 하는 것처럼 좋은 것을 널리 퍼뜨리면 자연히 아름답고 행복한 열매를 얻게 된다. 반대로 나쁜 마음으로 남의 마음을 아프게 한다면 남가새가 깔린 길을 걷게 될 것이다.

어머니에 대한 제문 한 편을 읽고, 한 아들의 이야기를 만났다. 일찍이 남편과 사별한 어머니가 고생스럽게 아들과 딸을 어른으로 키워냈다. 그런데 어머니는 자녀들이 효도하기도 전에 돌아가셨다. 어머니는 외롭게 일생을 보내신 셈이다. 아들이 어머니의 고뇌를 이해하게 되고 어머니를 위로할 만한 나이가 되었을 때, 정작 어머니는 이 세상에 계시지 않았다. 아들의 회한으로 가득한 괴로움은 어머니가 생전에 남가새가 깔린 길을 걷듯 살아온 여정을 떠올리게 했고 아들은 마음에 전류가 지나가듯 아팠다. 이런 제문을 읽으면 누구나 한숨을 쉬며 안타까워할 것이다. 남가새가 사람의 마음에 파고들어 죽은 자에게는 보답할 수 없다는 영원한 아픔을 남긴다.

가을 남가새 열매의 가시가 넌지시 가리키는 곳에는 인생을 살며 참고 견디는 고통이 맴돌고 있다.

자연에서 남가새를 마주치게 된다면 피하는 것이 좋다. 나의 맨발바닥은 남가새의 뾰족한 가시가 선사하는 통증을 이미 겪은 바 있으니 말이다.

⑰ 새삼

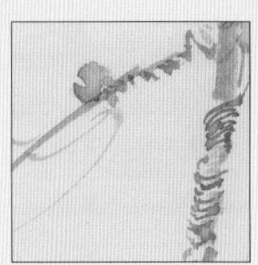

흡착과 기생을
읽어내는
기술

상중(桑中)

어디서 새삼을 딸까? 조가(朝歌)의 교외에서
누구를 그리워하나? 아름다운 맹씨 집안의 맏딸을
나와 상중(桑中)에서 만났고, 나와 상궁(上宮)에서 함께했으며,
나를 기수(淇水)까지 배웅했지

爰采唐矣? 沬之鄉矣.
云誰之思? 美孟姜矣.
期我乎桑中, 要我乎上宮,
送我乎淇之上矣.

어디서 보리와 밀을 딸까? 조가의 북쪽에서
누구를 그리워하나? 아름다운 익씨 집안의 맏딸을
나와 상중에서 만났고, 나와 상궁에서 함께했으며,
나를 기수까지 배웅했지

爰采麥矣? 沬之北矣.
云誰之思? 美孟弋矣.
期我乎桑中, 要我乎上宮,
送我乎淇之上矣.

어디서 순무를 캘까? 조가의 동쪽에서
누구를 그리워하나? 아름다운 용씨 집안의 맏딸을
나와 상중에서 만났고, 나와 상궁에서 함께했으며,
나를 기수까지 배웅했지

爰采葑矣? 沬之東矣.
云誰之思? 美孟庸矣.
期我乎桑中, 要我乎上宮,
送我乎淇之上矣.

잡다한 해설

《시서(詩序)》에서 〈상중(桑中)〉을 두고 귀족의 간통을 풍자한 시라고 설명한다. 경학(經學)의 입장에서 해석한다면 자연히 일정 정도의 정치적 책임이 따른다. 명나라 사람인 대군은(戴君恩)이 《시경억평(詩經臆評)》에서 〈상중〉에 대해 '망국의 음률'이라 말하면서, 위나라의 실제 상황을 고스란히 담아냈지만 시 자체의 정서는 억지로 갖다 붙였다고 보았다. 〈상중〉을 문학적 입장에서 해석하면 몹시 아름다운 연시이자 깊은 정취를 담아낸 걸작이라고 하겠다. 특히 작법에 있어서 흔히 볼 수 있는 사랑의 단막극이 아니라 중국 문학에서는 보기 드물게 복잡한 내용을 간결하게 표현한 여러 막으로 구성되었다.

이 시는 애틋하고 다정한 사랑의 교향곡 같다. 명나라 때 사람 능몽초(凌濛初)는 《언시익(言詩翼)》에서 〈상중〉에 사용된 글자의 오묘함을 두고 "금(琴)의 범음(泛音), 곡(曲)의 화성(和聲)"이라고 평가했다. 3개의 장에서 모두 기(期), 요(要), 송(送)이라는 글자를 썼는데, 한 글자도 고치지 않은 채로 공명하여 울림을 주고 우회적으로 첩운(疊韻, 같은 운모를 가진 글자를 겹쳐 사용하는 것)한다. 기(期) 자는 평생 단 한 번 만난다는 의미를 담아 첫사랑의 수줍은 기쁨과 깊은 마음을 드러낸다. 요(要) 자는 정신과 육체의 문이 동시에 열리고 함께 기뻐하며 빛을 발하는 결정적인 불꽃을 그려낸다. 송(送) 자는 돌아올 기약도 없이 이별하고서 슬픔과 기쁨이 교차되며 더욱 감정이 깊어지는 흐름을 보여준다.

후대 사람들은 〈상중〉을 무제시(無題詩)의 시조라고 평가했다. 이 시를 무제시라고 부르는 이유는 시에 등장하는 인물, 감정, 사건이 모두 실재하는 듯하면서도 허구이고 허구인 듯하면서도 실재하기 때문이다. 또한 뭐든지 다 의미하는 듯하면서도 무엇도 가리키지 않는 것 같기도 하다. 무제시라는 평가는 시에 중심이 없다는 뜻이 아니다. 시와 제목이 차례로 존재한다는 것이 창작에 어떤 영향을 끼쳤는지에 대한 문제이며, 시와 제목 중 무엇이 더 중요한지에 대한 문제다. 고염무(顧炎武)는 "옛사람의 시는 시가 있고 나서 제목이 생겼다. 지금의 시는 제목이 있고 나서 시가 생긴다. 시가 먼저 있나면 그 시의 근본은 성(情)이고, 제복이 먼저 있다면 그 시는 물(物)을 따른다"고 했다. 원매(袁枚)는 무제시를 더욱 높이 평가하며 "제목이 없는 시는 하늘의 소리다. 제목이 있는 시는 인간의 소리다"라고 말했다. 왕국유(王國維)는 《인간사화(人間詞話)》에서 "시에 제목이 있으면 시의 죽음이고, 사(詞)에 제목이 있으면 사의 죽음이다"라고 했다. 여기서 말하는 죽음은 예술의 생명력에 대한 평가로, 생명력에 한계가 있다는 뜻이다. 〈상중〉은 무제시에서 아주 높고 아득하며 광활한 자유성의 기준을 세웠다. 최고의 무제시라고 평가되는 이상은(李商隱)의 '금슬(錦瑟)'은 삶의 상징과 세상사에 감응한 결과로 현란하면서도 텅 빈 무한함이 중국 시의 역사에서 하나의 지극한 경지를 차지했다. 돈후하고 소박한 단순함에 있어서 다이아몬드처럼 시의 혼을 느낄 수 있다면 〈상중〉이 또 하나의 지극한 경지를 차지할 것이다.

내가 《시경》에 주석을 단다면

1

爰采唐矣? 沬之鄉矣. 어디서 새삼을 딸까? 조가(朝歌)의 교외에서
云誰之思? 美孟姜矣. 누구를 그리워하나? 아름다운 맹씨 집안의 맏딸을
期我乎桑中, 要我乎上宮, 나와 상중(桑中)에서 만났고, 나와 상궁(上宮)에서 함께했으며,
送我乎淇之上矣. 나를 기수(淇水)까지 배웅했지

원채당의(爰采唐矣) 원(爰)은 의문사다. 《통의》에서는 '우언(于焉)'이 합쳐진 음이라고 해석했다. '어디에'라는 뜻이다. 당(唐)은 《모전》에서 "당(唐)은 몽(蒙)이며, 채소 이름이다"라고 했다. 《이아》의 '석초'편에서 "당(唐)과 몽(蒙)은 여라(女蘿)이고, 여라는 토사(菟絲)다"라고 했다. 옛 문헌에서 여라와 토사는 서로 해석해 주는 말로 쓰였다. 형태가 비슷한 여라와 토사는 같은 식물로 여겨지곤 했다. 육전의 《비아》에서는 "나무에 나는 것이 여라이고 풀에 나는 것이 토사다"라고 했다. 나무에 나는 것이 여라라면 좀 더 흔히 볼 수 있는 지의류(地衣類)인 장송라(長松蘿)일 것이다. 현대 식물 분류학에서 여라와 토사는 같은 속의 메꽃과 새삼속의 기생식물로 본다. 여라의 중국어 학명은 남방토사자(南方菟絲子)다. 중국 북부에서 흔히 보이는 풀이라면 토사자라고 보아야 맞을 것이다. 토사자는 콩류 식물의 해초(害草)다. 한의학에서 토사자의 씨앗은 약에 넣을 수 있는데, 신장을 보양하고 정기를 북돋우며 설사를 멈추는 효과가 있다. 옛사람들은 토사자(새삼)를 채취해 주로 약에 썼다. 고기를 요리할 때 종종 조미료로 사용된다. 자세한 설명은 '식물 이야기'를 참조하기 바란다.

매지향의(沫之鄕矣) 매(沫)는 곧 수(浿)이다. 위나라 도성인 조가(朝歌)를 가리킨다. 상나라 때에는 매방(妹邦), 목야(牧野)라고 불렸다. 오늘날 허난성 치현(淇縣) 북쪽이다. 향(鄕)은 교외를 말한다.

운수지사(云誰之思) 이 세상에서 당신은 누구를 그리워하고 있나요? 갑자기 생겨난 마음의 질문에는 달콤함, 서글픔, 깊은 정이 담겨 있다. 중국 고전 문학에서 '운수지사(云誰之思)'는 놀라운 문장이다. 어떤 점이 현묘한가 하면 맨 처음 나온 '운(云)'이라는 어조사가 그렇다. 이 글자가 전하는 탄식 덕분에 연애를 하며 경험하는 다양한 감정 속에 숨은 신비로움을 엿볼 수 있게 된다.

미맹강의(美孟姜矣) 맹(孟)은 서열이 가장 높은 것을 가리킨다. 《모시정의(毛詩正義)》에서 용(鄘)나라에는 강(姜)이라는 성이 없지만 여기서는 일반적으로 언급한 것이라 했다. 이것 역시 〈상중〉이 '무제시'로 불리는 이유 중 하나다.

상중(桑中) 용나라의 지명 중 하나다. 오늘날 허난성 화현(滑縣) 북동쪽이다. 원이둬는 《시경통의》에서 상나라와 수나라 때 상사(桑社)는 생명 번식을 숭배하며 제사 지내던 곳이자 평상시에 남녀가 밀회하던 장소라고 했다.

요아호상궁(要我乎上宮) 요(要)는 요(邀)와 의미가 같다. 남녀가 교합하는 것을 암시한다. 상궁(上宮)은 마서진이 《통석》에서 "상궁은 누각의 이름이다"라고 했다.

기(淇) 용나라의 하천 이름이다. 청나라 때 진환(陳奐)이 《전소(傳疏)》에서 "기지상(淇之上)은 곧 기수의 입구를 말한다. 복양(濮陽, 오늘날 허난성 화현의 북동쪽)의 남쪽부터 여양(黎陽)의 기구(淇口, 오늘날 허난성 쉰현浚縣 북동쪽)까지 흐른다."라고 했다.

2
爰采麥矣? 沬之北矣. 어디서 보리와 밀을 딸까? 조가의 북쪽에서
云誰之思? 美孟弋矣. 누구를 그리워하나? 아름다운 익씨 집안의 맏딸을
期我乎桑中, 要我乎上宮, 나와 상중에서 만났고, 나와 상궁에서 함께했으며,
送我乎淇之上矣. 나를 기수까지 배웅했지

맥(麥) 여기서는 보리와 밀을 통칭한 것이다. 《시경》에서 대맥(大麥, 보리)은 모(牟)라고 했고, 소맥(小麥, 밀)은 래(來)라고 했다. 소송의 《본초도경》에서는 "크고 작은 맥(麥)이 가을에 심고 겨울에 자라 봄에 이삭이 열리고 여름에 익는다. 사계절의 온건한 시기를 갖췄기 때문에 오곡 중에서도 귀하다"고 했다. 여기서는 보리와 밀을 수확하는 것을 가리킨다.

매지북(沬之北) 조가 이북 지역을 가리킨다. 이곳이 패(邶)의 옛 유적지다.

익(弋) 옛날 성(姓)이다. 사(姒)라고도 한다. 청나라 때 호승공(胡承珙)이 《후전(後箋)》에서 "《설문》에는 사(姒)가 없으며 아마도 이 글자로 발음을 바꾸었을 것"이라 했다. 이 구절은 익(弋) 가문의 아름다운 장녀를 그리워한다는 뜻이다.

3
爰采葑矣? 沬之東矣. 어디서 순무를 캘까? 조가의 동쪽에서
云誰之思? 美孟庸矣. 누구를 그리워하나? 아름다운 용씨 집안의 맏딸을
期我乎桑中, 要我乎上宮, 나와 상중에서 만났고, 나와 상궁에서 함께했으며,
送我乎淇之上矣. 나를 기수까지 배웅했지

봉(葑) 옛날에는 만청(蔓菁, 순무)이라고 했고, 지금은 무청(蕪菁)이라고 한다. 속칭으로 대두채(大頭菜), 대개(大芥)가 있다. 식물학자 루원위(陸文鬱, 1887~1974)는 《시초목금석(詩草木今釋)》에서 《유우석가화록(劉禹錫嘉話錄)》에 나온 기록을 언급했는데 "제갈량이 행군을 멈춘 곳에서 병사들에게 순무만

심게 했는데, 순무의 장점이 첫째로 생으로 먹을 수 있는 것이고, 둘째로 잎이 부드러워 삶아 먹을 수 있는 것이고, 셋째로 오래 머물러도 계속 자라는 것이고, 넷째로 버려두고 떠나도 아깝지 않은 것이고, 다섯째로 돌아와서 쉽게 찾아 채취할 수 있는 것이고, 여섯째로 겨울에는 뿌리를 잘라 먹을 수 있는 것이다. 다른 채소에 비해 좋은 점이 많다. 지금도 촉(蜀) 사람들은 순무를 제갈채(諸葛菜)라고 부른다"라고 했다. 봉(葑)은 순무를 말하며, 십자화과 유채속의 두해살이풀이다. 중국 전역에서 고르게 재배하며 뿌리와 줄기를 모두 먹을 수 있다.

매지동(沬之東) 왕응린(王應麟)이 《시지리지(詩地理志)》에서 "용(鄘)은 용(庸)으로 쓰기도 하며 맹용(孟庸)은 곧 맹용(孟鄘)이다"라고 했다. 옛날 용나라 땅이다.

용(庸) 성씨다. 고대에는 용(鄘)으로 썼다.

4

〈상중〉에서 알 수 있듯 토사자(새삼), 밀, 순무는 봄과 가을에 중요한 농작물로, 당시 이미 인간에 의해 재배되고 있었다. 〈상중〉은 서정시 중에서도 극히 간결한 걸작이며, 시 전체에서 단 아홉 개의 글자만 달라지는데도 시의 정취가 강물처럼 거세게 일어난다. 이런 시는 소리 내어 읊기에 적합하다. 중복되는 가락에 상응해 마음속 그리움이 하염없이 피어나고, 깊고 편안한 즐거움을 불러일으킨다.

식물 이야기

　　당(唐)은 《모전》에서 "당(唐)은 몽(蒙)이며, 채소 이름이다"라고 했다. 《이아》에서는 "당(唐)과 몽(蒙)은 여라(女蘿)이고, 여라는 토사(菟絲)다"라고 했다. 육기의 《육소》에서 "지금 토사(菟絲)는 풀 위에 덩굴져 자라는데 금처럼 노랗다. 약에 넣는 토사자(菟絲子)다"라고 했다. 《오진본초(吳晉本草)》에서는 "토사의 다른 이름이 송라(松蘿)다"라고 했다. 육전의 《비아》에서는 "나무에 나는 것이 여라이고 풀에 나는 것이 토사다"라고 했다. 옛사람들은 여라(女蘿)와 토사(菟絲)를 서로 해설하는 말로 쓰곤 했다. 소송의 《본초도경》 해설이 상세하다. "지금 가까운 길에는 다 있고, 원구(冤句, 지명)의 것이 낫다. 여름에 싹이 나는데, 처음에는 가느다란 실과 같아서 혼자 서 있을 수 없다. 다른 식물의 가지나 줄기에 얽혀서 살아야 한다. 그 뿌리는 땅과 단절되어 공중에 떠 있다. 혹은 뿌리가 없고 기생한다고 하는데 그렇다고 생각된다." 토사자의 다른 이름으로는 토루(菟縷), 적망(赤網), 옥녀(玉女), 당몽(唐蒙), 화염초(火焰草), 야호사(野狐絲), 금선초(金線草)가 있다. 민간에서는 토혈사(吐血絲), 토아수(兔兒須) 등으로 부르기도 한다.

　　《신농본초경(神農本草經)》에는 토사자의 여린 줄기에 대해 "즙이 얼굴의 검은 점을 없앤다"고 기록되어 있다. 토사자의 즙으로 얼굴의 멜라닌을 없앨 수 있다고 하니 옛사람들의 미백 용품이었다. 《중국식물지》에는 여라(女蘿)를 남방토사자(南方菟絲子)라고 기록했다. 중국 북부 지역에서 흔히 볼 수 있는 것은 토사자와 일본 토사자다.

　　〈상중〉 이후로 옛 시에서 토사와 여라를 남녀간의 사랑, 서로 의존하는 관계, 얽히고설킨 감정 등을 비유하는 데 사용했다. 토사자(새삼)는 메꽃과 새삼속의 한해살이풀이다. 줄기는 감겨서 자라며 노란색이고 실처럼 가늘어

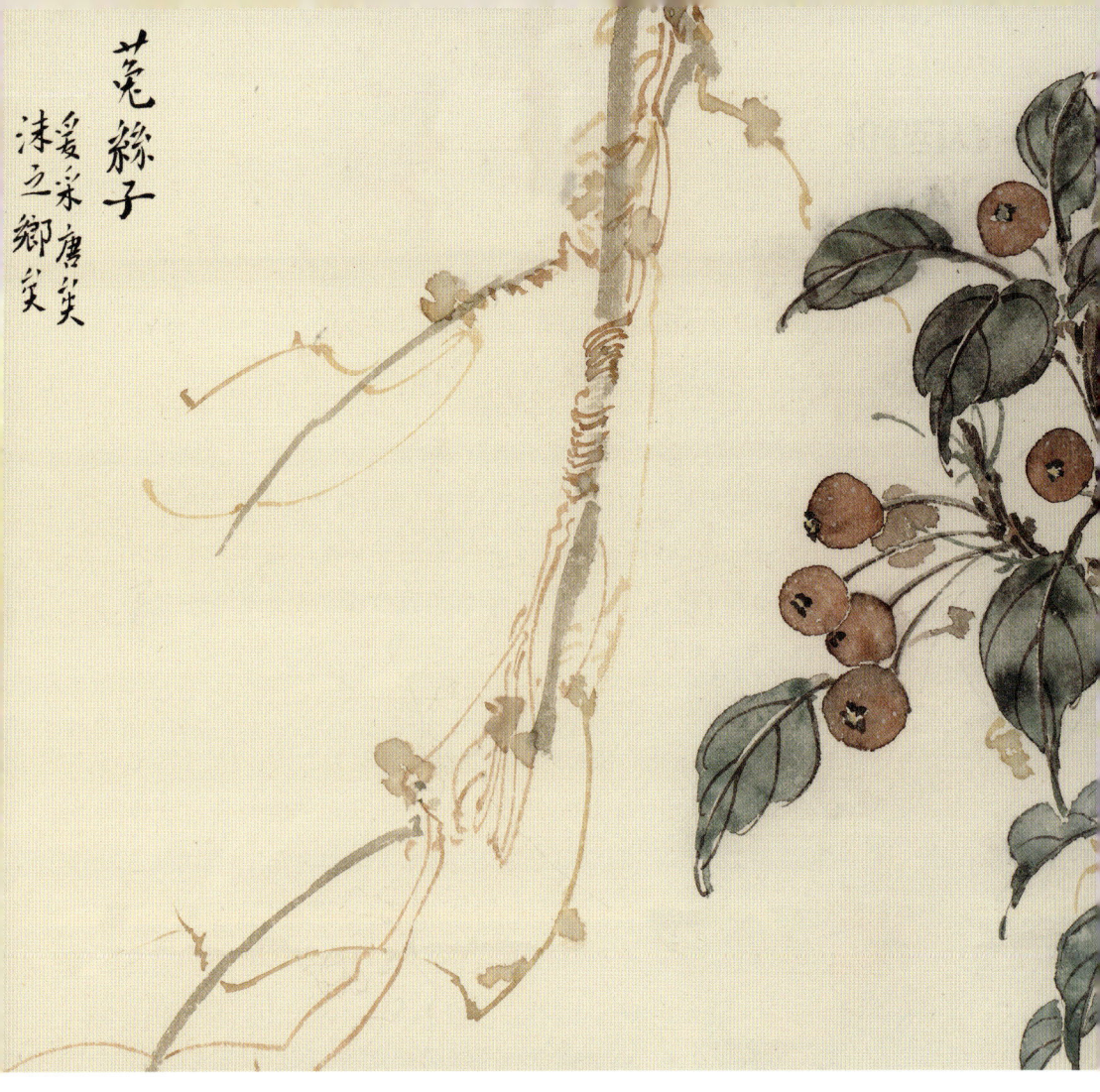

지름이 1밀리미터 정도이며 잎은 없다. 꽃차례는 옆으로 나며 꽃자루는 약간 굵고 길이는 1밀리미터 정도에 불과하다. 꽃받침은 컵 모양이고 가운데쯤부터 그 아랫부분은 연결되어 있다. 갈라진 부분은 삼각형으로 생겼으며 길이가 약 1.5밀리미터이고, 꼭대기는 둥글다. 화관은 흰색이고 항아리 모양이며 길이가 약 3밀리미터다. 갈라진 쪽은 삼각형에 가까운 계란형으로 꼭대기가 뾰족하거나 둥글다. 삭과는 구형이며 직경이 3밀리미터다. 씨앗은 2~49개이고 연한 갈색이며 길이가 1밀리미터 정도다. 씨앗 표면이 거칠다.

중국의 둥베이, 화베이, 시난 등지에 분포한다. 해발 200~3,000미터의 밭 근처, 산비탈의 양지바른 곳, 길가의 관목, 해변에서 주로 자라며, 콩과 식물, 국화가, 남가새과 등 다양한 식물에 기생하는데, 특히 콩과 식물에 해를 입힌다.

《시경》이
나에게
주석을 단다면

'정(情)'이라는 글자는 사람의 마음에 붙어서 슬픔과 기쁨을 먹으며 자라난다. 그런 다음 우리 마음에 사랑이 모여 만든 구름과 강을 흐르게 하며 비바람과 천둥을 대지에 뿌린다. 슬픔에 잠긴 안개 속에 사랑에 관한 문학의 광활한 삼림이 자라고 있다.

〈상중〉의 첫 구절은 새삼이라는 식물로 시작한다. 연시에 내재된 특징도 그렇게 실체화되었다. 맹씨 집안 맏딸을 사랑하는 그 청년은 길가에서 콩꼬투리에 붙은 황금빛 새삼을 보며 만남을 갈망한다. 그의 마음속 깊은 곳에서 우러나오는 그리움은 새삼처럼 얽힌 감정에서 자라났다. 그의 머릿속에는 온통 마음에 둔 사람의 눈빛과 안색이 어떤가 하는 생각뿐이다. 뽕나무숲에서 운명처럼 만났던 일과, 어두컴컴한 궁궐의 담장 옆에서 나눈 기쁨과, 기수 강변에서 아쉬워하며 헤어지던 일을 생각한다. 그는 발걸음을 떼야 한다는 것도 잊었다. 머릿속에는 동화 같은 광경만 맴돈다. 공기는 시원하고, 시냇물이 흐르는 소리가 울린다. 그 소리는 각자 외롭게 지내며 마음에 달라붙었던 탁함을 씻어낸다. 두 사람은 함께 꽃을 따고, 함께 비를 감상하고, 함께 풀을 밟고, 함께 이슬에 발을 적신다. 함께 파도와 같은 그리움에 잠기며, 함께 봄에 난 풀에 핀 꽃과 같은 행복을 느낀다. 그런 다음, 두 사람이 같이 조용한 거처의 창가에 서서 남풍이 구름 낀 하늘을 뒤덮는 소리를 듣고 강물이 멀리 흘러가는 것을 바라본다.

그러다 갑자기 마음에 떠오른 슬픔이 이 청년에게 무한한 감회를 느끼게 한다. 그렇게 청년은 멍하니 "누구를 그리워하는가?"라는 말을 내뱉는다. 물음의 깊은 곳에는 어쩌면 답도 있지 않을까?

시에 나오는 당(唐)은 메꽃과의 새삼이라는 기생식물이다. 다른 나무의 가지를 휘감고 자라는데, 아마, 땅콩, 콩 등의 연한 줄기에 달라붙어 자란다.

마치 정(情)이 마음에 달라붙어 기생하는 것처럼, 사랑하는 일과 사랑받는 일이 인생이라는 긴 두루마리 위에 드러난다. 새삼은 금빛의 비닐로 감싸인 가느다란 줄기에 여름과 가을이면 우윳빛 작은 꽃이 핀다. 가을에는 수많은 열매를 맺는데, 이 작디작은 생명들이 자연의 법칙에 대항할 때는 오히려 누구보다도 강한 생명력을 뿜는다. 제멋대로 자라는 새삼은 인간이 자연을 정복하는 모습과도 닮았다. 침범하고, 공생하고, 집어삼키고, 목 졸라 죽인다. 적절히 통제하고 적당히 성장한다면 새삼 역시 찻잔에 담긴 맑은 차, 혹은 시원한 술통에서 가라앉은 침전물, 평소 집에서 먹는 보통의 상차림에 올라온 닭요리나 탕, 한약재 상자에 넣어둔 목숨을 구해 주는 약초가 될 수 있을 것이다.

사랑에 빠진 두 사람은 앞으로 가정을 이루고 인생에서 공격과 수비를 함께하는 동맹이 되며 영혼이 공명하는 즐거움을 누리면서 굳건한 탑을 쌓을 것이다. 서로가 서로에게 흡착하고 등반하며 기생하는 것은 진심으로 사랑하는 두 사람에게 더할 나위 없이 자연스러운 일이다. 언제나 곁에 있는 그리움, 편안하게 열린 몸과 마음으로 두 사람은 어지러운 세상을 나란히 바라본다. 서로 위로하면서 삶의 압박감과 피로감을 이겨낸다. 그들은 함께 푸르를 때도, 함께 시들 때도 웃을 수 있을 것이다. 새삼의 성질에서 포착한 흡착과 기생의 의미가 사랑에 대한 기대를 높인다.

사랑에서 욕망이 정신적 일체감을 초월하면 이기적인 겉옷을 입고 진실한 사랑을 훔치는 것과 같다. 이럴 때 우리는 이 세상이 낯설다고 느낄 것이다. 에덴동산에서 욕망 앞에 판단력을 잃게 하는 그 뱀은 신이 욕망과 사랑에 관해 인간에게 제시한 시험과 같다. 〈상중〉을 읽으면 오랫동안 끊어지지 않고 하늘과 땅을 다 휘감은 사랑의 덩굴을 떠올리게 된다. 시 속에 표현된 시공을 초월한 기생, 얽힘, 의존이 '누구를 그리워 하는가?'라는 의문문이 시간과 공간의 장벽을 뛰어넘도록 도와주고 있다.

여행 중에 시골의 작은 식당에 들렀다. 시골 식당에 있을 법한 제철 음식들 사이에 '토사자계간탕(菟絲子雞肝湯)'이라는 요리가 있었다. 무던하고 친절한 주인은 토사자로 끓인 탕이 부기를 가라앉히고 간을 보양하며 눈을 밝게 한다고 추천했다. 이런 효능이 있든 없든 토사자계간탕은 아주 맛있었다. 동행했던 시인이 주인에게 요리 이름을 '딩몽금사(唐蒙金絲)'로 바꾸라고 제안했다. 그 친구에게 《시경》 이야기를 꺼내면 낯설어하지 않아서 좋다.

⑱ 오동나무

침울함과 가벼움
사이

정지방중(定之方中)

정성(定星)이 남쪽 중앙에 뜰 때 초구(楚丘)에 종묘를 짓네
해의 그림자를 측량하여 초구에 궁궐을 짓네
개암나무, 밤나무 심고 산오동나무, 오동나무, 가래나무, 옻나무 베어 금슬(琴瑟)을 만드네
定之方中, 作于楚宮.
揆之以日, 作于楚室.
樹之榛栗, 椅桐梓漆, 爰伐琴瑟.

조읍(漕邑)의 산에 올라 초구를 내려다본다
초구와 당읍을 조망하고 산과 언덕을 바라보네
산에서 내려와 뽕나무밭을 둘러보고 점을 치니 길하구나, 확실히 좋은 일이라 하네
升彼虛矣, 以望楚矣.
望楚與堂, 景山與京.
降觀于桑, 卜云其吉, 終然允臧.

좋은 비가 내리다 곧 그치게 되니 관리에게 명한다
날이 개어 별이 보이니 이른 아침에 수레 타고 뽕나무밭에 가서 농사를 지도해야지
백성에게 마음을 쓰며 충실하고 멀리 계획하니 훌륭한 말 삼천 필을 가졌구나
靈雨旣零, 命彼倌人.
星言夙駕, 說于桑田.
匪直也人, 秉心塞淵, 騋牝三千.

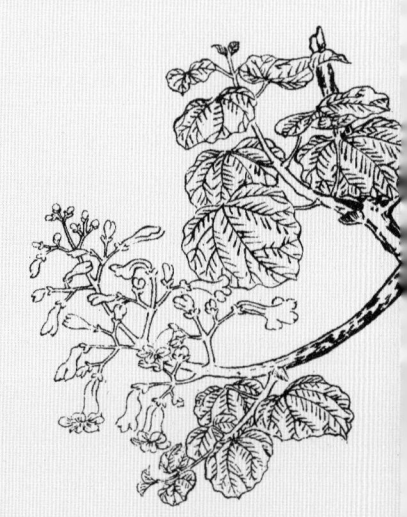

잡다한 해설

　십오국(十五國)의 풍(風)은 서정시의 무대다. 그런데 〈정지방중〉은 그중 드물게 서사시다. 명나라 때 사람 안세봉(安世鳳)은 《시비석(詩批釋)》에서 〈정지방중〉은 84자로 나라를 바로 세운 이야기를 다뤘다고 했다. 시를 이용해 사건을 이야기하고 한 사람을 숭앙하며 한 나라를 기념한다. 〈정지방중〉에는 명확한 역사적 배경이 있다. 《시서》에서는 "〈정지방중〉은 위문공(衛文公)을 찬미한다. 위나라가 적(狄)에게 멸망한 후 동쪽으로 강을 건너 조읍(漕邑) 들판에 머물렀다. 제환공(齊桓公)이 융적(戎狄)을 몰아내고 그를 봉했다. 문공은 초구(楚丘)로 옮겨가서 도시를 건설하고, 궁실을 지었다. 시기와 제도가 잘 맞아 백성들이 나라가 부유해졌다고 말했다"고 되어 있다. 《좌전》'민공(閔公) 2년'에는 "위문공이 거친 베로 만든 옷과 관을 썼다. 재능 있는 자에게 농사를 가르치고 통상을 촉진해 이익을 넓혔으며 학문을 권해 인재를 등용했다. 초기에는 혁거(革車)가 고작 30승(乘)이었는데, 말년에는 300승까지 늘었다"고 기록되어 있다.

　위문공의 이름은 처음에 벽강(闢疆)이라고 했으나 나중에 훼(毀)로 바꾸었다. 위선공의 손자이고 소백의 아들이다. 어머니는 미모로 유명했던 선강이다. 위나라 역사에서 위문공은 나라를 망국의 끄트머리에서 부흥으로 이끈 중흥의 군주였다.

　기원전 660년 북방 소수민족이 위나라가 내란으로 세력이 약해진 틈을 타 공격했다. 이때 훼의 사촌 형인 위의공(衛懿公)이 죽었다. 위나라를 탈출한 백성은 1천 명이 채 되지 않았다. 백성들은 왕실을 따라 황허강을 건넜고 송나라와 제나라의 지원을 받아 새롭게 나라를 세웠다. 이때 훼의 형이 즉위해 위대공(衛戴公)이 되었다. 대공은 즉위한 지 한 달만에 병사했다. 동생인 훼가 즉위하여 위문공이 되었다.

기원전 658년 제환공이 위문공을 도와 초구(지금의 허난성 화현 동쪽)로 이주해 도읍을 세웠다. 이때부터 위나라가 중흥의 길을 걷게 되었다. 〈정지방중〉에 나오는 "내빈삼천(騋牝三千)"을 보면 위나라가 이미 강대해졌음을 알 수 있다. 이 시의 표현은 장엄하고 경건하며, 자부심이 넘치고 나라의 미래에 큰 기대감을 갖고 있음이 느껴진다.

이 시는 농경시대 국가가 막 흥성할 때의 모습을 보여준다. 〈정지방중〉에는 시간의 흐름 속에서 달라지는 인물의 서사를 담고 있으며, 전반적으로 하늘, 땅, 사람이 합심하여 나라를 지키는 웅장한 장면을 담아 뚜렷한 서사시적 특징을 보인다. 이 시의 멋진 표현 중에 옛사람이 맑은 날씨를 '성언(星言)'이라 쓴 것이 있다. 마음이 자연물의 변화에 감응하는 과정이 잘 드러난다. 또 밭에 가는 일을 표현할 때도 '가다'가 아니라 '말하다'라고 써서 언어의 모습을 음률의 운치에 맞춰 보여준다. 현대 중국어에서는 부족한 함축적인 표현법이다. 중국 시학에서 찾아볼 수 있는 사물과 자신을 동일시하는 경지나 언어적으로 순수함과 순박함으로 회귀하는 정수는 이런 간결한 서사시에서도 나타난다.

〈정지방중〉은 한 나라가 부흥하려면 어떻게 해야 하는지를 잘 설명하고 있다. 나라에서 하늘과 땅의 일을 안정시켜야 하고 음률로 민심의 격변을 순조롭게 다스려야 하며 위정자가 어떤 일을 할 때는 "비직야인, 병심색연(匪直也人, 秉心塞淵, 일을 할 때는 진실해야 하고 높은 안목으로 원대한 계획을 가져야 한다)"의 뜻이 있어야 한다. 사람은 근면해야 하며 위아래 모두 마음을 모으는 것을 근본으로 삼아야 한다.

내가
《시경》에
주석을 단다면

1
定之方中, 作于楚宮. 정성(定星)이 남쪽 중앙에 뜰 때 초구(楚丘)에 종묘를 짓네
揆之以日, 作于楚室. 해의 그림자를 측량하여 초구에 궁궐을 짓네
樹之榛栗, 椅桐梓漆, 爰伐琴瑟. 개암나무, 밤나무 심고 산오동나무, 오동나무, 가래나무, 옻나무 베어 금슬(琴瑟)을 만드네

정지방중, 작우초궁(定之方中, 作于楚宮) 정(定)은 별의 이름으로, 영실성(營室星)이라고도 부른다. 이십팔수 중 하나인데, 북방 현무의 제2실 화성(火星)이다. 이 별은 동물 중에서 돼지를 대표한다. 매년 음력 10월 15일부터 11월 초 해질녘에 남쪽 하늘에 정성(定星)이 뜬다. 《좌전》에서는 "정월(正月)에 초구에 성을 세웠다"고 기록했다. 주나라의 역법으로 계산하면 정월이 오늘날의 음력 11월이다. 방중(方中)은 정성을 방위의 정중앙으로 삼았다는 뜻이다. 초궁(楚宮)은 《정전》에서 "종묘를 말한다"고 했다. 초구에 위나라의 종묘를 지어서 국가 건설을 시초로 삼았다는 뜻이다. 우(于)는 삼가시에서 '위(爲)'로 썼다. 정현(鄭玄)이 주해한 《주례·시관례(周禮·示冠禮)》에서 "우(于)는 위(爲)와 같다"라고 했다. 두 글자는 옛 음이 비슷해서 서로 통용되었다.

규지이일, 작우초실(揆之以日, 作于楚室) 규(揆)는 측량하다라는 뜻이다. 이일(以日)은 공영달의 《정의》에서 "날을 측정하는 것으로, 그림자를 재는 것을 말한다"고 했다. 해가 뜨고 질 때의 그림자를 측량해 동쪽과 서쪽의 방위를 정하고, 해가 높이 떠 있을 때의 그림자를 측량해 남쪽과 북쪽의 방위를 정

한다. 초실(楚室)은 《정전》에서 "머무는 곳이다"라고 했다. 초구에 머물 곳을 지었다는 뜻이다.

수지진율, 의동재칠, 원벌금슬(樹之榛栗, 椅桐梓漆, 爰伐琴瑟) 수(樹)는 나무를 심는다는 뜻이다. 진(榛, 개암나무)과 율(栗, 밤나무)은 종묘 주위에 심는 제사지목(祭祀之木)이다. 육기의 《육소》에서 "진(榛)은 두 종류다. 하나는 크기나 가지, 잎, 나무껍질이 모두 밤나무와 비슷한데 씨앗이 작아 도토리와 비슷한데 맛은 밤과 같다. 가지와 줄기는 초를 만들 수 있다. 《시(詩)》에서 '수지진율(樹之榛栗)'이라고 한 그것이다. 다른 한 종류는 높이가 1장을 넘고 가지와 잎은 목료(木蓼)와 비슷하며 씨앗은 호두맛이 난다. 요(遼), 대(代), 상당(上黨)에 많으며 오래 두면 기름이 쉽게 상한다"고 했다. 자작나무과 개암나무속인 천진(川榛, 쓰촨 개암나무)이 이런 특징에 가장 잘 들어맞는다. 율(栗)은 옛 이름과 지금의 이름이 같다. 소송의 《본초도경》에서 "율(栗)은 어디에나 있지만 연주(兗州)와 선주(宣州)의 것을 최고로 친다. 나무의 높이는 2~3장이고 잎은 력(櫟, 상수라나무)과 흡사하다. 4월에 푸른 빛을 띠는 노란 꽃이 피는데 호두꽃처럼 길쭉하게 생겼다. 열매는 씨방이 있고 고슴도치처럼 가시가 나 있다. 큰 것은 주먹만 하고 안에 3~5개가 들었으며 작은 것은 복숭아만 한데 안에 1~2개가 들었다. 익으면 갈라진 틈이 벌어져 씨앗이 나온다"고 했다. 밤나무는 참나무과 밤나무속이다.

의(椅, 의나무), 동(桐, 오동나무), 재(梓, 가래나무), 칠(漆, 옻나무) 모두 나무 이름이다. 마서진의 《통석》에서는 "금슬(琴瑟, 금과 비파)은 예로부터 동(桐)으로 많이 만들었고, 혹은 의(椅)로 만들기도 했다. (……) 진용지(陳用之)의 말에 따르면 '금슬의 순(脣)은 반드시 재(梓)와 칠(漆)로 만들어서 장식한다'라 했다"고 해설했다. 이를 보면 의(椅), 동(桐), 재(梓), 칠(漆) 모두 금과 비파를 만드는 재료였던 것을 알 수 있다.

의(椅, 의나무)는 《모전》에 "재(梓)에 속한다"고 했다. 육전의 《비아》에서는 "의(椅)가 곧 재(梓)이며, 재(梓)는 곧 추(楸, 가래나무)다. 아마도 추를 분별해 가리기 위해 흰 것을 재라고 부른 듯하다. 열매는 재(梓)와 같고 껍질은 동(桐)과 같은 것을 의(椅)라고 하는데, 사실 두 나무가 크게 보아 같은 종류이며 차이가 작다"고 했다. 의(椅)는 대풍자(大風子)과 의나무속인 의나무를 가리킨다.

동(桐, 오동나무)은 《본초강목》에서는 "《본경(本經)》에서 동엽(桐葉, 오동잎)은 곧 백동(白桐)이다. 꽃이 원통형으로 생겼기에 동(桐)이라고 불렸다. 나무의 재질이 가볍고 비어 있으며 색은 희고 무늬가 있어서 속칭으로 백동(白桐), 포동(泡桐)이라 했으며 옛적에 의동(椅桐)이라고도 불렸다. 꽃이 먼저 피고 잎이 나중에 나는데, 그래서 《이아》에서 영동(榮桐)이라고 불렸다. 간혹 꽃이 피어도 열매를 맺지 않는 것이 있다고 하는데 아직 보지 못했다. 육기(陸璣)는 의(椅)를 오동(梧桐)이라고 했고, 곽박(郭璞)은 영(榮)을 오동(梧桐)이라고 했으나 모두 틀렸다"고 했다. 자세한 설명은 '식물 이야기'를 참조하기 바란다.

재(梓, 가래나무)는 옛날과 지금의 부르는 이름이 같다. 곽박의 《이아》 주해에서 이 나무를 추(楸)라고 했다. 육전의 《비아》에서는 "재(梓)는 백 가지 나무의 으뜸이니 이 나무를 목왕(木王)이라 불렀다"고 했다. 남송시대 나원(羅願)의 《이아익(爾雅翼)》에서는 "건물의 방과 방 사이에 이 나무가 있으면 다른 목재가 흔들리지 않는다"고 했다. 재(梓)는 자위(紫葳)과 재(梓, 가래나무)속이며 화추(花楸), 수동(水桐), 취오동(臭梧桐), 황화추(黃花楸), 목각두(木角豆)라고도 불린다.

칠(漆, 옻나무)은 《설문》에서 "칠(漆)은 본자가 칠(桼)이고 나무의 즙으로 물건을 칠할 수 있어 글자가 물방울이 떨어지는 모양을 본땄다"고 했다. 《본초집해(本草集解)》에서는 "칠(漆)은 2~3장 넘게 자라고 껍질이 희며 잎이 춘(椿, 참죽나무)을 닮았다. 꽃은 괴(槐, 회화나무)를 닮았다. 씨앗은 우이자(牛李子)를 닮았다. 나무의 심은 황색이며 6~7월에 상처 내어 즙을 모은다"고 했다. 옻나무과 옻나무속이다.

원(爰)은 우언(于焉)의 음을 합친 것으로 '어디에'라는 뜻이다. 벌(伐)은 나무를 베어 사용하는 것을 말한다. 금슬(琴瑟)은 두 글자 모두 '쌍옥 각(珏)'자를 따른다. 이 글자의 모양은 두 개의 옥이 나란히 있는 것이고, 음 역시 두 개의 옥이 부딪쳐 나는 소리다. 옥에서 나는 소리를 옛사람들은 '귀를 즐겁게 하는 소리'의 대표격으로 보았다. 금슬은 모두 명주실을 현으로 하는 악기다. 금은 처음에 5현이었다가 나중에 7현으로 바뀌었다. 슬은 25현 혹은 23현이다. 《주례》에서는 금슬의 음률을 정해놓았는데 음양의 기운을 순조롭게 하고 사람의 마음을 순결하게 하기 위해서였다.

2

升彼虛矣, 以望楚矣. 조읍의 산에 올라 초구를 내려다본다
望楚與堂, 景山與京. 초구와 당읍을 조망하고 산과 언덕을 바라보네
降觀于桑, 卜云其吉, 終然允臧. 산에서 내려와 뽕나무밭을 둘러보고 점을 치니 길하구나, 확실히 좋은 일이라 하네

승피허의, 이망초의(升彼虛矣, 以望楚矣) 승(升)은 높이 올라가는 것이다. 허(虛)는 《정의》에서 "조허(漕虛)다"라고 했다. 허(虛)는 허(墟)와 같아서 황량한 산, 사람이 없는 구릉을 가리킨다. 여기 나오는 조읍(漕邑)은 초구(楚丘)에 가까이 있는 구릉지대다.

망초여당, 경산여경, 강관우상(望楚與堂, 景山與京, 降觀于桑) 망(望)은 조망하다, 관찰하다라는 뜻이다. 당(堂)은 지명으로, 초구 근처다. 왕선겸의 《집소》에서는 "진울림(陳蔚林)에 따르면 '사혼례(士昏禮)'의 주해에서 오늘날의 경(景) 자를 경(憬)으로 쓰고 있다. 이를 통해 옛적에 경(景)과 경(憬)이 통용되었음을 알 수 있다'고 했다. (……) 경(憬)은 멀리 가는 모양이라고 한다"고 해설했다. 산(山)은 자연석인 산, 구릉을 말한다. 경(京)은 인간이 만든 높은 언덕을 말한다. 강(降)은 높은 곳에서 아래로 내려오는 것이다. 관(觀)은 관찰하다라는 뜻이다. 상(桑)은 거주민이 심은 뽕나무밭을 말한다. 옛적에 뽕나무는 백성들에게 꼭 필요한 나무였다.

복운기길, 종연윤장(卜云其吉, 終然允臧) 점을 쳐서 얻은 결과가 길조라는 뜻이다. 종연(終然)은 《모시》에서 연(然) 자를 언(焉)으로 잘못 썼는데 당석경(唐石經, 당나라 때 돌에 십이경을 새긴 것)과 고서에서 이 시를 인용한 것은 모두 연(然)이었다. 진환은 《전소》에서 "종(終)은 기(既)와 같고 연(然)은 시(是)와 같다"고 했다. 윤(允)은 확실하다는 뜻이다. 장(臧)은 옳다, 좋다는 뜻이다. 청쥔잉은 이 시에서 "기길, 종연윤장(其吉, 終然允臧)"이라고 한 것은 점을 쳐서 나온 말을 그대로 기록한 것이라고 보았다. 점을 쳐 보니 나라를 이런 방위에 건설한 것을 확실히 좋은 일이라는 뜻이 된다.

3
靈雨既零, 命彼倌人. 좋은 비가 내리다 곧 그치게 되니 관리에게 명한다
星言夙駕, 說于桑田. 날이 개어 별이 보이니 이른 아침에 수레 타고 뽕나무밭에 가서 농사를 지도해야지
匪直也人, 秉心塞淵, 騋牝三千. 백성에게 마음을 쓰며 충실하고 멀리 계획하니 훌륭한 말 삼천 필을 가졌구나

영우기령, 명피관인. 성언숙가, 설우상전(靈雨既零, 命彼倌人. 星言夙駕, 說于桑田)

영(靈)은 《설문》에서 "영(靈)은 무(巫)이며 옥(玉)으로 신을 가리킨다"고 했다. 영우(靈雨)는 무당이 신에게 비를 내려달라고 요청해서 내리는 비를 말하는데, 여기서 파생된 뜻으로 '좋은 비'라는 의미가 생겼다. 령(零)은 령(霝)과 통용된다. 《설문》에서 "영(霝)은 비가 내리는 것이다"라고 했다. 관인(倌人)은 《모전》에서 "주가자(主駕者)다"라고 했다. 수레를 모는 일을 맡은 관리를 말한다. 성언(星言)은 《정의》에서 비가 그치고 하늘이 맑아지니 밤에 별을 볼 수 있다는 의미라고 했다. 숙(夙)은 이른 아침을 말한다. 가(駕)는 수레를 몰고 길을 떠나는 것이다. 세(說)는 변명하다, 지도하다라는 뜻이다. 다른 해석으로는 세(說)와 세(稅)가 통용되는데, 멈추다(쉬다)라는 뜻이라고도 한다. 《정의》에서 설명한 내용은 좋은 비가 부슬부슬 내리기 시작하자 위문공이 수레를 모는 관리에게 "비가 그치면 날이 맑아질 것이고, 이른 아침에 출발하여 밭에 도착해 백성들의 농사를 지도하고 독촉해야 한다"고 말했다는 것이다. 여기서 군주와 백성이 모두 근면하고 부강해지려는 결의를 다졌음을 알 수 있다.

비직야인, 병심색연, 내빈삼천(匪直也人, 秉心塞淵, 騋牝三千)

비직(匪直)은 사람, 백성을 말한다. 병심(秉心)은 마음을 쓰며 근심하는 것을 말한다. 색(塞)은 충실하다는 뜻이다. 연(淵)은 깊다는 뜻이다. 일을 할 때 실속 있고 헛되지 않으며 안목이 훌륭하고 원대한 계획이 있는 것을 말한다. 방옥윤(方玉潤)의 《시경원시(詩經原始)》에서 "나라의 근본에 대한 계획을 품고 허례허식을 따르지 않으니 실질적이다. 나라를 세우는 장기적인 정책은 가까운 근심거리에 구애받지 않아야 하므로 깊고 멀리 내다보아야 한다"고 했다. 내(騋)는 《모

전〉에서 "말이 일곱 척 이상이면 내(騋)라고 한다"고 했다. 빈(牝)은 암말이다. 내빈(騋牝)은 좋은 말을 뜻한다. 춘추전국시대는 말이 전차를 끌며 전투했다. 그래서 한 나라에 말이 얼마나 있는지를 두고 군사력을 가늠했다. 삼천(三千)이라는 표현에서 좋은 말이 아주 많았음을 알 수 있다. 위나라가 막 초구에 새로 나라를 세웠을 때 제환공이 300필의 좋은 말을 지원해 주었다. 이 시를 보면 위나라의 군사력이 그때보다 10배 증가한 것이다.

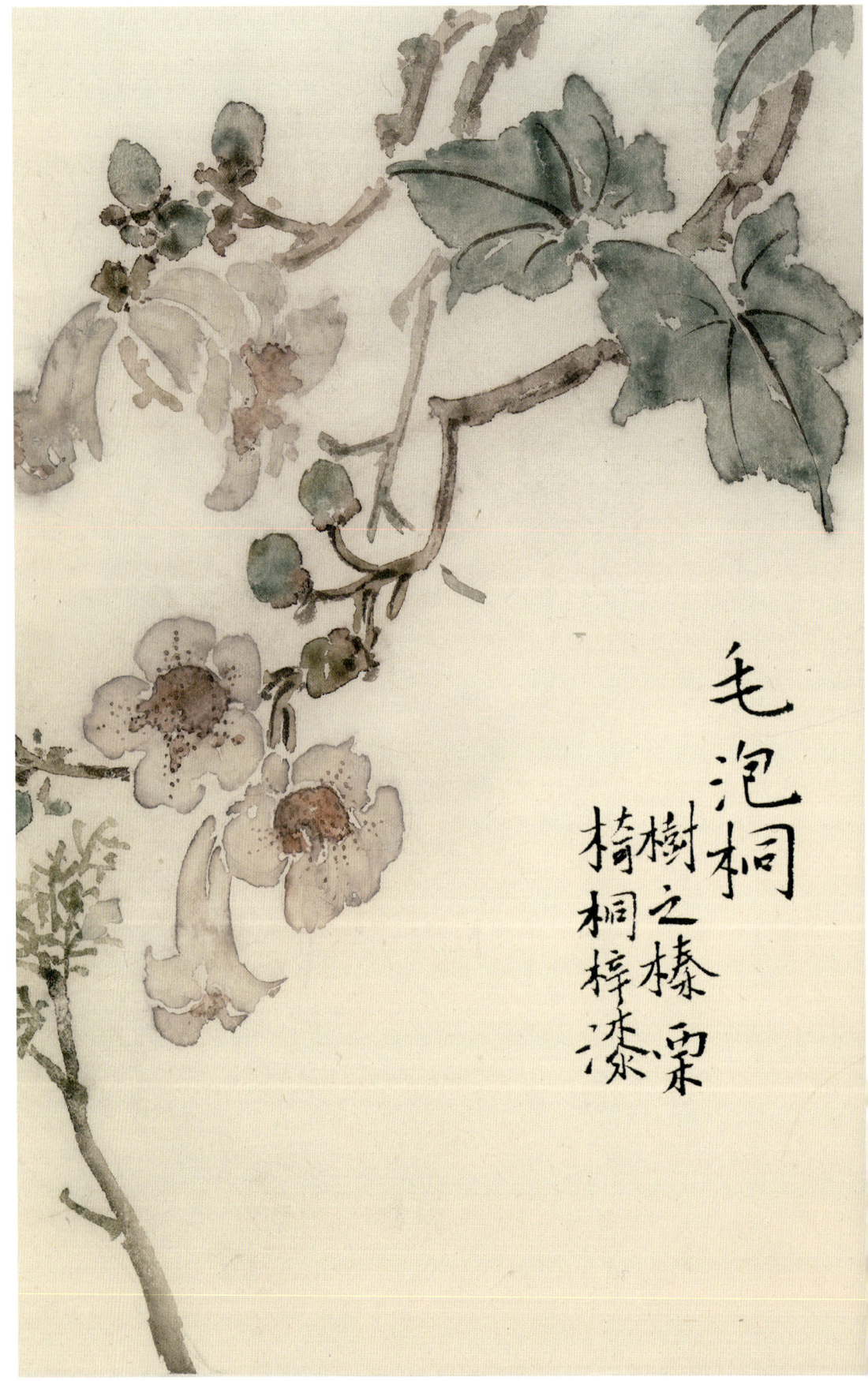

식물 이야기

금(琴)을 만들 수도 있고 널리 재배할 수도 있는 경제적인 나무라면 여기서 말하는 동(桐)은 포동(泡桐)일 것이다.《시집전》에서 "동(桐)은 오동(梧桐)이다"라고 했다.《몽계필담(夢溪筆談)》권5에서는 "금(琴)을 만들 때 동(桐)을 사용했지만 여러 해가 지나며 나무의 성질이 다 닳아버려서 음이 시작부터 틀렸다. (……) 금을 만드는 재료는 가볍고 헐거우며 소리가 맑고 매끈해야 하는데 이를 사선(四善)이라고 한다"고 했다.

《본초강목》권35의 '동(桐)'에서는 이렇게 설명한다. "백동(白桐), 황동(黃桐), 포동(泡桐), 의동(椅桐), 영동(榮桐)이 있다.《본경(本經)》에서 동엽(桐葉, 오동잎)은 곧 백동(白桐)이다. 꽃이 원통형으로 생겼기에 동(桐)이라고 불렸다. 나무의 재질이 가볍고 비어 있으며 색은 희고 무늬가 있어서 속칭으로 백동(白桐), 포동(泡桐)이라 했으며 옛적에 의동(椅桐)이라고도 불렸다. 꽃이 먼저 피고 잎이 나중에 나는데, 그래서《이아》에서 영동(榮桐)이라고 불렀다. 간혹 꽃이 피어도 열매를 맺지 않는 것이 있다고 하는데 아직 보지 못했다. 육기(陸璣)는 의(椅)를 오동(梧桐)이라고 했고, 곽박(郭璞)은 영(榮)을 오동(梧桐)이라고 했으나 모두 틀렸다. (……) 잎이 커서 직경이 1척에 이를 정도로 잘 자란다. 나무껍질은 거칠고 희며, 나무의 재질이 가볍고 헐거워서 병충해를 이기지 못한다. 기물을 만들거나 기둥 목재로 쓰면 좋다. 2월에 꽃이 피는데, 견우화(牽牛花, 나팔꽃)를 닮은 흰 꽃이다. 열매는 큰 대추만 하고 길이는 1촌을 좀 넘으며 딱딱한 껍질 안에 씨앗이 있는데 가볍고 속이 빈 것이 느릅나무 열매나 해바라기 씨앗 같은 모양이다. 이 열매가 오래 되어 익으면 껍질이 갈라지고 바람에 날아다닌다. 꽃이 자색인 오동나무를 강동(岡桐)이라고 한다. 임동(荏桐)은 곧 유동(油桐)이다. 청동(青桐)은 오동나무 중에서 열매를 맺지 않는 것을 말한다."

《설문》에서 "영(榮)은 동목(桐木)이다"라고 했다. 《설문해자주》에서는 "오(梧) 자에 의거해서 말하면 '오동목(梧桐木)'이고, 영(榮) 자에 의거해서 말하면 '동목(桐木)'이다. 이것이 가사협(賈思勰)이 말한 청동(青桐), 백동(白桐)의 구별이다. 백동은 꽃이 있지만 열매가 맺지 않고, 악기를 만드는 목재다. 청동은 쓰임이 없다"고 했다. 옛날에 금을 만들 때는 '동천재지(桐天梓地)'라는 말이 있다. 포동(泡桐)으로 금의 본체를 만들고 재(梓)로 기초를 만든다는 것이다. 포동은 푸석푸석하고 가벼우며 단열성이 좋아서 음을 내기에 훌륭해 금슬을 만들기에 뛰어난 재료로 평가받았다. 또한 포동은 심고 기르기가 쉬워서 경제적인 수종으로 인기가 있었다. 이 시에 나오는 지역에서는 모포동(毛泡桐)과 난고포동(蘭考泡桐)이 주로 자란다. 중국 북부 전체를 살펴보면 모포동이 좀 더 넓게 분포한다. 《중국식물지》에서는 오동(梧桐, 속명은 청동青桐)을 《시경》에서 말하는 '동목(桐木)'이라고 설명하는데, 청동은 주로 중국 남부에 분포하며 북부에서는 보기 드물기 때문에 시에 나온 나무라 보기 어렵다.

모포동(毛泡桐, 참오동나무)은 현삼과 참오동나무속의 큰 교목이다. 높이는 20미터에 달하고 수관이 넓은 우산 모양이다. 나무껍질은 갈색과 회색을 띤다. 잎이 심장 모양인데 길이가 40센티미터에 이른다. 꽃차례는 피라미드형 혹은 좁은 원추형으로 길이가 일반적으로는 50센티미터 이하지만 드물게 더 긴 것도 있다. 꽃은 3~5송이가 피며 화관이 자색이다. 깔때기처럼 생긴 종 모양이며 길이는 5~7.5센티미터다. 수술이 2.5센티미터에 이른다. 씨방은 타원형이고, 어린 열매는 겉에 점액을 분비하는 털이 촘촘히 나 있는데 길이는 3~4.5센티미터다. 과피가 두꺼워서 약 1밀리미터다. 씨앗에 얇은 막이 날개처럼 달려 있는데 약 2.5~4밀리미터다. 꽃은 4~5월에 피고 열매는 8~9월에 맺는다.

참오동나무는 중국에서 오랫동안 재배된 경제적인 나무로, 모양이 아름다워 관상수, 가로수로 널리 심었다. 나무의 재질이 우수하고 조밀하여 가공하기 쉽고, 휘어지거나 변형되지 않아 악기를 만드는 데 좋다.

《시경》이
나에게
주석을 단다면

동(桐, 오동나무)과 오동(梧桐, 벽오동나무)은 다르다. 같은 식물이 아니다. 《시경》에 나오는 동(桐)은 모포동(毛泡桐, 참오동나무)을 말한다.

1980년대 중국은 전국적으로 '나무 심기' 열풍이 불었다. 북서부 시골에서 가장 많이 심은 것이 포동(泡桐)이었다. 그래서 나는 포동이라는 나무에 깊은 인상을 갖고 있다. 당시 아직 어리숙한 소년이었는데, 어른들을 따라 공사대대(公社大隊)에 가서 엄지손가락 굵기의 포동 묘목을 받았다. 그 묘목을 황토로 덮인 산비탈에 한 변이 한 자 정도 되는 네모난 구덩이를 파고 화살처럼 곧게 뻗은 포동 묘목을 심었다. 온 산에 포동 묘목이 가득했다. 봄이 오면 심었던 대부분의 묘목에 새 가지가 돋았다. 가을이 되면 새 가지가 거의 팔뚝 굵기로 자랐다. 이렇게 해서 첫해에 키운 작은 포동 나무는 땅에서 몇 촌 정도만 남기고 베어버린다. 이듬해 남은 그루터기에서 새로 싹이 올라온다. 이렇게 무던하고 연한 가지부터 키워야 활력 넘치는 큰 나무로 자랄 수 있다. 4~5년이 지나면 나무의 지름이 한 자 정도가 된다. 푸른 하늘을 머리에 이고 있는 포동 나무는 이미 흙을 단단하게 하고 바람을 막을 수 있을 정도로 자랐다. 포동 나무의 성장 신경을 아주 굵고 크며 대단한 적응력을 지녔기 때문에 척박한 토양에서도 뿌리를 가능한 한 깊게 내린다. 비옥한 토양에서라면 뿌리의 수염을 아주 멀리까지도 확산할 수 있다. 포동 나무의 이런 친화력이 중국에서 오래전부터 포동을 문화적 맥락 속에 통합한 주요 원인이다.

"한 그루 파란 옥 같은 나무에 천 개의 잎이 푸른 구름처럼 있네(一株靑玉立, 千葉綠雲委)"라고 봉황이 앉을 동목(桐木)을 묘사한 시가 있다. 여기서 말하는 나무는 오동(梧桐)이며, 중국 오동이라고도 한다. 나무껍질이 파란색을 띠기 때문에 청동(靑桐)이라고도 한다. 청동이 봉황을 불러온다고 할 정도이니 나무가 크고 무성하다는 것을 알 수 있다. 오동(梧桐)을 봉황목이라고 부르는 이유이기도 하다.

흔히 쓰는 '동목금(桐木琴)'이란 표현은 포동이 옛날 악기 제작에서 맡았던 역할을 잘 보여준다. 동목은 관다발 섬유질이 튼튼하고, 목질은 속이 비고 곧아서 균형 잡힌 음색을 낼 수 있도록 안정적으로 공명하는 훌륭한 조건을 갖췄다. 한나라 말기의 음률가 채옹(蔡邕)이 목재를 태워서 음을 분별할 수 있는 나무를 찾았는데, 그렇게 불탄 동목으로 4대 명금 중 하나인 '초미금(焦尾琴)'을 만들었다고 한다. 초미금이 정말 존재했는지는 알 수 없지만 악기를 만들 때 포동이 널리 사용되었을 만큼 가치 있었음을 짐작할 수 있다. 초미금의 현을 움직이는 음을 들을 수 있다면 세상의 흐름이 변화하는 것도 이해할 수 있을 테고, 그런 심성은 분명 비범할 것이다. 중국의 음률에서는 금이 내는 소리를 대음(大音)이라고 한다. 일곱 개의 현을 가진 칠현금 위에서 손가락으로 튕기고 비비고 누르면 음표가 흩날리며 세상사의 쓸쓸함과 놀라운 변화, 참기 힘든 근심과 고통을 담아낸다. 기쁨은 〈고산유수(高山流水)〉라는 곡처럼 사람의 마음을 놀라게 하고 천지와 만물에 생명의 물결을 일깨우지만 낙담하는 쓸쓸함이 있다. 이런 동목의 음색은 사람들에게 삶의 즐거움과 감정의 의탁, 사물과 사람이 음률에서 하나로 합쳐지는 모습을 드러낸다.

내가 강남 지방에서 공부할 때 학교의 길 양쪽에 키 큰 프랑스오동나무(플라타너스)가 줄지어 있었다. 계절이 바뀔 때 나무에서는 수채화로 그린 듯 옅은 녹색과 회색이 섞인 흰색의 껍질이 벗겨졌다. 나무가 만드는 그림자가 살랑살랑 움직이며 갑작스러운 비와 바람을 막아주기도 했다. 연애하는 사람들의 수줍고 달콤한 모습이 나무 그림자 사이로 오락가락하기도 했다. 나중에 알게 된 것이지만 프랑스오동나무의 학명은 현령목(懸鈴木)이라고 하며 포동 혹은 오동과는 같은 식물 가족이 아니었다.

3~4월이면 포동 나무에 꽃이 만개한다. 나무 전체에 봄기운이 가득해져서 시끌벅적한 분위기가 된다. 서우두(首都) 도서관 맞은편에 있는 쑹위리(松榆裏) 주거 단지의 입구에는 길지 않은 길이 나 있는데, 양쪽으로 높다란 포

동 나무를 심었다. 매년 꽃이 필 때가 되면 그 앞을 지나가기만 해도 꽃향기가 날아와 꽃으로 된 바다에 뛰어들어 시의 목소리를 듣고 싶어졌다. 어쩌면 금의 현 위에서 울리는 쓸쓸한 소리와 오동나무 꽃밭의 경쾌함이 사람들 마음속에 변화무쌍한 부드러움을 만들어내는지도 모른다.

19 보리와 밀

중국 문화의
천성

재치(載馳)

말 달리고 채찍질하여 위후(衛侯)를 조문하러 가네
멀리 말 달려서 조읍에 이르려 했으나
대부(大夫)들이 황급히 달려오니 내 마음이 근심스럽다
載馳載驅, 歸唁衛侯.
驅馬悠悠, 言至於漕.
大夫跋涉, 我心則憂.

이미 나를 좋지 않게 생각하니 돌아가지 못하는구나
나를 좋지 않게 여김은 보아서 알고 있으나 고국을 생각하는 마음을 버릴 수 없다
이미 나를 좋지 않게 생각하니 강을 건너지 못하는구나
나를 좋지 않게 여김은 보아서 알고 있으나 고국을 생각하는 마음을 막을 수 없다
既不我嘉, 不能旋反.
視爾不臧, 我思不遠.
既不我嘉, 不能旋濟.
視爾不臧, 我思不閟.

언덕에 올라 패모(貝母)를 캐네
여인에게 근심이 많은 것은 각기 도리가 있는 법인데
허나라 사람들이 반대하니 유치하고 어리석다
陟彼阿丘, 言采其蝱.
女子善懷, 亦各有行.
許人尤之, 衆穉且狂.

내가 들판을 달려가는데 보리 싹이 무성하더라
큰 나라에 도움을 청하려 하나 누구에게 의지하여 누구에게 이르러야 하나?
我行其野, 芃芃其麥.
控于大邦, 誰因誰極?

대부와 군자들아 나를 막지 마라
그대들이 온갖 계획을 짜내어도 내가 가는 것만 못하니
大夫君子, 無我有尤.
百爾所思, 不如我所之.

잡다한 해설

〈재치〉의 집필 목적은 《모시서》에 분명히 설명되어 있다. "〈재치〉는 허목부인이 썼다. 모국이 무너졌으나 구할 수 없는 것을 안타까워한 것이다." 이 시의 역사적 배경도 확실하다. 《좌전》 '민공 2년'에는 "겨울 12월, 적인(狄人)이 위나라를 침범했다. 위의공은 학을 좋아하여 학을 수레에 태웠다. 전투가 벌어지자 나라 백성 중 갑옷을 입을 자가 모두 말하길 '학에게 싸우라고 하시오, 학이 봉록도 지위도 있는데 왜 우리가 싸워야 합니까!' (……) 적인과 형택(熒澤)에서 싸워 위나라가 패하여 멸망했다. (……) 대공을 즉위시키고 조읍을 지키게 했다. 허목부인이 〈재치〉를 썼다. 제나라 제후가 공자 무(無虧)에게 수레 300대와 갑사 3천 명을 데리고 가서 조읍을 지키게 했다." 제환공이 〈재치〉를 읽고서 일찍이 사모했던 여인의 용기에 감동해 조읍으로 병사를 보내줬고, 위나라가 새로 나라를 세우는 데 도움을 주었다. 〈재치〉에서 이어지는 이야기는 시의 배경에 더욱 전설적인 색채를 더해 준다.

허목부인은 위선공의 아들 공자 완(頑, 소백昭伯)과 계모 선강 사이에서 태어난 딸이다. 어린 시절부터 총명하고 아름다우며 식견이 있는 여성으로 제후들 사이에서 이름을 날렸다. 허목공과 제환공이 모두 혼인을 요청했는데, 어린 그녀가 나라의 이익을 위해 고심 끝에 제나라와 혼인하기를 원했다. 제나라는 강하고 위나라와 거리상으로 가까운데 허나라는 약한데다 거리도 멀었다. 그러니 자신이 제나라에 시집가는 것이 위나라에 도움이 되리라 판단했다. 하지만 위의공은 그녀의 의견을 듣지 않고 허나라로 시집보냈다.

그로부터 10년 후 위나라는 북적(北狄)의 침략을 받고 위의공도 살해되었다. 허나라는 도울 힘이 없었고, 1천 명이 채 되지 않는 위나라 유민은 허목부인의 여동생과 결혼한 송환공이 병사를 보내 도와주어서 제수를 건너 조읍에 자리를 잡았다. 위대공이 즉위했으나 한 달이 못 되어 병사했다. 다음으로 위문공이 즉위했다. 〈재치〉가 쓰여진 시기는 허목부인이 위나라가 멸망했다는 소식을 들은 때일 것이다. 놀라고 걱정스러운 마음에 조읍으로 달려가던 중 허나라의 사신이 와서 허목부인을 막아섰다. 마음에 슬픔이 가득한 허목부인이 〈재치〉라는 시를 썼다. 이 시는 아마도 구원을 요청하는 서신의 형태로 제나라에 보낸 것이었으리라.

허목부인은 중국 문학사에서 자료가 남아 있는 첫 번째 여성 시인이며, 세계 역사에서도 최초라고 불릴 만한 여성 시인 중 한 사람이다. 위원(魏源)의《시고미(詩古微)》에서는 《시경》 패풍의 〈천수(泉水)〉와 위풍의 〈죽간(竹竿)〉도 허목부인의 작품이라고 본다. 허목부인은 문학적 재능이 뛰어나고 정치적 통찰력과 담력을 지닌 여성이었다. 〈재치〉의 시적 풍모는 우울하지만 좌절하지 않고, 슬퍼하면서도 과하게 상심하지 않으며, 호방함과 장대함이 충만하다. 나라가 위기를 겪는 시기에 나라와 백성을 먼저 생각하고 자신은 잊은 듯한 진실한 마음에서 아름다운 영혼의 모습을 떠올리게 한다. 그렇기에 이 시에 감화된 제환공이 군사를 보내 위나라 병사들을 구했던 것이다.

《문심조룡(文心雕龍)》에서 글을 쓰는 근본은 모든 불멸의 문학 작품이 공유하는 특징이라면서 "글을 쓸 때는 우선 마음에서 감정이 일어나고 그 감정이 글에 표현된다. 읽는 이는 글에 담긴 감정을 따라가며 그 속에 담긴 영혼의 근원을 찾는데, 표현이 아무리 심오하더라도 감정은 확실히 드러나기 마련이다. 시간이 아무리 오래 지났어도, 글쓴이와 읽는 이가 서로 얼굴을 마주하지 못해도 글을 보면 그 마음을 이해할 수 있다"고 했다.

〈재치〉가 바로 그런 작품이다. 시를 읽으면 시인을 직접 만나 걱정하는 일을 같이 나누고 싶다. 시의 감정이 자연스럽게 독자를 시 속으로 이끌어가서 작가와 정신적인 감응을 일으키는데, 이런 공감의 경험이 삶에 새로운 통찰력이 된다. 허목부인은 "아행기야, 봉봉기맥(我行其野, 芃芃其麥)"이라는 구절에서 확실하고 깊은 근심을 드러냈다. 이 구절이 이후에 중국인의 정신에 많은 변화를 불러일으키고 '삶은 왜 슬프고, 죽음은 왜 울게 하는지'를 묻는 용감한 인물상을 탄생시킨 사례가 여러 왕조를 거치며 셀 수 없이 많았다.

내가
《시경》에
주석을 단다면

1
載馳載驅, 歸唁衛侯. 말 달리고 채찍질하여 위후(衛侯)를 조문하러 가네
驅馬悠悠, 言至於漕. 멀리 말 달려서 조읍에 이르려 했으나
大夫跋涉, 我心則憂. 대부(大夫)들이 황급히 달려오니 내 마음이 근심스럽다

재치재구(載馳載驅) 재(載)는 《모전》에서 "사(辭)다"라고 했다. 이 글자는 문장을 시작하는 발어사(發語詞)다. 《정전》에서는 "재(載)의 말은 즉(則)이다"라고 했다. 재(載)와 즉(則)이 옛적에는 통용되었다. 《설문》에서는 재(載)를 "승(乘, 타다)이다"라고 했다. 여기서 보면 재(載)라는 글자가 문장을 시작하는 역할 외에 동사로도 역할을 하는 현묘함이 있다. 치(馳)와 구(驅)는 《정의》에서 "말을 달리게 하면 치(馳), 말을 채찍질하면 구(驅)"라고 했다. 화살처럼 빨리 돌아가고 싶은 마음이 첫 구절에서 선명하게 드러난다.

귀언위후(歸唁衛侯) 귀(歸)는 여기서 여성이 친정으로 돌아가는 것을 말한다. 《시경》에서 귀(歸) 자는 종종 여성이 혼인하여 시댁으로 가는 것을 가리키기도 한다. 언(唁)은 죽은 자의 가족을 위문하는 것을 말한다. 나라를 잃었을 때 애통해하는 것도 언(唁)이라 한다. 《시집전》에서 "범씨(範氏)가 말하길 '선왕이 정한 예에 따라 부모가 돌아가셨을 때도 돌아가지 못하는 자는 의롭다. 나라가 망하고 군주가 돌아가셨어도 가서 조문하지 못하는 것은 의로움이 그보다 더 중하기 때문이다'라고 했다"는 기록이 있다. 여기서 허목 부인이 위나라 군주를 조문하려 한 행동이 당시의 기준으로는 예의에 어긋

나는 일이었음을 알 수 있다. 같은 이유로 허나라 신하들이 허목부인을 막아섰다. 그러나 위나라는 현재 위기를 겪고 있지만 아직 조금은 살아날 기회가 있었다. 이처럼 모국을 향한 허목부인의 의지와 예의에 어긋나는 일이라도 하려 하는 마음이 인간이라면 누구나 가지고 있는 정서이기에 공감을 일으키는 것이다. 〈재치〉에 나오는 부인의 장대한 행동을 표현한 '언(唁)' 자에 은근히 '관례를 깨뜨렸다'는 의미가 내포되어 있다. 허목부인이 혼자서 위나라로 달려간 행동은 비록 무모하지만 예의를 벗어나더라도 행하겠다는 용기가 있기에 사람들의 공감을 불러일으킨다. 위후(衛侯)는 위의공을 말하는 것일 수도 있고 위대공을 말하는 것일 수도 있다. 호승공의 《후전》에서는 위문공이라고 여겼다. 그저 위나라 군주라고 이해하는 것이 좋겠다.

유유(悠悠) 《모전》에서 "멀리 있는 모습"이라고 했다. 길이 몹시 길고 먼 것을 말한다. 첫 구절과 대응하는 표현이다.

언지어조(言至於漕) 언(言)은 어조사라서 뜻이 없다. 조(漕)는 조읍을 말한다.

대부발섭(大夫跋涉) 대부(大夫)는 허복부인을 따라와 위나라로 조문하러 가는 것을 막은 허나라 신하들을 가리킨다. 발섭(跋涉)은 《모전》에서 "풀에서 다니는 것을 발(跋), 물에서 다니는 것을 섭(涉)이라 한다"고 했다. 여기서는 뜻을 드러내는 것으로 쓰였다. 왕선겸은 《집소》에서 "일이 다급한 탓에 물이 깊은지 얕은지를 따지지 않고 뭍에서 움직이는 것처럼 강을 건너왔다"고 설명했다. 여기서 허목부인을 가로막은 허나라의 저항이 만만치 않았음을 알 수 있다.

아심칙우(我心則憂) 여기 사용된 우(憂, 걱정하다)는 위나라 군주를 조문하는 걱정을 가리키기도 하고 위나라를 구하고자 하는 걱정을 가리키기도 한다. 이 구절에 〈재치〉의 집필 의도가 담겨 있다. 위나라의 마지막 불씨를 살리고 싶지만 그러지 못하는 자신을 근심하는 것이다. 마음속 뜻을 직접적으로 드러내는 것이 〈재치〉가 일으키는 정서적 감응의 핵심이다.

2
既不我嘉, 不能旋反. 이미 나를 좋지 않게 생각하니 돌아가지 못하는구나
視爾不臧, 我思不遠. 나를 좋지 않게 여김은 보아서 알고 있으나 고국을 생각하는 마음을 버릴 수 없다
既不我嘉, 不能旋濟. 이미 나를 좋지 않게 생각하니 강을 건너지 못하는구나
視爾不臧, 我思不閟. 나를 좋지 않게 여김은 보아서 알고 있으나 고국을 생각하는 마음을 막을 수 없다

기불아가(既不我嘉) 기(既)는 '전부 다'라는 뜻이다. 가(嘉)는 《이아석고(爾雅釋詁)》에서 '훌륭하다', '아름답다'는 뜻이라고 했다. 아가(我嘉)는 곧 가아(嘉我)다. 《정전》에서는 "허나라 사람들이 내가 돌아가서 조문하지 못하게 힘을 다해 막는다"고 해석했다.

불능선반(不能旋反) 선(旋)은 회(回)와 같고, 반(反) 역시 반(返)과 같다. 허나라 사람들이 내가 위나라로 가서 조문하는 것에 동의하지 않는다.

시이불장(視爾不臧) 시(視)는 비(比, 견주다)와 같다. 서로 마주 보면 서로 무슨 마음인지 알 수 있다. 장(臧)은 훌륭하다는 뜻이다.

아사불원(我思不遠) 아사(我思)는 위나라를 위해 생각하고 고국을 그리워한다는 뜻이다. 불원(不遠)은 멀리 와 있다고 해서 버릴 수 없다는 뜻이다.

제(濟) 《정의》에서 "지(止, 멈추다)이다"라고 했다. 허나라 신하들이 허목부인이 강을 건너는 것을 막았음을 가리킨다.

비(閟) 《모전》에서 "폐(閉)다"라고 했다. 막다, 막히다라는 뜻이다.

2장에서는 선명한 대비를 활용해 자신의 생각을 드러낸다. 허나라 사람들은 내가 위나라로 가는 것을 바라지 않고, 그래도 나는 허나라로 돌아갈 수 없다. 허나라가 위나라에 우호적이지 않은 것을 알아차렸지만 그래도 나는 내 나라가 그립고 힘든 시기에 나라를 저버릴 수 없다. 내가 위나라로 돌아가는 것에 찬성하는 허나라 사람이 없으니 내가 강을 건너 고향으로 돌아갈 방법이 없다. 당신들이 위나라에 우호적이지 않다고 해도 내가 고국을 그

리워하는 마음은 막을 수 없다. 시에서 강렬한 대비가 일어나는 한편, 깊은 곳에서는 명확한 통찰력과 굳은 집념이 느껴진다. 여기서 우리는 총명하고 견식 있는 허목부인의 시간의 깊은 곳에 남긴 옆모습을 볼 수 있다. 이 옆모습은 동시에 중국 시 문학의 역사에서 여성 시인이 남긴 선명한 족적이기도 하다. 이 족적은 우리가 여성 시인의 이미지로 쉽게 떠올리는 것처럼 애처롭거나 자기연민에 빠져 있지 않다.

3
陟彼阿丘, 言采其蝱. 언덕에 올라 패모(貝母)를 캐네
女子善懷, 亦各有行. 여인에게 근심이 많은 것은 각기 도리가 있는 법인데
許人尤之, 衆穉且狂. 허나라 사람들이 반대하니 유치하고 어리석다

아구(阿丘) 《모전》에서는 "한쪽이 높으면 아구(阿丘)라고 한다"고 했다. 진환의 《전소》에서는 "아구라는 이름은 들은 적이 없는데 위나라의 언덕 이름일 것이다"라고 했다.

언채기맹(言采其蝱) 언(言)은 발어사다. 문장의 맨 앞에 위치하며 《시경》에서 시흥을 불러일으키는 구절의 형식이다. 채(采)는 채집하다라는 뜻이다. 맹(蝱)은 노시(魯詩)에서는 상(商)이라고 했고, 《설문》에서는 《시경》을 인용하며 맹(莔)으로 썼는데 맹(蝱)와 통용된다. 《모전》에서는 "맹(蝱)은 패모(貝母)다"라고 했다. 육기의 《육소》에서는 "맹(蝱)은 지금 약초로 쓰는 패모(貝母)다. 잎이 괄루(栝樓, 하늘타리)와 비슷하며 가늘고 작다. 열매는 뿌리에 있는데 토란과 비슷하다. 흰색이고 사방으로 서로 연결되는데 분해할 수 있다"고 했다. 여기서 맹(蝱)은 백합과 패모속의 패모를 말한다. 다른 이름으로 공초(空草)라고도 불린다. 여기서 맹(蝱)을 채집한다는 것을 병을 다스린다는 의미를 담고 있다.

선(善) 《정진》에서 "많다[多]와 같다"고 했다.

행(行) 도리(道理)를 말한다. 왕선겸의 《집소》에서 "여자가 부모님의 나라를 그리워하는 것은 천수(泉水)나 죽간(竹竿)이 모두 그렇다. 부인은 자신이 고국으로 돌아가기를 원하는 것은 다른 여인들과 다르다는 것을 알고 있었으며 각자의 도리가 있다"고 했다.

우(尤) 《정전》에서 "아니다[非]"라고 했다. 반대한다는 뜻이다.

중치차광(衆穉且狂) 중(衆)은 옛적에 종(終, 마지막)과 통용되었다. 치(穉)는 치(稚, 어리다)와 통용된다. 《설문》에서는 "치(穉)는 어린 벼다"라고 했다. 《시집전》에서는 "나이가 어려서 세상을 잘 모른다"라고 해석했다. 광(狂)은 《한비자(韓非子)》에서 "마음이 득실을 제대로 가리지 못하는 것을 광(狂)이라 한다"고 했다. 어리석고 제멋대로 구는 것을 말한다.

　이 시는 끈기가 있다. 여자들이 언덕에 올라가 약재인 패모를 채취한다. 여자들의 마음은 늘 세심하여 여러 가지 문제를 미리 예방하고 해결 방법도 생각해둔다. 지금 내가 위나라를 도우려 가려는 것을 허나라에서는 막으려 하는데, 이는 유치하고 어리석은 일이다. 3장에서는 허목부인의 성격을 분명히 드러낸다. 그녀는 세상사에 대한 이해가 깊은 사람으로, 쉽게 자신의 뜻을 굽히거나 타협하지 않는다.

4
我行其野, 芃芃其麥. 내가 들판을 달려가는데 보리 싹이 무성하더라
控于大邦, 誰因誰極? 큰 나라에 도움을 청하려 하나 누구에게 의지하여 누구에게 이르러야 하나?

《모전》은 "위나라의 들판에 가려고 하는데 보리가 무성하게 자랐다"라고 했다. 3장과 4장은 처음과 끝이 긴밀하게 정서적으로 연결되어 있다. 3장의 끝부분에서 허목부인은 허나라 사람이 막아서자 이에 분노하여 허나라 사람들이 유치하고 우매하다고 꾸짖는다. 그녀가 위나라로 향하는 길에 잘 익은 보리가 무성하게 자라났는데도 수확하는 사람이 없는 것을 보고 마음이 아팠다. 주나라 때 보리는 나라의 사직과 연관된 곡물이었기에 부인은 위나

라의 운명을 더욱 근심할 수밖에 없었다. 허목부인은 정세를 잘 알고 안목이 높으며 용기를 갖춘 비범한 인물이었다. 부인은 환란을 겪는 위나라를 구하려면 위나라 자신의 힘에 기대는 것만으로는 부족하며 유일한 길은 강대국이 나서서 위나라의 뒷받침이 되어야 한다는 것을 정확히 알고 있었다. 그렇기 때문에 강대국들에게 우리가 누구에게 의존해야 하는지, 위나라에 병사를 보내줄 수 있는 나라가 있는지를 묻는 것이다. 인(因)은 의지한다는 뜻이다. 극(極)은 이르다[至]는 뜻이다. 절망 속에서 허목부인은 일말의 기대를 품고 제환공을 떠올렸을지 모른다.

5
大夫君子, 無我有尤. 대부와 군자들아 나를 막지 마라
百爾所思, 不如我所之. 그대들이 온갖 계획을 짜내어도 내가 가는 것만 못하니

이 시는 4장에 이르러 끝난 것 같다. 여기까지 네 개의 장만 있어도 절창이라고 부를 만하다. 그러나 5장은 조금도 쓸데없는 내용이 없다. 〈재치〉의 좋은 점을 따지자면 이것이 완전한 대화를 구성한다는 것인데, 완전하고 선명하게 한 여성 시인의 이미지를 만들었다. 5장에서 확실히 보여지는 것은 이 여성 시인의 자존감이다. 허목부인은 비록 허나라 신하들의 태도에 약간 화가 났지만 그렇다고 해서 그녀의 위나라로 달려가려는 결심을 꺾지 못했다. 허목부인은 정중하게 허나라 신하들에게 경고하는 듯하다. 대부니 군자니 하는 당신들을 평소 존경해왔던 것은 사실이지만 지금은 나를 더 막아서지 마라. 당신들이 아무리 많은 계책을 갖고 있더라도 내가 직접 위나라에 다녀오는 것보다 못하다.

6

〈재치〉의 좋은 점은 나라를 구하고 백성을 살려낸 이야기일 뿐 아니라 뛰어난 여성이 모국에 대해 지닌 사랑의 순수함을 보여주는 이야기라는 데 있다. 중국 최초의 여성 시인이 어떻게 자신의 시혼을 세상 사람 앞에 드러냈는지

를 살펴볼 수 있다. 허목부인이 이 세상을 바라보는 통찰과 운율, 사상, 감정에 대한 통제력, 고국이 자신을 길러준 깊은 정에 보답하려는 마음, 어려움 앞에서도 물러서지 않는 용기 등은 당시는 물론 후대의 어느 걸출한 남성 시인에 비하더라도 부족하지 않다.

7

내가 미국의 여성 시인 에밀리 디킨슨을 현대시에서 무예의 여신이라고 추앙하는 것처럼, 허목부인은 내 마음속에서 중국 고전 시가의 역사를 말할 때 무예의 여신이라고 부를 만한 인물이다. 에밀리 디킨슨과 허목부인이 지닌 시적 재능과 시를 통해 세상을 바라보고 또 움직이는 고집스러울 정도의 용기는 그들에게 더할 나위 없이 날카로운 무기인 셈이다. 〈재치〉에는 강한 모성애 역시 포함되어 있는데, 이런 '모성애'는 후대의 중국 시에서 면면히 이어지고 확장된 주제다.

식물 이야기

《주례》에서 말하는 오곡은 마(麻), 서(黍), 직(稷), 맥(麥), 두(豆)다. 여기서 맥(麥)은 여러 곡물을 통칭하는 것으로 맥류의 양식용 곡물인 대맥(보리)와 소맥(밀)이 포함된다. 《시경》에서는 보리와 밀을 서로 다르게 부른다. 〈사문(思文)〉에 나오는 "이아래모(貽我來牟)"라는 구절이 있는데, 《시집전》에서 "래(來)는 소맥이고, 모(牟)는 대맥이다"라고 했다. 《광아(廣雅)》는 "대맥은 모(麰)이고 소맥은 래(䅘)다"라고 했다. 허신(許愼)의 《설문해자》에서는 "하늘에서 상서로운 맥(麥)이 내려오니 하나에 두 개의 모(麰)가 있었고 그 가시 모양을 따서 천래(天䅘)라고 했고, 발이 있어 걷는 것과 같으니 맥(麥)이라는 글자는 래(來)와 쇠(夂, 걷다)를 따라 만들어졌다"고 했다. 소송의 《본초도경》에서는 "소맥은 가을에 심어 겨울에 자라고 봄에 이삭 맺고 가을에 영근다. 사계절의 중화하는 곡물이라 오곡 중에서 귀한 것이다"라고 했다.

아마도 보리와 밀은 주나라 시대에 보편적으로 재배된 듯하다.

대맥(보리)은 볏과 보리속의 한해살이풀이다. 줄기가 굵고 매끄러우며 털이 없는데 곧게 서 있다. 높이는 50~100센티미터다. 잎은 길이가 9~20센티미터이고 너비가 6~20밀리미터로 편평하다. 이삭꽃차례는 길이가 3~8센티미터(낟알 껍질에 붙은 깔끄러운 수염인 '까끄라기'를 제외한 길이), 지름 약 1.5센티미터다. 꽃차례에 영화(穎花)가 조밀하게 나 있으며 마디마다 세 개의 영화가 난다. 영화에는 자루가 없고 길이가 1~1.5센티미터(까끄라기 제외)이며 피침형인데 겉은 짧고 부드러운 털로 덮여 있으며 끄트머리에 8~14밀리미터의 뾰족한 수염이 자란다. 겉껍질은 다섯 개의 맥이 있으며 끄트머리에 뾰족한 수염이 있고 수염의 길이는 8~15센티미터다. 옆의 모서리는 가느다란 가시가 있고 속껍질

小麥
我行其野芃芃其麥

은 겉껍질과 같은 길이로 자란다. 낟알이 익으면 껍질에 달라붙어 떨어지지 않는다.

소맥(밀)은 볏과의 밀 종류에 속하는 한해살이풀을 가리킨다. 대표적인 품종이 일반적인 밀인데, 특징은 줄기가 곧게 서고 모여 자라며 약 6~7개의 마디가 있다. 높이는 60~100센티미터, 직경은 5~7밀리미터다. 이삭꽃차례가 수직으로 자라는데 길이가 5~10센티미터(까끄라기 제외)이며 너비 1~1.5센티미터다. 3~9개의 영화가 나는데 윗부분은 발달하지 않고 타원형이며 길이가 6~8밀리미터다. 주맥이 뒷면의 상부에 능선을 이루며 꼭대기에 약 1밀리미터의 이빨이 자란다. 측맥은 능선이나 이빨이 뚜렷하지 않다. 겉껍질은 길쭉한 원형에 가까운 피침형이고 길이가 8~10밀리미터다. 겉껍질 상단에 까끄라기가 있는 것도 있고 없는 것도 있다. 속껍질과 겉껍질은 같은 길이로 자란다.

맥(麥)이란 벼의 아과인 맥류에 속하는 양식용 작물의 총칭이다. 일반적으로는 주로 소맥(밀)을 가리킨다. 밀은 전 세계 인류를 먹여 살리는 가장 중요한 3대 곡물(쌀, 옥수수, 밀) 중 하나다. 인류가 밀을 재배한 역사는 1만 년이 넘으며, 인류 최초로 밀을 재배한 곳은 중앙아시아였다. 중국이 세계에서 가장 먼저 밀을 심어 기른 발원지 중 하나다. 중국의 문헌에서 맥(麥)이 등장하는 가장 오래된 기록은 갑골문 숭의 "정일월왈식맥(正一月曰食麥)"이고, 그 이후의 문헌으로는 《시경》 빈풍(豳風)의 〈칠월(七月)〉에 나오는 "시월납화가, 서직중구, 화마숙맥(十月納禾稼, 黍稷重穋, 禾麻菽麥)"이라는 구절이다. 중국과학원 자연과학사연구소의 쩡슝성(曾雄生) 교수의 고고학 발굴에서 출토된 밀 종자의 탄소 동위원소 연구에 따르면, 밀은 중동에서 가장 먼저 중국 동부로 건너왔으며 기원전 2000년경 서주 중기에 호경(鎬京, 오늘날 산시陝西성 시안西安시 창안長安구) 주변에서 대규모로 재배되었다.

《시경》이 나에게 주석을 단다면

영화 〈글래디에이터〉의 도입부는 해질녘 노을이 완전히 내리기 직전 햇빛이 세상을 환하게 비추는데 넓은 들판에 잘 익은 보리가 황금빛 물결을 이루고 있는 장면이다. 힘 있는 큰 손이 서서히 펴지며 다섯 손가락이 보리 이삭을 가볍게 스치면서, 이 사람은 느린 발걸음으로 운명의 소용돌이를 향해 나아간다. 황금빛 보리 물결에 담근 그 손은 어떤 짜릿한 이야기의 서막을 열게 될까?

화면에 가득 찬 보리 이삭은 인물의 손끝, 손마디, 손바닥을 건드리며 출렁인다. 인물이 느낄 간지러운 감각이 스크린을 넘어 관객의 마음까지 출렁이게 한다. 황금빛 이삭의 물결이 한 사람을 운명의 전쟁터로 이끌어 가는 듯하다. 수확과 부패가 세월을 두드리며 신비로운 운명이 웅장한 화면을 펼친다. 일렁이는 보리 이삭에는 부귀함과 허무함의 변천이 잠재되어 있고, 신비로운 손이 생명의 근간이 되는 이삭을 건드리며, 이삭을 흔드는 손가락은 허공을 향해 뻗어나가며 보이지 않는 영혼을 손아귀에 잡아채려는 듯하다.

밀이 인류에게 가지는 가치는 기근을 경험한 사람만이 이해할 수 있다. 굶주림 앞에서는 도덕도 제도도 인간성도 없고 오로지 생사를 건 싸움만 존재한다. 인류의 가장 원시적인 모습이다. 밀의 즙은 인간의 위와 장에 들어가 분해, 흡수되고, 영양소는 혈액과 근육으로 바뀐다. 인류의 주식 중 하나가 된 후로 이것이 곧 밀의 사명이다. 인간은 편안하게 하는 것도 생각하게 하는 것도 밀이 주는 열량에서 나온다. 인류가 벌이는 전쟁 역시 어떤 의미에서는 밀과 관련이 있다. 한 사람의 행복 역시 밀의 향기에서 얻을 수 있는 행복이라고 말할 수 있다. 밀의 향기에는 평온하고 온화하며 사람을 취하게 하는 거실과 부엌의 분위기가 있기 때문이다.

주나라 때 여성에게는 이름이 없었다. 이처럼 힘없는 여성이 "아행기야, 봉봉기맥(我行其野, 芃芃其麥)"이라고 나라를 구하려는 마음을 품으려면 얼마나 기개 있고 호방하며 용기 넘치는 일이었을까? 큰길을 질주할 때 양옆에서 출렁이는 보리 혹은 밀의 이삭은 삶과 죽음을 예측할 수 없는 물결이었을 것이다. 외로이 혼자서 수레를 재촉하며 위기에 처한 고국을 구하러 가는 허목부인의 죽음도 두려워하지 않는 도량이 결국 제나라 군주를 감동시켰고, 그녀의 나라를 재건하는 데 도움을 주게 되었다. 허목부인의 이름은 역사책의 계단에 남겨졌으며, 그 기록을 읽는 지금의 나는 우리 역사에 이와 같은 여성이 있었다는 자부심을 느낀다.

강기(姜夔)가 〈양주만·회좌명도(揚州慢·淮左名都)〉에서 "봄바람이 십 리를 불던 곳을 지나는데 메밀만 푸르게 자라고 있네(過春風十里, 盡薺麥青青)"라고 썼다. 혼란에 빠진 나라는 몰락하고 황폐해진 연못에 차가운 달만 떠 있으니 "다리 옆의 홍약(紅藥)은 매년 누구를 위해 피는가(橋邊紅藥, 年年知爲誰生的)"라고 읊는 망국의 슬픔 속에, 모든 것이 사라진 세월 속에, 어디선가 다른 목소리가 들려온다. "메밀만 푸르게 자라고 있네"라는 구절 속 메밀이 바람에 흔들리며 새로운 생기를 뿜는다. 황량한 경치의 죽음과 푸르게 자라난 메밀의 삶은 이삭 물결을 헤치며 걷는 사람들에게 삶과 죽음 어디에도 의지할 곳 없고 돌아갈 곳 없는 쓸쓸함을 느끼게 한다.

나는 시골에서 태어났으므로 맥(麥)의 낟가리에서 나고 자란 셈이다. 어릴 적 어른들을 따라서 낟알을 황토에 뿌렸고, 비가 내리면 푸른 들판을 뛰어다녔다. 추운 겨울에 눈이 내릴 때 푸른 싹이 세상을 덮으면 그것이 내가 본 중에서 가장 멋진 대지의 축복이었다. 봄이 되어 강물이 불어나고, 어린 시절의 여름은 곧 이삭의 신화가 되었다.

내가 어린 손으로 푸른 새싹을 스치면 이슬 맺힌 잎에서 아침과 밤의 변화를 느꼈고, 곧 변화무쌍한 자연을 좋아하게 되었다. 소년 시절에 손바닥으로 황금빛으로 익은 이삭을 쓰다듬을 때는 깊이 숨겨져 있던 떠들썩함과 지평선에서 솟아오른 미지의 세계에 대한 아득함이 머릿속에 새겨지고, 눈에 보이지 않는 생기가 어디서 솟아나는지 탐구하고 싶어졌다.

《타임》지에 중국 문화를 소개하는 기사가 실린 적이 있다. 고대 동양의 문화 속 인간성의 근원을 탐구하고 중국인의 본성을 살피는 내용이었는데, 그 기사에서 사용한 비유가 특색있었다. 그 글쓴이는 동양 문화에 '밀의 맛'이 있다고 했다.

衛風

- 桑
- 竹
- 芄蘭（蘿藦）
- 萱草
- 皺皮木瓜（貼梗海棠）

위풍(衛風)

지리적 위치

위나라의 지리적 위치는 변천사가 있다. 처음에는 패, 용, 위 세 나라가 기주(冀州)에 있었다. 이곳은 상나라의 도읍 조가가 있던 곳이다. 서주 초기에 무왕은 나라의 안정을 위해 상나라의 옛 백성을 위로하고자 주왕의 아들 무경에게 은허를 관리하게 했다. 반란을 방지하기 위해 은허 주변에 북쪽은 패, 남쪽은 용, 동쪽은 위나라를 세웠다. 이곳에 각기 동생 관숙, 채숙, 곽숙을 보냈으므로 '무왕삼감'이라고 한다. 나중에 무경이 모반을 일으키자 무공이 토벌하고 세 나라를 합쳐 위나라가 되었다.

왕응린의 《시지리고》에는 "위나라는 본래 하남에 있었고, 조가의 동쪽이자 기수의 북쪽이며 백천(百泉)의 남쪽이었다. 나중에 언제인지 알 수 없으나 패, 용의 땅을 합쳤다. 의공 때에 이르러 융적에게 멸망했고, 대공이 조읍(漕邑)을 버리고 떠났으며, 문공이 초구(楚丘)에 자리 잡았다. 위나라의 옛 도읍은 오늘날 위현(衛縣)이다. 회(懷), 위(衛), 산(澶), 상(相), 활(滑), 복(濮) 등의 주(州)가 이에 속하며 개봉(開封)이라는 유명한 지역도 위나라 땅에 속한다"고 기록되어 있다. 위나라가 처음 봉지가 된 후로 여러 차례 변화가 있었으나 대략적인 위치는 오늘날 허난성 남부와 북부 일대다.

⑳ 뽕나무

고향을
그리워하는
그릇

맹(氓)

氓之蚩蚩, 抱布貿絲.	새로 이사 온 남자가 히죽히죽 웃으며 베를 가져와 실로 바꿔갔네
匪來貿絲, 來即我謀.	사실 실을 바꿔가려는 게 아니라 나를 꼬드기려고 접근한 것이었지
送子涉淇, 至于頓丘.	당신을 배웅하러 기수(淇水)를 건넜고 돈구(頓丘)까지 이르렀네
匪我愆期, 子無良媒.	내 혼기를 놓칠 때까지 미루면 안 되는데 당신에게 좋은 중매인이 없다고 하네
將子無怒, 秋以爲期.	그대여 화내지 마오 혼인 날짜는 가을로 정합시다

乘彼垝垣, 以望復關.	무너진 흙벽에 올라가 복관을 바라보네
不見復關, 泣涕漣漣.	그대가 오는 것을 보지 못하여 눈물을 흘렸지
既見復關, 載笑載言.	그대가 오는 것을 보면 웃으며 말했지
爾卜爾筮, 體無咎言.	당신이 점을 쳐서 흉괘가 없으면
以爾車來, 以我賄遷.	수레를 가져와 나와 혼수를 실어 가오

桑之未落, 其葉沃若.	뽕잎이 떨어지기 전에는 그 잎이 무성하고 윤이 났네
于嗟鳩兮, 無食桑葚.	아, 산비둘기야 오디를 따먹지 마라
于嗟女兮, 無與士耽.	아, 여인아 남자에게 빠지지 마라
士之耽兮, 猶可說也.	남자가 사랑에 빠지면 벗어날 길이 있지만
女之耽兮, 不可說也.	여자가 사랑에 빠지면 헤어날 길이 없다

桑之落矣, 其黃而隕.	뽕잎이 질 때는 누렇게 변해서 떨어진다
自我徂爾, 三歲食貧.	내가 당신에게 시집간 후 3년 동안 가난했네
淇水湯湯, 漸車帷裳.	기수 강물이 거세어 수레의 휘장을 다 적셨지
女也不爽, 士貳其行.	여자는 잘못한 것이 없건만 남자는 처음과 달라졌네
士也罔極, 二三其德.	남자에게는 정해진 법칙이란 것이 없으니 말과 행동이 다르다네

三歲爲婦, 靡室勞矣.	3년 동안 당신의 아내로 살면서 집안일을 전부 떠맡았네
夙興夜寐, 靡有朝矣.	일찍 일어나서 늦게 자지 않는 날이 없었지
言既遂矣, 至于暴矣.	생활이 좀 안정되니 당신은 폭력적으로 변했네
兄弟不知, 咥其笑矣.	형제들이 내 고생은 모르고 비웃기만 하네
靜言思之, 躬自悼矣.	가만히 생각해 보니 내 처지가 슬프다

及爾偕老, 老使我怨.	당신과 함께 해로하려 했으나 늙어지니 원한만 생겼네
淇則有岸, 隰則有泮.	기수에는 강변이 있고 습지에도 끝이 있다
總角之宴, 言笑晏晏.	혼인하기 전에 즐거울 때는 말도 웃음도 좋았고
信誓旦旦, 不思其反.	맹세의 말이 진실하여 이렇게 변할 줄 몰랐네
反是不思, 亦已焉哉!	맹세한 말이 변했다면 여기서 끝내기로 하자!

잡다한 해설

《시경》의 "진실하고 솔직한 서정성, 감정화된 서사성"(《중국고대문학간사(中國古代文學簡史)》에서 인용)의 특징을 가장 완전하게 보여주는 시가 〈곡풍〉과 〈맹(氓)〉이다. 〈곡풍〉과 〈맹〉은 비극적인 의미가 짙은 기부시(棄婦詩, 버림받은 여성의 시)이며, 두 작품 모두 뚜렷한 부(賦)의 기법을 사용하면서도 기법에 얽매이지 않고 흥(興)으로 공명하고 비(比)로 서정성을 드러낸다. 사실성, 서정성, 서사성의 수법이 조화롭게 어우러져 이 두 작품이 《시경》에서 서사시의 쌍벽을 이룬다. 두 작품이 서로 다른 점은 〈곡풍〉은 서정성에 중심을 두고 〈맹〉은 서사성에 중심을 둔다는 것뿐이다. 〈맹〉이라는 제목에 관해 마서진의 《통석》에서는 "맹(氓)은 무지몽매한 자를 가리킨다"고 했다. 옛사람들은 여성이 남성을 호칭할 때는 관계가 가까운지 먼지에 따라 구분을 두었는데, 남자와 혼인을 약속했다면 자(子)라고 불렀으며 이는 남성을 예의 바르게 지칭하는 말이다. 결혼한 뒤에는 아내가 남편을 사(士)라고 부르는데, 이는 경칭이다. 〈맹〉은 버림받은 여자가 화자이므로 자신을 배반한 그 남자를 '맹(氓)', 즉 무뢰한이라고 부르며 원망하는 마음을 드러낸 것이다. 맹(氓)은 경시하는 상대에 대한 멸칭이며, 이 이야기의 정서가 어떤 맥락으로 발전할지를 암시한다. 〈곡풍〉에서 시간 순서로 서술하다가 시간 역순으로 서술하거나 나중에 서술을 보충하는 식으로 흐름을 뛰어넘으며 이야기를 풀어냈던 것과 달리 〈맹〉은 시간의 흐름에 따라 자연스럽게 이야기를 연결한다. 창작 기법 면에서 볼 때 〈곡풍〉은 심미성을 중시한다면 〈맹〉은 서사시의 특징이 더욱 잘 드러난다.*

---

* 리샤오원(李曉雯), 《〈맹(氓)〉과 〈곡풍(谷風)〉의 서사 스타일 및 예술적 특징에 대한 비교(〈氓〉與〈谷風〉敍事風格與藝術特色比較探析)》, 둥베이사범대학교 학보(東北師大學報), 철학사회과학판(哲學社會科學版), 2013(5), 104.

미학자 주광첸(朱光潛, 1897~1986)은 《중국고대미학간사(中國古代美學簡史)》에서 "옛 중국의 문예 이론은 대부분 《시경》을 중심으로 한 평론과 총괄로 이뤄졌다"고 했다. 〈맹〉에서 뚜렷하게 나타나는 서사적 특징은 중국 서사시의 기원이자 가장 훌륭한 본보기라고 하겠다.

　　《모시서》에서는 〈맹〉을 "시대를 풍자한 것이다. 선공(宣公) 때 예의가 사라지고 음풍(淫風)이 횡행하여 남녀가 유별함을 잃어서 서로 달려가 유혹했다. 꽃이 지고 색이 바래면 서로 등을 돌리거나 곤궁해지면 후회하며 배우자를 버리곤 하니 이 일을 풍자한 것이다. 정도로 돌아와 음란한 기풍이 사라졌다"고 했다. 주희의 《시집전》에서도 〈맹〉을 음란한 시라고 불렀다. 두 가지 해석 모두 왕조 시대에 세워진 경학 전통에서 큰 영향을 미쳤다. 그러나 현대인의 시각에서 시를 해석하고 남녀평등과 인간의 자유성을 이해하는 데는 크게 영향을 미치지 못한다.

　　《시경》에 실린 기부시는 대부분 임금과 신하 사이를 은유적으로 표현한 것으로 여겨진다. 시의 심층에는 중용되지 못한 신하가 임금을 원망하는 마음이 담겨 있다고 볼 수 있다. 이것이 기부시에 대한 또 다른 해석이다.

내가 《시경》에 주석을 단다면

1

氓之蚩蚩, 抱布貿絲. 새로 이사 온 남자가 히죽히죽 웃으며 베를 가져와 실로 바꿔갔네
匪來貿絲, 來即我謀. 사실 실을 바꿔가려는 게 아니라 나를 꼬드기려고 접근한 것이었지
送子涉淇, 至于頓丘. 당신을 배웅하러 기수(淇水)를 건넜고 돈구(頓丘)까지 이르렀네
匪我愆期, 子無良媒. 내 혼기를 놓칠 때까지 미루면 안 되는데 당신에게 좋은 중매인이 없다고 하네
將子無怒, 秋以爲期. 그대여 화내지 마오 혼인 날짜는 가을로 정합시다

맹지치치(氓之蚩蚩) 맹(氓)은 《주례》에서 "새로 이사 온 사람이다"라고 했다. 《맹자》에서는 고국을 떠나 다른 나라에 와서 사는 사람을 맹(氓)이라 했다. 석경(石經) 중에는 맹(氓)을 맹(甿)으로 새긴 곳이 있는데, 농지를 잃은 농민, 소작농을 말한다. 여기서는 농지를 잃고서 위나라로 망명한 사람을 가리킨다. 치(蚩)는 《모전》에서 "돈후한 모습이다"라고 했다. 한시(韓詩)에서는 치치(嗤嗤)라고 썼는데, 이는 히죽거리며 웃는 모습을 말한다. 치소(嗤笑)는 상대를 현혹하려고 장난치듯 말을 거는 것이다. 남녀 사이에서 희롱하며 정을 주고받는 태도를 말하는 것으로 히죽거리는 얼굴과 비슷하다.

무(貿) 마서진의 《통석》에서 "옛적에는 시중에 칼 모양의 화폐가 없었기에 각자 자신이 가진 것으로 가지지 못한 것을 바꾸었다. 베를 가지고 와서 실로 바꾸어 간 것이다"라고 했다.

비(匪) '아니다'라는 뜻이다.

내즉아모(來卽我謀) 즉(卽)은 접근하다라는 뜻이다. 모(謀)는 미리 계획한 바가 있다는 뜻으로, 혼약하려고 계획한 것을 말한다.

송자섭기(送子涉淇) 《통석》에서 "남자와 처음 만나서 서로 알지 못할 때는 맹(氓)이라 부르고, 혼인을 약속한 후에는 자(子)라고 부른다. 자(子)는 남자를 부르는 미칭(美稱)이다. 혼인하고 나면 사(士)라고 부른다. 사(士)는 남편이다. 순자(荀子)의 비상편(非相篇)에 '처녀 중에 남편 얻기를 원하지 않는 자가 없다'고 했는데, 이를 통해 후대에 모범이 될 말을 세운 처음이 무엇인지 알 수 있다"고 했다. 기(淇)는 위나라의 강 이름으로 오늘날 허난성의 치허(淇河)강이다.

돈구(頓丘) 지명이다. 오늘날 허난성 칭펑현(淸豊縣)이다. 위원(魏源)의 《시고미(詩古微)》에서 "기수(淇水)와 돈구(頓丘)는 모두 위나라가 강을 건너기 전의 옛 땅이다"라고 했다.

비아건기(匪我愆期) 건(愆)은 《모전》에서 "과(過)"라고 했다. 잘못, 실수를 가리킨다. 여기서는 미루는 것을 말한다. 기(期)는 혼기를 말한다.

양매(良媒) 좋은 중매인을 말한다.

장자무로(將子無怒) 장(將)은 원하다, 청하다라는 뜻이다. 무(無)는 무(毋)와 통용되니 아니다, 원하지 않는다는 것이다. 여기서는 여자가 맹(氓)을 달래며 하는 말이다. 화내지 마세요, 결혼 날짜를 가을로 정합시다.

2
乘彼垝垣, 以望復關. 무너진 흙벽에 올라가 복관을 바라보네
不見復關, 泣涕漣漣. 그대가 오는 것을 보지 못하여 눈물을 흘렸지
旣見復關, 載笑載言. 그대가 오는 것을 보면 웃으며 말했지
爾卜爾筮, 體無咎言. 당신이 점을 쳐서 흉괘가 없으면

以爾車來, 以我賄遷. 수레를 가져와 나와 혼수를 실어 가오

승피궤원(乘彼垝垣) 승(乘)은 올라가는 것이다. 궤(垝)는 부서져서 완전하지 않은 상태를 말한다. 원(垣)은 흙벽이다.

복관(復關) 복(復)은 되돌리는 것을 말한다. 관(關)은 왕래하는 길목에 설치된 관문이다. 여자는 남자가 언제 돌아올 것인지 그 날짜를 기다리고 있다. 남자가 오려면 관문을 지나야만 한다. 왕응린의 《시지리고》에서는 '복관(復關)'을 지명으로 보고 "단주(澶州, 오늘날 허난성 칭펑현 남서쪽) 임하현(臨河縣) 복관성은 남쪽에 있으며 황하(黃河) 북부(北阜)다. 복관의 제방이 남쪽 300보에 있다"라고 했다. 《시집전》에서는 "복관(復關)은 남자가 머무는 곳이다. 그 사람에 대해 드러내놓고 말하지 못하기 때문에 이렇게 구실을 대며 말한 것이다"라고 했다. 즉 '복관'이라는 말로 그 남자를 대신해 지칭했다는 뜻이다.

읍체연련(泣涕漣漣) 체(涕)는 눈물을 말한다. 연련(漣漣)은 눈물이 흘러내리는 모양을 말한다. 여자는 맹(氓)이 관문을 넘어 돌아오지 못한 것을 알고서 그가 약속을 어겼다고 생각해 눈물을 흘렸다.

재(載) 동사의 앞에 쓰는 글자로 뜻이 없다.

여기까지 여섯 구절은 여자가 사랑의 늪에 빠졌음을 보여준다. 《정전》에서는 "마음을 다 바치면 반드시 원망이 깊어지고, 웃고 말하는 것의 기쁨도 커진다"고 했다. 첸중수(錢鍾書)의 《관추편(管錐編)》에서는 이 구절을 '층위가 분명하고 서사에 능통하다'고 평가했다.

이복이서(爾卜爾筮) 이(爾)는 이인칭의 '당신'이라는 뜻으로 맹(氓)을 가리킨다. 거북 등껍질의 갈라진 틈을 태워서 길흉을 알아보는 것을 복(卜)이라 한다. 시(蓍, 가새풀)를 이용해 점을 치는 것을 서(筮)라고 한다.

체무구언(體無咎言) 체(體)는 거북 등껍질과 가새풀로 살펴본 결과, 즉 점괘를 말한다. 구(咎)는 불길한 일, 재앙을 말한다. 무구언(無咎言)은 흉괘가 없다는 뜻이다.

이아회천(以我賄遷) 회(賄)는 재물, 혼수를 말한다. 천(遷)은 옮기는 것을 말한다.

여기까지 네 구절에서는 점을 쳐서 길흉을 따져보고 그 결과가 좋으면 수레를 가지고 와서 나와 혼수품을 실어 가라는 의미다. 왕선겸의 《집소》에서는 "이 여자는 조급하게 유혹한 것을 스스로 원망하는데, 중매인이 시기를 정할 때까지 기다리려던 초심을 자신이 어겼다는 것이다"라고 했다. 제시(齊詩)에서 말한 것처럼 여자는 자신이 예의를 저버리고 급하게 일을 처리한 것을 뉘우치고 있다.

3
桑之未落, 其葉沃若. 뽕잎이 떨어지기 전에는 그 잎이 무성하고 윤이 났네
于嗟鳩兮, 無食桑葚. 아, 산비둘기야 오디를 따먹지 마라
于嗟女兮, 無與士耽. 아, 여인아 남자에게 빠지지 마라
士之耽兮, 猶可說也. 남자가 사랑에 빠지면 벗어날 길이 있지만
女之耽兮, 不可說也. 여자가 사랑에 빠지면 헤어날 길이 없다

상(桑) 옛적과 지금의 이름이 같다. 서개(徐鍇)는 《설문해자계전(說文解字系傳)》에서 "약(叒)은 동방에 있는 자연 신목(神木)의 이름이며 그 모양을 따서 글자를 만들었다. 상(桑, 뽕나무)은 누에가 먹는 것으로, 동방의 자연 신목과는 다르다. 그래서 '叒' 아래에 나무 목(木)을 붙여서 차이를 두었다"고 했다. 《시경》에 나오는 뽕나무는 모두 여성, 사랑과 관련되어 있다. 뽕나무는 뽕나무과 뽕나무속의 낙엽교목 또는 관목이며, 원산지가 중국 중부와 북부다. 상세한 설명은 '식물 이야기'를 참고하기 바란다.

기엽옥약(其葉沃若) 옥(沃)은 차츰 스며들어 풍성한 상태를 말한다. 약(若)은 연(然, 그렇다)과 같다. 옥약(沃若)은 곧 '옥연(沃然)'이므로 물이 스며든 것처럼 윤기가 나는 것을 말한다.

이 두 구절은 뽕나무의 무성함이 연애하는 여성의 미모처럼 풍성하고 행복하며 아름답다는 것을 의미한다.

우차구혜(于嗟鳩兮) 우(于)는 우(吁, 한숨 쉬다)와 통용된다. 본래의 뜻은 놀라거나 감정이 우러나오는 것을 말하는데, 여기서는 뒤에 차(嗟)와 같이 탄식하는 것을 표현한다. 구(鳩)는 산비둘기를 말한다. 고대의 전설에는 산비둘기가 오디(뽕나무 열매)를 너무 많이 먹으면 취해서 죽은 경우도 있다고 한다. 이 구절은 여자에게 사랑에 너무 깊이 빠지지 말라고 경고하는 내용이다.

탐(耽) 《설문》에서 "탐(耽)은 귀가 커서 늘어진 것"이라고 했다. 사랑에 너무 빠져들어 탐닉한다는 의미다.

설(說) 탈(脫)과 통용된다. 《정전》에서 "설(說)은 해(解, 풀다)"라고 했다. 해탈의 의미다. 공영달의 《정의》에서는 "사(士)는 100가지 행실이 있으니 잘한 것과 못한 것이 상쇄될 수 있다. 그러나 여인은 바깥일이 없으므로 오로지 정절로 품행을 가른다"고 했다.

여기까지 네 구절은 여자에게 사랑에 빠져서 자신을 잃어버려서는 안 된다고 경고한다. 동시에 옛적이나 지금이나 여자가 사랑에 빠졌을 때의 약점을 지적하면서, 사랑에 빠졌을 때 자아를 잃지 않는 사람이 없다는 말을 하는 것이기도 하다.

4

桑之落矣, 其黃而隕. 뽕잎이 질 때는 누렇게 변해서 떨어진다
自我徂爾, 三歲食貧. 내가 당신에게 시집간 후 3년 동안 가난했네
淇水湯湯, 漸車帷裳. 기수 강물이 거세어 수레의 휘장을 다 적셨지
女也不爽, 士貳其行. 여자는 잘못한 것이 없건만 남자는 처음과 달라졌네
士也罔極, 二三其德. 남자에게는 정해진 법칙이란 것이 없으니 말과 행동이 다르다네

기황이운(其黃而隕) 황(黃)은 누렇게 변한다는 뜻이다. 운(隕)은 추락하다, 떨

어지다'라는 뜻이다. 여기서는 뽕잎이 누렇게 변해 떨어지는 것에 비유해 여자가 늙어서 미모가 사라진 것을 말한다.

자아조이(自我徂爾) 조(徂)는 왕(往, 가다)이다. 조이(徂爾)는 혼인하여 당신의 집으로 간다는 의미다.

삼세식빈(三歲食貧) 삼세(三歲, 3년)에서 삼(三)은 실제의 숫자가 아니라 여러 해를 의미한다. 빈(貧)은 가난한 생활을 말한다.

탕탕(湯湯) 물줄기의 기세가 크고 거세다는 뜻이다.

점차유상(漸車帷裳) 점(漸)은 물에 젖는 것을 말한다. 유상(帷裳)은 《모전》에서 "여성의 수레"라고 해설했다. 유상이란 수레에서 창 양옆에 다는 치마처럼 생긴 휘장을 말한다. 왕선겸의 《집소》에서는 "이 여자가 예전으로 거슬러 올라가 자신을 맞이하던 때를 이야기하는데, 가을이라 강물이 아직 거센데 기수를 건너느라 수레의 장막이 젖었으니 모험을 하며 길을 간다고 할 수 있지만 그것으로는 나를 막을 수 없다고 하는 것이다. 이상의 네 구설은 선부 불편한[不爽] 상황임을 보여주는 증거다"라고 했다.

여야불상(女也不爽) 여야(女也)는 화자가 자신을 '여자'라고 가리키며 말하는 상황이다. 자신의 감정에 충실함을 강조하는 것이다. 상(爽)은 《모전》에서 "차(差, 다르다, 부족하다)"라고 해설했다. 착오가 생겼음을 말한다.

사이기행(士貳其行) 이(貳)는 특(貣)을 잘못 쓴 것으로 보인다. 특(貣)은 특(忒)과 같은 음의 가차자인데, 상(爽)과 같은 뜻으로 오류가 생겼다는 의미다. 다시 말해 사랑이 한결같지 않다는 것을 가리킨다. 행(行)은 행위를 의미한다. 이 두 구절에서 여자는 잘못한 것이 없는데 남자는 행동이 바르지 않다는 뜻이다.

사야망극(士也罔極) 망(罔)은 없다는 뜻이다. 극(極)은 표준, 법칙이라는 뜻이다.

이삼기덕(二三其德) 도치법을 쓴 구절이다. 《시경》에 나오는 문장 형식 중에서 주어를 뒤에 놓는 형식이다. 남자의 품성이 우유부단하고 말과 행동이 일치하지 않는다고 말하는 것이다.

5
三歲爲婦, 靡室勞矣. 3년 동안 당신의 아내로 살면서 집안일을 전부 떠맡았네
夙興夜寐, 靡有朝矣. 일찍 일어나서 늦게 자지 않는 날이 없었지
言旣遂矣, 至于暴矣. 생활이 좀 안정되니 당신은 폭력적으로 변했네
兄弟不知, 咥其笑矣. 형제들이 내 고생은 모르고 비웃기만 하네
靜言思之, 躬自悼矣. 가만히 생각해 보니 내 처지가 슬프다

삼세(三歲) 구체적인 숫자가 아니라 여자가 결혼한 초기를 가리키는 말이다.

미실로의(靡室勞矣) 미(靡)는 《정전》에서 "없다"라고 설명했다. 실로(室勞)는 집안일을 말한다. 맹(氓)이 결혼한 후로 집안일을 전혀 하지 않아서 아내가 전부 떠맡았다는 의미다.

숙흥야매, 미유조의(夙興夜寐, 靡有朝矣) 일찍 일어나고 늦게 자면서 끝이 보이지 않는 일을 해야 했는데, 이러지 않는 날이 없었다.

언기수의(言旣遂矣) 언(言)은 발어사로 뜻이 없다. 여기서는 시의 내용이 전환되는 것을 암시한다. 수(遂)는 《모전》에서 "평안하다[安]"라고 했다. 《정전》에서는 오래[久]라는 뜻이라 했다. 가난하고 힘든 나날을 보냈는데 생활이 점차 안정되었다는 의미다.

폭(暴) 《정의》에서 "잔혹하고 폭력적이다"라고 했다. 아내를 대하는 태도가 점점 나빠지는 것으로, 가정폭력을 가리킨다.

질(咥) 크게 웃다, 비웃다. 형제들은 이 여자가 맹(氓)과 결혼한 데 불만이 많

다. 친정에 돌아갔을 때 형제들은 여자가 어떻게 생활하는지 속속들이 알지는 못했지만 입성이 남루하고 안색이 초췌한 것을 보고 비꼬는 말을 한다. 왜 그런 사람에게 시집갔는지 모르겠다면서 고생스럽겠다고 비웃는 것이다.

정언사지(靜言思之) 마음을 가라앉히고 잘 생각해 보다. 언(言)은 어조사로 뜻이 없으며, 조용한 마음의 연장선이라 볼 수 있다.

궁자도의(躬自悼矣) 궁(躬)은 《정전》에서 "몸[身]"이라고 했다. 자기 자신을 뜻한다. 도(悼)는 마음 아파하는 것이다. 스스로 자신의 처지를 슬퍼한다.

6

及爾偕老, 老使我怨. 당신과 함께 해로하려 했으나 늙어지니 원한만 생겼네
淇則有岸, 隰則有泮. 기수에는 강변이 있고 습지에도 끝이 있다
總角之宴, 言笑晏晏. 혼인하기 전에 즐거울 때는 말도 웃음도 좋았고
信誓旦旦, 不思其反. 맹세의 말이 진실하여 이렇게 변할 줄은 몰랐네
反是不思, 亦已焉哉! 맹세한 말이 변했다면 여기서 끝내기로 하자!

급이해로(及爾偕老) 급이(及爾)는 '당신과 함께'라는 뜻이다. 이 구절은 어쩌면 맹(氓)이 처음 여자에게 속삭였던 사랑의 맹세일지 모른다. 한창 사랑할 적에 두 사람은 늙을 때까지 같이 살자고 약속했다는 것이다. 노(老)는 젊던 얼굴이 늙어지자 버려졌다는 뜻이다. 그래서 지금 '해로(偕老)'라는 당신의 거짓말을 생각하면 마음속에 원한이 솟구친다.

습칙유반(隰則有泮) 습(隰)은 낮고 습한 곳을 말한다. 습(溼)이라는 글자로 본다면 뤄허(漯河) 강을 가리키는 것이기도 하다. 황허(黃河) 강의 지류로 위나라 경내를 지나가는 강이다. 반(泮)은 반(畔)과 통용된다. 물가, 강변이라는 뜻이다.

이상의 두 구절에 대해 청쥔잉은 여자가 기수 강변에 서서 그 풍경에 감정이 북받쳐 이 시를 노래하게 되었다고 여긴다. 주희는 이 두 구절을 "부(賦,

직접 서술하는 기법)이자 흥(興, 비유를 통해 먼저 분위기를 돋우고 나서 서술하는 기법)이다"라고 평가했다. 여기서 〈맹〉의 작법이 풍부하고 다양함을 알 수 있다. 기수는 큰 강이고 흐름이 장대하며 제방이 있어서 습지가 넓을 뿐 아니라 강변을 가로막고 있다. 세상의 모든 사물에 끝이 있지만 나의 근심은 끝이 보이지 않는다. 말속에 숨겨진 뜻은 이런 남자와 결혼해 살아간다면 끝없는 고통이라는 의미다.

총각지연(總角之宴) 총(總)은 한데 모아서 묶는 것을 가리킨다. 총각(總角)은 옛적에 성인이 되지 않은 남자와 여자는 머리를 땋아 올렸는데, 이것을 일컫는 말이다. 여기서는 어린 시절을 말한다. 공영달의 《정의》에서는 "남자가 관을 쓰지 않고 여자가 머리를 쪽 찌지 않으면 머리카락을 묶어서 양각(兩角)으로 모았다"고 했다. 연(宴)은 즐겁다는 뜻이다.

안안(晏晏) 기쁨과 즐거움. 어린 시절에는 얼마나 우애가 넘쳤나. 도입부의 내용을 보면 두 사람이 서로 알게 되었을 때는 이미 성인이 된 후였을 것이다. 여기서는 두 사람이 어린아이처럼 순수한 마음으로 사랑을 나누던 시절을 가리킨다. 진계원의 《모시계고편》에서는 여자가 맹(氓)에게 시집갈 적에는 나이가 어렸는데 남편에게 버림받았을 때는 이미 늙었다는 의미로 해석했다.

신서단단(信誓旦旦) 〈맹〉이라는 시가 후대 사람들에게 남겨준 중요한 표현으로 '맹세의 말이 성의 있어 믿을 만하다'라는 뜻이다. 처음 사랑의 맹세를 할 때는 그 뒤에 따라올 일이 이렇게 비통할 줄 알았을까? 단단(旦旦)은 달달(怛怛)의 가차자다. 본래의 뜻은 고통스러워하는 모습, 괴로워하는 성정인데 파생된 의미로는 간절하고 절실하다는 의미가 있다. 절실해야 맹세를 믿을 수 있다.

불사기반(不思其反) 불사(不思)는 생각하지 못했다는 뜻이다. 반(反)은 마음이 변했다는 뜻이다. 그 사람이 맹세를 어기고 배신할 줄 몰랐다는 말이다.
　여기 네 구절에서 대비되는 감정은 화자인 여성의 마음에 담긴 원한이 얼마나 깊은지 보여준다.

반시불사(反是不思) 위아래 구절의 의미는 동일하고 문장 구성만 달라지는데, 시의 음률과 관련이 있다. 맹(氓)이 맹세했던 말을 깡그리 잊었음을 가리킨다.

역이언재(亦已焉哉) 이(已)는 종료하다, 중지하다라는 뜻이다. 언재(焉哉)는 어조사를 중첩 사용해 감탄의 어조를 강화한다.

7

이 시의 마지막 구절은 매우 단호한 기세를 보여준다. 《시경》이 지어진 시대에도 중국 여성들이 남성 중심 사회에 대하여 일종의 저항 정신을 나타냈음을 알 수 있다. 결혼생활에서 어려움에 처했더라도 삶의 고통을 감당하려는 용기, 그런 상황에서도 이 여성이 독립된 인격체로 빛나고 있음을 보여준다. 시 속의 인물은 망설이지 않고 돌아서서 떠났다. 〈곡풍〉의 마지막 부분에서 "불념석자, 이여래기(不念昔者, 伊餘來墍)"라고 읊을 때 느껴지는 아쉬움과는 극명한 대조를 이룬다.

식물 이야기

뽕나무와 중국인의 생활 및 문화는 밀접한 관계가 있는데, 《시경》에서도 그것을 잘 살펴볼 수 있다. 뽕나무는 《시경》에서 20번이나 등장하는데, 《시경》에서 가장 많이 나오는 식물이다. 《시경》의 뽕나무는 모두 여성과 사랑에 관련된다. 뽕나무는 왜 중요한 식물일까? 공영달의 《정의》에서 "뽕나무는 여공(女功, 여성의 노동)의 시작이다"라고 했다. 옛날 여인들이 성인이 되어 시집가게 되면 옷을 짓는 일은 반드시 배워야 할 기본 과목 중 하나였다. 누에를 키우고 실을 잣는 일은 가장 필수적인 재료를 만드는 것이었다. 당시 뽕나무밭을 가진 집안은 생활할 수 있는 기반이 있다는 뜻이었다. 그래서 《모전》에서는 "누에를 기르기 좋은 땅이면 사람이 살 수 있다"고 했다. 바꿔 말하자면 사람이 사는 곳에는 반드시 뽕나무밭이 있는 것이다. 《서·우공(書·禹貢)》에서는 "뽕나무밭은 곧 누에와 같으니 언덕 아래가 집을 지을 만한 땅이다"라고 했다.

옛 문헌에서 뽕나무를 언급하면 곧바로 누에가 뒤따라 나온다. 누에를 기르고 뽕나무를 심고 실을 뽑아 비단을 짠다. 중국인이 비단을 만들기 위해 들이는 이런 고된 노동과 독립적인 창조성을 점차 세계를 연결하는 길인 비단길(실크로드)을 개척했다. 비단길은 지금까지도 여전히 새로운 생기를 뿜어내고 있다. 그리고 오늘날 세계는 '상전벽해(桑田碧海)'라고 할 만한 큰 변화를 겪고 있는데, 그럴수록 상전(桑田), 즉 뽕나무밭의 의의와 가치가 새롭게 개척되고 정의되어야 할 필요성이 있다. 중국 문화의 깊은 곳에 뽕나무 문화가 독특한 바탕색을 그리며 가라앉아 있다. 사마천의 《사기》 '오제본기(五帝本紀)'에서는 "황제(黃帝)는 헌원(軒轅)의 언덕에 살았고 서릉(西陵)의 딸과 결혼했다. 그녀는 후일 누조(嫘祖, 양잠을 발명한 여성)가 되었다"고 했다. 이것이 누조에 대한 가장 오래된 기록이다. 비록 신화와 전설이지만 그 속에서

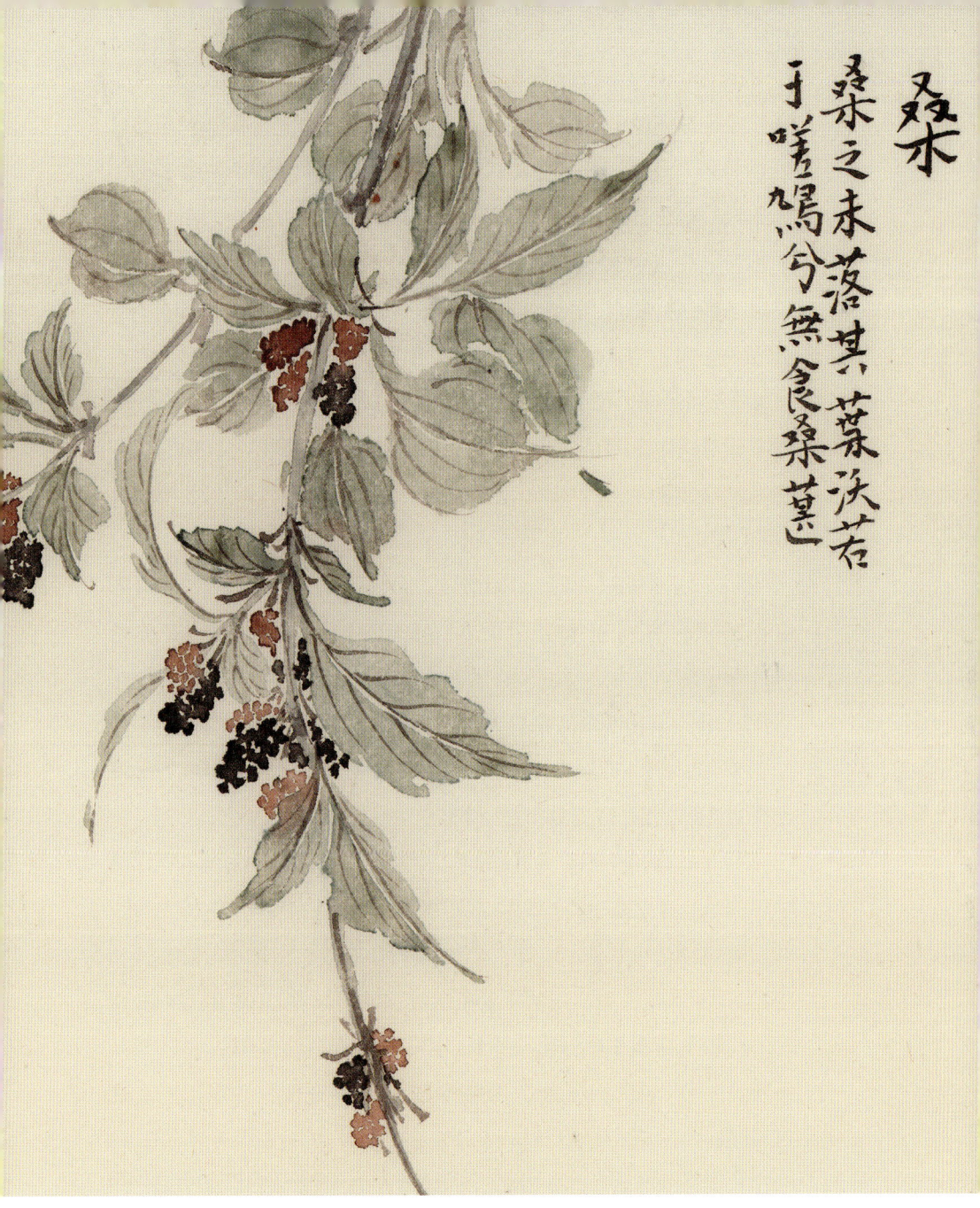

중국 사람들이 뽕나무를 재배한 역사를 추측할 수 있다.

《맹자》 '양혜왕상(梁惠王上)'을 보면 "5묘의 저택에 뽕나무를 심으면 50그루로 비단옷을 지어 입을 수 있다"고 했다. 진나라 이전 시대에 살기 좋은 곳에서 뽕나무 50그루를 심으면 가족의 옷은 기본적으로 충당할 수 있었음을 알 수 있다. 북위 시대에는 15세 이상의 남자에게 1인당 뽕나무밭 20

묘를 주는 균전령이 시행되었다. 뽕나무밭은 조상 대대로 물려받는 가산이기도 하고 국가 안정의 지표이기도 했다. 그래서 모든 남자는 규정에 따라 뽕나무를 심고 길러야 했고, 뽕나무가 부족한 사람은 보충해야 했다. 뽕나무밭은 국가 세수의 중요한 원천이었다. 《시집전》에서는 "뽕나무와 가래나무는 옛적부터 5묘의 집에서 담장 아래에 심었는데 이것을 후손에게 물려주어 누에를 치고 기물을 만들어 쓴다"고 했다. 소송의 《본초도경》에서는 "민간에서 뽕나무라고 부르는 것 중 작고 길쭉하게 자란 것은 모두 여상(女桑)이다. 산상(山桑)은 뽕나무와 비슷한데 활을 만드는 재료다"라고 했다. 뽕나무에는 가상(家桑), 형상(荊桑), 상심수(桑葚樹), 백상(白桑) 등의 다른 이름이 있다.

뽕나무는 제사를 지내는 신목이었고, 상나라와 주나라 시대에는 뽕나무숲을 조성해 그곳에 사(社)를 만들었다. 이 상사(桑社)에서는 남녀가 몰래 만나서 사랑을 나누기도 했는데 제사와 관련된 중국인의 원시적인 생식 숭배 의식을 엿볼 수 있다. 고고학 발굴 결과에 따르면, 한날 때의 석각화에 뽕나무숲에서 일하거나 남녀가 성교하는 그림이 많이 남아 있다. 이것이 노동과 국가 번영을 상징하는 장면이었던 것이다.

뽕나무는 뽕나무과에 속하는 낙엽교목 또는 관목으로, 높이 3~10미터이고 수관이 풍만하고 거꾸로 된 계란형이다. 나무껍질은 회색이 도는 노란색 또는 황갈색이며 세로로 옅게 균열이 나 있다. 잎은 어긋나며 앞면은 선명한 녹색이고 털이 없고 광택이 있다. 잎의 뒷면은 녹색이고 잎맥을 따라 드문드문 털이 나 있으며 잎맥 사이에는 털이 있다. 꽃은 잎과 같이 나며 암그루와 수그루가 따로 있다. 꽃은 황록색이고 수꽃은 유제화서(葇荑花序)로 핀다. 열매(오디)는 모여서 자라며 계란형에 가까운 타원형이고 흑자색 또는 흰색이다. 꽃은 4~5월에 피고 열매는 5~8월에 익는다. 뽕나무의 원산지는 중국 북부와 중부이며 4천 년 이상의 재배 역사가 있다. 주나라 시대에는 뽕잎을 따고 누에를 치는 것이 광범위하고 보편적인 농업 활동이었다. 뽕나무는 주로 집 안 정원에 심는데, 그래서 상재(桑梓)라는 단어가 고향을 가리키는 말이 되었다.

집에서 기르는 가상(家桑) 외에도 노상(魯桑), 백상(白桑), 호상(湖桑), 여상(女桑) 등의 변종이 있다.

《시경》이
나에게
주석을 단다면

　이 시는 성격이 강직한 여자가 무정한 남자에게 버림받은 후 쓴 가슴 아픈 시다. 시의 형식은 서사에 집중했지만 그 안에는 전부 정서를 담았다. 첸중수의 《관추편》에서는 〈맹〉을 두고 "가지 않은 것이 돌아오는 법은 없고, 늘어뜨리지 않은 것이 도로 수축하는 법이 없다는 도리를 다룬 극치다"라고 했다. 이 맹렬하고 강직한 여자는 사랑에 있어서 용감하게 사랑하고 또 용감하게 증오한다. 버림받았어도 자괴감에만 빠져들지 않는다.

　이 시에서는 여자가 사랑을 하면 비둘기가 오디를 먹고 취하는 것과 같아서 자신을 다치게 하기 쉽다고 말한다. 반면 남자의 연애는 쉽게 나쁜 사람에게로 마음이 옮겨가거나 다른 일을 통해 사랑의 감정에서 벗어나곤 한다. 여자는 한번 마음을 쏟으면 쉽게 빠져나오기 어렵다. 〈맹〉은 여자가 사랑 때문에 상심한 이야기에 집중해 서술하고 있다. 이 시처럼 확실하고 미련 없이 서술하는 것은 결국 사랑이 깊었다는 뜻이다. 첸중수는 프랑스의 19세기 낭만주의 문학운동의 선구자인 마담 드 스탈(Madame de Staël)의 말을 인용하며 "사랑은 남자 인생에서는 한 토막일 뿐이지만 여자 인생에서는 삶의 전부다"라고 했다. 이 말은 마치 〈맹〉에서 "사지탐혜, 유가설야(士之耽兮, 猶可說也) 여지탐혜, 불가설야(女之耽兮, 不可說也)"라는 말을 빌려온 것 같다.

　당시 여자는 어떠한 사회적 지위도 갖지 못했다. 감정의 몰입 속에서 남자의 마음 한 조각이라도 얻으면 그것이 여자의 일생을 의탁할 중요한 기반이 되었다. 설령 자신이 이런 감정의 몰입 관계에서 약자라는 사실을 알아도, 여자는 나방이 불에 달려드는 것처럼 사랑에 몸을 던졌다. 이런 헌신을 스스로 선택한 이상 배신자에게 버림받은 회한도 스스로 감당해야 한다. 이 시의 마지막 구절 "반시불사, 역이언재(反是不思, 亦已焉哉)"에서 당신이 그때의 맹세를 다 잊어버렸다면 그럼 여기서 끝내자고 말하는데, 이 뼈에 사무치는 말의 담담함이 여자의 기구한 운명을 더욱 동정하게 만든다.

〈맹〉은 2500년 전에 일어난 사랑의 비극이지만 그들이 어떻게 연애를 했는지 살펴보면 여전히 현대의 연애극 각본에 본보기가 될 만하다. 오늘날 남녀의 사회적 역할은 갈수록 균형을 이루고 있으며, 연애 역시 개인의 선택이 중요하다. '남편에게 버림받은 아내' 같은 개념은 더 이상 존재하지 않지만 여전히 사랑에 배신당한 여자가 있다. 현대 여성은 예전의 여성보다 슬프고 절절한 운명은 아니다. 더 많은 물질적 기반이 있고 정신적으로는 독립성을 갖췄다. 그러나 인생을 함께할 대상으로 어떤 사람을 골라야 하는지는 여전히 쉽지 않은 문제다. 〈맹〉의 가장 기본적인 의미는 사랑이 있어야 한다는 것을 말하지만 결혼을 결정할 때는 충동적으로 선택해서는 안 된다는 교훈을 전해 주기도 한다.

《시경》에는 뽕나무가 나오는 구절이 많다. 여기서 진나라 이전 시대의 농경생활을 상상할 수 있다. 그 시대에 뽕나무는 이미 보편적으로 재배되는 식물이었다. 뽕나무는 갑골문에 가장 먼저 등장했다. 인간의 지식이 깨어나고 문자를 만들게 되면서 짐승의 뼈와 대나무 조각에 역사를 기록하며 자신들이 자연과 어떻게 싸웠는지 그 경험과 지혜를 보존하고 전승했다. 자연에서 얻은 야생의 누에에게서 깨달음을 얻어 뽕나무를 먹이로 삼아 누에를 길렀고, 누에에게서 편리하고 부드러우며 잘 해지지 않는 명주를 얻었다. 이것은 인류의 생활이 질적으로 크게 발전한 계기였다.

잠모(蠶母)는 고대에 신모(神母)로 추앙받았고, 뽕나무는 상나라와 주나라 때 종묘에서 제사를 지내는 신목이었다. 춘추전국시대에는 뽕나무가 들판에 널려 있었으며 문자 기록에도 자연을 설명하는 대목에서 뽕나무를 심어 누에를 기르는 농경 생활상이 널리 보급된 것이 남아 있다. 뽕나무와 인간 사이의 관계는 더욱 온화하고 아름다워졌다. 남자의 조복(朝服)은 비단으로 만들어 왕권의 장중함과 위엄에 맞게 준비되었다. 여자의 아름다운 자태는 "떨어진 꽃이 옷깃에 들어오고 산들바람이 옷자락을 흔든다(落花入領, 微風動裾)"는 말과 같이 표현되었다. 이렇게 비단옷이 살랑거리는 풍취는 여성의 관능과 아름다움을 더욱 다양하게 드러내주었다.

상재(桑梓)라는 단어는 고향을 상징하는 말로, 중국 문화의 특징을 보여준다. 자연이 중국인의 가정 문화를 어떻게 만들어 주었는지를 알려주는 풍경이자 먼 길 떠난 나그네의 기억 속에 고향의 그리움을 담는 그릇이다.

나는 어릴 적부터 중국 서북부의 시골에서 살았다. 주나라와 진나라의 오래된 땅이라 뽕나무는 당연하게도 더없이 익숙한 나무였다. 봄에 뽕잎이 막 자라나면 누에에게 맛있는 먹이로 공급할 수 있다. 여름과 가을의 뜨거운 햇살 아래서 친구들과 대나무 장대를 들고 오디를 떨어뜨려서 몰래 집어 먹는 것은 어린 시절 잊을 수 없는 추억이다.

도시에서 생활하는 현대인은 누에를 기르는 재미를 거의 알지 못한다. 산업화 시대는 농경 시대의 즐거움을 사람들에게서 격리한 듯하다. 격리된 것은 인간과 자연만이 아니다. 서로 다른 생활을 영위하는 사람들 사이에서 마음의 거리도 멀어졌다.

어릴 적 누에 치던 즐거움을 기억한다. 누에 알이 떨어진 크라프트지에 솜을 깔고 누에가 알을 깨고 나오는 계절을 기다린다. 그때는 한 아이가 밤잠을 설치는 계절이다. 고요한 봄 물결이 넘실대는 밤, 뽕잎을 덮은 둥근 바구니를 지키면서 누에가 뽕잎을 사각사각 갉아먹는 소리를 듣는다. 그 소리는 피아노 건반 위에서 춤추는 발레리나의 발끝과 같은 운율을 선보인다. 뽕잎이 달린 가지 아래서 누에는 흰 고치로 바뀐다. 흰 고치는 보릿대에 매달려 수행하고, 수행의 끝에 깨달음을 얻으면 나방으로 다시 태어난다. 요정의 춤과 같은 누에의 일생에서 뽕잎은 얼마나 무한한 사랑의 무대인지 모른다.

색깔이 다른 두 종류의 오디를 먹어보았다. 하나는 자색인데, 이것을 '옥자(玉紫)'라고 부른다. 과육이 달고 뒷맛이 좋다. 먹고 나면 입 안이 온통 빨갛게 물든다. 다른 한 종류는 옥처럼 흰 오디인데 이것을 '주옥(珠玉)'이라고 부른다. 흰 오디는 오디 중에서도 귀족이라고 할 만한데, 깔끔하고 건강한 여자 같다.

21 대나무

단단한 것이
부드럽게
변할 때

죽간(竹竿)

대나무 낚싯대를 흔들며 기수에서 물고기를 잡으니

어찌 그대를 그리워하지 않을까? 멀어서 닿지 못하네

籊籊竹竿, 以釣于淇.
豈不爾思? 遠莫致之.

천원(泉源)은 왼쪽에 기수(淇水)는 오른쪽에

여자가 시집을 가면 부모형제와 멀리 헤어진다네

泉源在左, 淇水在右.
女子有行, 遠兄弟父母.

기수는 오른쪽에 천원은 왼쪽에

환하게 웃을 때 보이던 하얀 이, 패옥을 차고 걷는 우아한 걸음걸이

淇水在右, 泉源在左.
巧笑之瑳, 佩玉之儺.

출렁이는 기수에는 전나무 노와 소나무 배

수레 타고 나가서 내 시름을 털어 내자

淇水滺滺, 檜楫松舟.
駕言出遊, 以寫我憂.

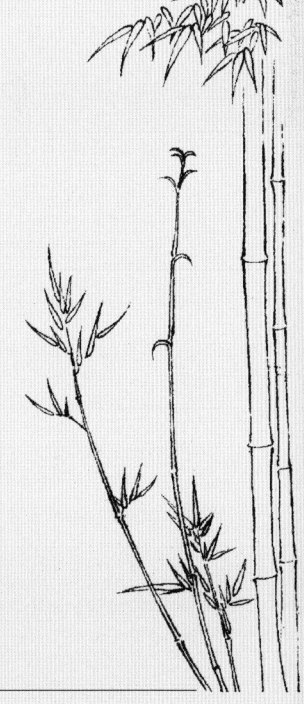

잡다한 해설

〈죽간〉은 간결하게 쓰여졌지만 어떤 사람이어야 이렇게 비범한 감각과 창작 기법을 다룰 수 있는지 생각하게 한다. 《시경》의 시대에 이런 감각을 느끼게 하는 작품이란 문학성보다는 세계관의 범주에서 생각해 보아야 한다. 이 시는 백묘(白描, 한 가지 색깔의 먹물로 선을 그어 그리는 그림 기법)로 그린 사물화 속에 아득하고 깊은 우수의 그물을 짜냈다. 〈죽간〉의 내용은 본래 명확한 편으로, 멀리 시집간 여자가 고향을 그리워하는 시라는 것이 가장 오래된 해석이다. 《모시서》에서는 "〈죽간〉은 위나라 여자가 돌아가고 싶어 하는 내용이다. 다른 나라에서 살면서 답을 받지 못하고 있으니 고향을 그리워하는 것은 예를 지키는 일이다"고 했다. 산과 물 위에 떠 있는 듯한 함축적이고 아련하며 순수한 깊은 마음은 읽는 이의 말문을 막히게 하고, 수없이 많은 근심을 마음속에 솟아나게 하는 듯하다. 이 깊고 깊은 그리움은 역사가 이어지고 시간이 흘러가면 더 이상 한 사람의 마음속에만 있는 생각이나 혼자서 그리움을 담아 마시는 술을 넘어서게 된다. 수천수만의 사람이 고향을 그리워하며 술을 마신다면 그 마음과 순간들이 바다의 물결처럼 넓게 퍼져나갈 것이다.

집을 떠난 사람들은 누구나 마음속에 그림처럼 또렷하게 그리운 고향의 모습을 품고 있다. 그런 내면세계는 단지 공상에 그치지 않고 한 사람의 성품을 형성하는 근원이자 혼백이 허무가 아니라 창조로 나아가는 바탕이 된다. 피가 섞인 혈육 간의 정은 그들이 살아가는 땅과 서로 기대어 있다. 향수란 자신을 분명히 인식할 때 생기는 회상 속에서 일어나는 바다와 같은 그리움이며, 이런 그리움을 느낄 수 있는 드넓음과 너그러움은 세상에서 기댈 곳 없이 혼자라고 느끼지 않게 하고 혈연이라는 기둥이 나를 지탱해 주는 감각을 준다. 한 사람이 지닌 지혜와 용기의 근원은 향수를 느끼고 가족을 그리워하는 마음에서 비롯되고 흔적을 남기지 않는 생명력으로 피어난다.

〈죽간〉의 예술성은 고향을 향한 그리움을 일깨우는 본보기와 같다. 우리는 그 그리움이 한 사람의 마음속 공간을 얼마나 차지하는지 알지 못하지만, 그리움의 크기는

《장자(莊子)》 '제물론(齊物論)'에서 말하는 마음의 움직임과 비슷할 것이다. 많은 이론에서 〈죽간〉의 뛰어난 상상력을 언급하고, 보이지 않는 그리움의 정서를 산과 강을 이용해 선명하고 역동적인 장면으로 그려내는 재능에 대해 이야기한다. 실제로 〈죽간〉이 진정으로 의지하는 것은 상상력의 확장으로 자라난 특별한 능력이 아니라 마음속 깊은 곳의 진실한 감정이고, 영원히 지울 수 없는 기억의 그림이며, 진중하고 예민한 영혼이 갑자기 세상천지에서 느끼는 슬픔의 무게이다. 이 모든 것에 상상력의 유도가 필요하지 않다. 필요한 것은 마음속에 떠오르는 조용한 외침이다. 이 외침이야말로 어떠한 상상력으로도 그려낼 수 없는 것이며, 진실하고 소박한 여백은 거대하지만 소리 없는 마력을 뿜어낸다. 이 마력이 마음과 세상을 부르고 산하와 혈육이 응답한다.

위원(魏源)이 〈죽간〉을 읽고서 〈재지〉를 썼던 허목부인의 심령과 통했으리라고 생각했다. 그는 《시고미(詩古微)》에서 "위나라가 강을 건너 새로 도읍을 정한 후로 그 강의 북쪽에 있는 옛 도읍은 모두 융적(戎狄)의 것이 되어 산하와 풍경이 모두 황량해지고 (……) 언제 다시 회복하게 될지 생각하니 옛날을 그리워하지 않을 수 없다. 시 한 편에 세 가지 뜻이 있다. 글은 한 사람에게서 나오지만 슬픔은 다른 세상에 있는 듯하다"고 했다. 허나라에서 위나라 사람의 애국심에 이처럼 호응하고 감사하게 여길 사람이 또 누가 있을까? 이처럼 장대하고 섬세한 영혼이 허목부인이 아니라면 또 누구일까? 비록 시는 역사학 고증처럼 돌에 칼로 새겨야 하는 것은 아니지만 글자 하나하나에 허목부인의 필치가 뿌리를 내려야 비로소 이 시가 어느 집에 속하는 작품인지 알 수 있다. 다만 시에는 영혼의 상상력이 있고 혼백을 불러들이는 마력이 있기에 시간 속에 사라진 작가의 비밀을 꿰뚫어 볼 것이다. 그래서 위원은 〈죽간〉이 허목부인의 작품이라고 명시했는데, 그의 견해에는 역사적인 증거의 뒷받침은 없으나 시의 뜻을 깊이 읽은 사람들은 누구나 시간 깊은 곳에서 들려오는 메아리를 엿들으려 할 것이다. 시와 작가의 비밀이 깊은 땅속 어느 지층에 숨겨져 있을지도 모른다.

내가
《시경》에
주석을 단다면

1
籊籊竹竿, 以釣于淇. 대나무 낚싯대를 흔들며 기수에서 물고기를 잡으니
豈不爾思? 遠莫致之. 어찌 그대를 그리워하지 않을까? 멀어서 닿지 못하네

> **적적죽간(籊籊竹竿)** 적적(籊籊)은 《모전》에서 "길고[長] 가늘다[殺]"라고 했다. 진환의 《전소》에서 "살(殺)은 가늘고 작은 것을 가리킨다"고 했다. 왕선겸의 《집소》에서 "기수는 위나라 땅이다. 이 여인은 다른 나라에 살면서 옛날 낚시를 하던 즐거움을 그리워하지만 멀어서 갈 수 없다. 이것은 부(賦, 비유 없이 직접 서술하는 기법)이다"라고 했다. 마서진의 《통석》에서는 탁문군의 〈백두음〉에서 "대나무 장대가 흔들흔들, 물고기 꼬리가 퍼덕퍼덕(竹竿何嫋嫋, 魚尾何簁簁)"이라고 읊은 것을 두고 〈죽간〉의 첫 두 구절에서 따온 것이라고 했다. 적적(籊籊)이라는 두 글자가 보여주는 무한한 역동성이 무한대의 시적 감성을 불러일으킨다. 처음 두 구절의 흥취가 사람과 자연의 감응을 이끌어내고, 사람을 그리움의 현장으로 데려간다. 대나무에 대한 자세한 설명은 '식물 이야기'를 참조하기 바란다.

> **이사(爾思)** 당신이 그립다. 너무 멀어서 당장 고향에 갈 수 없다. 여기서 마음만으로는 뛰어넘지 못하는 시공간의 거리를 느낄 수 있다.

2
泉源在左, 淇水在右. 천원(泉源)은 왼쪽에 기수(淇水)는 오른쪽에
女子有行, 遠兄弟父母. 여자가 시집을 가면 부모형제와 멀리 헤어진다네

천원(泉源) 물 이름이다. 즉 백천(百泉)인데, 조가의 북서쪽에서 시작해 동남쪽으로 흘러와 기수와 합쳐진다. 진환의 《전소》에서는 "물은 북쪽을 왼쪽, 남쪽을 오른쪽으로 한다. 천원(泉源)은 조가의 북쪽이니 왼쪽에 있다고 하는 것이다. 기수는 조가의 남쪽으로 구부려져 흐르므로 오른쪽에 있다고 한다"고 했다. 이 두 구절에서 인생의 만나고 헤어짐이 무상함을 비유한다.

여자유행, 원형제부모(女子有行, 遠兄弟父母) 행(行)은 멀리 시집가는 것을 말한다. 원(遠)은 멀리 헤어져 있음을 말한다. 일반적인 상황이라면 '부모'가 '형제'보다 앞에 와야 한다. 마서진의 《통석》에서는 "고음(古音)을 따르면 우(右)와 모(母)가 운(韻)인데, 당석경(唐石經)과 명나라 때의 감본(監本, 국자감에서 편찬한 서적)대로 '원형제부모(遠兄弟父母)'라고 썼다"고 했다. 이 두 구절은 〈천수(泉水)〉와 〈체동(蝃蝀)〉에도 나오는데, 당시 풍가(風歌)에서 자주 사용하던 구절일 것이다.

3
淇水在右, 泉源在左. 기수는 오른쪽에 천원은 왼쪽에
巧笑之瑳, 佩玉之儺. 환하게 웃을 때 보이던 하얀 이, 패옥을 차고 걷는 우아한 걸음걸이

물의 흐름과 사람의 감정이 서로 얽혀 있을 때 시구는 중복되는 것처럼 보이지만 그 의미는 물결이 일 듯 더욱 격해진다. 마음속 감정의 격랑과 강물의 격랑이 뚜렷하게 대비된다.

차(瑳) 옥색은 순백색이고, 웃을 때 이가 보이는 것을 교소(巧笑)라고 한다.

나(儺) 나(娜)와 통용되며 유연하고 아름다운 모습을 말한다. 《모전》에서는

"나(儺)는 행동에 절도가 있는 것이다"라고 했다. 여인이 몸에 패옥을 걸치고 걸을 때 더욱 아름답고 우아해진다는 뜻이다. 멀리 시집간 여자가 소녀 시절을 회상하는 장면이다. 시집가기 전 형제자매들과 물가에서 웃고 떠들며 놀던 기억을 더듬는 것이다.

4
淇水瀏瀏, 檜楫松舟. 출렁이는 기수에는 전나무 노와 소나무 배
駕言出遊, 以寫我憂. 수레 타고 나가서 내 시름을 털어 내자

유(瀏) 강물이 출렁이며 천천히 흐르는 것을 말한다. 유(瀏)는 속본(俗本)의 가차자다.

회즙송주(檜楫松舟) 회(檜, 전나무)는 나무 이름으로 회백(檜柏) 혹은 원백(圓柏)이라고도 부른다. 회즙(檜楫)은 전나무로 만든 노를 말한다. 왕선겸은 《집소》에서 "옛날의 작은 나라는 수십 리 또는 수백 리였다. 비록 다른 나라에 가 있지만 기수 유역에서 떠난 것은 아니다. 앞의 세 장은 위나라의 기수이고 마지막 장은 다른 나라의 기수다"라고 했다. 자연의 물상(物象)만 썼을 뿐인데 화살처럼 돌아가고 싶은 마음을 고스란히 드러낸다.

가언출유(駕言出遊) 가(駕)는 첸중수의 《관추편》에서 "가(駕)에 운명의 수레라는 뜻이 있다. (……) 배를 움직이는 것도 가(駕)라고 하고 수레를 모는 것 역시 가(駕)라고 한다" 했다. 언(言)은 어조사로 접속사인 이(而)와 비슷한 역할을 한다.

이사아우(以寫我憂) 사(寫)는 없애는 것이다. 《모전》에서 "사(寫)는 제(除, 덜다)다"라고 했다. 단옥재의 《설문해자주》에서는 "숨김없이 털어놓는 것을 사(寫)라고 부른다. 속자(俗子)로 사(瀉)를 쓴다"고 했다. "가언출유, 이사아우(駕言出遊, 以寫我憂)"에는 천고의 시인이 남긴 풍모가 담겨 있다. 잠들어 있던 시적 정취를 깨우니 호랑이가 떨치고 일어나는 듯하다.

5

〈죽간〉의 시어는 생생하고 투명하며 시의 정서는 깊은 우울을 담고 있다. 사람과 천지와 서로 생성되고 분해되면서 하나의 시공간을 공유하는 것 같은 작품이다. 같은 저자에게 있어서 "가언출유, 이사아우(駕言出遊, 以寫我憂)"는 고향을 그리워하는 비슷한 정서에 대한 표현일지 모른다. 〈천수〉와 〈죽간〉의 마지막 두 구절이 동일하기에 위원이 〈천수〉, 〈죽간〉, 〈재치〉를 모두 허목부인이 썼다고 여긴 것이다. 나는 "가언출유, 이사아우(駕言出遊, 以寫我憂)"라는 구절에 삶의 한 단면이 드러나는 표현이 담겨 있어서 좋아한다. 희비가 교차하는 운명을 자기 손아귀에 쥐고 있는 듯하다. 무겁고 착잡한 향수(鄕愁)라는 해결하기 어려운 감정 역시 한순간 마음과 세상천지가 함께 기쁨을 맛보게 되는 느낌이다. 〈죽간〉은 자태가 우아하고 마음가짐이 진중하며 시 속의 정서가 웅대한 향수시다. 〈죽간〉이 표현하고 있는 그리움은 뛰어넘기 어려운 높은 벽이다.

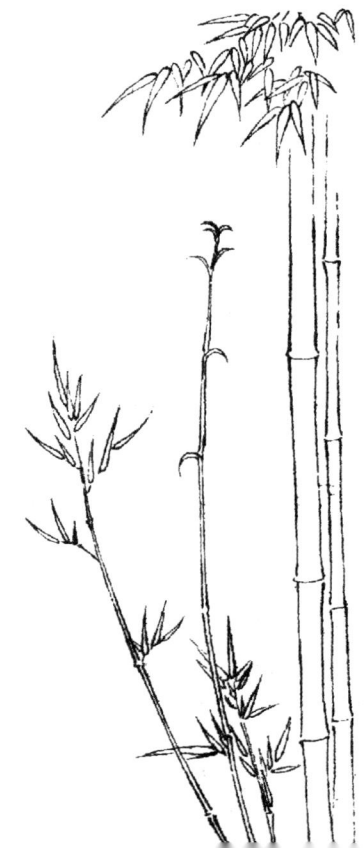

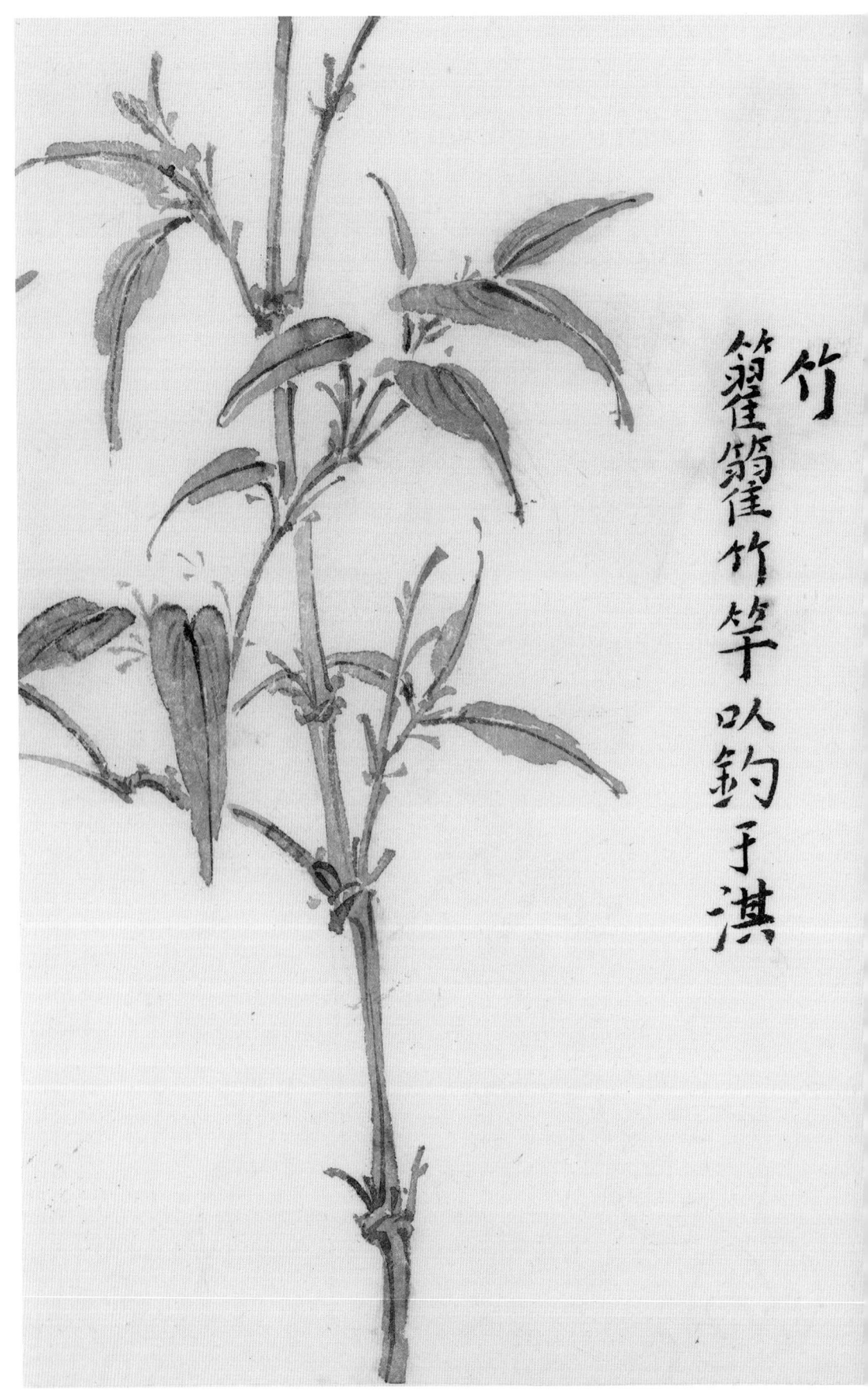

竹
籈籈佳竹竿以釣于淇

식물 이야기

중국 문화와 대나무의 관계는 얼마나 깊을까? 이 문제는 쉽게 요약할 수 없어 보이지만 적어도 최초의 《시경》, 《상서》, 《논어》, 《주례》, 《춘추》가 죽간에 새겨진 '죽서(竹書)'였다는 사실은 알려져 있다. 《중국과학기술사(中國科學技術史)》를 쓴 영국 학자 조지프 니덤(Joseph Needham, 1900~1995)은 동아시아 문명을 대나무 문명이라고 불렀다. 그는 중국을 대나무 문명의 나라라고 말하면서 중국에 대나무 종류가 얼마나 많은지, 대나무 숲의 면적은 얼마나 넓은지 등을 조사하는 것 외에도 죽서에 담긴 사건, 사물, 시대의 기록 전통 역시 대나무 문명이라고 평가하는 중요한 원인이라고 했다.

《시경》에 나오는 죽(竹)은 같은 이름으로 불리지만 문헌 고증에 따르면 두 종류의 식물을 가리킨다. 위풍(衛風)의 〈기오(淇奧)〉에 나오는 '녹죽(綠竹)'은 대나무가 아니라 마디풀이다. 〈죽간〉에 나오는 죽(竹)은 "직이유절(直而有節, 곧고 마디가 있다)"로 표현되는 대나무다.

이시진의 《본초강목》에서는 이렇게 설명한다. "대나무는 강 이남에 많기 때문에 '구하(九河)에는 드물고 오령(五嶺)에는 많다'고 했다. 대부분 흙에서 싹이 돋아나는데 시시때때로 싹이 나서 열흘이 지나면 바깥쪽 껍데기가 떨어지고 대나무가 된다. 줄기에 마디가 있고 마디마다 가지가 나며, 가지에도 마디가 있어 거기서 잎이 돋는다. 잎은 반드시 세 장이 나고 가지는 반드시 두 개가 난다. 뿌리 바로 위의 가지가 하나면 수대나무, 둘이면 암대나무이며, 암대나무에 죽순이 생긴다. 대나무의 뿌리는 남동쪽으로 뻗어가기를 좋아하나 쥐엄나무의 가시와 참깨를 무서워한다. 5월 13일을 취일(醉日)로 한다. 60년에 한 번 꽃을 피우는데, 꽃이 피면 열매를 맺고 대나무는 시든다.

(……) 속은 모두 비어 있지만 속이 꽉 찬 대나무가 전광(滇廣, 오늘날 윈난성과 광둥성)에서 난다. 외향은 전부 둥근데 각진 대나무가 천촉(川蜀, 오늘날 쓰촨성)에서 난다. 마디는 아주 많거나 없고 서로 붙어 있거나 드문드문 떨어져 있다. (……) 줄기는 길거나 짧거나 굵거나 얇다. (……) 잎은 가늘거나 크다. (……) 나무의 성질은 부드러우면서 힘이 있고 매끄러우면서 떫다. (……) 색깔은 청색도 있고 황색도 있으며, 흰색, 붉은색, 검은색, 자색 등이 있다." 이것만 보아도 중국의 대나무는 종류가 다양하고 생긴 모습이 여러 갈래임을 알 수 있다.

《수서(隋書)》에 기록된 《죽보》를 보면 "식물 중에 어떤 종류가 죽(竹)이라 불린다. 강하지도 약하지도 않고, 풀도 나무도 아니다. 속이 빈 것과 찬 것의 차이가 있고, 마디가 있는 것은 모두 같다. (……) 겨울에도 무성하지만 추위를 피하는 성질이다. 구하(九河)에는 드물고 오령(五嶺)에는 많다"고 했다. 허신의 《설문해자》에서는 "대나무는 겨울에 싹이 난다"고 했다.

일반적으로 말하는 대나무는 화본과(禾本科, 볏과와 댓과를 통틀어 지칭) 대나무아과에는 좁은 의미로 약 70여 속과 1천여 종이 포함된다. 일반적으로 열대 및 아열대, 특히 계절풍이 부는 지역에 많이 분포한다. 일부 종은 아한대와 고지대의 산악에서도 자란다. 아시아와 중남아메리카에 대나무의 종수가 가장 많고, 그 다음으로는 아프리카에 많다. 북아메리카와 오세아니아에는 대나무 종수가 적으며, 유럽에는 재배하는 것 외에 야생 대나무류가 없다. 일반적으로 생산지에서 다른 식물과 같이 키우지만 대나무만으로 순수한 그룹을 형성할 수 있다. 중국에서는 유입종을 재배하는 것을 제외하고도 37속 500여 종이 알려져 있고 총 6족(族)으로 분류한다. 자연적인 분포지는 창장(長江) 강 유역과 그 남쪽에 있는 각 성에 국한되어 있으나 소수의 종은 북쪽으로 친링(秦嶺) 산맥, 한수이(漢水), 황허(黃河) 유역에서도 자란다.

〈죽간〉에 나오는 것처럼 화베이(華北) 지역에서 낚싯대를 만들기에 적합한 대나무는 여러 종류가 있을 것이다. 모죽(毛竹)은 중국에서 재배 면적이 가장 넓은 대나무다. 하지만 낚싯대를 만들기 좋은 대나무라면 일반적으로는 담죽(淡竹), 자죽(紫竹) 등이다. 담죽의 특징을 예로 들자면, 화본과 강죽(剛竹) 속의 여러해살이풀이다. 줄기가 5~12미터까지 자라고 굵기는 2~5센티미터다. 어린줄기에는 흰 가루가 빽빽하게 덮여 있고 털이 없으며, 오래된 줄기는 회색을 띠는 황록색이다. 마디 사이의 길이는 40센티미터까지 이르기도 한다. 마디를 구분하는 벽은 얇은 편으로, 약 3밀리미터 정도다. 맨 아래에 나는 가지에는 잎이 2~3장 난다. 잎은 자색을 띠는 갈색이고, 길이가 7~16센티미터, 너비가 1.2~2.5센티미터다. 잎 아래쪽의 표면에는 가운데 잎맥을 따라 양쪽으로 부드러운 털이 나 있다. 죽순은 4월 중순부터 5월 말까지 나며, 개화기는 6월이다. 중국의 황허 유역에서 창장 유역까지가 원산지이며 흔히 볼 수 있는 재배용 대나무 품종이다.

    중국인은 오랫동안 생산 활동과 문화적 창조 활동을 이어가며 대나무의 생태적 모습과 중국 문명의 소박한 자연 철학 관념을 결합했다. 그렇게 해서 대나무의 특징과 인간 본성이 합쳐진 삶의 이치를 도출했는데, 겸허와 기개의 깊은 뜻을 사회적 도덕 체계에 넣은 것이다. 대나무는 역경과 고난을 두려워하지 않고 겉으로는 강직하지만 안은 열려 있으며 꺾일지언정 굽히지 않는 품격을 대변한다. 이런 대나무의 정신은 중국 사람들이 자연의 품격을 빌려와 자신을 갈고닦는 무한한 원천이 되었다.

《시경》이
나에게
주석을 단다면

〈죽간〉이 허목부인의 작품이라는 확실한 증거는 없다. 시를 쓴 시기도 분명하지 않다. 하지만 시에 담긴 정서는 허목부인이 느꼈을 감정과 잘 맞아떨어진다. 명나라 때 하해(何楷)가 쓴 《모시세본고의(毛詩世本古義)》와 위원의 《시고미》는 〈죽간〉을 허목부인이 쓴 향수시라고 본다.

〈죽간〉은 저자가 누구든지 상관없이 문화의 강줄기에 독립적으로 존재할 수 있는 훌륭한 작품이다. 시에서 대나무가 우뚝 서 있는 모습이 고향을 그리워하는 마음을 강렬하게 드러낸다. 이 시의 배경으로는 위나라의 정세가 위태로워져서 허목부인이 이를 근심하는 중이라고 볼 수 있다. 고국을 걱정하던 중 눈앞에서 생명력을 뿜어내고 있는 대나무가 마음속 그리움을 자극한다. 화자는 잠시 가족과 함께 지내던 어린 시절을 회상한다. 형제자매와 기수에서 낚시를 하던 중 대나무 숲에서 맑은 소리가 들려오고, 강가에는 웃음소리가 흘러나온다. 고향을 그리워하는 마음이 이제 눈앞의 물결에 녹아든다. "기수유유, 회즙송주. 가언출유, 이사아우(淇水滺滺, 檜楫松舟. 駕言出遊, 以寫我憂)"라는 구절에서 말로 표현하기 힘든 애절함과 근심이 느껴진다. 이런 근심어린 감정의 뒤로 이 세상에 웅대한 영혼을 지닌 뛰어난 여성이 존재한다는 감탄이 일어난다.

자연의 대나무는 빛깔이 청아하고 생김새가 훤칠하며, 절개가 언제나 푸르고 근육과 뼈가 강철과 같아 부러지지 않으며, 속이 빈 정도가 적절하다. 대나무로 피리를 만들면 마음을 감동시키고, 통소를 만들면 마음을 쓰라리게 한다. 대나무에는 유교, 불교, 도교의 문화적 전통이 한데 얽혀 있으며, 대나무가 드러내는 입신양명하려는 기개와 서정적이고 아름다운 자태는 중국인의 정신에 새겨져 흔적을 남긴다. 진(晉)나라 때의 서예가 왕휘지(王徽之)는 "어찌 하루라도 대나무 없이 지내겠느냐"라고 했고, 송나라 때의 문호 소동파(蘇東坡)는 "고기 없이 밥을 먹을지언정 대나무 없는 곳에 살지 않으리"라고 했다. 이처럼 중국 역사에는 뼛속까지 대나무에 반해 있던 문인이 많았다. 후대 사람들은 이들 문인의 비범한 작품을 사랑하는데, 그 작품에 대나무의 성질이 근간을 이루고 있는 것이다.

현대 사회에서는 고층 빌딩이 숲을 이루고 기와를 얹은 집과 정원이 점차 사라지고 있다. 그러다보니 대나무는 공원에서나 볼 수 있는 식물이 되었다. 유종원(柳宗元)은 〈죽(竹)〉이라는 시에서 "오늘 남풍이 불어와 뜰 앞의 대나무를 어지럽히네(今日南風來, 吹亂庭前竹)"라고 읊으며 자신의 꺾이지 않는 성품을 표현했다. 항상 내 마음에 들어올 수 있도록 뜰 앞에 대나무를 심는 것은 보기 드문 일이다. 현대인은 자신의 정서를 어떤 사물에 의탁하고자 해도 급하게 달리는 자동차의 흐름에 휘말려 시적이고 그윽한 장면을 만들어내기 힘들 것이다. 현대사회에서는 사람들이 물욕을 채우려 분주히 뛰어다니고, 외로움과 우울함이 사람들의 마음을 짓누른다. 현대인이 정신적으로 실의에 빠져 있는 것은 철근과 콘크리트로 된 숲에서 살며 나날이 황폐해지는 탓이다. 그럴 때는 내나무의 성실이 필요하다. 대나무는 딱딱해 보이지만 옛날 사람들은 지혜롭게도 대나무를 생활 곳곳에 도입했다. 촉(蜀) 지역의 농가에서는 꿀을 넣은 죽통밥을 만들고, 참기름과 생강을 넣어 죽순 무침을 먹는다. 그 외에도 연순계(煙筍雞), 청순랄초우육사(青筍辣椒牛肉絲) 등이 대나무를 활용한 요리다. 식문화라는 큰 강에 대나무 문화라고 부를 만한 지류가 있는 셈이다. 이 지류는 사람과 자연이 서로 밀접한 관계를 맺도록 영양분을 준다.

대나무로 만든 의자에 앉아 탁주 몇 잔을 마시며 친구 서너 명과 세월이 흘러가는 이야기를 나눈다. 누구나 살면서 마음이 힘들고 걱정이 커지는 시기가 온다. 이 글을 쓸 때 내 인생의 대나무 숲은 여전히 어지러운 상황이었고 달빛 아래 대나무 그림자에는 근심이 담겼지만 땅속에서는 죽순의 생명력이 꿈틀대고 있었다. 대나무 숲이 나의 끈기에 어떤 보답을 줄지 모르겠다. 어쨌든 나는 며칠 밤 내내 대나무 숲이 우거진 문자(文字)의 세계를 누비며 무언가를 찾고 있다. 도시에서 개미처럼 바쁘게 사는 이들이 보기에는 매일 밤 글을 쓰는 일이 기쁘거나 힘들거나 사치스러워 보일지도 모르겠다.

㉒ 박주가리

조화와 장엄

환란(芄蘭)

박주가리의 가지처럼 어린아이가 뿔송곳을 찼네
어른처럼 뿔송곳을 차고 있는데 어찌 나를 모르나?
칼과 옥을 차고 걸으니 길게 드리운 허리띠가 흔들리네

芄蘭之支, 童子佩觿.
雖則佩觿, 能不我知?
容兮遂兮, 垂帶悸兮.

박주가리의 잎처럼 어린아이가 깍지를 끼었네
말 타고 활 쏘는 사람처럼 깍지를 끼었는데 어찌 나를 가까이 하지 않나?
칼과 옥을 차고 걸으니 길게 드리운 허리띠가 흔들리네

芄蘭之葉, 童子佩韘.
雖則佩韘, 能不我甲?
容兮遂兮, 垂帶悸兮.

잡다한 해설

〈환란〉은 생동감 있고 훌륭한 묘사로 위태롭고 불안한 기운을 시에 가득 담아냈다. 시에 사용된 표현은 직설적이고 명확한데, 내용은 함축적이다. 이 시는 재산과 권세를 다 갖춘 좋은 집안의 어린 소년이 먹고 마시고 놀면서 본업에 힘쓰지 않아서 덕을 갖추지 못하고 거만하고도 우둔한 모습을 보이는 것을 노래한다. 이 어리석은 도련님은 신체의 조화와 내면의 진중함을 잃었고, 마음에 얼마 남지 않은 자기반성의 기운이 혼란스럽게 맴돌고 있다. 그러나 이 시에서 좋다거나 싫다고 하는 감정에 관련된 표현이 확실히 언급되지 않는다. 시의 배경을 정확히 알기 힘든 탓에 후대 사람이 〈환란〉을 읽으며 각양각색의 추측과 해석을 내놓았다.

《모시서》에서는 "〈환란〉은 혜공(惠公)을 풍자하였다. 교만하고 무례하여 대부가 풍자한 것이다"라고 했다. 공영달의 《정의》에서는 좀 더 상세하게 설명한다. "혜공은 어린 나이에 즉위하여 스스로 재능이 있다고 여기며 대신을 대할 때 교만했다. 그러나 위세를 부리기만 할 뿐 정치나 예의를 알지 못했다." 《시설해신(詩說解頤)》에서는 "세속의 아버지나 형이 동자(童子)에게 어린아이의 태도를 제대로 가르치지 못해 자신의 수준을 넘어서는 교만을 부리므로 시인이 이를 풍자하였다"고 했다.

가오헝(高亨, 1900~1986)의 《시경금주(詩經今注)》에서는 "주나라 때는 지배계급의 남성이 일찍 결혼하는 풍습이 있었다. 그래서 성인 여성이 겨우 12~13세의 어린아이에게 시집가게 되자 이 시를 지어 불만을 나타냈다"고 했다.

쉬사오전(徐紹楨, 1861~1936)은 《학수당시설(學壽堂詩說)》에서 "혜공이 처음 즉위했을 때 어린아이인데도 성인의 뿔송곳[觿]을 차고 다니며 국군(國君)의 예를 행하니 대부들이 시를 지어 칭송하고, 더욱 덕을 갈고 닦으시도록 격려하였다"고 했다. 현대 학자들은 "능불아갑(能不我甲)"의 갑(甲) 자를 중심으로 시의 배경을 추측하곤 한다. 갑(甲)은 곧 압(狎)이며, 그 뜻은 지나치게 친밀하고 경박한 태도를 말한다. 그래서 〈환란〉을 나이 찬 여인이 규방에서 애인을 희롱하며 부추기는 말을 하는 것이라고 해석한다.

  다양한 해석이 있지만 〈환란〉에 사용된 시어를 보면 성격이 제멋대로인 귀족 소년을 정확히 묘사하고 있다고 생각된다. 교만해져서 규칙을 어기고 어른들이나 사용할 장신구를 쓰고 있는데, 이처럼 몸가짐의 잘못은 마음가짐이 옳지 않다는 것을 반영한 것과 같다. 시를 읽다 보면 성격이 포악하고 고집 센 어린아이가 걸어가는 모습이 눈 앞에 펼쳐지는 듯하다. 그리고 이 어린아이에게 기다리고 있는 예측할 수 없는 운명의 그림자가 한 나라의 운명도 소용돌이 속에 밀어 넣고 있는 것을 느끼게 된다. 역사에 기록된 위 혜공(공자 삭)의 모습을 떠올리면 이 시에 등장하는 어린아이와 바로 겹쳐진다.

내가
《시경》에
주석을 단다면

1
芄蘭之支, 童子佩觿. 박주가리의 가지처럼 어린아이가 뿔송곳을 찼네
雖則佩觿, 能不我知? 어른처럼 뿔송곳을 차고 있는데 어찌 나를 모르나?
容兮遂兮, 垂帶悸兮. 칼과 옥을 차고 걸으니 길게 드리운 허리띠가 흔들리네

환란지지(芄蘭之支) 환란(芄蘭)은 《모시》에서 "풀이다"라고 했다. 거꾸로 늘어뜨려진 꼬투리가 송곳처럼 생겼다. 박주가릿과 박주가리속의 여러해살이 풀이다. 상세한 설명은 '식물 이야기'를 참고하기 바란다. 지(支)는 노시(魯詩)와 당석경에서는 지(枝, 가지)로 되어 있다. 지(枝)의 가차자다. 《황제내경(黃帝內經)》 '소문(素問)'에는 "지(枝)는 경(莖, 줄기)이다"라고 했다.

동자패휴(童子佩觿) 동자(童子)는 《정전》에서 "관을 쓰지 않는 사람이다"라고 했다. 휴(觿, 뿔송곳)는 코끼리 뼈로 만든 작은 송곳인데 옷고름의 매듭을 푸는 도구다. 다른 이름으로 해결추(解結錐)라고도 부른다. 휴는 옛날 귀족 남자들이 성인이 되면 늘 가지고 다니는 장신구다. 박주가리의 꼬투리와 모양이 닮아서 시의 흥취를 돋우는 소재가 되었다. 《설원(說苑)》에서는 "번뇌를 다스리고 혼란을 해결할 수 있는 사람은 휴(觿)를 쓰고, 궁술과 기마를 할 수 있는 사람은 섭(韘, 깍지)을 쓴다"고 했다.

수칙패휴(雖則佩觿) 수칙(雖則)은 '비록'이라는 뜻이며, 여기서 시의 뜻이 전환된다. 바뀐 어조에는 은근한 풍자의 뜻이 담겼다. 패휴(佩觿)는 '휴'를 차고

다니는 것으로, 어른임을 의미한다.

능불아지(能不我知) 불능아지(不能我知)인데 도치법으로 썼다. 《시경》에서 이렇게 도치법을 쓰는 경우는 주로 압운과 관련이 있다. 능(能), 녕(寧), 기(豈)와 지(知), 지(智)가 같은 운이다. 여전히 자신을 이해하지 못한다는 뜻으로, 어린아이의 경솔함과 교만함을 보여준다.

용혜수혜(容兮遂兮) 용(容)은 용모와 자태를 말하는 것으로 걷는 모습을 가리킨다. 수(遂)는 패옥이 흔들리는 모양이다.

계(悸) 원래는 무서워서 가슴이 심하게 뛰는 것을 말한다. 여기서는 끈이 떨리는 것을 의미한다. 《정의》에서 "혜공이 장식용 칼과 옥을 차고 허리띠를 석 자나 늘어뜨렸으니 걸을 때 옥과 띠가 흔들리는 모습이 절도 있다"고 했다. 겉으로 보면 칭찬하는 듯하지만 실제로는 조롱이다. 명나라 때 진조수(陳組綬)는 《시경부묵(詩經副墨)》에서 "오만하게 눈을 뜨고 놀랍고 두렵게 한다"고 했다. 이 어린아이가 얼마나 오만하고 경박하며 군자의 덕이 없는지를 보여준다.

2

芄蘭之葉, 童子佩韘. 박주가리의 잎처럼 어린아이가 깍지를 끼었네
雖則佩韘, 能不我甲? 말 타고 활 쏘는 사람처럼 깍지를 끼었는데 어찌 나를 가까이 하지 않나?
容兮遂兮, 垂帶悸兮. 칼과 옥을 차고 걸으니 길게 드리운 허리띠가 흔들리네

환란(芄蘭) 《정의》에서 "군자의 덕은 부드럽고 온화해야 한다"고 했다. "환란지엽(芄蘭之葉)"이라는 구절에서 엽(葉)이 무엇인지는 《모시육소광요(毛詩陸疏廣要)》의 해석이 좀 특별하다. "잎이 푸르고 두꺼우며 자르면 흰 즙이 나오니 길러서 채소로 먹으며 매끄럽고 곱다." 옛날에는 환란(박주가리)의 어린잎이 일상적으로 먹는 채소였음을 알 수 있다.

섭(韘) 활깍지, 패옥이라는 뜻을 가진 결(玦)을 말한다. 결(玦)과 결(決)은 통용자다. 《정의》에서 "궁술과 기마를 할 수 있으면 섭(韘)을 쓴다. (……) 결(玦)은 활을 당길 때 시위를 잡아주는 장신구다. 오른손 엄지손가락에 낀다"고 했다. 코끼리 뼈나 옥으로 만드는 깍지를 가리키는 것으로, 갈라진 곳에는 짐승의 가죽을 이어 붙인다. 옛날 사람들이 활을 쏠 때 오른손 엄지손가락에 끼고 여기에 시위를 건다. 여기서는 어린아이가 성인의 상징인 섭(韘)을 차고 다닌다는 의미다.

갑(甲) 한시(韓詩)에는 압(狎)으로 쓰여 있다. 갑(甲)은 압(狎)의 통용자다. 《모전》에 "갑(甲)은 압(狎)이다"라고 했다. 〈환란〉의 전체적인 의미를 해석할 때 이 갑(甲) 자 때문에 의견이 분분하다.

3

〈환란〉의 절묘함은 제멋대로인 도련님의 모습을 통해 마음속에 일어나는 변화를 이끌어 내고, 외형과 내면의 융합하여 섬세한 표현으로 바로 눈앞에서 일어나는 일처럼 사실적으로 묘사하는 데 있다. 우원진의 《시지(詩志)》에서는 〈환란〉을 "지극히 우아하지만 묘사하는 정도가 매우 심하다"라고 평가했다. 이 시는 군자의 덕에 대해 다루는 시로 본다면 매우 어두운 작품이다. 아름다운 사랑시로 본다면 몹시 애정을 자극하고 마음을 흔드는 작품이다.

식물 이야기

환란(芄蘭)과 나마(蘿藦)는 같은 식물(박주가리)을 가리키는 말이지만 소리와 글자가 완전히 다르다. 나마라는 이름이 최초로 등장한 것은 659년에 편찬되어 세계에서 가장 오래된 약 백과사전인 《당본초(唐本草, 정식 명칭은 '신수본초新修本草')》다. 《모전》에서는 "환란(芄蘭)은 풀이다"라고 했다. 《이아》의 '석초'에서는 "관(藿)은 환란이다"라고 했다. 《정전》은 "환란은 부드럽고 약하지만 항상 땅에 널리 퍼져 있다"고 했다. 육기의 《육소》에서는 "환란은 나마(蘿藦)라고도 하는데 유주(幽州) 사람들은 작표(雀瓢)라고 부른다"고 했다.

《본초강목》 권18에서는 나마(蘿藦)를 두고 이렇게 설명했다. "관(藿), 환란(芄蘭), 백배등(白環藤)이라고도 한다. 실제 이름으로 작표(雀瓢), 작합자(斫合子), 양파내(羊婆奶), 파파침선포(婆婆針線包) 등이 있다. (……) 부드러울 때는 걸쭉한 액체가 있고 갈라지면 바가지를 닮아서 작표(雀瓢, 참새 바가지), 양파내(羊婆奶, 양젖) 등의 이름이 붙었다. 그중에서도 씨앗마다 흰 털이 약 2촌가량 나기 때문에 파파침선포(婆婆針線包, 할머니 반짇고리)라 불렀다. 3월에 싹이 나고 울타리에 널리 퍼져 쉽게 번식한다. 그 뿌리는 희고 부드러우며, 잎은 길고 아래가 크고 위가 뾰족하다. 뿌리와 줄기, 잎을 자르면 젖과 같은 흰색 즙이 나온다. 6~7월에 작은 꽃이 피는데 방울 모양이고 자줏빛이 도는 흰색이다. 열매는 2~3촌 정도이고 딱딱하다. 말 목에 다는 방울처럼 끝이 뾰족하다. (……) 상인들이 그 솜털로 방석을 채우는데 '가볍고 따뜻하다'고 한다."

환란(박주가리)은 박주가릿과 박주가리속의 여러해살이풀이다. 8미터까지 자라며 흰 즙을 분비한다. 줄기는 원통 모양이다. 잎은 막으로 덮여 있고 계란형에 가까운 심장 모양이다. 잎은 길이 5~12센티미터에 너비 4~7센티미터

蘿藦

荒蘭之支 童子佩觿

다. 잎의 꼭대기는 짧고 뾰족하며, 아랫부분은 심장 모양이다. 잎은 앞면은 녹색이고 뒷면은 분홍색이 도는 녹색이다. 양면 모두 털이 없다. 총상꽃차례처럼 생긴 취산꽃차례가 잎이 난 자리에 나거나 다른 곳에 난다. 긴 꽃자루가 모여 있으며, 이 길이는 6~12센티미터이고 짧고 부드러운 털로 덮여 있다. 꽃자루의 길이는 8밀리미터이며 짧고 부드러운 털이 나 있고 꽃은 13~15송이가 달린다. 꽃봉오리는 원추형이고 끝이 뾰족하다. 꽃부리는 흰색이고 연한 자주색 반점 같은 무늬가 있다. 화관의 모양은 방사형에 가깝고 꽃잎이 갈라지지 않는 부분이 짧다. 골돌(菁葖, 여러 개의 씨방으로 구성되고 익으면 벌어지는 열과裂果 종류)은 교차하며 맺힌다. 골돌은 가운데는 굵고 양 끝은 뾰족하며 매끈하고 털이 없다. 골돌의 길이는 8~9센티미터이고 직경이 2센티미터이며, 꼭대기가 뾰족하고 아랫부분은 부풀어 오른 모양이다. 씨앗은 편평하고 타원형이며 길이가 5밀리미터, 너비가 3밀리미터다. 가장자리에는 막질이 있고 갈색이며 씨앗 꼭대기에 흰색의 견사처럼 보이는 털이 나 있다. 털 길이는 1.5센티미터다. 7~8월에 꽃이 피고 9~12월에 열매를 맺는다. 중국 둥베이, 화베이, 화둥 지역과 간쑤, 산시, 귀주, 허난, 후베이 등의 성에 분포한다. 숲 가장자리나 산기슭, 강가, 길가의 관목 수풀에서 볼 수 있다.

박주가리는 모든 것을 약으로 쓸 수 있다. 열매는 외상, 허약 체질, 허리와 다리의 통증, 산모의 유량 부족, 만성 질염, 기침 등을 치유하는 데 쓴다. 뿌리는 타박상, 자창(疵瘡), 결핵 목 림프샘염, 발기부전, 뱀물림 등을 치료할 수 있다. 줄기와 잎은 어린이의 감적(疳積), 정종(疔腫) 등의 증세에 쓴다. 씨앗에 난 길쭉한 털은 지혈 효과가 있고, 박주가리에서 분비하는 흰 즙으로 사마귀를 제거한다. 줄기는 섬유질이 질겨서 직물을 만드는 데 쓴다.

《시경》이
나에게
주석을 단다면

〈환란〉은 역사적으로 전해지는 동안 읽는 사람의 마음과 상황에 따라 다양한 해석이 나왔다. 첫 번째 해석의 그림은 이렇다. 한 소녀가 소년을 원망하며 말한다. 너는 지금 어른처럼 옷을 차려입었지만 정작 내 마음은 모른다. 너는 말 타고 활 쏘는 사람처럼 보이는데 어떻게 내가 널 좋아한다는 것을 모를 수 있느냐? 옛날 어린 나이에 결혼한 부부가 내실에서 주고받는 대화처럼 들린다. 아내가 남편에게 투정을 부리며 했던 말일 것이다. 세련되고 생동감 있는 묘사로 시에 드러나 있는 어리숙한 소년의 모습이지만, 그 뒤에는 골이 나서 발을 구르며 입술을 삐쭉거리는 소녀. 이 소녀의 청춘은 강물처럼 흐르고, 촉촉한 눈빛에는 사랑에 대한 깊은 갈망이 담겨 있을 것이다. 시를 읽고서 화자인 소녀가 행복하지 않다고 말할 수는 없을 것이며, 소녀가 재치와 재능을 다 갖췄다는 느낌을 받게 된다.

겉으로 드러난 내용의 이면에는 사실 더 큰 역사적 이야기가 숨겨져 있다. 우리는 거들먹거리는 도련님이 누구인지 추측할 수 없다. 어쩌면 소년은 한 나라의 운명을 결정하는 중요한 사건에 연관된 사람이거나 많은 이들에게 나쁜 인상을 준 사람일지 모른다. 만약 소년이 위나라의 최고통치자라면 백성들은 미래에 대한 불안감을 품고 있을 것이다. 백성은 통치자의 교만한 태도, 유치한 명령, 허례허식, 책무를 다하지 않는 행동에 분노할 것이다. 분노하면서도 감히 입밖에 내어 말할 수는 없다. 이럴 때 문학이 필요하다. 〈환란〉은 간결한 시처럼 보이지만 위나라의 상황을 풍자하고 위태로운 정세를 기록한 작품이다. 그 기록이 수천 년이 지난 지금에 와서도 이처럼 선명하게 남아 있다.

〈환란〉의 장점은 읊조리고 탄식하는 음운의 리듬이다. 그 리듬에서 백묘 기법으로 그린 간결한 그림을 떠올리게 된다. 그림 속에는 깊고도 복잡한 감정이 숨겨져 있다. 무수한 말로 감춘 시의 숨은 뜻이 의기양양하지만 어리석은 어린아이를 묘사한 시의 섬세한 표현을 통해 드러난다.

이 시를 시작하는 첫 말이 바로 '환란(芄蘭)'이다. '환란'이라는 단어는 실제의 의미에서 빠져나와 시 전반을 뒤덮고 있는 장난스럽고 희롱하는 어조에 고귀한 분위기를 더해 주는 장치로 쓰였다. 우리가 '환란'이라는 단어에서 무엇을 알아내야 할까? 시를 쓴 작가는 알려주지 않았다. 하지만 시를 읽어가다 보면 위나라 백성이 어떤 마음인지를 금방 납득하게 된다. 식물 세계의 환란(박주가리)을 떠올리면 작가가 이 식물의 특징을 잘 알고 있다는 것을 느낀다. 환란은 심장 모양을 닮은 푸른 잎을 가졌고, 구불구불 기어오르는 가느다란 줄기를 가졌으며, 나마(蘿藦)라는 이름으로 불린 것처럼 손을 뻗으면 언제든 얻을 수 있다. 우리는 시를 읊은 사람이 환란을 유희어로 쓴 것인지 감탄사로 쓴 것인지를 추측하거나 상상해 볼 수 있다.

전국시대에 연왕(燕王) 희(喜)에게 환란(芄蘭) 혹은 완란(莞蘭)이라 불린 딸이 있었다. 이 환란 공주는 자기 대신 나라의 원한을 갚아줄 사람으로 형가(荊軻)를 점찍고, 그를 유혹하려 했다. 그러나 나중에는 형가를 진심으로 사랑하게 되었다. 결국 형가는 연나라를 도와 진나라 왕(훗날의 진시황)을 암살하려 했으나 끝내 실패한다. 환란 공주는 사랑을 배신하지 않고 목숨을 끊었다. 이 전설적 이야기의 강렬함은 환란이라는 아가씨가 짊어진 비장하고 신성한 운명에 있다. 한 나라의 공주라는 신분으로 보통 사람은 이해하기 힘든 거대한 부담을 지고 있던 여성의 노력과 사랑, 선택은 아름답기 그지없다.

23 원추리

사랑을
전해 주는
우체부

백혜(伯兮)

남편이 떠났네, 그이는 나라의 영웅이니
남편은 창을 들고 왕의 전차를 옆에서 지킨다네
伯兮朅兮, 邦之桀兮.
伯也執殳, 爲王前驅.

남편이 동쪽으로 간 후 내 머리카락은 쑥대 같네
윤기 나게 머리 감지 못할 것이 없지만 누구를 위해 단장하나?
自伯之東, 首如飛蓬.
豈無膏沐, 誰適爲容?

비가 내리길 바랐는데 해가 뜨네
그이를 그리워하며 머리 아파도 달게 참는다
其雨其雨, 杲杲出日.
願言思伯, 甘心首疾.

어디서 원추리를 얻어다가 북당에 심자
그이가 그리워서 내 마음이 병들었네
焉得諼草, 言樹之背.
願言思伯, 使我心痗.

잡다한 해설

〈백혜〉는 멀리 전쟁터에 나간 남편을 그리워하는 아내가 쓴 시다. 이런 시를 행역시(行役詩)라고 한다. 동시에 전쟁이 잦았던 시대에 쓰인 고전적인 사랑시의 모범과 같은 작품이다. 《모시서》에서는 "〈백혜〉는 시대를 풍자한 것이다. 남편이 군대에 간 것은 왕을 위한 일이었는데 돌아올 때가 지나도 돌아오지 않았다"고 했다. 춘추시대가 되면서 주나라 왕실이 쇠약해지자 제후들이 세력다툼을 벌였다. 강한 나라는 약한 나라를 괴롭혔고 각지에서 전투가 벌어졌다. 그래서 《시경》에도 여러 편의 행역시가 나온다. 주로 부부가 헤어지고 가족이 흩어지는 슬픔과 고통을 노래한다.

〈백혜〉에서는 아내가 이렇게 말한다. 남편은 지휘관(왕)의 전차를 옆에서 호위하는 일을 책임지는 시위(侍衛) 중에서도 우두머리다. 관직은 중사(中士)인데 아주 높은 벼슬은 아니지만 지휘관을 가까이서 모시는 시위이니 지위가 낮다고는 볼 수 없다. 그렇다면 작가의 남편 역시 왕족이거나 귀족 중에서도 뛰어난 인물이어야 한다. 〈백혜〉를 쓴 여성도 분명 귀족일 것이다. 〈백혜〉의 특별한 점은 1장에서만 전쟁터의 장면을 가볍게 묘사할 뿐 나머지 2~4장에서는 아내가 남편을 그리워하는 마음만 부각시킨다는 것이다. 이는 드러내고자 하는 주제의 반대쪽 면을 집중적으로 묘사함으로써 오히려 주제를 정면으로 보여주는 '반친필법(反襯筆法)'이다. 〈백혜〉는 그리움이란 심리적으로 얼마나 미묘한 감정인지를 포착한 시로, 중국의 사랑시를 발전시키는 원천이 되었다.

방옥윤(方玉潤)의 《시경원시(詩經原始)》에서는 "처음부터 머리가 비봉(飛蓬)과 같다고 하면서 머리카락이 헝클어진 것을 표현했지만 아직 병에 이를 정도는 아니다. 이어서 머리카락의 병은 참겠지만 두통이 생겼다고 하면서 아직 마음은 멀쩡하다고 한다. 근심하느라 병이 날 지경이니 마음은 더욱 힘들 것이다. 이런 근심스러움의 고통이 어떻겠는가!"라고 했다.

《시경주석(詩經注析)》에서는 이렇게 해설한다. "이 시는 집안사람의 원망과 그리움의 고통, 정이 깊음을 쓴 것으로 후대에 규방에서 그리움을 토로하는 작품에 큰 영향을 미쳤다. 이청조(李淸照)의 〈봉황태상억취소(鳳凰臺上憶吹簫)〉 중 '일어나서 게으르게 머리를 빗는다(起來慵自梳頭)'나 〈영우악(永遇樂)〉 중 '지금은 초췌하여 머리카락이 헝클어졌다(如今憔悴, 風鬟霧鬢)'는 모두 '자백지동, 수여비봉(自伯之東, 首如飛蓬)'에서 나왔다. 서간(徐幹)이 쓴 잡시(雜詩)의 '님이 멀리 떠나니 거울이 어두워져 비출 수 없다(自君之出矣, 明鏡暗不治)'나 두보(杜甫)가 쓴 〈신혼별(新婚別)〉의 '다시는 소매를 펼칠 일이 없고 그대를 위에 묽은 지마를 씻는다(羅襦不復施, 對君洗紅妝)'는 '기무고목, 수괄위용(豈無膏沐, 誰適爲容)'을 계승했음이 분명하다. 구양형(歐陽炯) 〈하명조(賀明朝)〉의 '그대 때문에 점점 수척해진다(終是爲伊, 只恁偸瘦)'나 유영(柳永) 〈봉서오(鳳棲梧)〉의 '살이 빠져 허리띠가 헐렁해져도 후회하지 않고 그대 때문에 나날이 초췌해진다(衣帶漸寬終不悔, 爲伊消得人憔悴)'는 '원언사백, 감심수질(願言思伯, 甘心首疾)'을 발전시킨 것이다."

〈백혜〉의 장점은 시어가 깊은 정과 순수함을 표현하고 있다는 것이다. 한 겹 또 한 겹 쌓아 올린 그리움은 프리즘을 거쳐 초점을 하나로 모은 것처럼 시 속에 깊이 묻혀 있는 전쟁의 참혹함을 비춘다. 〈백혜〉에 담긴 탄식이 기교적으로 뛰어난 부분도 바로 여기 있다. 그리움의 고통을 탄식할 때 전쟁의 고통을 은연중에 드러내며 경각심을 불러일으킨다. 시 속의 그리움은 그저 슬퍼하는 데 그치지 않고 읽을수록 나라를 걱정하는 마음을 알아차리게 된다. 〈백혜〉의 복잡한 감정이 지닌 바탕색에는 무거운 암울함 사이에 밝은 순수함이 버티고 있다.

내가 《시경》에 주석을 단다면

1
伯兮朅兮, 邦之桀兮. 남편이 떠났네, 그이는 나라의 영웅이니
伯也執殳, 爲王前驅. 남편은 창을 들고 왕의 전차를 옆에서 지킨다네

백혜걸혜(伯兮朅兮) 백(伯)은 《예기(禮記)》 '사관례(士冠禮)'에서 "백(伯), 중(仲), 숙(叔), 계(季)는 나이가 많고 적음에 따른 호칭이다"라고 했다. 《모전》에서는 "백(伯)은 나이가 많은 것이다"라고 했다. 형제자매 중에서 연장자를 백(伯)이라고 하는데, 주나라 때의 여성은 남편을 부를 때도 백(伯)이라 했다. 현대 여성이 남편을 '아가(阿哥, 오빠)'라고 부르는 것과 비슷하다. 걸(朅)은 노시(魯詩)에는 게(偈)로 되어 있다. 걸(朅)은 게(偈)의 통용자다. 이 글자는 '떠나다'라는 뜻으로, 남편이 죽음을 두려워하지 않는 용감한 사람임을 암시한다.

방지걸혜(邦之桀兮) 방(邦)은 나라를 말한다. 걸(桀)은 한시(韓詩)에는 걸(傑)로 되어 있다. 《정전》에서 "걸(桀)은 실력이 뛰어나고 현명하다는 뜻이다"라고 했다. 첫 두 구절의 내용은 뒤따라오는 두 구절의 원인이 된다.

수(殳) 옛날 무기 중 대나무로 만든 것을 말한다. 모양은 장대와 같고 막대기 종류이며 날이 없다. 주나라 때의 자로 재면 1장 2척이다. 《고공기(考工記)》에 따르면 옛적에 전차를 지키던 무기는 과(戈), 수(殳), 극(戟), 모(矛)가 있다.

전구(前驅) 전차 양쪽에 서서 최고 통수권자를 둘러싸고 지키는 역할이다.

마서진의《통석》에서는 "수(殳)를 쥐고 왕을 지키는 것은 여분(旅賁)의 직책이다"라고 했다. 여분(旅賁)은 황제의 시위(侍衛)를 말하며, 그 우두머리면 중사(中士), 즉 중간 등급의 무관이다. 전투 중에 여분(旅賁)은 갑옷을 입고 수를 들고 지휘관의 전차 양옆을 지킨다.

2
自伯之東, 首如飛蓬. 남편이 동쪽으로 간 후 내 머리카락은 쑥대 같네
豈無膏沐, 誰適爲容? 윤기 나게 머리 감지 못할 것이 없지만 누구를 위해 단장하나?

"자백지동(自伯之東)"은 헤어짐을 의미한다. "수여비봉(首如飛蓬)"은 넋이 나간 모습을 보여준다. 간결하고 직설적인 묘사 속에 복잡한 심정이 깊이 숨어 있다. 이별의 슬픔과 무력감을 하나도 쓰지 않았지만 있는 그대로 쓰는 것보다 더 사람의 마음을 흔든다. 여기서《시경》에서 자주 사용되는 기법을 살펴볼 수 있다. 흥(興)과 비(比)를 연결시키고(은유), 부(賦)와 흥(興)으로 자극한다(직유). 현대 중국어는 직접적으로 부(賦)와 비(比)로 표현하는(비유) 것과는 좀 다르다. 유협(劉勰)의《문심조룡(文心雕龍)》과 소식(蘇軾)이 말한 "말은 끝났지만 의미는 끝이 없다(言有盡而意無窮)"는 창작 기법 역시《시경》에서 개괄하여 만들어졌다.

지(之) 가다.

비봉(飛蓬) 국화과 비봉속의 두해살이풀이다. 중국 전역에 광범위하게 분포한다. 육전의《비아》에서 "잎이 흩어져서 나며, 말단이 본체보다 커서 바람을 만나면 바로 뽑혀서 회전한다. 비록 멀리 날아가서 덧없지만 그 만남이 종종 있으니 '만날 봉(逢)' 자를 따라서 글자를 만들었다"고 했다. 사방으로 흩날리는 이 식물을 보고 머리를 빗을 마음조차 들지 않아 점점 헝클어지는 상태를 비유했다. 하늘과 땅, 사람이 전부 그리움을 느끼고 서로 공명하는 것을 절묘하게 표현했다.

고목(膏沐) 왕선겸의 《집소》에서 "표면을 윤기 나게 하는 것을 고(膏)라 하고, 머리 감는 것을 목(沐)이라 한다"고 했다. 섬세한 표현이 놀랍다. 이것이 《시경》을 이해하는 방식이다. 용모의 빛남과 젊음, 아름다움을 유지하는 것이 옛날 여자들에게는 꼭 알아야 하는 과제였다. 기무(豈無)는 반문하는 것으로, 이렇게 해서 그리워하는 마음을 더 뚜렷이 드러낸다.

수괄위용(誰適爲容) 괄(適)은 환심을 산다는 뜻이다. 용(容)은 여성의 용모를 말하며, 치장한다는 뜻이 있다. 속담 중에 "여인은 자신을 사랑해 주는 사람을 위해 꾸민다(女爲悅己者容)"고 했는데, 그 말의 발단이 여기에 있다. 마지막 두 구절은 전쟁의 잔혹함을 내포한다. 전장에서 전해지는 소식을 받아보면서 가슴에 바위를 얹은 듯이 걱정이 커졌다. 그래서 머리카락을 빗지 못해 "수여비봉(首如飛蓬)"이라는 구절이 나온 것이다.

3
其雨其雨, 杲杲出日. 비가 내리길 바랐는데 해가 뜨네
願言思伯, 甘心首疾. 그이를 그리워하며 머리 아파도 달게 참는다

기우기우(其雨其雨) 기(其)는 어조사다. 우(雨)는 실제로 비가 내린 것을 가리키는 동시에 눈물이 흐르고 그리움이 일어나는 것을 의미한다. 남편이 빨리 돌아오기를 바라는 마음이 간절함을 알 수 있다.

고(杲) 빛을 뿜내는 것이다. 마서진의 《통석》에서 "고(杲)는 요(杳, 아득하다)에 맞서는 것으로, 《설문》에서 '요(杳)는 명(冥, 어둡다)이고 해가 나무 아래에 있는 것이며 고(杲)는 명(明, 밝다)이고 해가 나무 위에 있는 것이다'라고 했다. 《설문》에서는 또한 '부상(榑桑, 부상扶桑과 같다)은 신목(神木)이며 해가 떠오르는 곳이다'라고 했다. 해가 신목에서 올라오는 것이므로 일출을 고고(杲杲)라고 한다"고 했다. 그리워하는 암울함과 비교하자면 해가 떠오를 때의 밝은 빛은 화자의 초조함을 더욱 선명하게 드러낸다. 여기서는 '반친필법'을 써서 아내가 느끼고 있는 상실감을 보여준다.

원언(願言) 원이둬(聞一多)의 《풍시류초(風詩類鈔)》에서는 그리워하고 과거를 돌아보며 아쉬워하는 모습이라고 설명했다. 계속 잊지 못하고 당신을 그리워한다는 뜻이다.

감심수질(甘心首疾) 감심(甘心)에서 감(甘, 달다)은 고(苦, 쓰다)와 대비된다. 《방언(方言)》에서는 "고(苦)는 쾌(快)다"라고 했다. 곽박의 《이아》에서는 "쓴 것을 기쁘게 여기고, 악취를 향기롭게 생각하며, 다스림을 혼란으로 알고, 죽음을 삶으로 본다"고 했다. 여기서도 '반친필법'으로 슬픔을 더욱 자극하면서 인간의 본능적인 반응이 억눌려 있음을 표현했다. 그리움 때문에 억압되어 있던 정서가 여기서 표출된다. 실제로 표현하고 싶은 것은 '통심질수(痛心疾首)'일 것이지만 '감심수질(甘心首疾)'이라고 써서 오히려 더 다채롭고 풍부하며 미묘한 심리를 드러낸 것이다. 《시경》이 왜 선명함의 문학이라 여겨지는지 생각해 보면, 이 구절처럼 순수하고 진지한 의지가 두드러지기 때문이다.

4
焉得諼草, 言樹之背. 어디서 원추리를 얻어다가 북당에 심자
願言思伯, 使我心痗. 그이가 그리워서 내 마음이 병들었네

언득훤초(焉得諼草) 언(焉)은 '어디에'라는 뜻이다. 훤초(諼草)는 《모전》에서 "훤초는 근심을 잊게 한다"고 했다. 훤(諼)은 본래 속이다, 잊다라는 뜻을 가진다. 《설문》에서는 훤(藼)이라고 쓰는데, 잊다라는 뜻이다. 《강희자전(康熙字典)》에서 훤(藼)을 훤(萱)의 본자(本字)라고 했다. 옛사람들은 꽃과 잎이 비슷하게 생긴 백합과의 여러 식물을 현대 식물 분류학처럼 세밀하게 구별하지 못했다. 그래서 《본초강목》을 보면 훤초(萱草)에는 빨강, 노랑, 자주색의 세 가지 색이 있고 노란색의 꽃자루는 말려서 먹을 수 있는데 황화채(黃花菜)라 한다고 했다. 이 시에 나오는 '훤초(諼草)'는 훤초(萱草)일 수도 있고, 황화채(黃花菜)일 수도 있다. 다만 현대 식물 분류학에서는 훤초(萱草)와 황화채(黃花菜) 모두 백합과 원추리속이지만 종이 다른 식물로 본다. 상세한 설명은 '식물 이야기'를 참고하기 바란다.

언수지배(言樹之背) 언(言)은 어조사다. 수(背)는 식물을 심는 것을 말한다. 배(背)는 옛날에 북(北)과 통용되었으며, 북당(北堂)을 말한다. 청나라 때 요제항(姚際恆)의 《시경통론(詩經通論)》에서는 "배(背)는 건물의 뒤쪽을 말한다. 건물은 남향으로 지으므로 건물의 뒤쪽이란 곧 북쪽이다. 따라서 배(背)는 북당(北堂, 북쪽 방)을 말한다"고 했다. 예로부터 북당(北堂)은 안주인의 거처였다. 그래서 훤초(諼草)는 모친화(母親花)라고 불리기도 했다. 이 시에서는 아내가 북당에 훤초를 심는 것으로 근심을 잊으려 하는 것을 보여준다.

사아심매(使我心痗) 매(痗)는 병든 것을 말한다. 사람이 그립고 걱정스러워서 병이 들려면 어떤 일이어야 할까? 매(痗)라는 글자는 남편이 전쟁터에서 죽어서 집으로 돌아오지 못할까 봐 두려워하는 아내의 마음을 암시한다. 남자가 전쟁터에 나가는 것은 당나라 시인 왕한(王翰)이 〈양주사(涼州詞)〉에서 읊은 것처럼 "취해서 전쟁터에 누워 웃지 마라, 옛적부터 전쟁에 나간 사람 중 몇이나 돌아왔느냐(醉臥沙場君莫笑, 古來征戰幾人回)"의 호방함일 수 있다. 그러나 집에 남은 아내는 이 시에서 말하듯 "원언사백, 사아심매(願言思伯, 使我心痗)", 다시 말해 겁에 질려 걱정하는 마음이 병이 될 정도다. 이런 표현은 깊고 충실한 애정을 보여준다. 나라를 위해 목숨을 바치는 충의(忠義)와 비교해 살아서 돌아오기를 기다리는 마음이 더욱 슬프고 감동적이다.

식물 이야기

훤초(諼草)는 《설문해자》에서 "훤(蘐)이다"라고 했다. 근심을 잊게 해 주는 풀이라고도 한다. 망각에 대해 말할 때는 대개 훤(蘐)을 사용한다. 《강희자전》에서는 훤(蘐)을 훤(萱)의 본자(本字)라고 했다. 훤초(諼草)가 바로 훤초(萱草, 원추리)인 것이다.

《모전》에서 "훤초(諼草)는 근심을 잊게 해 준다"라고 했다. 훤초(萱草)가 왜 근심을 잊게 해 주는지는 옛 문헌에서 저마다 해석이 분분하다. 소송의 《본초도경》은 "훤초(萱草)는 의지를 일으키는 데 도움이 되므로 사람을 기쁘게 하여 근심을 잊는다"라고 했다. 훤초가 의지를 북돋운다는 설명은 이 식물의 다른 이름인 단극(丹棘)에서 기원을 알 수 있다. 중당(中唐) 시기의 양대 시인인 백거이(白居易)와 유우석(劉禹錫)이 주고받은 답례시에서 훤초를 언급했다. 유우석은 백거이에게 〈증악천(贈樂天)〉이라는 시를 써주었다. 이 시에 "오직 그대가 훤초에 비견할 만하니 만나면 시름을 잊네(唯君比萱草, 相見可忘憂)"라는 구절이 있다. 백거이는 〈수몽득비훤초견증(酬夢得比萱草見贈)〉을 써서 답례했는데, "두강(杜康)은 고민을 풀어주고 훤초는 시름을 잊게 하네(杜康能解悶)"라는 구절이 있다. 두 사람이 마음이 맞는 친구를 만나 기뻐했다는 것을 알 수 있다. 훤초를 어머니에 비유하는데, 이는 훤초가 근심을 잊게 해 준다는 것이 사실상 근심이란 쉽게 사라지지 않는다는 뜻을 담았으며, 《시경》에서 확장된 의미다.

당나라 때 시인 맹교(孟郊)는 후대에 깊은 영향을 미친 작품 〈유자음(遊子吟)〉 외에 〈유자(遊子)〉라는 시도 썼다. "훤초가 계단에 피어 있고 아들이 멀리 떠나네. 어머니는 문에 기대어 훤초 꽃을 보지 못하네(萱草生堂階, 遊子行天涯. 慈親倚堂門, 不見萱草花)". 〈유자음〉과 〈유자〉는 자애로운 어머니를 칭송하는 시 중 쌍벽을 이룬다고 할 수 있다. 어쩌면 '자애로운 어머니의 손에 들린 실'이라는 통속적이고 소박한 표현이 '훤초의 꽃이 보이지 않는다'는 서

글품보다 더 큰 감동을 주는지도 모른다. 조식(曹植)은 〈의남화송(宜男花頌)〉을 지어서 훤초를 먹으면 아들을 낳는다는 풍습을 이야기했다. 현대 생물학 연구에서는 이런 속설에 아무 근거가 없다고 한다.

　옛사람들이 훤초(萱草)라고 말할 때 가리키는 대상은 꽤 광범위하다.《본초강목》권16 '훤초(萱草)'에는 "망우(忘憂), 료수(療愁), 단극(丹棘), 녹총(鹿蔥), 녹검(鹿劍), 익남(益男)으로도 불린다. 훤(萱)은 본래 훤(諼)이다. 훤(諼)은 잊는다는 뜻이다. (……) 새싹을 익혀서 먹으면 맛이 파와 비슷하다. 사슴이 먹는 아홉 종류의 해독초가 있는데 훤초가 그중 하나여서 녹총(鹿蔥)이라고도 불렀다"라고 했다. 소송의《본초도경》에는 "훤초는 5월에 꽃을 따고 8월에 뿌리를 캐어 쓴다. 사람들이 주로 부드러운 새싹과 꽃을 따고, 꽃받침으로 절임을 해서 먹는다"고 했다. 혜함(嵇含)의 《의남화서(宜男花序)》에서는 "형초(荊楚)는 녹총(鹿蔥)이라고도 부르며 절임을 만들어 보관할 수 있고, 근거가 있다. 오늘날 동쪽에서는 그 꽃받침을 말린 것을 황화채(黃花菜)라고 한다"고 했다. 이시진은 훤초를 이렇게 묘사했다. "훤초는 습지에서 자라며 겨울에 무성하다. 잎은 부들이나 마늘처럼 약하고, 새것이 올라와 오래된 것을 대체하므로 사계절 푸르다. 5월에 줄기가 올라와 꽃을 피우며, 여섯 개 중 네 개가 아래로 늘어진다. 아침에 피고 저녁에 시들어 가을이 깊어지면 사라진다. 꽃은 빨간색, 노란색, 자주색 세 종류가 있다." 이런 묘사를 보면 훤초와 황화채가 섞여 있다. 즉 옛 문헌에서 말하는 훤초는 훤초와 황화채를 모두 포함한다. 청나라 때 진호자(陳淏子)의 《화경(花鏡)》에서는 '겹꽃잎 훤초'라는 것을 기록하고 있는데, 독성이 있어서 먹을 수 없다고 했다.

현대 식물분류학에서 훤초(원추리)는 백합과 원추리속의 여러해살이풀이다. 완전히 확정하기는 어렵지만 근대에 식물분류학의 대가인 린네가 원추리에 대해 설명한 것을 보자면 유럽의 원추리는 중국에서 건너온 것이라 한다. 원추리는 야생 상태에서 인간이 재배하는 데까지 수천 년이 걸리면서 품종이 많이 파생되었는데 《중국식물지》에서 그 특징을 대략 이렇게 설명하고 있다. 뿌리는 육질과 비슷하고, 중간 아랫부분이 방추형으로 팽창한다. 잎은 대체로 넓은 편이고, 꽃은 아침에 피었다가 저녁에 진다. 꽃에는 향기가 없으면 주홍색 혹은 주황색이다. 꽃 안쪽의 갈라진 부분 아래쪽에는 ∧ 모양으로 반점이 있다. 이런 특징은 중국에서 나는 다른 종류와 구분되는 것이다. 꽃이 피고 열매를 맺는 시기는 5~7월이다. 훤초(萱草)에는 콜히친(colchicine)이 대량 함유되어 있으므로 유독성 식물로 분류된다. 따라서 끓는 물에 데치더라도 기본적으로는 식용할 수 없다. 백합과 원추리속의 다른 식물로 '레몬훤초(황화채黃花菜 혹은 금침채金針菜라고 불린다)'가 있는데, 이것은 오래전부터 말린 채소로 널리 식용했다. 훤초와 황화채는 매우 비슷하게 생겼기 때문에 혼동하기 쉽다. 훤초와 황화채는 다음과 같은 세부 사항으로 구분해야 한다. 황화채의 꽃은 가늘고 길며 꽃잎도 좁게 생겼다. 꽃 색은 연한 노란색이다. 관상용 훤초는 꽃이 깔때기 모양이고 꽃 색이 일반적으로 주황색이나 빨간색에 가깝다. 훤초는 콜히친 함량이 높아 독성이 있다. 황화채는 콜히친 함량이 낮아서 고온에서 익히면 먹을 수 있다.

《시경》이
나에게
주석을 단다면

훤초가 사람들의 마음속에 처음 내려앉은 것은 한 여자가 먼 곳에 있는 사랑하는 사람을 그리워하는 이야기 덕분이다. 사랑하지만 만나지 못해서 가을 나무에 기대어 하늘을 바라보며 혼잣말만 중얼거린다. 세월이 흐르면서 그리움은 병이 되고 말았다. 옛날 사람들이 지키던 윤리적인 계율이든, 오늘날 욕망에 밀려 흐려진 도덕의 그림자든, 사랑에 빠져 허우적거리는 이야기는 늘 사람의 마음을 사로잡는다.

《시경》에 나오는 훤초(諼草)는 현대 중국어의 훤초(萱草), 즉 원추리를 말한다. 훤(諼)이라는 글자에는 본래 '근심을 잊는다[忘憂]'는 뜻이 있고, 원추리는 망우초(忘憂草)라고도 불린다. 원추리는 사람들의 마음속에 있는 안타까움과 슬픔과 연관되어 있다. 사랑이란 본래 생명과 생명이 만나 마음이 부딪혀서 불꽃이 튀는 것이라면, 이별은 거대한 시공간의 틈에서 사랑이 사람의 마음을 찢는 것이다. 삶의 자질구레한 일들은 사랑의 기대고 있는 연약한 기반을 짓밟아 깨뜨리기도 하지만, 바로 그런 시련을 거치며 그리워하는 마음이 더욱 강해지고 사랑을 깊어지게 한다.

화려하게 피어난 원추리는 아름답고 열렬하다. 《시경》이 지어진 시대에 이미 집안의 안주인인 어머니가 머무는 곳에 심는 꽃이었던 원추리는 여성의 충절과 자애, 잉태와 사랑을 대표한다. 햇빛이 내리쬐는 곳에 핀 원추리는 책임을 짊어지고서 굳건히 지키는 꽃이며, 잊고자 하지만 차마 잊지 못하는 근심은 깊고 깊은 모성을 돋보이게 한다. 이처럼 중국 문화에서 망우초는 자애로운 어머니를 수호하고, 한 가정의 안녕과 행복을 대변한다.

서양 문화에서 어머니를 대변하는 꽃은 카네이션이다. 중국에서는 2천

년 전부터 원추리였다. 중국 문화는 내성적이고 함축적인 데가 있어서 꽃을 바치면서 어머니에 대한 사랑을 표현하는 풍습은 없지만 말이다. 하지만 세계가 점점 융합하는 세계화의 시대에 어머니를 축복하고 감사의 뜻을 전하는 날에 꽃다발을 전해드리는 것은 중국에서도 이상한 일이 아니다. 만개한 원추리로 어머니의 마음을 위로해 드린다면 가족 간의 따뜻함을 더하고 화목하게 될 것이다.

24 모과나무

언제까지나
좋게
지내길

목과(木瓜)

나에게 목과(木瓜)를 던지면 옥으로 돌려주리라
보답하려는 것이 아니라 영원히 잘 지내기를 바라서라네
投我以木瓜, 報之以瓊琚.
匪報也, 永以爲好也.

나에게 목도(木桃)를 던지면 아름다운 돌로 돌려주리라
보답하려는 것이 아니라 영원히 잘 지내기를 바라서라네
投我以木桃, 報之以瓊瑤.
匪報也, 永以爲好也.

나에게 목리(木李)를 던지면 검은 돌로 돌려주리라
보답하려는 것이 아니라 영원히 잘 지내기를 바라서라네
投我以木李, 報之以瓊玖.
匪報也, 永以爲好也.

잡다한 해설

〈목과〉는 뜨거운 사랑의 시로 여겨지기도 하고 검소하고 심오한 시(연인 간이든 친구 간이든)로 여겨지기도 한다. 어쨌거나 〈목과〉는 이성적 공간(예의와 규칙)과 감성적 공간(정情을 따르는 본성)이 미묘한 균형을 잡고 있는 작품이다. 중국 문화에서 마음을 받으면 보답해야 한다는 특징을 물건을 주고받으면서 마음을 표현하는 상황을 통해 읽는 이의 공감을 불러일으킨다.

《공자시론(孔子詩論)》에서 공자는 〈목과〉를 현실 생활에 밀접한 감정으로 해석했다. 〈목과〉라는 시에는 바라는 바가 이루어지지 않은 상태의 마음이 내포되어 있는데, 그렇기 때문에 목과를 준 사람에게 더 큰 보답을 돌려주면서 뜻을 이루지 못한 불만스러운 감정을 표현한 것이라고 보았다.*

공자는 이렇게도 썼다. "나는 〈목과〉에서 인간관계의 교류 중 재물이 없어서는 안 된다는 이치를 얻었다. 인간의 본성이 본래 이러하니 시를 쓴 사람은 내심 상대방에게 이를 분명히 알려주고자 한다. 사람이 서로 교류하려면 먼저 예의를 보이며 뜻을 설명해야 하고, 다음으로는 재물로써 마음을 표현하면서 상대방이 받아들이길 요청해야 한다. 만약 재물을 먼저 보내고 교류할 뜻을 나중에 보인다면 이는 타인을 존중하지 않는 것이다."**

---

* 야오푸린(晁福林), 상보젠(上博简)(공저), 《시론(詩論) 연구》, 베이징(北京): 상무인서관(商务印书馆), 2013, 173쪽, 178쪽.
** 야오푸린(晁福林), 상보젠(上博简)(공저), 《시론(詩論) 연구》, 베이징(北京): 상무인서관(商务印书馆), 2013, 182쪽.

《모시서》에서는 〈목과〉라는 시가 지어진 역사적 배경을 살펴볼 수 있다. "〈목과〉는 제환공을 칭송한 시다. 위나라가 적인에게 패하여 조읍을 떠났을 때 제환공이 구해 주고 다른 땅에 봉해 주었으니 남은 수레와 말이 그를 따랐다. 위나라 사람들이 그를 생각하며 두텁게 보답하고자 시를 지은 것이다." 그러나 실제 역사에서 위나라는 제나라에게 보답하지 않았다. 그러니 《모시서》의 해석은 다소 허구의 뜻이 담겨 있어서 시를 완전히 해석하기에 부족하다. 그러나 단순히 남녀 사이에 정을 주고받는 것으로 이해하거나 혹은 친구 사이에 마음을 주고받는 것으로 읽는다면 어느 쪽이나 시의 뜻에 잘 들어맞는다. 〈목과〉의 간결함은 영혼의 말과 같다. 화답하는 노랫가락과 반복되는 변조가 깊고 애틋한 마음과 아득하게 맑은 감정을 전해 준다. 아름답고 훌륭한 시다.

　명나라 사람 종성(鍾惺)은 〈목과〉를 전설적인 합창이라고 평가했다. 이 시의 각 장은 처음 두 구절에서는 충직한 마음이 보이고 뒤의 두 구절에서는 정성이 드러난다. 중국 사람들은 사소한 것까지도 따지는 풍속이 있는데, 〈목과〉는 그런 세속적인 정서에 대해서도 따스하게 비판한다. 공자가 한 말처럼 이 시에는 이루지 못한 소원이 담겨 있는 것 같다.

내가
《시경》에
주석을 단다면

1
投我以木瓜, 報之以瓊琚. 나에게 목과(木瓜)를 던지면 옥으로 돌려주리라
匪報也, 永以爲好也. 보답하려는 것이 아니라 영원히 잘 지내기를 바라서라네

투아이목과(投我以木瓜) 투(投)는 《정전》에서 "척(擲)과 같다"고 했다. 보내주다, 증정하다라는 뜻이다. 투(投)라는 글자에서 '나[我]'는 곤경에 처한 상태임을 알 수 있다. 여기서 목과(木瓜)는 장미과 사과나무아과 모과속의 추피목과(皺皮木瓜, 산당화)를 말한다. 꽃이 필 때는 해당화와 비슷하다. 상세한 설명은 '식물 이야기'를 참고하기 바란다.

보지이경거(報之以瓊琚) 보(報)는 보답하다, 증정하다라는 뜻이다. 보(報)는 투(投)와 의미적으로 연결되어 있으며, 일종의 지위, 상황, 태도의 변화가 이어짐을 보여준다. 동시에 균형 잡힌 관계성이 생겨남을 의미한다. 처음에 '투(投)'라는 동기가 있었기에 나중에 '보(報)'의 답례가 생긴다. 곤경에 처한 상황에서 보낸 목과는 가벼운 선물로 보이지만 사실은 무게가 있다. 그러므로 보답할 때 아름다운 옥을 보내는 정성이 더 무거워 보이지만 사실은 가볍다. 이렇게 주고받는 무거움과 가벼움의 변화는 도덕과 예의에 부합하도록 약속되어 있으며, 인간의 본성을 표현하는 데도 부합한다. 이런 행위가 드러내는 조화로움에는 자연스럽게 물건보다 마음을 중요하게 여기는 인간관계의 철학이 담겼다. 경(瓊)은 《설문》에서 "경(瓊)은 경(瓊)이며 율(矞) 자를 따른다"고 했다. 본래의 의미는 붉은 옥을 말하는데, 여기서는 옥을 아름다운 말

로 지칭하는 용도로 쓰였다. 《시경》에는 경(瓊) 자를 써서 옥을 칭송하는 표현이 아주 많이 나온다. 경거(瓊琚), 경요(瓊瑤), 경구(瓊玖), 경화(瓊華), 경옥(瓊瑩), 경영(瓊英), 경괴(瓊瑰) 등이 있다. 옛적의 남자들은 허리띠에 옥을 매달아 밝은 덕을 드러냈으며, 이는 그의 신분이 존귀함을 암시하는 것이었다. 거(琚)는 원산지에서 생산된 옥을 말한다. 잡옥(雜玉)의 일종이며 잡패(雜佩)라고도 하는데, 패옥을 부르는 말이다. 이런 옥은 여러 종류의 옥을 합해 구성한다. 《시경》 정풍(鄭風)의 〈유녀동차(有女同車)〉에서 "패옥경거(佩玉瓊琚)"라는 구절이 있고, 진풍(秦風) 〈위양(渭陽)〉에는 "경괴옥패(瓊瑰玉佩)"라는 구절이 있는데 모두 거(琚)를 가리키는 것이다.

비(匪) 비(非)와 통용자다. '아니다'라고 부정하는 의미로 쓴다.

마지막 두 구절은 마음을 진술한 것이다. 이렇게 진술하는 어투로 표현되는 감정은 파악하기 어렵다. 공자는 〈목과〉는 '투(投)'와 '보(報)' 사이에서 바라던 것이 이루어지지 않았음을 말한다고 설명했다. 그래서 "비보야, 영이위호야(匪報也, 永以爲好也)"라는 구절에서는 일종의 울분을 표현한 것이라고 했다. 반면 후대 사람들은 대부분 〈목과〉에서 표현한 마음이 '투(投)'와 '보(報)' 사이에서 이루어진 것으로 여긴다. 시가 표현하고자 한 것은 영원히 함께 잘 지내기를 바라는 마음이며, 감정이 물건보다 중요하다는 것이다.

2
投我以木桃, 報之以瓊瑤. 나에게 목도(木桃)를 던지면 아름다운 돌로 돌려주리라
匪報也, 永以爲好也. 보답하려는 것이 아니라 영원히 잘 지내기를 바라서라네

목도(木桃) 육전의 《비아》에서는 "둥글고 목과(木瓜)보다 작으며 먹으면 시고 떫은 나무 열매를 목도(木桃)라고 한다"고 했다. 이시진의 《본초강목》에서는 "목도는 화원자(和圓子)다. 목과는 신 향기가 나고 아삭아삭하다. 목도는 시고 떫으며 찌꺼기가 많아서 사(樝)라고 불렀다"고 했다. 중국 고대의 사대농서 중 하나인 왕정(王禎)의 《농서(農書)》는 "사(樝)는 작은 배처럼 생겼다.

서천(西川), 당(唐), 등(鄧)에 많이 심었다. 맛이 배나 모과보다 못하지만 단맛을 내는 탕을 끓일 때 넣으면 향미가 높아진다"고 했다. 옛 문헌에 기록된 목도의 생김새나 사용법 등을 보면 장미과 사과나무아과 모과속 모엽목과(毛葉木瓜, 참명자)로 보인다. 《군화보(羣華譜)》에서는 목과해당(木瓜海棠)이라고 부르며, 낙엽관목 혹은 작은 교목이다. 목도는 옛적부터 잘 알려진 관상용 식물이며 이른 봄에 꽃을 피우고 잎은 나중에 난다. 해당화의 주홍색 꽃과 비슷한데 색이 다르다. 목도의 꽃 색은 자주색이 많고, 분홍색 혹은 흰색도 있다. 가지에는 가시가 많아서 울타리 용도로 많이 심는다. 추피목과(산당화)의 열매는 타원형인데 모엽목과(참명자)의 열매는 윗부분에 뚜렷한 돌기가 있으며, 추위를 견디는 성질은 모엽목과가 목과 혹은 추피목과보다 못하다.

요(瑤) 본래의 뜻은 아름답다, 귀중하다, 빛나며 결백하다라는 것이다. 단옥재의 《설문해자주》에서 "요(瑤)는 돌 중에서 아름다운 것"이라고 했다. 여기서는 아름다운 돌이라는 의미다.

3
投我以木李, 報之以瓊玖. 나에게 목리(木李)를 던지면 검은 돌로 돌려주리라
匪報也, 永以爲好也. 보답하려는 것이 아니라 영원히 잘 지내기를 바라서라네

목리(木李) 《본초강목》에서 "목과는 심을 수 있고 접붙일 수 있으며 가지를 눌러 놓을 수 있다. 잎은 윤기가 나고 두꺼우며, 열매는 작은 박처럼 볼록한 데가 있다. 촉촉하고 향기가 없으면 목과라고 한다. 열매가 둥글고 목과보다 작으며 향이 나고 맛은 시고 떫은 것을 목도라고 한다. 목과와 비슷하지만 볼록한 코가 없고 목도보다 큰 열매이며 맛이 떫은 것을 목리(木李)라고 하는데, 목리(木梨)라고도 부른다"고 했다. 이런 특징으로 보면 목리(木李)가 《중국식물지》에 기재된 목과(木瓜, 모과)다. 모과는 장미과 사과나무아과 모과속이다. 작은 가지에는 가시가 없고 꽃은 하나씩 피며, 꽃이 먼저 피고 잎은 나중에 난다. 작은 열매는 맛이 떫고, 물에 삶거나 설탕에 절여서 먹는다. 약으로 쓰면 숙취 해소, 가래 제거, 호흡 안정 등의 효과가 있다. 열매를 말

려도 껍질에서 윤기가 나기 때문에 광피목과(光皮木瓜)라고도 불린다. 나무의 성질이 단단해서 침대 기둥으로 썼다.

구(玖) 옥을 닮은 검은 돌이다. 《설문》에서는 "돌 중에서 옥과 비슷한 검은 것"이라고 했다. 구(玖)는 돌의 품질을 따지면 요(瑤)보다 조금 못한 것을 가리킨다. 이 시에서 1장에서는 경거(瓊琚, 잡옥), 2장에서는 경요(瓊瑤, 아름다운 돌), 3장에서는 경구(瓊玖, 검은 돌)로 품질이 점점 떨어진다. 시에 숨어 있는 정서는 기쁨이나 즐거움이 아니라 불만이라고 볼 수 있다. 그래서 공자가 "〈목과〉의 마음이 훌륭한데, 원한 바가 이루어지지 않았다"고 한 것이다. "영이위호야(永以爲好也)"는 아직 기정사실이 되지 않은, 그러나 결백하고 순수한 마음의 고백이다.

木瓜

投我以木瓜報之以瓊琚

식물 이야기

목과(木瓜)는 《모전》에서 "무목(楙木)이며, 먹을 수 있는 나무다"라고 했다. 《본초강목》 권30 '목과(木瓜)'에서는 이렇게 설명한다. "무(楙)라고도 한다. 《이아》에서 '무(楙)는 목과(木瓜)다'라고 했다. 곽박(郭璞)은 '나무 열매가 작은 박과 같고 신맛이 나며 먹을 수 있다. 그래서 목과라는 이름을 붙였는데 그 뜻을 딴 것이다'라고 주석을 달았다. (……) 목과는 심을 수 있고 접붙일 수 있으며 가지를 눌러 놓을 수 있다. 잎은 윤기가 나고 두꺼우며, 열매는 작은 박처럼 볼록한 데가 있다. 촉촉하고 향기가 없으면 목과라고 한다. (……) 목과는 아삭아삭하고 꿀에 절여서 먹는다. 씨를 제거하고 푹 끓여서 으깬 뒤 꿀과 생강을 넣고 달이는데, 겨울에 마시면 좋다." 소송의 《본초도경》에서는 "목과는 어디에나 있지만 선성(宣城)의 것을 최고로 친다. 나무의 모양이 능금나무와 비슷하다. 늦봄에 꽃이 피는데 짙은 빨간색이다. 열매는 큰 것이 박만 하고 작은 것이 주먹만 하다. 노르스름해서 분을 바른 것 같다"고 했다. 이런 특징이 추피목과(皺皮木瓜)와 일치한다.

추피목과(皺皮木瓜, 산당화)는 장미과 사과나무아과 모과속의 식물로, 낙엽관목이다. 높이는 2미터에 달하며, 가지는 곧게 퍼지고 가시가 있다. 꽃이 먼저 피고 잎이 나중에 난다. 꽃은 3~5송이가 모여서 2년째가 된 오래된 가지에 핀다. 꽃자루는 짧고 굵으며 길이가 3밀리미터 정도이거나 꽃자루가 없는 것에 가깝기도 하다. 꽃의 직경은 3~5센티미터이고 꽃받침이 종 모양이다. 겉면에는 털이 없고 꽃잎은 타원형이거나 길쭉한 원형이다. 꽃 색은 붉고, 드물게 연한 빨강색 혹은 흰색이 있다. 열매는 구형 혹은 계란형이다. 직경은 4~6센티미터이며 노란색이거나 황록색이다. 드물게 선명하지 않은 반점이 있으며 향기롭다. 꽃은 3~5월에 피고 열매는 9~10월에 맺는다. 중국의 산시(陝西), 간쑤, 쓰촨, 구이저우, 윈난, 광둥 등지에 분포한다.

여러 곳에서 흔히 재배되며, 꽃은 붉은색, 분홍색, 흰색이 있고, 겹꽃잎인 품종과 반쯤 겹꽃잎인 품종이 있다. 이른 봄에 꽃이 먼저 피고 나중에 잎이 나는데 매우 아름답다. 가지에 빽빽하게 가시가 있어서 울타리로 쓴다. 과육은 단단하고, 신맛이 나며, 향이 강하다. 열매가 익은 지 7~10일이 지나면 껍질이 약간 수축하여 주름이 생기기 때문에 추피목과(皺皮木瓜)라고 한다. 다른 이름으로 추목과(秋木瓜), 철각리(鐵腳梨), 첩경목과(貼梗木瓜, 또는 첩경해당 貼梗海棠), 천목과(川木瓜), 토목과(土木瓜) 등이 있다.

《시경》에서 언급되는 '목과'는 열대 지역에서 주로 재배되는 '번목과(番木瓜, 파파야)'와는 완전히 다른 식물이다.

《시경》이
나에게
주석을 단다면

〈목과〉는 마음에 따라 다르게 읽히며, 시의 내용도 그에 따라 달라진다. 우정을 다룬 시로 느낀다면 이 시는 같은 곳을 지향하는 신념과 의리를 지키는 단단하고 강직한 마음을 보여주는 작품이다. 사랑을 다룬 시로 느낀다면 마음속에 부드러운 애정과 기쁨이 있지만 너무 많이 표현하지 않고 '영원히 좋게 지내기를' 바라는 뜻을 보이는 것이 아름답다.

당신이 나에게 목과를 준다면 나는 아름다운 옥으로 갚겠다. 목과와 옥을 통해 물건을 주고받는 데서 균형과 조화를 느낄 수 있다. 사람의 마음이 바라는 것은 '영원히 좋게 지내는' 것인데, 그러려면 '너와 나'라는 영혼의 융합이 영원해야 한다. 이 시에서 거듭 강조하는 것은 마음의 기쁨이지 물건으로 인한 기쁨이 아니다. 어떤 화살 같은 사물이 시에 담긴 뜻에서부터 발출되었고, 이 화살이 마음을 다한 응답을 가르고 들어가는 순간 각자의 마음에 빛이 밝혀지는 것이다. 마음을 만족시키고 움직이게 하는 것은 선물이나 답례의 물건이 아니다.

나는 이 시에 나오는 투(投)와 보(報)의 대응을 좋아한다. 먼저 문을 여는 것은 호의로 준비한 열매와 기쁨의 꽃이다. 만날 때마다 서로 마음이 통하는 미소를 짓고, 유려한 음악 위에 음표가 뛰놀며, 목과의 부드러움과 옥의 투명함이 사랑의 시작을 알린다.

옛날 위나라는 지금의 허난성 치현에 위치했다. 주나라 시대에 자라던 추피목과(皺皮木瓜)가 지금도 그곳에서는 흔히 보이는 식물이다. 봄이 한창일 때면 나는 청화원(清華園) 서문에서 멀지 않은 녹원(綠園)에 간다. 그곳에서 첩경해당(貼梗海棠)의 꽃과 막 작은 열매가 열린 추피목과를 구경한다.

나는 남방 지역에서 공부를 했는데, 그곳에서는 번목과(番木瓜, 파파야)를 쉽게 볼 수 있었다. 가을바람이 불 때, 선전로(深圳路)의 길가에 있는 과일 노점상에서 늘 주황색 과육의 파파야를 볼 수 있었다. 나는 한동안 번목과를 《시경》에 나오는 목과라고 착각해서 파파야를 몹시 사랑한 적이 있다. 추피목과와 번목과 사이에서 벌어진 오해를 여러 해가 지난 후에야 깨달았다. 내가 사랑하는 남방 지역과 나에게 글쓰기의 맥을 알려준 북방 지역은 '목과'를 둘러싼 오해 덕분에 서로 손을 맞잡은 셈이 되었다. 나의 세계는 이런 오해 덕분에 조금씩 시야를 넓히고 있다.

王風
— 黍
— 蒲柳或香蒲
— 益母草
— 葛藟葡萄
— 艾
— 李

왕풍(王風)

지리적 위치

왕풍의 왕(王)은 왕성을 말한다. 왕응린이 《시지리고(詩地理考)》에서 정현(鄭玄)의 《시보(詩譜)》를 근거로 설명한 내용은 이렇다. 주나라 무왕 은상(殷商)을 멸망시키고 도읍을 호경(鎬京, 오늘날 시안西安시 창안長安구)에 세웠다. 이를 종주(宗周), 또는 서경(西京)이라 한다. 성왕(成王)이 즉위한 후 주공이 5년간 섭정했다. 성왕은 도읍을 낙읍(洛邑, 허난성 뤄양洛陽)에 짓고자 소공에게 성벽을 쌓게 했다. 성벽이 완공된 후 주공이 성왕을 따라 천도하였다. 이때부터 주 왕실의 기상이 완성되었기에 역사적으로 성주(成周)라고 부른다. 건설한 왕성은 동경(東京)이라 했다. 오늘날 뤄양에 있는 고성(古城)이다. 후에 성왕이 낙양을 은상의 완고한 옛 유민에게 떼어주고 주 왕실은 다시 호경으로 천도했다. 이후 삼감(三監)의 난이 일어나 주공이 상나라 유민을 진압하고, 낙읍에 상주하며 조정을 주관했다. 서주 말년에 정교(政敎)가 쇠약해져 주나라 유왕(幽王)이 견융(犬戎)에게 죽임을 당했다. 이후 제후들이 북방 오랑캐를 물리치고 평왕(平王)을 옹립했다. 평왕은 융적이 다시 침범할까 염려하여 호경에서 동도(東都) 왕성으로 옮겼다. 왕성과 그 사방 600리까지, 즉 왕성과 주변의 교외 지역이 바로 '왕풍' 시의 발생지다. 동주(東周) 때부터 주 왕실이 약해져 분봉(分封)된 여러 나라를 다스릴 힘이 없게 되었다. 그 지위가 사실상 제후나 다름없으므로 그 시 역시 '아(雅)'로 돌아갈 수 없고 '풍(風)'이라 해야 한다. 왕호가 바뀌지 않았으므로 주(周)라 할 수 없고 왕(王)이라 할 수밖에 없다. 왕풍은 10편으로, 모두 주 왕실이 동쪽으로 이주한 후의 작품이다. 시의 발생지는 아마도 오늘날 허난성 뤄양, 멍저우(孟州), 친양(沁陽), 옌스(偃師), 궁이(鞏義), 원현(溫縣) 일대일 것이다.

25 기장

슬픔의 용광로

서리(黍離)

彼黍離離, 彼稷之苗. 저 기장 이삭 가지런하고 저 기장도 싹이 돋았구나
行邁靡靡, 中心搖搖. 먼 길을 느릿느릿 가는데 마음이 흔들리네
知我者, 謂我心憂. 나를 아는 사람은 내 마음이 괴롭다 하고,
不知我者, 謂我何求. 나를 모르는 사람은 나에게 무엇을 찾느냐 한다
悠悠蒼天, 此何人哉? 아득한 푸른 하늘이여, 이는 누구 때문인가?

彼黍離離, 彼稷之穗. 저 기장 이삭 가지런하고 저 기장도 이삭이 패었구나
行邁靡靡, 中心如醉. 먼 길을 느릿느릿 가는데 마음은 술 취한 듯하다
知我者, 謂我心憂. 나를 아는 사람은 내 마음이 괴롭다 하고,
不知我者, 謂我何求. 나를 모르는 사람은 나에게 무엇을 찾느냐 한다
悠悠蒼天, 此何人哉? 아득한 푸른 하늘이여, 이는 누구 때문인가?

彼黍離離, 彼稷之實. 저 기장 이삭 가지런하고 저 기장도 이삭이 여물었구나
行邁靡靡, 中心如噎. 먼 길을 느릿느릿 가는데 마음은 목멘 듯 답답하다
知我者, 謂我心憂. 나를 아는 사람은 내 마음이 괴롭다 하고,
不知我者, 謂我何求. 나를 모르는 사람은 나에게 무엇을 찾느냐 한다
悠悠蒼天, 此何人哉? 아득한 푸른 하늘이여, 이는 누구 때문인가?

잡다한 해설

〈서리(黍離)〉는 원망스러운 마음을 담은 시 작품 중에서 최고봉이라 할 만하다. 후대의 많은 시인들이 옛 왕조를 그리워하며 지은 시의 뜻은 기본적으로 〈서리〉에 기원한다. 이것은 '왕풍(王風)'이 슬픔 속에서 웅장함을 탄생시키고, 웅장함 속에서 이어져 내려왔다는 증명이다. 중국의 시혼(詩魂) 전승은 늘 훌륭하게 이어졌다. 청나라 때의 방옥윤(方玉潤)은 《시경원시(詩經原始)》에서 이렇게 말했다. "후대의 두보(杜甫)가 천보(天寶)의 난을 겪으며 〈무가별(無家別)〉, 〈수로별(垂老別)〉, 〈애강두(哀江頭)〉, 〈애왕손(哀王孫)〉 등을 지었으니 예전의 〈서리〉와 이후 두보가 지은 시가 꼭같다. 두보의 작품은 시로 쓴 역사라고 불리는데, 이 책(〈서리〉)이 훨씬 먼저 펼쳐져 있었던 것이다." 〈서리〉의 시어는 망국에 대한 감회와 추모의 정을 분명히 드러내지는 않는다. 그러나 이 시를 읽다 보면 누구라도 옛 나라와 근심하는 감정 사이에 풀리지 않는 매듭이 엮여 있음을 느끼게 된다. 만약 중국 문화에서 가장 강력한 '접착제'가 있다면 그것은 고국에 대한 깊고 무거운 정일 것이다. 그런 괴로움과 애절함의 탄식(두보가 쓴 '삼리(三吏)', '삼별(三別)'의 서사시*), 가슴을 울리는 깊은 정(량치차오(梁啓超)는 중국 시의 '회탕표정법(回蕩表情法)'에서 생성되는 운문의 세계라 했다), 그런 망국에 관한 추모의 정(중국의 뼛속 깊이 가라앉아 있는 '고국에의 그리움'의 자각), 그중에서 오래전에 기원을 둔 출전은 곧 〈서리〉에서 시작된 '서리의 슬픔'(또는 '고궁화서(故宮禾黍)의 슬픔')이다. 슬픈 감정의 숲에서 계속해서 울분의 뜨거움이 자라난다. 한편 울분은 지키고자 하는 마음에서 시작된 분노이며, 그것이 〈서리〉에 담긴 자기구원의 가치를 오랫동안 유지시킨다.

《모시서》에서 이런 말이 나온다. "〈서리〉는 주나라의 옛 도성을 가엾게 여기는 작품이다. 길을 가다가 옛 도성에 이르러 과거의 종묘와 궁궐을 보니 온통 벼와 기장이 자라 있었다. 이를 보고 주나라 왕실이 무너진 것을 안타까워하며 주변을 배회하고 차마 떠나지 못하는 것을 시로 쓴 것이다." 청나라 사람 최술(崔述)은 《독풍우식(讀風偶識)》에서 '왕풍'의 역사적 배경을 이렇게 설명했다. "유왕(幽王)이 어리석고 포악하여 융

---

* 두보의 시 중 〈신안리(新安吏)〉, 〈동관리(潼關吏)〉, 〈석호리(石壕吏)〉와 〈신혼별(新婚別)〉, 〈무가별(無家別)〉, 〈수로별(垂老別)〉을 가리킨다. - 옮긴이

적(戎狄)이 릉을 침범하였다. 평왕(平王)이 피난을 가니 가솔이 모두 떠돌이가 되었다." 량치차오가 〈서리〉의 작법에 대해 이렇게 분석하기도 했다. "가슴속에 가득한 온갖 감정을 언어로 다 표현할 수 없으니 차라리 한 글자도 쓰지 않겠다 생각하며, 다만 이를 꽉 물고서 길게 탄식하는 그런 깊은 마음을 느낄 수 있다. 그 마음이 글자 위에서 살아 숨쉬는 듯하다." 오늘날의 표현으로 말하자면 〈서리〉는 다성부 음악에서 메아리가 서로 공명하는 모범 사례라고 하겠다.

〈서리〉는 《시경》에서 가장 중요한 특징인 '원망하는 시의(詩意)'에 딱 맞아떨어지는 작품으로, 오랫동안 전해지며 암송되었다. 중국 문학에서 생명력이 가장 강한 흐름 중 하나다. 〈서리〉라는 시가 이처럼 훌륭한 것은 하늘이 내려준 것이 아니다(또한 가장 오래된 작품이거나 유일한 작품인 것도 아니다). 상(商)나라 말기, 주왕(紂王)의 숙부인 서여(婿餘)는 봉지가 기(箕) 땅이어서 '기자(箕子)'라고도 불린다. 기자가 누구인가?《상서(尙書)》에는 그가 주나라 무왕(武王)에게 천하를 다스리는 법을 가르친 '홍범구주(洪範九疇)' 이야기가 실려 있다.《주역(周易)》에 나오는 여러 괘 중에서 유일하게 믿을 만한 역사 인물에 대한 이야기가 바로 기자에 대한 일화이기도 하다. 그는 검고 흰 돌로 천문을 보고 점을 쳤다고 하며, 음양오행(陰陽五行)의 이치를 추론하고 만물이 나고 죽는 원리를 사고하여 바둑을 발명했다.《논어》의 '미자편(微子篇)'에서는 공자가 기자를 두고 "상나라에는 세 명의 어진 사람이 있다"(기자, 미자, 그리고 비간(比干)을 가리킨다)고 말했다.

옛 주나라 땅으로 돌아온 기자는 중국에서 현존하는 가장 오래된 문인 시인 〈맥수(麥秀)〉를 지었다. "보리 수염이 우거지고 벼와 기장이 기름지네. 어리석고 고집 센 녀석이 내 말을 듣지 않았도다." 사마천은 《사기》의 〈송세가(宋世家)〉에서 "기자가 주나라 땅에 돌아와 옛 도읍의 흔적을 보니 성벽은 무너지고 기장이 잔뜩 자라 있었다. 기자는 그 광경을 보고 슬퍼하며 〈맥수〉의 노래를 지었다"고 썼다. 당나라 때 공영달이 쓴《정의(正義)》와 후대의 주석가들 대부분 〈서리〉는 기자가 쓴 〈맥수〉의 영향을 받아 만들어진 작품이라고 보았다. 오히려 청출어람이 되어 〈서리〉는 '천고의 절창'으로 칭송받았다.

내가 《시경》에 주석을 단다면

1

彼黍離離, 彼稷之苗. 저 기장 이삭 가지런하고 저 기장도 싹이 돋았구나
行邁靡靡, 中心搖搖. 먼 길을 느릿느릿 가는데 마음이 흔들리네
知我者, 謂我心憂. 나를 아는 사람은 내 마음이 괴롭다 하고,
不知我者, 謂我何求. 나를 모르는 사람은 나에게 무엇을 찾느냐 한다
悠悠蒼天, 此何人哉? 아득한 푸른 하늘이여, 이는 누구 때문인가?

피서리리(彼黍離離) 피(彼)는 어기조사다. '저것'을 가리키는 말로, 깊은 감정을 포함하고 있다. 서(黍, 기장)는 《중국식물지(中國植物志)》에 '직(稷)'이라고 나와 있다. 기장은 볏과 기장속의 한해살이풀인데, 자세한 설명은 '식물 이야기'를 참고하기 바란다. 리리(離離)는 뿔뿔이 흩어지는 모양을 말한다. 움직임이 많고 서정적인 정경을 묘사하는 말이다. 이른바 시어의 무게란 사물의 진동에 있고 사리의 서술에 있지 않다. '리리'라는 표현에 대해서는 두 가지 해석이 있다. 하나는 곡식 알갱이가 가지런하게 자라난 모양을 가리킨다고 하고, 또 하나는 기장의 원추꽃차례에 달린 종자가 드문드문한 모양을 가리킨다고 한다.

직(稷) 《본초강목(本草綱目)》에서는 직(稷)의 이름을 제(穄) 또는 자(𪎭)라고 설명한다. 《예기(禮記)》에서는 "종묘에 제사 지낼 때 쓰고, 직(稷)은 명자(明粢)다"라고 했다. 《이아(爾雅)》에서는 "자(𪎭)가 곧 직(稷)이다"라고 했다. 남송 사람 나원(羅願)은 《이아익(爾雅翼)》에서 "직(稷), 제(穄), 자(𪎭)는 모두 같은 것을 가리키며 발음의 차이다"라고 했다. 《오경이의(五經異義)》의 '금효경설(今孝

經說)'에서는 "직(稷)은 오곡 중 으뜸이다. 오곡에 속하는 곡식이 많아 모두 공경할 수 없으니 '직'으로 제사를 지낸다"고 설명했다. 옛 사람들이 직(稷)이라고 부른 곡물이 기장[黍], 조[粟], 수수[高粱] 세 가지 중 어느 것이냐를 두고 논쟁이 있다. 현대 식물학에서 볼 때 직(稷)을 대표하는 것은 기장이다. 문화적으로 보자면 직(稷)은 오곡의 총칭이라고 보는 게 맞다. 〈서리〉에서 앞부분은 '서(黍)'가 밭에 가지런히 자라난 것을 노래하고, 뒷부분은 '직(稷)'이 길게 자라난 광경을 노래한다. 그러니 두 식물은 사실 같은 것이라고 보아야 한다.

행매미미(行邁靡靡) 매(邁)는 《설문(說文)》에서 "먼 길을 가는 것"이라고 했다. 미미(靡靡)는 《모전(毛傳)》에서 "꾸물대는 것"이라고 설명했다. 즉 느릿느릿 이동하는 모습이다.

중심요요(中心搖搖) 도치된 구절로, 마음이 흔들린다는 것이다. 요요(搖搖)는 '삼가시(三家詩, 《시경》의 여러 판본 중 《제시(齊詩)》, 《노시(魯詩)》, 《한시(韓詩)》를 통틀어 이르는 말)'에서는 요요(瑤瑤)라고 쓴다. 《이아》에서는 "요요(瑤瑤)를 말할 수 없는 근심"이라고 했다. 《정의》에서는 "초나라 위왕(威王)이 말하길 '과인의 마음이 흔들려[搖搖] 높은 곳에 매인 깃발 같다'고 했으니 요요(搖搖)는 마음에 근심이 있어 어디에도 기대지 못하는 것을 말한다"고 했다. 이것을 짧게 요약해 한마디로 표현한다면, 몸이 미세하게 떨리고 마음속에 누구에게도 말하기 어려운 슬픔이 쌓여 있는 것이다. 이처럼 비통함이 마음을 가득 메우면 강물이 낭떠러지를 가로지르는 것과 같다. 그래서 근심하는 마음은 그 뒤에 이어지는 몇 구절에서 그렇듯 오랫동안 차마 표현하지 못한 슬픔이 폭포처럼 벼랑에서 쏟아져 흐른다.

지아자(知我者) 내 마음을 이해하는 사람을 말한다.

위아심우(謂我心憂) 내가 오랫동안 머무르며 자리를 뜨지 못하는 것을 원망한다는 뜻이다.

부지아자(不知我者) 서로 알지 못하는 낯선 사람을 말한다.

위아하구(謂我何求) 호기심으로 화자에게 묻는 것이다. "지금 누구를 찾고 있느냐?"

유유창천(悠悠蒼天) 유유(悠悠)는 《모전》에서 "멀다"라고 설명했다. 창천(蒼天)은 먼 하늘을 바라보니 짙푸르게 보이는 것을 말한다. 즉 오랫동안 멀리 하늘을 바라볼 때의 감각이다. 이 작품의 시어에서는 "아득한 푸른 하늘(悠悠蒼天)"이라고 했는데, 속되게 말하자면 "아이고, 하늘님!"이라 하는 것이다. 괴로움이 극치에 달한 사람, 깊이 상처 입고 슬픔에 잠긴 사람, 그러나 지금 자신의 감정을 어떻게 표현해야 할지 모르는 사람은 울고 싶지만 눈물이 나지 않아 메마른 눈으로 이렇게 말할 것이다. "나는 어떻게 된 인간인가?"

2

彼黍離離, 彼稷之穗. 저 기장 이삭 가지런하고 저 기장도 이삭이 패었구나
行邁靡靡, 中心如醉. 먼 길을 느릿느릿 가는데 마음은 술 취한 듯하다
知我者, 謂我心憂. 나를 아는 사람은 내 마음이 괴롭다 하고,
不知我者, 謂我何求. 나를 모르는 사람은 나에게 무엇을 찾느냐 한다
悠悠蒼天, 此何人哉? 아득한 푸른 하늘이여, 이는 누구 때문인가?

수(穗) 《설문》에서는 "수(采, 이삭)는 화(禾, 벼)가 수(秀, 솟아나다, 성장하다)한 것이다"라고 설명한다. 본뜻은 곡식이 익어서 줄기 끝에 꽃이 피거나 열매가 맺힌 것을 가리킨다.

취(醉) 정신이 흐리멍덩한 상태를 말한다.

실(實) 양식의 수확량이 많다, 즉 '곳간이 가득 찼다'는 뜻이다.

일(噎) 《정의》에서는 "목이 막히는 것을 말한다"고 했다. 즉 목이 메여 숨이 막히는 것이다. 여기에서는 슬픔으로 울음이 터지려는 상태를 가리킨다.

3

彼黍離離, 彼稷之實. 저 기장 이삭 가지런하고 저 기장도 이삭이 여물었구나
行邁靡靡, 中心如噎. 먼 길을 느릿느릿 가는데 마음은 목멘 듯 답답하다
知我者, 謂我心憂. 나를 아는 사람은 내 마음이 괴롭다 하고,
不知我者, 謂我何求. 나를 모르는 사람은 나에게 무엇을 찾느냐 한다
悠悠蒼天, 此何人哉? 아득한 푸른 하늘이여, 이는 누구 때문인가?

〈서리〉라는 시의 근본에는 강렬한 그리움의 정서가 있다. 강대하고 번영했던 옛 나라를 그리워하여 하늘과 땅이 나와 함께 슬퍼하는 것을 표현한다. 〈서리〉의 첫 단락은 곡식의 싹이 잘 자라난 모습을 표현했고, 두 번째 단락은 이삭이 막 영근 모습을 노래했다. 세 번째 단락에서는 곡식을 풍성하게 수확한 것을 보여준다. 원나라 때 사람인 유근(劉瑾)은 《시전통석(詩傳通釋)》에서 "슬픔과 기쁨은 처음 만나면 음이 달라지고, 두 번째 만나면 약해지고, 세 번째 만나면 평소와 다를 바 없게 된다. 그러나 군자의 충실하고 두터운 마음은 다르다. 그의 마음이 오고 감은 한 번으로 그치지 않는다. (……) 그 느끼는 마음이 항상 처음과 같고, 적어지지 않고 점점 깊어진다. 이것이 곧 시인이 표현하려는 뜻일 것이다."

곡식의 모를 이야기하고, 그다음으로는 이삭을 이야기하고, 이어서 다 자란 낟알을 이야기하는 것을 통해 시인이 길을 가면서 밭 사이에 서서 느낀 한순간의 감상을 이해할 수 있다. 《정의》에서는 모를 이야기하는 것은 곧 주나라 왕실의 모(어린 싹)를 가리킨다고 보았다. 무왕이 주나라를 세운 격동의 시절을 그리워하는 것이다. 이삭을 이야기하는 것 역시 주나라 왕실이 이삭 패듯 안팎으로 안정되고 천하가 평화로워진 것을 말한다. 낟알이 다 익을 것을 이야기하는 것은 주나라 왕실이 강성할 때 무기가 충분하고 창고가 가득 찼으며 주나라 왕실이 하늘과 땅 사이에서 당당히 자리 잡고 서 있는 것을 말한다. 주나라 출신의 군자는 옛 땅을 딛고 서서 과거 고국의 번영하던 광경을 떠올리며 벼락에 맞은 듯이 비통함과 슬픔, 원망스러움, 무언가에 취한 듯 어지러움, 목이 메어 답답한 감정 등이 한꺼번에 몰아치는 것을 느꼈을 것이다. 그러나 하늘이 알고, 땅이 알고, 내가 아는 것 외에 또 누가 그런 깊은 슬픔을 알고 공감해 줄까? 〈서리〉라는 시가 훌륭한 것은 하늘, 땅, 인간이 물아일체의 감정이입 상태에 이른 것을 잘 표현했기 때문이다.

黍离

彼黍离离彼稷之苗行
迈靡靡中心摇摇

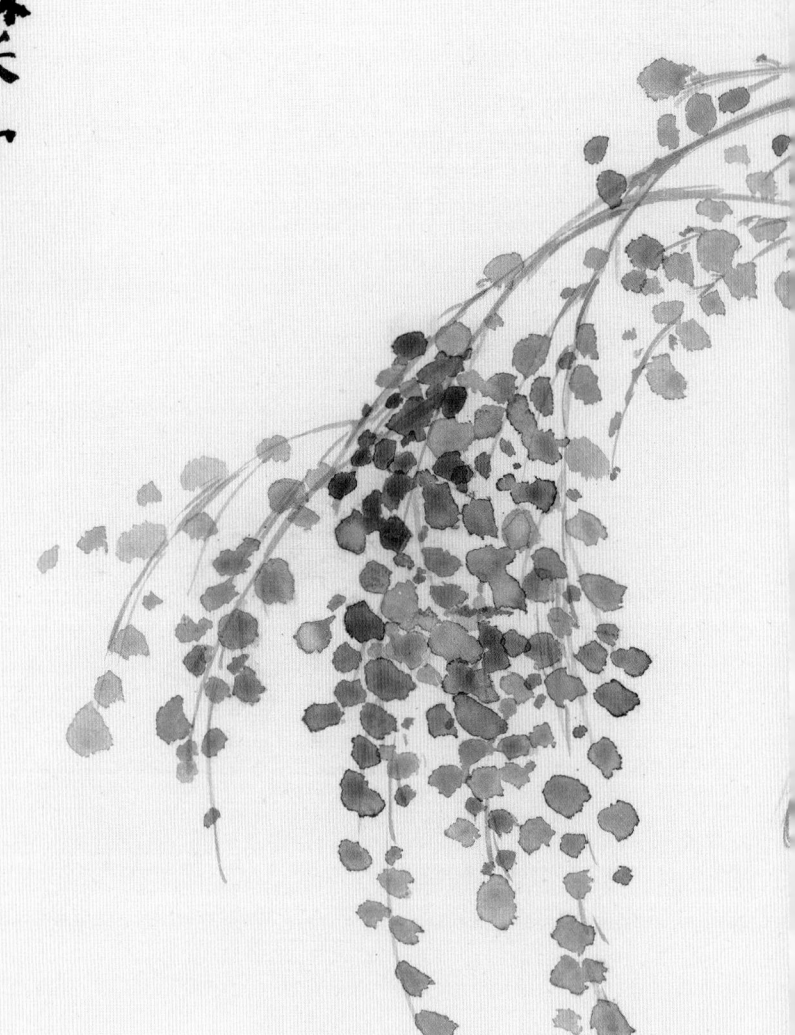

식물 이야기

《시경》에서 말하는 서(黍), 직(稷), 서직(黍稷), 비(秠), 거(秬, 흑서黑黍)는 모두 기장을 가리킨다. 기장의 생장기는 짧고 가뭄이나 척박한 환경에 강해 건조하고 메마른 지역에서 농경민족이 재배하기에 가장 적합하다. 그래서 오래전부터 중요한 양식용 작물로 길렀다. 《본초강목》 권23에는 "서(黍)는 직(稷) 중에서 찰기가 있는 것을 말한다. 붉은 것, 흰 것, 누런 것, 검은 것까지 여러 종류가 있으며, 그 싹(苗)의 색도 그러하다. 곽의공(郭義恭)이 《광지(廣志)》에서 적서(赤黍), 백서(白黍), 황서(黃黍), 대흑서(大黑黍), 우서(牛黍), 연함(燕頷), 마혁(馬革), 려피(驢皮), 도미(稻尾) 등 여러 이름이 있다고 했다. 3월에 씨를 뿌리는 것을 상시(上時)라 하고 5월이면 다 익는다. 4월에 씨를 뿌리는 것을 중시(中時)라 하고 7월이면 다 익는다. 5월에 씨를 뿌리는 것을 하시(下時)라 하고 8월에 다 익는다."

《시경》에는 서(黍)와 직(稷)이 같이 언급되는데, 옛사람들이 둘을 세밀하게 구분하지 않았음을 알 수 있다. 여러 주석가들이 서(黍)와 직(稷), 속(粟, 껍질을 벗긴 낟알)의 생물종을 확정하여 말하고 있으나 설이 분분하고 일치되지 않는다. 《중국식물지》에는 볏과 기장속의 식물이 500여 종이라고 기재되어 있다. 중국에서 산출되는 것으로는 18종과 2종의 변종이 있으며 그중 기준이 되는 종이 직(稷)이다. 직(稷)은 인류가 최초로 재배한 곡물 중 하나이며, 전분이 풍부하여 식용 또는 술을 빚는 데 사용한다. 줄기와 잎은 가축 사료로 쓸 수 있다. 오랫동안 재배하고 육종했기 때문에 품종이 다양한데, 크게 점성이 있는 것과 없는 것 두 가지 유형으로 나뉜다. 《본초강목》에서는 점성이 있으면 서(黍), 점성이 없으면 직(稷)이라고 했고, 중국의 민간에서는 점성이 있는 것을 서(黍), 점성이 없는 것을 미(糜)라고 불렀다.

　직(稷), 즉 현대 식물학의 명칭으로 '기장'은 볏과 기장속의 한해살이풀이다. 줄기는 굵고 곧게 서며, 높이 40~120센티미터 정도로 자란다. 대부분 홑잎이지만 드물게 겹잎으로 나거나 별개의 가지가 뻗기도 한다. 잎은 선형 혹은 피침형이다. 꽃은 원추꽃차례 형태로 나는데 밀집되어 피는 편이다. 이삭이 다 익으면 아래로 늘어진다. 이삭은 대체로 10~30센티미터이며, 뻗어나간 가지는 굵거나 가늘고, 대개 홈이 있다. 다 익은 열매는 영과(穎果)*로, 원형이거나 타원형이다. 품종별로 색이 달라서 유백색, 단황색, 홍색, 갈색, 흑색 등 여러 색깔이다. 꽃이 피고 열매를 맺는 시기는 7~10월이다. 중국의 화베이, 시베이, 시난, 둥베이, 화난, 화둥 등 광범위한 지역에서 재배된다.

　종자는 단백질과 전분이 풍부하다. 찰기 있는 품종은 아밀로스를 함유하지 않거나 함량이 매우 낮은데 대개 서(黍)라고 하며, 찰기가 없는 품종의 평균 아밀로스 함량은 7.5퍼센트로 대개 직(稷) 또는 미(糜)라고 부른다. 기장으로는 떡과 빵 등을 만들 수 있고 황주(黃酒)도 빚는다. 꽃줄기로 빗자루를 만들어 사용하기도 한다.

　기장 낟알은 중국의 북방 지역에서 주로 먹었던 찰기 있는 곡식이다. 주나라 때부터 낭송 시대까지 중국인의 주식이었다. 초나라 사람은 술의 잎으로 기장쌀을 싸서 만든 밥으로 제사를 지냈는데, 이를 각서(角黍)라 한다. 이것이 나중에 쭝쯔(粽子, 대나무 잎으로 찹쌀을 싸서 쪄 먹는 음식)의 기원이 되었다. 주나라 민족의 선조가 서(黍, 여기서는 직(稷)과 같다)를 재배하는 법을 가르쳤는데, 후대 사람들이 이를 존숭하여 직신(稷神)으로 추앙하고 후직(後稷)이라고 불렀다. 제사를 지낼 때 공자가 서(黍)를 가장 먼저 먹었다고 하는데, 이는 오곡에서 가장 오래된 것이기 때문이다. 또한 직(稷)은 오곡의 으뜸이라, 여기서 파생된 '사직(社稷)'이라는 말이 나중에 '나라'의 대명사로 쓰이게 되었다.

---

*　과피와 종자가 분리되지 않고 붙어 있는 열매 형태로 곡식 낟알이 이에 속한다. - 옮긴이

《시경》이
나에게
주석을 단다면

슬픔이란 마음에 커다란 충격을 받는 것이다. 자신의 타고난 기질과 소망하는 세상이 모습이 어긋날 때, 가파른 삶의 협곡에서 쏟아져 나오는 거센 물살이다. 이 거센 물살이 인간의 내면에서 어둡고 우울한 감정을 용솟음치게 만든다. 이것이 바로 슬픔의 원인이 된다.

인간은 식물이 무성했다가 메말랐다가 하며 덧없이 바뀌는 것을 보면서 가세가 기울어 기댈 데 없어진 삶이나 나라가 무너진 파멸의 순간을 떠올린다. 그런 감정과 마음의 울렁임은 언제나 언어보다 더 크다.

비극의 예술은 서구사회의 이론이다. 아름다운 모든 것을 부서뜨리고 그 장면을 인간에게 보여준다. 이때 부서뜨린다는 것은 일부러 훼손하는 것이 아니라 누구나 필연적으로 겪을 수밖에 없는 인생 여정이다. 온 힘을 다해 행복을 추구하는 인간들은 언제나 겹겹이 놓인 장애물을 깨부수고 나아가야 마지막 순간 무언가를 얻게 된다. 현실의 소소한 곤경에 가로막혔을 때도 벽을 들이받아 깨뜨리는 고통이 따른다. 그럴진대 역사에서 흐름이 변하고 나라의 세력이 기우는 것을 개인의 힘으로 어찌할 수는 없다. 그래서 슬픔은 누구도 도와주거나 해결해 줄 수 없는 고통 속에서 생겨난다.

〈서리〉의 문학적 구상은 보잘것없는 생명과 한 나라의 운명이 감응하는 데 있다. 개인의 이해득실을 초월한 것이며 정신적으로 수준 높은 감정이입이다.

중국 문학에서 〈서리〉의 슬픔과 같은 세월의 변화는 안타까움을 담은 시의 시초였다. 이런 비감의 호소는 뼛속까지 찔러 들어오는 날카로움이 있다. 량치차오가 말했듯 중국 시 작품 중에서도 '회탕표정법'의 모범 사례라

할 걸작이다.

"지아자, 위아심우(知我者, 謂我心憂). 부지아자, 위아하구(不知我者, 謂我何求)."

이 시의 구절은 온통 인간이 하늘, 땅과 나누는 대화이다. 보잘것없는 개체가 이런 대화 속에서 깊이 있는 단련을 얻는 것 같다. 무엇이 시 언어의 최초의 상태일까? 이런 대화야말로 그 표본이라고 하겠다.

후대에 조식(曹植)이 지은 〈낙신부(洛神賦)〉부터 향수(向秀)의 〈사구부(思舊賦)〉, 유우석(劉禹錫)의 〈오의항(烏衣巷)〉, 강기(姜夔)의 〈양주만(揚州慢)〉에 이르기까지 〈서리〉의 슬픔이라는 샘물에서는 이처럼 많은 명작이 솟아났다. 〈서리〉에 담긴 슬픔과 처량함의 노래는 혼령을 불러오는 듯하여 수없이 많은 옛 혼백이 노래에 이끌려 나타났다. 문명의 강줄기가 환희의 창조와 개척으로 만들어질 수 있다면, 마찬가지로 비감의 체험과 피와 살, 마음을 다 바친 헌신에서 주조될 수도 있을 것이다.

도(稻, 벼), 서(黍, 기장), 직(稷, 기장 혹은 조), 맥(麥, 보리), 숙(菽, 콩)을 오곡이라 하는데, 이 중에서 서(黍)는 아주 묵직한 다발이다. 사직의 기틀이자 선조가 후대에 남겨준 가장 귀중한 유산이며, 모든 주나라 백성의 고향이다. 피와 살로 이루어진 봄에 영양분을 공급하고, 농시에 정신과 영혼을 살찌운다. 찢어지는 듯한 통증이 마음에서 자라날 때, 나라의 아픔이 한 개인의 삶을 불러오고, 마음속의 기대감이 강하게 차오를 때, 이처럼 말로 표현하지 않는 슬픔이 선조에게서 혈맥을 따라 유전되어 온 고통으로 감응하며, 앞으로 영원히 끊어지지 않을 다리를 잇는 것이다.

갯버들 혹은 부들

실처럼
끊어지지 않는

양지수(揚之水)

솟구치는 물결, 한 다발 나무도 흘려보내지 못해라
당신은 나와 함께 신(申)나라에 와서 변경을 지키지 않네
그립고 그리워라 어느 달에나 나는 돌아갈까?

揚之水, 不流束薪.
彼其之子, 不與我戍申.
懷哉懷哉, 曷月予還歸哉?

솟구치는 물결, 한 다발 가시나무도 흘려보내지 못해라
당신은 나와 함께 보(甫)나라에 와서 변경을 지키지 않네
그립고 그리워라 어느 달에나 나는 돌아갈까?

揚之水, 不流束楚.
彼其之子, 不與我戍甫.
懷哉懷哉, 曷月予還歸哉?

솟구치는 물결, 한 다발 갯버들도 흘려보내지 못해라
당신은 나와 함께 허(許)나라에 와서 변경을 지키지 않네
그립고 그리워라 어느 달에나 나는 돌아갈까?

揚之水, 不流束蒲.
彼其之子, 不與我戍許.
懷哉懷哉, 曷月予還歸哉?

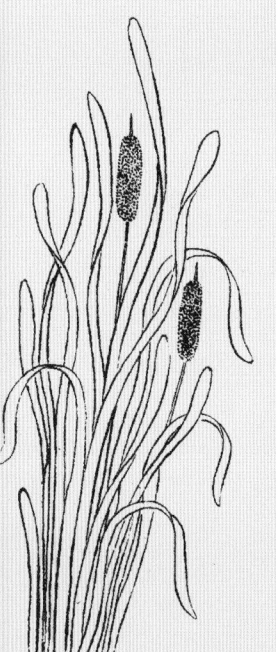

잡다한 해설

 시는 세계의 중심을 차지해야 하는 것으로, 실용을 목적으로 하지 않는다. 무료한 생각을 하고 무료한 감정을 발산해야 비로소 진정으로 순수한 시가 된다. 바로 〈양지수〉처럼 말이다. 사념과 잡념이 시에 물들면 시에 함축된 신비한 속성이나 시적 정서의 충만함은 부식된다. 그러니 시간의 흐름 속에서 마음을 정화시키는 시의 힘은 점차 약해질 것이다. 시의 순수성이 무엇인지 이해하려면 〈양지수〉가 훌륭한 표본이 된다.

 '양지수(揚之水)'라는 세 글자에는 깊은 슬픔이 배어 있지만 이런 슬픔은 우울하기보다 물의 흐름이 변화하는 데 대한 이해와 경험이 있기 때문에 오히려 겉으로 드러내지 않으며 상황에 맞춰 기뻐하는 정서가 있다. 〈양지수〉에는 만물의 근원에서 탄생한 은근한 리듬이 있어서 자연과 생명체의 조화를 더욱 감동적으로 만든다.

 〈양지수〉는 본래 변경을 지키는 병사가 한가할 때 한을 담아 쓴 시라서 마음속의 원망과 그리움이 덩굴처럼 얽혀 있다. '아득하게 흐르는 강물'처럼 감동적인 영혼이 세상 만물의 서로 다른 상황을 인식하며, 마음에 함축되어 있던 깊은 안개가 시의 수풀 속에서 일어난다. 이는 많은 사람이 변별할 수 있는 애잔하고 슬픈 기조이며, 웅장하면서도 생명력 넘치게 보인다. 〈양지수〉에 드러난 태도를 보면 중국의 선비, 시인의 운명에 대한 인식도 숨겨져 있다. 이 시에 드러나는 사랑하는 사람에 대한 그리움은 얼핏 보기에 괴이하거나 원망스럽게 보인다. 하지만 그래서 더욱 순수하고 깊은 맛이 있다. 원래 한 인간의 연심이란 초목이나 천지, 강물 등과 공생하는 세상이 그렇듯 큰 사랑일수록 말로 다 표현할 수 없다는 상징과 같다.

시는 함축적이고 지극히 고독하다. 그래서 말없이 마음을 촉촉하게 적시는 아름다움과 어찌할 수 없음이 더불어 존재한다.

《모시서》에서는 〈양지수〉를 두고 "평왕(平王)을 풍자했다. 백성을 돌보지 않고 멀리 외가에 머물렀으니 주나라 사람들이 원망했다"고 썼다. 시의 역사적 배경은 정말 어렵다. 동주(東周)시대 초, 주평왕이 낙양으로 도읍을 옮긴 후 주나라 천자의 권위는 점점 약해졌다. 제후국은 힘이 세지며 교만해졌다. 남쪽의 초(楚)나라는 근처 소국을 병합하려는 야심을 더 이상 감추지 않았다. 주평왕의 외삼촌인 신(申)나라, 도읍을 옮기는 데 도움을 준 보(甫)나라, 허(許)나라 등 수도 근처의 작은 나라들이 초나라의 침략을 받아 주나라 왕실에 구원을 요청했다. 입술과 이가 서로 의지하듯 주평왕은 그들의 어려움을 돕지 않을 수 없었다. 주평왕은 병사를 파견해 이들 소국의 변경을 지키게 했다. 그러나 주나라 왕실의 군대가 원래부터 수가 적었는데 다른 나라를 도와 관문을 지켜야 하는 임무는 더 힘겨웠다. 병사들이 복무를 마치고도 고향으로 돌아가지 못하는 일이 비일비재했다. 무단으로 병역을 연장하는 바람에 원망하는 마음이 감춰지지 않았다. 그것이 〈양지수〉라는 노래로 드러나 나라를 다스리는 사람에게 경종을 울렸다.

내가
《시경》에
주석을 단다면

도입부는 '흥(興)'*으로, 독자들을 순식간에 변경을 지키는 병사의 심정에 이입하게 한다. 이런 것이 바로 '흥'의 독특한 기능이다.

1
揚之水, 不流束薪. 솟구치는 물결, 한 다발 나무도 흘려보내지 못해라
彼其之子, 不與我戍申. 당신은 나와 함께 신(申)나라에 와서 변경을 지키지 않네
懷哉懷哉, 曷月予還歸哉? 그립고 그리워라 어느 달에나 나는 돌아갈까?

> **양지수, 불류속신(揚之水, 不流束薪)** 《정전(鄭箋)》부터 《정의(正義)》까지에는 "격렬한 물줄기가 빠르게 흘러도 나무 한 다발도 이동시키지 못한다는 뜻이다. 흥(興)은 평왕이 조급하게 나라를 다스리며 은혜로움이 백성에게 미치지 못한 것을 비유한다"고 썼다. 주희(朱熹)는 《시집전(詩集傳)》에서 반대로 "양(揚)은 유양(悠揚)을 가리키는 것으로, 물이 부드럽게 흐르는 모습이다"라고 설명했다. 이처럼 대비되는 해석의 차이가 원망하는 시 작품이 반영하는 역사적 배경에 따라 나타난다. 한나라와 당나라 때의 해석이 좀 더 확실한 것만은 분명하다. "양지수(揚之水)"라는 구절은 구체적인 자연물을 가리키면서도 또한 복잡한 사물의 모습 변화와 세계의 변화를 이끌어낸다.

---

* 《시경》의 육의(六意) 중 하나. 육의는 시의 성질에 따라 나눈 풍아송(風雅頌)과 서술방식에 따라 나눈 부비흥(賦比興)을 가리킨다.

'속신(束薪)'은 땔나무 한 묶음을 가리킨다. 상나라와 주나라 시대에는 일반 백성이 흙과 짚으로 만든 집에서 살았다. 산과 들에서 나뭇가지를 가져와 다발로 묶어서 밤에는 출입구를 막는 데 쓰고, 혹은 이 나뭇가지를 땔감으로 써서 불을 피워 요리를 하거나 난방을 했다. 당시 남자 한 명이 장작을 얼마나 가졌는지는 오늘날 개념으로 따지면 그 사람의 재산이 얼마냐와 비슷했다. 그래서 옛날에는 땔나무 묶음이 신혼을 상징했다. 중화민국 때의 학자 원이둬(聞壹多)는 "좋은 땔감을 골라내고 다발로 묶는 것은 예전 세대의 혼례에서 실제로 행해졌던 의식이다"라고 했다.

이처럼 땔감 다발은 변경을 지키는 병사의 마음에서 갓 결혼한 아내의 모습을 대표하는 것이다. 그래서 땔감 다발이 다음에 나오는 '지자(之子)'라는 부름을 이끌어낸다.

지자(之子) 《시집전》에서 "변경 수비군이 그 아내를 가리키는 말이다"라고 했다. 속신(束薪), 지자(之子) 모두 함축적인 표현이다. 이 사람아, 어찌 나와 함께 와서 변경을 지키지 않느냐. 이처럼 원망하는 말속에 달콤함이 담겨 있다.

신(申) 과거의 나라 이름이다. 《모전》에서는 "신(申)은 강(姜)씨 성을 가진 나라로 평왕의 외숙부다"라고 했다. 지금의 허난(河南)성 탕허(唐河) 남쪽 땅이다.

회재회재(懷哉懷哉)

회(懷)는 그리움이다. '양지수(揚之水)'는 자연의 물결로 오르락내리락하고, '회재회재(懷哉懷哉)'는 그리운 정서가 물결처럼 오르락내리락하는 것이다. 두 구절이 앞뒤로 호응하여 〈양지수〉라는 시가 그려내는 풍경을 더욱 완벽하게 한다.

갈월여환귀재(曷月予·還歸哉)

갈(曷)은 옛적에 사용되던 의문사로, '어찌'라는 뜻이다. 월(月)은 연과 월을 말하는 것이다. 환(還)은 《이아》에서 "돌아가는 것"이라고 해석했다. 정말 당신이 그리워, 정말 그리워. 나는 언제나 집으로 돌아갈 수 있을까?

2
揚之水, 不流束楚. 솟구치는 물결, 한 다발 가시나무도 흘려보내지 못해라
彼其之子, 不與我戍甫. 당신은 나와 함께 보(甫)나라에 와서 변경을 지키지 않네
懷哉懷哉, 曷月予還歸哉? 그립고 그리워라 어느 달에나 나는 돌아갈까?

초(楚) 《설문》에서는 "초(楚)는 나무 다발이고 형(荊, 가시나무)이라고도 한다"고 설명했다. 옛사람은 곤장을 '형(荊)'이라고 불렀고, 옛 글자로는 '刑'이다. 북송시대 사람인 소송(蘇頌)은 《본초도경(本草圖經)》에서 "모형(牡荊)은 지금의 미주(眉州), 촉주(蜀州) 그리고 변경(汴京) 근처에서 난다. 속명은 황형(黃荊)이다"라고 했다. 옛사람들은 초(楚)를 모형(牡荊)이라고 불렀고, 이와 유사한 황형(黃荊)과도 세밀히 구분하지 않았던 듯하다. 현대 식물분류학에 따르면 모형(牡荊)이 황형(黃荊)의 변종이다. 옛날 가난한 여성은 가시나무를 비녀처럼 썼다. 여기서는 변경을 수비하는 병사와 그 아내가 서로 존중하는 마음을 은유한다.

보(甫) 청나라 사람 진환(陳奐)은 《모시전소(毛詩傳疏)》에서 "보(甫)는 곧 여국(呂國)이다. 《시경》, 《효경(孝經)》, 《예기(禮記)》에서는 전부 보(甫)라고 부르고, 《상서(尙書)》《좌전(左傳)》《국어(國語)》에서는 전부 여(呂)라고 부른다. '甫'와 '呂'는 옛적에 같은 음이었다"고 했다. 보(甫)나라의 지리적 위치는 오늘날 허난성 난양(南陽) 서쪽이다.

3
揚之水, 不流束蒲. 솟구치는 물결, 한 다발 갯버들도 흘려보내지 못해라
彼其之子, 不與我戍許. 당신은 나와 함께 허(許)나라에 와서 변경을 지키지 않네
懷哉懷哉, 曷月予還歸哉? 그립고 그리워라 어느 달에나 나는 돌아갈까?

포(蒲) 《모전》에서는 "풀[草]이다"라고 했고 《정전》에서는 "갯버들[蒲柳]이다"라고 했다. 육기의 《육소》에서는 "갯버들[蒲柳]에는 두 종류가 있는데, 껍질이 푸른 것을 소양(小楊), 그중에서 껍질이 붉은 것을 대양(大楊)이라 한다. 둘

다 잎은 버드나무 잎보다 길고 넓으며 화살대로 쓸 수 있다. 그래서 《춘추전(春秋傳)》에서 '동택(董澤)의 포(蒲, 버들)를 이길 수 있으랴?'라고 했다. 지금은 키나 광주리를 만드는 양(楊, 백양나무)이라고 본다"고 썼다. 《본초강목》에서는 '수양(水楊)'이 청양(靑楊), 포류(蒲柳), 포양(蒲楊)이라고 해설하기도 한다. 이 시에서 대응하는 신(薪), 초(楚), 포(蒲)는 전부 땔나무라고 보아야 할 것이다. 따라서 포(蒲)는 포류(蒲柳), 즉 갯버들이 시의 의미에 더 들어맞는다. 포류(蒲柳)는 버드나무과 버드나무속의 홍피류(紅皮柳)라는 낙엽관목이다.

《시경》의 다른 작품에 나오는 포(蒲)는 명확하게 연못, 물고기, 연꽃 등과 관련 있으므로, 이를 향포(香蒲, 부들)로 해석하는 것이 더 정확하다. 향포는 예로부터 인류의 생활에 밀접하게 관련되었던 식물로, 흰색의 부드러운 줄기는 절임을 만들었고 잎은 포석(蒲席, 부들자리), 포선(蒲扇, 부들부채), 포단(蒲團, 부들방석)을 만들었다. 꽃에 난 솜털은 충전재로 써서 이를 포융(蒲絨)이라 했고, 꽃가루를 포황(蒲黃)이라 했다.

허(許)

옛 나라 이름으로, 지금의 허난성 쉬창(許昌) 동쪽이다.

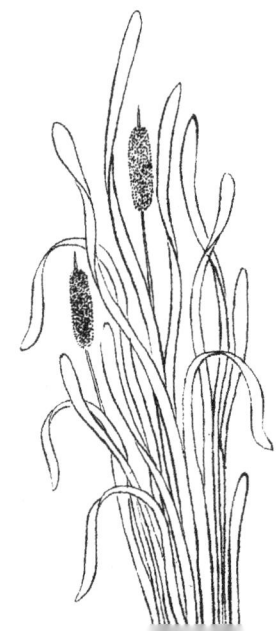

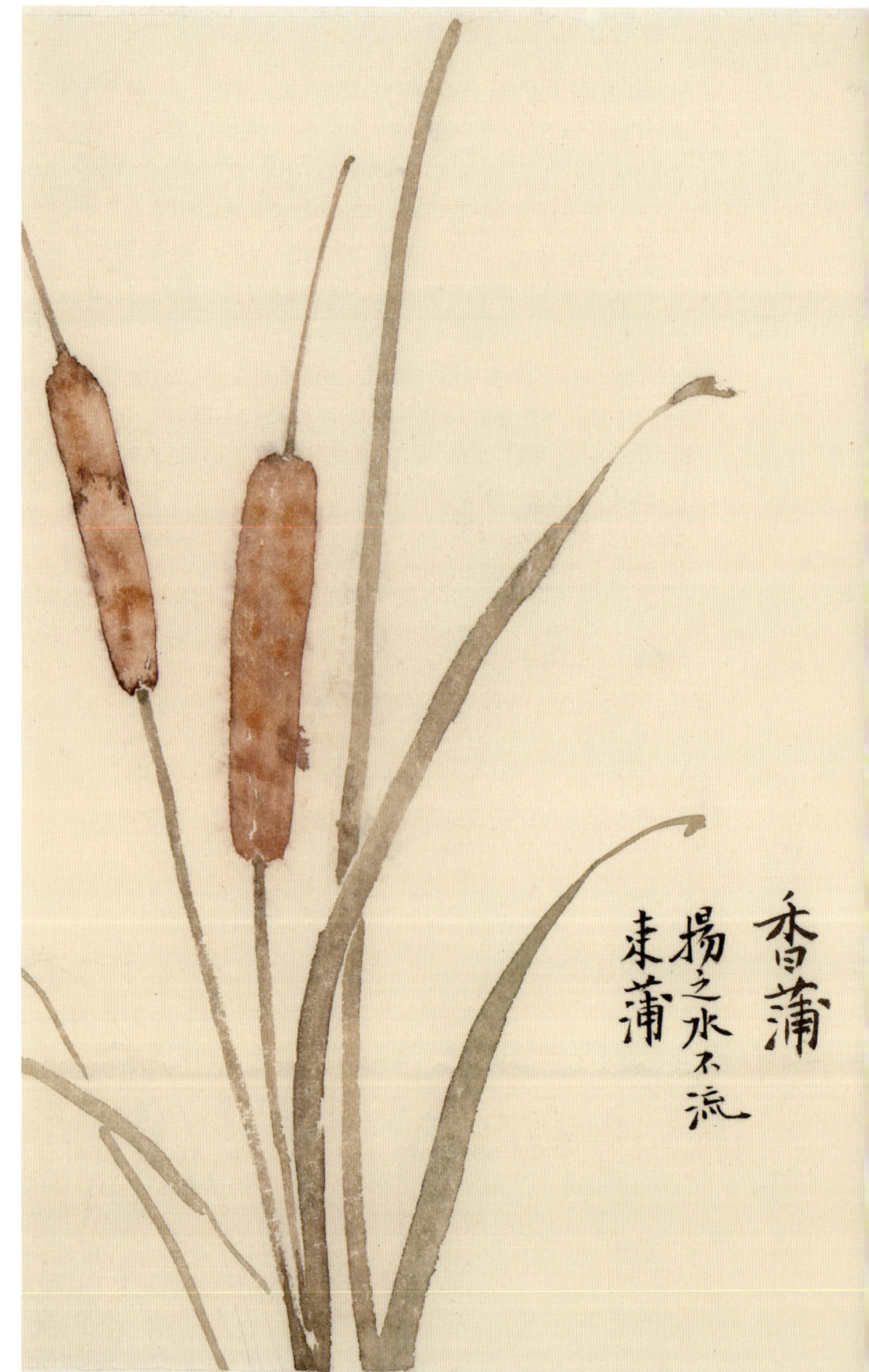

식물 이야기

'포(蒲)'를 두고 《모전》에서는 '풀', 《정전》에서 '갯버들'이라고 설명했다. 이처럼 완전히 다른 두 가지 풀이 때문에 《모전》을 따르는 이는 부들이라고 해석하고, 《정전》을 따르는 이는 갯버들이라고 해석한다. 두 식물 중 어느 것으로 해석하라도 시의 본뜻에는 큰 영향이 없다.

부들은 부들과 부들속의 여러해살이풀이며 물가나 연못에서 자란다. 《모전》에서는 "풀"이라 했고, 《시집전》에서는 "물풀이며 자리를 짜는 데 쓸 수 있다"고 했다. 《본초강목》 권19에 향포(香蒲)와 포황(蒲黃)에 관한 설명이 나온다. "감포(甘蒲), 조석(醮石)이라고도 하며 꽃의 노란 가루를 포황(浦黃)이라 한다. 향포가 곧 감포다. (중략) 물가에서 자라며 골풀처럼 가늘고 심지가 있지만 부드럽다. 2~3월에 싹이 난다." 소송의 《본초도경》에서는 이렇게 설명한다. "향포는 포황의 싹이다. 남해(南海)의 연못이나 늪지에서 자라며, 지금은 어디서나 쉽게 볼 수 있지만 태주(泰州)에서 난 것이 좋다. 봄에 부드러운 잎이 나며 물 바깥으로 나오기 전에는 붉거나 희고 보들보들하다. 《주례(周禮)》에서는 저(菹, 늪)라고 하며 처음 난 곳을 가리킨다. 중심 줄기가 흙에 박혀 있는데, 크기는 비수의 손잡이 정도 되고 흰색이다. 줄기를 생으로 씹으면 달고 시원하다. 쓴 술에 담가두면 죽순처럼 먹을 수 있는데 맛이 훌륭하다."

향포(香蒲), 즉 부들은 꽃차례의 모양이 초를 닮아서 '수촉(水燭)'이라고도 부른다. 부들은 다양한 용도로 쓰이는 수생식물이다. 흔히 볼 수 있는 것은 큰잎부들인데, 높이가 1~2.5미터다. 유백색 뿌리줄기가 두껍고 단단하며 곧게 자란다. 끝으로 갈수록 가늘어지는데 길이가 1.3~2미터다. 잎은 길쭉하며 매끄럽고 광이 나는데, 털은 없다. 꽃의 암술과 수술이 가깝게 붙어 있다. 꽃이 피고 열매를 맺는 시기는 5~8월이다. 호수나 늪, 연못 등에서 살며 강변의 모래톱, 물도랑에서 자주 한 무더기로 자라는 것을 볼 수 있다. 잎을 포초(蒲草)라고 부르는데, 예로부터 방석, 자리, 가방, 광주리를 만드는 재료로 썼다. 부들 잎의 섬유질은 방직 혹은 제지 용도로 사용할 수 있고, 꽃가루인 포황은 이뇨 및 지혈 작용을 하는 약재로 썼다. 부들의 이삭은 꽃꽂이 재료로 사용되었다. 옛사람들은 부들 꽃술에 기름을 먹여 초 대신 사용하기도 했다. 암꽃차례에 난 솜털을 포융이라고 하는데 베개나 방석에 충전재로 채운다. 흰색 뿌리줄기는 포순(蒲筍)이라고 하며, 어린싹은 포채(蒲菜)라고 하는데, 둘 다 채소 요리의 재료가 된다.

포류(蒲柳), 즉 갯버들은 《본초강목》에서 '수양(水楊)'이라고 설명한다. 《중국식물지》에는 포류의 정식 중국명을 따로 등재하지 않았지만 옛 문헌의 묘사를 보면 홍피류(紅皮柳)와 가장 가깝다고 생각된다. 홍피류는 버드나무속의 낙엽관목으로 높이가 3~4미터다.

잔가지는 연녹색 또는 연황색이며 털이 없다. 가지 끝에 처음에는 짧은 솜털이 있다가 나중에는 없어진다. 새싹은 달걀형이거나 타원형이며 갈색이다. 싹에는 처음 털이 있다가 나중에 없어진다. 잎은 마주나거나 어긋나며 피침형이다. 꽃이 잎보다 먼저 피는데, 꽃차례는 원통형이고 길이 2~3센티미터, 두께 5~6밀리미터다. 꽃은 마주나거나 어긋나며, 꽃자루가 없다. 꽃이 피는 시기는 4월이고 열매는 5월에 익는다. 중국 간쑤(甘肅), 산시(陝西), 산시(山西), 허베이(河北), 허난(河南), 후베이(湖北) 등 여러 성에 분포한다. 해발 1,000~1,600미터의 산지 관목 숲이나 강가에서 자란다.

갯버들은 가을이 되면 잎이 지는데, 옛사람들은 떨어진 잎을 주워서 겨울나기용 땔감으로 썼다. 《세설신어》에서는 "포류(갯버들)의 자태는 가을에 접어들면 잎이 떨어지고, 송백의 기질은 서리를 맞아도 무성하다"고 했다. 이 말은 꽃다운 시절이 금방 지나가듯 아름다운 외모가 쉽게 스러진다는 의미다. 어쩌면 〈양지수〉에서도 이별의 상처를 이런 갯버들의 생태에 비유해 표현한 것인지 모르겠다.

《시경》이
나에게
주석을 단다면

〈양지수〉는 변경 수비군 병사의 외로운 심경을 담은 시다. 시의 화자인 남자는 불만에 가득 차 있다. 분명히 새로 내려온 명령 때문에 변경을 지켜야 하는 시간이 무기한 연장된 탓일 것이다. 원래도 쏘아진 화살처럼 빠르게 집으로 돌아가고픈 마음이었는데 갑자기 돌아갈 기약이 없어졌다는 슬픔이 느껴진다. 병사는 흐르는 강물을 바라보며 슬픔과 원망도 물결이 그러듯 오르락내리락하는 것을 느꼈을 터다. 솟구치는 강물처럼 그의 마음속 깊은 곳에 있던 그리움도 요동친다.

글자 뒤에 숨은 이야기는 격변하는 세태에 대한 것이다. 초나라는 영역을 확장하려는 야심이 있어서 변경 지역에서 시시때때로 전투를 벌인다. 약소국인 신나라는 애써 버티려 한다. 신나라는 주나라와 서로 의지하는 관계이자 친척이니 더욱 그랬다. 하지만 국력에 한계가 있으니 마음만큼 현실이 따라주지 않는다. 이런 상황을 전장에 나간 병사들도 다 알고 있다. 실제로 시를 쓴 사람 역시 갈 곳이 없지는 않다. 그는 주나라 왕도에서 차출되어 온 사람이고, 교대할 군대가 와서 고향에 돌아갈 수 있다는 것은 집과 가족은 안전한 상태라는 말이다. 변경 수비의 기간이 연장되었다는 것은 시국이 그만큼 급박하다는 뜻일 터다. 세상이 큰 풍파에 휩쓸렸으니 가족을 그리는 감정은 더욱 강렬해진다.

시의 뒷면에 깊은 사랑과 가족에 대한 그리움으로 근심하는 눈이 보이는 듯하다. 울렁울렁 흘러가는 물줄기는 원래 이 세상에서 가장 일상적인 풍경일 텐데, 이 순간 병사에게는 멀리 떠나와야 하는 운명을 지닌 영혼이 강물에 떠내려가는 것처럼 보였을지 모른다. 이것이 바로 자연물에 자신의 심경을 의탁하는 일이다. 시간도 공간도 달라진 오늘날 〈양지수〉라는 시를 읽으며 솟구쳤다 가라앉기를 반복하는 노랫말을 통해서 우리는 문자 텍스트가 마음의 노래를 대변하는 것을 느낄 수 있다. 음률은 시공간을 초월하고, 마음에 새겨진 그리움은 시 속에서 함축적이지만 해방을 맞이한다. 시간과 공간으로 막을 수 없는 의지가 작품 속에 있다고 하겠다.

이런 노래를 지은 남자가 무수한 날이 흘러가는 동안 아내와 자식을 멀리 두고 변경을 지켜야 했다. 해질녘 유유히 흐르는 강물을 바라보며 그는 물결을 타고 고향으로 갈 작은 배를 상상했을지 모른다. 하지만 현실은 변함없이 잔인하고 고통스럽다. 마음속 환상이 그에게 쓸데없이 우울함을 더했을지도 모른다. 그의 마음에 가득했던 그리움이 강물 위로 툭 떨어지고, 곧 물속으로 가라앉았으리라.

그렇다면 고향에서 남편을 기다리는 아내의 입장은 어떨까? 깊은 밤 서리처럼 찬 달빛 아래서 아내도 잠을 이루지 못하고 자신을 그리워할까? 이 시에 담긴 함축적이고 심도 깊은 그리움에는 대놓고 원망하는 표현이 없다. 오히려 병사는 이 순간 변경을 지키면서 아내가 자기 곁에 있기를 바라는 마음을 드러낸다. 시의 슬픔은 바로 그 순간에 더욱 선명해진다. 울렁거리는 물결, 땔나무 다발도 흘려보내지 못하는 물결, 시의 깊은 곳에 바로 이런 슬픔과 그리움이 서려 있다.

《시경》을 읽다 보면 일렁이는 감정의 파도에 호응하여 노래하고 싶은 충동이 저절로 일어난다. 《시경》에 실린 작품들은 오늘날 유행가처럼 주나라 사람들 사이에서 널리 불렸던 노래였다.

《시경》의 흥취는 인간의 마음이 지닌 자연스럽고 소박한 내재적 감정과 연결되어 있다. 이런 감정의 표현은 함축적이고 허망하면서 광활하다. 그 안에 천년이든 만년이든 다 말할 수 없는 삶의 의미가 담겼다. 한 사람이 세상에 존재하면서 느낀 진정한 감정과 어찌할 수 없는 마음이 들어 있는 것이다. 안타까운 점은 2천 년 전에 산과 들, 그리고 나라의 사당에서 불렸던 노래들이 세월의 흐름과 변화를 거치며 음률은 잊히고 노랫말만 남았다. 《시경》이 원래 그랬던 것처럼 노래로 불릴 수 있게 하려는 것은 중국의 문학 연구자, 역사학자, 고고학자들의 공통된 과제다.

《공작동남비(孔雀東南飛)》에는 향포(부들)를 엮어서 만든 방석과 단단한 바위를 대응하여 변함없는 사랑을 노래한 대목이 나온다.

저를 생각해 주셔서 고맙습니다. 당신이 이처럼 나를 기억하고 있으니,
오래지 않아 오시기를 바랍니다.
당신은 반석이고 저는 향포와 갈대입니다.
향포와 갈대는 질기기가 실과 같고 반석은 옮겨지는 법이 없습니다.
感君區區懷, 君旣若見錄, 不久望君來.
君當作磐石, 妾當作蒲葦.
蒲葦紉如絲, 磐石無轉移.

오랫동안 불려온 이 사랑 시에서 부들은 자연물이지만 사람의 감정을 실어 나르는 역할을 하고, 여성의 사랑하는 마음은 부들로 짠 방석으로 표현된다.

당나라 말기의 시인 이상은(李商隱)이 쓴 〈촉루(促漏)〉에는 "남쪽 연못이 점점 따뜻해져 부들이 맺히고, 원앙은 쌍쌍이 물결 위에 노니네"라고 하는 멋진 구절이 나온다. 이 시는 밀회하는 남녀를 표현한 것으로, 헤어진 뒤에 부들이 서로 엮여 있는 모습, 원앙이 자맥질하는 모습을 보며 달 아래 홀로 있는 자신이 쓸쓸한 마음을 풍경에 이입하는 내용이다.

인생이란 원래부터 희비가 교차하는 여정이다. 인생이 격동할 때는 부들잎처럼 부드럽지만 질겨서 변하지 않는 마음이 솟아오른다. 그리움을 자연물인 초목에 기대어 표현하면 마음과 세상 사이에 다리가 놓이고, 더욱 굳건한 삶의 가치와 의의를 느낄 수 있다.

㉗ 익모초

여성의 덕을
구하다

중곡유퇴(中谷有蓷)

골짜기의 익모초 햇볕에 시들었네
버림받은 여인이 분개하며 탄식하네
여인이 힘든 시기를 만난 그 사람을 탄식하네
中谷有蓷, 暵其乾矣.
有女仳離, 嘅其嘆矣.
嘅其嘆矣, 遇人之艱難矣!

골짜기의 익모초 햇볕에 메말랐네
버림받은 여인이 길게 한숨을 쉬네
여인이 기근을 만난 그 사람 때문에 한숨을 쉬네
中谷有蓷, 暵其脩矣.
有女仳離, 條其歗矣.
條其歗矣, 遇人之不淑矣!

골짜기의 익모초 햇볕을 쬐어 말라 죽었네
버림받은 여인이 목메어 우네
이제와서 후회한들 무슨 소용이냐고 목메어 우네
中谷有蓷, 暵其溼矣.
有女仳離, 啜其泣矣.
啜其泣矣, 何嗟及矣!

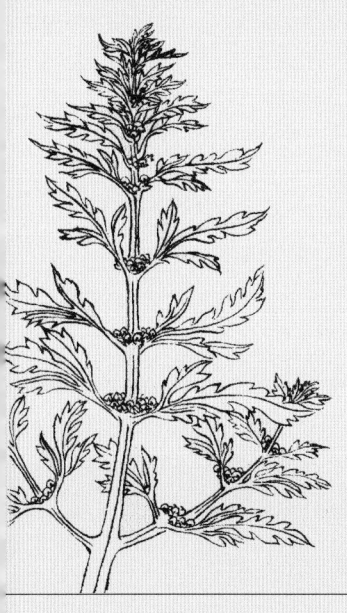

잡다한해설

중곡(中谷)이라는 두 글자는 사실 '곡중(谷中)', 즉 골짜기를 가리킨다. 중곡유퇴(中谷有蓷)란 골짜기에 퇴(蓷)라는 풀이 있다는 뜻이다. 오늘날의 말로 풀자면 "골짜기에 익모초 무더기가 있다"가 되겠다. 곡중(谷中)을 중곡(中谷)으로 뒤집어 읽어보면 마음을 진동하게 하는 운율이 안정됨을 느낄 수 있다. 마치 우리 영혼이 커다란 소리가 울리는 것을 들으며 골짜기 아래 서 있는 듯하다. 그럴 때는 마음이 안정되기가 쉽지 않다. "골짜기에 햇빛을 받아 바짝 마른 익모초 한 무더기가 있는데, 그 옆에서 눈물 흘리는 버림받은 여자를 우연히 보았다"고 평온하고 직접적인 언어로 표현하면 그저 안타깝고 연민하는 마음에 그치지만 내 영혼이 몸 밖으로 나온 것처럼 흔들리게 하기란 쉽지 않다. 곡중(谷中)과 중곡(中谷)의 차이가 바로 '삶이란 무엇인가'와 '시란 무엇인가'를 간단히 구분하게 하는 지점이다.

두 세계를 구분하기 전에 먼저 일상 세계의 맞은편에 또 하나의 세상인 시의 세계가 존재한다는 것부터 볼 수 있어야 한다. 일상 세계와 시의 세계는 서로 마주 보는 거울이자 존재의 양면이다. 동일한 사물과 사건이지만 속세의 눈으로 보면 이해관계를 바로잡는 물성을 중시하게 되고 시의 눈으로 보면 영혼과 감정이 마땅히 가져야 할 가치, 존재의 자존이 보인다. 이렇게 생각하면 《시경》에 실린 300수의 시는 어느 하나도 확성기처럼 수천 년 동안 중국인의 마음에 커다란 메아리를 전달하지 않는 작품이 없다. 이 메아리는 중국인의 정감을 시종일관 예리하고 활기 있게 유지하게 하고, 욕망에 얽매여 날로 무거워지는 육신과 무뎌진 신경을 자극한다.

《모시서》가 반사하는 역사의 프리즘은 시 속에서 대체할 수 없는 역사적 가치라는 빛을 쏘아낸다.

《모시서》는 "주나라를 불쌍히 여긴 것이다. 부부 사이가 나날이 나빠지고 흉년에 기근이 들어 부부가 서로 버렸다"라고 했다. 동주는 나라가 점점 기울던 시대다. 주나라의 천자는 중앙의 왕권에 대한 장악력을 잃었기에 권위가 약화되었다. 제후국들 사이에서는 약육강식의 분열이 점점 격렬해졌다. 세상이 어지럽고 백성이 고통스럽다. 난세는 늘 흉년과 같이 오기에 그 시기가 어긋나질 않는다. 〈중곡유퇴〉는 바로 이런 난세의 모습을 엿보는 창문이다. 사람이 일으킨 재난 뒤에는 천재지변이 뒤따라온다. 원래는 원만하고 아름다웠던 가정이 일시에 무너지고, 남편에게 버림받아 막다른 골목에 몰린 여자의 탄식, 외침, 울음이 들린다. 이토록 절망적이고 처량한 운명은 개인의 일로 그치지 않고, 차라리 죽는 게 더 나을 것 같은 주나라 천자의 괴로움으로 비유된다.

〈중곡유퇴〉에서 그린 난세 속 여자의 비참한 운명은 《시경》의 다른 작품 〈곡풍〉, 〈맹〉과 비슷하다. 하지만 시의 작법을 보면 〈곡풍〉과 〈맹〉은 완전히 서사시의 특징을 보이며 저자 자신의 시점으로 이야기를 풀어간 데 반해 〈중곡유퇴〉는 순수한 서정시이며 시점 역시 방관자 입장에서 동정심을 표현하고 있다. 대군은(戴君恩)이 《시풍억평(詩風臆評)》에서 "쓰고 읽는 것을 통해 이 시의 훌륭함을 알 수 있다"고 했다. 시의 훌륭함은 그 정서에 동감하여 슬퍼하는 것이다. 버림받은 여인의 비참한 운명은 돋보기 같아서 우운진(牛運震)은 《시지(詩志)》에서 "적막하고 처참하니 주나라가 어찌 멸망하지 않겠는가?"라고 평가했다. 〈중곡유퇴〉를 망국이 가까워진 시대의 목소리로 읽은 것이다.

서흥교(徐興喬)는 《증정시경집평(增訂詩經輯評)》에서 "〈부이(芣苢)〉를 읽은 사람은 그 기쁨을 모르지만 〈중곡유퇴〉를 읽으면 그 자유로움을 안다"고 했다. 〈중곡유퇴〉에 담긴 애절함이 얼마나 뼈에 사무치는지를 알 수 있는 평이다. 〈중곡유퇴〉에 가장 높은 평가를 내린 것은 손봉성(孫鳳城)의 《시경집평(詩經輯評)》이다. "〈서리〉 이후로 주나라에는 군주가 없었다. 〈중곡〉의 개탄이 〈이소〉에 나오는 미인의 슬픔이 아니겠는가?" 굴원의 마음이나 〈중곡유퇴〉에서 버림받은 여인의 마음이나 하나는 죽고 하나는 울지만 같은 음의 노래다. 마음에 담은 것이야 크고 작음의 차이가 있겠으나 진자앙(陳子昂)이 말한 것처럼 "세상이 아득하여 홀로 괴로움에 눈물 흘리는" 비통함은 다르지 않다.

내가
《시경》에
주석을 단다면

1
中谷有蓷, 暵其乾矣. 골짜기의 익모초 햇볕에 시들었네
有女仳離, 嘅其嘆矣. 버림받은 여인이 분개하며 탄식하네
嘅其嘆矣, 遇人之艱難矣! 여인이 힘든 시기를 만난 그 사람을 탄식하네

중곡(中谷) '곡중(谷中)'과 같다. 즉 산골짜기 안을 가리킨다. 공영달(孔穎達)은 《모시정의(毛詩正義)》에서 "중곡(中谷)은 곡중(谷中)이며 순서를 거꾸로 말한 것이다. 옛사람의 말은 대개 이러한데 시문에서 이런 류가 많다"고 했다.

퇴(蓷) 백화익모초(白花益母草). 순형(脣形, 꿀풀)과 익모초(益母草)속의 한해살이풀 혹은 두해살이풀이다. 상세한 설명은 '식물 이야기'를 참고하기 바란다.

한기건의(暵其乾矣) 한(暵)은 《모전》에서 "연(煙)"이라고 했다. 연(煙)은 언(蔫)의 통용자로 메말라 시든 것을 말한다. 건(乾)은 건조한 것을 말한다. 익모초는 낮고 습한 계곡에서 자라는 식물이라 건조한 공기 속에서는 잎이 시든다.

비리(仳離) 진환(陳奐)의 《전소(傳疏)》에서는 "별리(別離, 헤어짐), 버린 것이다"라고 했다. 한 여자를 만났는데, 그 여자가 남편에 버림받은 상황임을 보여준다. 비리(仳離)와 오늘날의 이혼은 좀 다르다. 옛적에는 여성의 자주권이 없었기에 남편에게 버림받으면 집 밖으로 쫓겨나야 했다.

개기탄의(嘅其嘆矣) 개(嘅)는 《설문》에서 "탄(嘆, 한탄하다)"이라고 했다. 개기(嘅其)는 곧 개개(嘅嘅)다. 개(嘅)는 개(慨, 분개하다)와 같으니 탄식하는 모습을 말한다. 탄(嘆)은 탄식이다.

우인지간난의(遇人之艱難矣) 우인(遇人)은 화자가 시집간 남자를 말한다. 간난(艱難)은 어렵고 힘든 것을 말한다. 흉년에 기근이 들어 가족이 서로 버릴 정도가 되었다. 이 여인은 인간의 사악한 본성에 직면하고 말았으니 개탄하지 않을 수 없다. 《정전》에서는 "한 여인이 흉년을 만나 버림받게 되었고 그 남편과 헤어지면서 분개하여 탄식한다. 어려움을 당하자 버리는 것은 그 은덕이 박한 것이며, 개탄하는 사람은 남편이 곤궁해진 것을 스스로 슬퍼한다"고 했다.

2
中谷有蓷, 暵其脩矣. 골짜기의 익모초 햇볕에 메말랐네
有女仳離, 條其歗矣. 버림받은 여인이 길게 한숨을 쉬네
條其歗矣, 遇人之不淑矣! 여인이 기근을 만난 그 사람 때문에 한숨을 쉬네

수(脩) 옛날에는 스승에게 주는 보수로 햇볕에 말린 고기로 쳤다. 이것을 수(脩)라고 한다. 《설문》에도 "수(脩)는 포(脯, 말린 고기)다"라고 했다. 진환의 《전소》에는 "말린 고기를 포(脯)라고 하는데, 수(脩)라고도 한다. 그래서 말린 것을 전부 수(脩)라고 부른다"고 했다. 말라비틀어졌다는 의미다. 여기서 수(脩)에는 여인의 행색이 비쩍 말라 뼈만 앙상함을 암시하는 뜻도 있다.

조(條) 깊고 길다는 것이니 한숨 쉬는 모습이다.

소(歗) 소(嘯)와 같다. 외치다, 슬프게 부르다라는 뜻이다.

숙(淑) 《정전》에서는 "선(善)"이라고 했다. 불숙(不淑)은 유근(劉瑾)의 《시경통석(詩經通釋)》에서 "옛날에 기근으로 죽고 상하는 것을 모두 불숙(不淑)이라고 했다"고 설명했다. 남편의 매정한 태도를 개탄하면서도 질책하는 뜻은 없

다. 다만 자신의 운명을 슬퍼할 뿐이다.

3
中谷有蓷, 嘆其溼矣. 골짜기의 익모초 햇볕을 쬐어 말라 죽었네
有女仳離, 啜其泣矣. 버림받은 여인이 목메어 우네
啜其泣矣, 何嗟及矣! 이제와서 후회한들 무슨 소용이냐고 목메어 우네

습(溼) 이 부분의 해석 중 하나로 현(蜆, 가막조개), 즉 민물에서 사는 연체동물을 가리킨다는 설이 있다. 《광운(廣韻)》에서는 "현(蜆)은 폭(曝, 햇볕을 쬐다)이다"라고 했다. 이 해석을 확장시키면 햇빛을 쬐어 말랐다는 뜻이 되니 익모초가 말라 죽었다는 징조를 보여준다.

철(啜) 본뜻은 맛보는 것인데 여기서는 목이 멘 것을 가리킨다. 철(惙)의 통용자다.

하차급의(何嗟及矣) 호승공(胡承珙)의 《모시후전(毛詩後箋)》에서 고증한 바에 따르면 "차하급의(嗟何及矣)"를 잘못 쓴 것이라고 한다. 일이 이렇게 되었으니 후회해도 늦었다고 스스로 달래고 위로하는 말이다.

4

이 시는 전체적으로 원래 낮고 습한 산골짜기에 사는 익모초가 잎이 말라서 죽는 것을 이용해 기근과 가뭄의 흉년을 묘사했다. 습한 환경에서 자라기에 적합한 익모초로 자신의 불행을 비유하고, 잎이 시들고 가지가 마르고 식물이 말라 죽는 것으로 불행한 인생의 비탄, 비명, 울음을 드러냈다. 이 시의 온유하고 돈후한 점은 이처럼 비참한 운명을 겪으면서도 원망하기보다 단지 운명에 대한 속절없음을 이야기한다는 것이다. 마지막 구절이 만약 남편에 대한 질책과 운명에 대한 불평등에 대한 내용이었다면 이 시는 낭만주의적 저항이 될 것이다. 그러나 실제 시로 쓰인 이야기는 생생한 현실이다. 여인은 현

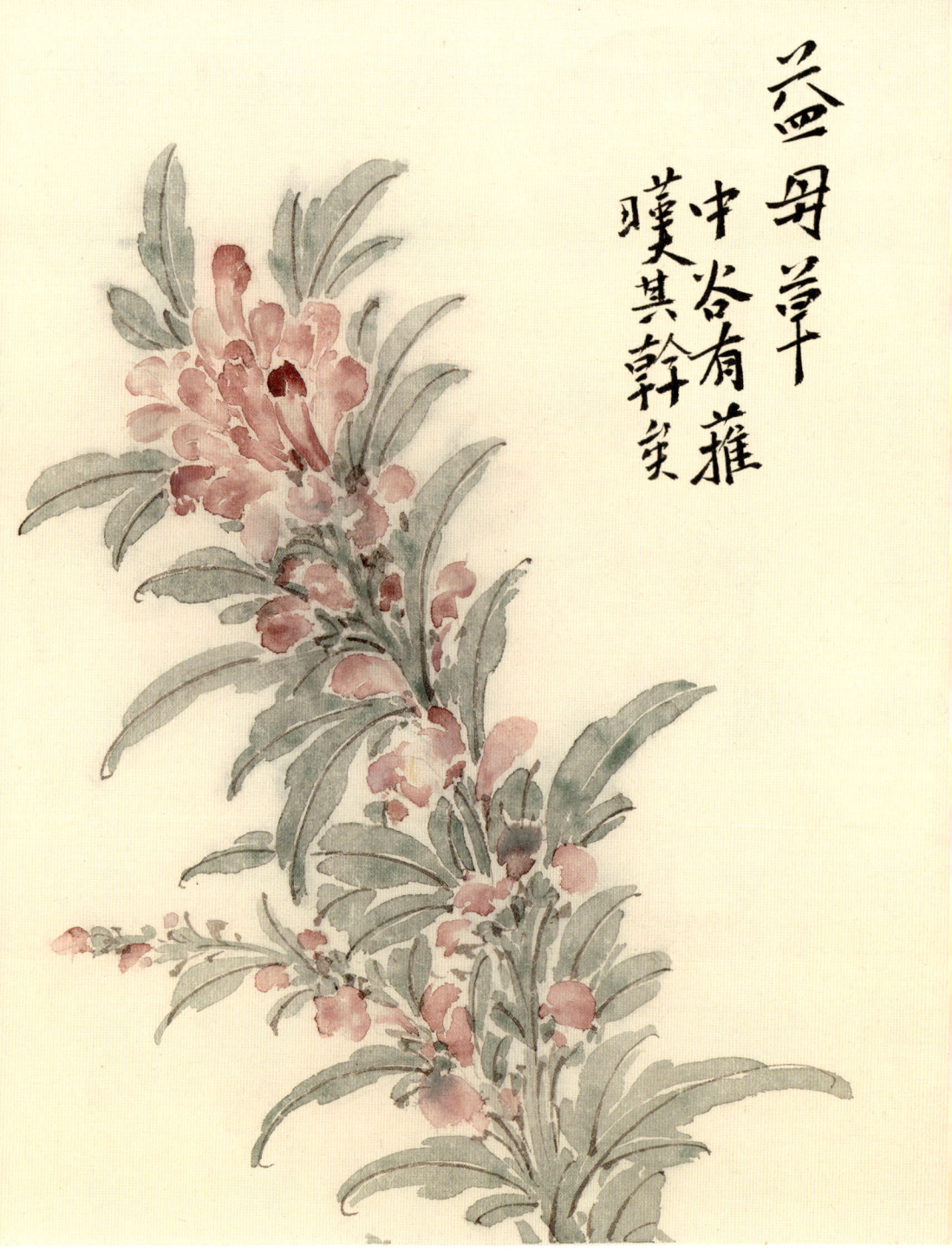

실을 이해하고 삶의 초탈을 완성했다. 시의 화자는 경청하는 사람으로서 현실을 묘사하고 자신이 살고 있는 시대를 이해한다. 〈중곡유퇴〉는 중국 문학에서 비극이 각성하는 순간을 보여주는 듯하다.

식물 이야기

퇴(蓷)는《모전》에서 "추(雈, 비둘기)"라고 했다. 이런 설명 때문에 새와 식물 사이에서 혼동이 일어났다. 시의 의미를 따져보면 식물이 맞다. 곽박(郭璞)이《이아(爾雅)》에 주를 달았다. "퇴(蓷)는 지금의 충울(茺蔚)이다. 잎은 깨와 비슷하고 줄기는 네모나며 흰 꽃이 핀다. 꽃이 접간(接間, 처마에 지붕을 덧대어 지은 방)에 피며 익모(益母)라고도 불린다."《본초강목》권15 충울(茺蔚, 익모초의 씨앗을 가리킨다)에서는 "익모(益母), 익명(益明), 정울(貞蔚), 퇴(蓷), 야천마(野天麻), 저마(猪麻), 화험(火杴), 욱취초(鬱臭草), 고저초(苦低草), 하고초(夏枯草), 토질한(土質汗) (……) 여성에게 좋고 눈을 밝게 하며 정력을 강화하므로 익모, 익명이라는 이름으로 불렸다. (……) 충울은 초봄에 싹이 나면 물에 씻어서 쓴물을 뺀 뒤 삶아 요리한다. 겨울에도 시들지 않는다. 충울은 물 주변의 습한 곳에서 잘 자란다. 봄에 싹이 나면 어린 쑥 같고, 여름이 되면 길이가 3~4자로 자라난다. 줄기가 네모나서 황마 줄기와 비슷하다. 잎은 쑥처럼 뒷면이 푸르며 자루 하나에 세 잎이 나는데 잎이 날카롭게 갈라진다. 마디가 있고 마디마다 이삭이 달리며, 잎이 줄기를 감싸듯 모여서 난다. 4~5월에 이삭 안에 작은 꽃이 피는데 붉은색을 띤 자주색이다. 드물게 흰 꽃도 있다"고 했다.

육기(陸璣)의《육소(陸疏)》에서는 "퇴(蓷)는 익모(益母)다. 그래서 옛날에 증자(曾子)가 이 풀을 보면 어머니를 그리워했다"고 적었다. 이로 미루어보면 적어도 춘추시대 말기에 공자의 제자인 증자가 익모초에 관한 글을 썼을 것으로 짐작된다.《본초강목》에 기록된 것을 보면, 강남의 습한 땅에서 흰 꽃이 피는 참채(蔪菜, 송장풀)가 있었다고 한다. "이것이 바로 익모초 중에서 흰 꽃이 피는 종류다. 《이아》에서 말한 퇴(蓷)이기도 하다. 자주색 꽃이 피는 익모초는 《이아》에서 말하는 퇴(蘈)다"라고 한다. 옛날에는 백화참채(白花鏨菜)와 백화익모초(白花益母草)를 구분하지 않았음을 알 수 있다. 이 시에서는 시인과 버려진 여인의 운명이 공명하며 익모초가 여름에 시드는 습성을 이용해 버림받은 여인의 노쇠한 운명을 대응시켰다.

익모초는 꿀풀과 익모초속의 한해살이풀 혹은 두해살이풀이다. 줄기는 곧게 서고 일반적으로 30~120센티미터까지 자라며 뭉툭하게 네모진 모양에 홈이 나 있고 거친 털이 자란다. 잎은 모양이 다양한데, 줄기 아래쪽 잎은 기단부가 넓고 위로 갈수록 좁아지는 쐐기 모양이다. 잎이 손바닥처럼 셋으로 갈라지고 갈라진 조각은 긴 원형 혹은 마름모꼴을 닮은 타원형이다. 꽃차례의 가장 윗부분 포엽은 자루가 없고 선형 또는 피침형이다. 윤산화서(輪繖花序, 많은 꽃이 줄기를 둘러싸고 피어나는 꽃차례)가 액생하며 8~15개의 꽃이 핀다. 꽃 모양은 둥글며 지름이 2~2.5센티미터이고 대부분 서로 멀리 떨어져서 길쭉한 이삭 모양의 꽃차례를 형성한다. 꽃자루는 없고, 화관은 분홍색에서 연한 자홍색이다. 꽃은 6~9월에 피고 열매는 9~10월에 맺는다.

익모초는 전체적으로 약에 쓰이는데, 부인과에서 여러 질병을 치료하는 데 널리 사용된다. 새싹은 약재로 쓰이며 동자익모초(童子益母草)라고 불린다. 변종으로 백화익모초가 있는데, 약재 효능은 보통의 익모초와 비슷하다. 익모초는 저지대 평원에서 해발 3,400미터의 고원까지 중국 전역에 널리 분포한다. 티베트의 약재 중에서 익모초는 삼체(森蒂)라고 불리는데, 생장 환경의 차이에 따라 고지익모초와 저지익모초의 약성이 다르다.

《시경》이
나에게
주석을 단다면

〈중곡유퇴〉의 막을 여는 것은 고통스러운 시대라는 사실이다. 정세가 불안정하고 기근이 닥쳐왔으니 시인은 아마 떠돌이 신세였을 것이다. '중곡(中谷)'이라는 표현을 보면 뜻밖에도 몸과 마음을 쉴 만한 곳이 나와서 잠시 갈증과 초조함, 피로함을 달래던 중이었을 듯하다. 그런데 시인의 눈에 한 여인이 길가에서 슬피 우는 모습이 포착되었다. 그 모습이 순식간에 시인의 마음을 사로잡았고, 똑같이 유랑하는 운명이지만 그 여인의 경우에는 이처럼 아무도 없는 산골짜기(아마 멀리 있는 시인의 모습을 보지 못했을 것이다)에 와서야 겨우 마음속 슬픔을 토해낼 수 있는 것처럼 보였다. 여인은 한탄을 쏟아내며 사랑했던 사람의 이름을 부르고, 운명을 개탄하며 스스로를 원망하고 있다. 슬픔을 조금도 감추지 않고 큰 소리로 울고 있다. 시인은 눈앞의 광경에 동정심이 일어서 여인에게 다가가 위로를 건넸다. 여인은 겨우 울음을 그쳤고, 시인은 하소연에 귀를 기울였다. 이야기를 듣는 동안 마음에 풍랑이 일고, 그 운율과 리듬은 참을 수 없는 문학의 충동으로 이어졌으리라. 그렇게 해서 시인은 이 시대의 축소판과 같은 여인의 이야기를 시로 남겼다.

〈중곡유퇴〉는 점증하는 정서에 대해 정확하게 파악하고 있다. 이렇게 감정을 백묘법으로 그려내면서 마음의 변화를 경청하고 인물의 정서에 공감하며 여인이 슬프게 우는 이유를 이해하게 한다.

산골짜기에는 도처에 익모초가 널려 있다. 예로부터 부녀자를 위한 약이었던 익모초도 골짜기에서 말라버렸다. 슬픔에 잠긴 여인은 자신의 신세를 슬퍼하는 한편 시든 익모초를 보고 더욱 은근한 아픔을 느끼면서 탄식했다. 마음이 아픈 것이 몸의 병보다 괴롭다. 내년이면 눈앞의 익모초가 다시 무성하게 자라겠지만 한 사람을 만난 후로 기근이 닥쳤다고 무자비하게 버림받았으니 마음의 상처는 무엇으로 고쳐야 할까? 이 시에서는 익모초를 세 번 언급한다. 마음의 상처도 세 번 이야기하면서 점점 깊은 슬픔을 드러낸다. 사물의 변화와 마음의 비통함이 동시에 공명하며 천지와 인간이 하나가 된다. 이 여인의 운명이 익모초에 투영되어 슬픔과 탄식이 끊임없이 상승한다. 개인과 시대의 운명 또한 시어를 통해 점차 드러난다.

《시경》의 시가 훌륭하다고 하는 이유는 완벽한 순수시이자 소리 없이 서사시로 확장된다는 데 있다. 이 시는 일상생활에 뿌리를 내리고 있을 뿐 아니라 우리 마음에서 기초를 다지고 역사에 좌표를 둔다. 이 시가 우리의 감정을 개괄하고 추상하는 능력은 최고의 기준에 이르렀다고 하겠다. 이것이 중국 문학 전반에 걸쳐 후대의 작품들이 갖춰야 할 미덕의 표준선이 되었다.

산골짜기의 익모초는 이 시에서 정서적 흥취를 일으키는 사물이다. 실용성에 있어서는 부녀자의 병을 치료하는 좋은 약이기도 하다. 무측천(武則天) 시대에 궁중의 미용법을 기록한 《외대비요(外台秘要)》는 익모초를 활용한 미용법과 효능을 상세히 기록하고 있다. 전하는 바에 따르면 무측천이 늘 이 방법을 써서 오래도록 쉰이 되어도 열다섯 같은 용모를 유지했다고 한다. 이 시 속에 묘사된 산골짜기에서 울고 있는 여자의 용모나 자태, 산골짜기에서 뜨거운 햇빛을 이기지 못하고 말라버린 익모초의 모습을 통해 아름다움과 선량함이 깎여 나가는 상황이 얼마나 슬픈지 짐작할 수 있을 것이다.

㉘ 새머루

산과 들에 널려 있는
야포도(野葡萄)

갈류(葛藟)

끊이지 않고 길게 뻗은 새머루 덩굴이 물가의 벼랑에 있네
친족의 도리가 이미 멀어졌으니 남을 아버지라 부르네
남을 아버지라 불러도 나를 돌봐주지 않네

緜緜葛藟, 在河之滸.
終遠兄弟, 謂他人父.
謂他人父, 亦莫我顧.

끊이지 않고 길게 뻗은 새머루 덩굴이 물가에 있네
친족의 도리가 이미 멀어졌으니 남을 어머니라 부르네
남을 어머니라 불러도 나를 도와주지 않네

緜緜葛藟, 在河之涘.
終遠兄弟, 謂他人母.
謂他人母, 亦莫我有.

끊이지 않고 길게 뻗은 새머루 덩굴이 깊은 물가에 있네
친족의 도리가 이미 멀어졌으니 남을 형이라 부르네
남을 형이라 불러도 나의 안부를 묻지 않네

緜緜葛藟, 在河之漘.
終遠兄弟, 謂他人昆.
謂他人昆, 亦莫我聞.

잡다한 해설

난세에 풍운이 일고, 사람은 자기 처지에 따라 태도가 바뀐다. 고향을 떠나 가족과 친척을 멀리하고 타인에게 얹혀살며 눈총을 받으니 마음속에 말할 수 없는 슬픔과 고통이 얼마나 많겠는가. 〈갈류〉는 이런 외톨이 신세를 간결하고 정확하며 그러나 통절하도록 생생하게 그린다. 우운진의 《시지》에서는 "걸인의 소리요 고아의 눈물이니 많이 읽어서는 안 된다"고 했다. 〈갈류〉를 망명하는 사람의 시로 보거나 부모를 잃은 고아의 시로 보거나 난세의 처절함과 애달픔이 잘 담긴 시임이 틀림없다. 자존심을 버리고 타인을 부모나 형제라고 부르면서 그들의 동정심에 애원해야 하는 삶은 불쌍하고 무력하다. 외로움이 절벽에 부딪히는 급류처럼 바위 위로 물방울이 되어 튀어 오르고, 끝내 시가 되고 혼이 되어 마음의 슬픔을 창끝처럼 날카롭게 단련시켰다. 이 시는 우리 인생의 여러 경험에 복잡한 감정을 더해 주는 작품이다.

시가 현실을 진짜처럼 그려낼수록 시에 투영된 삶의 의미는 더욱 맑고 투명해진다. 그러나 시를 통해 현실의 모습을 뚫어내고 사상의 소용돌이를 건너고자 한다면, 문학을 탐구하는 사람들의 이 오래된 난제를 해결하는 방법은 언제나 자기 자신에게 있다. 류사허 시인은 이렇게 말했다. "솔직히 말해서 나는 새로운 시를 많이 읽었지만 시인의 양심이 발현되어 이와 같이 고아를 주제로 하여 작품을 쓴 것은 보지 못했다. 한 번도 없었다. 차라리 수천 년 전의 《시경》만 못하다. 《시경》의 내용이 얼마나 풍부한지 알 수 있다."

《모시서》에서는 "〈갈류〉는 왕족(王族)이 평왕(平王)을 풍자한 것이다. 주나라 왕실이 쇠락하여 구족(九族)을 저버렸다"고 했다. 시가 아무리 풍자해도 국력이 쇠한 것은 다시 일으킬 수 없다. 하지만 영혼의 시 한 편으로 시의 나라에 언제고 싹을 틔울 정신의 씨앗을 뿌릴 수는 있다. 당나라의 황금기에서 쇠락기로 넘어가던 시기를 살았던 시인 두보는 《애왕손(哀王孫)》에서 "그저 생활이 곤궁하다고 말하여 남에게 노비로 삼아 달라고 애원하네(但道困苦乞爲奴)"라고 외쳤는데, 오래전 〈갈류〉에서 "남을 아버지라 부르네(謂他人父)"의 애통함에서 힘을 빌린 것 같다. 깊은 비애감이 끓어올라 난세의 격류에서 사라진 망국의 영혼을 찾으려 하는 듯하다. 《시집전》에서는 "세력이 쇠하고 백성이 흩어졌으니 고향을 떠나 유랑하는 이들이 이 시를 지어 스스로 탄식했다"고 썼다. 이 탄식은 서재에 숨어 있거나 황야에 흩어지고, 사람의 죽음은 등불이 꺼지는 것과 같다. 스스로 탄식하는 한 마디 소리만으로도 시대와 공명하며 시의 행간에 숨겨진 어떤 징조를 느끼게 한다.

《증정시경집평(增訂詩經輯評)》에서는 "사람이 존경하는 대상은 아버지가 가장 큰데, 여기서 '남을 아버지라 부르네'라고 읊은 대목은 재난의 징조를 드러낸 것이다. 여기서 주나라를 되돌릴 수 없다는 것을 알 수 있다"고 했다. 시대를 노래한 것으로 보면 〈갈류〉는 만가(輓歌)라고 할 수 있고, 인간의 본성을 생각한 것으로 보면 〈갈류〉는 얼음송곳처럼 차고 날카로운 순수시라고 하겠다.

〈갈류〉에 나타난 모습은 체홉의 단편소설 《반카》를 떠올리게 한다. 크리스마스 이브, 시골의 할아버지에게 편지를 보낸 고아 소년의 모습은 늘 말로 다할 수 없는 슬픔을 느끼게 한다.

---

* 《류사허, 시경을 말하다(流沙河講《詩經》)》(스디石地 정리, 쓰촨문예출판사四川文藝出版社)에서 발췌했다.

내가
《시경》에
주석을 단다면

1
綿綿葛藟, 在河之滸. 끊이지 않고 길게 뻗은 새머루 덩굴이 물가의 벼랑에 있네
終遠兄弟, 謂他人父. 친족의 도리가 이미 멀어졌으니 남을 아버지라 부르네
謂他人父, 亦莫我顧. 남을 아버지라 불러도 나를 돌봐주지 않네

면면갈류(綿綿葛藟) 면(綿)은 면(綿)의 옛 글자다. 길고 끊어지지 않는 모습을 말한다. 갈류(葛藟)는 《중국식물지》에 갈류포도(葛藟葡萄, 새머루)라는 이름으로 실린 포도과 포도속의 덩굴나무다. 속칭으로 천세류(千歲藟)라고도 부른다. 대만에서는 광엽포도(光葉葡萄)라고 하고, 이 시가 지어진 발상지인 허난성에서는 야포도(野葡萄)라고 한다. 상세한 설명은 '식물 이야기'를 참고하기 바란다.

호(滸) 모래사장, 강변. 《이아》의 '석구(釋丘)'에서는 "강기슭 위가 평지이고 물에서 조금 먼 곳을 호(滸)라고 한다"고 했다. 《정의》에서는 "석수(釋水)'에서 호(滸)는 물가의 벼랑이라고 했다. 이순(李巡)은 호(滸)가 물가의 땅이고 이름이 야(厓)라고 했다"라고 설명한다. 앞의 두 구절은 흥을 돋우는 내용이다. 강가 언덕에서 자라는 '갈류'가 덩굴로 벼랑을 기어오르는 모습을 보고 자신이 다른 사람에게 의지해 살아가는 상황을 떠올린 것이다.

종원형제(終遠兄弟) 종(終)은 기(旣)다. 마치다, 이미 등의 뜻을 가진다. 진환의 《전소》에서는 "전하는 말에 따르면 '형제의 도리가 이미 멀어졌다'라고 하

며, 종(終)을 '이미'라고 해석하면 시 전체에서 종(終) 자의 뜻이 잘 통한다"고 했다. 종(終) 자는 마치 칼로 시를 반으로 가른 것처럼 갑작스러운 전환이다. 원(遠)은 멀리 떨어져 있다는 것이다. 형제(兄弟)는 《정전》에서 "친족을 말한다"고 했다. 작게 보면 가족을 말하고, 크게 보면 같은 피가 흐르는 집안사람을 다 가리키는 말이다.

위타인부(謂他人父) 간단해 보이는 이 구절이 〈갈류〉에서 가장 복잡하고 잔인하며 슬픈 말이다. 위(謂)는 글자 그대로 해석하면 부르다, 호칭하다라는 뜻이다. 구걸하며 살기를 원하는 사람은 없다. 나는 20세기 초의 다큐멘터리 영화에서나 거지에 대한 기록을 보았을 뿐이다. 기록영상 속에서 행인을 쫓아다니는 걸인을 보면 〈갈류〉에 나타난 사회의 모습이 여전하다는 것을 느낀다. 류사허 시인이 말한 것처럼, 누구도 거지를 소재로 삼아 작품을 쓰지 않는 이유도 이해할 수 있다. 어느 시인, 어느 작가가 일상생활 속의 인물이 구걸하며 사는 경험을 하길 바라겠는가. 구걸만으로도 치욕적인 일이지만 〈갈류〉에는 더욱 깊은 연민이 숨어 있다. "위타인부(謂他人父)"라는 말은 우선 거지가 적선하는 사람을 어르신이나 나으리라고 높여서 불러주는 상황으로 해석할 수 있다. 굶어 죽을 시성이 뇌년 제년을 따지지 않고 무슨 호칭이든 부르게 된다. 다만 자존심이 무너지고 삶의 의미가 부식되면 사람은 산 채로 짓눌려 죽기도 한다. 화자가 구걸하며 사는 경우가 아니라 남의 집에 얹혀사는 고아라면 자기를 길러주는 사람을 아버지라 부르는 상황으로 번역해야 할 것이다. 타인에게 의존해 살아가야 하는 처지가 더없이 사실적으로 묘사되어 있다.

2
緜緜葛藟, 在河之涘. 끊이지 않고 길게 뻗은 새머루 덩굴이 물가에 있네
終遠兄弟, 謂他人母. 친족의 도리가 이미 멀어졌으니 남을 어머니라 부르네
謂他人母, 亦莫我有. 남을 어머니라 불러도 나를 도와주지 않네

사(涘) 소리를 형용하는 글자다. 물소리, 물가라는 뜻이다.

역막아유(亦莫我有) 역막유아(亦莫有我)와 같은 뜻으로, 도치하여 표현한 것이다. 유(有)는 돕다, 돌보다라는 뜻의 우(佑)와 같다. 혹은 우(友) 자의 통용자로 쓰이는데, 이때는 가깝다, 친하다라는 뜻이다.

3
綿綿葛藟, 在河之漘. 끊이지 않고 길게 뻗은 새머루 덩굴이 깊은 물가에 있네
終遠兄弟, 謂他人昆. 친족의 도리가 이미 멀어졌으니 남을 형이라 부르네
謂他人昆, 亦莫我聞. 남을 형이라 불러도 나의 안부를 묻지 않네

순(漘) 곽박이 《이아》에 주석을 달아서 강기슭 언덕 위가 편평하고 물이 깊은 지형을 순(漘)이라 한다고 했다. 깊은 물을 말한다. 호(滸), 사(涘), 순(漘)의 세 글자를 보면 끊임없이 이어지는 갈류 덩굴을 키우는 강물을 형용하고 있음을 느낄 수 있다. 류사허 시인은 이 강물은 황허강 강변에서 바라본 것이라고 하면서 수원이 멀리 있으면서 길게 흘러내리는 강으로 고향을 은유한 것이라 했다. 세상을 떠도는 신세인 사람이 마음속에서 끝내 잊기 어려운 것은 자신을 키워준 고향이다.

곤(昆) 《모전》에서 "형(兄)"이라고 했다. 형님이라는 뜻의 경칭이다.

문(聞) 문(問) 자의 통용자다. 도와주고 위로하며 서로 배려하는 것이다. 청나라 때 왕인지(王引之)의 《경의술문(經義述聞)》에서는 "문(聞)은 문(問)과 같다. 서로 위문하는 것을 말한다. 옛글자에서는 문(聞)과 문(問)을 통용했다"고 설명한다.

식물 이야기

이 시에 나오는 갈류(葛藟)는 덩굴식물인 갈등(葛藤, 칡)과 류(藟, 등나무)를 가리키는 것일 수도 있고, 갈류(葛藟) 즉 야포도(野葡萄)를 가리킬 수도 있다. 《정전》에서는 "나뭇가지가 아래로 처졌기 때문에 갈(葛), 류(藟)라고 부른다. 매개가 되는 나무에 엉켜서 무성하게 자라므로 자손이 선조의 공덕에 기대어 흥성하는 것을 비유하게 되었다"고 했다.

육기의 《육소》에서는 "류(藟)는 거고(巨芯)라고도 한다. 연욱(燕薁)처럼 덩굴이 자란다. 잎은 쑥과 비슷하고 흰색이며 씨앗은 붉고 먹을 수 있다. 시고 맛있지 않아서 유주(幽州) 사람들은 퇴류(摧藟)라고 부른다"고 했다. 소송의 《본초도경》에서는 "갈류는 어디에나 있다. 덩굴로 자라고 나무를 감아 올라간다. 잎은 포도와 비슷하지만 작다. 4월에 줄기를 따서 흰 즙을 먹으면 맛이 달다. 5월에 꽃이 피고 7월에 열매를 맺는다. 8월에 따는데 검푸르고 약간 붉은 기가 돈다. 겨울에 잎이 시든다. 봄과 여름에 즙을 내어 먹는데 도씨(陶), 진씨(陳)가 말한 것과 같다"고 했다.

갈류, 즉 갈류포도(葛藟葡萄, 새머루)는 《중국식물지》에서 포도과 포도속의 덩굴나무라고 기재되어 있다. 다른 이름으로는 천세류(千歲藟), 천세목(千歲木), 광엽포도(光葉葡萄, 대만), 야포도(野葡萄, 허난성)라고 한다. 작은 가지는 원통 모양이고 세로로 줄무늬가 있으며, 새로 가지가 날 때는 거미줄 모양으로 솜털이 드문드문 덮여 있다가 나중에 없어진다. 엉굴손은 두 갈래로 갈라지며 두 마디 간격으로 잎과 마주난다. 잎은 계란형, 삼각에 가까운 계란형, 타원형 등이 있으며 길이가 2.5~12센티미터, 너비가 2.3~10센티미터다. 잎은 위가 뾰족하고 기단부는 넓적한 심장 모양이거나 그것을 짧게 자른 모

양이다. 원추꽃차례가 흩어져서 나며 잎과 마주난다. 꽃차례 밑부분에 새로 가지가 나기도 한다. 꽃봉오리는 뒤집어진 계란형이고 길이가 2~3밀리미터이며 꼭대기는 원형이거나 잘라낸 것처럼 생겼다. 열매는 구형이고 직경 0.8~1센티미터다. 꽃은 3~5월에 피고 열매는 7~11월에 맺는다.

한나라 때 장건(張騫)이 사신이 되어 서역을 갔다가 오늘날 우리가 먹는 과일인 포도를 가져왔다. 예전에는 '야포도(野葡萄)'로 술을 빚었고 과일로 먹었는데 그 기능이 포도로 대체되었다.

《시경》이
나에게
주석을 단다면

이 시에서 언급한 '갈류(葛藟)'에 대해서는 주석의 의견이 여러 갈래로 나뉜다. 갈류가 덩굴 식물이라는 해석은 조지프 니덤이 중국 중세기의 가장 위대한 박물학자이자 과학자 중 하나라고 손꼽은 북송시대 소송(蘇頌)이 쓴 책 《본초도경(本草圖經)》에 가장 상세하게 적혀 있다. "갈류는 어디에나 있다. 덩굴로 자라고 나무를 감아 올라간다. 잎은 포도와 비슷하지만 작다. 4월에 줄기를 따서 흰 즙을 먹으면 맛이 달다. 5월에 꽃이 피고 7월에 열매를 맺는다. 8월에 따는데 검푸르고 약간 붉은 기가 돈다. 겨울에 잎이 시든다. 봄과 여름에 즙을 내어 먹는다." 민간에서는 갈류를 천세류라고도 부른다. 일반 민중에게 좀 더 익숙한 이름은 야포도(野葡萄)다. 갈류, 즉 새머루가 시에서 담아내는 정서는 구슬프기 짝이 없다. 전란의 시대에 집을 잃은 사람은 새머루의 덩굴이 그렇듯 매달려 살아갈 수 있는 대상을 찾아야 했다. 그러나 그의 운명은 새머루보다도 못했다. 이 강렬한 대비가 후대에 공자가 예악이 무너졌다고 한탄했던 시대의 모습과 같다.

부득이하게 가정이 파탄나고 가족이 뿔뿔이 흩어졌으니 타인에게 몸을 의탁해야 하는 상황은 사람으로서 몹시 무력한 처지다. 시를 읽다 보면 마음에 처량함이 가득 차오른다. "면면갈류(綿綿葛藟)"라는 구절은 얼마나 깊은 한탄인가.

나라가 부강하면 사람들의 삶도 행복하고 원만하여 얼굴빛이 좋고 생활이 윤택하다. 그것이 바로 서주 초기의 절경이었다. 〈규목(樛木)〉이라는 시에도 갈류(葛藟)라는 식물이 언급되는데, 그때는 나무를 휘감아 올라가는 덩굴의 왕성한 모습을 국가가 부흥하는 데 대한 기대감으로 은유했다. 하지만

〈갈류〉에 와서는 시가 그리는 현실이 얼마나 안타까운가.

친구와 멀리 산속을 여행하다가 농가에서 달콤한 새머루로 담근 술을 얻어 마신 적이 있다. 새머루 술을 담그는 기술은 그 마을에 수천 년간 전해 내려오는 기술이지만 이야기를 나누다 보면 인연이 있는 여행자에게도 알려 준다. 그 사람은 검정색 사기 잔을 두 개 내와서 술을 따르며 무던한 미소를 지었다. 술을 입에 털어넣으면 제일 먼저 떫고 쓴 맛이 난다. 겹겹이 쌓인 거친 맛이 차차 퇴색되면 입술과 혀 끝에 설명할 수 없는 단맛이 남는다. 내가 마셔본 유명한 술, 유명하지 않은 술 중에서 새머루로 빚은 술은 특히 거칠지만, 술을 담근 이의 열정적이고 무던한 미소와 연결되니 끝에 남은 달콤함이 오히려 돋보였다. 현대의 기술로 만들어진 포도주와 대비되는 인상은 깊고 귀하다. 술맛을 품평할 때는 액체의 깊은 곳에 담긴 향기를 따지지만 결국 술을 마시며 체득하는 것은 마음가짐과 생활 방식이다. 새머루 술의 향기에는 자연 그대로의 달콤함과 순박함이 담겼다.

《역경》에서 제47괘 제6효의 설명은 세상에 경고하는 내용이다. 곤경에 빠졌을 때 갈류 덩굴에 기대려고 발버둥 치면 칠수록 덩굴에 얽히고 방해를 받게 되니 도움이 되지 않고 후회하게 된다는 것이다. 조용히 때를 기다리는 마음가짐이야말로 총명함과 지혜를 잘 드러내는 셈이다. 하시만 설상스러운 시대를 지나며 갈류 덩굴보다도 못한 운명을 살아야 한다면 어떻게 벗어나야 할까?

산과 들에 널리 퍼져 있는 새머루는 특별할 것이 없다. 그러나 《시경》의 시선은 다르다. 평범한 것일수록 우리가 〈갈류〉라는 시를 읽으면서 구걸하며 남의 동정심에 기대어 비참한 운명을 구제받는 사람의 처지를 공감할 수 있게 된다. 이런 정경을 상상하면 두보가 진주(秦州)에서 쓴 가장 쓰라린 시들이 떠오른다. 두보는 고목나무와 까마귀를 바라보며 자신이 힘든 시대를 살며 칡넝쿨만도 못하다고 느끼지는 않았을까? 〈갈류〉라는 시에 초월적 신성(神性)이 있다면, 그것은 비통한 운명을 꿰뚫어 보는 체득의 힘일 것이다. 이때 체득하는 것은 괴로움 속에서도 여전히 지니고 있는 온유하고 돈후한 마음이다. 이 시의 깊은 곳에는 마음을 교화하는 힘이 있고, 그 힘이 읽는 이들에게 더 많은 것을 사랑하게 한다.

㉙ 쑥

정(情)은
어디에서
오는가

채갈(采葛)

칡을 캐며 하루를 보지 못하면 석 달이 지난 것만 같다네
彼采葛兮, 一日不見, 如三月兮.

참쑥을 캐며 하루를 보지 못하면 세 계절이 지난 것만 같다네
彼采蕭兮, 一日不見, 如三秋兮.

황해쑥을 캐며 하루를 보지 못하면 세 해가 지난 것만 같다네
彼采艾兮, 一日不見, 如三歲兮.

잡다한 해설

　사랑을 주제로 한 무대에서 영원히 불이 꺼지지 않는 장면이 세 가지 있다. 첫 만남의 놀라움, 멀리 떨어져 있을 때의 그리움, 다시는 헤어지지 않을 것이라는 마음. 〈채갈〉은 이 중에서 멀리 떨어져서 서로 그리워하는 마음을 다룬다.

　세상 어느 연인이 멀리 떨어져 지내면서 자신의 마음에 떠오른 영원히 지지 않는 태양을 본 적 없겠는가? 이별 후의 그리움은 부드럽지만 괴로운 행복을 이룬다. 이 그리움 속에 지극히 무거운 힘이 숨어 있을 줄 누가 알았을까? 이 힘은 영혼의 구원자와 같아서 순식간에 시간의 거대한 석문을 밀어 연다. 이 간결하고 맑으며 불멸하는 그리움의 시는 마음속 사랑 덕분에 한 편 또 한 편이 시간 너머에서 구출되어 오늘날에 이르렀다.

　우운전은 〈채갈〉을 두 글자 '초절(超絶)'로 평가했다. 초(超)는 초월이다. 가장 초월하기 어려운 것이 시간이다. 절(絶)은 끊어내는 것이다. 가장 끊기 어려운 것이 마음이다. 우운전은 〈채갈〉이 "마음속 생각을 있는 그대로 토로했는데, 이 정도로 말할 수 있는 것은 백락(伯樂)이 말의 근골을 알아보는 것이며 연명(淵明)이 거문고 연주를 이해하는 것과 같다. 후대 사람들이 시를 지을 때는 사람에게 들려주기 위한 것일 뿐 이 시와 같은 신묘한 이치가 어디에 있는가?"라고 했다. 군대 주둔지는 멀리 있고 소인배가 곁을 지키니 오래 떨어져 있을수록 사이가 소원해진다. 근심이 갈증처럼 치밀어 오르니 세 구절에 얼마나 많은 함의가 숨어 있는지 모른다.

〈채갈〉은 직접적인 고백이자 마음의 암호이다. 이 시가 중국 문학에 남긴 보석 같은 표현이 바로 "하루만 만나지 못해도 세 계절이 흐른 것 같다(一日不見, 如隔三秋)"는 것이다. 이 말은 세상 사람들에게 말로 다할 수 없는 감정의 파동을 불러일으켰다. 청나라 때 장지주(張芝洲)는 《파경일득(葩經一得)》에서 〈채갈〉을 "사랑을 묘사하는 데 능숙하다"고 평가했다. 하지만 〈채갈〉이라는 시가 정(情)을 어떻게 묘사하고 있는지를 제대로 설명하려면 '능숙하다'는 말로는 부족하다. 조화롭고 깊은 경지가 신기할 정도라고 해야 마땅하다. 청췬잉은 《시경주석》에서 "이 시에서 다른 글자가 아닌 추(秋) 자를 쓴 것을 보면 서사의 식감에서 비롯뇌었겠시반 놀라운 묘수를 우연히 얻어낸 것이지 일부러 노력해서 만든 것이 아니며, 그럼에도 불구하고 입신의 경지에 이른 오묘함이 깃든 것이 분명하다"고 했다.

〈채갈〉에서 가장 놀랍고 뛰어난 점이 바로 이 추(秋) 자다. 삶에서 수많은 신기함과 아름다움은 대부분 가을날의 장엄하고 엄숙한 세계로 소집된다. 봄이나 여름이 아무리 아름답다 해도 따지지 않고 오로지 가을만이 가지는 고요한 미학이 있고, 사랑이 나아갈 방향과 귀속될 곳 역시 가을이다. 봄 꽃과 가을 열매는 생명의 본능과도 같다. 이 시에서 가장 중심이 되는 위치에 추(秋) 자를 넣은 것은 손가락으로 세월의 현을 퉁기며 영혼을 떨리게 하는 일이자 면면히 이어지는 마음에 끊어지지 않는 계단을 놓아주는 일이다. 이 추(秋) 자 덕분에 시 전체를 아우르는 그리움과 충정이 하나로 귀결된다. 남은 것은 다시 만나서 영원히 헤어지지 않는 세계일 뿐이니 〈채갈〉의 세계는 빈 거울처럼 남겨둔 여백의 골짜기로 확장된다. 남은 이야기는 후대의 수많은 독자에게 주어졌다. 그렇게 이 시를 읽은 사람은 그리워하고 또 생각하고, 슬퍼하고 다시 기뻐하게 되는 것이다.

《시경》에는 이처럼 한 글자로 영혼까지 떨리게 하는 멋진 구절이 많이 있다. 후대 사람들은 시의 바다를 종횡무진 누비면서 자신이 쓴 글이 시의 마음, 사람의 마음, 하늘의 마음, 땅의 마음 모두와 합일에 도달하기를 갈망한다. 〈채갈〉과 같은 시 한 편을 지으려고 고심하는 것이다. 글자 하나를 놓고 고심하는 것은 〈채갈〉과 같은 소박하고 간결하지만 한 글자로 그리움을 다 표현할 수 있는 작품이 되기를 바라서다. 그러나 이 한 글자 안에 복잡하고 신기하며 순수하고도 예민한 감응이 겹쳐 있어야만 비로소 아름답고 자연스러운 반응을 얻을 수 있다.

시를 쓸 때는 화려한 상상을 하지 않아도 좋다. 칡을 캐고 참쑥을 캐고 황해쑥을 캐는 노동의 시간에 사람들은 진실하고 순수하며 속이지 않는 생활을 본다. 만약 두 사람의 삶이 서로 통하지 않았다면, 같은 하늘을 바라보면서 그리움의 별이 두 사람의 마음속 지평선에서 같이 오르락내리락하지 않았을 것이다.

시의 장막을 열면 그 세계에 두 사람이 서 있는 것을 상상하게 된다. 그들은 푸른 풀밭과 꽃이 피어 있는 길에서 마주쳐서 깜짝 놀랐다. 그러다가 제사를 지내던 중에 뜻밖에 눈빛을 주고 받기도 했다. 베를 짜고 재단하는 일을 하다가 만나게 되어 기뻐하기도 했다. 이런 모든 사랑의 마주침은 영원한 달콤함이다. 재난과 우여곡절로 찢어지지 않고 두 마음이 하나가 되었다는 증거다. 〈채갈〉의 아름답고도 놀라운 점이 바로 시간이라는 바다에서 이처럼 수많은 사람의 마음과 사랑과 그리움을 공감해 주었다는 것이다.

《모시서》에서는 〈채갈〉을 "참언을 두려워해서 지었다"고 했다. 마서진의 《통석》에서는 칡으로 여름 베를 짜는 것으로 신하가 작은 일 때문에 참소를 당하고 좌천당한 일을 비유했다고 한다. 참쑥을 캐어 제사를 지내는 것은 신하가 큰일로 참소를 당한 것이며, 황해쑥으로 병을 치료하는 것은 신하가 급한 일로 참소를 당한 것이다. 《시집전》에서는 〈채갈〉이 음탕한 시라고 강조하는데, 이 시의 맑음이 이런 해설로 혼탁해지지는 않는다. 역사와 정치의 거대한 소란은 시가 탄생한 사회의 협곡이지만, 그럴수록 〈채갈〉이 만들어낸 순정은 독특한 고요함과 순수한 메아리를 드러낼 뿐이다. 권력 의지인지 사람 마음의 리듬인지, 그 사이의 균형감을 이해하고 싶다면 〈채갈〉을 읽어보라. 한 가지 해석만이 옳다고 말할 수 없다는 것을 금방 이해할 수 있을 것이다.

내가
《시경》에
주석을 단다면

1
彼采葛兮, 一日不見, 如三月兮. 칡을 캐며 하루를 보지 못하면 석 달이 지난 것만 같다네

피채갈혜(彼采葛兮) 피(彼)는 어조사로 실질적인 뜻은 없지만 시의 흥취가 시작되는 부분이다. 시를 읽는 사람은 이 피(彼) 자에서 자신도 영혼을 정돈하고 몸짓을 바르게 해야 할 것 같은 느낌을 받는다. 채갈(采葛)은 칡을 캐는 것이다. 칡을 캐는 일은 그 시대 여자들이 반드시 배워야 하는 일이었고, 베를 만들기 위한 기초 공정이었다. 칡을 캐는 가벼운 육체노동은 여자가 하고, 캔 칡을 옮기는 힘든 육체노동은 남자가 했다. 그래서 다음 구절에서 '불견(不見)'이라는 말이 나오는 것을 보면 남자와 여자가 처음 만난 것이 칡을 캐던 때였음을 은유하고 있다. 혜(兮)는 마음을 들뜨는 것을 말한다. 이 글자는 《시경》에서 매우 광범위하게 쓰인다. 탕현조(湯顯祖)의 《모란정(牡丹亭)》에서 "정(情)은 언제 일어난 줄도 모른 채 어느덧 깊어지고, 미움은 언제 끝난 줄도 모른 채 웃음 한 번에 사라진다"고 했다. 혜(兮)는 바로 이런 시공간이다. 혜(兮)의 어조와 마음의 물결은 《초사(楚辭)》의 문체가 지닌 특징 중 하나가 되었고, 이후 고시, 절구, 율시, 송사에 스며들어 깊고 두터운 정과 뜻을 대변하게 되었다.

"일일불견(一日不見)"에서 말하는 것도 바로 사랑이다. 사람은 누구나 사랑의 아름다움을 알고 사랑의 모든 것을 시간, 세월, 운명의 신비함에 귀속시키지만 사랑은 원래 사람에 속하고 일상생활의 의의에 속한 것이다. 또한 사랑은 시에 속하고 영혼에 속하는 것으로 전환되기도 한다. 정치를 다룬 시로 읽으면 일일불견(一日不見)이라는 말은 군주와 신하 사이의 신뢰가 된다. 저우싱츠(周星馳)가 연기한 지존보(至尊寶)라는 인물은 영화 《서유기》에서 자하선자(紫霞仙子)에게 "사랑에 기한이 있다면 1만 년으로 하겠다"고 말한다. 여기 나온 1만 년과 〈채갈〉의 1일은 사실 큰 차이가 없다. 오히려 《시경》에서 사랑의 시간 감각을 좀 더 진실하게 표현한 듯하다. 하루라도 당신을 보지 못하면 3개월이나 못 본 것처럼 고통스럽다. 이 고통은 무정한 세상에서 얻기 힘든 진실한 사랑을 보여준다. 어떤 자기기만과 도발도 없기 때문에 약간의 진심만이 세월의 시선을 뚫고 시간의 흐름을 담담하게 받아들일 수 있다.

2
彼采蕭兮, 一日不見, 如三秋兮. 참쑥을 캐며 하루를 보지 못하면 세 계절이 지난 것만 같다네

채소(采蕭) 《주례》에서는 "제사를 지낼 때 소모(蕭茅)를 올린다"고 했다. 제사 지낼 때 해야 할 일과 바쁜 과정을 보는 듯하다. 소(蕭)는 《모전》에서 "호(蒿) 이다"라고 했다. 육기의 《육소》에서는 "소(蕭)는 적(荻)이다. 지금 적호(荻蒿)라고 부르는 것이며 혹은 우미호(牛尾蒿)라고 한다. 백호(白蒿)와 비슷한데 잎이 희고 줄기가 두꺼우며 비스듬히 자란다. 많으면 수십 개의 줄기가 난다. 초로 만들 수 있으며 향기가 있다. 옛날 제사를 지낼 때 이것을 태워서 향으로 삼았다. 허신(許愼)은 애호(艾蒿)라고 했으나 이는 틀린 말이다"라고 했다. 소(蕭), 즉 우미호(牛尾蒿, 참쑥)는 국화과 참쑥속의 관목형 풀이다. 속칭 자간호(紫杆蒿, 간쑤성), 수호(水蒿, 산시陝西성), 미호(米蒿, 쓰촨성)라고도 한다.

추(秋) 일반적인 시각으로 볼 때, 균형 있게 쓰려고 했다면 시간을 표현하는 글자 중에서 계절을 의미하는 계(季) 자를 써야 옳다. 그러면 삼월(三月), 삼계(三季), 삼년(三年)으로 시간이 균형 있게 점증한다. 그리움의 마음도 첩첩이 쌓인다. 하지만 이 추(秋)라는 글자에는 시의 깊은 뜻이 담겼다. 시에서 삼춘(三春), 삼하(三夏), 삼동(三冬)이라 쓰지 않고 오로지 추(秋)를 썼다. 달, 계절, 년은 원래 시간을 세는 단위일 뿐 특별한 감정적 색채를 지니지 않는다. 그런데 추(秋) 자를 쓴 순간 모든 것이 느려지고, 소리도 뚫지 못하는 거

대한 시공간의 벽이 생긴다. 추(秋) 자를 중심으로 감정의 격류가 거대하고 시커먼 소용돌이를 형성한다. 시의 운율과 정취와 상상의 균형을 모두 깨뜨리면서 조용하고 안정된 슬픔의 둑을 무너뜨린다. 갑자기 밀려드는 파도가 메마른 그리움을 적신다. 〈채갈〉이라는 시의 영혼도 추(秋) 자로부터 깨어난다.

3
彼采艾兮, 一日不見, 如三歲兮. 황해쑥을 캐며 하루를 보지 못하면 세 해가 지난 것만 같다네

애(艾) 국화과 참쑥속의 여러해살이풀이다. 상세한 설명은 '식물 이야기'를 참고하기 바란다.

이 시의 1장과 3장은 감정을 드러내고 뜻을 보여주는데, 지금의 그리움을 억제함으로써 2장에 가득한 가을의 소리와 대응한다. 시간 흐름을 월(月), 추(秋), 세(歲)로 배열한 것은 그 자체로도 훌륭한데, 추(秋) 자가 남긴 울림이 사람들의 마음을 고요하게 한다. 중국 시가 문학에서 그리움의 소리에 가을이라는 깊은 뜻을 담아낸 것은 〈채갈〉이라는 시 한 편에서 유래했다. 이 시는 세월에 고요하지만 서글픈 낙인을 찍고, 세월이 흘러도 사라지지 않는 깊은 정을 드러낸다.

식물 이야기

애(艾, 황해쑥)는 《모전》에서 "병을 고친다"고 했다. 오래전부터 약초였음을 알 수 있다. 《시집전》에서는 "호(蒿)에 속하며, 말려서 뜸을 놓을 수 있다"고 했다. 《이아》에서는 "애(艾)는 다른 이름으로 빙태(冰臺)라고 하는데, 지금의 애호(艾蒿)다"라고 했다. 육전의 《비아》에서는 "《박물지》에 의하면, '얼음을 녹여 동그랗게 해서 해를 향해 들고 쑥에 그 그림자를 대면 불씨를 얻을 수 있다'고 했다. 애를 빙태라고도 하는 것이 이 때문이 아니겠는가? 의학에서는 쑥을 태워서 백 가지 병을 고치니 자초(炙草)라고도 한다. 한 번 태우는 것을 일장(一壯)이라고 하고 사람에게 뜸을 뜨는 방법이다"라고 했다.

소송의 《본초도경》은 "어디에나 있으며 복도(複道)와 사명(四明)에서 나는 것이 좋다. 이것의 뜸으로 백 가지 병을 이긴다고 했다. 초봄에 싹이 돋고 줄기는 호(蒿)와 비슷하며 잎은 뒷면이 희고 싹이 짧은 것이 좋다. 3월 3일, 5월 5일에 잎을 따서 햇볕에 말려서 쓴다"고 했다. 《본초강목》 권15의 애(艾) 항목에서는 "빙태(冰臺), 의초(醫草), 황초(黃草), 애호(艾蒿)라고도 한다. (……) 2월에 숙근에서 싹이 나서 덤불을 이르며 줄기는 곧게 자라는데 흰색이며 높이가 4~5자가 된다. 잎은 네 장이 나고 호(蒿)와 비슷하게 생겼으며 다섯 조각으로 나뉘는데 갈라진 것은 작고 뾰족하다. 잎은 앞면은 청색이고 뒷면은 흰색이며 여리지만 두껍다. 7~8월에 이삭이 나는데 차전(車前, 질경이)의 이삭을 닮았다. 꽃은 가늘고 열매는 가지에 주렁주렁 매달린다. 열매 안에 가는 씨앗이 있다. 서리가 내린 뒤 시든다. 5월 5일에 줄기가 있는 채로 채취하여 햇볕에 말린 뒤 잎을 수확한다"고 했다. 왕안석(王安石)의 《자설(字說)》에서는 "애(艾)는 병을 다스릴[乂] 수 있으며 오래될수록 좋기 때문에 예(乂) 자를 따서

艾草
彼采艾兮一日
不見如三
歳兮

글자를 만들었다"고 했다.

 애(艾)는 예나 지금이나 같은 이름이다. 중국의 식물 학명에도 애(艾)라는 글자를 남겨두었다. 그러나 이 식물을 부르는 다른 이름은 아주 많다. 빙태(冰臺)는 《이아》에 나왔고, 백호(白蒿)는 《신룡본초경(神龍本草經)》에서 나왔다. 진애(陳艾)는 한의학에서 쓰는 약명이며, 화애(火艾)는 윈난성에서, 애융(艾絨)은 장쑤성과 상하이 지역에서 불리는 이름이다.

 쑥은 국화과 참쑥속의 여러해살이풀이다. 짙은 향기가 나며(참쑥속 식물의 특징이다) 주된 뿌리가 확실하고 곁뿌리가 많다. 줄기는 곧게 서고 높이가 0.8~1.5미터며 일반적으로 갈색인데 회백색의 거미줄 모양의 부드러운 털이 나 있다. 잎은 어긋나며 깃털 모양의 여러 조각으로 갈라져 있다. 꽃은 두상화서(頭狀花序)로 나며 작지만 여러 개가 모여 핀다. 쑥은 극심한 건조 기후나 고산지대를 제외하면 중국 전역에 분포한다. 새싹과 어린 잎은 채소로 먹는다. 줄기와 잎에는 방향유가 함유되어 있어서 다발로 엮어서 불을 붙이면 모기, 파리, 뱀 등을 쫓을 수 있다.

 옛날에는 촛불의 심지를 만드는 데 쓰기도 했다. 전체를 약재로 쓰는데, 옛날에는 지혈제와 부인과에 좋은 약으로 여겼다. 5~6월에 땅 위로 자라난 부분을 베어 잎을 햇볕에 말리고 으깨어 애융(艾絨)을 만든다. 이것이 인수의 원료가 된다. 한의학에서 침구 치료에도 쓴다. 쑥뜸으로 백 가지 병을 고친다고 해서 '집에 3년 묵은 쑥이 있으면 의원을 부를 일이 없다'는 속담이 있다. 민간에서는 단오절 즈음 대들보에 쑥을 매달거나 몸에 쑥을 달고 다니면서 독을 물리치는 풍습이 있다. 농사의 격언 중에 '3월 인진(茵陳), 4월 호(蒿, 쑥), 5~6월 땔감'이라는 말이 있는데, 쑥의 약효가 좋은 시기를 강조한다.

《시경》이 나에게 주석을 단다면

〈채갈〉에 나오는 애(艾, 황해쑥)는 곧 애호(艾蒿)를 말한다. 애호는 요염한 모습이나 향기로운 꽃은 없지만 옛날부터 이 보잘것없는 풀이 병을 치료하고 사람을 구하는 약이었다. 그런데 〈채갈〉에도 나오듯 백 가지 병 중에서 가장 치료하기 어렵고 괴상한 병은 상사병이다.

속담에 사랑은 행복의 중첩이 아니라 불완전성의 보완이라고 한다. 두 사람이 이 어지러운 세상에서 서로를 알아보고, 진심으로 사랑의 문을 열면 두 방향의 흡인력이 깊은 바다에서 일어난 소용돌이처럼 시간의 파도를 휘젓는다. 하루를 못 보면 3년이나 떨어져 있는 것 같은 것도 그런 이유다. 사랑이 이런 고난을 겪는 것은 인생에서 없어서는 안 될 힘든 수련과도 같다.

초목이 시들면 오랜 시간을 지켜준 것이다. 하루를 헤어져 있어도 뒤척이며 잠을 이루지 못하고, 마음속 광야에서 온갖 생각이 떠다니며, 흩어진 구름처럼 하늘을 가리고 있다. 그리움은 독성이 있지만 그만큼 아름답다. 사랑은 천지의 소리 없는 평온함이나 집안의 가장 짧은 일상에 씨앗을 뿌려야 뿌리를 내리고 싹을 틔울 수 있다. 그런 단계에 이를 때까지는 '하루를 못 만났는데 3년이 지난 것 같다'는 생각을 가져야 한다. 이런 생각을 바탕으로 해야 인생의 우여곡절을 충분히 경험할 가치가 있다. 사랑하고, 살아가고, 그런 다음에 자신감이 생긴다.

중국 북서부 지역에서는 애호(艾蒿)를 호호(蒿蒿)라고 부르곤 했다. 초봄부터 늦가을까지 햇볕에 말린 옅은 회색의 가느다란 가지를 꼬아서 새끼줄을 만들고, 노인들은 담뱃불을 붙일 때 쓰는 부시를 만든다. 다음 해에 모기가 날아다니는 여름이면 한 개비 불을 붙여서 문간에 매달아 두는데, 가느다란 연기가 피어오르면 모기도 악귀도 멀리 달아난다. 여드름이나 뾰루지가 나면 외할머니는 말린 쑥을 달인 물로 따가운 곳을 문질러 주셨다. 자고 일어나면 여드름이 싹 사라졌다.

  초여름에는 쑥에 잔털이 보송보송하다. 이때 따서 먹으면 맛있는 나물이 된다. 한국에서 만들었다는 쑥을 넣은 돼지고기 완자를 먹어 본 적이 있다. 비록 '하루를 못 보면 3년이 지난 것 같은' 정도는 아니지만 확실히 혀에 여운을 많이 남기는 맛이었다.

③ 자두나무

행복한
풍년

구중유마(丘中有麻)

언덕에 마가 있네, 유씨 집안의 멋진 남자여
유씨 집안의 멋진 남자가 와서 도와주기를 바라네
丘中有麻, 彼留子嗟.
彼留子嗟, 將其來施施.

언덕에 밀이 있네, 유씨 집안의 멋진 남자여
유씨 집안의 멋진 남자가 우리 집에 와서 식사하기를 바라네
丘中有麥, 彼留子國.
彼留子國, 將其來食.

언덕에 자두나무가 있네, 유씨 집안의 그이여
유씨 집안의 그이가 나에게 패옥을 주었네
丘中有李, 彼留之子.
彼留之子, 貽我佩玖.

잡다한 해설

　〈구중유마〉의 시어는 끝없이 이어진 언덕처럼 많은 의미가 그 속에 숨겨져 있고 표현되는 감정도 모호하다. 이 시는 감정시로 보이며 시가 하려는 말도 명확하다. 누구와 정을 맺을 것인가? 자신에게 행복이 가득하다고 느끼게 해 준 그 사람. 이 시에서는 사랑의 과거를 회상한다. 한때는 삼베처럼 미련을 느끼다가 밀처럼 풍성해지고 자두처럼 묵직한 열매를 주렁주렁 맺으며 마침내 평온해진다. 이런 시각에서 보면 이 시는 기쁨의 시다.

　《모시서》에는 "현인을 그리워한 것이다. 장왕(莊王)이 밝지 못하여 어진 이가 쫓겨나니 백성들이 그를 생각하며 이 시를 지었다"고 했다. 이와 같이 이해하면 온 나라가 존경하는 현인은 이미 없어지고 나라는 쇠약해지는 처량함을 보면서 현인을 존경하고 중시하는 마음이 잘 드러난 시이기도 하다. 〈구중유마〉는 현인을 그리는 시로 이해할 때 뜻이 더 선명해지는 듯하며 시의 비통함과 근심이 잘 드러난다. 다만 사랑하는 연인의 깊은 정과 현인을 존경하는 마음은 서로 통하는 것 같다.

　주희의 《시집전》에서는 부인이 사사로이 만나는 남자를 기다리고 있는 내용으로 해석했는데, 유생들이 점잖지 못하다고 꾸짖었다. 시인의 눈으로 해석하는 원이뒤 역시 이 시를 사통하는 남녀의 기쁨을 노래한 시로 해석했다. 그러나 이렇게 이해하면 시의 황당무계함은 오히려 《시경》의 온유하고 돈후함에 거짓이 숨겨져 있는 것은 아닌지 의심스러워진다.

시의 다중적인 의미는 단어의 많은 오류와 시를 화해시키는 목적에서 시작된다. 사람의 마음에 따라 시에서 추구하는 바가 다르기 때문에 매번 시의 다른 모습을 볼 수 있다. 《시경》이라는 복잡한 세계의 일면이다.

이 시의 구조는 뚜렷하게 중복과 반복으로 형성된다. 이런 겹침은 시의 형태에도 애매한 느낌을 더해 준다. 이는 순수시의 특징 중 하나인데, 이런 모호함 뒤에 영혼의 허실을 분간하기 어려운 형태가 숨어 있다. 겹겹이 쌓인 읊조림을 빌렸지만 시의 뜻은 독자 혹은 청자에게 끊임없이 안으로 응집되는 힘을 느끼게 한다. 청쥔잉은 《시경주석》에서 이렇게 썼다. "중첩된 수식어는 《시경》의 예술 기법 중 가장 누드러진 특징이며 글자 중첩, 단어 중첩, 구절 중첩, 장(章) 중첩 등이 있다. 이런 중첩은 감정적인 색채를 더욱 강하게 부각하는 것 외에 악기 연주와 어우러져야 하는 것 때문이기도 하다. 천웅(天鷹)은 옛 시가의 예술 특징을 '장과 구절을 중첩하고 반복해 표현하는 기법은 옛날 노동요와 밀접한 관계가 있으며, 선율의 작용이 언어의 의미보다 깊다'라고 했다." 십오국풍 가운데서 〈구중유마〉처럼 시구의 중첩을 활용한 작품이 적잖기 때문에, 당시의 악곡이 이런 방식으로 가창하는 데 적합했음을 알 수 있다.

내가
《시경》에
주석을 단다면

1
丘中有麻, 彼留子嗟. 언덕에 마가 있네, 유씨 집안의 멋진 남자여
彼留子嗟, 將其來施施. 유씨 집안의 멋진 남자가 와서 도와주기를 바라네

구중유마(丘中有麻) 구중(丘中)은 시를 쓴 장소의 지형이 평야가 아님을 짐작하게 한다. 어떤 의미에서 시인의 시선을 느낄 수 있다. 마(麻)는 곡식이다. 씨앗을 먹을 수 있고 껍질은 베를 짠다. 《예기》의 '내칙(內則)'에서 "여자는 마시(麻枲)를 쥐고 고치를 다스리며 베를 짜고 밧줄을 만드는 일을 배우며 의복을 바친다"고 했다. 대마(大麻)는 한해살이풀로 껍질로 베를 짜며, 옛날에는 옷을 만들기 위해 심었는데 씨앗을 먹을 수 있다. 마(麻)는 곧 대마다. 뽕나무과 대마속 식물이며 곧게 자라는 한해살이풀이다. 부탄, 인도, 중앙아시아가 원산지이며 현재 각국에서 고르게 야생하거나 또는 재배된다. 대마의 아종 중에서 하나는 키가 크고 가늘며 중요한 섬유 식물이다. 다른 하나는 키가 작고 가지가 많으며 속이 꽉 찬 것이 있는데, 이 품종은 여러 나라에서 재배 금지 품목이다.

피유자차(彼留子嗟) 유(留)는 마서진의 《통석》에서 해석한 것이 명확한 편이다. "유(留)는 옛날에 유(劉)와 통용되었다. 설상공(薛尚功)의 《종정관식(鐘鼎款式)》에 '유공보(劉公簠, 보는 곡식 등을 담는 그릇이다)'가 나오는데 종이나 정 등에 새겨진 것을 보면 '유공보(留公簠)'라 했다"고 한다. 자(子)는 남자의 미칭(美稱)이다. 차(嗟)는 어조사다. 그런데 주희의 해석에서는 유(留)를 만류하다라

는 뜻으로 보아 시의 의미가 완전히 달라졌다.

장기래시시(將其來施施) 장(將)은 청하다, 바라다라는 뜻이다. 시시(施施)는 《모전》에서 "나아가기 어려운 모습"이라고 했다. 도와달라는 의미가 담겼다. 강남 지방의 옛 판본에서는 모두 '장기래시(將其來施)'라고 적었는데, 시시(施施)라고 글자를 중첩한 것이 더 의미가 좋다. 유씨 집안 남자에 대해서 자신이 더욱 만족해야 한다는 뜻이 느껴진다.

2
丘中有麥, 彼留子國. 언덕에 밀이 있네, 유씨 집안의 멋진 남자여
彼留子國, 將其來食. 유씨 집안의 멋진 남자가 우리 집에 와서 식사하기를 바라네

공영달(孔穎達)의《정의(正義)》에서는 "언덕에서 토양이 단단해 비옥하지 않거나 척박한 곳에는 대체로 마와 밀이 있다"고 했다. 차(嗟)와 국(國)은 모두 어조사다. 자차(子嗟), 자국(子國)을 인명으로 보는 해석도 있는데, 이렇게 되면 시의 중심이 완전히 흐트러지고 불필요한 인물이 추가로 늘어오게 된다.

식(食) 식사하다. 은연중에 집에 초대하는 것을 의미하고 있다. 관계가 더욱 가까워지는 것이다.

3
丘中有李, 彼留之子. 언덕에 자두나무가 있네, 유씨 집안의 그이여
彼留之子, 貽我佩玖. 유씨 집안의 그이가 나에게 패옥을 주었네

이(李) 장미과 자두나무속의 낙엽교목이다. 상세한 설명은 '식물 이야기'를 참고하기 바란다.

지자(之子) 1장과 2장에서 유씨 성을 가진 남자를 찬미하며 아름답게 불렀

다. 3장에서는 이 남자에 대한 호칭이 한 걸음 더 나아가 "지자우귀(之子于歸)"에서 부르는 것처럼 바뀌었다. 이미 혼약을 맺어서 남자를 더 친근하게 느끼는 것을 알 수 있다.

이아패구(貽我佩玖) 이(貽)는 주다, 증정하다라는 뜻이다. 구(玖)는 옥과 같은 검은 돌로 옛날에 패옥을 만들던 재료 중 하나다. 현대인들이 말하는 잡옥과 비슷하다.

식물 이야기

이 시에서 드러난 이원(李園, 자두나무밭)에서 밀회하는 장면을 보면 자두가 대마, 밀과 같이 주나라 때부터 보편적으로 재배된 식물임을 알 수 있다. 나원(羅願)의 《이아익(爾雅翼)》에는 "이(李)는 나무 중에서 열매가 많은 것이다. 그래서 목(木)과 자(子)로 글자를 만들었다. 열매가 많은 나무가 여럿인데 왜 이(李)만 목자(木子)인가?《소문(素問)》에 따르면, 자두는 신맛이 나고 간에 좋으며 동쪽에 속하는 열매다. 즉 자두는 오과(五果) 중에서 목(木)에 속하기 때문에 그 이름이 오로지 자두나무만 가리키게 되었다"고 했다. 《본초강목》 권29에서는 "이(李)는 잎이 푸르고 꽃은 희다. 이 나무는 심으면 오래 간다. 그 종류가 거의 100가지에 달한다. 열매는 큰 것은 달걀만 하고 작은 것은 벚꽃만 하다. 열매의 맛은 달고, 시고, 쓰고, 떫은 것 등 여러 종류가 있다. 열매의 색깔은 청(靑), 녹(綠), 자(紫), 주(朱), 황(黃), 적(赤), 표기(縹綺), 인지(胭脂), 청피(青皮), 자회(紫灰)로 특별하다. 열매 모양은 우심(牛心), 마간(馬肝), 내리(柰李), 행리(杏李), 수리(水李), 이핵(離核), 합핵(合核), 무핵(無核), 변봉(區縫)으로 다르다. (……) 열매가 이르게 맺는 것은 맥리(麥李), 어리(御李)라고 하며 4월에 익는다. 늦게 맺는 것을 만리(晚李)라고 하며 10~11월에 익는다"고 했다.

옛날에는 복숭아와 자두를 함께 언급하는 일이 많았다. 두 열매가 모두 달콤하고 꽃도 비슷하게 봄이 되면 만개하여 아름다움을 뽐냈기 때문이다. 비록 "그 아름다움이 복숭아와 자두의 꽃과 같다"고도 했지만, "도지요요(桃之夭夭)"라는 《시경》 구절처럼 발그레하고 고운 복숭아꽃이 옅은 화장으로 소박한 자두꽃보다 낫다고 여기는 사람도 있다. 복숭아꽃은 아름답고 자두꽃은 깨끗하다고 해서 사람들의 마음속에 서로 다른 느낌을 준다. 청나라 때《관원사(灌園史)》에서는 "복숭아꽃은 미녀와 같아서 가무를 즐길 때 없어서는 안 된다. 자두꽃은 여도사와 같아서 안개 끼고 노을 진 산수를

木李
丘中有李 彼留之子 彼留之子 貽我佩玖

즐길 때 이만한 것이 없다"라고 했다.

《격물총화(格物叢話)》의 작가는 자두꽃을 좀 더 높이 쳤다. "복숭아꽃과 자두꽃은 동시에 피는데, 자두꽃은 담박하고 섬세하고 우아하고 깨끗하니 둘 다 밤에 감상할 수 있지만 자두꽃에는 복숭아꽃에는 없는 울타리가 있다." 야경을 배경으로 하여 자두꽃을 감상할 줄 아는 사람이어야 진정으로 자두꽃의 오묘함을 안다. 옛날 부녀자들이 입하 날 밤에 자두 술을 먹는 풍습이 있어서 "입하에 자두를 머금으면 안색이 좋아진다"고 했다. 자두와 일상생활에는 이보다 더 많은 종류의 아름다움과 풍류가 있다. '복숭아를 주면 자두로 갚는다', '참외밭에서 자두가 떨어진다', '복숭아나무와 자두나무는 말이 없지만 그 아래에 오솔길이 생긴다' 등등 여러 성어나 속담에서 자두가 등장하는 것을 보면 자두나무와 민중의 관계가 밀접했음을 알 수 있다.

자두나무는 옛날이나 지금이나 같은 이름이다. 장미과 자두나무속의 낙엽교목이며, 높이는 9~12미터까지 자란다. 수관은 넓은 원형이며 나무껍질은 회갈색이고 울퉁불퉁하다. 오래된 가지는 자갈색 혹은 적갈색이며 털이 없다. 어린 가지는 주황색이고 털이 없다. 잎은 뒤집힌 계란 모양, 긴 타원형, 약간 긴 원형과 계란형 등이다. 잎의 길이는 6~8센티미터, 너비는 3~5센티미터, 위로 갈수록 좁아지는데 갑자기 뾰족해지거나 짧고 뾰족한 꼬리가 있다. 꽃은 통상 세 송이가 같이 피고, 꽃자루는 1~2센티미터에 대부분 털이 없다. 꽃의 지름은 1.5~2.2센티미터, 꽃잎은 흰색이고 긴 원형에 뒤집힌 계란 모양으로 생겼으며 끄트머리는 갉아 먹힌 것 같다. 열매는 핵과이며 구형, 계란형, 원추형으로 생겼다. 직경은 3.5~5센티미터이고 재배하는 품종의 경우 약 7센티미터까지 자란다. 열매는 노란색이거나 붉은색이며 종종 녹색이나 자색도 있다. 꼭지 부분이 움푹 들어가 있고 열매의 끄트머리는 약간 뾰족하며 세로로 골이 나 있다. 열매의 겉껍질에는 가루가 있다. 핵은 타원형이거나 긴 원형이며 주름이 있다. 꽃은 4월에 피고 열매는 7~8월에 맺는다.

자두나무는 중국이 원산지로 재배 품종이 매우 많다. 자두꽃은 관상용으로 좋아하고, 열매는 생으로 먹을 수 있는 과일로 인기가 있다. 《양경기(兩京記)》에서는 동도(東都)의 아름다운 자두를 가경자(嘉慶子)라고 불렀다는 말이 있다. 《범서(梵書)》에서는 자두를 거가릉(居嘉陵)이라고도 부른다고 했다. 사람들이 자두 맛을 사랑했음을 알 수 있다.

《시경》이
나에게
주석을 단다면

    자두나무는 산림에서 자란다. 봄철에 꽃이 피고 여름에 푸른 열매가 열리며 가을에는 빽빽한 가지에 검붉고 아름다운 자두가 매달려 있다. 자두는 예로부터 맛있는 과일로 알려졌다. 이런 유혹적인 산 열매를 가장 먼저 먹는 것은 영장류의 동물이다. 인류도 경험 전승을 통해 자연에서 성숙한 자두 열매를 먹었다.

    《시경》의 기록에 따르면, 상나라와 주나라 시대에 자두나무는 이미 골목에 심었다고 한다. 사람들의 일상생활이 잔잔한 물보라를 일으키는 강물처럼 흐를 때, 자두나무의 달콤함과 고생 끝에 낙이 오는 사랑의 원만함이 서로 대응한다.

    〈구중유마〉는 특별한 연회장에서 평생 사랑할 것을 약속한 두 사람의 로맨스를 잘 아는 사람이 노래를 불러주는 것 같다. 이 시의 가락과 정서는 마치 오페라와 같다. 이 노래에서는 이토록 아름다운 일이 들판의 노동에서 일어났다고 이야기한다. 마침내 두 사람의 인생이 물보라를 일으키며 한데 모였다. 연회장에 모인 사람들은 감미로운 사랑 이야기를 듣고 감흥이 일어나 술잔을 들어 올리며 저 연인이 마침내 가족이 되기를 축원한다.

    자두꽃은 봄 햇살 아래서 번성하고 아름다움을 뽐낸다. 이 꽃바다 깊은 곳에는 '지자(之子)'라고 말하는 사랑의 그림자가 숨어 있다. 아직 미성숙한 사랑은 얼마나 쓰고 떫었을까? 마음이 움츠러들 때마다 사랑의 문도 굳게 닫혔을 것이다. 그러나 열매가 진정으로 익었을 때, 그 달콤한 과육은 행복을 둘이서 나누는 것과 같다.

    〈구중유마〉는 무대극과 흡사한 구조를 보인다. 마가 가득 심어진 밭에서 처음 마음이 움직였고, 밀밭에서는 집에 초대하는 이야기를 나눴으며, 자두나무 아래서는 좋은 술과 풍성한 수확을 나누고 있다. 어느 장면을 보아도 감동적이다.

〈구중유마〉의 해석은 교훈과 교화에 바탕을 둔 해석에 의하면 백성들이 추방된 현인을 그리워한 것으로 본다. 매일 노동이 끝나고 여가시간이면 한가한 마음으로 현인이 돌아오기를 바라서 여러 가지 방안을 생각하는 것이다. 만약 연애시로 이 시를 해석한다면 우리는 음울한 정서에서 벗어날 수 있고 시가 주는 느낌도 환희를 띠게 된다. 어떤 해석이든 무엇이 옳고 무엇이 그르다고 말할 수 없다. 좋은 순수시에는 특별한 날개가 있어서 우리가 동경하는 곳으로 날아가곤 하니 말이다.

《시경》 '대아(大雅)'에 〈억(抑)〉이라는 시가 있는데 "나에게 복숭아를 준다면 자두로 갚으리(投我以桃, 報之以李)"라는 구절이 있다. 오랜 세월을 거쳤지만 《시경》이 가르치는 돈후함은 받은 만큼 보답한다는 마음처럼 변하지 않았다. 옛 속담에 '복숭아나무와 자두나무는 말이 없지만 그 아래에 오솔길이 생긴다'고 했다. 이런 말은 실용적이고 허명을 중시하지 않는 이치를 깨닫게 한다.

그런데 덜 익은 자두는 과산 함유량이 높으니 너무 많이 먹으면 안 된다. 많이 먹으면 허열, 어지럼증, 위경련 등이 생길 수 있다. 농사 격언 중에 '복숭아는 배가 부르고, 살구는 사람을 다치게 하며, 자두나무는 그 아래 누운 사람을 죽인다'고 했는데, 이 말에도 이유가 있는 셈이다.

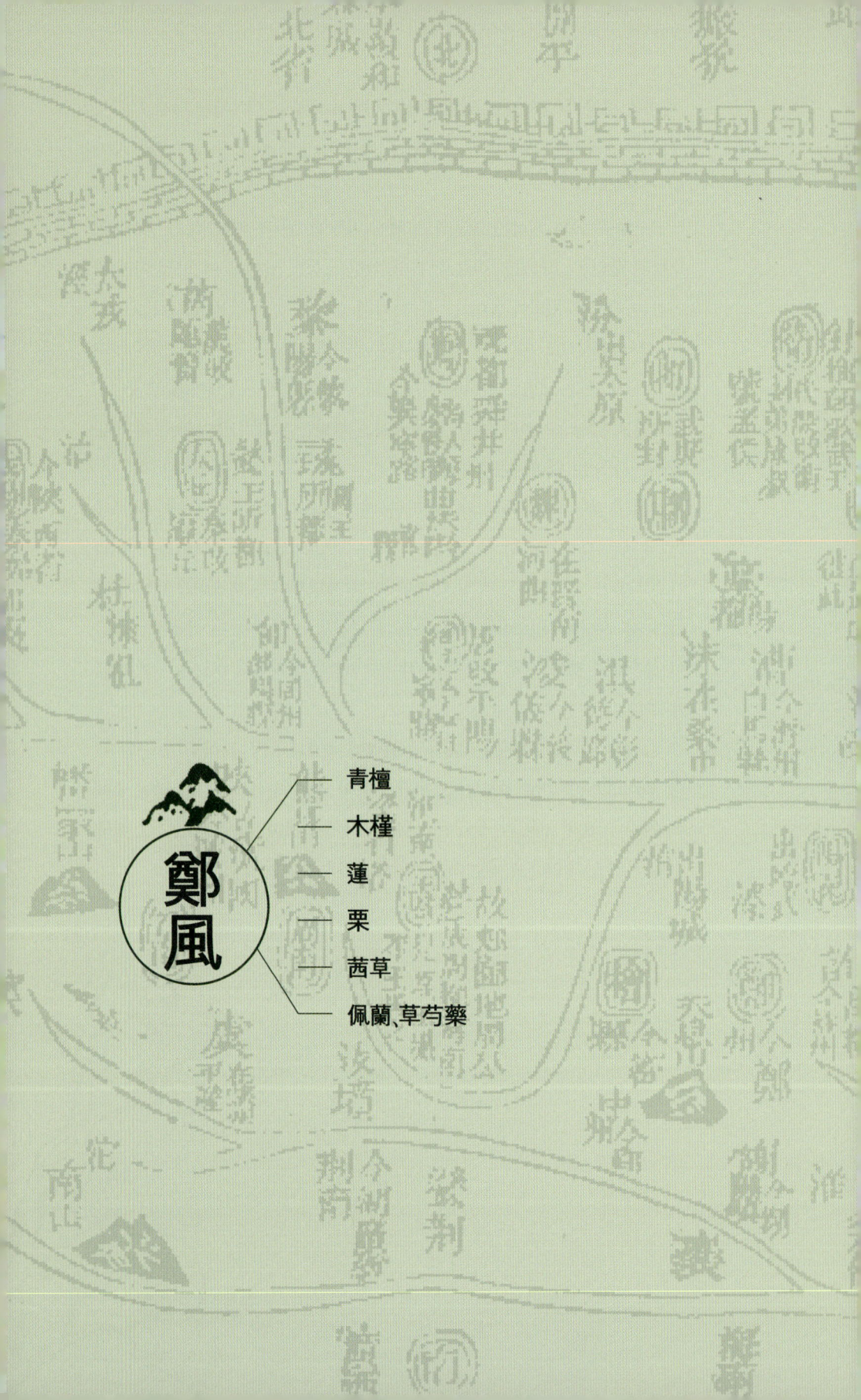

鄭風
- 青檀
- 木槿
- 蓮
- 栗
- 茜草
- 佩蘭、草芍藥

정풍(鄭風)

지리적 위치

정(鄭)나라는 원래 산시(陝西)성 시안에 있었는데, 주 선왕(宣王)이 동생 우(友) 정환공(鄭桓公)에게 분봉한 봉지다. 정현의 《시보》에 따르면, 서주 말년에 유왕이 폭정하여 왕실이 동요하자 정환공은 화가 자신의 가문에 미칠 것을 염려해 사관에게 재난을 피할 곳을 추천하게 하였다. 정환공이 사관에게 물은 지 3년 후, 유왕이 신(申)나라(신후申后의 모국이다)에서 끌어들인 견융에게 죽임을 당하며 서주가 멸망했다. 정환공도 전란 중에 죽었다. 정환공의 아들이 지위를 계승하여 정무공(鄭武公)이 되었다. 정무공이 평왕을 도와 동도 왕성으로 천도한 것이 동주의 시작이다. 정무공은 천도에 공을 세워 10읍을 더 얻었고, 낙양을 오른쪽으로 제나라를 왼쪽으로 두고 진수(溱水)와 유수(洧水) 사이에 도읍을 세웠다(오늘날 정저우鄭州시 남쪽의 신정新鄭시 일대). 훗날 소국인 회(會)와 동괵(東虢)을 병합하여 정나라의 세력이 더욱 확장되었다. 신정은 고신씨(高辛氏)가 화정축융(火正祝融)을 하던 도성으로 은나라 민족의 풍속이 짙다. 주례(周禮)가 정풍에 미치는 영향이 상대적으로 미약하고, 정나라 남녀가 모여서 즐기는 것을 좋아하여 풍속이 분방하고 열렬했다. 정나라는 문화가 발달하여 자산(子產)이 재상이 되었을 때 스스로 관학을 운영하였는데, 이곳 사람들은 시를 좋아하고 음악을 즐기며 성정이 분방하고 거리낌이 적었기 때문에 정풍이 음(淫)하다고 하였다. 이는 음탕하고 사치스러운 것이 아니라 감동적이고 낭만적이며 다정한 것이라고 했다. 십오국풍 중 정풍의 시가 21편으로 가장 많이 남아 있다.

㉛ 청단 나무

신비한 빛깔에
담그다

장중자(將仲子)

둘째 도련님, 우리 리(里)의 담장을 넘지 마세요,

내 기류 나무의 가지를 부러뜨리지 마세요

그 나무를 좋아해서 그럴까요? 우리 부모님이 두려운 것이지요

둘째 도련님을 그리워하지만 부모님 말씀이 두렵습니다

將仲子兮, 無逾我里, 無折我樹杞.
豈敢愛之? 畏我父母.
仲可懷也, 父母之言, 亦可畏也.

둘째 도련님, 우리 집 담을 넘지 마세요,

내 뽕나무의 가지를 부러뜨리지 마세요

그 나무를 좋아해서 그럴까요? 우리 오라버니들이 두려운 것이지요

둘째 도련님을 그리워하지만 오라버니들 말씀이 두렵습니다

將仲子兮, 無逾我牆, 無折我樹桑.
豈敢愛之? 畏我諸兄.
仲可懷也, 諸兄之言, 亦可畏也.

둘째 도련님, 내 정원의 담을 넘지 마세요,

내 청단 나무의 가지를 부러뜨리지 마세요

그 나무를 좋아해서 그럴까요? 사람들 소문이 두려운 것이지요

둘째 도련님을 그리워하지만 사람들 소문이 두렵습니다

將仲子兮, 無逾我園, 無折我樹檀.
豈敢愛之? 畏人之多言.
仲可懷也, 人之多言, 亦可畏也.

잡다한 해설

〈장중자〉의 장(將) 자는 권유하다라는 뜻이다. '둘째 도련님, 제 말 좀 들어주세요'라고 말하는 것이다. 이 시의 전체적인 정서는 권유형의 장(將) 자에 담긴 다급한 마음에서 시작된다. 열애 중인 남녀의 마음은 맹랑하고 행동거지에서도 균형을 잃는데, 그런 재미가 모두 이 글자에 담겨 있다. 순수한 연애시라는 관점으로 이 시를 읽으면 〈장중자〉가 말하고 있는 것은 '열애'라고 할 만하다. 열애라면 사랑에 빠진 남녀 두 사람은 모두 이성이 뭔지 잊을 정도로 미혹되어 있을 것이다. 적어도 한 사람은 울타리에 전혀 신경 쓰지 않을 것이고, 주변에서 수군대는 말에도 신경 쓰지 않을 것이다. 사랑의 불길이란 본래 두 생명을 한데 융합하고 지극히 높은 온도로 녹여서 제련하는 것이니 삶에 있어서 더없이 중요한 재구축 과정이다.

〈장중자〉의 장면은 정말 긴장감이 넘친다. 동작도 그렇고 심리도 그렇다. 막 담장에서 뛰어내리려는 사람은 사랑의 전류에 머리가 어떻게 된 남자고, 이성적이고 총명한 쪽은 담장 구석에 서서 연인을 달래는 여자다(이런 연애는 대부분 좋은 결실을 맺는다). 담을 넘고 울타리를 부수려는 남자를 향해 여자가 그러지 말라고 부탁한다. 하지만 여자의 말투를 보면 정말로 그 남자를 거절하는 것이 아니다. 마음속으로는 여자가 남자를 고지식하다고 욕하고 있을지도 모른다.

하지만 여자는 남자를 달래면서 자기 부모와 오빠, 이웃에게 밀회하는 것을 들키면 안 된다고 말할 뿐, 진짜 마음의 소리는 다른 것이다. 우리 부모님과 오빠, 이웃사람을 피할 방법을 생각해내야 해요! 사람들의 소문이 얼마나 무서운지 모르시나요? 시 속에는 사랑의 불길이 삶의 대지에서 뜨겁게 타오르고 있다. 맹랑한 젊은 남자는 소문 같은 것은 개의치 않는 귀여운 모습을 보인다. 이러지도 저러지도 못하는 여자는 어찌해야 좋을지 몰라 안달복달한다. 아마 곧 울어버릴지도 모른다. 하지만 그럴수록 사랑에 빠져 앞뒤 분간 못하는 남자가 더 좋아질 것이다.

　멜로드라마의 화려한 색채가 역사극으로 바뀌면 훨씬 어두워진다. 감정과 역사는 문화사 안에서 천천히 융합되었다. 융합되는 추세는 처음 이 시가 만들어진 역사적 배경의 분량은 가벼워지는 반면 시에 응집된 감정적 요소와 인간성의 분량은 나날이 가중되는 방향으로 가고 있다. 《시경》에서 순수시의 특징이 더욱 뚜렷해질 때 시 한 수가 읽는 이의 마음을 사로잡는 중요한 이유 중 하나가 바로 역사의 복잡하고도 명료한 시공간을 초월하여, 또한 인간의 마음이라는 가볍고도 무거운 간결함도 초월하여, 시의 면모가 점점 더 또렷하고 맑아지는 점이다. 불멸하는 순수시는 영원히 정신, 예술, 사상, 창조의 보물일 것이다. 이것이 바로 《시경》의 가치가 아무리 시간이 흘러도 퇴색되지 않는 이유다.

　역사상 〈장중자〉에 부여한 목소리는 좀 다르다. 《모시서》에서는 "〈장중자〉는 장공(莊公)을 풍자한 것이다. 그의 어머니가 동생을 해치는 것을 막지 못해 동생이 도리를 잃었으나 공이 다스리지 않았고, 제중(祭仲)이 간언했으나 공이 듣지 않으며 작은 것을 참지 못하면 큰 계획을 망친다고 답했다"라고 했다. 이 내용은 《좌전(左傳)》 '은공원년(隱公元年)'에 기록된 일이다. 정무공(鄭武公)은 아들이 둘 있었다. 큰아들이 태어날 때 난산이어서 그 어머니가 미워하여 이름을 오생(寤生)이라 지었다. 어머니인 강후(姜后)는 둘째 아들인 공숙(共叔) 단(段)만 사랑했다. 강후는 여러 차례 무공에게 단을 태자로 세우라고 요청했으나 무공이 동의하지 않았다. 훗날 오생이 즉위하여 정장공이 되었다. 강후와 단은 왕위를 빼앗으려 했다. 제중이 음모를 알아차리고 장공에게 간하여 빨리 결단을 내리라고 하였다.

　그러나 장공은 "작은 것을 참지 못하면 큰 계획을 망친다"며 불의한 일을 많이 하면 반드시 망하니 동생의 일은 좀 더 지켜보자고 했다. 〈장중자〉를 제중과 장공의 대화로 해석하면 이 시의 깊은 뜻은 경계하고 양보하며 권유하는 것이 된다. 《모시서》가 대상으로 둔 독자는 군왕이므로, 말의 목적이 자연히 천하를 안정시키는 것이고 사람의 심리를 이해하는 데 있지 않다. 정치를 논한 시로 〈장중자〉를 해석하면 장공의 관대함과 치밀함, 넓은 시야, 속 깊음 등을 느낄 수 있다.

〈장중자〉에 담긴 섬세한 심리 묘사를 이해할수록(청쿼잉은 이 심리 묘사를 두고 '극진하다'고 평가했다) 이 시에 담긴 간결하지만 복잡한 세계를 느낄 수 있다. 이 시에서 사랑하는 마음과 예법은 각기 금에 매어둔 두 개의 현이다. 이것들은 서로 다른 방식으로 움직이며 서로 다른 음을 내지만 잘 어울리는 화음을 만든다. 시의 도입부에서 "장중자혜(將仲子兮)"라고 부르는 말은 숨길 수 없는 친밀함을 드러내고 있다. 이처럼 '너를 사랑하는 마음'이 이 시의 중심 목소리이고 시의 내면세계다. 예법은 주선율 사이로 새어 나오는 한 가닥 불안한 음인데, 시 전체의 외적 공간을 이룬다. 이런 시의 음조가 이루는 대비가 현대 예술 창작에서 보이는 다성부 음악처럼 느껴지기도 한다.

내가
《시경》에
주석을 단다면

1
將仲子兮, 無逾我里, 無折我樹杞. 둘째 도련님, 우리 리(里)의 담장을 넘지 마세요,
　　　　　　　　　　　　　　　　내 기류 나무의 가지를 부러뜨리지 마세요
豈敢愛之? 畏我父母. 그 나무를 좋아해서 그럴까요? 우리 부모님이 두려운 것이지요
仲可懷也, 父母之言, 亦可畏也. 둘째 도련님을 그리워하지만 부모님 말씀이 두렵습니다

장중자혜(將仲子兮) 둘째 도련님, 제 말 좀 들어보세요. 첫 구절에서 바로 극적인 색채가 드러난다. 장(將)은 요청한다는 뜻이다. 옛날에는 형제자매의 서열을 백(伯), 중(仲), 숙(叔), 계(季)로 표현했다. 자(子)는 남자를 부르는 애칭 혹은 미칭이다. 중자(仲子)라고 하면 집안의 둘째인 남자를 말한다. 《모시서》의 해석을 따른다면 여기 나온 중자는 제중(祭仲)이 되고 대화하는 사람은 정장공(鄭莊公)이 된다.

무유아리(無逾我里) 유(逾)는 담을 넘는 것이다. 리(里)는 옛날에 스물다섯 가구를 모은 행정단위다. 공영달의 《모시정의》에 보면 "지관(地官)이 '다섯 집을 모아 린(鄰)이 되고, 다섯 린을 모아 리(里)가 된다'고 말했다"는 내용이 나온다. 리(里)는 모두 담장을 둘러놓는다. 그러므로 여기서 리(里)는 담벼락을 말하는데, 바깥에 세운 높은 담장을 가리킨다. 그러면 뒤에 나오는 기류(杞柳)와 대응된다. 기류(杞柳)는 제방 주변에서 자라는 나무를 말한다.

무절아수기(無折我樹杞) 절(折)은 꺾다, 꺾이다라는 뜻이다. 요제항(姚际恒)의

《시경통론(詩經通論)》에서는 계명덕(季明德)이 한 말을 인용하여 "여기서 절(折)은 담을 넘느라 눌러서 꺾인 것이지 채집하기 위해 꺾는 것이 아니다"라고 했다. 기(杞)는 나무 이름이다. 육기의 《육소》에서는 "기(杞)는 류(柳, 버드나무)에 속한다. 물가에서 자라고, 나무는 버드나무를 닮았으며 잎이 굵고 희며, 나무 속은 붉다. 그래서 지금 사람들이 수레바퀴의 통을 만든다"고 했다. 현대 식물학에서는 백양나무과 버드나무속의 식물로 분류한다. 높이는 1~3미터이며 옛날에 이 기류(杞柳)의 나뭇가지로 농기구를 만들었다.

지(之) 기류(杞柳) 나무를 가리킨다. 내가 기류 나무를 좋아해서 그러는 게 아니라 부모님이 야단치실까 봐 두려워요.

회(懷) 이 회(懷) 자가 절묘하게 쓰였다. 여기서는 그리워하는 것보다 더한 의미를 담고 있다. 이 글자는 정말 애정이 넘쳐서 생각이 끊이지 않는 것을 말한다. 여자가 보여주는 이 순간의 모순된 심리가 회(懷) 자에 잘 나타나며, 시의 정서를 더욱 감동적으로 만든다. 그리움과 사랑이 '둘째 도련님'으로 하여금 담을 넘게 했다. 남자는 여자가 그리운 나머지 매일같이 그 집을 방문했을 테고, 여자의 가족들이 피곤해하며 집 문을 닫아걸었을 게 분명하다.

부모지언(父母之言) 여자의 부모가 남자에게 듣기 싫은 소리를 했을 것이다. 이런 말을 여자가 듣고서 슬프고 두려운 마음이 들었을 테다. 여기서는 이 여자가 부모님 말씀에 순종하는 여성임을 알 수 있다. 아마도 그렇기 때문에 '둘째 도련님'인 남자가 여자를 더 사랑하게 되었으리라.

2

將仲子兮, 無逾我牆, 無折我樹桑. 둘째 도련님, 우리 집 담을 넘지 마세요,
내 뽕나무의 가지를 부러뜨리지 마세요

豈敢愛之? 畏我諸兄. 그 나무를 좋아해서 그럴까요? 우리 오라버니들이 두려운 것이지요
仲可懷也, 諸兄之言, 亦可畏也. 둘째 도련님을 그리워하지만 오라버니들 말씀이 두렵습니다

장(墻) 벽, 담장. 여기서 말하는 장(墻)은 다음 구절에 나오는 상(桑, 뽕나무)과 대응한다. 옛날에 뽕나무는 정원에서 가장자리에 심던 나무였다. 《맹자》 '진심상(盡心上)'편에서는 "5묘의 저택과 담장 아래 뽕나무"라고 했다. 여기서 말하는 장(墻)은 정원을 둘러싼 담을 말한다.

상(桑) 여기서는 뽕나무 품종 중에서도 가상(家桑)을 말한다. 중국이 원산지인 뽕나무과 뽕나무속 식물이다.

제형지언(諸兄之言) 형제들이 '둘째 도련님'에게 듣기 싫은 소리를 해서 여자가 무서워한다. 여자가 무서워하는 것은 사랑하는 남자가 욕을 먹는 게 안타까운 한편 자기 가족과 남자의 관계가 나빠지지 않기를 바라서 충고하는 것이기도 하다.

3

將仲子兮, 無逾我園, 無折我樹檀. 둘째 도련님, 내 정원의 담을 넘지 마세요, 내 청단 나무의 가지를 부러뜨리지 마세요

豈敢愛之? 畏人之多言. 그 나무를 좋아해서 그럴까요? 사람들 소문이 두려운 것이지요

仲可懷也, 人之多言, 亦可畏也. 둘째 도련님을 그리워하지만 사람들 소문이 두렵습니다

원(園) 《모전》에서는 "원(園)은 나무들로 만드는 것이다"라고 했다.

단(檀) 시에 나오는 상황을 보면 청단(靑檀)으로 보인다. 상세한 설명은 '식물 이야기'를 참고하기 바란다.

　명나라 사람 서상길(徐常吉)은 "리(里)에서 장(墻)으로, 다시 원(園)으로 중(仲)이라는 남자는 점점 가까이 온다. 부모에서 형제로, 다시 주변 사람으로 여자의 두려움은 점점 멀어진다"고 해석했다. 이렇게 점진적으로 시를 이해하는 방식은 시의 서사 기능은 물론 심리학적 인지 기능으로 생각해도 현대 문학에서 바라보는 시에 대한 인식을 상당히 가지고 있는 것으로 보인다. 부모·형제·이웃에 대한 두려움은 여자의 마음속에서 점점 사라졌다. 훗날 성어

가 되어 널리 쓰이게 될 "인언가외(人言可畏, 사람의 말이 무섭다)"라는 말은 시 속의 젊은 여성이 조심스러운 성격임을 보여준다.

4

'둘째 도련님'이 담장을 넘어 들이닥칠지 아닐지는 독자들이 스스로 상상해 볼 수 있다. 여자의 마음이 초조한지 아니면 기쁜지 역시 독자 스스로 헤아려볼 수 있다. 이 사랑은 비록 어려움을 맞닥뜨렸지만, 이런 여자가 있고 이런 남자가 있으니 그 청춘의 아름다움이 눈부시다. 이 시는 정취가 선명하고 생동감이 넘치며, 표현이 정확하고 진실하다. 시에서는 한마디도 여자의 용모를 말하지 않지만, 담을 넘는 것도 아랑곳하지 않는 남자의 두 눈과 시 전체에 가득한 여자의 애정어린 말투를 보자면 독자들이 충분히 총명하고 사려 깊은 젊은 여성을 그려낼 수 있다. 똑똑하고 수려한 아가씨에게는 재미있는 영혼이 있는 것도 느껴진다. 그녀와 그녀의 '둘째 도련님'이 담장 위아래에서 후대에 오랫동안 사용될 '사람들의 말이 두려워요' 같은 사랑의 대화를 나누고 있으니 말이다. 이후로 얼마나 많은 연인들이 담장 위의 사랑 이야기를 써내려갔을지, 그 잊을 수 없는 시초가 이 시에 담겨 있다.

식물 이야기

단(檀)은 《모전》에서 "강하고 질긴 나무"라고 했다. 육기의 《육소》에서는 "단(檀)은 나무다. 껍질이 푸르고 매끄러운 광택이 나서 계미(繫迷)와 비슷하고, 박마(駁馬)와도 닮았다"고 했다. 《본초강목》 권35의 단(檀)에는 "주자(朱子)가 말하길 좋은 나무[善木]라고 했다. 글자는 단(亶)을 따서 붙였는데, 단(亶)이 훌륭한 것을 가리키기 때문이다", "단(檀)에는 누런 것과 흰 것 두 종류가 있다. 잎은 모두 괴(槐, 회화나무)와 같고, 껍질은 푸르고 광택이 있으며 가늘고 기름진 성질이다. 무게가 무겁고 단단하며, 모양은 재유(梓楡, 가래나무와 느릅나무), 협미(莢蒾, 쥐엄나무와 가막살나무)를 닮았다. 그래서 '단목을 베어도 협미를 얻지 못하고, 협미는 박마를 얻을 만하다'는 속담이 있다. 박마(駁馬)는 곧 재유(梓楡)이고, 다른 이름으로 육박(六駁)이라 하는데 껍질이 청백색이고 버짐 같은 얼룩이 많다"고 했다. 소송의 《본초도경》에서는 "강회, 하삭산에 대부분 이 나무가 있다. 단향목 종류이긴 하지만 향기는 없다"고 했다.

흔히 말하는 단목(檀木)에는 여러 종류가 있는데, 모두 귀한 목재다. 예를 들면, 콩과 감나무속의 흑단(黑檀), 콩과의 자단(紫檀), 황단(黃檀), 산반(山礬)과의 백단(白檀)이 모두 단목이라고 할 수 있다. 그러나 이런 나무들은 모두 열대지방(오늘날 중국의 중난中南반도 및 광둥, 광시 일대)이 원산지다. 황허강 유역에 널리 분포하는 단목은 청단(青檀)뿐이라 《중국식물지》는 청단을 《시경》에 나온 단(檀)이라고 본다.

청단(青檀)은 느릅나무과에 속하는 낙엽교목으로 일명 단(檀), 익박(翼樸), 단수(檀樹), 요전수(搖錢樹)라고도 한다. 이 나무는 20미터까지 자랄 수 있고 밑둥 지름은 70센티미터 이상이다. 나무껍질은 회색 또는 짙은 회색으로, 어

青檀
將伊子兮無適
我園無折我
樹檀

릴 때는 매끈하고 성숙한 후에는 세로로 길게 갈라져서 안쪽에 짙은 녹색의 새 껍질이 드러나며, 나무줄기는 울퉁불퉁하다. 외잎은 어긋나며, 주맥이 세 갈래다. 단성화이며 자웅동주이고, 꽃은 잎이 난 자리에서 핀다(腋生). 개화기는 3~5월, 과실기는 8~10월이다. 보통 저지대인 산기슭과 계곡에서 자란다. 석회암 산지에서 잘 자라는데, 중국 고유의 단일 품종 단일 속의 수종이다.

청단은 귀한 목재로, 재질이 단단하고 세밀하며 결이 곧고 가늘다. 단단

하고 잘 상하지 않아서 옛날에 수레, 마차 등을 제조하는 중요한 재료였다. 고대에는 군대에서 사용하는 전차를 흔히 단차(檀車)라고 불렀다. 줄기 껍질과 가지 껍질의 섬유질이 질겨서 베를 짜거나 밧줄을 만드는 데 썼으며, 종이 재료로도 우수하다. 〈장중자〉라는 시에서 알 수 있듯이, 청단은 《시경》 시대에 이미 정원 깊숙한 곳에 심던 관상수였다. 오늘날 산둥성에는 수령이 1천 년인 청단 나무가 남아 있다.

《시경》이 나에게 주석을 단다면

송나라 때 정초(鄭樵)가 《시변망(詩辨妄)》에서 최초로 〈장중자〉를 음란한 연애시라고 표현했다. 주희 역시 후대에 깊은 영향을 준 《시집전》에서 이런 시각을 채택했다. 그 후 〈장중자〉는 근대에 이르기까지 많은 비판을 받았다.

시의 장점은 항상 진실하고 깨끗하며 순수한 영혼을 보존하고 있다는 것이다. 절대 욕망의 유혹에 완전히 넘어가지 않았다. 〈장중자〉에 그려진 사랑 이야기에는 '사람의 말이 무섭다'는 질책이 묻어 있다. 세상과 마음의 균형 속에서 열애 중인 두 사람이 사회와 도덕 질서의 경계선을 고려하고 있는 듯하다. 여자의 충고와 애원이 남자의 마음에 파문을 일으켰다. 무엇도 돌아보지 않고 달려온 연인이 어찌해야 예법의 제약을 의식하고 마음의 선택을 포기하겠는가?

이 시의 오묘함은 독자에게 선택지를 남겨준 것이다. 담장에서 밤낮으로 그리워한 연인의 간곡한 설득을 듣고 있는데, 설마 사랑하는 마음을 예법 뒤로 넘겨버릴 것인가? 그것이 뜨거운 사랑을 하고 있는 두 사람의 마음인가?

〈장중자〉는 '사람의 말이 무섭다'는 성어가 탄생한 근원이다. 봉건 시대에 '사람의 말이 무섭다'는 것은 피를 흘리지 않고도 사람을 죽일 수 있는 잡담의 무서운 힘을 꿰뚫어 본 것이었다. 왜 소문이 사람을 죽일 수 있을까? 도덕이라는 보이지 않는 끈이 언제나 일상생활을 묶고 있기 때문이다. 주나라 때의 도덕 윤리는 아직 유가 사상의 그것으로 통일되기 전이었다. 민간은 물론이고 궁궐에서도 《주례》가 지닌 구속력이 여러 제후국에서 발휘하는 힘에 한계가 있었다. 그러니 자유분방한 연애 시와 사랑의 말을 질식시킬 수 없었다. 〈장중자〉에 나오는 장면은 사랑을 선택할 수 있는 자유로운 관념을 보여준다. 이런 관념이 인간의 자연적 속성에 더 가깝다. "인언가외(人言可畏)"라는 네 글자의 표현이 훗날 유가 사상의 윤리 체계에서 부단히 강화되었다. 〈장중자〉에서 젊은 여성들이 마음속에 품은 불안함은 바로 봉건 시대를 살았던 여성의 비참한 운명에 대한 걱정이라고 해도 될 것이다.

이 시에서 무모한 남자 때문에 가지가 부러진 단목은 느릅나무과의 청단이다. 춘추시대에는 청단 나무가 보편적으로 심던 정원수였다. 아름답고 질긴 청단 나무는 《시경》의 〈벌단(伐檀)〉에 나오는 장면처럼 옛날 전차 수레바퀴의 축대를 만들던 목재다.

단(檀)은 인도의 산스크리트어로 '보시(布施)'라는 뜻을 가진다. 불사가 벌어지는 전당에서는 단향(檀香)을 태우는 연기가 자욱하다. 불경에는 마음과 신경을 안정시키고 뇌를 맑게 하며 삿된 액운을 가라앉히며 세상의 이치에 통달하게 하는 힘이 있다. 진언을 읊는 고승의 손은 검고 윤이 나는 자단(紫檀) 염주를 쥐고 있다. 단목의 성질이 사람들의 마음속에 존재하는 경외와 신비에 대응하는 것이다.

단목의 독특한 품성은 인류 역사상 여러 문화와 종교 체계에 접목되었다. 자연이 만들어낸 하나의 나무에 신비로운 포장이 겹쳐진 것이나. 사물은 말이 없지만 만물을 알게 한다. 노자가 한 말처럼 단목이 우리에게 주는 감각은 일종의 공감이다.

중국 신화에서 단목은 청룡목(青龍木)이라 불린다. 청룡목의 신화가 권력과 공생하면서 이 나무에 더욱 말로 다할 수 없는 심오함을 추가했다.

32 무궁화

여성과
동행하다

유녀동거(有女同車)

한 여인과 같이 수레를 타고 가니 그 얼굴이 무궁화와 같구나
흔들흔들 살랑살랑 패옥을 차고 걷네
고운 제나라의 맏딸이여, 정말로 우아하고 아름답네

有女同車, 顔如舜華.
將翱將翔, 佩玉瓊琚.
彼美孟姜, 洵美且都.

한 여인과 같이 길을 나서니 그 얼굴이 무궁화처럼 빛나네
흔들흔들 살랑살랑 패옥 부딪치는 소리가 맑구나
고운 제나라의 맏딸이여, 당신의 현숙함을 잊을 수 없네

有女同行, 顔如舜英.
將翱將翔, 佩玉將將.
彼美孟姜, 德音不忘.

잡다한 해설

　조식이 쓴 〈낙신부(洛神賦)〉 같은 연가는 미혹된 사랑이다. 왜냐하면 격정적인 고양감과 알 수 없는 환상 세계에 빠져서 쓴 작품으로, 작가가 천부적인 재능을 발휘하여 읽는 사람에게 상상력을 주기 때문이다. 이런 연가는 자유롭게 제멋대로 쓸 수 있다. 그러나 〈유녀동거〉와 같은 현실적인 내용으로 사람들의 마음속에서 오랫동안 불멸하는 시를 쓰는 것은 매우 어렵다. 〈유녀동거〉는 중국 시학이 어려움 속에서 성취해낸 탁월함의 표본이다. 지위가 높고 자신이 매우 우수하다고 여겨 자신만만한 남자가 마음에 드는 미녀를 태운 채 수레를 몰고 나들이를 간다. 이처럼 즐거운 일을 하고 있을 때 사람들은 의기양양하다.

　그러나 이런 의기양양함이 바로 시를 생성하는 소용돌이다. 이런 어조는 자칫 사치스럽거나 경박해지기 쉽고, 교만하고 방종하다고 여겨진다. 방종함은 또 다른 변형된 추태를 낳을 수 있다.

　〈유녀동거〉는 마치 봉황이 날개를 펼친 것 같은 절세미인을 묘사한다. 시인이 정말 절묘하게 썼다. 마음속의 그 교만함은 과시하는 모습을 드러내는 순간 볼품없어진다. 그러나 이 시에 나오는 남자의 교만함은 욕망을 분출하는 함정에 빠지지 않고 덕성의 장엄함 덕분에 안정적으로 받아들여진다. 남자와 함께 여행하는 아름다운 숙녀는 자연히 그녀가 좋아하는 사람인 군자를 돋보이게 한다. 봄바람에 득의양양하여 말도 빠르게 달리고 있다는 식의 자긍심, 용이 구름을 타고 날아가는 듯하다는 자신감을 독자가 스스로 느끼도록 남겨두었다. 이처럼 아름다운 한 쌍의 남녀가 수레를 타고 넓은 도로를 달리는 장면이 이 세상에서 특별히 아름다운 풍경이자 완벽한 사랑이 아닐까? 류사허 시인은 이 시를 두고 정나라의 귀족 남성이 미녀를 데리고 질주하고 있는 모습을 그렸다고 하면서, 화려한 수레와 훌륭한 말을 묘사하는 농염함에 읽는 사람이 웃음을 참지 못할 정도라고 말했다.

　〈유녀동거〉는 한 남자의 자존심을 드러낼 뿐 아니라 여성의 아름다움에 대한 자신감이 어디서 비롯되는지 보여주는 시다. 여성의 아름다움은 꽃과 같은 겉모습 외에도 꽃바다의 풍랑을 꿰뚫어 보는 자연적인 모성에서 드러난다. 모성이란 결국 천성적인 너그러움과 강인함을 말한다. 모성에 기반하여야 비로소 꽃다운 용모와 기질을 가질 수 있다.

《모시서》는 〈유녀동거〉를 풍자시로 본다. 시가 지어진 역사적 배경을 살펴보면, 시의 내용이 매우 흥미롭게 느껴진다. 《모시서》는 이 시가 태자 홀(忽, 훗날의 정소공鄭昭公)이 강대국인 제나라의 공주와 결혼하지 않고 오히려 약한 진(陳)나라의 공주를 아내로 맞아들여 결국 제나라의 지원을 잃은 것을 풍자했다는 것이다. 청나라 때 전징(錢澄)의 《전간시설(田間詩說)》은 이 이야기를 좀 더 상세히 설명한다. 시의 1장은 태자 홀이 진나라 공수를 맞이하는 상황을 말하고, 시의 2장은 태자 홀이 제나라 공주를 맞이하는 상황을 말한다. 태자 홀은 제희공(齊僖公)의 딸을 아내로 맞이할 기회를 잃었으며, 군주로서 국익을 중시하는 미덕도 잃었다. 이 때문에 결국 정나라의 국세가 기울었다. 이렇게 보면 〈유녀동거〉는 풍자의 의미가 짙다. 그러나 〈유녀동거〉가 후대의 시학에 영향을 준 것은 아름다운 사랑을 묘사한 순수시로서의 면모 때문이며 여기서 말하는 풍자와는 관계가 크지 않다.

미인을 노래한 시는 마치 사람이 거울을 쥐고 자신을 비추는 것과 같아서, 제한적인 단어와 구절로 아름다움을 묘사하자면 사람이 1천 명이지만 얼굴은 다 똑같은 식으로 흘러가기 십상이다. 그런 점에서 유일무이한 묘사를 해낸 〈유녀동거〉는 미인을 노래한 작품 중에서도 특히 보기 드문 걸작이다. 이런 주제의 시는 모든 사람이 쉽게 쓸 수 있을 것처럼 보이지만, 절묘한 맛을 내려면 오히려 가장 어렵다. 사람이 아무리 아름다워도(특히 여자의 아름다움) 눈에 보이는 겉가죽에는 항상 한계가 있기 때문이다. 만약 〈유녀동거〉와 같이 깊은 바다처럼 매혹적이어서 읽는 이의 영혼을 건드리려면 반드시 하나의 세계를 열고 그 세계로 들어가 욕망의 무한을 탐구해야 한다.

내가 《시경》에 주석을 단다면

1
有女同車, 顏如舜華. 한 여인과 같이 수레를 타고 가니 그 얼굴이 무궁화와 같구나
將翱將翔, 佩玉瓊琚. 흔들흔들 살랑살랑 패옥을 차고 걷네
彼美孟姜, 洵美且都. 고운 제나라의 맏딸이여, 정말로 우아하고 아름답네

유녀(有女) 이 두 글자에 자부심이 가득하다. 만약 이 첫 구절이 없는 채로 "안여순화(顏如舜華)"라는 다음 구절이 나왔다면 그 구절에서 묘사하는 아름다움은 의지할 곳이 없었을 것이다.

안여순화(顏如舜華) 순(舜)은 아욱과 무궁화속에 속하는 식물이다. 자세한 설명은 '식물 이야기'를 참조하기 바란다. 화(華)는 화(花)와 같아 꽃이라는 뜻이다.

장고장상(將翱將翔) 무한한 상상력이 가득한 묘사다. 이 구절이 표현하는 것은 꽃이 바람에 흔들리는 아름다운 모습이기도 하고, 여자의 치맛자락이 바람에 나부끼는 모습이기도 하며, 두 사람이 수레를 타고 길을 떠나며 대자연 속으로 내딛는 발걸음이기도 하다. 《시경》의 언어가 지닌 특징은 웅대함과 미묘함이 공존한다는 것이다. 이처럼 허구의 모습이지만 사실을 담아낸 기법을 통해 시적 긴장감이 짙게 드러난다.

패옥경거(佩玉瓊琚) 앞에는 자유분방한 용모의 아름다움을 쓰고 뒤에는 부

드럽고 끈기 있는 덕음(德音)을 쓴다. 용모는 눈으로 보는 것이지만 덕음은 왜 들어야 할까? 이는 중국인이 음률의 가치를 높이 평가하는 풍속과 관계가 있다. 음률은 덕의 입구다. 옛사람들은 덕을 중시했고, 천하의 아름다운 물건을 말할 때 오직 덕이 있는 자가 지닌다고 했다. 덕은 하늘의 도가 반영된 것이기에 왕과 귀족은 권세보다 덕성을 더 존귀하게 여겼다. 옥은 옛 중국인에게 덕성을 상징하는 물건이다. 경(瓊)은 붉은 옥이고, 거(琚)는 정교한 옥이다. "패옥경거(佩玉瓊琚)"라는 구절은 존귀한 지위를 암시한다. 앞서 나온 "장고장상(將翱將翔)"이라는 구절은 자연히 패옥이 서로 부딪치며 나는 소리가 된다. 옥이 부딪치는 소리는 맑고 상쾌하기 때문에 시 속의 두 인물이 언어적으로 서로 교류할 때 즐겁고 자유로움을 드러내는 한편 둘 사이에 애정이 있음을 내포한다.

피미맹강(彼美孟姜) 이 구절에는 남자가 시선을 슬쩍 던지는 모습이 숨겨져 있다. 왜 시선을 던지느냐면, 그의 옆에 있는 여자가 대단한 미인이고, 그가 높이 평가하며 사랑에 빠진 여인이기 때문이다. 이 미인의 날아갈 듯한 자태와 긴 머리카락, 아리따운 눈썹, 입술, 뺨, 팔은 물론이고 그녀가 입은 옷까지도 남자의 시선을 사로잡고 있다. 그렇기에 남자는 비로소 마음속 가득한 찬탄을 "피미맹강(彼美孟姜)"이라는 말로 내뱉게 된 것이다. 맹강(孟姜)은 후대에 미녀를 통칭하는 말로 쓰였는데, 《모전》에서는 제나라의 장녀를 가리킨다고 했다.

순미차도(洵美且都) 순(洵)은 순(恂)과 같으며, 부사로 쓰여 확실하다는 뜻이다. 《정의》에서는 "아름답고 차분한 것을 일러 도(都)라고 한다"고 했다. 여유롭고 편안한 태도를 말한다. 이 여자의 아름다움에 대한 찬탄이 가슴에서 자연스럽게 흘러넘치는 것처럼 "아, 당신은 정말 아름답군요!"라고 외치는 것이다. 바람이 사람의 목소리를 따라 불어오니 기쁨이 마음에 가득하다.

2
有女同行, 顔如舜英. 한 여인과 같이 길을 나서니 그 얼굴이 무궁화처럼 빛나네
將翱將翔, 佩玉將將. 흔들흔들 살랑살랑 패옥 부딪치는 소리가 맑구나
彼美孟姜, 德音不忘. 고운 제나라의 맏딸이여, 당신의 현숙함을 잊을 수 없네

영(英) 《모전》에서는 "영(英)은 마치 화(花)와 같다"고 했다. 둘 다 꽃이라는 뜻이지만 기질적으로 볼 때 화(華)와 영(英)은 다르다. 화(華)는 꽃의 색과 광택이 훌륭함을 말하며, 구체적으로는 꽃의 색깔이 고운 것을 가리킨다. 영(英)은 꽃의 기질이 출중함을 말하며, 좀 더 구체적으로는 꽃송이에서 광채가 나는 것을 가리킨다. 《시경》에서 사물을 묘사할 때 산만한 표현은 극히 드물다. 아주 광활하거나 그렇지 않으면 아주 미세하다. 그래서 깊이 파고들수록 시적인 자유의 아름다움과 함축적인 신비로움을 느낄 수 있다.

장장(將將) 장장(鏘鏘)과 같은 뜻이다. 옥이 서로 부딪치는 소리를 묘사했다. 패옥이 부딪치는 맑은 소리를 묘사하여 '사람은 보이지 않지만 그가 찬 패옥의 소리가 들린다'는 신기한 효과를 내며, 먼 산에서 들려오는 소리를 듣는 것처럼 사람을 황홀하게 하는 것이다.

덕음불망(德音不忘) 마지막 구절이 시 전체의 '브레이크 포인트'다. 남자는 이렇게 말하고 싶은 것이다. 당신의 아름다움이 이토록 사람을 끌어당긴다고 말했지만, 내 마음속에서 정말 잊을 수 없는 것은 당신의 덕성, 당신의 성품, 당신의 기질이며, 결국 나를 매혹시킨 것은 당신의 내면이다. 《시집전》에서는 "덕음불망(德音不忘), 그 현명함을 말하는 것이다"라고 했다. 《시경》 전체의 온유함과 돈후함은 남자에 대해서는 현덕(賢德)을 말하고 여자에 대해서는 현숙(賢淑)을 말한다. 누군가를 사랑한다는 것은 외모와 내면이 한결같이 아름다워야 한다. 그러나 가장 핵심은 그 사람의 덕(德)이다. 무릇 시의 뜻을 깊이 이해하고자 할 때, 시가 전개하는 세계를 '욕망'으로 이끌어가는 것이야말로 시에 대한 가장 큰 오해일 것이다.

3

〈유녀동거〉가 보여주듯 한 사람의 덕성을 중시하는 태도는 중국 고전 시학이 서양과는 다른 삶의 맥락을 탐구함을 알 수 있다. 중국 시학 역시 본질적으로는 결코 욕망을 배척하지 않는다. 하지만 제멋대로 방종하게 행동하는 것이 시가 추구하는 목적이 될 수 없다. 덕음(德音)이라는 표현이 시종일관 그림자처럼 이 시를 따라다닌다. 영혼의 종착지는 한 사람의 덕성이 얼마나 순수하냐에 달려 있다. 중국 고전 시학은 바로 이런 덕성의 길을 통해 삶의 의의를 탐구한다. 서양 시학은 욕망의 선양이 인간성의 내면에 있다고 보며, 자유로움과 사랑을 관련 짓고서 인간의 선악과 복잡한 관계 속에서 삶의 의의를 탐구한다. 동양과 서양의 시학은 언어 형식의 지향하는 바에서 차이가 있다. 덕성은 반드시 전체성에 치중하고, 인간 본성은 반드시 개인성을 드러낸다. 사실 두 종류의 시학이 지닌 본질에는 차이가 없다. 모두 천상의 규율과 영혼의 존재 사이에서 관계성을 찾고자 하는 것이다. 말하자면 인간이 어떻게 인간다운지를 탐구한다는 점에서 그렇다.

木槿
有女同車顏如
舜華

식물 이야기

  순(舜)은 《모전》에서 "목근(木槿, 무궁화)이다"라고 했다. 육기의 《육소》에서는 "순(舜)은 목근, 츤(櫬), 단(椴)이라고도 한다. 제(齊)와 노(魯) 사이에서는 왕증(王蒸)이라고 불렀다. 아침에 피고 저녁에 진다"고 했다.《본초강목》권36 목근(木槿)에서는 "단(椴), 츤(櫬), 순(蕣), 일급(日及), 조개모락화(朝開暮落花), 번리초(藩籬草), 화노왕증(花奴王蒸)이라고 부른다. (……) 제와 노에서는 왕증이라고 부르는데 아름답고 많다는 것이다. 《시(詩)》에서 '안여순화(詩)'라고 한 것이 이와 같다. (……) 근(槿)은 작은 나무다. 심거나 꽂을 수 있는데, 나무는 자두를 닮았다. 잎은 끝이 뾰족하고 가장귀가 나 있다. 꽃은 작고 화려하며 흰색 또는 분홍색인데, 단엽(單葉)과 천엽(千葉)이 있다. 5월부터 꽃이 피기 시작하므로 지금은 전하지 않는 책《월령(月令)》에서 '한여름에 목근이 번성한다'라고 했다. 열매는 가볍고 비어 있으며, 큰 것은 손가락만 하고 가을이 깊어지면 저절로 갈라지는데, 그 속의 씨앗은 유협(楡莢), 포동(泡桐), 마두령(馬兜鈴)과 같다. 씨앗은 싹을 틔우기 쉽다. 어린잎은 채소로 먹으며 차 대용으로 끓여서 마실 수 있다"고 했다. 다른 찻잎은 사람을 흥분시키는 데 반해 목근차는 잠을 잘 자게 하는 효능이 있다.

  순(舜)의 의의는 그 꽃이 아침에 피고 저녁에 지는 것과 관계가 있다. 꽃이 짧게 피는 것을 보고 옛사람들이 이 식물을 '근영일순(僅榮一瞬, 한순간만 번영한다)'고 말했다. 순(舜)이라는 이름은 순(瞬, 눈 깜빡할 사이)과 대응하는 의미를 가진다. 당나라 때 시인 황보증(皇甫曾)은 "수심에 차서 강리(江蘺)가 늦게 핀 것을 가여워하니 세상만사가 무궁화의 번영과 같구나(愁心自惜江蘺晚, 世事方看木槿榮)"라고 시를 읊어 운명의 난관을 한탄하였는데, 여기서 '목근영(木槿榮)'이란 바로 아침에 피고 저녁에 지는 것을 가리킨다. 무궁화는 한 송이의 꽃이 하루만 피고 시들지만, 한 그루의 총 개화 기간은 넉 달에 이른다. 이렇게 오래도록 피어나는 성질이 생명의 한여름과 맞물려 대응한다. 속담에 여자의 아름다운 용모는 쉽게 스러진다고 하는데, 미인의 얼굴이 오래 피는 무궁화와 같다고 하는 말은 특별한 찬사인 셈이다.

무궁화는 아욱과 무궁화속의 낙엽교목이다. 높이는 3~4미터이며 나무껍질은 회갈색이다. 줄기는 곧게 자라고 가지가 많이 뻗는다. 잎은 한 장씩 어긋나고, 그 모양이 삼각형에 가까운 계란 모양이다. 꽃은 잎겨드랑이에 홀로 피며, 꽃이 큰 편이다. 꽃잎은 5장이다. 무궁화는 홑꽃잎과 겹꽃잎으로 나뉘며, 꽃 색은 청색을 띠는 자주색, 자홍색, 분홍색, 담홍색, 흰색 등 여러 종류다. 그만큼 무궁화는 변종이 많은데, 백화중변목근(白花重瓣木槿), 분자중변목근(粉紫重瓣木槿), 단포목근(短苞木槿), 아치목근(雅緻木槿), 대화목근(大花木槿), 모란목근(牡丹木槿) 등이 있다. 무궁화는 7~10월에 꽃을 피운다. 중국 중부 지역의 여러 성이 원산지이며, 적응력이 강해 지금은 중국의 남부와 북부에서도 대부분 재배된다. 무궁화는 꽃이 크고 아름다워서 예로부터 정원에 관상용으로 주로 키웠다.

《월령》에서는 무궁화를 계절별 특징 식물 중 하나로 골라서 무궁화가 만개하는 시기가 바로 하지(夏至)라고 설명했다.

《시경》이 나에게 주석을 단다면

사랑하는 사람의 눈에는 누구나 서시처럼 아름다워 보인다고 한다. 어떤 모습일까? 이 시에서는 "안여순화(顔如舜華)"라고 하여 활짝 핀 무궁화 같다고 표현했다. 무궁화는 아침에 피었다가 저녁에 지기 때문에 아침 이슬의 촉촉함과 달빛의 어루만짐을 누리며 극진히 사랑받는 꽃이다. 무궁화를 닮은 얼굴을 떠올리며 그 의식 속의 숨 쉬는 피부를 생각해 보자. 아침 이슬이 맺힌 발그레한 뺨이 느껴지는 것 같다.

이 시에서 노래하는 미인은 몸매가 나긋하여 바람에 날릴 듯 아름다운데, 그 자태가 옥패의 영롱한 빛깔을 더욱 돋보이게 한다. 아름다움에 자극되어 여유롭고 우아한 매혹에 빠지고, 한마음으로 기뻐하는 이유는 덕음(德音)이 있기 때문이다.

남자의 수레에 같이 타고 있는 이 미인은 장차 누군가의 아내가 되겠지만, 그와 동시에 시의 세계에서 오랫동안 살아가며 중국인의 마음속에 여성의 아름다움에 대한 기준을 세웠다. 이 여성의 경쾌하고 단아한 매력은 자연의 정수에서 탄생했으며, 그 장중함은 도덕의 교화를 받아 광채를 발하고 있다. 이런 미인은 천성적인 덕성을 갈고 닦아 그 눈동자에 영민한 지혜를 숨기고 있다.

어쩌면 한 남자의 인생에서 가장 큰 꿈은 바로 이렇게 깊이 사랑하는 여자와 함께 수레를 타고서 끝없이 먼 삶의 여정을 바라보는 것일지 모른다.

무궁화는 '순(舜)'이라는 글자에 담긴 짧음을 따서 이름 지어졌다. 하지만 아침과 저녁 사이 무궁화가 피어 있는 시간은 깊은 사랑과 다정함을 담은 시간이다. 이런 연인을 어떻게 소중히 여기지 않을 수 있을까?

무궁화를 두고 오래전의 책 《월령》은 한여름 밤의 꽃이라고 명명했다. 비록 아침에 피고 저녁에 지더라도 결코 슬퍼하지 않고, 순수한 햇빛을 맞으면서 환희를 머금고 아름다운 얼굴로 피어난다. 아침부터 저녁까지의 시간은 한순간처럼 짧게 느껴지지만 오히려 낮과 밤의 무한한 순환이라는 함의가 담겨 있다. 그러니 무궁화와 같이 아름다운 여자를 만나 인생을 함께 한다면 얼마나 행복하겠는가.

33 연꽃

부용의 색만 보고
연밥의 마음은
보지 않네

산유부소(山有扶蘇)

산에 부소(扶蘇) 나무가 있고, 습지에 연꽃이 있네
아름다운 남자가 보이지 않고, 아둔한 사람만 보이네
山有扶蘇, 隰有荷華.
不見子都, 乃見狂且.

산에 키 큰 소나무가 있고, 습지에 여뀌가 있네
좋은 남자는 보이지 않고, 교활한 사람만 보이네
山有橋松, 隰有游龍.
不見子充, 乃見狡童.

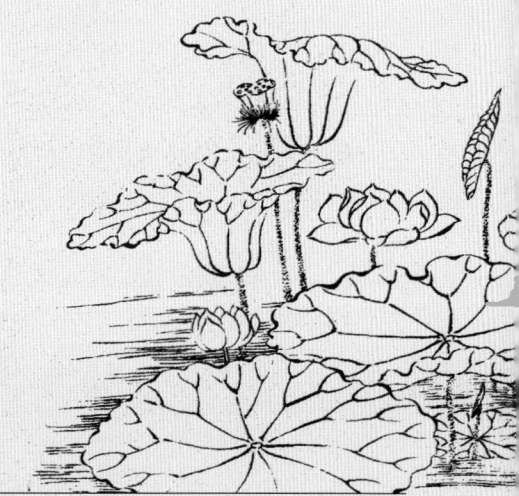

잡다한 해설

무엇을 위해 시를 읽는가? 이런 의문이 제기되면 시의 의미는 평면을 접어서 만든 입체적인 다면 공간이 된다. 고전이 된 시 한 수는 동시에 많은 사람의 시가 된다. 진지한 독자들은 누구나 힘차게 박동하는 심장을 가졌으니, 시 속에서 자신을 만날 때면 가슴에 저절로 한 폭의 그림이 그려지고 마음속에 기쁨과 슬픔이 일어날 것이다. 영적인 의미에서 시를 읽는 이유는 자신을 이해하기 위함이다. 그러나 모든 시에는 저마다 역사가 있고 시를 쓴 작가가 있어서 시란 시대의 바람과 비에 호응한 결과물이기도 하다. 역사적인 의미에서 시를 읽으면 긴 시간 동안 사라진 이야기를 찾아낼 수 있다. 이처럼 고증할 수 있고 뿌리가 자연스럽게 드러나는 시는 확실한 사람, 확실한 사건, 확실한 시간, 확실한 장소가 있다.

〈산유부소〉의 정서를 더듬어보는 것은 시의 족보를 열거하는 일과 같다.

만약 시의 내용이 여자가 "자도(子都)", "자충(子充)"과 같은 절세의 미남자를 만나길 갈망하는 것이라면, 시 전체의 강조 포인트가 "불견(不見, 만날 수 없다)"이라는 두 글자에 있다. 그러면 시의 정서에 슬픔과 심지어 약간의 원망과 분노가 생긴다. 《모시서》에 나오는 역사적 배경이 이런 해석에 딱 들어맞는다.

역사 기록에 의하면, 공자 홀은 '자도', '자충'처럼 준수하고 아름다웠으며 또한 매우 비범한 포부를 가지고 있었다. 제희공은 공자 홀(정소공)을 높이 평가했고 정나라에 세 차례나 혼담을 보내 둘째 딸 문강을 그에게 시집보내려고 했지만 공자 홀이 세 번 모두 거절했다. 문강은 마음이 우울했을 것이다.

문강의 말투를 흉내내 지은 시 〈산유부소〉가 민간에 퍼졌다. 시의 정서, 시의 내용, 시의 역사가 모두 들어맞는다. 〈산유부소〉는 정말로 《모시서》에서 말한 바와 같이 공자 홀을 풍자한 것으로, 정나라 역사를 뒤흔든 이 풍자시를 읽으면 춘추시대라는 난세 풍운의 한구석을 엿볼 수 있다.

만약 시의 핵심 내용이 "광차(狂且)", "교동(狡童)"에 대한 원망이라면 시 전체의 강조 포인트가 "내견(乃見, 결국 만나다)"이라는 두 글자에 있고, 시의 정서는 즐거움이다. 교활한 나쁜 놈이라고 원망하는 것처럼 보이지만 실은 여자의 마음속에서 이 영리하고 교활한 남자를 소중히 아끼고 있다. 여자는 남자에 대한 사랑으로 이미 사심이 생긴 상황이다. 영혼과 육신이 결합된 두 생명이 서로를 열망하고 있다. 이런 두 사람의 애정행각이야말로 열애의 자연스러운 반응이며, 시의 정서가 더욱 매혹적으로 변한다.

북송 이후 중국의 사상계는 '사상의 재건'이라는 과제에 직면했다. 전통적인 경학(經學)이 부정당하는 파국을 겪으면서 《시경》에 대해서도 《모시서》의 전통적인 해석에 이런저런 내용이 추가되었다. 시의 본뜻이 무엇인지 드러내는 방향으로 해석이 바뀐 것이다. 〈산유부소〉라는 이 시에서 흥미진진한 부분은 역시 하늘과 땅의 감응을 애정과 비교, 대조하는 데 있다. 솔직하고 열렬하게 마음속 생각을 드러낸다. 사랑의 마음에는 아무런 구속이 없다. 비꼬고 찔러대는 원한으로 맺어진 진흙탕은 이미 모래바람처럼 부서졌다.

내가
《시경》에
주석을 단다면

1
山有扶蘇, 隰有荷華. 산에 부소(扶蘇) 나무가 있고, 습지에 연꽃이 있네
不見子都, 乃見狂且. 아름다운 남자가 보이지 않고, 아둔한 사람만 보이네

부소(扶蘇) 《모전》에서 "부소(扶蘇)는 부서(扶胥)이며, 작은 나무다"라고 했다. 부소(扶蘇)는 부소(扶疏)라고도 부른다. 단옥재의 《설문해자》 주석에서는 "부소(扶疏)는 큰 나무의 가지가 네 개로 뻗은 것이고, 소(疏)는 소(胥)와 통용되며, 역시 소(蘇)로 쓰기도 한다"고 했다. 여기서는 나뭇가지에 잎이 무성한 것을 말하며, 옛날 어떤 나무의 이름이다.

습유하화(隰有荷華) 습(隰)은 습한 저지대의 우묵한 곳은 '하화(荷花, 연꽃)'가 만발하는 연못이다. 하화(荷花)는 연(蓮)이라고도 한다. 상세한 설명은 '식물 이야기'를 참고하기 바란다.

자도(子都) 《맹자》의 '고자(告子)'에 "자도(子都)는 천하에 그 아름다움을 모르는 사람이 없다"고 했다. 자도(子都)는 옛날에 미남을 가리키는 말이다.

광차(狂且) 《모전》에서 "광(狂)은 광인(狂人)이다"라고 했다. 마서진의 《통석》에서는 "차(且)는 저(佢, 둔하다)에서 획을 빼고 빌려온 것으로 (……) 광차(狂且)는 무모한 행동을 하는 아둔한 사람을 말한다"고 했다.

2
山有橋松, 隰有游龍. 산에 키 큰 소나무가 있고, 습지에 여뀌가 있네
不見子充, 乃見狡童. 좋은 남자는 보이지 않고, 교활한 사람만 보이네

교(橋) 교(喬)의 가차자다. 왕숙(王肅)은 그 뜻이 고(高)라고 했다. 키가 큰 소나무를 말한다.

유룡(游龍) 유(游)는 《정전》에서 "마치 방종한 것과 같다"고 했다. 용(龍)은 《모전》에서 "붉은색 풀[紅草]이다"라고 했다. 육기의 《육소》에서 "유룡(游龍)은 다른 이름으로 마료(馬蓼)라고도 한다. 잎이 굵고 크며 붉고 희다. 연못에서 자라며 높이는 1장 정도다"라고 했다. 여기서 말하는 용(龍)은 홍료(紅蓼, 여뀌)이며, 마디풀과 마디풀속의 한해살이풀이다.

자충(子充) 《모전》에서 "양인(良人)"이라고 했다. 좋은 사람을 의미한다.

교동(狡童) 마서진의 《통석》에서 "소공(昭公)이 간교한 뜻을 가졌다"고 했다. 정소공(공자 홀)은 큰 뜻을 품었으면서도 천성이 교활한 사람이라는 말이다. 말하자면 뜻은 크지만 재능이 없다고 이해하면 된다. 방옥윤(方玉潤)의 《시경원시(詩經原始)》에서는 "교활한 소인배다"라고 했다.

3

현대인의 눈으로 〈산유부소〉를 해석하자면, '나쁜 남자가 아니면 여자의 사랑을 받지 못한다'가 아닐까. 참으로 속된 기풍이라고 하겠다. 정풍에는 연애사를 떠벌이고 드러내려는 면이 있는데, 〈산유부소〉가 그런 특징을 잘 보여준다.

식물 이야기

하(荷)와 연(蓮)은 중국의 고문헌에서 자주 혼용되며 같은 식물을 가리킨다. 이 명칭은 식물의 줄기를 보고 지어졌다. 《모전》은 "하화(荷華)는 부거(扶蕖)다. 그 꽃은 함담(菡萏, 연꽃의 봉오리)이다"라고 했다. 육기의 《육소》에서는 "줄기를 하(荷), 꽃이 아직 피지 않은 것을 함담(菡萏)이라고 한다. 꽃이 이미 핀 것은 부거(芙蕖)라고 한다. 열매는 연(蓮)이라고 한다. 연(蓮)의 껍질은 푸르고 속이 희다. 씨앗은 적(菂)이라고 하며 딱딱한 껍질은 푸른색이고 속의 과육은 흰색이다. 적(菂)의 안에 푸른 심이 있어서 고의(苦薏)라고 한다" 했다. 《본초강목》 권33 '연우(蓮藕)'에는 "부거(芙蕖)는 통칭이다. 다른 이름으로 부용(芙蓉)이라 하고, 강동(江東) 사람들은 하(荷)라고 부른다. (……) 그 줄기를 가(茄, 잎자루와 꽃자루), 그 잎을 하(蕸), 그 본(本)을 밀(蔤, 땅속 줄기 중 처음 나서 가느다란 것), 그 꽃을 함담(菡萏), 그 열매를 연(蓮), 그 뿌리를 우(藕), 그 중(中)을 적(菂), 적에서도 중(中)을 의(薏)라 한다. (……) 함담은 연(蓮)의 꽃이고, 적은 연(蓮)의 열매다. 의는 적의 가운데 있는 청색의 심이다. (……) 곽박이 주를 달기를 밀(蔤)은 줄기의 아래쪽으로 백약(白蒻)이라 하며 진흙 속에 있는 부분이라고 했다. 연(蓮)은 씨방이고 적(菂)이 씨앗이다. 의(薏)는 씨앗의 가운데 있는 심으로 쓴맛이 나서 고의(苦薏)다. 강동 사람들은 하화(荷花)를 부용(芙蓉)이라고 부르고, 북쪽 사람들은 우(藕)를 하(荷)라고 하며, 연(蓮) 역시 하(荷)라고 한다. 촉(蜀) 사람은 우(藕)를 가(茄)라고 하는데 이는 습속이 잘못 전해진 것이다. (……) 그 새싹이 진흙을 뚫고 나와 백약(白蒻), 즉 밀(蔤)이 된다. 길이는 1장 정도에 이르고, 5~6월 부드러울 시기에 물이 없으면 채소로 심을 수 있고 속칭으로 우사채(藕絲菜)라고 한다. 마디에서 줄기가 둘 나오고, 하나는 우하(藕荷)라고 해서 그 잎이 물에 닿아 있다. 그 아래에 우(藕)가 자란다. 다른 하나는 기하(芰荷)라고 해서 그 잎이 물 바깥에 있으며 옆줄기에서 꽃이 핀다. 잎은 청명절이 지난 뒤에 난다. 6~7월에 꽃이 피는데 홍(紅), 백(白), 분홍(粉紅)의 삼색이 있다. 꽃 속에 노란 수염이 있고, 꽃술의 길이는 1촌 정도이며 수염의 안쪽이 곧 연(蓮)이다. 꽃이 시들면 씨방을 만들고 적(菂)이 생기는데, 방 안에 적이 있는 모습이 벌이 벌집에 들어 있는 것 같다. 6~7월에 연한 것을 따서 생으로 먹으면 아삭아삭하고 맛있다. 가을이 되면 방이 말라서 검은색이 되고, 돌처럼 굳어져서 석련자(石蓮子)라고 한다. 8~9월에 수확하여 까만 껍질을 벗기면 연육(蓮肉)이라 한다"고 했다.

《중국식물지》에서는 연(蓮, 연꽃)을 중국의 학명으로 삼고, 속칭으로 통용되는 이름이 하화(荷花)라고 했다. 연(蓮)은 수련(睡蓮)과 연(蓮)속의 여러해살이풀로 수생하는 숙근식물이다. 중국에서 남북으로 광범위하게 재배된다. 주요 분포지는 창장강과 황허강, 주장(珠江)강의 3대 강 유역, 크고 작은 담수호, 얕은 물가 등이다. 우련(藕蓮), 자련(子蓮), 화련(花蓮)의 세 종류가 있다. 연꽃은 속씨식물 중 가장 오래된 식물 중 하나이기 때문에 식물계의 살아있는 화석으로 알려져 있다. 허난성 정저우(鄭州)시 북부 다허촌(大河村)에서 발굴된 '양소문화(仰韶文化)' 집터 유적지에서 두 알의 연꽃 씨앗을 발견했는데, 이는 중국에서 연꽃을 재배한 역사가 적어도 5천 년이 되었음을 증명한다. 연꽃은 전체를 다 약재로 쓸 수 있다. 연꽃의 잎, 줄기, 씨앗, 뿌리는 모두 중국인의 식단과 밀접한 관련이 있다. 《주서(周書)》에는 "연못 물이 마르면 연뿌리를 캐는데 우(藕)라고 한다"고 했다. 연꽃은 또한 중국인의 심미관, 정서, 정신력과 깊은 조화를 이루는 꽃이다. 조식의 〈부용부(芙蓉賦)〉에서는 연꽃을 두고 물속의 영지(靈芝)라고 했고, 주돈이(周敦頤)의 〈애련설(愛蓮說)〉에서는 연꽃이 진흙에서 피어도 더러워지지 않는다고 하면서 군자를 대변하는 꽃으로 여겼다. 또한 연꽃은 불교에서 신성, 정결, 길상의 상징이다.

《시경》이
나에게
주석을 단다면

멀리 있는 시를 이해하는 것이 가장 어렵다. 시의 탄생과 시의 의미 사이에 생기는 거대한 괴리는 마치 심연과 같다. 감흥의 시가 이해하기 가장 쉬우며, 감흥이 강할수록 시의 생명력이 오래간다.

〈산유부소〉의 시적 의미는 불확실성으로 가득 차 있다. 만약 기대했으나 얻지 못했다는 이야기라면 애원하는 시일 것이고, 초조함 속의 기다림을 이야기한다면 연애 시가 될 것이다. 〈산유부소〉는 시종일관 진한 사랑의 달콤함으로 가득 차 있으며, 시에 드러난 장면은 몽롱하면서도 슬픔의 강과 행복의 바다를 동시에 요동치게 한다. 〈산유부소〉의 좋은 점은 독자들에게 여러 가지 해답을 제공한다는 것이다.

시에 담긴 감정은 이러하다. 하고 싶은 말이 많아도 입가에서 멈추어라, 큰 소리로 외치고 싶은 충동이 마음속에 가득하지만 그것을 말한다고 해서 무슨 의미가 있는가?

감정의 작은 세계가 만들어낸 곤경에서 벗어나 인생의 큰 세계에 시를 놓아두자.

산과 산 아래를 배회하는 행동에서 인생의 다사다난함을 드러낸다. 이런 인생의 어려움은 두 발의 피로만을 말하는 것이 아니라 사회 계층에서 넘기 어려운 울타리들과 사상이나 감정에 있어서 이런저런 충돌과 아픔도 포함한다.

현대인은 시의 역사가 주는 속박에서 벗어나 있기 때문에 시 자체에 담긴 의미, 다시 말해 삶의 의의를 추구하고 아름다운 사랑을 찾는 과정에서 맞닥뜨린 어려움과 타협을 쉽게 살펴볼 수 있다.

누구나 자기 자신이 바로 움직이는 인생의 좌표다. 우리는 태어나 생활하던 고향을 떠나서 자기 인생을 주조하는 새로운 세계를 인식하게 된다. 모든 사람의 인생은 "산유부소, 습유하화(山有扶蘇, 隰有荷華)"라는 구절처럼 세상을 배회하면서 발전하고, 인생의 맛이 이렇게 다양하고 풍성하다는 사실을 깨닫는다.

또한 마음속에는 다들 "불견자도(不見子都)"의 슬픔을 품고 있다. 왜냐하면 미혹하는 아름다움을 추구할수록 마음이 흔들리고, 해질녘 길어지는 그림자가 끊임없이 사람을 미궁으로 끌어들이기 때문이다. 얼마나 많은 눈에 보이지 않는 상실감이 마음속에 가득 차 있고, 또 얼마나 많은 하염없이 걷는 발걸음이 피곤하며, 또 얼마나 많은 사람들의 마음이 사로잡혀 있는가.

이처럼 인간과 세계의 충돌에서 야기되는 고통이 우리에게 세상이 이렇게 어려운 것임을 생각하게 하고, 한 사람이 새로운 모습으로 인생을 선택하도록 인도한다.

한 사람이 세계에서 얻게 되는 것은 '보이지 않는' 시공간에서 단련된 것이고, '보이지 않는' 무수한 것들이 그의 길에 등불이 되어 인도한 것이며, 삶의 의의는 '마음으로 추구하는' 것에만 있지 않고 수없이 많은 '눈에 보이는' 것에도 있음을 깨닫게 하여 자신에게 가장 적합한 것을 선택하게 한다.

'보이는' 세계는 한 사람이 얻는 세계다. 웃음이든 분노든 모두 마음으로 기뻐하는 것이니 한 사람의 세계가 점차 평안해진다. 우리가 보고 얻은 것의 이면에 거대하고 우뚝한 '보이지 않는' 산이 기대어 있다. 〈산유부소〉의 현대적 의미가 바로 여기에 있다. '보이지 않는' 좌절, '보이지 않는' 슬픔, '보이지 않는' 수많은 것들 속에 묻힌 패배를 이해하게 한다. 분명한 사실은 '보이지 않는' 것 역시 우리 삶에서 중요한 부분이라는 점이다.

《시경》에는 양면을 대비시키는 기법이 자주 등장한다. 이는 모두 《역경》에서 말하는 음과 양이 상생하는 세계관이나 금과 비파의 소리가 서로 조화를 이루는 것과 다르지 않다.

'보이지 않는' 그림자 속에서 갈망하는 가치를 부정하는 마음의 뒤에는 '보이는' 밝은 세계가 있다. '보이지 않는' 것은 슬픔이고 '보이는' 것은 기쁨이다. 공리주의적 인식으로 보자면 '보이지 않는' 것은 실패, '보이는' 것은 성공이다.

우리는 자연히 인생의 무수한 밤낮을 지나 마침내 얻은 '보이는' 세계를 통해 우리 인생의 의의가 증명되기를 기대한다. 인생에서 가장 위안이 되는 가치는 마음에 호응하고 영혼과 육체의 균형을 이루는 사랑일 것이다.

〈산유부소〉가 상실감과 슬픔을 표현하든 기쁨을 표현하든 간에 이 시에는 세월과 마음의 대조적인 균형이 있다. 이 시는 가장 간결한 글로써 시종일관 삶의 전모를 그려내고 있으며, 마음속의 가장 깊은 감동을 표현한다. 시에 등장한 연꽃이 우연한 수식어처럼 보이지만 실은 그렇지 않은 것 같다.

연꽃으로 둘러싸인 곳에는 중국인들이 늘 갈망해온 목가적인 삶이 있다. 영혼이 자유롭게 날아다니고 행복하고 평온하다. 연꽃이 만발한 가운데서 삶이 펼쳐지고 영혼을 수놓는다.

어떤 식물 하나를 문화적으로 이렇게까지 친근하게 여기는 사례는 세계에 또 없을 것이다. 연꽃은 잎, 줄기, 열매, 뿌리의 수염까지 다 사용된다. 중국인은 연꽃을 자신의 생활 속에 녹아들게 했고, 연꽃의 모든 부분을 심미관의 기준으로 삼아 나 자신을 대변하는 목소리로 여긴다.

연꽃을 삶을 비추는 거울로 삼는 것은 적어도 자신의 독립적 성격을 증명하는 것이며, 영원한 시의 한 자락에 자신의 이야기를 써넣는 것이다. 만개한 연꽃의 화려함, 시든 연꽃의 애잔함, 아득한 시의 세계가 연못에서 일렁인다. 사물의 성질과 인간의 마음을 더욱 투명하게 보여주면서 〈산유부소〉의 간결한 시 세계가 더욱 평온해진다.

34 밤나무

사랑의 열매,
아름다운 열매

동문지선(東門之墠)

동문 바깥 비탈길에 꼭두서니가 있네
그 집은 가까운데 사람은 몹시 멀구나
東門之墠, 茹藘在阪.
其室則邇, 其人甚遠.

동문의 밤나무가 집 앞에 가지런하네
어찌 당신을 그리워하지 않으랴? 오히려 당신이 나에게 오지 않네
東門之栗, 有踐家室.
豈不爾思? 子不我即.

잡다한 해설

 명나라 때 손광(孫鑛)이 《비평시경(批評詩經)》에서 〈동문지선〉에 나오는 "기실칙이, 기인심원(其室則邇, 其人甚遠)"이라는 구절에 대해 "두 구절이 아주 절묘해서 후대의 사랑 이야기가 모두 여기에 근원을 둔다"라고 했다. 그 외에도 수많은 고금의 학자들이 〈동문지선〉을 중국 문학에서 사랑 이야기의 시초로 평가한다. 이런 견해의 근거가 "기실칙이, 기인심원"에 있다. 이 두 구절은 나중에 '실이인원(室邇人遠)'이라는 성어로 만들어져서 집은 가까운데 사람이 멀리 있는 듯하다, 즉 매우 그리워하면서도 만나지 못하는 상황을 표현하는 말이 되었다. 이 말에서 다시 확장되어 만들어진 표현이 후대에 정말 깊은 영향을 준 성어 '지척천애(咫尺天涯, 지척인데 아득히 멀리 떨어진 것 같다)'다. 그리움을 토로하는 말 중에 '지척천애'보다 더 통절하고 완곡하면서 깊고도 간결한 말은 없을 것이다. 〈동문지선〉에 나오는 "기실칙이, 기인심원"은 질박하고, 〈겸가(蒹葭)〉에 나오는 "소위이인, 재수일방(所謂伊人, 在水一方)"은 환상적이다. 이 두 가지 표현이 중국 문학에서 사랑 이야기에 관한 한 가장 아름다운 표본이라 하겠다.

 《논어》 '자한(子罕)'편에 〈동문지선〉과 비슷한 일화가 기록돼 있다. 당체(唐棣)의 꽃이 바람을 맞아 활짝 핀 것을 보고 당신을 그리워하지 않는 것이 아니라 우리가 너무 멀리 떨어져 있는 것을 한탄한 것인데, 공자가 이를 두고 "진정한 그리움이 아니다. 진정으로 한 사람을 그리워한다면 거리가 멀다는 것이 무슨 문제가 되겠는가?"라고 평했다. 공자의 수업시간에 시를 빌려온 가르침이 지극히 크고 심원하다. 시의 세계를 발단으로 하여 두 사람이 서로 사랑할 때의 진심과 거짓을 논하고, 인간의 마음에서 순수함과 잡스러움을 논하며, 대도를 추구할 때는 험하고 먼 길을 마다하지 않겠다는 결심도 이야기하고 있다.

《모시서》에서는 "동문지선은 혼란함을 풍자한 것이다. 남녀 중에 예를 기다리지 않고 서로 달려가는 사람이 있다"고 했다. 《주례》에 정한 규율에 따르면, 젊은 남녀가 서로 알게 되고 연애하고 혼인하는 모든 단계를 예법에 따라 진행해야 한다. 남녀의 결혼과 연애는 예법으로 보호받을 뿐 아니라 제약받기도 한다. 정(鄭)나라의 열렬하고 자유로운 풍속과 《주례》의 규율은 큰 차이가 있다. 이렇게 신랄하고 직설적인 애정을 읽은 유학자들은 자연히 예법이 흐트러졌다고 느꼈다. 이 때문에 "남녀가 예법에 맞지 않게 도피하는 일이 종종 발생했다"고 말하기도 했다.

〈동문지선〉의 내용은 변덕스러워서 정확히 헤아리기 어려운 변이다. 노대제 여사의 단순한 하소연인지, 아니면 남녀가 격의 없이 나누는 감정인지 확실치 않다. 청쥔잉은 《시경주석》에서 "이 시는 두 개의 장으로 구성되는데, 1장은 남자가 부르고 2장은 여자가 부르는 것이다. 한 대목씩 주고받는 민간 가요의 형식 중 하나다"라고 했다. 남녀가 같이 노래하는 형식으로 시를 이해하면 사랑에 관한 무대극처럼 읽힌다. 짧은 사랑의 대화에 인간 세상의 어떤 달콤함이라도 다 담을 수 있을 것 같다.

내가
《시경》에
주석을 단다면

1
東門之墠, 茹藘在阪. 동문 바깥 비탈길에 꼭두서니가 있네
其室則邇, 其人甚遠. 그 집은 가까운데 사람은 몹시 멀구나

동문지선(東門之墠) 동문(東門)은 《시경》에 다섯 번 등장하는데, 이 다섯 편의 시 내용이 모두 사랑과 관련이 있다. 도시의 동문(아마도 새로운 정나라 도성의 동문일 것이다)이 주나라 시대에 사람들이 사랑을 속삭이는 지정된 장소였음을 알 수 있다. 선(墠)은 마서진의 《통석》에서 고본에는 단(壇)으로 적었다고 하며 제사를 지내는 장소를 가리킨다. 옛날에는 봉토를 단(壇)으로 삼았다. 오늘날 정본에는 선(墠)으로 적는데 야토(野土)라는 뜻이다. 《모전》에는 "선(墠)은 풀을 뽑아 정리한 빈터다"라고 했다. 동문 바깥에 풀을 정리한 평지를 말한다. 선(墠)은 평탄한 광장이라고 해석할 수 있다.

여려재판(茹藘在阪) 여려(茹藘, 꼭두서니)는 《모전》에서 "여려(茹藘)는 모수(茅蒐, 꼭두서니)로, 여인의 의복을 염색한다"고 했다. 육기의 《육소》에서는 "여려(茹藘), 모수(茅蒐), 천초(蒨草)이며, 일명 지혈(地血)이라 한다. 제(齊) 사람은 천(茜)이라 부르고, 서주(徐州) 사람은 우만(牛蔓)이라 부른다. 오늘날 농사 짓는 이들이 가끔 심는데, 《화식전(貨殖傳)》에서는 '치천(卮茜)이 천 석이면 천승의 가업에 비견된다'고 했다"고 설명했다. 꼭두서니과 꼭두서니속의 덩굴식물이다. 판(阪)은 경사진 언덕을 말한다.

기실칙이, 기인심원(其室則邇, 其人甚遠) 당신의 집은 나와 이렇게 가까운데, 당신이라는 사람은 나에게서 이토록 멀리 있군요. 연인이 원망과 분노에 차서 하는 말이다.

2
東門之栗, 有踐家室. 동문의 밤나무가 집 앞에 가지런하네
豈不爾思? 子不我即. 어찌 당신을 그리워하지 않으랴? 오히려 당신이 나에게 오지 않네

율(栗) 밤나무. 상세한 설명은 '식물 이야기'를 참고하기 바란다.

천(踐) 《모전》에서 "천(淺, 얕다)이다"라고 했다. 《정전》에서는 "밤나무가 낮은 집 안에 있어서 쉽게 훔칠 수 있다는 뜻이다. 율(栗)은 사람이 먹었을 때 달아서 좋으므로 여자들이 자신을 비유하는 말로 썼다"고 했다. 마서진의 《통석》에는 "천(踐)과 전(翦, 자르다)은 옛날에 통용자였다. 《이아》에는 '전(翦)은 가지런히 하는 것이다'라고 했다"고 설명했다. 밤나무를 집 문 앞에 가지런히 심은 것을 말한다.

기불이사(豈不爾思) 도치식 문장이다. '내가 어떻게 당신을 그리워하지 않겠는가'라는 뜻이다. 한시(韓詩)에서는 천(踐)을 정(靖)으로 썼는데, 왕선겸의 《집소》에서 "정(靖)은 훌륭함[善]을 말한다"고 했다. 동문 밖 밤나무 아래 좋은 사람이 있어서 그와 가정을 꾸릴 수 있다는 뜻이다.

자불아즉(子不我即) 즉(即)은 《모전》에서 "취(就)다"라고 했다. 이 글자는 가다, 접근하다라는 뜻이다. 이 구절도 도치식 문장으로 '당신이 오히려 나에게 접근하지 않는다'는 말이다.

3

〈동문지선〉은 그리움의 정 혹은 짝사랑으로 읽어도 모두 통한다. 이렇게 짧은 시에 그렇게 깊은 그리움, 시집가고 싶은 원망이 담겨 있다니 놀라울 뿐이다. 1장에서 '실이인원(室邇人遠)'과 '지척천애(咫尺天涯)'라는 그리워하면서도 만나지 못함을 말하고, 2장에서는 사랑하는데 감히 함께하지 못하는 두려움을 이야기한다. 각 장에서 드러나는 심정은 미묘하고 아련하며, 완곡하면서도 심오하다. 〈동문지선〉에서 노래하고 있는 사랑의 게임은 겉으로는 담담한 척하지만 마음은 소란스러움을 감추지 못한다. 현대 무용 중에서 탱고를 생각나게 하는 시다.

식물 이야기

율(栗, 밤나무)은 《시집전》에서 "진(榛, 개암나무), 율(栗) 두 나무가 있는데, 그 열매를 보면 진이 작고 율이 크다. 둘 다 변(籩, 제기祭器)에 담는 열매다"라고 했다. 소송의 《본초도경》에서는 이렇게 기재되어 있다. "율(栗)은 어디에나 있지만 연주(兗州)와 선주(宣州)의 것을 최고로 친다. 나무 높이는 2~3장이고 잎은 역(櫟, 상수리나무)과 닮았다. 4월에 청황색 꽃이 피는데, 호두꽃처럼 길쭉하다. 열매에는 씨방이 있고 가시가 나 있다. 큰 것은 주먹만 하고 안에 3~5개가 들었으며, 작은 것은 복숭아와 자두만 한데 안에 1~2개가 들었다. 열매가 익으면 저절로 벌어져서 떨어진다. 종류가 다양하여 육기의 《육소》에 따르면 '율(栗)은 오방(五方)에 다 있다. 주(周), 진(秦), 오(吳), 양(揚)에 특히 풍부하다. 복양(濮陽)과 범양(范陽)의 밤이 달고 크며, 다른 지방의 것은 이에 미치지 못한다'라 했다."

밤나무는 예나 지금이나 율(栗)로 같은 이름이다. 각두(殼斗)과 밤나무속의 낙엽교목이다. 나무의 높이는 20미터까지도 자란다. 나무껍질은 갈색 혹은 어두운 회색이며, 불규칙한 세로형의 깊은 틈이 나 있다. 홑잎이 어긋나며, 잎은 긴 원형에 피침 모양이고, 뒷면에 회백색 융모가 나 있다. 꽃은 단성화이며 자웅동주다. 수꽃은 곧게 서서 유이화서로 피며, 연한 황갈색이다. 암꽃차례는 수꽃의 아랫부분에 나는데, 혼자 피거나 여러 송이가 겉껍데기와 같은 봉오리 안에 들어 있다. 열매가 익으면 빽빽한 가시가 난 구형 혹은 반구형의 겉껍질이 열리면서 안에 있는 밤이 떨어진다. 밤나무는 꽃이 4~6월에 피고, 열매는 8~10월에 맺는다.

밤나무는 고서 중에서도 가장 먼저 《시경》에서 등장한다. 이는 중국에

서 밤나무를 재배한 지 이미 2500여 년이 되었음을 말해 준다. 밤나무 중에서도 판율(板栗, 왕밤) 품종은 400종이 넘는다. 밤에는 전분과 단백질 등 영양분이 풍부하여 견과류의 제왕, 나무에서 나는 식량이라 불린다. 주나라 때는 밤나무가 종묘 앞에 재배되었고, 열매를 제사의 공물로 바치거나 여자가 다른 이에게 주는 선물로 쓰였다. 고고학 발굴 결과에 따르면, 옛날에는 밤나무로 만든 숯으로 금속을 제련하고 도자기를 구웠다.

뽕잎과 비슷한 기능을 하는 밤나무 잎은 누에의 사료로 쓰이기도 한다.

《시경》이
나에게
주석을 단다면

작가 리궈타오(李國濤, 1930~2017)가 밤나무에 관한 글을 썼는데, 경쾌한 역사감과 소박한 가정적인 느낌이 서로 뒤섞여 있다. 그는 군밤의 향긋한 맛을 많이 이야기했다. 그리고 나의 밤은 《시경》에서 시작되었다.

《시경》을 한 수 한 수 읽다 보면 사랑을 표현하는 열매가 참 많다는 것을 알게 된다. 어떤 과일은 사랑의 증표로 쓰인다. 자연은 신기한 힘으로 자신의 정수를 열매에 담은 후 소망하는 손길을 거쳐 사랑하는 남녀의 입으로 보내는데, 이것이 수줍음, 기쁨, 욕망을 표현하는 에너지로 전환된다. 자연은 본래 독립된 두 남녀를 맹약으로 맺어진 하나로 결합시킨다. 어떤 열매들은 사랑을 은유한다. 이 열매의 자연적 형태가 연애 감정이 일어나는 과정을 인도한다. 이런 자극을 거쳐서 사랑의 마그마가 세차게 흐르고, 이 마그마들이 흘러가면서 당겼다 풀어주는 떨림의 감정이 마지막에는 일상생활의 토대로 융합된다. 〈동문지선〉의 밤 역시 사랑을 은유하는 열매다.

문명이 시작되기 전에는 짐승이 사람보다 훨씬 많았는데, 중국인의 선조 중 한 갈래인 유소씨(有巢氏)는 맹수의 상해를 피하기 위해 '낮에는 밤을 먹고, 해가 지면 밤나무에 올라가 잔다'고 했다. 구부정한 자세를 가진 인류의 조상은 위기가 도사리고 있는 황무지에서 삼림의 나뭇가지와 줄기 사이에 서식하며 돌로 밤송이의 가시 돋친 단단한 껍질을 부수고 이빨로 밤의 보송보송한 껍질을 찢어 신선하고 즙이 많은 밤 과육을 굶주린 아이에게 나누어 주었다고 상상할 수 있다. 《시경》에 나오는 밤나무는 분명히 정원에 널리 심어졌던 수종으로, 산비탈의 움푹 패인 곳에서 재배되었다. 밤나무 그림자가 마을의 가옥 주위에 흩어져 있고, 사람들이 더위를 식히며 잡담을 나누는 광장에는 밤나무 그림자가 바람에 흔들린다.

　어렸을 때, 중국 서북부 시골에서는 지금의 왕밤(판율板栗)보다 훨씬 작은 밤(모율毛栗)을 먹었는데 밤 열매가 손가락 한 마디 정도 되었다. 껍질을 벗기면 얇은 갈색 옷을 입고 있는 밤이 나온다. 이 갈색 껍질을 한 번 더 벗기면 계란 노른자처럼 윤기가 나는 작은 녀석이 나온다. 입에 넣고 씹으면 아삭하면서 달콤했다. 어릴 적 아버지가 사온 작은 봉지의 밤을 먹는 것은 드물게 즐거운 일이었다.

　대학에 다닐 때, 같은 기숙사에 안후이(安徽)에서 온 친구가 있었다. 그 친구가 여름 방학이 끝나고 집에서 호두보다 더 큰 왕밤을 가져왔다. "이렇게 큰 밤이 있다니!" 이렇게 말했다가 모두에게 무식하다고 놀림을 받았다. 왕밤은 생으로 먹을 수 있다고 하는데, 씹으면 어릴 적 밭에서 훔쳐 먹었던 생완두 맛이 난다.

　남부 도시로 일하러 가자 왕밤을 먹을 기회가 점점 많아졌다. 막 선전에 왔을 때는 야근을 하고 저녁 8시에야 퇴근하는 것이 매우 일상적인 일이었다. 퇴근 후 피곤한 몸을 이끌고 동료와 슈퍼마켓에 가서 맥주 두 병, 닭발 한 봉지, 군밤 한 봉지를 사서 슈퍼마켓 입구의 파라솔 아래 앉아 먹고 마시곤 했다. 가끔 밤 향기를 날을 세운 인생의 안개를 헤쳐 나갔던 그 시절의 자신을 그리워한다. 후에 둘째 형님네 가족도 선전에 왔다. 조카딸을 자주 보러 갔는데, 둘째 형수가 밤을 넣은 찜닭을 해 주곤 했다. 닭은 바삭바삭하고 밤은 향기롭다. 이 가정식 요리는 내가 무척 좋아하는 것이다.

　말린 과일류의 왕자인 밤은 갈아서 율자와와두(栗子窩窩頭, 잡곡 가루 등을 원추형으로 빚어서 찐 음식)를 만들 수 있다. 이것도 내가 특히 좋아하는 음식이다. 어릴 때 먹었던 옥수수가루로 만든 와와두와 비교하면 밤으로 만든 것이 확실히 부드럽고 달다.

㉟ 꼭두서니

아주 오래된
붉은 색의
어머니

출기동문(出其東門)

동문을 나서니 여인이 구름처럼 모였네
구름처럼 모였지만 내가 그리워하는 사람은 없구나
나는 흰옷 입고 그대는 푸른 옷 입어 부부 두 사람이 즐겁다네
出其東門, 有女如雲.
雖則如雲, 匪我思存.
縞衣綦巾, 聊樂我員.

성문을 나서니 여인이 띠꽃처럼 많네
띠꽃처럼 많지만 내가 그리워하는 사람은 없구나
나는 흰옷 입고 그대는 붉은 옷 입어 우리만의 즐거움이 있다네
出其闉闍, 有女如荼.
雖則如荼, 匪我思且.
縞衣茹藘, 聊可與娛.

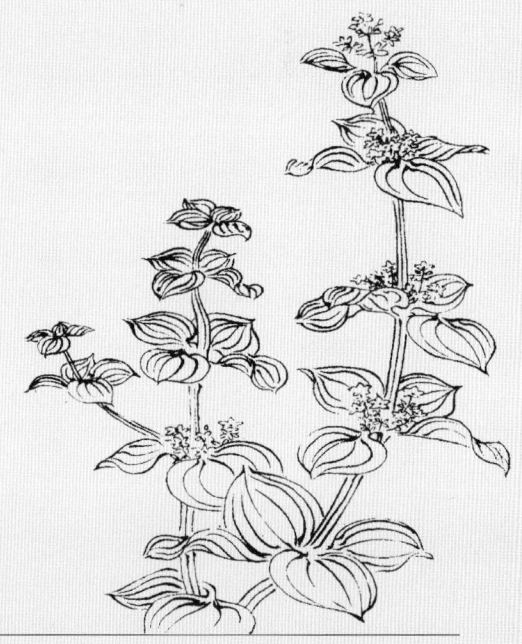

잡다한 해설

〈출기동문〉의 뚜렷한 정서는 바로 "비아사존(匪我思存)"과 "비아사차(匪我思且)"에 나오는 두 번의 사(思) 자에 있다. 계속 생각나는 그리움을 멈춤으로 해서 한 사람이 육신의 바다로부터 형이상적인 신성(神性)을 향해 돌아오기 시작한다. 강렬한 감정적 충동은 점차 현실적 이성으로 변모하여 무너졌던 도덕이 층층이 다시 강화된다. 에로틱한 유혹에 직면했을 때 마음속 깊이 술렁이던 폭풍은 마침내 사랑하던 자태를 멈춘다. 바로 이 사(思) 자가 욕망의 바다와 도덕의 경계를 넘어 제멋대로 행동하거나 옳고 그름을 선택할 때 사람들의 마음속에 불안감을 불러일으킨다. 이 사(思) 자를 거울로 삼아 과거, 현재, 미래의 그림자를 비춘다. 이 거울은 한 남자가 마음속으로 지키고자 했던 가치를 스스로 증명하게 함으로써 비로소 충절이 얼마나 희귀한지를 깨닫게 한다.

〈출기동문〉은 남자가 아내에게 충절을 다하는 시로, 충절은 말로 하긴 쉽지만 행동으로 책임지기는 어렵다. 욕망의 분열 속에서, 어려운 선택 앞에서 초심을 지키는 사람을 그린다. 〈출기동문〉의 가치는 바로 이 남자가 결코 자신을 속이지 않는다는 데 있다. 이 시는 정(情)으로 덕(德)을 표현하고 있으며, 인간 본성이 선함을 보여준다. 이러한 시는 주희의 본뜻과 꼭 들어맞아서 《주자어류(朱子語類)》에서 〈출기동문〉을 이렇게 평가했다. "이 시는 도리를 아는 사람이 쓴 것이 분명하다. 정나라의 시는 비록 음란하지만 이 시는 이렇게 훌륭하다."

청나라 때 진계규(陳繼揆)가 《독풍억보(讀風臆補)》에서 〈출기동문〉을 확장하여 해석한 것은 충절시의 승화와 같았다. 그는 "이 시는 매우 넓은 의미를 포함한다. 군신 관계에서는 서자가 봄 꽃처럼 귀여워도 집안을 이을 가을 열매 같은 자손만 못하다는 것을 보여준다.

친구 관계에서는 누각에서 기다리는 것이 정원의 오솔길을 걷는 것만 못하다. 깨끗한 마음을 얻어 한두 사람이 아침저녁으로 함께 하면 세상을 유유자적하게 살아가는 것과 같다. 서로 긴밀히 왕래하여 소식을 듣는 일은 내가 바라는 일이 못 된다. 이와 같은 시는 절묘하다'고 했다.

진계규는 이 시에 나오는 두 번의 요(聊) 자도 "평온하고 담담하며, 간파해서 확고히 지킨다"고 평했다. 충절이라는 믿음은 단지 말만 하는 것이 아니라 일생을 바쳐 굳게 지켜야만 그 의의와 가치를 증명할 수 있다. 이 시는 시작되자마자 조금도 꾸물거리지 않고 "출기동문, 유녀여운(出其東門, 有女如雲)"이라고 읊는다. 구름처럼 많은 여인들이 있으니 눈만 돌리면 화려하고 소란스러우며 사치스러운 세상을 볼 수 있다. 놀라운 육체적 유혹이 남자의 연약한 정신을 사로잡았다. 좋은 시가 가진 힘은 모순의 큰 그물을 끝없이 덮는 데 있다. "요락아원(聊樂我員)", "요가여락(聊可與娛)"의 위로는 이러한 유혹 앞에서 '간파하고 지킨다'는 말의 힘이 오히려 창백해 보인다. 빈곤한 사랑 속의 순정과 세상에 유일한 선택은 일시에 서투른 것이 된다. 그 청빈한 사랑은 심지어 무력해 보이기까지 한다. 충절에 대하여, 세상의 시련은 본래 잔혹하다.

뜨거운 것과 차가운 것의 교대로 충절의 강인함과 순수함이 믿을 만한 것인지를 고찰한다. 〈출기동문〉의 좋은 점은 독자로 하여금 시적 대비 속에서 인간의 본성에 변화무쌍함과 자기기만이 도사리고 있음을 알아차리게 하는 것이다. 삶의 이곳저곳에 갑작스런 갈림길이 있다. 일찍이 스스로 자부했던 충절을 시험당한다. 시련을 견뎌낼 수 있는지, 격류와 험로를 헤쳐 나가면서 산산조각이 나지 않을 수 있는지, 아니면 가슴 떨리는 유혹 앞에서 원래의 초심을 잃어버릴지 시험하는 것이다.

내가
《시경》에
주석을 단다면

1
出其東門, 有女如雲. 동문을 나서니 여인이 구름처럼 모였네
雖則如雲, 匪我思存. 구름처럼 모였지만 내가 그리워하는 사람은 없구나
縞衣綦巾, 聊樂我員. 나는 흰옷 입고 그대는 푸른 옷 입어 부부 두 사람이 즐겁다네

동문(東門) 왕선겸은 《집소》에서 "정나라 도성의 서남문은 진(溱)과 유(洧)라는 두 물줄기가 거쳐가는 곳이다. 그래서 동문에 행인들이 모였다"고 했다. 다른 해석으로는 동문이 남녀가 만날 약속을 잡는 장소라는 것이 있다.

유녀여운(有女如雲) 이 구절에서 '미녀여운(美女如雲, 미인이 구름처럼 많다)'이라는 표현이 나왔다. 여기서 유녀(有女)는 광범위한 여성을 지칭하는 것이 아니라 특별히 묘령의 시집갈 나이의 여자를 말한다. 여운(如雲)은 여자가 많다는 뜻이기도 하지만 그 여자들의 미모도 표현하고 있다. 여운(如雲), 즉 구름 같다는 말은 중국 문학에서 여성의 아름다움을 묘사하는 표현 중 가장 어렴풋하고 신비로운 것 중 하나다.

수칙여운, 비아사존(雖則如雲, 匪我思存) 비(匪)는 비(非)와 통용된다. 이렇게 많은 미녀가 모였지만 내가 그리워하는 사람은 거기 없다는 뜻이다. 비아사존(匪我思存)은 아사비존(我思匪存)의 도치식 문장이다. 사존(思存)에는 특별히 깊고 두터운 애정이 담겨 있다.

호의기건, 요악아원(縞衣綦巾, 聊樂我員) 《모전》에서 "호의(縞衣)는 흰 남성복이다. 기건(綦巾)은 푸른 쑥색의 여성복이다"라고 했다. 《정전》에서는 흰옷에 푸른 수건을 두른 아내의 복장이라고 여겼다. 요(聊)는 잠시, 잠깐이라는 뜻이다. 악(樂)은 명나라 때 진조수(陳組綬)가 《시경부묵(詩經副墨)》에서 이렇게 설명했다. "사(思) 자에서 악(樂) 자가 생겨났고, 즐거움으로 그리움을 멈춘다. 오묘한 이치다." 악(樂)은 쾌락을 말한다. 아(我)는 부부 두 사람을 가리킨다. 원(員)은 《모시정의》에서 "문장을 돕는 글자다"라고 했다. 이 두 구절에서는 나는 흰옷을 입고 아내는 녹색 옷을 입어 부부 두 사람이 안빈낙도하는 즐거움을 누린다고 이야기한다. 《정전》에서는 흰옷을 입고 푸른 수건을 두른 아내가 나에게 즐거움을 주는 사람이라고 보았다. 그러나 아내를 구름 같은 여자들과 비교했기 때문에 의미가 좁고 얕아 보인다.

2
出其闉闍, 有女如荼. 성문을 나서니 여인이 띠꽃처럼 많네
雖則如荼, 匪我思且. 띠꽃처럼 많지만 내가 그리워하는 사람은 없구나
縞衣茹藘, 聊可與娛. 나는 흰옷 입고 그대는 붉은 옷 입어 우리만의 즐거움이 있다네

인도(闉闍) 《모전》에 "인(闉)은 굽은 성벽이다. 도(闍)는 성벽의 망루다"라고 했다. 《설문》에서는 "성벽이 둥글고 겹문이다"고 했다. 옛적의 성벽에서 성문은 가장 공격에 취약한 부분이었다. 전시에는 성문을 사수할 수밖에 없었기 때문에 공격과 수비를 함께 할 수 있는 곳으로 바꾸기 위해 성문 바깥에 반원 모양의 성벽을 따로 세워서 내성을 보호했다. 이것을 인(闉)이라고 한다. 이 구조는 세계적으로 나타나는 성벽 구조다. 성문에 인(闉)을 설치한 것을 서양에서는 옹성(甕城)이라고 한다. "출기인도(出其闉闍)"라는 말은 성문을 나섰다는 것을 가리킨다.

도(荼) 《시경》에 나오는 도(荼)는 두 가지로 해석한다. 하나는 고채(苦菜, 쓴 나물)를 가리킨다. 여기서 마서진의 《통석》은 "모수(茅秀)다"라고 했다. 즉 호적(蘆荻), 백모(白茅)의 꽃을 말한다. 백모 꽃이 필 무렵은 들판이 온통 새하

얗다. 이것은 여자가 많고 그들이 입은 흰옷이 펄럭여서 사람들의 눈을 어지럽히는 것을 말하는 것이기도 하다. 차(且)는 조(徂)의 가차자로, 《이아》에서는 "조(徂)는 재(在), 존(存)이다"라고 했다. 미녀가 백모 꽃처럼 많지만 내가 그리운 사람은 그곳에 없다는 뜻이다.

여려(茹藘) 상세한 설명은 '식물 이야기'를 참고하기 바란다.

오(娛) 유쾌하고 즐겁다. 나는 흰옷을 입고 아내는 붉은 옷을 입으니 우리만의 기쁨이 있다고 말하는 것이다. 호의(縞衣), 기건(綦巾), 여려(茹藘)는 이 시인과 아내가 빈한한 생활을 함을 보여준다. 구름처럼 많은 미녀들의 떠들썩함과 이 부부의 조용한 생활이 대비되어 사랑의 충절을 더욱 두드러지게 한다.

식물 이야기

여려(茹藘, 꼭두서니)는 《모시》에서 "여려는 모수(茅蒐)로, 여인의 의복을 염색한다"고 했다. 육기의 《육소》에서는 "여려(茹藘), 모수(茅蒐), 천초(蒨草)이며, 일명 지혈(地血)이라 한다. 제(齊) 사람은 천(茜)이라 부르고, 서주(徐州) 사람은 우만(牛蔓)이라 부른다"고 했다. 《모시정의》는 "이순(李巡)이 말하길, 모수(茅蒐)는 천(茜)이라고도 불리며, 염색할 수 있다"고 했다. 《설문》에서 "천(茜)은 모수(茅蒐)다"라고 했다.

《본초강목》 권18 '천초(茜草)'는 "12월에 싹이 돋아 몇 자나 퍼진다. 네모난 줄기는 가운데에 힘줄이 있고, 바깥에 산가시가 있으며, 한 마디가 몇 촌 정도 된다. 마디마다 다섯 잎이 나며, 잎은 오약엽(烏藥葉)처럼 거칠고 떫으며, 앞은 청색이고 뒤는 녹색이다. 7~8월에 꽃이 피는데 열매가 작은 고추만하고 속에 작은 씨가 있다"고 했다. 이 '천초(茜草)'의 속칭으로는 혈견수(血見愁), 풍차초(風車草), 과산룡(過山龍), 서천왕초(西天王草), 사악근양초(四嶽近陽草), 철탑초(鐵塔草) 등이 있다.

꼭두서니의 자줏빛 또는 붉은 뿌리는 식물 염료로 쓰여 식물 섬유와 동물 가죽 등을 염색할 수 있었다. 《주례》에 기재된 내용을 보면 '염색용 풀을 관리하며 봄과 가을에 염색용 풀을 모으는 관리'가 있었다고 한다. 여기서 말하는 염색용 풀은 천초와 자초(紫草) 등이었다. 옛사람은 꼭두서니를 인간의 피가 변해서 생긴 식물이라고 여겼다. 그래서 지혈(地血)이라는 이름이 붙었다. 《사기》 '화식열전(貨殖列傳)'에 "치천(巵茜)이 천 석이면 천승의 가업에 비견된다"는 말이 나오는데, 이는 한나라 때 꼭두서니를 대규모 면적에서 재배했으며, 이런 농사를 통해 부를 축적할 수 있었음을 보여준다. 진장기(陳藏

器)의 《본초보유(本草補遺)》에는 옛사람이 양하(蘘荷)와 천초(茜草)를 써서 독을 제거할 수 있었다고 기록돼 있다. 꼭두서니 염료는 주로 조복(朝服)을 염색하는 데 썼는데, 이를 '염강(染絳)'이라고 한다.

꼭두서니는 꼭두서니과 꼭두서니속의 여러해살이 덩굴식물이다. 뿌리는 육질(肉質)의 원추형이고 여러 가닥 또는 수십 가닥이 모여서 난다. 외피는 자홍색 혹은 주황색이다. 줄기는 덩굴로 자라며 네모나고, 모서리를 따라 여러 개의 뒤집힌 가시가 있다. 잎은 네 장이 둥글게 나며 긴 잎자루가 있다. 잎의 뒷면에는 가운데 잎맥이 있고 잎자루에는 뒤집힌 가시가 있다. 취산화서로 꽃이 피며 주로 드문드문하게 원추형의 꽃 무리를 이룬다. 꽃은 작고 담황색이다. 개화기는 8~9월이고, 10~11월에 열매를 맺는다. 중국 전역에 분포한다. 뿌리와 줄기를 약으로 쓰면 지혈, 혈액 순환에 좋고 어혈을 풀어주는 효능이 있다.

《시경》이
나에게
주석을 단다면

《홍루몽(紅樓夢)》 제70회에서 "보옥(寶玉)은 보고도 칭찬하지 않고 오히려 눈물을 흘렸다"고 한 시는 임대옥(林黛玉)이 지은 〈도화행(桃花行)〉이다. 보옥은 〈석두본기(石頭本記)〉를 읽고 나무와 돌의 인연을 알게 되었다. 또한 대옥이 발끈하는 성격인 것과 세상 만물에 감사하는 마음 약한 소녀인 것도 잘 알았다. 그래서 보옥은 마음이 아파서 저도 모르게 눈물이 흐른 것이다. 그 눈물은 어떤 의미에서 빚을 갚는 것이기도 하지만, 어떤 면에서는 감정이 치솟는 것을 참지 못한 것도 있다. 글을 읽는 것은 개인의 감정이 글에 녹아들어서 갑자기 슬픔에 잠기기도 하고 마음이 일순간 어두워지기도 한다. 소설을 읽으면 시간 흐름과 운명을 부감하는 시야가 생성되지만, 삶을 사는 우리는 운명의 내부에 있기에 자신이 살아가는 일생이 어떨지 알지 못한다. 사랑을 주고받는 것도 일종의 빚이라면, 우리는 누구의 채권자이고, 또 누구의 채무자일까?

〈도화행〉에는 "난간에 기대 동쪽을 보며 흐느끼고, 붉은 치마가 몰래 복숭아꽃과 비교한다"는 구절이 있다. 의지할 곳 없이 떠도는 대옥의 운명을 헤아린 보옥은 눈물을 흘렸다. 이 시 속에 나오는 붉은 치마는 천초(茜草)로 물들인 것이다. 붉은 치마를 입은 아가씨가 방긋이 웃으며 사람을 황홀하게 한다. 이 붉은 치마가 가리고 있는 것은 의지할 곳 없는 슬픔과 괴로움의 마음이다. 그러나 이 붉은색에는 결단의 냉엄함도 있어 사람을 놀라게 한다. 《홍루몽》을 읽은 적이 있는데, '탄식'이라는 말 말고는 덧붙일 말이 없었다. 이 탄식은 천하의 사람들이 모두 공유하는 감상이다. 《홍루몽》에는 수많은 선이 나온다. 뽕나무의 누에고치 같아서 《홍루몽》을 읽다 보면 대관원에 사는 벌레가 된 것 같은 착각에 빠지곤 했다.

〈출기동문〉에서 천초로 물들인 붉은 옷이 주는 느낌은 단호하고 명쾌한 하소연이다. 이런 하소연 속에서 흰옷이 휘날리고 검은 머리와 붉은 수건이 펄럭이며 요동치는 음표 속에서 영원히 마음속에 머물던 사랑이 깊은 시간 속에서 막 빠져나오려 하고 있다.

〈출기동문〉은 애틋한 사랑과 동시에 충절을 다하는 마음을 노래한다. 비겁한 사랑은 모두 잃어버린 사랑이다. 동문에 서 있는 이 남자는 용감하게 사랑을 이야기한다. 그는 삼천 세계의 강물이 있어도 당신만이 나를 태우는 유일한 배입니다. 시는 담담함으로 끝없는 유혹을 구름처럼 흩어지게 만들었다. 이처럼 마음속에 깊이 뿌리내린 사랑은 도대체 어떻게 형성되었을까?

이 시에 나오는 여려(茹藘), 즉 천초(茜草)는 꼭두서니다. 4~5월에 새싹이 돋아나고 그 후에 녹색잎이 나며 9~10월에 산비탈에서 눈에 띄지 않는 작고 노란 꽃이 핀다. 열매가 맺히면 서리가 내리는 가을의 차가운 땅속에서 뿌리를 캔다. 흙을 털고 수염뿌리를 정리한 후 말려서 가루로 만들어 발효시킨다. 오래전 붉은색 염료를 만들던 비법이 바로 이것이다. 그런 다음 흰 명주천을 염료 항아리에 담가서 색깔 중에서도 가장 강렬하고 열렬한 색인 빨강으로 물들인다. 《시경》에 요람(蓼藍)이라는 식물이 나오는데, 오래전부터 사용되던 청색 염료의 재료다. 파랑은 조용하고 겸손하며 내성적이다. 또한 파랑은 모성의 안정감을 주는 색이기도 하다. 빨강은 정반대로 격동적이고 열정적이며 광폭한 성질이 있다. 빨강은 화염과 피, 생사의 순간을 떠올리게 한다. 이런 지워지지 않을 각인으로 깃발과 옷에 새겨지는 것은 꼭두서니의 영혼이자 사람의 몸에서 맥동하며 흐르는 뜨거운 피다.

전한시대에 장건(張騫)은 실크로드를 개척하며 '진홍(真紅)'이라고 상찬받은 홍화(紅花) 염료를 서역에서 들여왔다. 홍화 염료가 들어오기 전에 빨간색 염료를 만드는 가장 중요한 재료가 바로 꼭두서니였다(그 외에는 광물 염료인 주사硃砂가 있다). 꼭두서니는 세상을 꾸미는 색깔로서 없어서는 안 될 위치를 가졌던 것이다.

우리가 들판을 바라볼 때는 저 푸르기만 한 색채 속에 무수한 다른 색이 숨어 있다는 신비로움은 상상하기 어렵다. 온갖 꽃이 피고 또 아름다움조차 시들 때에도 우리는 어쩌면 꼭두서니라는 산에 자라는 풀이 인류에게 죽음을 두려워하지 않는 심지를 알려줄 거라는 사실을 미처 예상하지 못하고 있었을 것이다.

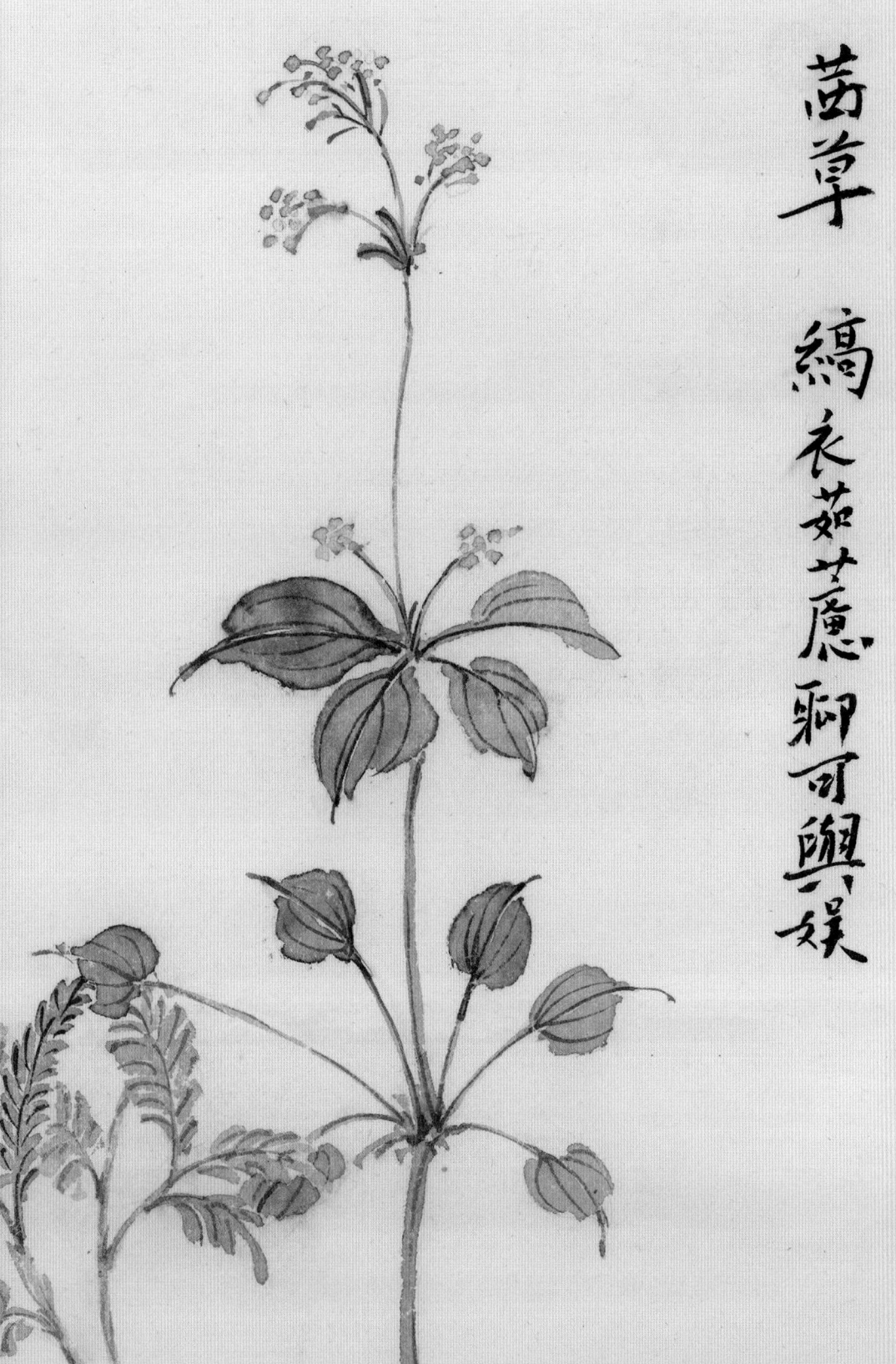

茜草 縞衣茹藘 卿可興娛

36 패란과 초작약

봄 강물과
꽃으로 보여주는
애정

진유(溱洧)

진수(溱水)와 유수(洧水), 마침 봄이 와 물살이 거세졌네
남자와 여자, 마침 난초를 손에 들고 있네
여자가 말하길, "가서 볼까요?"
남자가 말하길, "이미 갔다 왔습니다."
"그래도 같이 가서 볼까요? 유수 건너편이 참으로 즐거울 텐데요."
남자와 여자가 웃으며 장난치고 작약을 선물하네

溱與洧, 方渙渙兮.
士與女, 方秉蘭兮.
女曰: "觀乎?"
士曰: "旣且."
"且往觀乎? 洧之外, 洵訏且樂."
維士與女, 伊其相謔, 贈之以勺藥.

진수와 유수, 물이 깊고도 맑다네
남자와 여자, 강변에 사람이 가득하네
여자가 말하길, "가서 볼까요?"
남자가 말하길, "이미 갔다 왔습니다."
"그래도 같이 가서 볼까요? 유수 건너편이 참으로 재미날 텐데요."
남자와 여자가 웃으며 장난치고 작약을 선물하네

溱與洧, 瀏其淸矣.
士與女, 殷其盈兮.
女曰: "觀乎?"
士曰: "旣且."
"且往觀乎? 洧之外, 洵訏且樂."
維士與女, 伊其將謔, 贈之以勺藥.

잡다한 해설

〈진유〉는 몹시 선명한 사랑의 서사시다. 일상적인 대화문을 사용하는 것 같지만 단순한 일상 대화처럼 간단하지는 않다. 그저 일상 대화여서는 시가 될 수 없다. 한 걸음 물러서서 일상적 면모가 약간 황홀해 보이게 만들어야 한다. 한 걸음을 더 물러서서 눈을 감으면 영혼의 그림자가 떠오를 것이다. 그때 서사의 깊은 곳에서 감정의 파도를 느끼고 마음의 동요를 체득할 수 있다. 서사의 겉껍질과 운율의 리듬이 잘 어우러져 애증의 정서가 그림처럼 선명하게 드러난다. 이런 대화여야 비로소 시가 될 수 있다. 〈진유〉의 언어는 고전적인 형식으로, 《시경》에서도 매우 드문 형태다. 부비흥(賦比興)으로 대표되는 시학 전통을 벗어나 자유롭고 경쾌하게 글을 쓰고, 언어의 리듬과 형식의 다양성을 추구하는 작품이다. 자연스럽고 아무 흔적도 없어 보이는 대화체에다 세 글자, 네 글자, 다섯 글자가 들쭉날쭉하게 길고 짧은 구절을 형성한다. 이처럼 시어의 자유로운 문장 형태는 중국 운율시 전통에 포함되지 못했다. 그렇기에 더욱 자유로운 단어의 읊조림에서도 직접적이고 일상적인 대화체를 거부한다. 〈진유〉의 놀라운 점은 그런 형식이 현대시의 표현에 매우 가깝다는 사실이다.

이 시는 봄날 교외로 나가 푸른 들을 거닐며 노는 답청(踏靑), 유춘(遊春)을 주제로 하는 시의 오래된 모범 사례다. 〈진유〉는 중요하고 역사가 유구한 풍습에 기대어 이야기를 전개한다. 《태평어람(太平御覽)》에서는 한시(韓詩)의 한 구절을 가져와 "이 풍습이 성행할 때 남자와 여자가 난초를 쥐고서 사악한 것을 털어냈다. 정나라의 풍속에 따르면 3월 상사일(上巳日) 아침에 두 군데 강에 가서 혼을 부르고 백을 이으며 불길한 것을 버렸다"고 했다.

상사일(上巳日)이란 3월 상순의 사일(巳日)을 말한다. 이 절기는 수계(修禊)라고도 불렀다. 왕희지(王羲之)의 《난정집서(蘭亭集序)》에서는 "영화(永和) 9년 계축년의 3월 상순에 회계(會稽) 산음(山陰)의 난정(蘭亭)에 모여 수계(修禊)를 했다"고 적었다. 상사절의 풍속이 널리 퍼져 있었음을 알 수 있다. 〈진유〉는 이 풍습의 무대에서 젊은 남녀가 진수(溱水)와 유수(洧水) 두 강가에서 눈부신 봄 햇살을 맞으며 사랑하는 사람의 발걸음을 쫓아가 서로 마음을 표현하는 것을 그렸다. 아름다운 사랑의 꽃이 봄풀 사이에서 피어나고 있는 장면이다. 열렬하고 순정적이며 솔직한 사랑의 말이 마음속에서부터 넘쳐흐른다. 이 간결한 시는 신기하게도 서정과 대화의 두 가지 기능을 다 잘 살렸다. 읽는 사람들에게 감미로운 사랑을 떠올리게 하고, 옛날 상사절 풍습의 모습을 상상하게 한다.

요제항(姚際恒)의 《시경통론》은 정풍의 음란한 시가 〈장중자〉와 〈진유〉 두 편뿐이라고 여긴다. 확실히 시의 생동감을 생각하면 〈장중자〉와 〈진유〉는 대화체와 시어를 잘 결합시켰다. 독자들은 대화 속에서 시공간을 초월한 현장감을 느낄 수 있고, 뭔지 모르지만 진실하게 느껴지는 감정이 시의 세계에 가득 차 있음을 느끼게 된다. 유생들은 〈진유〉를 읽고서 여자가 이렇게 능동적으로 연정을 드러내며 자기가 먼저 남자에게 멋진 풍경을 보러 가자고 권유하는 것을 보며 불편함을 느꼈다. 그들은 예악이 땅에 떨어져서 인간성의 나쁜 면을 드러냈다고 여기고 〈진유〉가 음란한 시라고 질책한다. 유생들이 보기에는 당연한 일일지 모른다. 그러나 개인의 자유의지와 인류애로써 현대를 구성한 오늘날 사람들이 〈진유〉를 읽으면 오히려 더욱 깊이 감응하게 된다. 현대인은 사랑 속에서 마음을 나누고 인생을 함께 경험하는 것을 더욱 중요하게 여길 것이다. 〈진유〉의 서사에는 이런 평등의식 아래서 활달한 이성이 드러난다.

사랑에 푹 빠진 두 사람의 영혼은 이렇게 순수하고, 시야 역시 드넓다. 그들의 사랑하는 모습은 수천 년이 지나도 여전히 가장 아름다운 장면일 것이다.

내가 《시경》에 주석을 단다면

1

溱與洧, 方渙渙兮. 진수(溱水)와 유수(洧水), 마침 봄이 와 물살이 거세졌네
士與女, 方秉蘭兮. 남자와 여자, 마침 난초를 손에 들고 있네
女曰: "觀乎?" 여자가 말하길, "가서 볼까요?"
士曰: "既且." 남자가 말하길, "이미 갔다 왔습니다."
"且往觀乎? 洧之外, 洵訏且樂." "그래도 같이 가서 볼까요? 유수 건너편이 참으로 즐거울 텐데요."
維士與女, 伊其相謔, 贈之以勺藥. 남자와 여자가 웃으며 장난치고 작약을 선물하네

진여유(溱與洧) 진(溱)과 유(洧)는 모두 옛날의 물 이름이다. 한나라 때 지리학자인 상흠(桑欽)이 《수경(水經)》의 '진수편(溱水篇)'에서 "진수는 정현(鄭縣) 북서쪽 평지에 있다. 동쪽으로는 기현(其縣) 북부를 지나가고, 이어 남동쪽으로 기현 남부를 지나가며, 더 남쪽으로 가면 유수(洧水)와 합류한다"고 했다.

방환환혜(方渙渙兮) 방(方)은 바로 그러하다라는 뜻이다. 시의 뜻을 이끄는 역할을 하는 단어다. 환환(渙渙)은 《정전》에서 "봄이 한창일 때 얼음이 녹으면 물이 '환환(渙渙)'해진다"고 했다. 물이 세차게 흐르는 모습을 말한다.

사여녀(士與女) 결혼 적령기의 남녀를 가리킨다.

방병간혜(方秉蘭兮) 우운진의 《시지》에서는 "두 번의 방(方) 자로 표정이 좋아지는 변화를 표현한다. 묻고 답하는 내용이 간결하고 완곡하다"고 평가했

다. 병(秉)은 손에 들다, 휴대하다라는 뜻이다. 간(蕳)은 '식물 이야기'를 참고하기 바란다.

여왈: "관호?" 사왈: "기차."(女曰: "觀乎?" 士曰: "旣且.") 여자가 물었다. "같이 가실래요?" 남자가 얼떨결에 대답했다. "나는 이미 다녀왔습니다."

"차왕관호? 유지외, 순우차락."("且往觀乎? 洧之外, 洵訏且樂.") 순(洵)은 순(恂)과 통용된다. 확실하다라는 뜻이다. 우(訏)는 우(籲)의 통용자다. 넓다, 광대하다라는 뜻이다. 간절한 말투로 미뤄 볼 때 여자가 남자를 무척 좋아한다는 것을 알 수 있다. 저와 같이 잠시 가보시지요. 유수 건너편을 보세요, 정말 시끌벅적하군요. 정말 즐거울 거예요.

유사여녀, 이기상학, 증지이작약(維士與女, 伊其相謔, 贈之以勺藥) 유(維)는 어조사라서 실질적인 뜻이 없다. 그러나 남자가 은근히 기뻐하는 것이 이 글자에서 느껴진다. 남자는 여자의 권유에 기꺼이 응하는 것이 분명하다. 두 사람은 가는 길에 서로 농담을 주고받는다. 작약(勺藥)은 신이(辛夷)라고도 불리는 식물 삭약(芍藥)을 말한다. 옛 이름이 깅리(江離)여서 헤이길 때 건네는 꽃이다. 이 꽃에는 다시 만나자는 약속이 담겨 있다. 자세한 내용은 '식물 이야기'를 참고하기 바란다.

2
溱與洧, 瀏其清矣. 진수와 유수, 물이 깊고도 맑다네
士與女, 殷其盈兮. 남자와 여자, 강변에 사람이 가득하네
女曰: "觀乎?" 여자가 말하길, "가서 볼까요?"
士曰: "旣且." 남자가 말하길, "이미 갔다 왔습니다."
"且往觀乎? 洧之外, 洵訏且樂." "그래도 같이 가서 볼까요? 유수 건너편이 참으로 재미날 텐데요."
維士與女, 伊其將謔, 贈之以勺藥. 남자와 여자가 웃으며 장난치고 작약을 선물하네

류기청의(瀏其淸矣) 류(瀏)는 《모전》에서 "깊은 모습"이라고 했다. 《설문》에서는 "깨끗하게 흐르는 모습"이라고 했다. 이 구절은 정말 멋진데, 깊고도 맑은 물줄기가 옥처럼 빛난다. 앞의 두 구절은 서사이면서도 감정적으로 열정과 순수함을 불러일으킨다.

은기영혜(殷其盈兮) 은(殷)은 남녀가 모여서 사람 수가 많은 것을 말한다. 영(盈)은 군중이 진수와 유수 강변에 가득하다는 뜻이다.

3

〈진유〉는 전부 스물네 개의 구절로 구성되며, 시의 작법이 몹시 대담하여 20개의 구절은 전부 중복이고 단 4개만 다르다. 그러나 시를 읽을 때 조금도 반복된다거나 답답한 느낌이 없다. 마치 모든 구절이 특별한 새로움을 품고 있는 듯하다. 우리는 이 상사절에 얼마나 많은 남녀가 모여서 각자 마음에 드는 상대를 찾으려 하는지 모른다. 다만 불어난 맑은 강물, 향기를 뿜는 난초, 활짝 핀 작약, 수줍고 매혹적인 웃음만 볼 수 있다. 상사절은 액을 막고 복을 구하는 절기지만 젊은 남녀가 연인을 찾는 명절이기도 하다. 상사절은 중국에서 가장 오래된 연인들의 날인 셈이다.

식물 이야기

1

간(蕳)은 《모전》에서 "난초다"라고 했다. 육기의 《육소》는 "간(蕳)은 곧 난(蘭)이고, 향초다. 《춘추》에 이르길 '난초를 베어서 죽었다'고 했고, 《초사》에서는 '가을 난초를 엮는다'고 했으며, 공자는 '난초는 왕을 위해 향기를 뿜는다'고 했는데, 모두 간(蕳)을 말한다. 줄기와 잎은 약초인 택란(澤蘭)과 같고, 넓고 긴 마디가 있는데 마디 가운데가 붉다. 높이는 4~5척이 된다. 한나라 때 여러 연못 화원과 허창(許昌)의 궁궐에 대부분 심었다. 화장분에 넣거나 옷과 책 사이에 숨기면 반대좀 등 곤충의 피해를 막을 수 있다. 정나라의 풍속에 3월이면 남녀가 간(蕳)을 들고 물가로 가서 부정한 것을 없앤다. 난(蘭)으로 삿된 것을 막는다거나 간(蕳)으로 씻된 것을 막는다는 뜻은 같은 것이다." 《회남자(淮南子)》에는 "남자가 난초를 심으니 아름답지만 향기가 없었다. 그래서 난초는 여자가 심어야 한다. 여란(女蘭)이라는 이름은 이것 때문일 것이다. 그 잎은 국화와 비슷하고, 여자와 어린아이가 난초를 차고 다니기 좋다. 여란(女蘭), 해국(孩菊)이라는 이름도 이것 때문일 것이다"라고 했다.

당나라 이전의 옛사람이 말하는 난초(蘭草)는 국화과 택란(澤蘭)속의 식물이다. 송대 이후의 난화(蘭花)야 말로 현대의 난초과 식물이다. 택란속 식물은 예로부터 잘 알려진 향초로, 보편적으로 흔히 보이는 것은 대마엽택란(大麻葉澤蘭)이다. 옛사람들은 택란류 식물을 특별히 세분하지 않았지만 중국의 유구한 난초 문화는 이 택란의 청량한 향기에서 시작되었다. 성인(聖人)이 자신의 절개를 난초에 비유하고, 충신이 난초의 덕성에 자신을 의탁하며, 문인은 난초에 군자를 비유하고, 미인은 난초로 자신의 자긍심을 드러냈다. 상사절에 휴대하는 난초는 택란속의 패란(佩蘭, 벌등골나물)일 것이다. 택란을 끓여서 그 물로 목욕하고, 패란을 가지고 가서 액을 막고 복을 빌었다. 후난

성 창사(長沙)에 있는 전한 초기의 마왕퇴(馬王堆) 옛 무덤에서 잘 보존된 패란의 열매와 잎 조각이 발견되었다. 이는 패란이 고대인의 생활에서 중요한 상징을 지녔음을 보여준다. 한의학에서 패란은 식물체 전부를 약으로 쓰는데, 성질이 온건하고 맛은 매우며, 습기를 없애고 위를 튼튼하게 하며 더위를 물리치는 데 좋다.

패란은 국화과 택란속의 여러해살이풀이다. 높이는 40~100센티미터이고 땅속줄기는 가로로 뻗으며 연한 적갈색이다. 줄기는 곧게 서고 녹색 또는 적갈색이며 짧고 부드러운 털이 드문드문 난다. 잎은 홑잎으로 마주난다. 두상화서로 가지 꼭대기에 꽃이 핀다. 총포(總苞)는 종 모양이며 2~3개의 층으로 이루어진다. 총포는 자홍색이고, 꽃은 흰색 혹은 약간 붉은 색을 띤다. 하나의 꽃 속에 수술과 암술이 모두 있는 양성화다. 습하고 따뜻한 기후를 좋아하며, 관목 덤불, 습지에서 자란다. 식물체, 꽃을 문지르면 라벤더와 비슷한 향기를 풍긴다.

2

작약(芍藥)은 《모전》에서 "향초다"라고 했지만 사실 향기가 없다. 《정전》은 헤어질 때 작약을 선물하는 풍습을 두고 은정을 맺는다고 했다. 마서진의 《통석》은 "한시(韓詩)에는 작약을 합리초(合離草)라고 보는데, 계고편(稽古篇)에서는 동씨(董氏)의 말을 인용해 작약은 강리(江籬)라고 한다"고 설명했다. 《본초강목》 권14 '작약(芍藥)'에서는 "장리(將離), 이식(犁食), 백목(白木), 여용(餘容), 연(鋋)으로도 불린다. 흰 것은 이름을 금작약(金芍藥)이라 하고 붉은 것은 이름을 목작약(木芍藥)이라 한다", "작약은 작약(婥約)과 같다. 작약(婥約)이란 고운 자태다"라고 했다. 위진시대의 최표(崔豹)는 《고금주(古今注)》에서 "작약은 두 종류가 있으니 하나는 초작약(草芍藥)이고 다른 하나는 목작약(木芍藥)이다. 목작약은 꽃이 크고 색이 짙어서 속칭으로 모란(牡丹)이라고 부르지만 같지 않다"고 했다. 옛날에 작(勺)과 약(約)은 음이 같아서 작약(芍藥)은 쌍성사(雙聲詞)라고 한다. 연인이 헤어질 때에 작약을 선물하며 사랑을 표현하고 다시 이후의 약속에 대한 기대를 드러냈다. 사람이 재배하는 작약은 예로부터 중요한 관상용 화초였으며 꽃 색깔이 부드럽고 아름답기로 유명하다. '모란은 꽃의 왕이고 작약은 꽃의 재상이다'라는 말이 있으니 모란과 작약이 모두 꽃 중에서는 귀족인 셈이다. 〈진유〉에서는 상사절에 남녀가 만나는 장소가 강변의 평지인데, 야생 상태로 작약이 만개했을 가능성이 큰 쪽을 생각하면 초작약(草芍藥)이 좀 더 정확할 듯하다.

초작약(草芍藥, 산작약)은 미나리아재비과 작약속의 여러해살이풀이다. 뿌리는 굵고 긴 원통형이다. 줄기는 높이가 30~70센티미터이고 꼭대기에 작은 잎이 뒤집힌 계란형 또는 넓은 타원형으로 난다. 꽃은 단성화이고 직경이 7~10센티미터, 꽃잎은 6장이며, 색깔은 흰색, 빨간색, 자주색이 있다. 꽃은 5~6월에 피고 열매는 9월에 맺는다.

《시경》이
나에게
주석을 단다면

봄이 올 징조는 무엇일까. 〈진유〉는 단지 '환환(渙渙)'이라는 두 글자로 완벽하게 그 분위기를 살렸다. 얼음과 눈이 녹는 소리가 가라앉고, 강물이 불어나는 소리가 올라온다. 복숭아꽃이 피어 땅에 연지를 바른 듯하고, 바람과 물보라가 생동감 넘치는 기운을 만물에 스며들게 하며, 청춘이 대지를 향해 외친다. 이 두 글자가 겨울에 속박된 고요함을 해방시켜 사계절과 온 세상이 서서히 막을 열 준비를 한다.

〈진유〉는 막 사랑에 빠진 사람을 순수하고 열정적으로 그려내는 바람에 자연히 도덕을 외치는 이들에게 질책을 받았다. 자유분방한 마음을 대할 때 권력과 질서는 항상 통제할 수 없으리라는 우려를 느낀다. 현대의 고전 시가 연구자인 궈모뤄(郭沫若), 원이둬(聞一多), 첸중수(錢鍾書)는 사회 인류학의 관점에서 〈진유〉를 읽고, 선조들의 생식 숭배가 당시 민심과 풍속에 미친 영향을 살폈다. 유가 사상의 질책에서 벗어나 시 자체를 보자면, 〈진유〉에는 문화의 변천과 식물 세계가 서로 화답하는 감각, 마음을 다해 지켜낸 사랑의 감동이 이 시에 흐르고 있다. 시의 중심에는 봄날의 사랑이 우리 인생에 주는 의의가 담겼다.

〈진유〉에서 남녀가 만난 날은 중국 민간의 전통 명절인 상사절이다. 음력 3월 3일에 사람들은 신관을 따라 결혼과 출산을 장관하는 신령인 고매(高禖)에게 제사를 지내고 향초를 태운다. 그리고 액운이 지나가길, 바람과 비가 순조롭길, 자손이 많고 복이 있기를 빌었다. 상사절은 사람들이 결혼과 출산의 신을 경배하는 의식일 뿐 아니라 젊은 남녀가 만나고 장난치고 하소연하는 연애의 장이기도 했다. 한나라 때도 상사절 풍습은 해마다 여전했지만,

갈수록 귀족과 관리가 자기 부와 권력을 과시하는 무대로 삼으면서 민간에서 전파되던 힘은 점점 약해졌다.

이 시에 나오는 간(蕑)은 현대 식물학에서 국화과 택란속의 패란이다. 패란이 중국 문화에 끼친 정신적 영향력은 공자의 탄식과 굴원의 충심에 기댄 것이다. 〈의란조(猗蘭操)〉에 이렇게 기록되어 있다. "공자가 노나라로 돌아가던 길에 은곡(隱谷)에서 향기로운 난초가 피어 있는 것을 보고 '난초는 왕을 위하여 향기를 뿜는데 지금 여기서 다른 풀과 나란히 자라고 있구나'라고 한탄했다." 여기서 난초는 공자가 자신을 비유한 것이다. 난초의 향기는 왕의 향기라고 하는데, 말하자면 덕이 있는 것이다. 왕의 향기는 맑고 고요하며 담담하고 아득하다. 이렇게 난초는 중국의 문인과 사대부가 추구하는 내면의 품성을 상징하게 되었다. 굴원은 《이소》에서 '가을 난초를 엮어서 찬다'고 읊었다. 굴원은 난초를 그저 멀리서 바라보며 감탄하는 데 그치지 않고 인생의 격조와 추구하는 바로 삼았던 것이다. 당나라 때가 되면 난화(蘭花)가 점점 중국인의 화원에 들어온다. 우리가 '천향국색(天香國色)'이라고 흔히 표현하는 아름다움의 묘사에서 '향(香)'은 더 이상 《시경》에 나오는 난초를 가리키지 않게 되었다. 북송의 황정견(黃庭堅)이 〈서유방정(書幽芳亭)〉 중 "난혜총출(蘭蕙叢出)"에 나오는 난화다. 신량하고 지혜로운 사람을 묘사할 때 쓰는 난질혜심(蘭質慧心)이라는 말 역시 난초과 식물인 난화를 가리킨다.

이 시에 등장하는 다른 식물로는 연인끼리 주고받는 작약이 있다. 《본초강목》에서는 "작약은 작약(婥約, 아름다운 자태)과 같다"고 했고, 최표의 《고금주》에서는 "작약은 두 종류가 있으니 하나는 초작약(草芍藥)이고 다른 하나는 목작약(木芍藥)이다"라고 했다. 이 시에서 묘사한 장면을 보면 물가의 평지에 작약이 피었을 것이다. 아직 꽃봉오리인 것과 활짝 핀 꽃이 뒤섞여 있는 초작약(草芍藥), 즉 산작약을 상상해 보자. 이제 헤어져 각자 집으로 돌아가야 하는 연인의 대화, 아쉬운 감정도 떠올려보자. 수천 마디 말보다 손에 쥔 아름다운 작약만큼 마음을 위로해 주기는 어려울 것이다. 작약을 선물한다는 것은 강물 사이로 말로 다할 수 없는 깊은 정이 흘러가는 것과 같다. 사랑을 노래하는 이 시의 정서는 잔잔한 물결이라기보다 거센 풍랑처럼 소용돌이쳐 올라오는 것에 가깝다.

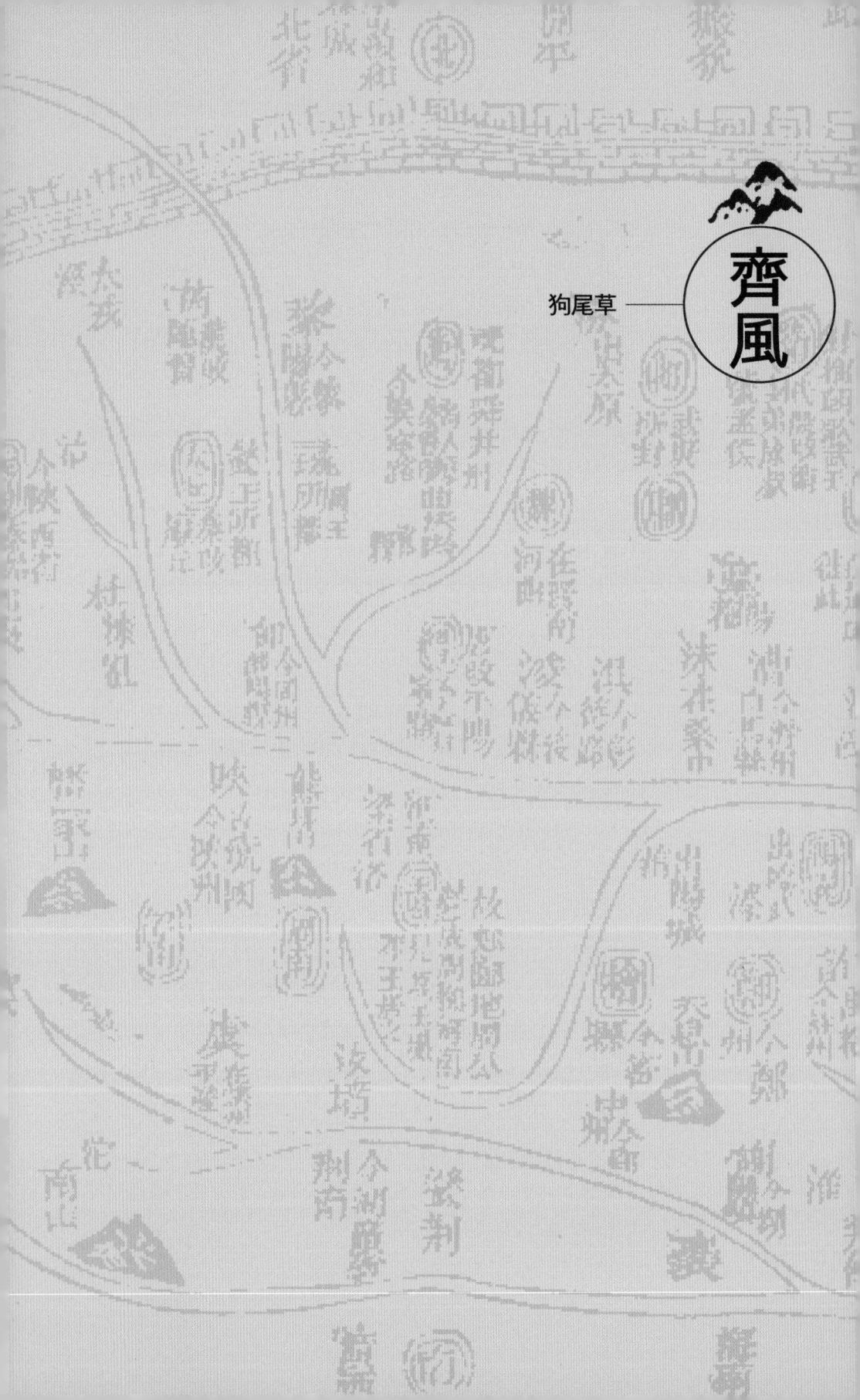

狗尾草 —— 齊風

제풍(齊風)

지리적 위치

제나라는 주 무왕이 개국에 공을 세운 강상(姜尙)에게 준 봉지다. [강상은 성이 강(姜), 씨가 여(呂)이며, 이름이 상(尙)이다. 또 다른 이름으로 망(望)이 있다. 자는 자아(子牙)인데, 단독으로 아(牙)라고 지칭하기도 한다. 별호로는 비웅(飛熊)이 있다. 문왕이 그를 태사(太師)로 봉했기에 태공망(太公望)이라고도 불린다. 잘 알려진 강태공(姜太公)이 바로 그이며, 제나라 문화의 창시자다.] 나중에 제나라가 주변의 소국을 병합하여 춘추시대에 가장 강력한 제후국이 되었고, 영토는 대체로 오늘날 산둥성의 칭저우(靑州), 임치(臨淄, 옛 지명), 웨이팡(濰坊), 후이민(惠民), 더저우(德州), 타이안(泰安), 그리고 허베이성의 창저우(滄州) 지역 남부를 포함하게 되었다. 제풍은 이 지역의 풍습과 민심, 시사를 기록한 시다. 제나라는 바다에 접해 있어 생선과 소금이 많이 생산되고, 방직과 자수 등의 수공업도 발달하였다. 태공 강상 이후 15대를 지나 제환공(齊桓公, 기원전 685년 즉위) 때에 이르러 천하를 제패하였다. 그 후 다시 14대를 내려오면서 국가의 실권은 전씨(田氏)의 손에 넘어갔고, 제나라는 점차 쇠락했다. 《좌전》 '양공(襄公) 29년'의 기록에 따르면 기원전 542년 오(吳)나라 공자 계찰(季札)이 노나라에 도착하여 제풍의 가락을 듣고 "아름답구나, 광대한 세찬 바람이여, 동해를 표상하는 자는 그 태공인가? 이 나라를 측량할 수 없다"라고 찬미하였다. 제풍 가락의 장엄함을 알 수 있다.

③⑦ 강아지풀

희롱당한
황량함

보전(甫田)

커다란 밭을 경작하지 마라, 강아지풀만 펄럭펄럭 자란다
멀리 간 사람을 그리워하지 마라, 걱정하는 마음이 힘들다

無田甫田, 維莠驕驕.
無思遠人, 勞心忉忉.

커다란 밭을 경작하지 마라, 강아지풀만 높다랗게 자란다
멀리 간 사람을 그리워하지 마라, 아파하는 마음이 힘들다

無田甫田, 維莠桀桀.
無思遠人, 勞心怛怛.

어리고 곱던 총각(總角) 머리 아들을
곧 만나 보면 관을 쓴 어른이 되었으리라

婉兮孌兮, 總角丱兮.
未幾見兮, 突而弁兮.

잡다한 해설

　　망명한 남자를 그리워하든, 멀리 군대에 가 있는 남편을 그리워하든, 그리움의 대상은 시를 쓰는 사람에게는 그림처럼 선명하다. 그러나 시를 쓸 때는 그렇게 직접적으로 말할 필요가 없다. 〈보전〉은 분명히 순수한 그리움의 시다. 모든 그리움은 일종의 병이라서 〈보전〉에 등장하는 인물 역시 뼛속까지 스며든 그리움 때문에 심지어 환각을 일으키기도 한다. 홀로 집을 지키는 아내는 떠난 지 여러 해가 지나도록 돌아오지 않는 남편을 원망했지만, 마음속 깊은 곳에 있는 것은 한없는 그리움이다.

　　〈보전〉의 좋은 점은 바로 이런 온유하고 돈후한 마음이다. 시의 처음 두 장은 그리움 속에서 애써 참았던 슬픔과 근심을 쓴다. "무전(無田)"이라는 두 글자는 겉으로는 자제하는 것 같지만, 사실은 오히려 마음의 매듭을 더욱 팽팽하게 잡아당긴다. 마지막 장에서 갑자기 방향을 틀어 반가운 만남에 웃는 얼굴이 드러나려는 모습이 보인다. 시의 끝에 이르러 슬픔과 기쁨이 마음속에 모이고, 또 점차 상실과 원망의 감정이 가득 차서 이루 다 말할 수 없는 탄식을 만든다. 근심, 기쁨, 원한이 모두 한 편의 시에 담겨 있고, 빠르지도 느리지도 않게 감정들이 저마다 하나의 시공간을 차지한다. 겉으로 보기에는 담담하지만 자세히 생각해 보면 감정들이 부대끼며 제멋대로 솟구치는 여러 가지 마음의 동요가 있다.

청나라 사람 진진(陳震)은 《독시식소록(讀詩識小錄)》에서 〈보전〉의 마지막 장 첫 두 구절을 이렇게 평했다. "분위기가 갑자기 바뀌었으나 앞의 두 장과 이어지지 않는 듯 절묘하게 이어진다." 마지막 장의 끝 두 구절에 대해서는 이렇게 썼다. "기이하고 오묘한 구절이다. 앞에 나오는 네 개의 무(無) 자와 잘 어울린다." 이러한 급격한 전환의 글쓰기는 기발한 시공간의 접힘을 형성한다. 평소의 서사와 의식의 흐름을 시의 세계에서 병행하며 교차되게 했다. 이 시를 통해 오늘날의 독자들은 먼 옛날 《시》의 시대에 이미 서사적 기법과 의식의 흐름 기법이 싹텄음을 알게 될 것이다.

《모시서》는 "대부가 양공(襄公)을 풍사한 것이다. 예의가 없으면서 큰 공적을 원히고, 덕을 닦지 않으면서 제후들이 따르길 바라며, 뜻은 크나 마음이 피로하니 실제로 구하는 것은 그 도리가 아니다"라고 했다. 형인 제양공, 여동생 문강, 조카 노장공(魯莊公) 사이의 이야기를 둘러싸고 도덕, 예법, 윤리의 충돌이 얽혀 있는데, 〈보전〉을 통해 우리는 제양공이 여동생과 사랑을 나누는 패륜을 저질렀지만 이 사람이 결코 철저하게 나쁜 놈은 아니고, 문강 역시 오로지 음탕한 여인만은 아니라는 것과 노장공은 좋은 군주일 것임을 느끼게 된다. 그러나 역사의 파편을 벗겨내면 《모시서》가 말하는 풍자성은 이미 〈보전〉이라는 시가 지닌 현대적인 감화력과 별로 관계가 없다.

내가
《시경》에
주석을 단다면

1
無田甫田, 維莠驕驕. 커다란 밭을 경작하지 마라, 강아지풀만 펄럭펄럭 자란다
無思遠人, 勞心忉忉. 멀리 간 사람을 그리워하지 마라, 걱정하는 마음이 힘들다

무전보전(無田甫田) 앞의 전(田) 자는 전(畋)의 가차자로 쓰였다. 경작하다라는 뜻이다. 보전(甫田)은 《설문》에서 "보(甫)는 남자의 미칭이다"라고 했다. 단옥재가 쓴 주해를 보면 "모든 남자가 다 이 호칭으로 불릴 수 있는데, 남자가 관을 쓸 수 있는 나이가 되면 이렇게 불리기 시작하므로 의미가 확장되어 시작, 크다는 뜻이 되었다"고 했다. 선진시대에 큰 밭은 귀족이나 영주의 소유였다. 은유의 관점에서 이해하면 제후나 귀족의 정무를 보는 것을 뜻하고, 사실 그대로를 쓴 것이라면 귀족의 농사를 대신 짓는 소작농을 가리킨다.

유유교교(維莠驕驕) 유(維)는 문장을 시작하는 용도로 쓰였다. 의미를 특별히 강조하는 것이다. 유(莠)는 들판의 잡초나 해로운 풀을 말하며, 구미초(狗尾草, 강아지풀)다. 상세한 설명은 '식물 이야기'를 참고하기 바란다. 교교(驕驕)는 한시(韓詩)에서 교교(喬喬)로 쓰였다. 교(驕)는 교(喬)의 가차자다. 《이아》에서는 "교(喬)는 높다는 것이다"라고 했다. 진환의 《모시전소(毛詩傳疏)》에서는 "《설문》에서 '조(좁쌀)는 아래로 자라고 유(莠)가 높이 자란다'고 했다. 잡초인 유(莠)가 그 위로 솟아오르고 조는 오히려 뿌리 쪽으로 늘어져 있는 것처럼 보이니 이를 양(揚, 바람에 날리다 혹은 올리다)이라 한다. 교교(驕驕)란 양(揚)의 뜻이 있다"고 설명했다.

무사원인(無思遠人) 그리움이 없는 원망과 분노는 그리움이 너무 깊고 힘든 데서 비롯된다.

도도(忉忉) 걱정스러운 모습, 불안감, 우울감. 사물과 형상이 서로 비추듯 말과 마음이 다른데, 이 시의 첫 장에서는 《시경》에서 흔히 볼 수 있는 깊은 정을 다루는 글쓰기 기법이 나타난다. 생각이 없다는 것은 생각이 너무 깊다는 것이다. 그립지 않다는 것은 오히려 더 깊은 그리움을 말한다. 이른바 갈고리가 있는 글이란 이렇게 사람의 마음을 낚아 끌어당기는데, 바로 이런 구절을 말한다.

2
無田甫田, 維莠桀桀. 커다란 밭을 경작하지 마라, 강아지풀만 높다랗게 자란다
無思遠人, 勞心怛怛. 멀리 간 사람을 그리워하지 마라, 아파하는 마음이 힘들다

걸(桀) 게(揭)의 가차자다. 게(揭)는 높이 드는 것을 말한다. 강아지풀이 야만스럽고 서실세 자라난 모습을 가리킨다. 그리움의 극치를 암시하는 말이다.

달달(怛怛) 《설문》에서 "달(怛)은 곧 참(憯)이다. 참(憯)은 아프다는 것이다"라고 했다. 슬프고 괴롭다, 마음이 아프다는 뜻이다. 그리움의 정도가 비통해서 죽고 싶을 정도임을 말한다. 감정이 1장에 나온 도도(忉忉)보다 한 단계 더 깊어졌다. 1장과 2장에서는 마음속의 현이 팽팽한 정도에도 차이를 나타내며, 그리움이라는 감정의 미묘한 변화를 보여준다.

3
婉兮孌兮, 總角丱兮. 어리고 곱던 총각(總角) 머리 아들을
未幾見兮, 突而弁兮. 곧 만나 보면 관을 쓴 어른이 되었으리라

완혜련혜(婉兮孌兮) 완(婉)과 련(孌)은 《모전》에서 "어리고 용모가 아름답다"

라고 했다. 완(婉)은 부드럽게 아름답고, 련(孌)은 곱고 예쁘게 아름다운 것이다.

총각관혜(總角丱兮) 총각(總角)은 옛날 어린이의 머리 장식이다. 《모전》에서는 "머리카락을 둘로 모은 것"이라고 했다. 머리카락을 이마 양쪽에 모아 묶어서 양의 뿔[羊角]처럼 만든다. 그래서 총각(總角)이라고 불렀다. 《설문》에서는 "괴(丱)는 양의 뿔을 말하는데 모양을 따서 글자를 만들었다"고 했다. 괴(丱) 자는 옛날에 획을 생략하여 관(卝) 자로 썼는데, 관(丱)이 이것의 속자다. 이 구절의 의미는 '총각'이라는 머리 모양이 양의 뿔처럼 솟아 있다는 것으로, 어린아이의 천진난만한 자태를 설명한다. 이 두 구절에서는 자식을 사랑하는 정을 담고 있다.

미기견혜(未幾見兮) '곧 만나겠군요'라고 말하는 것이다. 이 구절은 반의법으로 쓰였는데, 오래지 않아 만나자는 것은 사실 아주 긴 시간을 이야기하는 것이다. 시간의 흐름이 몹시 빠르다는 것과 그리움을 나타내는 말이다. 마치 어제 이별한 것 같다고 말하며 가족을 그리워하는 남자의 간절한 마음을 담았다.

돌이변혜(突而弁兮) 돌(突)은 공영달의 《정의》에서 "《방언(方言)》에서 말하길 병사가 서로 만나는 것을 돌(突)이라 한다"고 했다. 현대에 사용하는 단어인 '돌연(突然)'으로 이해하면 '갑작스럽다'는 뜻이 훨씬 쉽게 다가온다. 선진시대에는 돌(突)이라는 한 글자로 표현했다. 돌(突)이라는 글자에 담긴 뜻은 상황에 따라 다르다. 여기서는 시의 다차원적 해석에 더 많은 가능성을 제공한다. 변(弁)은 본래 모자를 말하는데, 여기서는 관을 쓴다는 뜻으로 쓰였다. 옛적의 남자들은 스무 살이 되면 관을 썼는데 성년이 되었다는 의미다.

4

〈보전〉은 적어도 네 가지 차원에서 그리움을 묘사한다. 들판의 황폐함, 강아지풀의 과한 성장은 그리움을 드러내는 자연물이다. 멀리 떠난 사람을 그리워하지 말자고 하는 말은 반어법으로 쓴 것인데, 그리움의 물보라가 시공간이라는 한계의 바위에 부딪혀 더욱 벅찬 그리움의 깊은 정을 불러일으킨다. 막 헤어졌을 때의 근심이 길어지는 헤어짐으로 절망으로 변한 것을 묘사하면서는 그리움의 감성이 시공간에 끝없이 이어지는 서글픔을 표현한다. 마지막으로 그리워하던 사람이 집안에 들어서는 것을 어렴풋이 보는 것 같은 환상을 이야기하면서 지극한 기쁨과 지극한 슬픔을 동시에 표현한다. 자연의 서사 속에 의식의 흐름을 얽어 놓은 〈보전〉의 그리움은 풍부하고 심오한 힘으로 감정을 솟구치게 한다.

狗尾草
無田甫田 維莠驕驕

惲南田

식물 이야기

옛사람들은 유(莠, 강아지풀)를 몹시 싫어했다. 그래서 앞에 악(惡) 자를 덧붙여 불렀다. 공자는 "시골 관리는 도덕을 훔치는 도적이다. 나쁜 강아지풀[惡莠]이 밭을 어지럽히듯 나쁜 관리가 도덕을 어지럽힌다"고 했다. 초기 농경시대에는 인류의 생활 자원이 많이 부족했다. 그런데 강아지풀은 어린 싹이 날 때는 기장을 닮았고, 꽃이삭이 성숙하면 좁쌀과 닮아서 곡식을 키우는 밭에 뒤섞여 자라곤 했다. 그렇지만 키우고 보면 식량으로 먹을 수 없는 풀이기에 공자가 '악유'를 도덕을 훔치는 도적이라고 비유한 것이다.

나원(羅願)의 《이아익(爾雅翼)》에는 이런 설명이 나온다. "유(莠)는 곡식을 해치는 풀이다. 《설문》에는 조 이삭은 아래로 내려가고 유(莠)는 위로 올라온다고 했다. (……) 예전의 학자들은 어떤 의미인지 적절히 말하지 못했다. 오로지 위소(韋昭)가 《노론(魯論)》에서 '유(莠)는 직(稷, 기장)과 닮았지만 열매가 없다'고 해설했다. 또한 위요(韋曜)는 《문답(問答)》에서 〈보전〉의 '유유(維莠)'가 오늘날의 구미초(狗尾草)임을 밝히며 직(稷)과 닮았지만 열매가 없고 어디서든 보이지 않는 곳이 없다고 했다."

《본초강목》 권16 '구미초'에서는 "유(莠), 광명초(光明草), 아라한초(阿羅漢草)라고 불린다. 유초(莠草)는 이삭[秀]이 있지만 열매가 없는데, 수(秀) 자를 따서 글자를 만들었다. 이삭의 형상이 개의 꼬리를 닮아서 속칭으로 구미(狗尾)라고 불린다"고 했다. 단옥재는 《설문해자》에 주를 달아 더 정확하게 해설했다. "화속(禾粟)의 아래에 유(莠)가 위로 자란다. 화속의 아래란 이 풀이 나 있는 사이를 말한다. 화속은 지금의 좁쌀이고 유는 지금의 구미초다. 구미초의 줄기와 잎이 조를 닮아서 악유(惡莠)가 묘(苗)를 어지럽힌다는 말이 있다. 묘는 좁쌀을 말한다. 조는 대개 아래로 늘어져서 자라는데 그래서 《회남(淮南)》에서는 이를 향근(向根, 뿌리를 향하다)이라고 했다. 《장형부(張衡賦)》에서는 이것을 두고 근본을 잊지 않는다고 칭찬했다. 유(莠)는 그 이삭이 조를 닮았지만 위로 자라며 아래로 늘어지지 않는다. 그래서 《시경》에서 교만한 자를 풍자할 때 사용했다. 이것이 군자와 소인의 차이다."

유(莠), 즉 구미초(狗尾草, 강아지풀)는 화본과 강아지풀속의 한해살이풀이다. 높이는 10~100센티미터이고 줄기에 지지근(支持根)이 있고 모여 자라며 줄기가 곧게 선다. 잎은 피침형이다. 원추꽃차례로 피며 꽃이 밀집하여 원기둥 모양을 이루는데, 곧게 서거나 약간 구부러져 있어서 개의 꼬리를 닮았다. 5~10월에 꽃이 핀다. 가물고 척박한 토양에도 잘 자라며 염분에도 강해 생존력이 뛰어난 식물이다. 중국 전역에 분포하여 목초지 조성에 좋다. 그러나 밀, 조, 옥수수, 면화 등을 기르는 밭에서는 해로운 풀이다.

《시경》 '소아(小雅)'의 〈이월(二月)〉에 "호언자구, 유언자구(好言自口, 莠言自口)"라는 구절이 나온다. 유언(莠言)은 곧 나쁜 말을 뜻한다. '대아(大雅)'의 〈대전(大田)〉에서는 "불랑불유(不稂不莠)"라는 구절이 나오는데, 여기서 유(莠)는 못났다, 부족하다라는 뜻으로 쓰였다. 일찍이 중국 고대인들이 자연을 탐구할 적에 강아지풀에게 자주 속았기 때문인지 옛사람들은 강아시풀이 아무짝에도 쓸모가 없다고 비판했다. 그러나 실제로는 강아지풀을 가축의 사료, 한의학 약재로 쓴다. 강아지풀은 결절, 안면백선 등의 질병을 치료할 수 있다. 문학에서는 그리움의 주제로 한 작품에서 빛을 발하는 자연의 거울로 쓰인다. 강아지풀의 시공간에는 그리움의 거친 슬픔이 물결친다.

《시경》이 나에게 주석을 단다면

속(粟)은 흔히 볼 수 있는 곡식인 조를 말한다. 도정한 것은 소미(小米)라고 한다. 낟알은 흰색이나 미황색이며 죽을 끓여 먹을 때는 냄비에서 덜기 전에 돼지기름, 소금, 다진 파를 넣으면 맛있는 냄새가 솔솔 풍긴다. 어릴 적에 외할머니가 희고 노란 좁쌀을 쪄서 금과은(金裹銀)이라는 것을 만들어주셨는데, 이게 바로 좁쌀죽이다.

속(粟)의 조상은 유(莠)인데, 속칭으로 '호미초(狐尾草, 여우꼬리풀)'라고도 불렸다. 이 식물이 바로 현대 식물학에서 말하는 강아지풀이다. 상나라 때부터 진한시대에 이르기까지 중국인의 주식은 오늘날 북방의 밀도 아니고 남방의 쌀도 아닌, 강아지풀의 후손인 조였다. 당시 왕이 하늘에 제사를 지낼 때는 기장을 한 다발 묶어서 향을 태우는 연기 감도는 제사상에 올려놓고 또 세 가지 가축(돼지, 소, 양)의 머리를 늘어세웠다. 제사는 하늘에 백성을 지켜주고 부유하게 하며, 새해에는 소와 양이 살찌고 좁쌀이 곳간에 가득 차기를 비는 것이었다.

강아지풀은 땅을 가리지 않고 태어나 물을 가리지 않고 쉰다. 바람 좋은 비옥한 땅과 혹한의 산지에서 자유자재로 자랄 수 있다. 〈보전〉에 쓰여진 바와 같이 "유유교교(維莠驕驕)", "유유걸걸(維莠桀桀)"한 식물인 것이다. 강아지풀은 이렇게 왕성한 생명력을 가지는 데는 유전자의 배열에 원인이 있을 걸로 추측하는데, 거기에 우리가 상상하는 것 이상으로 대자연의 힘이 숨겨져 있을지 모른다. 깊은 추위와 무더위도 이 고집 센 생명을 절멸시킬 수 없다. 우리가 지금 보고 있는 강아지풀은 아마도 하나의 생물종이 깊은 잠에 빠져 침묵하고 있는 상태일 것이다.

내가 기억하기로, 아무리 강아지풀이 신선해도 돼지는 먹지 않았다. 논두렁에서 자라는 강아지풀도 거들떠보는 사람이 없다. 등굣길에 남자아이가 닥치는 대로 한 움큼을 따서 책가방 속에 숨겼다가 수업 시간에 모두가 주의를 기울이지 않는 틈을 타 앞줄에서 열심히 수업을 듣고 있는 여자아이를 간지럽힐 때나 썼다. 어린 시절의 이런 장난은 한때 개구쟁이 소년을 즐겁게 했다.

강아지풀이 《시경》에서 차지하는 거친 세계는 악의의 거센 흐름처럼 보인다. 인심이 조금만 해이해져도 마음의 들판에 강아지풀이 침범해 선량한 영토를 어지럽힌다. 들판은 황폐하고 구름 그림자는 어두컴컴하며 생기가 없다. 강아지풀이 거리낌 없이 저 좋을 대로 자라는 모습은 언제나 사람들의 마음을 힘들게 한다. 강아지풀의 번성은 행복한 삶의 종말을 의미하기 때문이다.

〈보전〉에 나오는 인물은 강아지풀이 무성한 황야에서 허리를 곧게 펴고 묵묵히 자신을 위로하며 "무사원인, 노심도도(無思遠人, 勞心忉忉)"라 읊조린다. 이렇게 위로해 보려 하지만 그럴수록 더 슬퍼진다. 시간은 정말 빨리 지나간다. 눈 깜짝할 사이에 개구쟁이 남자아이가 약관의 청년으로 자랐다. 집을 떠난 지 여러 해가 된 남편이 성인이 된 아이를 보면 얼마나 놀랄까.

세월은 덧없이 흘러가고, 시간은 무자비하여, 그리움이 마음을 꽉 막고 있다. 또다시 강아지풀이 무럭무럭 자라는 여름이다.

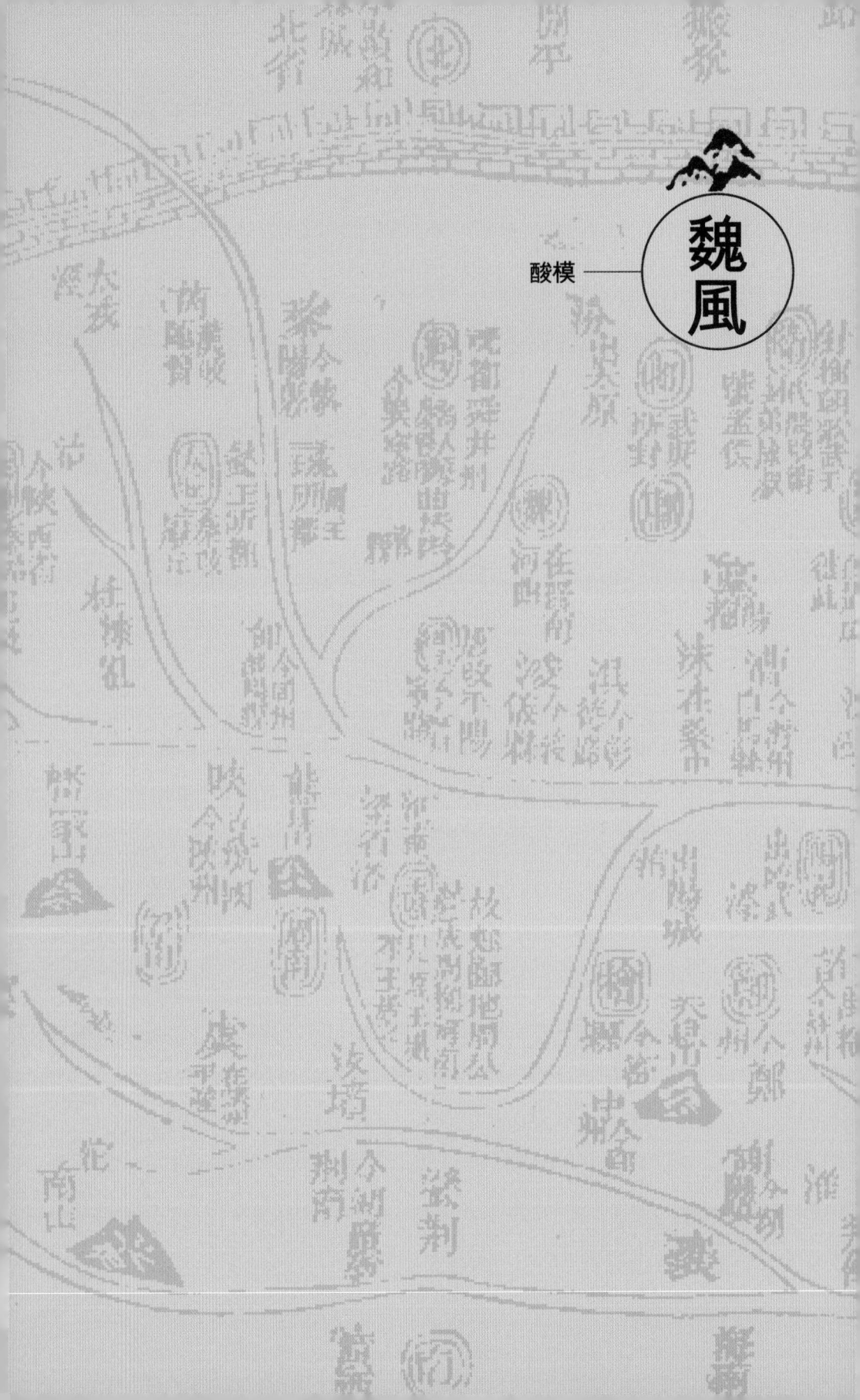

위풍(魏風)

지리적 위치

서주 초기에 분봉된 옛 위나라는 희(姬) 성을 가진 소국(전국시대에 칠웅七雄 중 하나로 꼽힌 위나라와는 다른 나라다)이다. 왕응린은 《시지리고》에서 위나라 땅은 원래 우순(虞舜)과 하우(夏禹)가 도읍을 세운 곳이라 했다. 지금의 산시(山西)성 동남부의 해현(解縣, 옛 지명), 안읍(安邑, 옛 지명), 루이청(芮城), 핑루(平陸), 샤현(夏縣) 일대 및 하남성 북서부를 포함하며, 토지가 마르고 물산이 희박하여 인민생활이 다른 지역보다 더 힘들다고 기록되어 있다. 위나라의 국경은 진(晉)나라와 진(秦)나라 두 대국과 맞닿아 있어 자주 이 두 나라의 침입을 받았고, 주 혜왕(惠王) 16년인 기원전 661년에 진헌공(晉獻公)에게 멸망했다. 위풍은 총 7편인데, 모두 위가 멸망하기 전인 춘추시대의 작품이다.《모시서》에는 "위나라는 땅이 좁고 민풍이 교묘하여 이익을 추구하며, 군주는 성급하고 인색하여 덕이 없다"고 기록돼 있다. 위풍에는 분노하고 원망하는 시가 많다. 동시에 위나라는 순 임금의 도읍지인 포판(蒲阪, 오늘날 산시山西성 융지永濟)과 우 임금의 도읍지인 평양(平陽) 또는 안읍(오늘날 산시山西성 샤현夏縣)에 가까웠다. 따라서 선인의 풍조에 교화되어 근면하고 검소한 민풍이 위나라에 여전히 남아 있었다.

38 산모

새콤한
야생 시금치

분저여(汾沮洳)

분수(汾水) 강변의 습지에서 산모를 따네
저 멋진 남자의 아름다움을 형량할 수 없네
형량할 수 없는 아름다움이 공로(公路)와 너무나도 다르구나

彼汾沮洳, 言采其莫.
彼其之子, 美無度.
美無度, 殊異乎公路.

분수 강변에서 뽕을 따네
저 멋진 남자의 아름다움이 꽃과 같구나
꽃 같은 아름다움이 공행(公行)과 너무나도 다르구나

彼汾一方, 言采其桑.
彼其之子, 美如英.
美如英, 殊異乎公行.

분수가 구부러지는 곳에서 택사를 따네
저 멋진 남자의 아름다움이 옥과 같구나
옥 같은 아름다움이 공족(公族)과 너무나도 다르구나

彼汾一曲, 言采其藚.
彼其之子, 美如玉.
美如玉, 殊異乎公族.

잡다한 해설

　　〈분저여〉는 매우 특별한 사랑 노래이며, 동시에 단순한 애정시가 아니라 《이소》에 담긴 시혼(詩魂)의 원천이 어느 정도는 이 시에 녹아 있는 듯한 작품이다. 분수(汾水) 강변에서 산나물을 따는 여자가 한 남자를 보고 반했다. 이 남자는 정말 평범하지 않아서, 여자는 그의 압도적인 용모에 시선을 빼앗았다. 풍채와 말투는 그녀의 심장을 매혹시켰고, 그의 포부와 안목은 그녀를 더욱 형언할 수 없는 사랑 속으로 빠져들게 했다. '이런 남자는 사랑할 가치가 있다'는 여자의 마음이 시 곳곳에 드러난다. 이 시의 정취가 심상치 않게 보이는 다른 이유로는 진실한 감정을 표현한 것 외에도 뛰어난 남자에 대한 보기 드문 평가를 드러냈다는 데 있다. 시 속의 남자는 다른 고관, 귀족과 달랐다. 그 남자는 재능과 덕성이 있는 사람인데도 조정에서 쫓겨났고, 이 사실을 용납할 수 없다는 화자의 분노가 시 속에 있다. 또한 남자가 산과 들을 헤매며 겪는 고초를 이해하고, 그의 비범함을 언젠가는 현명한 임금이 인정해 줄 것이라는 믿음을 보인다. 〈분저여〉의 특이한 점은 "수이호(殊異乎)"라는 표현에 있다. 후대 중국 지식인들이 국가가 사회에 대해 가져야 할 책임을 이야기할 때 이 세 글자에 기댄 바가 크다. 비록 주나라 시대에는 아직 이런 개인의식이 막 깨어난 새싹일 뿐이었지만 말이다.

　　《한시외전(韓詩外傳)》은 〈분저여〉를 이렇게 평가했다. "군자의 덕이 높은데 비천하게 지내고, 남의 의견을 겸허히 받아들이며, 세상을 횡행하면서도 휩쓸리지 않고, 부단히 주변 환경에 순응한다. 비록 아래에 머물지만 백성이 그를 받들고자 하여도 존귀함을 바라지 않으니 훌륭하다."

위원(魏源)의 《시고미(詩古微)》에는 "《외전(外傳)》의 말에 따르면, 수초가 무성한 습지에 현자가 은거하며 나물도 직접 캐어 먹는다. 그러나 그의 재능과 덕성은 공행(公行)이나 공로(公路)보다 뛰어났다. (……) 춘추시대의 관리는 모두 귀족 가문의 자제여서 재능이 없어도 봉록을 받는다. 현자는 쓰이지 못하고 쓰이는 자가 반드시 현명하지는 않았다"고 했다. 이런 생활은 도연명이 쓴 《도화원기(桃花源記)》에 나오는 별천지인 도화원에서만 할 수 있는 일이다. 현명한 사람은 꼭 쓰일 필요가 없고 쓰이는 자도 반드시 현명할 필요가 없이, 모두 안분자족하며 즐겁게 지내는 것이다. 하지만 그 시대 위(魏)나라의 저지는 확실히 어렵고 위험했다. 이런 섬이 〈분저여〉에 날카로운 조롱의 뜻을 더해 준다.

　이 시에는 "미무도(美無度)", "미여영(美如英)", "미여옥(美如玉)"이라고 세 차례 미(美)를 언급한다. 이런 심미관이 중국 시의 깊은 곳에 일종의 기준을 세웠다. 이와 같은 자태를 가진 사람만이 완벽에 가깝다고 할 수 있고, 이와 같은 나라여야 비로소 안에서 밖으로 생기가 솟구쳐 끊임없이 강성해진다. 개성이 뚜렷한 사람, 다양성을 포용하는 사회 그 자체에 이 시에서 말하는 "수이(殊異)", 즉 특별함이 포함된다. 이 특별함이 시대의 속박을 초월하고 군자와 소인이 서로 덕성이 깨끗함을 논하는 것도 초월하여 〈분저여〉라는 시를 특별함을 찬미하는 걸작으로 만든다. 중국 역사상 모든 왕조에서 위기를 겪을 때 남과 다른 것을 보고 용감하게 의견을 내는 사람이 적잖았다. 중국 지식인들이 나라의 문화적 전승에 갖는 책임감에 대해서도 〈분저여〉는 독특한 모습을 비춘다.

내가 《시경》에 주석을 단다면

1
彼汾沮洳, 言采其莫. 분수(汾水) 강변의 습지에서 산모를 따네
彼其之子, 美無度. 저 멋진 남자의 아름다움을 형량할 수 없네
美無度, 殊異乎公路. 형량할 수 없는 아름다움이 공로(公路)와 너무나도 다르구나

피분저여(彼汾沮洳) 분(汾)은 분수(汾水)라는 강 이름이다. 오늘날 산시(山西)성 중부 지역에 있는 강으로, 수원은 산시성 닝우현(寧武縣) 관잠산록(管涔山麓)이다. 산시성을 남북으로 가로질러 흐르며, 남서쪽에서 황허강에 합류한다. 황허강의 지류 중 두 번째로 큰 강이다. 저여(沮洳)는 물가의 낮고 습한 곳을 말한다. 마서진의 《통석》에서 "저(沮)는 점(漸, 점진하다, 흐르다)이다"라고 했고, 《설문》에서 "여(洳)는 점습(漸溼, 물이 스며들어 젖다)이다"라고 했다. 이 두 글자로 물가의 습지를 묘사하는데 단음절의 단어가 지닌 독특한 역동적 아름다움이 있다.

언채기모(言采其莫) 고대에는 산나물을 따는 것이 여자의 일상적인 일 중 하나였다. 이런 관점에서 이 시를 여성의 시각으로 쓰였다고 본다. 언(言)은 문장의 첫머리에 오는 어조사다. 피(彼) 자와 서로 대응하는 운치가 있다. 모(莫)는 들에 자라는 채소 산모(酸模)를 말한다. 상세한 설명은 '식물 이야기'를 참고하기 바란다.

피기지자(彼其之子) 피(彼)는 어조를 강조한다. 지자(之子)는 시 속 화자가 자

신이 반한 남자를 애정을 담아 지칭하는 것인데, 구체적으로 누구인지에 대해서는 의견이 분분하다.

미무도(美無度) 청쥔잉의 《시경주석》에서는 "육덕명(陸德明)의 《석문(釋文)》에 '도(度)는 길이를 재는 자'라고 했다. 무도(無度)란 형량할 수 없다는 뜻이다"라고 했다.

수이호공로(殊異乎公路) 《설문》에서 "수(殊)는 사(死)다"라고 했다. 단옥재의 주해에 따르면 "죽을 죄를 지은 자는 신체를 분리하는데 이를 수사(殊死)라고 하며, 여기서 뜻이 확장되어 수이(殊異, 같지 않다, 특별하다)가 되었다." 수이(殊異)라는 두 글자에 '뜻을 밝히다'라는 의미가 담겨 있다. 공로(公路)는 위나라의 관리 중 도로와 수레를 담당하는 이를 말한다.

2
彼汾一方, 言采其桑. 분수 강변에서 뽕을 따네
彼其之子, 美如英. 저 멋진 남자의 아름다움이 꽃과 같구나
美如英, 殊異乎公行. 꽃 같은 아름다움이 공행(公行)과 너무나도 다르구나

일방(一方) 분수 강변의 어딘가를 가리킨다.

상(桑) 시에서 채상(采桑)이라고 하면 뽕잎을 따는 것일 수도 있고 오디를 따는 것일 수도 있다. 고고학적 발굴 결과에 의하면, 한나라 때의 바위 그림에 고대인의 채상(采桑) 장면이 많이 나오는데 전부 여성의 모습이다.

영(英) 유월(俞樾)의 《군경평의(羣經評議)》에서는 "영(英)이 안여순영(顔如舜英)의 '영'으로 읽힌다"고 했다. 영(英)은 만개한 꽃과 같이 생명력이 왕성한 것을 가리킨다. 남자의 영기(英氣)를 말한다.

공행(公行) 위나라의 병거(兵車, 전투용 수레) 관리자를 말한다.

3
彼汾一曲, 言采其藚. 분수가 구부러지는 곳에서 택사를 따네
彼其之子, 美如玉. 저 멋진 남자의 아름다움이 옥과 같구나
美如玉, 殊異乎公族. 옥 같은 아름다움이 공족(公族)과 너무나도 다르구나

일곡(一曲) 강의 굽은 곳을 가리킨다. 강물이 구부러져 흐르는 곳은 물살이 느리기 때문에 수생식물이 많이 산다.

속(藚) 《육소》와 《모시전》 모두 속(藚)이 택사(澤瀉)라고 여겼다. 중국 북부의 연못 등 물이 있는 곳에서 흔히 볼 수 있는 다년생 수생식물이다. 아래쪽에 덩이줄기가 있고 얕은 연못에서 자라며, 입은 모여 나고 잎자루가 길며, 잎 모양은 타원형이다. 꽃은 우산 모양으로 모여서 원추꽃차례를 이룬다. 두 겹으로 이뤄진 꽃의 바깥쪽 꽃잎 세 장은 꽃받침 모양으로 퇴화했다. 안쪽의 꽃잎 세 장이 바깥쪽 꽃잎보다 훨씬 크며 보통의 꽃잎 모양이다. 꽃은 흰색, 분홍색, 연한 자색이다. 택사는 약용식물이다. 신장염으로 인한 부종, 신우신염, 장염, 설사, 소변이 잘 나오지 않는 증상 등에 좋다.

미여옥(美如玉) 옛사람들은 옥으로 지위와 재덕을 비유했다. 여기서는 특히 덕성의 소중함을 강조한다.

공족(公族) 종교적 사무를 담당하는 관리를 말한다.

식물 이야기

　모(莫)는 《모전》에서 "채소[菜]"라고 했다. 육기의 《육소》에서는 "모(莫)는 줄기가 젓가락 정도로 크고 마디가 있으며 마디마다 잎이 난다. 잎은 버드나무 잎처럼 두껍고 길며 가시가 있다. 오늘날 사람들은 이것의 고치솜에서 실을 뽑는다. 신맛이 나고 미끈미끈하다. 막 난 것은 끓여서 먹고, 생으로 먹을 수도 있다. 《오방통(五方通)》에서는 이것을 가리켜 산미(酸迷)라고 부르고, 익주(益州) 사람들은 간강(幹絳)이라 하며, 하분(河汾) 사이 지역에서는 모(莫)라고 한다"고 썼다. 《본초습유(本草拾遺)》에서는 "산모(酸模)는 잎이 시고, 미인이 그 꽃을 살라서 먹는다. 잎은 양 발굽[羊蹄]을 닮았다"라고 했다. 《본초강목》 권19 '산모(酸模)'에 "산양제(山羊蹄), 산대황(山大黃), 산모(酸母), 수(蓚), 당약(當藥)이라고 한다. 산모(酸模)가 산모(酸母)로 이름이 변화한 것은 모두 맛 때문이다"라고 했다. 또 《본초강목》에서는 산모의 "뿌리가 적황색이고, 뿌리와 잎에서 즙을 내어 정제하면 웅황, 수은을 만들 수 있다"고 했다.

　산모(酸模)는 요(蓼)과 산모(酸模)속의 여러해살이풀이다. 뿌리는 수염뿌리이고 줄기는 곧게 서는데 높이가 40~100센티미터이며, 줄기에 깊은 홈이 나 있다. 근출엽과 줄기 아래의 잎은 화살 모양이다. 그 외 잎은 물결 모양으로 나며 잎자루가 2~10밀리미터다. 꽃차례는 원추 모양이고 암수가 다른 그루로 자란다. 산모는 물이 있는 습한 저지대에 널리 분포한다. 비타민 A, 비타민 C, 옥살산을 풍부하게 함유하고 있다. 옥살산 때문에 산모의 맛이 새콤한 것이다.

　중국 북부에서 산모는 알람채(遏藍菜), 산류류(酸溜溜), 야파채(野菠菜), 양제채(羊蹄菜)로 불린다. 산모의 어린싹은 채소로 먹기 적합하고 끓여서 먹는다. 옛적부터 흔히 보던 산나물 중 하나다. 산모는 약재로도 쓰이는데, 피부에 바르면 옴, 한반(汗斑) 등을 치료한다. 복용하면 열을 내리고 이뇨 작용을 하며, 피를 식히고 해독하는 등의 효과가 있다. 《시경》 시대에는 산모를 따서 채소로도 쓰일 수 있고 약재로도 만들 수 있었다.

《시경》이
나에게
주석을 단다면

산모(酸模)를 내 고향인 중국 북서부 시골에서는 산류류(酸溜溜)라고 한다. 북방의 한겨울은 한기가 천지를 떠돌아다닌다. 양고기 파오모(泡饃, 빵을 으깨어 양념한 다음 끓는 고깃국에 말아 먹는 음식)를 먹기에 좋은 시기다. 양고기 파오모 식당 밖은 바람 소리가 윙윙거리고 눈이 문 앞에 쌓이는데 식당 안은 사람들로 북적대며 열기가 후끈후끈하다. 흰 천 모자를 쓰고 웃는 얼굴을 한 나이 든 주방장이 김이 모락모락 나는 양잡탕(羊雜湯) 한 그릇을 내 앞에 내놓았다. 이 주방장은 잡담을 잘하는 사람이라 양잡탕이 좋다는 소리는 하지 않지만 그릇의 기름 사이로 놀아다니는 푸른 시금치가 좋은 놈이라고 칭찬했다. 선조들이 쓰셨던 산류류 대신 넣은 거라고 말이다. 내 머리가 빠르게 돌아갔다. 산류류를 넣은 양잡탕은 어떤 맛일까?

《시경》〈분저여〉에서 분수 강변에서 당시 사람들 일상생활의 녹아든 모(莫)에 대해 읽고서야 나와 산모가 얼마나 가까운 식물인지 깨달았다. 옛날에는 야파채(野菠菜, 야생 시금치라는 뜻)라고도 불렀다. 옛사람의 생활을 생각해 보면, 농경이 막 시작되었을 때이니 정말 고달팠을 것이다. 중국인의 근면하고 소박하며 어려운 시세와 타협하지 않는 성격은 바로 이런 어려운 환경 속에서 단련됐다.

《시경》의 시는 다양한 해석이 가능하다. 유가 사상에서 도덕을 중시하던 이들은 시에 담긴 야성을 비판하고, 시가 말하는 대상은 조정의 일이나 법도라고 여긴다. 반면 시인은 작품에 담긴 정서를 파헤쳐서 글자의 거울에 속박을 벗어난 개성을 비추려 한다. 노래로 이 시를 부르는 사람은 그 음운에 주목하는데, 음절의 박자가 하나하나 이후 중국 문학의 운율의 근원이 된다. 나 같은 사람은 《시경》의 광활한 바다에서 여러 사물의 형상이 주는 묘미를 찾아낸다. 《시경》을 읽으면 이른바 "사무사(思無邪, 공자가 《시경》을 총평하면서 한 말로 '생각이 올바르기에 사악함이 없다는 뜻이다')"가 무엇인지 조금 알게 되는 듯하다. 《시경》을 읽다가 산과 들의 식물이 내 눈앞에 나타나면, 상상의 계단이 확장되어 나를 충만한 자연 세계로 이끈다.

〈분저여〉는 글쓰기의 대상과 서술 어조에 짙은 모성을 담고 있다. 시의 배경 중 깊은 곳에는 사랑에 취한 한 여인이 있다. 그녀는 산과 들에서, 푸른 강변에서, 물길이 굽이치는 곳에서, 운명의 기이한 인연에 이끌려 눈부시게 빛나는 독보적인 남자와 만난다. 점점 눈길이 가고 마음이 열렸다. 비록 몇 마디의 말을 나눴을 뿐이지만, 여인은 세상을 배회하는 이 남자의 마음을 거의 이해했다. 남자를 이해할수록 그를 더 사랑하게 되었다.

물가에서 무성하게 자라는 모(莫)는 곧 산모(酸模)이며, 속칭 야파채(野菠茱)다. 농업기술의 발달과 고급 재배 기술의 보편화로 채소의 공급이 이미 안전하고 충분해진 오늘날과 달리 옛날 사람은 주로 야생에서 채취한 채소를 먹었다. 그러니 현대인은 산모를 먹는 일이 아주 드물다. 나는 어릴 적 들판에서 놀다가 따먹은 적이 있는데, 입안에 시큼한 맛이 가득 찼다. 여름날, 태양이 머리 위에서 쨍쨍 내리쬐고 있을 때 길가에 난 산모를 따서 입에 넣으면 갈증이 좀 풀린다. 육기의 《육소》에 따르면, 산모는 탕에 넣거나 끓여서 먹을 수 있다.

서양의 점술에서 산모의 존재가 훨씬 더 흥미롭게 표현된다. 산모의 옛 이름은 루멕스(Rumex)로, 빨아들인다는 뜻이 있다. 옛날 서양인들이 여행 중에 산모의 잎을 빨아먹고 갈증을 해소했기 때문이다. 그래서 점술에서는 산모에 인간적인 의미로 '자상함'을 부여했다. 서양의 신비주의 약리에서는 산모가 꽃의 정령이고, 산모화의 축복을 받고 태어난 사람이 여성일 경우 모성애로 충만하여 이해심이 많다고 했다. 물론 연애할 때도 후회 없이 베풀고 상대방에게 깊은 애정을 준다고 한다.

불꽃이 요동치는 밀실, 마녀가 산모의 줄기와 잎과 꽃을 부글부글 거품을 내뿜는 유황, 수은, 석회, 초석을 녹인 용액에 조금씩 넣고 있는 것을 상상해 보았다. 검은 옷을 입은 마녀가 땅바닥에 엎드려 정령의 향기를 들이마시려 하는 장면이 떠오른다.

동양에서 남을 축복할 자격이 있는 사람은 현자, 성인 아니면 종실의 고관이다. 이상하게도 산과 들을 쏘다니는 농부의 발에 밟힌 잡초가 인간을 축복하는 일은 극히 드물다. 중국 신화에서 천년초와 만년석이 함께하는 것은 영성이 처음 열렸을 때 인간 세상으로 인연이 내려왔기 때문이다. 《홍루몽》 역시 세상 만물에 영성이 있다는 신화에서 시작되었다.

서양에서는 마법의 세계에 녹아든 산모가 자연의 신비를 드러내고, 동양에서는 산모가 혼백을 부른다고 한다.

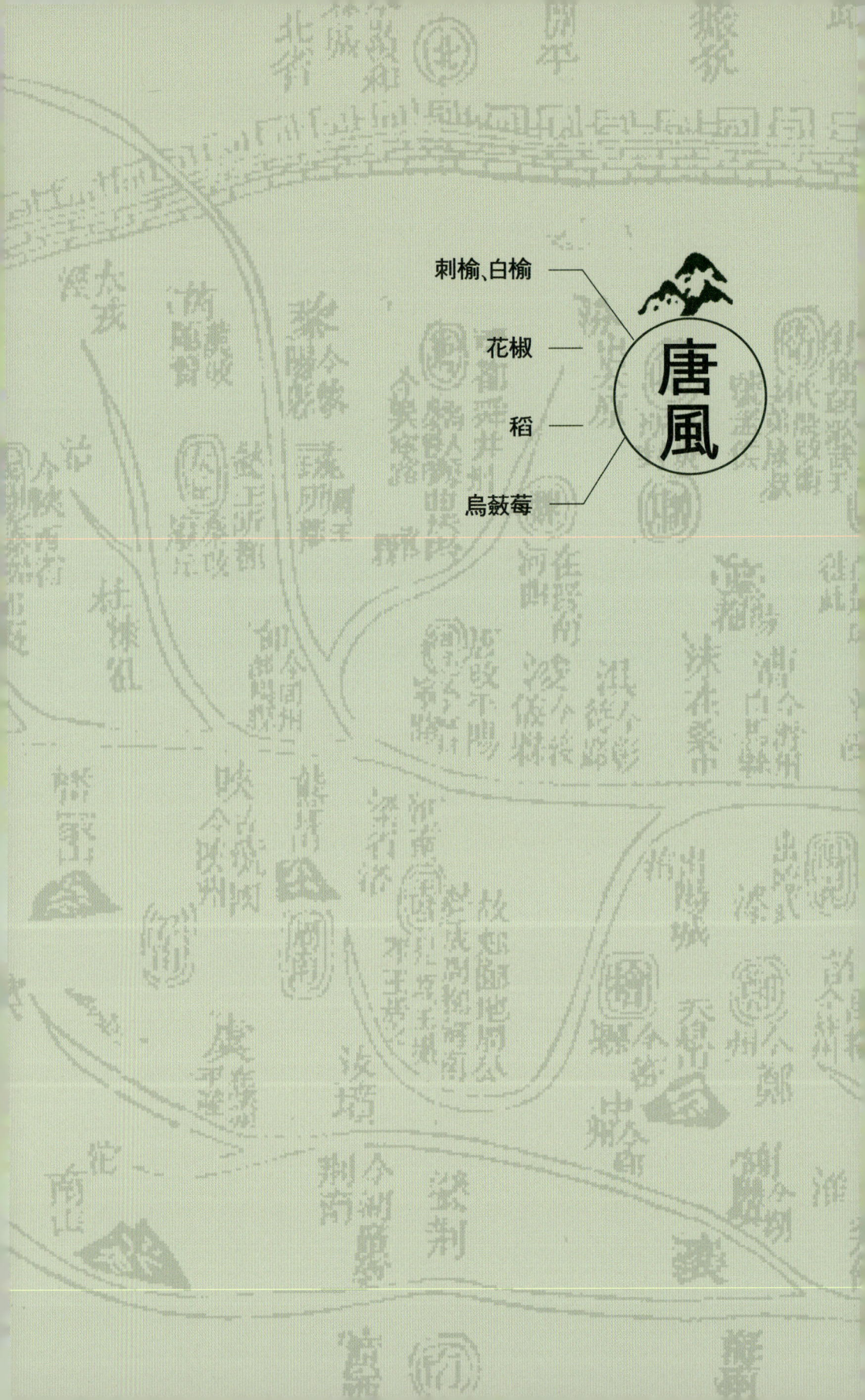

刺榆、白榆
花椒
稻
烏蘞莓

唐風

당풍(唐風)

지리적 위치

당풍에서 말하는 내용은 사실 진(晉)나라 때의 일이다. 주나라 이전에는 본래 당(唐)나라가 있었는데, 전설에 따르면 당요(唐堯)의 후손이다. 주 무왕이 죽고 성왕이 즉위하자 당나라에서 반란이 일어났다. 주공은 당나라를 멸망시키고 이를 주나라에 귀속시켰다. 이후 성왕이 당나라 땅을 동생 숙우(叔虞)에게 봉지로 주어 숙우는 당후(唐侯)가 되었다. 당나라의 강토는 원래 산시(山西)성 태원(太原), 진양(晉陽) 일대에 있었는데 이곳은 요(堯)가 처음 살던 곳으로, 나중에 요는 하동(河東) 평양(平陽)으로 옮겨갔다. 후에 숙우의 아들 섭(燮)이 진수(晉水) 강변으로 도읍을 옮기고 진(晉)으로 국명을 바꾸었다. 중국인은 상고(尙古)의 전통이 있어 진(晉)나라가 문화적으로는 당요를 따랐다. 백성이 근검하고 민풍이 소박하여 근심이 깊었다. 시풍은 당요의 간소하고 예의에 부합하는 유풍이 남아 있어서 당풍(唐風)이라 부른다. 당요는 상고(上古) 오제(五帝) 중 한 명으로, 제곡(帝嚳)의 차비(次妃) 진봉씨(陳鋒氏) 여경도(女慶都)의 소생으로 전해지며, 성은 이기(伊祁), 이름은 방훈(放勳), 호는 도당(陶唐), 시호는 요(堯)이다. 도당씨의 수령이었기 때문에 역사에서는 당요(唐堯)라고 부른다.

㉛ 시무나무와 느릅나무

고향에 보내는
편지

산유추(山有樞)

산에는 시무나무, 습지에는 느릅나무
그대에게 좋은 옷이 있는지 입지 않는군요
그대에게 수레와 말이 있는데 타지 않는군요
만약 병들고 죽는다면 다른 이들이 가져가 즐길 것입니다

山有樞, 隰有榆.
子有衣裳, 弗曳弗婁.
子有車馬, 弗馳弗驅.
宛其死矣, 他人是愉.

산에는 가죽나무, 습지에는 피나무
그대에게 집이 있는데 청소하지 않는군요
그대에게 종과 북이 있는데 치지 않는군요
만약 병들고 죽는다면 다른 이들이 차지할 것입니다

山有栲, 隰有杻.
子有廷內, 弗灑弗埽.
子有鐘鼓, 弗鼓弗考.
宛其死矣, 他人是保.

산에는 옻나무, 습지에는 밤나무
그대에게 술과 고기가 있는데 왜 한 번도 연회를 열지 않나요?
때를 놓치지 말고 즐기며 긴 시간을 보내야지요
만약 병들고 죽는다면 다른 이들이 집에 들어올 것입니다

山有漆, 隰有栗.
子有酒食, 何不日鼓瑟?
且以喜樂, 且以永日.
宛其死矣, 他人入室.

잡다한 해설

〈산유추〉에서 활기참을 읽는 사람은 얕고, 비통함을 읽는 사람은 깊다.

우선 시어의 리듬은 감정에 의해 인도된다. 이 감정은 처음에 작가의 감정으로 등장하지만 시간이 흘러가면서 작가의 변화에 따라 점차 별로 중요하지 않게 된다. 시의 세계는 자신을 드러내는 것이지만 위대한 시인은 자신을 공기처럼 시에서 사라지게 할 수 있다. 오히려 독자의 감정이 저마다 시의 정서를 생성한다. 다음으로는 정서의 소용돌이 속에 낙담하든 기쁘든 생명의 의지가 머리를 내밀고, 시의 의지와 작가의 의지가 하나로 융합된다. 결국 독자는 시의 의지가 드러낸 눈동자를 통해 영혼의 미묘한 불꽃이 반짝이는 것을 알아차리게 될 것이다. 생명의 존재가 이렇게 놀랍고, 이렇게 신비롭고, 이렇게 매혹적이라는 것을 깨닫게 될 것이다. 불멸의 시 한 수는 용광로처럼 영혼의 미묘한 불길로 고요한 밤을 밝히며 미지의 시공간을 탐색하는 등불이 된다.

〈산유추〉는 마치 제때 놀고 즐길 것을 권하는 시 같지만 청권잉의 《시경주석》은 〈산유추〉를 "예법의 구애를 받지 않는 듯한 모습의 겉껍데기 안에 오히려 깊은 하염없음과 공허한 마음이 깃들어 있다"고 했다. 그는 또 명대 문인 종성(鍾惺)의 《평점시경(評點詩經)》에 나오는 말을 인용하여 "행락의 말은 단지 쓴소리로 꾸짖기 위해 나온 것이며, 후대 시인들이 옛 시절을 그리워하며 근심하는 감정의 시초다. 마지막을 재촉하는 가락이니 만가(輓歌)가 될 만하다"고 했다. 비꼬는 어조로 읽어낸 〈산유추〉는 말세의 만가다. 죽은 자를 애도하는 노래를 뜻하는 이 단어가 뜻하는 지독한 평가는 실로 경이롭다. 아마도 종성은 시에 담긴 슬픔을 읽어내고, 모든 것을 되돌리기 어려우나 여전히 되돌리려 애쓰는 절망 속의 차가운 공허함을 알아차렸으리라. 〈산유추〉가 지닌 만가로서의 특질은 시의 영혼이 내뿜는 불길이며 〈산유추〉에서 평온하고 담담한 어둠을 밝히는 등불이다. 사람이 살아가면서 항상 최선을 다하지 않으면 안 되지만, 뒤집힌 세상은 이미 천명(天命)을 잃었다. 시의 깊은 곳에 있는 무력감이 아마도 종성을 놀라게 했을 것이다. 그 속에서 갑자기 찾아오는 슬픔이 〈산유추〉가 가진 만가의 본질을 두드러지게 한다.

중국인이 세계의 여러 농경민족 중에서도 뛰어난 점이 바로 근면하고 검약한 성향이다. 2천여 년간 수많은 변화와 난세를 겪으면서도 몇 번이나 나라를 절정으로 끌어올렸던 힘이기도 하다. 선조에게서 물려받은 근검절약하는 태도는 민중이 동의하는 덕성이자 천명에 순응하는 도리를 내포한다. 이처럼 절약은 원래 미덕이지만, 과유불급이다. 재산이나 물질에 지나치게 집착하는 것은 인색함이 된다. 인색함은 부정적인 인격을 나타내는 지표로, 개인에게는 붕괴와 폐쇄의 징조이며, 국가에게는 쇠약과 붕괴의 시작이다.

〈산유추〉의 시어는 대화 형식으로 쓰였지만, 일방적인 메아리만 있다. 이 말을 들어야 할 사람인 진소공(晉昭公)은 이런 충언에 대해 시에서는 아무런 반응도 보이지 않는다. 시에 담긴 충고는 《시경》의 온유하고 돈후한 감정을 드러낸다. 백성들은 소공의 일거수일투족을 눈여겨보며 〈산유추〉를 지어 이 구두쇠를 풍자하였다. 당시 진나라는 신하가 강하고 왕실은 쇠락하였다. 소공은 비록 임금의 자존심을 지키려 했지만 늘 놀란 새처럼 두려움에 떨었다. 〈산유추〉의 어조도 금방 알아차릴 수 있는데, 백성들은 이 인색한 임금에 대해 결코 악감정이 없다. 심지어는 그가 기뻐하기를 바라고, 제때 즐기며 살기를 바라는 동정심을 보여준다. 그러나 말로 다할 수 없는 이 슬픈 노래는 멸망의 길에 들어선 나라를 깨우쳐 주지 못했다. 〈산유추〉는 희망을 일깨우려다 더 깊은 절망에 빠지는 노래다. 만가나 애가의 작법이란 모두 이와 같다.

내가
《시경》에
주석을 단다면

1
山有樞, 隰有榆. 산에는 시무나무, 습지에는 느릅나무
子有衣裳, 弗曳弗婁. 그대에게 좋은 옷이 있는지 입지 않는군요
子有車馬, 弗馳弗驅. 그대에게 수레와 말이 있는데 타지 않는군요
宛其死矣, 他人是愉. 만약 병들고 죽는다면 다른 이들이 가져가 즐길 것입니다

산유추(山有樞) 산(山)은 높은 곳을 말한다. 추(樞)는 자유(刺楡, 시무나무)를 말한다. 상세한 설명은 '식물 이야기'를 참고하기 바란다.

습유유(隰有榆) 습(隰)은 낮고 습한 곳을 말한다. 유(楡)는 느릅나무다. 통칭 유수(楡樹)라고 하며, 백유(白楡), 가유(家楡), 전유(錢楡) 등으로도 불린다. 상세한 설명은 '식물 이야기'를 참고하기 바란다.

불예불루(弗曳弗婁) 좋은 옷이 있어도 입지 않는다는 뜻이다. 예(曳)는 끌어당기다라는 뜻이다. 루(婁)는 루(摟)의 가차자로, 역시 끌어당기다라는 뜻이다. 옛날 옷은 하의가 치마 차림으로, 그 길이가 길어서 걸을 때마다 치마를 들어올리는 동작을 하였다.

불치불구(弗馳弗驅) 치(馳)와 구(驅)는 둘 다 말을 달린다는 뜻이지만 차이가 있다. 말을 달리게 하는 것이 치(馳)이고, 말을 채찍질하는 것이 구(驅)다. 이 두 구절은 점에서 면으로, 동작에서 행위로 이끌어나가며 멋진 곡조를

만들었다. 문자적 표현에서 보이는 《시경》의 뚜렷한 특징이다. 옷이 있는데 입고 다니지 않는다. 마차와 말을 가지고 있지만 마구간에 넣어두고 타지 않는다.

완(宛) 원(苑)의 가차자다. 마르다, 시들다라는 뜻이다.

유(愉) 향유하다라는 뜻이다. 일설에 투(偸) 자라고도 하며, 이때는 가져가는 것을 말한다. 당신이 늙고 병들어 죽으면 다른 사람들이 당신의 유산을 가져다 즐길 것이다.

2
山有栲, 隰有杻. 산에는 가죽나무, 습지에는 피나무
子有廷內, 弗灑弗埽. 그대에게 집이 있는데 청소하지 않는군요
子有鐘鼓, 弗鼓弗考. 그대에게 종과 북이 있는데 치지 않는군요
宛其死矣, 他人是保. 만약 병들고 죽는다면 다른 이들이 차지할 것입니다

고(栲) 참나무과 추(錐)속의 고수(栲樹, 구실잣밤나무)다. 《모전》에서는 이것을 산저(山樗, '저樗'는 가죽나무다)라고 했다. 《이아주》에서는 "고(栲)는 저(樗)와 비슷하지만 색이 희고 산속에서 자라며 그래서 이름을 운(雲)이라 한다. 칠수(漆樹, 옻나무)와도 비슷하다"고 했다. 생김새로 볼 때 취춘(臭椿, 가죽나무) 혹은 옻나무와 비슷하다. 판푸쥔(潘富俊)이 쓴 《시경식물도감(詩經植物圖鑑)》을 보면 아마도 가죽나무의 일종인 모취춘(毛臭椿)인 듯하다.

유(杻) 육기의 《육소》에서는 이 나무를 "억(檍)이다. 잎은 살구같이 뾰족하고 흰색이며, 껍질은 붉다. 나무가 대개 굽어 있고 곧은 것이 적다. 가지와 잎이 무성하고 보기 좋다. 2월에는 잎이 드물다. 꽃은 연(棟, 멀구슬나무)처럼 가늘고 꽃술이 희다. 지금은 관원(官園)에 심는 나무로, 정식 이름이 만세(萬歲)여서 억만(億萬)이라고도 불린다. 잎이 아름다워서 산 아래에 심는데, 사람들이 종종 우근(牛筋)이라 부르거나 억(檍)이라 부른다. 목재로는 활을 만들 수

있다"고 했다. 《산해경(山海經)》에는 "영산(英山, 오늘날 산시陝西성 화현華縣)에 유강(杻橿)이 많다"는 말이 있다. 판푸쥔은 유(杻)가 단수(椴樹, 피나무속에 속하는 나무)라고 본다.

자유정내(子有廷內) 정(廷)은 정(庭)의 통용자다. 정원을 말한다. 내(內)는 청당(廳堂, 대청)과 내실(內室)을 말한다. 정내(廷內)는 집안을 말한 것이다.

불쇄불소(弗灑弗掃) 대청을 청소하는 것은 본래 일상적인 일이다. 그런데 집이 먼지를 뒤집어쓰고 있어도 전혀 관심을 두지 않는다.

종고(鐘鼓) 여기서는 정무를 가리킨다. 새벽에는 종을 치고 저녁에는 북을 친다. 종은 부딪쳐서 소리를 내고, 북은 때려서 소리를 낸다. 대청에 있는 종과 북이 소리 하나 없이 고요하여 장식품이 되었다.

보(保) 《시집전》에서 "점유하여 가진다"라고 했다. 당신이 죽으면 모두 다른 사람이 차지할 것이다.

3
山有漆, 隰有栗. 산에는 옻나무, 습지에는 밤나무
子有酒食, 何不日鼓瑟? 그대에게 술과 고기가 있는데 왜 한 번도 연회를 열지 않나요?
且以喜樂, 且以永日. 때를 놓치지 말고 즐기며 긴 시간을 보내야지요
宛其死矣, 他人入室. 만약 병들고 죽는다면 다른 이들이 집에 들어올 것입니다

칠(漆) 허신의 《설문》에 "칠(漆)은 칠(桼)과 같다. 나무의 즙으로 검붉은색을 칠한다. 이 글자는 물방울이 떨어지는 듯한 모양을 따서 만들었다"고 했다. 옻나무는 옻나무과의 낙엽교목이다. 목재는 건축재료로 쓸 수 있고, 줄기의 질긴 껍질을 갈라서 옻칠의 즙을 얻는다. 잎에서 수지를 얻을 수 있고 열매의 껍질에서 초를 얻을 수 있으며 씨앗의 기름으로 먹이나 비누를 만든다.

율(栗) 밤나무. 자세한 설명은 앞 장의 '식물 이야기'를 참고하기 바란다.

자유주식, 하불일고슬(子有酒食, 何不日鼓瑟) 1장은 이렇게 말한다. 당신은 물자가 부족하지 않다. 2장에서는 당신의 집안도 나라도 부족하지 않다고 말한다. 3장에서는 1장과 2장의 질문보다 한 발짝 더 나아간다. 술과 고기가 있는데, 어째서 여태껏 종소리가 울려 퍼지는 연회를 개최하지 않는 것인가? 당신은 도대체 무슨 일로 즐겁지 않는가? 이 질문은 시에 파문을 일으킨다. 독자는 돌연 이 시를 쓴 사람, 이 노래를 부른 사람이 진소공과 밀접한 관계임을 깨닫게 된다. 이 시는 진나라를 사랑하는 백성들이 가슴 가득 진심을 품고 쓴 것이다.

차이희악, 차이영일(且以喜樂, 且以永日) 많은 사람들이 이 두 구절을 제때 즐기라는 말로 해석한다. 때를 놓치지 말고 제때 즐겨야 한다는 충고는 〈산유추〉라는 만가를 가망이 없는 기대로 가득 찬 시로 만든다. 진소공은 먹고 입을 걱정이 없으면서도 왜 누리기를 꺼리고, 행동하기를 꺼리며, 성과를 거두기를 원하지 않는가? 해답은 바로 "완기사의(宛其死矣)"라는 예언과도 같은 구절에 있다. 왕이 권력을 잃는 것은 마치 사람이 살아서 영혼을 잃은 것과 같다. 영혼을 잃고서 연명하는 사람에게 기쁨과 쾌락이 의미가 있을까? 그는 이미 집안도 세상도 잃었다. 그는 궁궐의 장막 뒤에서 죽음을 애타게 기다리는 것 외에는 더 이상 무엇에도 관심이 없다.

식물 이야기

1

추(枢)는 《모전》에서 "치(荎, 느릅나무)다"라고 했다. 육기의 《육소》는 "추(枢)의 가시는 자(柘, 산뽕나무)와 같고, 잎은 유(榆)와 같으며, 끓여서 먹는다. 백유(白榆)보다 미끈미끈하다. 이 나무는 열 종류가 있는데, 잎의 모양이 다 비슷하고, 껍질의 결이 서로 다르다"고 했다. 《이아》의 '석목(释木)'에서는 이 나무를 "추(樞), 치(荎)"라고 했다. 곽박이 《이아주(尔雅注)》에서 "지금의 자유(刺榆)다"라고 했다. 《제민요술(齐民要术)》은 자유(刺榆)가 "목질이 단단하고 질겨서 소달구지의 새료로 쓸 수 있나"고 했나. 이런 섬으로 볼 때 추(枢)는 오늘날 중국에서 자유(刺榆, 시무나무)라고 부르는 나무다.

시무나무는 독특한 단일종 식물이다. 느릅나뭇과 시무나무속의 식물은 전 세계에 딱 한 종이 있으며, 그것이 바로 시무나무다. 《중국식물지》에 의하면, 장쑤성과 저장성 일대는 정지유(钉枝榆)라 하고, 렌윈강(连云港, 장쑤성 북부) 지역에서는 자유침자(刺榆针子)라고 부른다. 키가 작은 낙엽교목이나 관목 모양으로 자라기도 한다. 작은 가지에 굵고 단단한 가시가 있고, 가시는 길이가 2~10센티미터이며, 회백색의 짧은 털이 있다. 잎은 긴 타원형이고 길이 4~7센티미터로 끝이 뾰족하며 잎 가장자리에 굵은 톱니가 있고 잎 모양이 유(榆, 느릅나무)와 같다고 하여 자유(刺榆)라는 이름이 붙었다. 꽃과 잎이 동시에 핀다. 꽃은 단독으로 또는 2~4송이가 함께 핀다. 열매는 단단하고 황록색이며, 납작한 모양이고 길이가 0.5~0.7센티미터다. 개화기는 4~5월, 과실기는 9~10월이다.

옛사람들은 시무나무의 어린잎을 삶아 채소로 먹었기 때문에 "백유보다 미끈미끈하다"는 말이 있다.《제민요술》의 기록에 따르면, 시무나무는 예로부터 중요한 경제적 수종이었다. 가지에 가시가 있는데, 아마《시경》이 지어진 시대에는 울타리나 담장 용도로 심었을 것이다.

2

유(榆)는 곧 유수(榆樹), 즉 느릅나무를 가리킨다. 중국 북부에서 가장 흔히 볼 수 있는 수종 중의 하나다. 시무나무와 달리 느릅나무는 키가 25미터까지 자랄 수 있는 큰 낙엽교목이다. 분(枌)이라고도 불린다.

《본초강목》권35 '유(榆)'에는 "왕안석(王安石)이《자설(字说)》에서 '유(榆)는 물에 담그면 더 부드러워지므로 이름을 유(榆), 분별 있는 도리가 있어 이름을 분(枌)이라 한다고 말했다. 그 꼬투리가 떨어져 없어지므로 영유(零榆)라 한다'고 했다. 혜강(嵇康)은 '느릅나무는 사람을 침울하게 한다'고 했는데, 느릅나무 열매를 많이 먹으면 잠을 잘 잔다는 뜻이다. 소송의《본초도경》에는 이렇게 설명한다. 느릅나무는 어디에나 있다. 3월에 꼬투리가 자라면 옛사람들은 알맹이를 따서 죽을 끓여 먹었으나 지금은 다시 먹는 사람이 없고, 다만 오래 묵은 열매로 장을 담근다.《이아소(尔雅疏)》의 기록에 따르면 느릅나무 종류는 수십 종이 있고 잎은 모두 비슷하지만, 껍질과 나뭇결이 다르다. 이중 자유(刺榆, 시무나무)는 가시가 있어서 자(柘)와 같고, 끓여서 먹는데 백유(白榆)보다 미끈미끈하다. 이 나무가《이아》에서 말한 추(柩), 치(荎)이며,《시경》에서 '산유추(山有枢)'라 한 것도 이 나무다. 백유(白榆)는 잎이 먼저 나는데 꼬투리가 붙어 있다. 껍질이 희고 2월에 껍질이 벗겨지는데 크게 갈라져서 떨어진다. 그 안은 희고 매끄럽다.《이아》에서 '유백분(榆白枌)'이라고 한 말이 이를 가리키는 것이다. 흉년이 들면 농민은 이 나무의 껍질을 벗겨 가루로 만들어 양식 삼아 먹으니 사람에게 해를 끼치지 않는다. 4월에 열매를 딸 수 있다."

유(榆, 느릅나무)는 낙엽교목으로 유(榆), 백유(白榆), 가유(家榆), 전유(钱榆) 등으로도 불린다. 25미터까지 자랄 수 있고 밑둥 지름은 1미터이다. 나무껍질은 짙은 회색이고 불규칙하게 갈라지며 거칠다. 잔가지들은 연한 황회색, 암갈색 또는 회색이다. 잎은 어긋나며 타원형에 가까운 피침형이고 잎 가장자리는 대부분 하나의 톱니 또는 불규칙하게 겹친 톱니이며 꽃은 잎겨드랑이에서 모여 나고 꽃잎이 없다. 날개와 같은 막이 달린 시과(翅果)가 열리는데, 거의 원형 또는 뒤집힌 계란형이다. 느릅나무 열매는 유전(榆钱)이라고 부른다. 개화기는 3~6월이다.

느릅나무는 예로부터 중요하게 취급된 경제적 수종으로 건물을 짓거나 농기구, 수레, 가구를 만드는 재료다. 토지신에게 제사를 지내는 곳에서는 느릅나무를 심어서 표지로 삼았다. 느릅나무의 한자가 유(榆)이고, 그 발음이 넉넉하다는 뜻의 여(余)와 비슷해서 복을 비는 의미로 심은 것이다.

《시경》이
나에게
주석을 단다면

찬바람의 차갑고 쓸쓸한 기운은 아직 다 가시지 않았고, 씨앗은 아직 얼어붙은 땅 밑에 잠들어 있다. 이른 봄 대지에 쏟아지는 빗줄기는 찬바람을 이기고 약간의 온기를 아낌없이 차가운 세계에 녹여낸다. 이럴 때 느릅나무의 가느다란 가지에서 꼬투리가 우수수 떨어진다. 마치 새해에 좋은 일이 있기를 비는 것처럼 보인다.

느릅나무는 흔히 보이는 나무가 아니지만 중국 북부에서 가장 잘 알려진 교목이다. 어린 시절, 목이 비뚤어진 것처럼 생긴 느릅나무에 쑥 올라가 양다리를 가지에 걸고서 주변의 느릅나무 열매를 한 움큼 훑어내어 입에 쑤셔 넣곤 했다. 봄에 내린 느릅나무 꼬투리의 비처럼 세월의 수레바퀴에서 소년 시절이란 누구에게나 찾아오는 봄날이다. 느릅나무에 올라가 열매를 따 먹은 추억은 종이를 오려서 만든 것들, 오래된 편지지, 마른 꽃잎, 고운 낙엽처럼 대수롭지 않지만 버리기 아까운 작은 물건들 같다. 시간의 질그릇 안에 영원히 되살아나지 않을 어린 시절의 추억을 간직하고 봉인해 두었다. 그러다 이 시에 나오는 "산유추, 습유유(山有樞, 隰有榆)"처럼 고풍스러운 시구를 빌려 느릅나무가 시간 속에서 허무하면서도 실속 있는 윤곽을 그려냈다. 떠들썩한 세상을 살아가는 행인의 분주한 시선은 느릅나무를 무시하고 지나갔지만, 느릅나무 자체는 겨울과 여름에도 쉬지 않고 하늘과 땅의 기운에 순응하며 고집스러운 성품으로 황량한 서부의 황토고원에서 성장해왔다.

북부 지역의 담장에서(시골에서는 느릅나무를 집 앞이나 마을 어귀에 많이 심었다), 들판의 산비탈에서, 비바람을 가리지 않고 느릅나무가 자란다. 많은 이들이 그 나무의 이름을 모르지만, 한평생 열심히 살아온 모든 사람이 그렇듯 그 지위가 아무리 비천해도 삶의 깊은 곳에는 항상 고유한 생명의 날이 서 있다. 느릅나무는 그 날선 기운으로 시공간을 가른다.

《한서(漢書)》 '교사지상(郊祀志上)'에는 "고조(高祖)가 분유사(枌楡社)라는 사당에서 기원드렸다"는 말이 나온다. 분유(枌楡)는 한 고조 유방(劉邦)의 고향이다. 느릅나무는 하늘과 땅의 영향력을 빌려와 분유(枌楡)라는 말을 고향의 대명사로 만들었고, 수많은 문인들에게 물안개 같은 향수를 전해 주는 말이 되었다.

"훈훈하고 쓸쓸한 느릅나무 냄새"라는 말은 어느 이국의 나그네가 세상을 떠난 어머니에게 쓴 글의 첫머리다. 그 글을 읽을 때는 느릅나무의 냄새가 무엇인지를 몰랐으나 지금은 알 듯하다. 고향을 그리워하는 심정은 생각할수록 깊고 감격적이면서 마음을 가시로 찌르는 듯 아프다. 이제는 영원히 느낄 수 없을 집의 감각, 어머니의 손이 느릅나무 가지에서 풍겨오는 그 냄새에서 떠올랐을 것이다.

〈산유추〉에서 2500년 전에 "산유추, 습유유(山有樞, 隰有楡)"라는 구절을 노래한 그 사람은 발자크가 쓴 글 속의 외제니 그랑데와 같은 인물을 비웃는 듯하다. 만약 이 시가 19세기에 쓰여졌다면, 오히려 봉건 귀족의 부패가 기형적인 금융자본과 결합한 인물을 조롱하고 오직 작쥐할 뿐인 인생이라면 얼마나 재미없고 쓸쓸한지 이야기할 것이다. 기원전 4세기의 사람들이 쓴 풍자는 사실 키가 큰 말, 화려한 대들보, 화려한 옷을 입은 사람들을 질책하는 것이다.

명절 집회에서 관리와 백성이 함께 즐기고, 가난한 이와 귀족이 함께 잡희(雜戲)와 귀무(鬼舞)와 민가(民歌)를 감상하는 것을 상상한다. 이어서 악관이 천천히 무대에 올라 에둘러 표현하는 소박한 곡조로 〈산유추〉를 부른다. 어떤 관리에게는 사치스럽게, 어떤 관리에게는 경각심으로 들리지 않을까?

④ 산초

다자다복(多子多福)하다는
믿음의 오류

초료(椒聊)

송이송이 산초 열매가 됫박 가득
그 자손이 비할 데 없이 위대하구나
송이송이 산초 향기가 멀리까지 퍼지네

椒聊之實, 蕃衍盈升.
彼其之子, 碩大無朋.
椒聊且, 遠條且.

송이송이 산초 열매가 양손 가득
그 자손이 비할 데 없이 두텁구나
송이송이 산초 향기가 멀리까지 퍼지네

椒聊之實, 蕃衍盈匊.
彼其之子, 碩大且篤.
椒聊且, 遠條且.

잡다한 해설

중국에서 산초에 관한 최초의 문헌 기록이 바로 〈초료〉라는 시다. 《시경》의 모든 시는 사실 모두 뜻있는 바가 있는데, 〈초료〉도 자연히 예외는 아니다. 《모시》와 제·노·한 삼가시에서 모두 〈초료〉가 곡옥(曲沃) 환숙(桓叔)의 자손 번성을 위해 부른 찬가이며, 산초에 씨앗이 많은 것을 자식이 많으면 복이 많다는 은유로 사용하게 된 것도 〈초료〉에서 시작되었다고 본다. 당시의 진나라 사람들이 환숙과 그 자손의 공적을 "석대무붕(碩大無朋)"이라고 표현하였는데, 이는 실로 지극히 정상적인 일이다.

곡옥 환숙은 성이 희(姬)이고 이름이 성사(成師)다. 시호가 환(桓), 형제 중 항렬이 숙(叔)이다. 진목후(晉穆侯)의 아들이자 진문후(晉文侯)의 동생이다. 기원전 745년, 곡옥(曲沃, 지금의 산시山西성 취워현曲沃縣)에 봉해졌는데, 당시 나이 58세였다. 《사기》 '진세가(晉世家)'에서 곡옥 환숙을 이렇게 평가했다. "덕행이 훌륭하여 진나라의 모든 사람들이 다 이에 동조했다." 기원전 739년, 진나라 대신 반부(潘父)가 진소후(晉昭侯)를 시해하고, 곡옥 환숙을 군주로 맞이하였다. 환숙이 진나라의 도읍인 익성(翼城)에 들어갔을 때, 진나라 사람들은 환숙에게 명분이 없으며 군주가 될 자격이 없다고 여겨 환숙을 공격해 쫓아냈다. 환숙은 할 수 없이 곡옥으로 돌아갔다. 진나라 사람들은 진소후의 아들을 왕으로 다시 세워 진효후(晉孝侯)가 되었다. 기원전 731년, 환숙이 72세의 나이로 세상을 떠났다. 환숙이 죽은 후 그 아들 장백(莊伯)과 손자 진무공(晉武公)이 수십 년의 노력 끝에 겨우 명맥만 유지하던 대종(大宗)을 멸하고 소종(小宗)인 환숙 일족이 기존 진문후 일족을 대신하여 다시 진나라를 통일하였다. 〈초료〉는 진무공이 진나라를 통일한 이후에 나온 것으로 보인다.

주자의 《시집전》은 〈초료〉가 만약 곡옥 환숙 일족이 진나라의 종실을 대신한 일이라면, 아랫사람이 윗사람을 몰아내고 그 자리에 앉은 것이므로 덕을 잃은 일이기에

《시경》의 교화하려는 뜻과 부합하지 않는다고 보았다. 그래서 〈초료〉의 내용은 "무엇을 가리키는지 알 수 없다", "곡옥을 위해 지었다고 볼 수만은 없다"고 했다. 이 시의 묘미는 실제의 역사적 배경을 한 마디도 명시하지 않는 데 있다. 《시경》은 일반적으로 〈초료〉처럼 비슷하게 모호한 표현을 사용하며, 그렇기에 온유하고 돈후하다는 평을 받는다.

동시에 〈초료〉는 순수한 사물을 노래한 시로 볼 수 있다. 간결하지만 과장된 필치로 산초의 놀라운 생명력을 써냈다. 중국 문학 중에서 자연 문학 작품의 표본으로 〈초료〉를 참조해도 될 것이다. 설호의 표본도 〈초료〉에서 참조를 찾을 수 있다. 정쥔잉의 《시경주석》은 〈초료〉라는 시의 작문 기법상의 독특한 점을 지적하였다. "이 시는 두 개의 장으로 구성되며, 각 장이 여섯 구절이다. 첫 두 구절과 마지막 두 구절은 모두 흥(興)이고 가운데 두 구절만 실제의 사람을 묘사한다. 《시경》에서 흥이 되는 구절은 대부분 각 장의 첫머리이며, 장이 끝날 때도 흥구(興句)가 나오는 경우는 매우 드물다. 각 장의 마지막에 산초 향기가 멀리까지 피어오르는 것을 묘사한 부분은 앞뒤의 내용이 서로 호응할 뿐만 아니라 함축적이고 여운이 감돈다." 〈초료〉의 작법은 사물의 흥취로 사람의 흥취를 돋우고, 사물의 생명력을 빌어와 사람의 자손이 번성함을 말한다. 사람과 사물이 공생하는 일체로서, 시대의 룰렛이 회전하면서 운명의 신비한 변화에 감응하는 것을 담아냈다. 중국 자연 문학의 기본적인 문법은 반드시 이러한 다차원적인 세계를 감지해야 비로소 원만하다고 할 수 있다.

《시경》에서 고대인들이 구현해 낸 세계관과 비교해 볼 때, 현대인의 세계관은 빈약하고 혼란스럽다. 비록 이성적인 차원에서 보면 조금도 밀리지 않겠지만, 간묘하고 심오한 표현으로 말하자면 빈약하다고 할 수 있다.

내가
《시경》에
주석을 단다면

1
椒聊之實, 蕃衍盈升. _{송이송이 산초 열매가 됫박 가득}
彼其之子, 碩大無朋. _{그 자손이 비할 데 없이 위대하구나}
椒聊且, 遠條且. _{송이송이 산초 향기가 멀리까지 퍼지네}

초료(椒聊) 초(椒)는 오늘날 중국에서 화초(花椒)라고 부르는 산초나무를 말한다. 상세한 설명은 '식물 이야기'를 참고하기 바란다. 료(聊)는 마서진의 《통석》에서 "초료(椒聊)는 초구(椒梂)이다"라고 했다. 료(聊)와 구(梂)는 모두 규(朻), 구(梾)와 같다. 산초 열매의 모양을 가리킨다. 구(梂)는 현대 중국어로 해석하면 '과일의 외피에 사마귀 모양의 선체(腺體)가 빽빽하게 융기해 있는 것'을 말한다. 원이둬가 《풍시류초(風詩類鈔)》에서 "풀의 열매가 무더기로 모여서 나는 것을 옛말로 료(聊)라고 하고 지금의 말로는 도로(嘟嚕, 송이, 꾸러미)라고 한다"고 설명했다.

번연영승(蕃衍盈升) 번연(蕃衍)은 만연하다라는 뜻이다. 이 구절을 인용해 "만연영승(蔓延盈升)"이라는 말이 있다. 이 시에는 수량이 명시되어 있지 않다. 가지 하나에 산초 열매가 많이 달리는데, 이를 다 따면 1리터는 충분히 채운다.

피기지자, 석대무붕(彼其之子, 碩大無朋) 이 구절은 실제의 산초의 열매를 노래하는 것만이 아니라 곡옥 환숙 일족의 여인에 대한 찬사를 허구로 써서, 그들이 환숙, 장백, 진무공과 같은 우수한 인물을 낳아 기른 것을 찬미한다. 석대무붕(碩大無朋)이라는 표현에 드러난 기상이 정말 비범하다. 비할 데 없이 거대하다는 표상적인 의미에서 시작해 내면으로 파고들면 하늘을 떠받치고 땅 위에 우뚝 선 기질을 나타낸다. 다시 말해 대(大) 자의 심오한 뜻을 훌륭하게 펼쳤다고 하겠다. 석대무붕(碩大無朋)은 민간으로 널리 퍼져서 말하지 않아도 드러나게 되는 위대함을 뜻하는 표현으로 쓰인다.

원조차(遠條且) 조(條)는 옛적에 수(修)와 같은 글자였다. 수(修)는 길다는 뜻이다. 차(且)는 여기서 문장의 마지막에 사용된 어조사로, 실질적인 의미는 없어 보인다. 다만 일반적인 상태를 훨씬 넘어서는 '석대무붕'한 산초 씨앗이 불러일으키는 경탄이 여기에도 이어져서 독특하고 놀라운 감탄사가 된다. 세상에 어떻게 이처럼 과실이 가득하고 거대한 산초가 있을 수 있으며, 이 산초의 향기는 또 어떻게 이렇게 멀리 전해질 수 있는가!

2
椒聊之實, 蕃衍盈匊. 송이송이 산초 열매가 양손 가득
彼其之子, 碩大且篤. 그 자손이 비할 데 없이 두텁구나
椒聊且, 遠條且. 송이송이 산초 향기가 멀리까지 퍼지네

국(匊) 국(掬)의 옛 글자다. 양손을 모아 받치는 것이 1국(掬)이다. 《주례》 '고공기(考工記)' 중 도인(陶人) 편을 보면 《이아》를 인용하여 "국(匊)은 2승(升)이다"라고 쓴 부분이 있다. 《시경》 소아편의 〈채록(采綠)〉에도 "불영일국(不盈一匊)"이라는 구절이 나온다. 국(匊)은 양손을 모은 것을 말하고 그것이 1국(掬)이 된다.

독(篤) 두껍고 무겁다는 것은 산초 열매가 꽉 차 있는 상태를 가리키며, 여성의 몸이 풍만하고 크다는 것을 형용하기도 한다.

3
〈초료〉는 허구와 실재가 공존하는 작법이다. 흥으로 전후에서 호응하도록 한 경우는 《시경》뿐만 아니라 중국 시학 전체를 두고 보아도 독특하고 드문 사례다.

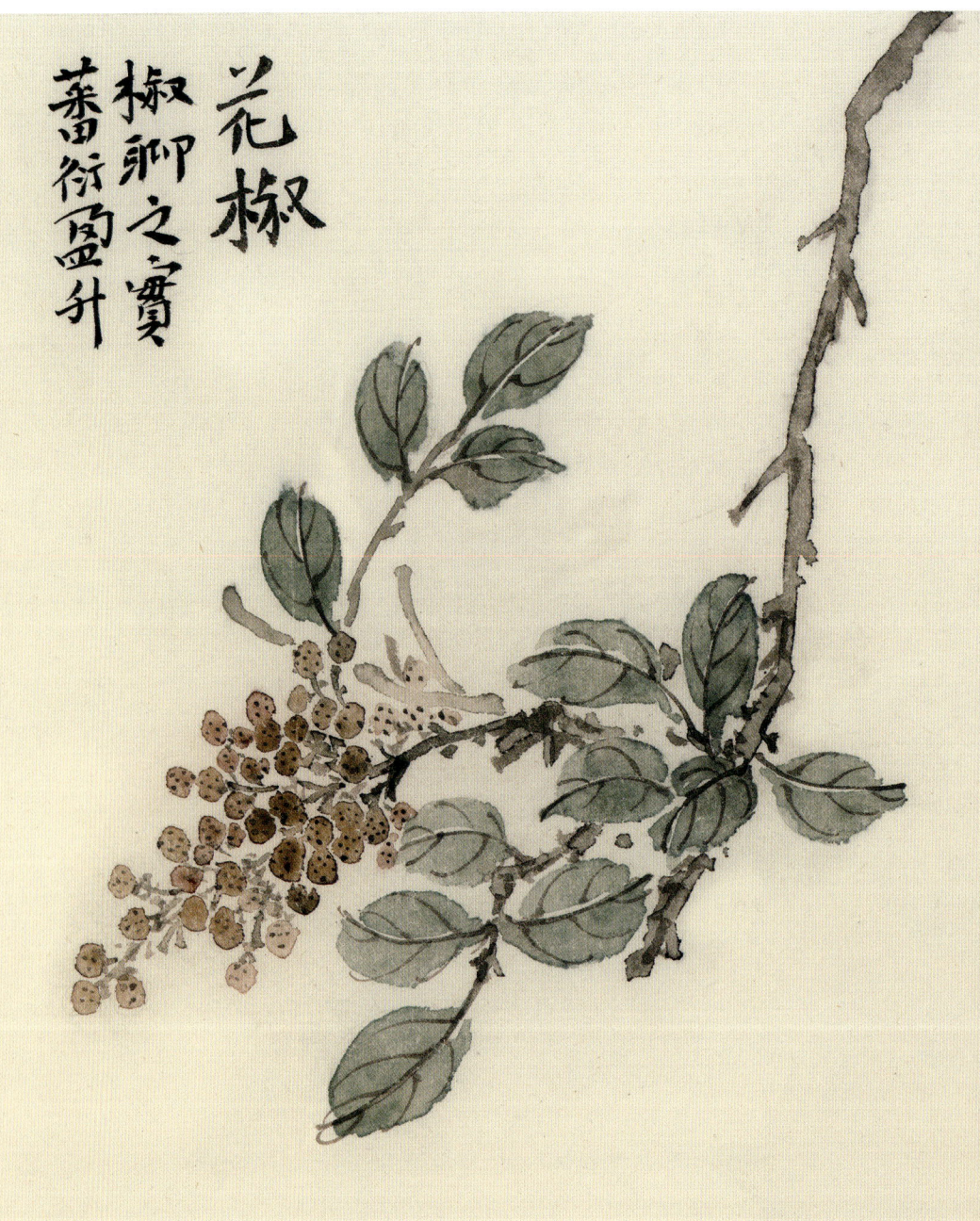

花椒
椒聊之實
蕃衍盈升

식물 이야기

초(椒, 산초나무)에 관해 《정전》은 "향이 나고 열매가 적다. 여기서 한 송이에 달린 것을 다 따면 한 되가 가득 찬다고 하니 일반적인 일이 아니다"라고 했다. 《시경》 진풍(陈风)의 〈동문지분(东门之枌)〉이라는 시에도 "이아악초(贻我握椒)"라는 구절이 나오는데, 여기서의 초(椒)는 산초의 향기를 말한다. 《시경》 시대에는 산초는 남녀가 약혼할 때 증표로 주고받는 물건이었다. 산초는 춘추시대에 제사 등 신을 모시는 활동에서 늘 강신(降神)을 유도하는 향신료로 쓰였으며, 사람과 신 사이를 잇는 교량으로 여겨졌다. 선진시대부터 산초는 따뜻하고 향기로우며 자식이 많다는 깊은 의미를 가지고 있었다. 그래서 산초는 또한 후비(后妃)를 가리키는 말이기도 하다. 《한서》 '차천추전(車千秋传)'에서 "강충(江充)은 먼저 감천궁(甘泉宫) 사람을 다스리고 미앙(未央)과 초방(椒房)으로 옮겼다"는 기록이 있다. 당나라 때 안사고(颜师古)가 주해한 것을 보면 초방(椒房)은 전각의 이름으로, 황후의 거처라고 했다.

육기의 《육소》는 산초를 음식 조미료라고 설명한 가장 오래된 기록이다. "초(椒)는 산수유와 비슷하고 바늘 같은 가시가 있다. 줄기와 잎은 단단하고 윤기가 나며 맛도 맵다. 촉(蜀) 사람이 차(茶)를 만들고 오(吳) 사람이 명(茗, 찻잎)을 만들 때 모두 산초 잎을 함께 끓여 향을 냈다. 오늘날 성고(成皋)의 여러 산에 죽엽초(竹叶椒)가 있는데, 이 나무도 촉초(蜀椒)처럼 독과 열이 적고 약에는 적합하지 않지만 음식에 넣어 닭과 돼지를 찔 때 쓴다. 동해(東海)의 여러 섬에도 이 나무가 있는데, 줄기와 잎이 비슷하다. 열매는 길고 둥글지 않으며 향이 진하다. 그 맛은 귤피(橘皮)와 같다. 섬의 노루와 사슴이 그 잎을 먹기 때문에 그 고기에서 자연히 초향, 귤향이 난다." 《이아》 '석목'편에

"훼(檓)는 대초(大椒)다"라는 기록이 있다.《본초강목》은 진초(秦椒)를 대초(大椒), 훼(檓), 화초(花椒)라고 설명했다.《범자계연(范子计然)》에서는 "촉초(蜀椒)는 무도(武都)에서 나며, 빨간 것이 좋다. 진초(秦椒)는 농서(隴西) 천수(天水)에서 나며 알이 가느다란 것이 좋다"고 했다.

《시경》은 화초(花椒, 산초나무)를 기록한 최초의 문헌으로 알려져 있다. 산초는 운향(芸香)과 화초(花椒)속의 작은 낙엽교목이다. 높이는 3~7미터 사이이며 나무껍질에는 혹 모양의 가시가 있다. 깃털 모양의 겹잎이 홀수로 어긋난다. 잎 가장자리에 가는 톱니가 있고, 톱니 사이사이에 기름얼룩이 뚜렷하다. 열매는 골돌과이고 구형이다. 익으면 붉은색 또는 자홍색이며 껍질에 굵은 기름얼룩이 있다. 개화 시기는 4~5월이다. 7~8월에 따는 산초를 복초(伏椒)라고 하고, 9~10월에 따는 산초를 추초(秋椒)라고 한다. 일반적으로 복초가 추초보다 품질이 좋다.

산초나무를 목재로 쓸 때, 나무색은 전형적인 담황색이지만 공기 중에 노출되면 색깔이 약간 짙은 황색으로 변한다. 나무의 가운데 부분과 가장자리 나무껍질에 가까운 부분이 뚜렷하게 구별되지 않는다. 목질은 구조가 치밀하고 균일하며 종단면에 비단처럼 광택이 있어서 미술이나 공예에 사용하기 좋다.

산초는 한약재로 쓰인다. 몸을 따뜻하게 하고 기가 잘 돌게 하며, 한기를 없애고 진통, 살충 효과가 있다. 복부 냉통, 구토, 설사에도 좋으며, 모기에 물렸거나 회충이 있을 때도 쓴다. 표피 부분의 마취제로도 사용된다. 산초가 자손이 많고 다복함의 상징이 된 것은 단지 옛사람들이 제사에서 기도하는 소망일 뿐, 산초에 다산하는 효과는 없다.

《중국식물지》에 따르면, 화초속 식물은 중국에 39가지의 순종과 14가지의 변종이 있으며, 열매와 잎에 모두 향이 있다. 그러므로《시경》에 나오는 초(椒)가 야화초(野花椒), 자화초(刺花椒) 등 다른 식물일 수도 있다.

《시경》이
나에게
주석을 단다면

산초가 다자다복하다는 의미를 갖게 된 시초는 〈초료〉다. 추측건대 당시 남녀가 막 결혼했을 때 의식을 주관하고 복을 비는 무당이 부부 침대에 산초 씨앗, 호두, 대추와 같은 영적인 물건들을 흩뿌리면서 이 〈초료〉를 큰 소리로 불러 출산을 관장하는 신령들에게 이 남녀를 축복해달라고 요청하며 다자다복하기를 빌었을 듯하다. 이 시의 또 다른 해석은 여자가 대담하게 사랑을 표현하는 시라는 것이다. 여자는 좋아하는 남자에게 자신이 풍만하고 아름다울 뿐만 아니라 산초처럼 왕성한 출산 능력을 가지고 있다는 것을 암시하는 내용으로 볼 수 있다. 농경시대에는 이런 두 가지 조건을 동시에 만족시키는 여자가 매력적이었을 것이다.

다 자란 산초는 짙은 붉은색의 장포를 걸치고 내부에는 옥구슬을 품고서 사계절의 향기를 풍긴다. 이런 특징은 산초가 온화한 기질을 가졌다고 여겨지게 했다. 그래서 후대에 황후의 궁을 초옥(椒屋)이라고 했다. 역시 산초의 다자다복한 축복을 암시하는 것이다. 《시경》에서 산초에 관한 다른 시 〈동문지분(東門之枌)〉에서는 "시이여교, 이아악초(視爾如茨, 貽我握椒)"라고 읊었다. 이 구절에는 한 쌍의 남녀가 정다운 미소로 손을 맞잡고 일생을 함께 걷는 감격과 위안이 담겨 있다.

"《시경》을 읽지 않으면 만물에 영혼이 있는 줄 모른다"는 말이 있다. 《시경》의 식물을 눈여겨보면 저절로 마음속에서 이런 말이 튀어나온다. 우리가 흔히 알고 있는 산초는 대부분 자신이 지닌 맛으로 미각의 신비를 여는 식물이다. 하지만 이런 미각에 있어서의 신비함만 생각하면 식물이 사람의 내면적인 정신공간에서 어떤 힘을 발휘할지 예측하기 어렵다.

마초(麻椒)는 중국 시베이 지역에서 진초(秦椒)라고 부른다. 무더운 여름의 이른 아침, 청량한 기운을 마시며 부모님을 모시고 산속을 거닐었다. 굽이굽이 산등성이 높은 곳으로 향하는 길가에 검은 불길처럼 지표면을 뚫고 나오는 산초나무가 보였다. 삼복더위에도 가지가 무성하고 잎이 무성하여 단단한 쇠처럼 날카로운 가시 그늘이 새빨간 산초 열매를 가리고 있었다. 아버지는 이런 산초가 복래초(伏來椒)라 한다고 말씀하셨다. 다른 몇 곳의 산초밭을 지나는데 그곳에서는 열매가 여전히 파릇파릇했다. 아버지께 물었더니, 이것은 추초라서 입추 전후에나 익을 거라고 하셨다. 어렸을 때 들판에서 미친 듯이 뛰어다니며 놀았다고 생각했는데, 아직도 산과 들에 어떤 이야기가 숨겨져 있는지 모르는 게 많다. 지금 내 어린 시절을 함께한 고향 땅을 다시 한번 주의 깊게 살펴보니, 전에는 발견하지 못했던 요정들이 산바람 속에서 날아다니고 있는지를 깨닫게 되었다.

산초의 원산지는 중국 충칭(重慶)의 장진(江津) 지역이다. 옛날 촉(蜀) 땅이었던 이곳에서 내세우는 고유의 맛이 바로 '마랄(麻辣, 맵고 얼얼함)' 맛이다. '마랄'의 얼얼한 맛인 '마(麻)'는 촉초(蜀椒)에서 나온다. '마랄'한 맛은 내 미각이 가장 좋아하는 맛 중 하나다. 때때로 장과 위의 경련을 이겨내야 하고, 입과 혀의 고통을 겪기도 한다. 하지만 그 맛은 치명적인 흡인력을 가지고 있다. 한밤중에 친구와 길가에서 '마랄'한 맛의 꼬치구이를 먹었는데, 차가운 맥주를 들이키며 한 꼬치 두 꼬치 맛을 보니 긴 밤이 밝아지는 것 같았다. 장진(江津) 지역의 사면산(四面山)에서 꿩 구이를 먹은 적이 있다. 배가 고파서 마음이 조급한 사람들이 옅은 안개 속에서 옷을 싸매고, 플라스틱으로 된 작은 의자에 앉아 꿩을 구워주는 가게 사장님이 숯불에 불을 붙이는 것을 지켜보았다. 고추기름, 소금, 산초가루를 석쇠 위에 펴놓은 꿩고기 위로 살살 뿌리면서 얼른 노릇노릇해진 꿩이 나의 이와 혀에 친밀하게 접촉하기를 간절히 바랐다.

산초의 몸속에 잠재된 얼얼한 향기는 미각의 세계에 뜨겁고 건조하며 상쾌한 쾌감을 불러일으킨다. 그 맛은 평온한 일상 아래서 갑자기 솟아나는 격정과도 같고, 또한 글을 쓰는 순간의 정서적 감응이나 내적 긴장과도 같다. 나는 '마랄' 맛을 즐기며 미각의 전쟁터를 떠올린다. 얼얼하고 매운맛이 점점 퍼져나가는 순간, 먹는 자의 미각이 드러내는 욕망은 얼얼함과 매움의 힘겨루기 사이에서 어찌할 바를 모르고 몰입하는 데 있다. 쾌락의 경지에는 말로 표현할 수 없는 신비로움이 있는지도 모르겠다.

41 벼

슬픈 외침이 남긴
여운의 바탕색

보우(鴇羽)

퍼덕퍼덕 느시가 날갯짓하여 상수리나무 위에 앉았네

나라에서 시키는 일이 그치지 않으니 기장 심을 틈이 없다

부모님이 무엇에 의지하여 사시려나, 아득한 푸른 하늘이여, 언제나 집에 돌아가리까?

肅肅鴇羽, 集于苞栩.
王事靡盬, 不能蓺稷黍.
父母何怙, 悠悠蒼天! 曷其有所?

퍼덕퍼덕 느시의 날개가 멧대추나무 가시에 찔렸네

나라에서 시키는 일이 그치지 않으니 기장 심을 틈이 없다

부모님이 무엇을 먹고 사시려나, 아득한 푸른 하늘이여, 언제나 이 고통이 끝나리까?

肅肅鴇翼, 集于苞棘.
王事靡盬, 不能蓺黍稷.
父母何食? 悠悠蒼天! 曷其有極?

퍼덕이는 느시가 뽕나무밭에 뛰어들었네

나라에서 시키는 일이 그치지 않으니 벼도 조도 심을 틈이 없다

부모님이 어찌 지내시려나, 아득한 푸른 하늘이여, 언제나 정상으로 돌아가리까?

肅肅鴇行, 集于苞桑.
王事靡盬, 不能蓺稻粱.
父母何嘗? 悠悠蒼天! 曷其有常?

잡다한 해설

　시를 주제별로 분류하면, 정세의 균열과 윤리의 부패로 백성이 겪는 고통을 전문적으로 고발하는 시가 있다. 〈보우〉가 바로 그런 시다. 이 시는 부모님을 걱정하며 세 번이나 고통을 토로한다. 긴 시가 이미 울음과 같다. 백성이 저항하는 목소리는 장지주(張芝洲)의 《파경일득(葩經一得)》에서 나온 말처럼 "원망하지만 분노하지 않는다(怨而不怒)"고 하지만 썩은 나무를 마침내 부러뜨린 비바람이 이미 산림을 뒤흔들고 있음을 느끼게 한다. 무릇 위정자라면 그 자리의 높고 낮음에 상관없이 〈보우〉를 읽고 스스로 경계해야 한다.

　〈보우〉의 운율은 어떨까? 대군은(戴君恩)의 《독풍억평(讀風臆評)》에 의하면, 시의 첫머리는 사실을 상세히 서술하는 평범한 구절이지만 가운데에 와서는 잠시 움츠려 "부모하호(父母何怙)"한 구절, 이어서 읊는 "유유창천(悠悠蒼天)" 두 구절의 소리와 흐름이 모두 절묘하다고 했다. 이로써 이 시가 전체적으로 삼키고 내뱉으며 늘였다 줄였다 하는 중에 재미를 얻는다. 부모님으로 시작하여 푸른 하늘의 신령에 이르고, 질문을 하면 할수록 더욱 애절해져 읽는 이의 간장을 끊는다.

정치적 분노의 시로서 춘추시대라는 난세에 지어진 〈보우〉에 대해 《모시서》부터 《시집전》까지 견해가 일치한다. 〈보우〉의 정서를 이어받아 〈보우〉의 목소리를 가장 확실하게 해석한 사람은 태사공(太史公, 《사기》를 쓴 사마천司馬遷)이다.

　《굴원열전(屈原列傳)》에서 그는 "하늘은 인간의 시초이고, 부모는 인간의 근본이다. 사람은 곤경에 처했을 때 근원을 그리워하게 되므로, 지극히 힘들고 피곤할 때 하늘에 호소하지 않는 사람이 없고, 병이나 슬픔에 처할 때 부모를 부르지 않는 사람이 없다"고 썼다. 천지를 부르면 영혼의 변화와 의지의 굳건함이 흔들리고, 부모를 부르면 측은한 마음과 구원하고자 하는 분노를 자아낸다. 중국 역사는 수천 년 동안 왕조가 많이 바뀌었고, 문화는 끊임없이 단절되었다. 그러니 일생 기댈 수 있는 것은 하늘과 땅, 그리고 부모님의 마음뿐이다.

내가 《시경》에 주석을 단다면

1

肅肅鴇羽, 集于苞栩. 퍼덕퍼덕 느시가 날갯짓하여 상수리나무 위에 앉았네
王事靡盬, 不能蓺稷黍. 나라에서 시키는 일이 그치지 않으니 기장 심을 틈이 없다
父母何怙, 悠悠蒼天! 曷其有所? 부모님이 무엇에 의지하여 사시려나, 아득한 푸른 하늘이여, 언제나 집에 돌아가리까?

숙숙보우(肅肅鴇羽) 숙숙(肅肅)은 새가 날개를 퍼덕이는 소리다. 보(鴇)는 오늘날 중국에서 대보(大鴇)라고 부르는 느시(느싯과, '너새'라고도 한다)다. 기러기처럼 생겼지만 더 크고 다리가 길다. 잘 달리지만 비행은 잘하지 못한다. 수초가 많은 지역에 무리 지어 산다. 뒷발가락이 없어서 나무에서 살기 어려워 평원이나 호숫가에 서식한다. 육기의 《육소》에서 "보(鴇)는 빠르게 달리며 나무에 내려앉지 못한다"고 했다. 보우(鴇羽)는 느시가 날개를 펼치고 날아오르려 하는 모양을 말한다. 글자를 만드는 방식으로 미루어 볼 때, 비(匕)와 십(十)은 자웅 생식기의 기호라 보(鴇)라는 새가 음탕하다는 믿음이 있다. 명나라 때 주권(朱權)은 《단구선생논곡(丹丘先生論曲)》에서 "기녀 중에서 나이 든 자를 보(鴇)라 한다"고 했다. 그래서 보(鴇)가 새들 중에서 가장 음탕하다는 잘못된 말이 있지만, 느시는 밭에서 농작물에 도움이 되는 익조다.

집우포허(集于苞栩) 집(集)은 《설문》에서 "여러 새가 나무 위에 앉은 것"이라 했다. 포허(苞栩)는 빽빽하게 모여 있는 나무들을 말한다. 포(苞)는 초목이 무리지어 자라난 모양을 말한다. 허(栩)는 역수(櫟樹, 상수리나무)다. 상수리나무

는 참나무속 식물로, 목질이 단단해 예로부터 여러 기구를 만드는 데 좋은 재료였다. 마력(麻櫟)은 중국에서 가장 흔히 볼 수 있는 참나무속 식물이다. 그 열매를 도토리라고 하며, 상수리나무 잎은 뽕잎처럼 누에를 기를 때 쓸 수 있다. 주나라 시대에 오늘날 화베이 지역 일대에 분포했던 참나무속 식물은 모두 허(栩)일 가능성이 있다.

왕사미고(王事靡盬) 왕사(王事)는 관청에서 노동력, 재화, 기물 등을 투입해 진행하는 일을 말한다. 전역(戰役), 정역(徵役), 노역(勞役), 요역(徭役), 부역(僕役) 등이 있다. 미(靡)는 없다라는 뜻이다. 고(盬)는 쉬다, 멈추다라는 뜻이다. 마서진의 《통석》에서 《이아》의 해석을 보면 '서(棲), 게(憩), 휴(休), 고(苦), 식(息)'이라고 했다. 이중 고(苦)가 고(盬)의 가차자다"라고 했다.

불능예직서(不能蓺稷黍) 예(蓺)는 옛적에 예(藝)와 같은 자였다. 뜻은 식물을 심는 것이다. 직(稷)은 수수, 서(黍)는 기장이다.

호(怙) 의지하다, 기대다, 믿다라는 뜻이다. 《설문》에서는 "호(怙)는 시(恃, 믿다)이고, 시(恃)는 뢰(賴, 의지하다)다"라고 했다.

갈기유소(曷其有所) 갈(曷)은 하(何)와 같다. 무엇, 어디, 어떻게 등 의문을 표하는 말이다. 소(所)는 사는 곳, 거처를 말한다.

첫 두 구절은 날지 못하고 나무에 앉지도 못하는 새가 나뭇가지 높은 곳에 서 있는 모습을 그렸다. 이는 소인배의 전횡을 의미한다. 무거운 부역에 짓눌려 백성들은 숨을 쉴 수 없었다. 세금을 낼 곡식을 재배할 틈조차 없으니 연로한 부모님이 무엇으로 살아갈까? 하늘이여, 내가 언제나 집에 돌아가겠습니까?

2

肅肅鴇翼, 集于苞棘. 퍼덕퍼덕 느시의 날개가 멧대추나무 가시에 찔렸네
王事靡盬, 不能蓺黍稷. 나라에서 시키는 일이 그치지 않으니 기장 심을 틈이 없다

父母何食? 悠悠蒼天! 曷其有極? 부모님이 무엇을 먹고 사시려나, 아득한 푸른 하늘이여, 언제나 이 고통이 끝나리까?

1장은 느시가 상수리나무 위로 높이 날아가는 장면으로 소인이 조정에서 득세한 것을 보여준다. 2장에서 느시의 날개가 가시덤불에 떨어진 것은 잔혹한 정치를 하는 관리가 지방에 와서 행패를 부리는 것을 의미한다. 먹고 살 식량조차 키울 방법이 없는데 부모님은 평소 무엇을 드시며 사실까?

극(極) 《정전》에서 "극(極)은 이(已)다"라고 했다. 끝, 막바지라는 의미다. 부역이 끊이지 않고 도처에 기근이 닥쳐 부모님이 먹을 것이 없다. 이런 고통이 언제 끝날까?

3
肅肅鴇行, 集于苞桑. 퍼덕이는 느시가 뽕나무밭에 뛰어들었네
王事靡盬, 不能藝稻粱. 나라에서 시키는 일이 그치지 않으니 벼도 조도 심을 틈이 없다
父母何嘗? 悠悠蒼天! 曷其有常? 부모님이 어찌 지내시려나, 아득한 푸른 하늘이여, 언제나 정상으로 돌아가리까?

행(行) 마서진의 《통석》에서 "보행(鴇行)이란 마치 기러기가 움직이는 것과 같다. 기러기는 날아갈 때 열을 지어 가는데, 보가 이동할 때도 그렇다"고 했다. 다른 해석으로는 보행(鴇行)이 곧 보의 다리를 말한다는 것이다. 3장에서 느시는 원래 서식하는 강가의 풀숲에서 떼 지어 나와 뽕나무밭을 뛰어다닌다. 사회 풍조가 타락하고 인심이 나빠졌으니 백성이 먹고살지 못한다는 의미다.

도량(稻粱) 백성이 먹는 곡식, 식량을 말한다. 식량을 마련하고자 계획을 세우는 것은 민중의 가장 기본적인 생활을 유지하는 데 필요하다. 두보가 "임금이 양지바른 곳을 찾아가는 기러기를 보고, 곡식을 구하려 도모한다(君看隨陽雁, 各有稻粱謀)"라고 읊었는데, 이 표현도 〈보우〉에서 시작된 것이다. 부역

이 너무 무거워서 백성들이 기본적인 식량조차 재배할 수 없는 상황이다. 도(稻)는 벼를 말한다. 상세한 설명은 '식물 이야기'를 참고하기 바란다. 양(粱)은 원나라 때 유근(劉瑾)이 《시경통석(詩經通釋)》에서 "《본초강목》에서 주해하기를, 무릇 양미(粱米)라고 하면 속(粟, 조)의 한 종류를 가리킨다. 청량(靑粱)은 이삭에 털이 있고 낟알이 푸르다. 미(米) 역시 약간 푸른 낟알이다. 세밀히 나누면 황량(黃粱), 백량(白粱)이 있다. 황량은 이삭이 크고 털이 자란다. 곡(谷), 미(米)는 모두 백량보다 크다"고 했다.

상(常) 《시집전》에서 "상(常)은 늘 그런 상태로 돌아가는 것이다"라고 했다. 정상적인 생활을 말한다. 다시는 정상적인 생활로 돌아갈 수 없으리라는 의미를 담은 구절이다. 시를 마무리하는 구절에서 어조는 낮아졌지만 절망의 감정은 더욱 커졌다.

식물 이야기

　도(稻, 벼)는 《설문》에서 "도(稌)다"라고 했다. 《예(禮)》 '곡례(曲禮)'에서는 "종묘에 제사를 지내는 예법으로 도(稻)를 가소(嘉蔬)라고 불렀다"고 했다. 《시집전》에서는 "도(稻)는 곧 지금 남쪽 지방에서 먹는 도미(稻米, 쌀)이다. 수생하며 색이 희다"라고 했다. 《몽계필담(夢溪筆談)》 권26에서는 "도(稻)는 7월에 익는 것이 있고 8~9월에 익는 것이 있다. 10월에 익는 것을 만도(晚稻)라고 한다. 같은 것이 같은 이랑에 있으나 각자 이르고 늦음이 있으니 그 성질도 다르다"고 했다. 《본초강목》 권22 '도(稻)'에서는 이렇게 설명한다. "도나(稌糯)다. 이 도나는 갱나(粳糯)의 통칭이다. (……) 《이아》에서는 '도(稌)는 도(稻)이다. 갱(秔)은 찰기가 없는 것을 가리키며 일명 선(秈)이라 부른다'고 했다." 나원의 《이아익》에서는 "도(稻)는 낟알이 서리처럼 희고 성질은 물을 좋아한다. (……) 도(稌)라고도 부른다. 찰기 있는 것과 없는 것이 있다. 지금 사람들은 찰기 있는 것을 나(糯), 찰기 없는 것을 갱(秔, 또는 粳)이라 한다. (……) 또 다른 종류는 선(秈)이라고 부르며, 갱(秔)보다 작고 찰기가 없다. 이 종류는 아주 오래되었다. 지금 사람들은 선(秈)을 조도(早稻), 갱을 만도(晚稻)라고 부른다"고 했다.
　도(稻), 즉 벼는 화본과 벼속의 한해살이풀이다. 수염뿌리가 나고 부정근(不定根)이 발달했다. 대가 곧게 서고 가운데가 비어 있으며 마디가 있다. 줄기에 이랑 같은 무늬가 있다. 분얼(分蘖, 벼 등의 줄기 밑동에서 새로 곁눈이 나와 자란 것)이 30~100센티미터까지 자란다. 엽초(葉鞘, 잎자루가 줄기를 감싸고 있는 것)는 느슨하고 털이 없으며, 잎은 2열로 어긋난다. 원추꽃차례이며 크기가 큰 편으로 배열이 조밀하지 않고 길이는 30~50센티미터다. 익으면 아래로 굽어져 아치형을 이룬다. 자가수분해서 열매를 맺는다. 열매는 영과(穎果)이고 낟알은 희다. 따뜻하고 습한 것을 좋아한다.

벼는 아열대가 원산지이며, 재배 면적이 넓어 세계의 주요 식량 작물 중 하나다. 《중국식물지》에서는 선도(籼稻)와 갱도(粳稻)의 두 가지 아종이 등재되어 있다. 두 가지 아종의 재배 면적은 아주 넓다. 중국에서 벼의 재배는 7천 년의 역사가 있다. 예로부터 오곡(五穀)의 하나로 불렸으며, 벼의 낟알인 쌀로 전분, 술, 식초도 만들 수 있다. 쌀을 정미할 때 나오는 속겨로는 동물사료, 설탕, 식물성 기름을 만들 수 있고 거친 겉겨도 연료나 비료, 광택제로 사용한다. 벼 줄기는 우수한 사료이자 종이를 만드는 원료다. 그 외에도 돗자리, 빗자루, 도롱이 등을 엮어 사용한다. 벼의 까끄라기와 곡아(종자에 난 싹), 겨, 뿌리는 약으로 쓴다. 중국 남부 지방은 주요 쌀 생산지로, 이곳의 쌀 생산량이 중국 전체 곡물 생산량의 절반 이상이다. 주나라 때 북부의 기후가 좀 더 습윤해서 지금보다 벼농사가 더 광범위하게 이루어졌다.

《시경》이 나에게 주석을 단다면

〈보우〉의 깊은 뜻을 확실히 하고 시간의 장벽을 허물듯 내가 마음으로 읽었던 내용을 쓰고 싶었다. 한참을 생각했지만 제목을 확정할 수 없었다. 한 가지 의문이 나를 계속 곤혹스럽게 한다. 무릇 서속(黍粟)과 도량(稻粱)에 대해 이야기하자면 식물 세계를 배경으로 두어야 한다. 그렇다면 반드시 천하에 대해 말할 것이고 사직까지 말할 것이다. 동시에 그럴 때마다 "유유창천(悠悠蒼天)"이라는 슬픈 외침이 있는데, 왜 이렇게 된 것일까? 예를 들어 《시경》의 〈서리(黍離)〉에도 똑같이 하늘을 부르는 외침이 나온다. 왕권 교체의 역사 속에서 백성은 영원히 개미처럼 보잘것없고 쌀과 곡식을 얻기 힘들어 삶이 늘 통제할 수 없는 위기에 봉착해 있었다. 이른바 사직(社稷)이란 오곡을 쌓아 올린 높은 대를 말하며, 나라, 조정이라는 의미도 있다. 그렇다면 국가는 자기 나라의 민중에게 강력한 보호와 풍족한 생활을 제공해 주어야 하는 것이 아닌가?

한 사회에서 "유유창천"이라는 외침이 터져나온다면 그 사회가 썩어 문드러져 곧 무너질 지경인 것이다. 이런 외침은 환상도 아니고, 연출도 아니다. 오히려 들풀과 관목, 교목을 가리지 않고 태우는 불길이다. 역사 기록을 읽다 보면 항상 곡식이 쌓인 제단을 불태우는 장면이 나온다. 비천한 이들의 뭉친 분노. 누구든지 이 힘을 멸시하면 결국 이 힘에 불태워진다.

"도량모(稻粱謀)"라는 표현은 얼핏 보기에 백성들의 생활상이 어떤지 전혀 드러나지 않는 듯하지만, 수천 년의 중국 역사에서 황허강, 창장강 유역의 땅에 뿌려진 쌀, 수수, 밀은 조용하고 작지만 대대로 백성의 삶에 가장 기본적인 의지처가 되었다. 그러므로 곡식을 키우고 수확하는 일을 계획하는 것은 한 개인의 생활에서 중요하고 기본적인 물질적 수요를 공급하는 일이자 정신적으로도 가정과 국가의 일체화되었으며 지극이 높은 수요를 공급하는 일이다. 위정자가 이런 책임을 다하지 않는다면, 생명이 살아가는 데 필요한 근본을 흔들고 한 나라의 견고한 근간을 흔든다면 재난과 전쟁이 반드시 일어나고야 만다.

중국 역사상 벼는 남쪽에서 북쪽으로 전파되었다. 서주 시대에는 북부의 경계선에서 쌀이 사람들의 일상적 양식 범주에 들어왔다. 다만 기후변화로 황허 유역이 가물어졌다. 강우량이 감소하고 호수와 하천이 마르자 쌀의 재배면적도 줄어들었다. 이에 따라 중국 북부에서는 밀이 주식으로 자리 잡았다. 그때 남부에서는 당나라 때 들어와 쌀농사가 크게 발달했다. 당송 시대에 쌀로 만든 과자에 관한 기록이 매우 많은데, 그중 쑤저우(蘇州)의 과자는 1천여 가지나 된다.

부모님의 말씀에 의하면 내 고향인 시베이 지역(중국 북서부)에서 1950~1960년대에 벼를 재배하려고 시도한 적 있었다. 결국 대규모 보급은 성공하지 못했다. 나는 남부에서 10여 년간 공부하고 일했는데, 광시성의 황요(黃姚) 고진(古鎭)을 여행할 때 뜨거운 태양 아래서 모내기를 하는 여인의 얼굴이 새까맣게 탄 것을 본 적 있다. 나 자신도 부드러운 신흙을 밟고 밭에 나가 벼를 수확하기도 했다. 나는 밀 음식과 쌀 음식 사이에서 균형 잡힌 선택을 하며 살고 있다.

42 오렴매

시간이
갈라놓지 못하는
깊은 사랑

갈생(葛生)

칡이 자라 모형을 덮고, 오렴매가 자라 들판에 가득하네
내 사랑이 이곳에서 가셨으니 누가 함께 머무나? 오직 나만이

葛生蒙楚, 蘞蔓于野.
予美亡此, 誰與? 獨處.

칡이 자라 멧대추나무를 덮고, 오렴매가 자라 묘지에 가득하네
내 사랑이 이곳에서 가셨으니 누가 함께 쉬나? 오직 나만이

葛生蒙棘, 蘞蔓于域.
予美亡此, 誰與? 獨息.

뿔 베개가 화려하고 비단 이불이 찬란하다
내 사랑이 이곳에서 가셨으니 누가 함께 동트기를 기다리나? 오직 나만이

角枕粲兮, 錦衾爛兮.
予美亡此, 誰與? 獨旦.

여름의 낮, 겨울의 밤
백 년이 지나도 그의 무덤에 함께 있으리라

夏之日, 冬之夜.
百歲之後, 歸于其居!

겨울의 밤, 여름의 낮
백 년이 지나도 그의 무덤에 함께 있으리라

冬之夜, 夏之日.
百歲之後, 歸于其室!

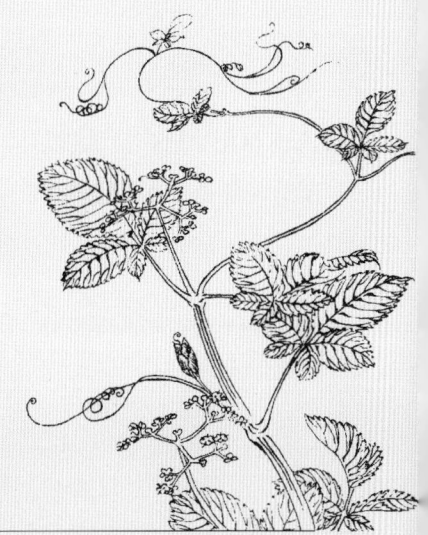

잡다한 해설

《모시서》에서는 〈갈생〉이 "진헌공(晉獻公)을 풍자한 것이다. 전쟁을 좋아하여 백성이 많이 죽었다"라고 했다. 이런 역사적 배경은 〈갈생〉의 시적 승화에 거의 영향을 미치지 못했다. 〈갈생〉의 영향력은 모두 후대의 중국 문학사에서 "사생동일(死生同一)"이라는 구절을 핵심으로 하는 연애 주제가 체득되며 생겨났다. 사랑이라는 주제가 세운 다리는 중국뿐 아니라 세계 각지의 문학에서 서사시 걸작 전부와 공감할 수 있으며, 독자들이 삶을 최종적으로 탐구하고자 할 때 복잡해질 것인지 아니면 간결해질 것인지를 생각해 보게 한다.

〈갈생〉은 중국 도망시(悼亡詩, 죽은 이를 애도하는 시)의 시초로 여겨진다. "백세이후(百歲之後)"라는 표현은 오늘날 맹세를 할 때 흔히 쓰는 '바다가 마르고 돌이 썩을 만큼 시간이 흘러도 절대 변하지 않는다'는 말과 같은 의미다. 또한 이 시에는 '그대가 여기서 죽었으니 그대와 함께 돌아가겠다'는 비장함도 가득하다. 세상이 괴로워 초목이 함께 슬퍼한다. 사랑의 충정 깊은 곳에는 의지할 곳 없는 외로운 절망이 숨어 있다. 청나라 때의 뛰어난 유학자 진례(陳澧)의 《독시일록(讀詩日錄)》에서는 "이 시는 매우 슬퍼 읽으면 눈물이 난다"고 했다. 진례가 말한 눈물은 사실 예나 지금이나 〈갈생〉을 읽은 사람들의 공통된 심정일 것이다.

〈갈생〉은 시 전체에서 직접적으로 '사랑'이라는 말은 한 글자도 나오지 않는다. 구양수(歐陽修)가 《육일시화(六一詩話)》에서 말한 바와 같이 "아무리 말해도 다할 수 없는 뜻을 품고서 언어 바깥에서 만나는 것"이다. 또한 유협이 《문심조룡》에서 한 말처럼 "정(情)은 말의 그늘에 숨어 있다." 〈갈생〉의 시어도 언어 바깥에 숨은 마음도 보기 드물게 순수하다. 특히 이 시는 자연 주제와 시간 주제에 대한 장악력이 정말 훌륭하다. 경이롭고 기이한 상상력과 죽은 이와 대화하는 초연하고 한결같음이 강렬한 영혼의 기운을 띠고 있다. 동시에 자연의 섭리와 세상의 운명에 순응하는 세계관을 남김없이 드러낸다.

이처럼 비창한 〈갈생〉은 바탕에 슬프고 완곡함만 있지 않다. 오히려 격양되고 기쁜 마음이 안에서 솟구친다. 이처럼 '사랑은 잃었지만 내 마음은 잃지 않았다'는 화자의 태도는 일종의 '잃어버린 것 같기도 하고 가진 것 같기도 한' 충만한 느낌을 주어 사람들을 놀라게 한다. 〈갈생〉의 사랑은 글 속에서 매우 뚜렷하게 드러나므로 마음을 다해 읽기만 하면 누구나 이해할 수 있다. 〈갈생〉을 낭송하는 것이야말로 정말 어려운 일인데, 삶과 죽음이 사랑하는 이들을 갈라놓는 이야기를 극한까지 감정을 끌어올려 체험하는 것이 〈갈생〉을 읽는 독보적인 예술적 정취를 이룬다.

내가
《시경》에
주석을 단다면

1
葛生蒙楚, 蘞蔓于野. 칡이 자라 모형을 덮고, 오렴매가 자라 들판에 가득하네
予美亡此, 誰與? 獨處. 내 사랑이 이곳에서 가셨으니 누가 함께 머무나? 오직 나만이

갈생몽초(葛生蒙楚) 갈(葛, 칡)은 속칭으로 갈등(葛藤)이라고도 한다. 콩과 칡 속의 여러해살이풀이다. 줄기의 껍질 섬유로 베를 짜고, 덩이뿌리는 먹을 수 있다. 꽃은 숙취를 해소해 준다. 몽(蒙)은 가리다, 덮다라는 뜻이다. 초(楚, 모형)는 마편초(馬鞭草)과 모형(牡荊)속의 식물이다. 관목 혹은 작은 교목이다.

염만우야(蘞蔓于野) 염(蘞, 가위톱)의 상세한 설명은 '식물 이야기'를 참고하기 바란다. 만(蔓)은 만연하다는 뜻이다. 마서진의 《통석》에는 "칡과 가위톱 모두 덩굴이 무성하지만 소나무와 잣나무에 뻗으면 그 자리를 얻으니, 마치 부인이 남편을 따라 존귀해지는 것과 같다. 오늘날 시에서 몽초(蒙楚), 몽극(蒙棘), 만야(蔓野), 만성(蔓域)은 부인이 의지할 데를 잃었음을 비유한다"고 했다. 첫 두 구절은 교외에 있는 묘지의 실제 풍경이라고 볼 수 있다. 따라서 〈갈생〉의 첫 구절은 흥(興)이기도 하고 부(賦)이기도 하며, 다차원 세계가 열리는 순간이다.

여미망차(予美亡此) 여미(予美)는 '내 사랑'이라는 의미다. 어조에 깊은 애정이 어려 있다. 이 두 글자가 한때 그들이 존재했던 사랑의 시공간을 다시 불러낸다. 《정전》은 "내가 아름답다고 여기는 사람"이라고 설명했다. 주희의 《시집전》에서는 "부인이 남편을 가리키는 말이다"라고 했다. 망차(亡此)는 이곳에

서 죽었다는 의미다. 죽은 후에 묻은 곳을 말한다.

수여? 독처(誰與? 獨處) 여러 해석 중 하나로, 이 구절이 부인이 앞으로 집에서 혼자 살 일을 생각했다고 한다. 이런 해석은 시의 정서를 약화시킨다. 시 전체에서 부인은 자기 생각을 할 겨를이 없다. 이것이 바로 〈갈생〉의 절묘한 점이다. 누가 그와 함께하고, 지하에서 그를 지킬 수 있겠는가!

2
葛生蒙棘, 蘞蔓于域. 칡이 자라 멧대추나무를 덮고, 오렴매가 자라 묘지에 가득하네
予美亡此, 誰與? 獨息. 내 사랑이 이곳에서 가셨으니 누가 함께 쉬나? 오직 나만이

1장과 마찬가지로 첫 구절의 묘사는 부인이 남편의 묘를 향해 가는 산길을 보는 듯하다. 2장의 "갈생몽극, 염만우역(葛生蒙棘, 蘞蔓于域)"이 바로 부인이 묘지에 가서 본 풍경이다.

극(棘) 멧대추나무. 멧대추나무의 날카로운 가시가 부인의 마음속 아픔을 보여준다.

역(域) 《모전》에서 "영역(塋域)이다"라고 했다. 마서진의 《통석》에서는 "영역(營域) 혹은 영역이다. 옛적에 묘지를 부르던 말이다. 《설문》에서 '영(塋)은 묘지다'라고 했는데 바로 그것이다"라고 설명했다. 누가 그와 함께하고, 지하에서 그와 영원히 잠들 수 있겠는가!

3
角枕粲兮, 錦衾爛兮. 뿔 베개가 화려하고 비단 이불이 찬란하다
予美亡此, 誰與? 獨旦. 내 사랑이 이곳에서 가셨으니 누가 함께 동트기를 기다리나? 오직 나만이

각침찬혜(角枕粲兮) 각침(角枕)은 짐승의 뿔로 만든 베개다. 《주례》 '왕부(王

府'에 따르면 각침은 시체에게 괴어주던 것이다. 찬(粲)은 찬(燦)과 같다. 화려하고 아름답다는 뜻이다.

금금란혜(錦衾爛兮) 금금(錦衾)은 비단으로 만든 요와 이불을 말한다. 원이 뒤의 《풍시류초》에서는 "각침과 비단 이불 모두 죽은 사람이 사용하는 것이다"라고 했다. 란(爛)은 찬란하다라는 뜻이다. 이 두 구절로 미루어 볼 때 부인은 남편을 잃은 지 오래되지 않은 듯하다. 남편의 시신을 입관할 때의 기억이 부인의 머릿속에 남아 있었던 것으로 보인다.

수여? 독단(誰與? 獨旦) 단(旦)은 날이 밝는 것, 동트는 것을 말한다. 누가 날이 밝을 때까지 그와 함께할 수 있겠는가! 살아서 사랑하는 사람과 영영 이별하는 고통을 거의 전부 표현해낸 듯하다. 후대의 누군가가 "어찌 솜옷이 없으랴만 이제 누구와 함께 추운 날을 보낼까(豈曰無重繡, 誰與同歲寒)"라고 읊었는데, 〈갈생〉을 능가하지는 못했다.

4
夏之日, 冬之夜. 여름의 낮, 겨울의 밤
百歲之後, 歸于其居! 백 년이 지나도 그의 무덤에 함께 있으리라

하지일, 동지야(夏之日, 冬之夜) 겉으로는 1년 동안의 시간 흐름을 묘사한 것처럼 보인다. 하지만 이 간단한 두 구절이 오히려 중국 문학에서 가장 절묘한 두 구절이다. 여기에는 시간 개념에 대한 놀라운 통찰이 있다. 남편과 사별한 후 끝없이 계속되는 아내의 그리움이 이 두 구절에 의해 짧은 한순간으로 접힌다. 동시에 사랑에 대한 감응이 응집된다. 이 두 구절은 "백세이후(百歲之後)"와 독특한 연결고리를 지니는데, 1년과 100년은 바로 삶과 죽음의 순환을 보여주는 장치다. 이 순환은 끊임없는 그리움을 형성한다. 사랑은 충성스럽고 진실한 여성의 마음속에서, 그녀가 그리워하는 영원한 세계로 변한다.

5
冬之夜, 夏之日. 겨울의 밤, 여름의 낮
百歲之後, 歸于其室! 백 년이 지나도 그의 무덤에 함께 있으리라

> **기실(其室)** (4장에서는 '기거其居'였다.) 죽은 남편의 무덤을 가리키며, 두 사람의 사랑의 종말을 의미한다. 이 아름다운 작품은 양산백(梁山伯)과 축영대(祝英臺)처럼 같은 무덤에 묻혔다가 같이 나비가 되어 노닐게 된 연인을 떠올리게 하는 한편, 흔적을 남기지 않고 조각도 보이지 않는다.

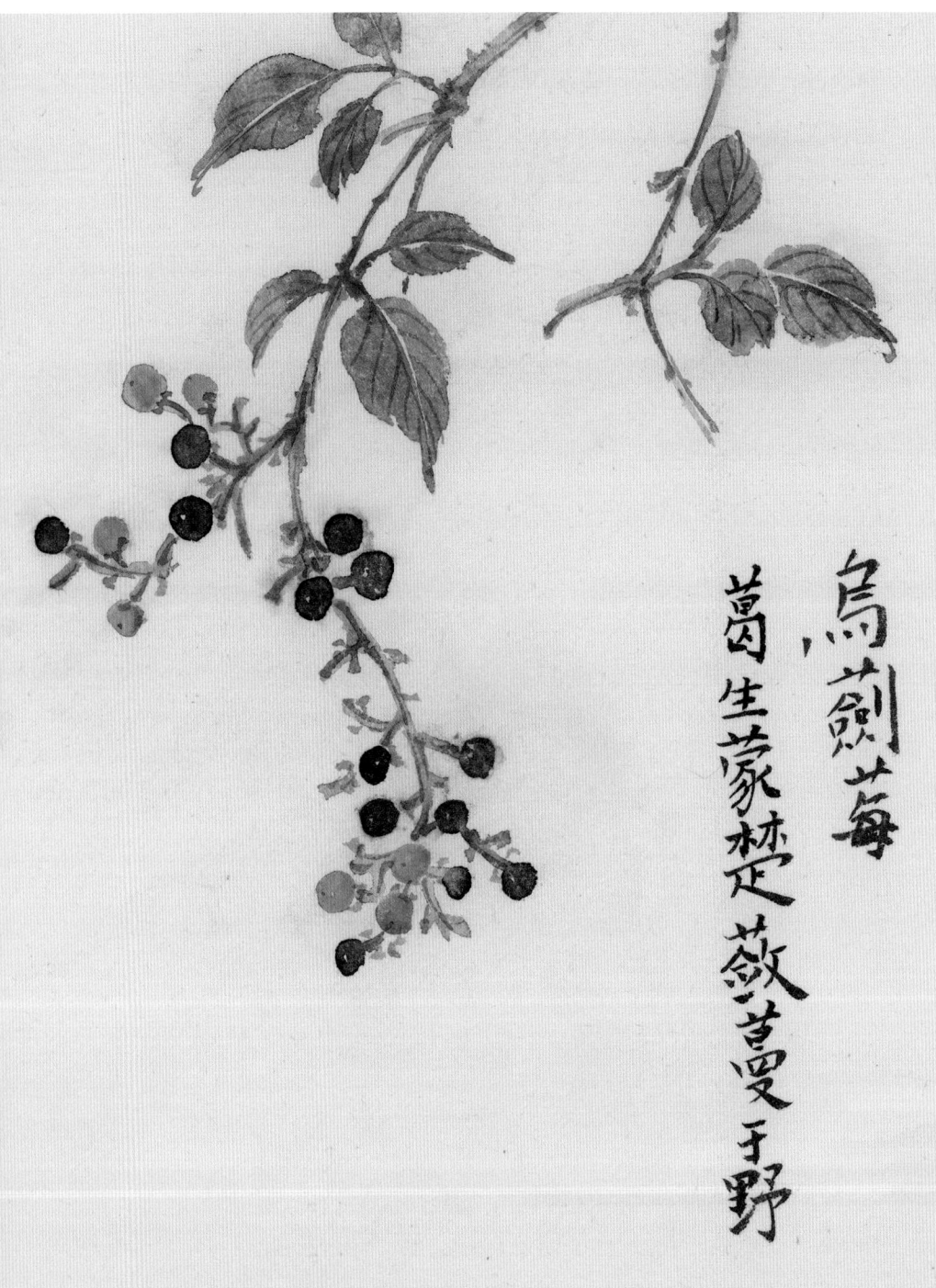

烏蘞莓

葛生蒙楚 蘞蔓于野

식물 이야기

육기의 《육소》에서 "염(蘞)은 괄루(栝樓, 하늘타리)와 비슷하고 잎이 무성하고 가늘다. 씨앗은 까맣고 연욱(燕薁, 야생 포도)과 비슷한데 먹을 수 없다. 유주 사람들은 오복(烏服)이라고 부른다. 줄기는 끓여서 소에게 먹이면 열이 내린다"고 했다. 《본초강목》 권18 '오렴매(烏蘞莓)'에서는 "적갈(赤葛), 오조룡(五爪龍), 적발등(赤潑藤)이라고도 한다. 다섯 장의 잎이 백렴(白蘞)을 닮아 오렴(烏蘞)이라 하고, 속칭 오조룡(五爪龍)이라고 한다"고 설명했다.

오렴매(烏蘞莓)는 포도과 오렴매속의 덩굴식물이다. 작은 가지는 원통형이고 세로 줄무늬가 있으며 털이 없거나 부드러운 털이 드물게 있다. 잎은 새발 모양으로 5장의 작은 잎이 붙어 있는 모양이고, 가운데의 작은 잎은 긴 타원형 혹은 타원에 가까운 피침형이다. 꽃차례는 잎겨드랑이에 피며 두 겹으로 된 취산화서다. 황록색 작은 꽃이 핀다. 열매는 구형이며 지름이 1센티미터고, 익으면 검은색이 된다. 꽃은 3~8월에 피고, 8~11월에 열매를 맺는다. 오렴매는 산골짜기, 숲이나 산비탈의 덤불에서 자란다. 중국의 화둥과 중부, 남부에 분포한다.

오렴매의 모든 것이 약으로 쓰인다. 피를 차게 하고 해독을 하며, 이뇨 작용을 한다. 부기를 가라앉히는 데도 좋다. 오렴매는 중국에서 광범위하게 분포하며 작고 뾰족한 잎 세 장이 나는 첨엽오렴매(尖葉烏蘞莓)와 잎 뒷면에 부드러운 털이 듬성하게 난 모오렴매(毛烏蘞莓)도 이 시에서 말하는 염(蘞)일 가능성이 있다.

《시경》이 나에게 주석을 단다면

《선전상보(深圳商報)》라는 신문에서 현대 도시의 여성에게 결혼 경제학을 가르치는 글을 읽은 적 있다. 경제학의 기본 원칙 중 하나는 이익의 최대화다. 결혼 경제학은 결혼 자체를 전망이 훌륭하고 발전 가능성이 큰 시장으로 간주하면서 사랑, 행복과 각자가 가지고 있는 물질까지 모두 투자금으로 간주한다. 글은 어떻게 하면 결혼에 들어가기 전에 쌍방의 무형자본과 유형자본의 가치량을 평가할 것인지, 또한 가능한 한 결혼 시장에서 이익 분배가 균형을 이룬다는 전제하에 자신이 최대의 수혜자가 되도록 할 수 있는지를 알려주는 것이다.

의심할 바 없이 좋은 글이었다. 이렇게 할 수 있는 여자라면 반드시 결혼이라는 포위된 성에서 입성하여 성을 나갈 때까지 되도록 상처를 남기지 않으려 할 것이다. 그러나 글을 쓰는 사람이 생명의 세계에 대한 이해가 지나치게 이성적이면, 삶에 대한 이해도 역시 경직되어 보인다. 그 글에서 분석한 것은 결혼에 관한 것이고, 해체된 것은 우리가 잘 알고 있는 전통적인 도덕이다. 과학적인 시각으로 인문학 세계에서 예측할 수 없는 도덕적 요소를 해석하는 것은 현대사회에서 유행하는 방법이기는 하다. 하지만 이런 내용을 평온하게 적어둔 글을 읽으며 인생을 정말로 이렇게 살아간다면 뭔가 잃은 것 같은 느낌이 들었다.

〈갈생〉은 죽음을 애도하는 시 중에서 걸작으로 손꼽힌다. 시적인 비창과 남편에 대한 사랑은 우리가 마음속으로 기대했던 사랑의 모습을 거의 다 써 놓다시피 했다. 영원한 사랑은 사실 삶과도 죽음과도 무관하다. 사랑이라는 감정 속에서 우리가 바라는 모든 것을 보았는가? 이 질문이 늘 어렵다. 누구나 단지 인생의 일부분으로 살아간다. 대부분 사람들은 숨을 쉬며 살아 있음, 생활하며 살아감, 가치 있게 살아감이라는 세 가지 중 하나를 선택할 수 있을 뿐, 이를 초월하기는 어렵다. 이와 같은 삶의 비애감을 담은 취사선택이야말로 남자와 여자가 사랑의 행복과 상처 사이에서 이성적으로 생각하게 만드는 원인일 것이다.

이 시를 읽으면 살아 있는 여자는 자신이 이미 죽었다고 느끼는데, 죽은 남자는 여자의 이런 중얼거림 속에서 되살아난다. 〈갈생〉에서 생사의 경계를 허무는 사랑의 경계선은 두 사람이 사랑을 하면서 삶의 원만함을 느낀 것과 밀접하게 관련된다. 〈갈생〉의 깊은 사랑은 후대의 여러 시인이 쓴 추모시에 영향을 주었다. 이 시의 정서는 쓸쓸하고 음산하기까지 한데, 읽다 보면 오히려 따스함이 느껴진다. 순수한 사랑을 쟁취하고자 몸과 마음을 불태웠기에 느껴지는 열기임이 틀림없다.

칡과 오렴매의 덩굴이 흙무덤을 덮고 있다. 《모시품물도고(毛詩品物圖考)》에서는 염(蘞)이라는 덩굴풀의 종류 중에 적렴(赤蘞), 백렴(白蘞), 오렴(烏蘞)이 있다고 하면서 〈갈생〉에 나온 식물은 오렴일 가능성이 제일 높다고 했다. 오렴매는 산에서 쉽게 볼 수 있는 야생 덩굴풀이며, 오엽조(五葉爪), 모저등(母豬藤) 같은 일상생활과 관련 깊은 이름으로 불린다. 〈갈생〉이 이처럼 살 쓰여질 수 있었던 데는 시를 쓴 사람이 사랑과 삶 모두 뿌리가 있음을 이해하고 있었기 때문일 것이다.

나는 오히려 이 황야에 만생하는 덩굴이 부러웠다. 그것들은 사람의 마음과 감정이 지닌 집념의 불길에 밝게 타오를 수 있다. 덩굴이 마치 묘지를 지키는 영령이 된 것 같다. 사랑의 집념이 오래도록 사라지지 않았기 때문에, 바로 이러한 사랑의 굴레가 있기 때문에, 시들었다가 피어나기를 거듭하는 식물의 시간은 사랑의 영원성과 인류 문명의 가치가 더욱 묵직한 무게를 가지게 해 준다.

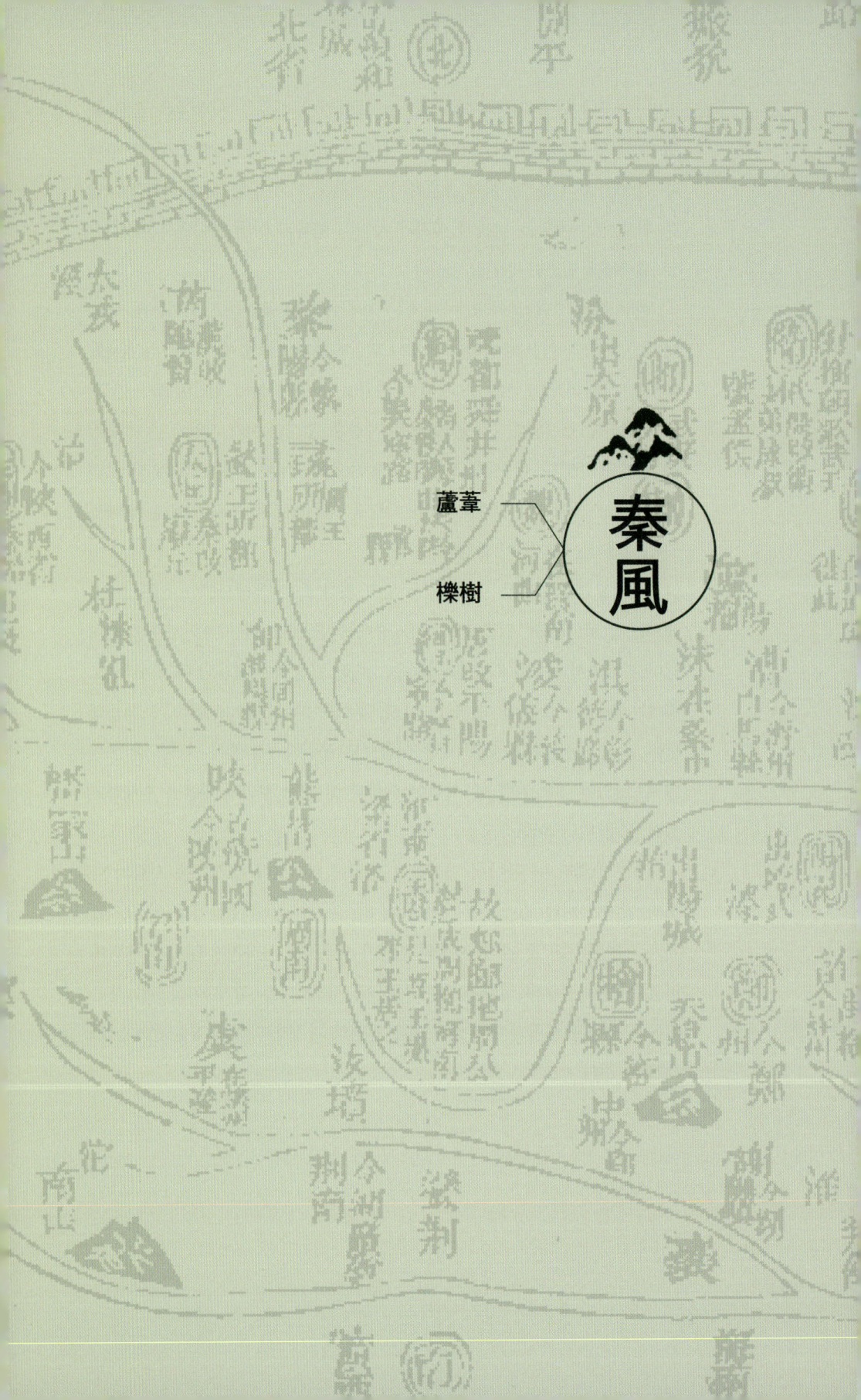

진풍(秦風)

지리적 위치

왕응린의 《시지리고》에 이렇게 기록되어 있다.

"진(秦) 땅은 농서(隴西) 곡명(谷名)이다. 우공과 가까운 옹주(雍州) 조서지산(鳥鼠之山)에 요 임금 시대의 백예(伯翳)라는 자가 있었다. 실고도(實皐陶)의 아들로 우(禹)를 보좌하여 치수했다. 순(舜)이 명을 내려 우관(虞官)으로 삼고 초목(草木)과 조수(鳥獸)를 관장하게 했으며, 그에게 성을 내려 영(嬴)이라 했다. 후에 주 효왕(孝王)이 그 마지막 후손인 비자(非子)에게 견수(汧水)와 위수(渭水) 사이에서 말을 기르게 했다. 효왕은 백예가 짐승의 말을 알아들었던 것을 알고 그 자손이 끊어지지 않도록 하고자 비자를 부용(附庸)에 봉하고 봉지로 진곡(秦谷)을 내렸다. 그 증손인 진중(秦仲)에 이르러 선왕(宣王)이 명을 내려 대부(大夫)로 삼았다. 처음에 거마(車馬), 예악(禮樂), 시어(侍御)에 뛰어나 백성이 이를 찬미하였다. 진의 변풍(變風)이 이렇게 시작되었다. 진중의 손자 양공(襄公)이 평왕 초기에 병사를 이끌고 서융을 정벌하고 주 왕실을 구했다. 평왕이 동쪽으로 천도한 후 기풍(岐豊) 땅을 하사하여 제후의 반열에 올랐다. 주나라의 서도(西都)인 종주(宗周) 800리 땅을 관할하고 봉토가 동쪽으로는 이산(迤山)까지 이르러, 형(荊), 기(岐), 종남(終南), 돈물(惇物)의 들판을 포함했다. (……) 진나라 사람들의 풍속은 대체로 기개가 있고, 용력이 있으며, 생사를 돌보지 않고 죽음을 가볍게 여겼는데, 시에서도 그런 점을 볼 수 있다."

《한서》 '지리지'에는 이렇게 기록되어 있다.

"(진나라 땅은) 모두 융적(戎狄)과 가깝게 닿아 있어 평소에도 전쟁 준비를 하고 힘을 숭상하며 사냥을 우선으로 삼았다."

그래서 진풍에는 다른 나라의 시에서 보기 드문 무예를 숭상하는 성향, 비장하고 강개한 분위기가 있다. 계찰이 진나라의 노래를 듣고 이렇게 평했다.

"이것을 일러 하성(夏聲)이라고 한다."

진나라 땅은 오늘날 간쑤성 남동쪽 일대부터 산시(陝西)성 중부까지 아우르는 광대한 지역이다.

④③ 갈대

거울에 비친 꽃과
물에 비친 달의
걸작

겸가(蒹葭)

갈대가 푸르고 푸른데 흰 이슬이 서리가 되네
이른바 그 사람이 강 저편에 있네
강을 거슬러 올라가는 길이 멀고 험하네
물줄기를 따라 내려가도 그대는 아득히 물 가운데 있는 듯하네

蒹葭蒼蒼, 白露爲霜.
所謂伊人, 在水一方.
溯洄從之, 道阻且長.
溯游從之, 宛在水中央.

갈대가 차갑고 처량한데 흰 이슬이 아직 마르지 않았네
이른바 그 사람이 수초가 자라난 곳에 있네
강을 거슬러 따라가다 높은 벼랑에 올랐네
물줄기를 따라 내려가도 그대는 아득히 물 가운데의 작은 섬에 있는 듯하네

蒹葭凄凄, 白露未晞.
所謂伊人, 在水之湄.
溯洄從之, 道阻且躋.
溯游從之, 宛在水中坻.

갈대가 무성하니 많은데 흰 이슬이 아직 남았네
이른바 그 사람이 강변에 있네
강을 거슬러 구불구불 따라가네
물줄기를 따라 내려가도 그대는 아득히 물 가운데의 섬에 있는 듯하네

蒹葭采采, 白露未已.
所謂伊人, 在水之涘.
溯洄從之, 道阻且右.
溯游從之, 宛在水中沚.

잡다한 해설

　조식이 〈낙신부〉를 지었고 이상은이 〈금슬〉을 지었는데, 이는 〈겸가〉라는 시가 이끄는 중국 시학의 전통에 대한 호응이었다. 〈겸가〉의 전통이란 어렴풋하고 흐릿한 시(이른바 환시幻詩)를 말한다. "사뿐히 움직이니 날아가는 기러기와 같고, 아름답기가 노니는 용과 같다(翩若驚鴻, 婉若游龍)"와 "바다에 비친 달은 밝은 구슬의 눈물 같고, 들판은 푸르고 날이 따스하니 옥에서 연기가 난다(海月明珠有淚, 藍田日暖玉生煙)"가 이끄는 시의 정경은 한 글자 한 글자 마치 신의 도움을 받은 듯 변화의 신비의 결정체를 꿰뚫어 보는 것 같다. 그러나 천재의 놀라운 필력이 지닌 화려함은 〈겸가〉라는 시에서 아름다운 배경 묘사를 씻어내면 곧 평화롭고 조용해진다.
　〈겸가〉는 물의 흐름에 따라 쓰여진 시다. 물의 변화하는 모습을 거의 다 써냈다고 해도 과언이 아니다. 물은 정(情)을 대변한다. 물의 흐름은 정을 끌어당긴다. 이 정(情) 자는 자연히 사랑을 비추는 거울이다. 사랑이라는 이름의 개천에 모여드는 물살이 이토록 충만하여, 이슬과 서리가 아무리 변해도, 물길이 아무리 길어도, 생명의 아름다움과 사랑에 대한 추구를 없앨 수 없다. 사랑의 의의에는 단지 사랑만이 아닌 이상에 대한 추구도 포함된다. 시의 정서가 사랑의 부드러움에서 이성의 웅장함으로 바뀔 때, 갈대의 색깔도 어둡게 변한다. 시가 지닌 본래의 뜻에 의거하여 다시 《시경》을 해석하려 했던 주희는 〈겸가〉를 다차원적으로 탐구하며 마치 세상에서 격리된 듯한 그 시공간에 가까워졌을 때 잠시 어리둥절했을 것이다. 《시집전》에서 주희는 "가을 강물이 차오를 때 이른바 '그 사람'이 강물 가운데 있다. 위아래에서 구하였으나 얻을 수 없다. 그러나 이것이 무엇을 가리키는지 알 수 없다"고 했다. 〈겸가〉의 물처럼 부드러운 정서가 지닌 다른 일면은 '심오하여 웅장한' 것이 아니라 시의 뜻이 깊고 순수해서 인생이라는 강물이 짙푸른 빛깔로 가는 모습이라고 해야 할 것이다. 〈겸가〉는 삶을 놀라게 하고 집념을 열어주며, 불확실성과 가치 인정 사이에 다리를 놓는다. '보이지만 구할 수 없고, 바라보기만 할 뿐 도달할 수 없는' 감각이 굴곡의 난삽함과 간결한 순수가 동시에 구현되는 문학의 세계로 독자를 인도하여 현실과 환상을 잇는 통로를 열어준다.

마음 가는대로 쓰여진 시의 뜻은 지극히 간명하다. 〈겸가〉는 사모하는 마음을 쓴 시지만 모든 구절이 동시에 모든 감각이 참여하도록 자극한다는 점이 놀랍다. 사랑하는 사람을 보며 느끼는 감정은 "겸가창창, 백로위상(蒹葭蒼蒼, 白露爲霜)"의 놀라움으로, "소위이인, 재수일방(所謂伊人, 在水一方)"의 황홀함으로 확장된다. 마지막으로 "소회종지, 도조차장. 소유종지, 완재수숭앙(溯洄從之, 道阻且長. 溯游從之, 宛在水中央)"에 이르면 정신이 멀리 날아가는 듯하다. 사랑하지만 끝내 얻을 수 없다는 감정의 여운이 물과 하늘의 색이 뒤섞인 듯한 어지러운 감각으로 돌아온다. 방옥윤은 《시경원시》에서 참지 못하고 〈겸가〉를 이렇게 평했다. "싸움을 좋아하고 즐기는 땅에서 홀연히 높고 원대한 작품을 만나니 그야말로 군계일학이다. (……) 사실 첫 장부터 이미 절창(絕唱)이다."

《한서》'지리지'에 따르면, 진(秦)나라의 변방은 유목민족인 융적과 맞닿아 있기에 고향을 보호하기 위해 진나라 사람들은 1년 내내 전투 준비를 하고 무술과 사냥을 숭상했다. 그렇기 때문에 진풍(秦風)에는 다른 시풍에서 보기 드물게 비장하고 강개한 정서가 있다. 이처럼 무예를 높이 평가하는 기풍 때문인지 《시경》의 작품도 강직하고 거친 일면이 두드러지는 편이다.

〈겸가〉는 허구를 사실적으로 그려낸 작법으로 써서 후대의 중국 문학과 중국인의 감정 표현에 깊은 영향을 미쳤다. 〈겸가〉의 정서에 스며 있는 공허함과 허망함은 마음에 거대한 협곡이 있는 듯 느끼게 한다. 이 마음의 협곡에서 세밀하고 민감한 감정이 치솟을 때면 독특하고 감동적인 반응이 돌아온다.

내가
《시경》에
주석을 단다면

1
蒹葭蒼蒼, 白露爲霜. 갈대가 푸르고 푸른데 흰 이슬이 서리가 되네
所謂伊人, 在水一方. 이른바 그 사람이 강 저편에 있네
溯洄從之, 道阻且長. 강을 거슬러 올라가는 길이 멀고 험하네
溯游從之, 宛在水中央. 물줄기를 따라 내려가도 그대는 아득히 물 가운데 있는 듯하네

겸가창창(蒹葭蒼蒼) 겸가(蒹葭)는 겸(蒹)이라고도 하며, 갈대를 말한다. 상세한 설명은 '식물 이야기'를 참고하기 바란다. 창창(蒼蒼)은 늦가을 갈댓잎에 이슬이 맺혀 푸르스름한 회색빛을 띠는 것을 말한다. 창창(蒼蒼)은 같은 글자를 겹쳐 쓰는 첩운으로 시간과 공간에 대한 인상을 강화한다. 진환은 《시모씨전소(詩毛氏傳疏)》에서 "백로(白露)는 서리이니 9월 이후일 것이다"라고 했다.

소위이인(所謂伊人) 소위(所謂)는 붓끝이 갑자기 점 하나를 찍은 것처럼 허구를 기반으로 사실적인 묘사를 하는 느낌을 준다. 이(伊)는 대명사로, '그것'이라는 뜻이다. "소위이인, 재수일방(所謂伊人, 在水一方)"이 중국 시학에서 절창으로 손꼽히게 된 이유는 바로 이 간결하고 오묘한 표현 때문이다. 단번에 예술적 탐구를 극치까지 끌어올리며 사람의 감정적 체험을 가장 험준하고 기이한 골짜기로 밀어 넣는다. 이 구절은 그것은 사람의 마음을 단번에 두 세계로 나누고, 동서고금을 막론하고 모든 인간이 탐구해온 가능성과 불가능성을 추동하고 표현한다. 어떤 의미에서는 인간의 의지 역시 이 구절을 통해 드러날 수 있다.

소회(溯洄) 강을 거슬러 올라가다. 뒤의 시구에서 알 수 있듯 시인은 강가를 따라 육로로 이동하며 그 사람을 찾고 있다.

도조차장(道阻且長) 조(阻)는 험하고 장애물이 많은 것을 말한다. 장(長)은 갈 길이 먼 것을 가리킨다.

소(溯) 물줄기를 따라 내려가다.

완(宛) 요제항의 《시경통론》이 "마침내 눈동자를 그려 넣고 용이 날아가듯 입신의 경지에 이른 필법"이라고 칭찬한 구절이다. 청쥔잉은 "이 완(宛) 자는 실재하는 곳을 한 획 한 획 비워냈다"고 말했다. 이 글자가 바로 시 전체에서 구하고 얻으려 하는 동태적 심상을 순식간에 처량하고 서글픈 정서로 뒤바꾼다. 이처럼 기쁨과 슬픔이 뒤섞인 정적 속에서 사실인지 허구인지 알기 어려운 충격이 옅은 안개 속 아득한 그림자를 저 허공에 묶어둔다.

2
蒹葭凄凄, 白露未晞. 갈대가 차갑고 처량한데 흰 이슬이 아직 마르지 않았네
所謂伊人, 在水之湄. 이른바 그 사람이 수초가 자라난 곳에 있네
溯洄從之, 道阻且躋. 강을 거슬러 따라가다 높은 벼랑에 올랐네
溯游從之, 宛在水中坻. 물줄기를 따라 내려가도 그대는 아득히 물 가운데의 작은 섬에 있는 듯하네

처처(凄凄) 처처(萋萋)와 같다. 《설문해자》에서는 "구름이 일고 비가 내리기 시작한다"고 했다. 아침에 서리가 점점 녹아 젖은 갈댓잎은 처량하다. 아침이슬의 차가움까지 더해졌다.

백로미희(白露未晞) 서리가 녹는 상태를 묘사한 것이다. 희(晞)는 마르다, 말리다라는 뜻이다.

미(湄) 《이아》에서는 "물과 풀이 맞닿은 곳이 미(湄)다"라고 했다. 강물 중간

에 수초가 자란 곳을 말한다.

제(躋) 《모전》에서 "제(躋)는 승(升)이다"라고 했다. 높은 곳에 올라가는 것을 말한다.

지(坻) 《모전》에서 "지(坻)는 소저(小渚)다"라고 했다. 강물 위로 올라와 조금 높은 땅을 가리킨다.

3

蒹葭采采, 白露未已. 갈대가 무성하니 많은데 흰 이슬이 아직 남았네
所謂伊人, 在水之涘. 이른바 그 사람이 강변에 있네
溯洄從之, 道阻且右. 강을 거슬러 구불구불 따라가네
溯游從之, 宛在水中沚. 물줄기를 따라 내려가도 그대는 아득히 물 가운데의 섬에 있는 듯하네

채채(采采) 갈대의 잎이 무성하고 많음을 말한다.

백로미이(白露未已) 햇빛이 내리쬐어 아침이슬이 사라진다. 이(已)는 그치다, 완전히 마르다라는 뜻이다.

사(涘) 《설문》에서 "수애(水厓)"라고 했다. 강물과 강 옆의 벼랑이 맞닿은 부분을 말한다. 즉 강변이다.

우(右) 길이 구불구불하고 돌아가는 것을 말한다.

지(沚) 물 가운데 작은 육지, 모래사장. 지(坻)보다 조금 더 크다.

4

방옥윤은 "3장은 오직 하나의 뜻만 드러내어 특별히 운을 바꿨다. 사실 첫 장부터 이미 절창이있다. 옛사람이 시를 지을 때, 많은 경우 하니에 세 겹으로 의미를 쌓는다. 이것을 이른바 '일창삼탄(一唱三嘆)'이라 한다. 이 기법이 잘 표현되면 여운이 오래 남는다"고 했다. 《류사허 '시경'을 말하다(流沙河講詩經)》에서는 "〈겸가〉는 '시인의 시'로서 전문적인 시인이 쓴 것이다. 민간에서 전해지는 노래를 모은 '풍인(風人)의 시'와는 다른 것이 당연하다. 〈겸가〉에는 문학 창작을 자각하고 있다는 흔적이 엿보인다"고 했다.

蘆葦

蒹葭蒼蒼
白露為霜

식물 이야기

겸가(蒹葭), 즉 갈대는 옛날부터 같은 식물을 두고 여러 이름으로 불렀다. 엄찬(嚴粲)의 《시집(詩集)》은 "겸(蒹)은 염(薕), 적(荻)이라고도 한다"고 했다. (여기서 말하는 적(荻)이 현대에는 이삭이 자라지 않는 갈대로 생각된다.) 《본초강목》에서는 갓 난 갈대를 가(葭)라고 하고 꽃이 피기 전의 갈대를 로(蘆)라고 하며 꽃이 피어 열매를 맺으면 위(葦)라 한다고 했다. 따라서 겸(蒹), 가(葭), 로(蘆), 위(葦), 겸가(蒹葭) 모두 갈대를 부르는 이름임을 알 수 있다.

적(荻)은 갈대와 모양이 비슷해 쉽게 혼동된다. 청나라 사람 오기준(吳其濬)은 《식물명실도고(植物名實圖考)》에서 갈대와 적(荻)을 이렇게 구분했다. "빳빳하고 속이 단단한 것이 적(荻), 하늘하늘하고 속이 빈 것이 위(葦, 갈대)다." 옛날 갈대의 하늘하늘하고 가는 줄기로 가렴(葭簾)을, 줄기의 굵고 유연한 부분으로 위석(葦蓆)을 짰다. 《회남자》 '남명(覽冥)'편에 "그러자 여와(女媧)는 오채석(五彩石)을 제련해 창천(蒼天)을 보수하고 (……) 갈대[蘆]의 재를 쌓아 물이 넘치지 않도록 했다"는 내용이 나온다. 《효자전(孝子傳)》에서는 한겨울에 민자건(閔子騫)의 계모가 친아들에게는 면화 솜저고리를 입히고 민자건에게는 보온성이 없는 갈꽃[蘆花] 솜저고리를 입혔다는 이야기가 나온다. 전국시대에 제나라의 전단(田單)이 소꼬리에 불을 붙여서 적군을 대파한 일이 있었다. 이때 소꼬리에 매단 것이 바로 갈대다. 갈대는 중국 시베이의 하천 근처에서 성벽, 제방을 쌓을 때 가장 선구적인 역할을 했던 친환경 식물이기도 하다.

갈대는 화본과 갈대속의 여러해살이풀이다. 줄기가 3미터까지 자라며, 줄기 속은 비어 있다. 뿌리줄기가 땅속을 가로질러 사방으로 뻗는다. 잎은 너비가 2센티미터 정도로 좁고 긴 피침형이며, 가장자리가 거칠고 끝이 뾰족하다. 꽃은 대형 원추꽃차례이며 작은 꽃이삭 하나에 작은 꽃이 3개 핀다. 하나는 수꽃이고 둘은 암꽃이다. 꽃이 지고 열매를 맺는데, 실과 같은 흰 털이 있어서 씨앗이 잘 날아다니게 돕는다. 지구 북반구에 널리 분포한다. 중국 내의 분포지역도 아주 넓은데, 《중국식물지》에서는 분포하는 환경 차이에 따라 사막지대, 습지대, 고원지대, 함수지대로 나누어 갈대 군집을 분류한다.

《시경》이
나에게
주석을 단다면

아무리 위대한 시인이라도 이 시 앞에서는 자신이 모자란다고 느낄 것이다. 이 시는 읽는 이에게 무한한 공허를 느끼게 한다. 정말로 끝의 끝까지 나아가서 마음이 추구하던 몽롱한 환각 속에 투명한 어떤 공간이 떠오르는 경험을 할 수 있다. 시를 잘 이해하지 못하는 사람이라도 이런 시를 읽으면 마음이 떨리고, 정신이 어지러워지고, 반면에 생명의 혼은 맑아진다.

나는 이 시를 읽으며 내내 전율했다. 아래에 적은 글도 이렇게 환상을 보여주고 떨리게 하는 격정 속에서 저절로 생겨난 것이다.

동문에서 내가 너를 처음 만났을 때,
너는 군중 속에 섞여 솜털처럼 새소리처럼 봄바람이었다.
냇가의 황혼 무렵, 나는 또 너를 보았다.
물을 길어 올리는 소녀들 사이에서, 너는 그림자, 물소리, 안개, 노을처럼 있었다.
3월 3일의 상사절에, 많은 사람들이 주목하는 무대에서 나는 너를 보았다.
너는 마치 불꽃 같고, 요괴 같고, 서리 같았다.
너는, 내 천둥이다.

바람이 불어올 때, 너는 떠나려 한다. 너는 수레에 올라 휘장 안으로 들어갔다. 안개가 흩어지고, 먼지가 나의 두 눈을 가렸다. 낙엽이 세상을 탁탁 울렸다. 네가 손을 내밀어 휘장을 스치니, 나는 걸음을 재촉해서 그것을 쫓았다. 그 순간 그 손은 나의 고요한 밤, 나의 태양, 천 길 얼음 아래에서 막

녹은 물방울이었다. 나는 그 손을 쫓아갈 수도 없고, 너를 쫓아갈 수도 없어, 다만 길 한복판에 멍하니 서서 네가 갈대꽃의 끝자락으로 사라지는 것을 보았다. 마치 자신이 한순간에 죽은 것 같은 느낌이 들었다. 뼈가 부서지고, 혼령이 흩어졌다. 그것들은 대지로 뛰어들어 너의 가는 길에 네 눈에 보인 버드나무가 되었다.

꿈속에서, 네가 눈처럼 흰 깃털 같은 곳에 서 있는 것을 보았다. 깨어났을 때, 달이 깨어진 밤하늘을 엮어 짠 긴 그림자를 내 몸 위에 걸쳤다.

5월, 동녘의 달은 수백 번 갈은 거울처럼 얇고, 태양은 이보다 더 타오를 수 없는 산불처럼 두껍다. 그것들이 정말 부럽구나, 매번 차가운 새벽마다 약속이라도 한 듯이 우연히 만나 담담하게 헤어질 수 있다니. 이때는 온갖 새들이 즐겁게 지저귀고 벌레들이 노래하는 시간이다. 바람이 불어와 갈댓잎의 이슬을 스치니, 젖은 자국이 아직 마르지 않아 너의 그림자가 보이지 않는다. 나는 마음이 허하여, 안개에 스며들지 못하는 물결을 보다가 물가에서 분주히 일하는 여인에게 물었다.

"이른바 그 사람이 물가에 있습니까(所謂伊人, 在水一方)?"

7월, 물보라를 일으키며 장난치던 아이가 조기를 강변으로 몰아오고, 수양버들 아래로 미끄러져 내려간 아이는 버들잎을 내 몸에 뿌렸다. 나는 너의 발자국을 간직한 물소리를 찾아다니다 이 물결이 출렁이는 물가에 갈꽃이 막 피기 시작한 것을 보았다. 갈대의 작은 이삭에 핀 바늘과 같은 꽃송이를 보았다. 너의 속눈썹에 맺힌 별과 같은 물방울은 상사절에 나를 심취하게 한 춤사위다. 바람에 흔들리는 갈꽃이 소담한 리듬을 만들고, 안개 속에 없는 그대는 바람처럼 비처럼 눈처럼 아득한 꽃 위에 떨어진다. 나는 물이 흐르는 것을 멍하니 보다가 아이들의 웃음소리를 잊고 있었다. 기슭의 바위 뒤에서 아이들이 잘 구워진 조기를 먹고 있다. 나는 안절부절못하며 아이들에게 물었다.

"이른바 그 사람이 물가에 있느냐?"

11월에 말을 달려 시든 풀 부스러기를 튕겨 부수고, 까마귀가 마른 가지에 서리를 내리고, 낙엽이 누렇게 변하고, 갈대가 눈처럼 둥실둥실 날아다닌다. 꿈속에서 네가 눈 한가운데 있는 것을 보았다.

나는 길가는 노인에게 물었다.
"이른바 그 사람이 물가에 있습니까?"

그는 나를 보며 긴 한숨을 쉬었다. 그가 물결이 아득한 곳을 가리켰다.
"아이야, 물을 따라가며 찾아보아라. 걸음을 멈추지 마라. 봄이 오고 꽃이 피면, 강물이 끝나는 곳 물 가운데서 그 사람이 있을 것이다."

44 상수리나무

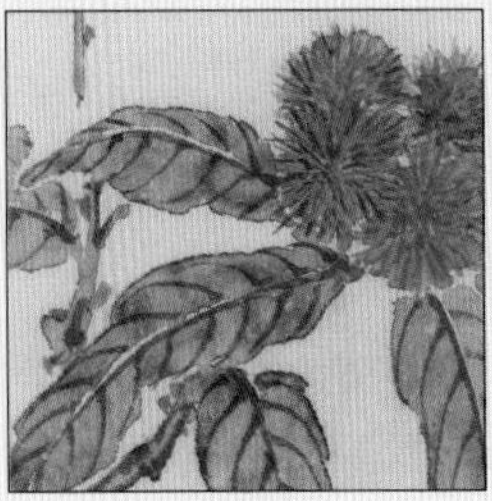

비천하기도 하고
광활하기도 하다

신풍(晨風)

빠르게 날아가는 맹금류가 울창한 북림으로 가려 하네
만나지 못한 그이 때문에 근심하며 탄식하네
어째서, 어째서? 나를 이렇게까지 잊었다니요!

鴥彼晨風, 鬱彼北林.
未見君子, 憂心欽欽.
如何如何? 忘我實多!

산에는 상수리나무 숲, 습지에는 얼룩덜룩한 느릅나무들
만나지 못한 그이 때문에 내 마음이 나을 길 없네
어째서, 어째서? 나를 이렇게까지 잊었다니요!

山有苞櫟, 隰有六駁.
未見君子, 憂心靡樂.
如何如何? 忘我實多!

산에는 산앵두나무, 습지에는 팥배나무
만나지 못한 그이 때문에 내 마음이 술에 취한 듯
어째서, 어째서? 나를 이렇게까지 잊었다니요!

山有苞棣, 隰有樹檖.
未見君子, 憂心如醉.
如何如何? 忘我實多!

잡다한 해설

연애를 다룬 시 중에서 원망하는 내용을 담은 시가 가장 쓰기 어렵다. 깊은 원한의 정은 다들 비슷할 뿐 아니라 마음속에 쌓인 근심을 시로 쓴 사례도 많아서 새로운 뜻을 써내기가 어렵다. 그런 면에서 〈신풍〉은 원망하는 시 중에서 보물이라 할 수 있는데, 시 속의 그 한맺힌 감정에 씁쓸함과 부끄러운 마음이 배어 있다. 마음의 파도가 앞선 파도를 밀어낼수록, 파도가 흔들릴수록 오히려 사랑에 깊이 잠긴 순수한 마음이 더욱 드러난다. 〈신풍〉과 〈겸가〉는 모두 진풍에서 보기 드문 지극한 문학성을 지닌 작품이다. 시의 내용은 두 편 모두 진나라 사람들의 고집스러운 마음을 나타낸다. 이는 진나라 사람들의 열렬하고 강한 성품을 보여주는 것이다.

어떤 의미에서는 역사의 파편과 도덕의 교화를 벗겨내고 시의 본뜻을 살피면 《시경》이 시대를 초월한 현대성을 나타내는 것을 발견할 수 있다. 시 한 수의 역사적 면모는 그 시를 탄생시킨 뿌리다. 뿌리가 지탱하지 않는다면 시의 생명력도 점차 고갈될 것이다. 그러나 어떤 시가 시간의 시련 속에서 역사 속으로 받아들여지면, 그렇게 성장해 나가는 과정에서 또 다른 독자적인 뿌리를 갖게 된다.

《모시서》는 "강공(康公)을 풍자한 것이다. 목공(穆公)의 업적을 잊고 현명한 신하를 버리기 시작했다"고 했다. 옛사람들은 임금에 대한 원한의 감정을 부부의 말로 바꾸어 표현하곤 했다. 〈신풍〉의 역사적 배경은 어둠에 빠져 있는 진강공(秦康公)을 공정한 누군가가 깨우쳐 주려 한다는 이야기다. 방옥윤의 《시경원시》는 〈신풍〉을 가장 절묘하게 해석했다. "남녀의 정은 군신 관계의 근본과 통하는데, 시는 그 뜻을 드러내지 않고 있어 쉽게 예측할 수 없다."

시의 정서와 시의 뜻은 모두 시를 읽는 사람에게 감응한다. 좋은 시의 가치가 여기에 있다. 감각의 통로를 열어서 사랑하는 사람을 깊이 원망하는 누군가에게로 연결해 주며, 풍자하는 비유의 힘은 군주와 신하의 마음에 가 닿게 한다.

내가
《시경》에
주석을 단다면

1
鴥彼晨風, 鬱彼北林. 빠르게 날아가는 맹금류가 울창한 북림으로 가려 하네
未見君子, 憂心欽欽. 만나지 못한 그이 때문에 근심하며 탄식하네
如何如何?忘我實多! 어째서, 어째서? 나를 이렇게까지 잊었다니요!

율피신풍(鴥彼晨風) 율(鴥)은 홀(鶌)이라고도 한다. 새가 빠르게 날아가는 모습이다. 신풍(晨風)은 신풍(鸇風)이라고도 하며, 새의 이름이다. 이 새는 전(鸇)이며, 지조(鷙鳥, 육식을 하는 사나운 새)의 한 종류다. 일설에는 신풍을 전계(田雞, 꿩)라고도 한다. 그러나 후자는 시시하는 사람이 적다. 하지만 암수 꿩이 서로를 부르는 모습을 보고 배우자를 떠올리는 사례는 《시경》에 여러 번 등장한다. 패풍(邶風)의 〈웅치(雄雉)〉, 〈포유고엽(匏有苦葉)〉에 모두 꿩이 나온다.

울피북림(鬱彼北林) 울(鬱)은 숲이 울창한 것을 말하며 욱(鬱)으로 쓰기도 한다. 북림(北林)은 숲 북쪽을 말한다. 날아가던 새들이 울창한 북림에 내려앉으려 하는 것을 보며 돌아오지 않는 남편이 새보다 못하다고 원망하는 것이다.

군자(君子) 옛날 아내가 남편을 부르던 존칭이다. 여기서는 현명한 신하를 지칭하는 것일 수도 있다.

흠흠(欽欽) 근심하며 탄식하는 상태

여하여하? 망아실다(如何如何? 忘我實多) 망(忘)은 기(棄, 버리다)와 같다. 다(多)는 심(甚, 지나치다)과 같다. 마음속의 어쩔 수 없는 감정을 드러내는데, 이 어쩔 수 없음 속에 한 가닥의 원망과 또 한 가닥의 애련이 서려 있다. 이러한 원망과 하소연 같은 정을 동성파(桐城派)는 《시경》을 평가하며 이 시의 결말을 마음의 '함축'이라고 표현했다.

2
山有苞櫟, 隰有六駁. 산에는 상수리나무 숲, 습지에는 얼룩덜룩한 느릅나무들
未見君子, 憂心靡樂. 만나지 못한 그이 때문에 내 마음이 나을 길 없네
如何如何?忘我實多! 어째서, 어째서? 나를 이렇게까지 잊었다니요!

포력(苞櫟) 숲을 우린 상수리나무 혹은 포력(枹櫟)이라고 쓰기도 한다. 상세한 설명은 '식물 이야기'를 참고하기 바란다.

습유육박(隰有六駁) 습(隰)은 저지대의 습지를 말한다. 육박(六駁)에서 박(駁)은 박(駮)으로 쓰기도 한다. 《이아》에서 "박(駮)은 말과 같다. 구부러진 이빨이 있고 호랑이와 표범을 잡아 먹는다"고 했다. 그러나 시에서는 분명히 식물에 대응하는 단어다. 공영달의 《정의》에서는 "그 나무껍질은 청백색이고 얼룩덜룩해서 멀리서 보면 얼룩말 같다"고 했다. 《고금주》의 '초목편'에서는 "육박은 산속에 있는 나무이며, 잎이 예장(豫章) 나무 같고 껍질에 피부병 같은 흰 무늬가 있다"고 했다. 느릅나무 종류 중에서 탈피유(脫皮榆)와 비슷한 듯하다. 육(六)은 수가 많은 것을 말한다.

요(樂) 요(療)라고 읽는다. 치료한다는 뜻이다. '미료(靡療)'는 치료할 수 없다.

3
山有苞棣, 隰有樹檖. 산에는 산앵두나무, 습지에는 팥배나무
未見君子, 憂心如醉. 만나지 못한 그이 때문에 내 마음이 술에 취한 듯
如何如何?忘我實多! 어째서, 어째서? 나를 이렇게까지 잊었다니요!

체(棣) 당체(唐棣, 산앵두나무)다. 육기의 《육소》에는 "당체(唐棣)는 오리(奧李)다. 일명 작매(雀梅)라고도 하며, 또는 거하리(車下李)라고 부른다. 산에는 대부분 있는데 그 꽃은 희거나 붉으면 6월에 열매가 익는데 큰 것은 자두만 하고 먹을 수 있다"고 했다. 《본초강목》의 기재를 보면 욱리(郁李)를 상체(常棣)라고도 한다는데, 이것이 곧 당체(唐棣)다.

수수(樹檖) 수(樹)는 곧게 서 있는 모습이다. 수(檖)는 육기의 《육소》에서 "수(檖)는 일명 적라(赤蘿) 혹은 산리(山梨)라고 부른다. 지금의 사람들은 양수(楊檖)라고 부른다"고 했다. 수(檖)는 장미과 배나무속의 두리(豆梨)다.

취(醉) 이 단어가 가장 진실하다. 사랑에 빠진 것을 술에 취한 것으로 비유한 표현은 풍자의 의미보다 문학적 묘사에 더 가깝다.

麻櫟
山有苞櫟 隰有六駮

식물 이야기

역(櫟, 상수리나무)은 육기의 《육소》에서 "진(秦)나라 사람들이 작력(柞櫟)을 역(櫟)이라 부른다. 하내(河內) 사람은 목료(木蓼)를 역이라 부르는데, 초살(椒樧)에 속한다. 그 씨방이 공처럼 생겼고 목료의 씨도 씨방이 있어서 작력 혹은 목료라고 부른다. 내가 보기에 진나라의 시에는 방언이 많은데 작력 또한 그런 듯하다"고 했다. 《이아》에서는 "허(栩)는 곧 저(杼)다"라고 했다. 《본초도경》에서는 "작력(柞櫟), 저(杼), 허(栩)"가 모두 상력(橡櫟) 종류에 속하는 나무이며 서로 통칭된다고 했다. 《시경》 시대에는 화베이 지역 일대에 분포한 상수리나무속 식물은 모두 허(栩), 즉 작력(柞櫟)일 가능성이 있다. 근대에 와서 루원위(陸文鬱)가 《시초목금석(詩草木今釋)》을 써서 허베이 일대에서 쉽게 볼 수 있는 식물 그림을 모았는데 여기서는 마력(麻櫟), 상완자수(橡碗子樹)라고 했다.

상수리나무속 식물은 종류가 다양하고 목질이 단단하여 기구를 만드는 데 좋은 재료이다. 중국 북부에서 흔히 볼 수 있는 상수리나무는 참나뭇과에 속하는 낙엽교목으로 산누에를 방사하여 양식할 수 있다. 재질이 단단하여 옛날 사람들은 늘 수레바퀴(오래 갈면 불이 나지 않는다)를 만드는 데 사용하였다. 상수리나무는 키가 큰 낙엽교목으로 나무껍질은 짙은 회갈색이다. 잎은 긴 타원형에 가까운 피침형이며 깃털 모양의 잎맥이 있다. 잎은 꼭대기로 갈수록 점점 뾰족해지고 잎 가장자리에 가시 같은 톱니가 있다. 수꽃차례는 아래로 처지는 유이화서(葇荑花序)다. 잔 모양의 겉껍데기가 견과를 반쯤 둘러싸고 있다. 겉껍데기는 비늘 모양의 선형이고 견과는 타원형이나 계란형이며 지름은 1.5~2센티미터. 개화기는 3~4월, 열매는 이듬해 9~10월에 맺는다.

《시경》이 나에게 주석을 단다면

〈신풍〉을 읽으면 바람에 흔들리는 상수리나무가 떠오른다. 1970년대부터 활동한 중국의 현대시인 수팅(舒婷)은 〈상수리나무에 바쳐(致橡樹)〉라는 시를 썼다. 여기서 말하는 상수(橡樹) 역시 우뚝 솟은 상수리나무일 것이다. 시의 내용은 인격적 독립이 천지간에 생명의 옳고 그름을 알려준다는 것으로 일종의 자신감을 드러낸 것이다.

해발 2,200미터 이하면 상수리나무가 자랄 수 있다. 인류가 상수리나무와 친해진 것은 상수리나무는 무엇 하나 버릴 것이 없어서다. 《본초강목》 권30에 보면 "그 인자함이 늙은 연밥과 같아 산인(山人)이 검약해야 하는 해에는 이것을 수확해 먹었는데, 물에 오래 담갔다가 가루를 만들어 먹었다. 풍년에는 돼지에게 먹였다. 북쪽 사람도 이것을 심었는데 높이가 2~3장이나 되고 단단하고 무거우며 얼룩무늬가 있다. 큰 것은 기둥으로 쓰고, 작은 것은 숯을 만든다"라고 했다. 북부의 삼림에는 상수리나무가 많다. 상수리나무 줄기가 검어지면 순조롭게 자라고 있다는 것이다. 줄기는 좋은 땔감이기도 하고, 나무 기둥에 구멍을 뚫고 균사를 심어서 진귀한 목이버섯을 배양하기도 한다.

서주 시대에 마을 부족 부근에서 자라는 상수리나무는 사람들의 생활과 밀접했기 때문에, 나무의 몸에는 자연히 사람들의 희비애락이 깃들게 되었다. 〈신풍〉에 나오는 그 여자는 마음이 불안하고, 눈빛이 우울하며, 눈이 서쪽 산에 무성한 상수리나무를 바라보고 있다. 헝클어진 머리카락 같은 나무 그림자가 그 여자를 슬프게 한다. 마음속으로 그리워하는 남자는 헤어진 후로 전해지는 소식이 갈수록 적어지고 있다. 그가 자신과 마찬가지로 머나먼 그리움을 품고 있을까? 어쩌면 그는 이미 다른 여자를 만나 자신을 잊어버렸을지도 모른다.

《시경》에서 자주 쓰이는 '일영삼탄(一詠三嘆, 한 번 읊을 때 세 번 탄식한다)'의 작법은 주나라 민요 중 한 종류에서 드러나는 음률 표현형식이다. 이처럼 영탄할 때 세 번의 풍랑이 일어나게 하는 것이 바로 사람의 마음에 파란을 일으키는 방식이다.

〈신풍〉이라는 슬픈 노래는 '일영삼탄'의 모범 사례다. 전란의 세월, 홀로 고향을 지키던 여인은 산림 깊숙한 곳, 숲 가장자리 모퉁이에서 날마다 생계를 위하여 바삐 움직였지만 마음속의 걱정은 여태껏 내려놓지 않았다. 그녀는 마음이 우울해서 시를 읊는 것으로 마음속의 그리움을 표현할 수밖에 없었다. 〈신풍〉에 관하여 한 가지 추측은 시의 작자가 전문적인 노래 수집가가 아니라 가정 형편이 좋은 귀족 여자라는 것이다.

또 다른 설 중에 하나는 풍자라는 역사적 배경에서 나온 것인데, 위진시대 이전의 《시경》 박사들은 이 시를 보고 위정자가 예법을 파괴하는 것에 대한 비아냥이라고 해석했다. 국정은 황당무계하고, 소인이 권력을 쥐고 있으니 군자는 조정에 나아가 기강을 잡기 어려웠다. 백성의 고통과 막막함이 시의 은유 속에 숨겨져 있다고 본 것이다. 이런 해석으로 본다면, 시의 작자는 아마도 외딴 마을에 숨어 사는 현인일 것이다.

문학적으로 보면, 〈신풍〉은 총명하고 지혜로운 여자가 불평하는 작품으로, 사람을 원망하고 있는 마음이 잘 드러난다. 경학자, 유가 사상을 추앙하는 이들은 이 시를 은둔한 현인을 은유한 것으로 여기고, 세태를 근심하면서도 신중하게 행동하는 데서 민풍의 돈후함을 본다.

이 시에는 멋진 이름 두 가지가 나온다. 하나는 아침 바람이라는 뜻의 신풍(晨風)이고, 다른 하나는 북쪽 숲이라는 뜻의 북림(北林)이다. 일찍이 난징의 거리에서 '신풍서옥(晨風書屋)'이라는 서점을 본 적이 있는데, 베이징의 한 골목에는 '북림서점(北林書店)'이 있다. 《시경》의 세계를 읽고 나니 서점 주인 역시 《시경》의 매력에 넋을 잃은 사람일 듯했다.

진풍(陳風)

지리적 위치

우순(虞舜)의 후예 중 우알부(虞閼父)라는 사람이 있는데, 주 무왕의 도정(陶正)을 맡아 토기 제작을 관장하였다. 주나라가 새로 세워지고 나서 상고 삼왕(三王)의 후손에게 경의를 표하기 위해 왕손(王孫)이라는 이름을 내렸다. 주 무왕은 또 큰딸 태희(太姬, 대희大姬라고도 함)를 알부의 아들 규만(嬀滿)에게 시집보내고, 진(陳) 땅의 제후로 봉하여 진나라를 건국하였다. 진나라는 처음에 주야(株野, 지금의 허난 저청柘城 일대)에 도읍을 정했다. 규만은 진호공(陳胡公, 진陳씨와 호胡씨의 기원)이라 불렸다. 후에 완구(宛丘)로 도읍을 옮겼는데, 지금의 허난 회양(淮陽) 일대다. 진나라의 세력이 가장 컸을 때는 14읍이 있었다. 대략 지금의 허난 동부와 안후이 북서쪽의 호주(亳州)다. 진나라의 위치가 태호(太皞) 복희씨(伏羲氏)의 도성이라 하여 '태호지허(太皞之墟)'라고도 한다. 진나라는 황하(黃河) 남쪽, 영수(潁水) 중류, 회수(淮水)의 북쪽에 위치한다. 북쪽으로는 하(夏)나라의 후예인 기(杞)나라와 상(商)나라의 후예인 송(宋)나라와 인접하고, 남서쪽에는 초(楚)나라, 동쪽은 서(徐)나라, 북서쪽은 서쪽에서 옮겨온 정(鄭)나라와 맞닿아 있었다. 진나라는 작은 나라지만 중원에 위치하여 동서남북으로 통하는 교통의 요충지였으며, 이 땅의 사람들은 상업 무역의 영향으로 장사에 능하고 생활이 풍요로우며 문화가 발달하였다. 규만이 건국하고 초나라에 멸망하기까지 진나라는 총 25대를 거쳤으며, 약 500년간 존속했다.

진풍은 《시경》에서 12위에 올라 있으며, 진나라 땅의 민요 10편을 수집했다. 시가 지어진 연대는 대개 진유공(陳幽公)에서 진령공(陳靈公) 사이다. 진나라 초기에 태희에게 자식이 없었으므로 귀신에게 기도하는 좋은 무당을 두었다. 그래서 진나라 민속에는 귀신의 가무가 많았고, 이러한 풍습이 진풍에도 영향을 미쳤다. 진풍의 문학 스타일은 형초(荊楚) 문화와 오월(吳越) 문화의 영향을 받았을 뿐만 아니라, 제(齊), 노(魯), 송(宋), 위(衛) 문화의 영향을 받아 부드러운 아름다움과 강인한 기운을 동시에 담고 있다.

㊺ 청양 나무

별하늘 아래의
데이트

동문지양(東門之楊)

동문의 청양 나무, 그 잎이 무성하네
해질녘을 기약했는데 샛별이 반짝반짝
東門之楊, 其葉牂牂.
昏以爲期, 明星煌煌.

동문의 청양 나무, 그 잎이 무성하네
해질녘을 기약했는데 샛별이 반짝반짝
東門之楊, 其葉肺肺.
昏以爲期, 明星晢晢.

잡다한 해설

《모시서》에서 "〈동문지양〉은 시대를 풍자한 것이다. 혼인의 시기를 잃어 남녀가 위반하는 일이 많았다. 아내를 맞이하는데 여자가 시간에 맞춰 오지 않았다"라고 했다. 주희의 《시집전》에서는 "이 남녀가 만나기로 약속을 했으나 어기고 나타나지 않아서 눈에 보이는 사물로 그것을 표현했다"고 했다. 〈동문지양〉과 관련된 역사를 분석해 보면, 한 편의 시에 대한 인식의 차이만 보아도 사람들의 시간과 공간 관념은 물론 세계관, 인생관에서의 재미있고 독특한 분열상에 대해 알 수 있다.

수천 년 동안 계속 전해져 내려오면서 《시경》의 모든 시는 동시에 네 개의 세계를 위해 동일시되고 공감을 이루었다.

이 네 개의 세계 중 첫 번째가 '시삼백(詩三百)'의 세계다. 이 세계는 시풍으로 세상을 살피고 나라의 성쇠를 읽는다. 생성된 시의 강렬한 시대성으로 인해 한 편의 시에서 사회성과 사상성이 가장 중요한 자리를 차지한다.

두 번째는 《시(詩)》가 최종적으로 《시경》이 되어 나라의 일과 도덕 수양을 위한 고전 경학(經學)의 문본이 된 것이다. 《모시고훈전(毛詩故訓傳)》(약칭 '모전')과 정현(鄭玄)의 《모시전전(毛詩傳箋)》(약칭 '전전')이 중국의 언어학, 훈고학의 원류를 열어젖힌 후의 세계다.

세 번째는 주희의 《시집전》에 이르러 시의 본뜻을 세우는 데 집중한 세계다. 《시경》을 순수시로 해석하는 시야가 마련되었다. 《시》*가 역사, 사회, 도덕, 윤리의 속박에서 벗어나 시의 정서와 함축된 의미를 중시하고 드높였다. 이런 《시경》의 감정적 세계는 송나라 이후로 뒤집을 수 없는 주류가 되었다.

---

* 여기서는 역사의 변화에 따라 한나라 이전의 《시경》은 《시》로, 한나라 이후에는 《시경》으로 지칭했다.

네 번째는 《시》가 지닌 시대적 가치(현대성을 새롭게 해석해야 한다는 과제)에 집중하는 세계다. 현대에 들어와서 중국은 물질화, 오락화한 문화로 전통적인 도덕과 가정 윤리가 해체되는 문제에 맞닥뜨렸다. 이런 상황에서 문화의 심미적, 창조적, 역동적 측면을 재구성하는 데《시경》이 독보적인 중요성을 드러낸다.

우리는《모시서》가 〈동문지양〉을 시대를 풍자한 시로 보는 관점에서《주례》에 나오는 남녀의 혼인 시기와 절차를 중시함을 알 수 있다. 동문에 버드나무를 심은 광장이 있고 민중이 그곳에 제사를 지내는 사당을 세우고 모여서 별자리의 변화를 관측한다. 이렇게 시의 깊숙한 곳에 인륜과 예법을 굽어보는 눈이 있다. 그래서 '시삼백'의 시대에는 "혼이위기(昏以爲期)"라는 한 구절이 매우 중요했고, 그 안에 사람들에게 생명의 질서를 준수해야 한다고 일깨우려는 의도가 담겼다. 혼인을 중시하는 예법은 천지와 자연이 변화하는 이치를 따지는 것이라《역경》에서 비롯된 소박한 자연철학관과 관련되어 있다.

《모시서》가 말한 풍자는 사회 윤리와 질서의 중요성을 강조하는 것이 분명하다. 청나라 때 등상이《시경역참》에서 "백성이 결혼할 시기를 잃으면 모두 나라가 어지러워지고 백성이 빈궁해지는 까닭에, 나라를 다스리고 민풍을 지켜보는 사람은 모두 그 이유를 알아내 원망을 풀어야 한다"고 평했다. 이때 "명성황황(明星煌煌)"과 "명성절절(明星晢晢)"에서 별빛의 변화 뒤에는 위정자의 감찰하는 시선이 있다. 시가 가진 내면화된 힘은 권력의 바깥으로 향하는 힘과 같이 움직인다.

《시경》에서 매우 중요한 경학 전통은 이에 따라 형성되고 끊임없이 강화되었다. 특히《시집전》은 〈동문지양〉이 남녀가 밀회하는 시라고 강조하였다. 비록 감정을 중시하면서도 억압적이었지만(남녀의 친밀함에 호소하는 시를 대개 음란하다고 평가함), 이때부터《시경》의 시들이 거시적인 사회와 도덕적 속성에서 벗어나 단번에 시의 내적 감각을 해석하게 되었다. 사실 이때부터 《시경》이 현대성과 문학성의 세계에 들어섰지만, 여전히 봉건적 위계질서의 윤리로부터 비롯된 유교 법칙으로 시 속에 담긴 이러한 감정들을 더욱 구속하려고 시도했다. 이제 정감을 통해 시를 해석하려는 시도에서 더 나아가, 현대인은 순수시를 보는 시각으로 〈동문지양〉을 느끼고 있다. 이미 완전히 인간성 해방, 생명의 자유, 심미관 독립의 의지를 가지고 한 편의 시를 해석하고 있는 것이다. 시 한 수의 시적 공간에는 자신의 정신과 의식의 흐름에 따라 투영된 세계가 존재하며, 그 세계에서 시가 어떻게 자신에게 영향을 미치는지 현대의 독자들은 잘 이해하고 있다. 〈동문지양〉의 자연환경, 천문지리, 혼인 절차, 시에 나오는 사물, 소리 등에서 독자들은 자연에 대한 이해, 시대의 격변에 의해 침식되는 자아의 고통, 삶의 새로운 출발을 위한 감정적이고 심미적인 관찰을 경험하는 것이다.

내가 《시경》에 주석을 단다면

1
東門之楊, 其葉牂牂. 동문의 청양 나무, 그 잎이 무성하네
昏以爲期, 明星煌煌. 해질녘을 기약했는데 샛별이 반짝반짝

양(楊) 양(楊)은 곧 양(揚)이다. 옛날에 글자가 통용되었다. 여기서는 청양(靑楊)을 가리키지만 소엽양(小葉楊), 백양(白楊)일 수도 있다. 상세한 설명은 '식물 이야기'를 참고하기 바란다.

장장(牂牂) 여러 의미가 있다. 여기서는 가지와 잎이 무성한 것을 말한다. 그리고 나뭇잎 뒷면이 희게 변하는 것을 암시한다. 《광아(廣雅)》의 '석수(釋獸)'에서 "오양(吳羊)이다"라고 했다. 세 살이 된 흰 암양을 장(牂)이라고 한다. 《모시전》에서는 "장장(牂牂)은 번성한 모양이다"라고 했다. 《제시(齊詩)》에서는 장장(將將)으로 쓴다. 고문에서 장(牂)과 장(將)은 음은 같고 형이 비슷한 글자라 서로 통용되었다. 《이아》와 《방언》에서는 "장(將)은 크다라는 뜻이다"라고 했다. 우운진은 또 장장(牂牂)을 청양 나무를 신의 필치로 써냈다고 평가했다. 장장(牂牂)과 폐폐(肺肺)는 번성하다라는 뜻이 같지만 음운에 따른 표현도 가지고 있다.

혼이위기(昏以爲期) 혼(昏)은 황혼을 말한다. 금성이 황혼 무렵에 보이는 것을 혼성(昏星)이라고 부른다. 기(期)는 《모시전》에서 "때가 되어도 오지 않았다"고 설명했다.

명성황황(明星煌煌) 명성(明星)은 마서진의 《통석》에서 "명성(明星)은 계명성(啓明星)을 말하며, 큰 별을 말하는 것이 아니다"라고 했다. 《시경》 '소아'편의 〈대동(大東)〉에도 "동유계명, 서유장경(東有啓明, 西有長庚)"이라는 구절이 나온다. 《모전》은 "해가 떴을 때 명성은 계명(啓明)이라 하고, 해가 졌을 때 명성은 장경(長庚)이라 한다"고 했다. 《사기》의 '천관서(天官書)'에 "태백(太白)은 동쪽에서 뜨고, 해에 가까워서 명성이라고 한다"는 기록이 있다. 고대에 명성(明星)을 다양하게 불렀음을 알 수 있다. 계명과 장경은 모두 태양계의 행성 중 금성을 말한다. 황황(煌煌)은 마서진이 《통석》에서 "하늘이 밝지만 아직 이르지 않았다"고 했다. 장형(張衡)은 《동경부(東京賦)》에서 "불길이 달리고 별이 흐른다"고 했다. 황황(煌煌)한 별빛이 몹시 반짝이는 것을 알 수 있다. 《광운(光韻)》에서는 "황(煌)은 불의 모양이다"라고 했다. 기다리는 사람은 마음이 불에 타는 듯 초조하다는 것을 의미한다. 불길이 거센 것과 빛이 강한 것을 모두 황(煌)이라고 했다.

2
東門之楊, 其葉肺肺. 동문의 청양 나무, 그 잎이 무성하네
昏以爲期, 明星晢晢. 해질녘을 기약했는데 샛별이 반짝반짝

폐폐(肺肺) 《모시전》에서 "장장(牂牂)과 같다"고 했다. 가지와 잎이 무성한 것을 가리킨다.

절절(晢晢) 《설문》에서 "절(晢)은 소절(昭晢)이며 밝다는 뜻이다"라고 했다. 절명(晢明)은 하늘이 막 밝아지는 시각을 말한다. 이때는 하늘빛이 투명하고 빛이 차갑다. 절(晢)과 철(哲)이 서로 통용된다. 《상서(尙書)》 '홍범(洪範)'에서는 "사리에 밝으면 절(晢)이고, 총명하면 모(謀)다"라고 했다.

青楊
東門之楊其葉牂牂

식물 이야기

《시경》에 나오는 양(楊)에는 여러 가지 해석이 있는데, 첫째는 유(柳)라는 설로 "양류의의, 우설비비(楊柳依依, 雨雪霏霏)"에서 쓰였다. 다음으로 "절류번포, 광부구구(折柳樊圃, 狂夫瞿瞿)"라는 구절에서는 포류(蒲柳)라고 본다. 또 키가 큰 양수(楊樹)로 보는 경우가 있는데, 지금 이야기하는 〈동문지양〉에 나오는 것이다(청양靑楊). 다른 하나는 배를 만들 수 있는 양수(楊樹)인데, "범범양주, 재침재부(汎汎揚舟, 載沉載浮)"라는 구절에서 볼 수 있다(백양白楊).

옛사람들의 양(楊)에 대한 인식은 비교적 뒤섞여 있다. 《이아》에서는 포류(蒲柳)라고 했다. 《춘추좌전》에서는 포양(蒲楊)이라고 했다(혹은 한류旱柳, 강류江柳, 하류河柳로 부른다). 청나라 때 서정(徐鼎)이 쓴 《모시명물도설(毛詩名物圖說)》에서는 옛사람들이 가지가 위로 올라가면 양(楊), 가지가 아래로 처지면 유(柳)라고 불렀다 한다.

동문의 양(楊)은 많은 사람들이 모이는 동문 광장에 있는 나무다. 그러니 이 양수(楊樹)는 울타리로 삼거나 담장을 나눌 때 쓰는 포류(蒲柳)가 아니라 사방에 흩어져 있는 서늘하고 키 큰 교목이어야 마땅하다. 좁은 잎이 늘어지는 유엽(柳葉)은 늘 부드럽고 아름다운 것에 비유를 하며, 무성함의 상징으로 삼지 않기 때문에 아래로 처지는 수류(垂柳)도 아닐 것이다. 키가 큰 양수라면 소엽양(小葉楊), 백양(白楊), 청양(靑楊) 등 종류가 다양하게 있고, 습한 환경과 건조한 환경에서 다 잘 자란다. 《시경》의 소아(小雅)에 속한 작품인 〈청청자아(菁菁者莪)〉와 〈채숙(采菽)〉에 '양주(楊舟)'가 언급되는데, 배를 만들 수 있다면 백양목(白楊木)일 것이다. 소송의 《본초도경》에서 백양(白楊)을 "오늘날 어디에나 있지만 북쪽 땅이 특히 많다. 나무가 높고 크며, 잎은 둥글로 배잎과 비슷하다. 나무껍질이 희고 양(楊) 나무를 닮았는데, 아무 때나 채취할 수 있다"고 했다. 화베이와 시베이 지역에서 널리 분포하는 청양(青楊)은 중국 특유의 품종이다. 판푸쥔의 《시경식물도감》에서는 이 시에 나오는 나무로는 청양 나무가 적절하다고 본다.

청양(青楊)은 양류(楊柳)과 양(楊)속의 낙엽교목이다. 높이가 30미터에 달하며 수관은 넓은 타원형이다. 나무껍질은 어릴 때는 회녹색이고 매끄러우며, 늙으면 짙은 회색이 되고 골이 생긴다. 잎은 두 가지 형태로 짧은 가지의 잎은 계란형 내지 좁은 계란형이며, 윗면은 밝은 녹색이고 아랫면은 녹색을 띤 백색이다. 긴 가지의 잎은 비교적 크고 타원형이다(잎은 소엽양小葉楊과 매우 유사하지만 차이점도 있는데, 소엽양의 잎은 중하부가 가장 넓고 청양의 잎은 중상부가 가장 넓다). 꽃은 유이화서(葇荑花序)로 자웅이주(雌雄異株)다. 삭과는 대체로 세 번 갈라진다. 씨앗은 작고 솜털이 있다. 개화기는 3~5월, 열매는 5~7월에 맺는다. 중국의 둥베이, 시베이, 시난, 화베이 등에 널리 분포하며 주로 시냇가, 강변, 산기슭에서 자란다.

《시경》이
나에게
주석을 단다면

황혼 무렵, 기쁜 마음으로 동문의 청양 나무 아래에 갔다. 나무 아래 그림자가 어른거리고 햇빛이 고요함 속에서 천천히 흘러간다. 고요한 밤의 기다림은 달콤함으로 가득 차 있었다. 시간이 흐르면서 시선이 점점 내면을 향했고 빛이 숨어들어 본래 선명했던 세계가 점점 흐려졌다. 기다리는 시간은 비록 상실감도 있으나 오히려 안절부절못하며 기다리는 일 자체가 주는 기쁨이 더 크다. 바람이 불고, 나무가 움직이고, 자연의 리듬에 순응하고, 마음도 고동치고, 마치 사랑의 맥박이 세상과 같은 파동으로 뛰는 것 같다.

울창한 청양 나무는 밤의 어둠 속에서 흔적도 없는 검은 불처럼 보인다. 나무 아래에서 검은 불을 따라 움직이는 사람들은 형형색색의 빛을 잃은 정령을 쫓으며, 깊은 그리움 속으로 눈길을 던지고 있다.

달이 차고 별이 빛나는 긴 밤이 지나갔다. 하늘 끝에서 샛별의 빛이 새벽 하늘을 가른다. 샛별이 눈을 깜박거리자, 새로운 세계가 인간 세상에 내려왔다. 그러나 반짝이는 별하늘의 깊은 곳에서 기다리고 있던 그 사람은 자취를 감추었다.

〈동문지양〉에서 묘사한 별하늘 아래의 '데이트'는 이 세상의 수많은 사랑에 빠진 남녀들이 하는 연애와 별다를 것 없이 평범하지만, 또한 이상하게 짜릿하고 유일무이해 보인다. 이 시의 리듬은 초연하고 안정적이며, 영원한 사랑은 별들이 장식해 주고 있다. 수많은 아름다운 미래가 시간의 호수에서 별빛이 되어 흐른다. 사랑하지만 얻을 수 없었던 오래전의 슬픔은 초목과 별이 증거가 되어 오히려 더욱 투명하고 눈부시다.

현대인이 이 시를 읽으면 감정적인 공명에 있어서 일종의 강렬한 대비감이 있을 것이다. 이러한 대비감은 시대적 생활 리듬의 차이에 의해 증폭된다. 2천여 년 전 한 쌍의 연인이 별이 빛나는 밤하늘 아래에서 데이트를 한다. 그들의 만남은 해질녘의 청양 나무 바람을 맞으면서 시작되고, 샛별이 눈을 깜박이며 떠오를 때 약속이나 한 듯 낙담하면서 끝난다. 이처럼 느린 템포로 호소하기에 순수하고 진지한 감정의 강물에 매혹적인 운치가 유유히 흐른다. 별빛 아래의 감정 투영에는 사랑의 원만함을 향한 동경이 담겨 있다. 별 아래의 그 외로운 뒷모습은 사랑스럽다. 이런 감정적 자극이 현대의 독자들에게는 시를 읽는 동반자가 된다. 시의 힘이 터져나오는 출구는 바로 별빛이 증거해 주는 낙담한 목소리의 여운이다. 아련한 음절의 끄트머리가 무수히 많은 상상을 불러일으키며, 사랑의 발걸음으로 시간이라는 황야를 걷는다.

양수(楊樹) 종류의 나무 그림자는 섬세하고 여성스럽게 흔들거린다. 나무 아래에는 발자국이 가득하고 푸른 가지가 바람에 흔들릴 때, 시의 정서가 출렁이면서 마음과 연결되는 책의 한 페이지가 사람의 마음에서 가장 떼어내기 어려운 미련을 기록한다.

나는 어린 시절, 소년 시절을 시베이의 황토고원에서 보냈다. 그곳에는 향엽양(響葉楊), 찬천양(鑽天楊) 등 양수(楊樹)가 연이은 구릉 한가운데서 일종의 황량함과 적막함을 찌르듯 서 있었다. 북풍이 불면 양수의 잎이 쏴쏴 소리 내며 계속 울렸다. 나의 생명의 발걸음과 사계절의 차가움과 따스함이 뒤섞이며 많은 감회가 일어났다. 내가 글을 쓰며 생각하는 세계는 원래 이렇게 깊고 먼 미감을 가지고 있었다. 이 미감의 시발점은 대부분 황토고원에 우뚝 솟은 초목이 나에게 준 것이다. 나는 양수 꼭대기에 걸린 끝없는 별하늘이 어떻게 한 어린아이의 영혼을 끌어당겼는지, 내 마음의 감성이 어떻게 문자로 변했는지 기억나지 않는다. 나는 묵념하거나 훗날 내 글쓰기에서 나타날 이름을 하나하나 불러보기 시작했다.

하늘과 땅, 초목 품 안에 한 생명의 행복감이 유유하고도 서글프고, 감동적이지만 사로잡혀 있듯 뒤엉켜 있다. 이것이 내가 나중에 글을 쓰면서, 여행하면서 깊이 느낀 것들이다.

새완두와 자운영

이상한 일과
불길한 징조

방유작소(防有鵲巢)

제방에 까치둥지가 있고 언덕에 자운영이 있네
누가 속이는 것일까? 마음이 근심하네

防有鵲巢, 邛有旨苕.
誰侜予美? 心焉忉忉.

정원에 논병아리가 있고 언덕에 타래난초가 있네
누가 속이는 것일까? 마음이 불안하네

中唐有甓, 邛有旨鷊.
誰侜予美? 心焉惕惕.

잡다한 해설

〈방유작소〉는 물상의 조화롭지 못한 점과 원한이 사람의 사이를 멀어지게 하는 무서움을 자세히 살피고, 깊은 사랑과 절절한 근심이라는 심리를 가장 간결한 형식으로 소박하고 자연스럽게 표현하였다. 《모시서》를 따라 〈방유작소〉는 진선공(陳宣公)이 참언을 믿고 현인을 멀리하는 것을 염려한 충신이 쓴 것이라 해도 좋고, 《시집전》을 따라 사랑하는 사람이 한쪽 말만 믿고 아름다운 인연을 깨뜨릴까 염려하여 쓴 실연의 시라고 해도 좋다.

〈방유작소〉의 시정은 간결하고 순수하며 질박하다. 시 속에는 물상이 거꾸로 된 둥근 거울이 있고, 거울 속의 빛과 그림자가 줄곧 굴원의 《이소》처럼 화려하고 열렬하며 웅장한 문장을 비추고 있다. 〈방유작소〉의 거울상이 시를 통해 살필 수 있고 관찰할 수 있는 그림으로 바뀌어 부각되자 시적 정서의 물결이 마음 가장자리에 부딪쳐 물보라를 일으킨다. 이 시의 본뜻은 거짓말하다, 이간질하다라는 뜻의 주(侜) 자에 있다. 이 글자의 바늘 끝이 심장을 찌를 때의 따끔한 감각이 시 전체의 정서를 이끌고 있다. 그 순간 스쳐 간 생각이 어느덧 시가 되었다. "심언도도(心焉忉忉)", "심언척척(心焉惕惕)" 같은 구절을 읽을 때 느껴지는(내 마음이 다 부서지겠구나! 내 마음이 이렇게 두렵구나!) 진실한 사랑이 어느 정도의 깊이에 이르면 이런 시가 탄생할 수 있음을 깨닫게 된다.

《시경》의 심리학은 간결한 방식으로 곡절이 많고 변화무쌍한 심리를 그린다. 마치 미로 같은 문학의 다차원적인 변화를 잘 담아냈다. 《시경》의 작품은 본질적으로 고도로 간결한 순수시로서 시 속의 추상적 묘사에는 전혀 실체적 대상이 없다. 시의 시발점은 감정이나 마음의 기복이 일으킨 미묘한 파동으로 보이며, 시에서 표현되는 억압이나 쾌락은 모두 마음 하나로 홀로 체득된다. 시에 등장하는 애정은 모두 진심으로 상대에게 바치는 것이다. 이 시들의 핵심은 결코 세상 사람들의 이해를 구하지 않는다는 데 있다. 〈방유작소〉의 정서를 체험하면, 의심, 질투, 초조함과 그리움이 빽빽이 그물 모양을 이루며 내 마음속에서 교차하는 것을 느낄 수 있다. 그러나 이 시의 늣은 바로 〈죽간〉이라는 시에서 "가언출유, 이사아우(駕言出遊, 以寫我憂)"라고 읊은 것과 같은 자세다. 민첩한 사변의 풍요로움, 진심의 순수함, 덕성의 드넓음 등인데, 이 시에서는 도도(忉忉), 척척(惕惕)이라는 표현으로 드러낸 마음이 비범하다.

　진실한 사랑을 위해 아파하고 두려워할 수 있는 사람들은 대부분 백성의 고통과 국가의 위급함을 위해 목숨을 바칠 수 있는 사람들일 것이다.

내가 《시경》에 주석을 단다면

1
防有鵲巢, 邛有旨苕. 제방에 까치둥지가 있고 언덕에 자운영이 있네
誰侜予美? 心焉忉忉. 누가 속이는 것일까? 마음이 근심하네

방유작소(防有鵲巢) 방(防)은 제방, 둑을 말한다. 류사허 시인은 성벽이라고 여겼다. 까치는 항상 큰 나무 꼭대기의 튼튼한 곁가지 사이에 둥지를 틀지 성벽에 둥지를 틀지 않는다. 마서진의 《통석》에 따르면, 《사기》 '진세가(陳世家)'에 진선공(陳宣公)이 애첩을 총애하여 아들을 낳았는데, 이 애첩이 자신의 아들을 태자로 세우고자 하여 태자를 죽이려 하였다는 기록이 있다. 진선공이 참언을 곧이들었다는 기록은 오직 이 시 〈방유작소〉에만 남아 있다. 까치둥지는 〈소남(召南)〉에서 임금이 있는 나라를 비유했다. 〈방유작소〉는 태자가 마땅히 얻어야 할 나라를 암시한다. 성벽에는 본래 까치둥지가 있어서는 안 되는데, 지금은 생겼다. 없어야 하는데 있다는 표현은 참언을 가리킨다.

공유지초(邛有旨苕) 공(邛)은 《모전》에서 "구(丘)다"라고 했다. 지(旨)는 회의자(會意字)다. 갑골문의 문자 모양에서는 숟가락이 입에 들어가는 모습이었다. 형용사로 쓰여서 신선하고 좋은 맛이라는 의미를 가진다. 초(苕)는 콩과 식물로 황기(黃耆)속의 자운영(紫雲英)이다. 어린 잎은 먹을 수 있다. 상세한 설명은 '식물 이야기'를 참고하기 바란다. 자운영은 건조한 언덕에서 자라지 않고 습기가 적은 밭에서만 자란다. 이 역시 일어나지 않을 일이 일어난 것이니 거짓말이다.

수주여미(誰侜予美) 주(侜)는 속이다, 이간질하다라는 뜻이다. 미(美)는 아름다운 사람, 사랑하는 사람을 말한다.

도도(忉忉) 근심하다. 류사허 시인의 해석이 아주 절묘하다. 도(忉)는 본래 형용사로, 근심하는 모습을 가리킨다. 류사허는 이 글자의 음을 포착하여 도도(搯搯)라고 해석했다. 물건을 집어 던졌다는 것이다. 여기서 이 시의 근심이 단순한 감정이 아니라 가슴이 찢어질 듯한 근심임을 알 수 있다.

2
中唐有甓, 邛有旨鷊. 정원에 논병아리가 있고 언덕에 타래난초가 있네
誰侜予美? 心焉惕惕. 누가 속이는 것일까? 마음이 불안하네

중당유벽(中唐有甓) 당(唐)은 조정 앞과 종묘 문 안의 대로다. 중당(中唐)이란 일반적으로 조정 내의 주요 도로를 가리킨다. 벽(甓)은 본래 전(磚), 즉 벽돌을 의미하지만 여기서는 기와를 가리킨다. 다만 시의 의미를 살펴보면 중정의 도로에 까는 것이니 벽돌이어야 정상이다. 여기서는 반의법으로 쓰였다. 류사허는 벽(甓)이 벽(鷩)의 가차자라고 보았다. 벽(鷩)은 곧 벽체(鷩鴟, 논병아리), 오리와 비슷하지만 조금 작으며 물에서 헤엄치는 새다. 정원에 어떻게 야생 오리가 있을 수 있겠는가? 이것 역시 시에 담긴 풍자의 뜻과 잘 어울린다.

역(鷊) 역(虉)의 가차자다. 이 식물은 난초과 수초(綬草, 타래난초)속에 속한다. 일반적으로 어둡고 습한 곳에 자란다. 이것 역시 이간질하는 거짓말을 가리킨다.

척척(惕惕) 《이아》에서 "척척(惕惕)은 애(愛)다"라고 했다. 여기서는 깊이 사랑하는 사람의 심리적 상태를 가리킨다. 연애 심리를 생동감 있게 표현한다고 할 수 있다. 사랑에 대해 의심을 품으면 항상 조마조마하고 근심하며 불안하다. 또한 진나라에서 태자를 죽이려는 사건이 발생한 것으로 해석해도 왕권이 흔들리면서 진나라의 인심이 불안했다고 볼 수 있다.

식물 이야기

초(苕)는 《모전》에서 초(草)라고 했다. 육기의 《시소(詩疏)》에서는 "초(苕)는 초요(苕饒)다. 유주 사람은 교요(翹饒)라고 부른다. 덩굴풀이며 뿌리는 노두(勞豆)와 비슷한데 더 가늘고, 잎은 질려(蒺藜)와 비슷한데 푸르다. 그 줄기와 잎은 녹색이며 먹을 수 있다. 작은 두곽(豆藿)과 비슷하다"고 했다. 교요(翹搖)는 《이아》에서 "주부(柱夫), 요차(搖車)"라고 했다. 곽박의 《이아》는 "덩굴풀이며 잎이 가늘고 자색의 꽃이 피며, 먹을 수 있다. 오늘날 속칭으로 교요차(翹搖車)라고 부른다"고 설명했다. 소동파가 처음 교요(翹搖)를 보고 시를 지었다. "콩꼬투리가 둥글고도 작은데 홰나무 싹은 가늘고 풍성하나(豆莢圓且小, 槐芽細而豐)." 그리고 이 풀이 무척 아름답다고 덧붙였다. 《야채보(野菜譜)》에 판교교(板蕎蕎)가 나오는데, 역시 이것을 교교(翹翹)라고 여겼다.

《본초강목》에는 항목명이 교요(翹搖)로 되어 있고, 다른 이름으로 요차(搖車), 야천두(野蠶豆), 소소채(小巢菜)라 불린다고 했다. 육유(陸游)의 《시서(詩序)》에는 "촉채(蜀蔬) 중에 두 개의 소(巢)가 있다. 대소(大巢)는 완두콩이지만 열매를 맺지 않는 것이다. 소소(小巢)는 논에서 자라며 오(吳) 땅에 많다. 일명 표요초(漂搖草), 야천두(野蠶豆)라고 한다. 기름에 튀겨서 쌀가루를 입혀 먹는데, 그것을 초화(草花)라고 한다. 맛이 좋고 죽으로 만들면 더 좋다"고 했다.

류샤허 시인은 오늘날의 촉(蜀)에도 여전히 초채(苕菜)라는 나물을 먹는데 맛이 달고 좋다고 했다. 《중국식물지》에는 초(苕)를 소소채(小巢菜)라고 했다. 《시초목금석(詩草木今釋)》에서는 《개자원화전(芥子園畫傳)》을 인용하며 초(苕)가 자운영(紫雲英)이라고 했다. 판푸쥔의 《시경식물도감》에서도 자운영이라고 여긴다.

소소채(小巢菜, 새완두)는 콩과 야완두(野豌豆)속의 한해살이풀이다. 높이는 15~120센티미터다. 덩굴로 자란다. 줄기는 가늘고 부드러운데 모서리가 있다. 줄기에는 털이 거의 없다. 짝수의 깃털 모양 겹잎이 나며 말단에 곱슬거리는 곁가지가 난다. 잎받침은 선형이며 작은 잎이 4~8쌍으로 난다. 꽃은 총상꽃차례로 피며, 잎보다 확실히 길이가 짧다. 꽃받침은 종 모양이고 꽃이 매우 작아서 길이가 0.3~0.5센티미터에 불과하다. 화관은 흰색, 연한 청색, 자색을 띤 백색이다. 꼬투리는 길쭉하고 둥그스름한 마름모꼴이다. 꽃과 열매가 2~7월에 비슷하게 피고 맺는다.

자운영(紫雲英)은 콩과 황기(黃耆)속의 두해살이풀이다. 줄기는 곧게 서는 것과 땅을 기는 것 두 가지다. 홀수의 깃털 모양 겹잎으로, 작은 잎이 7~13장 나는데 뒤집힌 계란형이거나 넓은 타원형이고 길이는 1~1.5센티미터다. 꽃은 총상화서로 배열되고 꽃자루가 길다. 화관은 자홍색 혹은 주황색이다. 협과(莢果)가 선과 비슷한 모양의 긴 원형이며 약간 구부러져 있다. 종자는 고동색이다. 어린잎은 먹을 수 있다. 자운영은 풋거름(풀로 만들어 충분히 썩지 않은 거름)을 만들기 좋으며 동물 사료, 벌이 꿀을 채취하는 밀원(蜜源)으로 좋다. 씨앗은 약에 넣는데, 그 이름이 사원자(沙苑子)다. 아스트라갈린(astragalin), 카나바닌(canavanine) 등을 함유하고 있어 한의학에서 시력 감퇴, 임질, 옴 등의 질병을 치료하는 데 쓰인다. 원산지는 중국이며, 둥베이 지방부터 윈난, 구이저우까지 널리 분포한다.

《시경》이
나에게
주석을 단다면

까치가 제방에 둥지를 틀고, 물새는 정원 한가운데에 앉으며, 자운영이나 수초(타래난초) 같은 저습한 환경에서 자라는 식물들이 물 없는 산의 차가운 언덕 위에서 발견된다. 이런 상식에 어긋나는 일은 평상시에 있어서는 안 되지만, 오히려 이런 일이 세상에 있을 것이라고 믿어 버릴 때가 있다. 오직 그 사람의 마음이 탐심과 사리사욕으로 가득 차야만 이런 자기 기만적인 생각을 할 수 있으며, 이러한 생각과 행위가 국가의 정사를 침해하면 천하를 어지럽힐 것이다.

사랑이라는 수제에 대해, 《시경》에서는 서의 모든 것을 꿰뚫어 보고 있다. 버림받은 여인의 애절한 사랑, 메추라기가 구구거리는 들판의 기쁨, 잘생기고 뛰어난 남자를 향한 짝사랑, 별하늘 아래 만나기로 약속했지만 뜻대로 풀리지 않는 밀회, 바닷물이 마르고 돌이 썩을 때까지 변하지 않겠다는 사랑 등등.

사랑을 중심으로 해석한 〈방유작소〉는 이성을 잃을 정도로 사랑에 빠진 의심 많은 사람의 시각을 취한다. 이 시는 여러 막의 무대극처럼 보인다. 모든 구절은 저마다 하나의 장면을 형성한다. 산과 들 위를 걷는 사람은 초조하고 안색이 창백하며 마음이 동요하는 등 사랑에 의해 정신적으로 혼란스러운 사람이다. 그의 우울한 시선은 먼 산과 들과 계곡을 바라보았다. 너를 사랑한다는 말은 할 수 없었고, 너를 사랑하면서도 네가 달아날까 봐 두려웠다. 온갖 의심이 마음속에 얽히고설켜, 마음의 현악기는 끊임없이 놀람과 걱정의 음률을 뿜어냈다. 이렇듯 사람의 마음속에 일어나는 의심은 마치 자연의 혼란한 모습과 같다.

《시경》에 나오는 사랑에 관한 주제는 얕은 꾀로 꾸미는 속임수가 아니다. 《시경》에서 사랑은 마치 천지 만물과 함께 호흡하는 것 같은 감정이다. 《시경》의 시는 사랑과 햇빛, 비, 이슬, 풀, 서리, 나무가 함께 율동하게 한다. 사랑의 언어는 이러한 방식으로 시에서 잉태되어 확장했으며, 웅장하면서도 온유함을 잃지 않는 언어를 만들어냈다. 이런 사랑의 언어는 질박하고 진실하며, 자연의 변화를 인간의 마음이 흔들리는 것과 연결시켜서 오랜 시간이 지나도 퇴색하지 않는 힘을 얻었다. 〈방유작소〉 속 놀라움의 감정은 자연 세계에서 사물이 움직이고 변화하는 것을 통해 이해한다면 일종의 아름다움과 신비감을 드러낼 수도 있다.

이 시의 초(苕)는 소소채(새완두)라고 하기도 하고, 자운영이라고 하기도 한다. 지리적으로 허난과 안후이의 경계쯤인데, 둘 다 산과 들에서 자라나는 야생 식물이니 소소채가 많은지 자운영이 많은지는 분명하게 말하기 어렵다. 중국 남부 사람들은 자운영을 좀 더 쉽게 볼 수 있을 것이고, 북부 사람들은 소소채를 좀 더 쉽게 접할 것이다. 나는 비록 시베이 지역 출신이지만, 남부 지역에서 공부하고 일한 지 여러 해가 되어 자운영이라고 하면 떠오르는 머릿속 인상이 확실히 있다. 자운영이라는 이름의 유래는 아마도 《본초습유》에 나온 '홍화채(紅花菜)'라는 이름을 한 단계 더 시적으로 끌어올린 듯 들린다. 주나라의 황야에 흔히 있는 산나물의 일종이라 그 꽃도 사람의 마음속에 들어왔을 것이다. 이런 친근한 자색 꽃은 꽃잎 색이 자색 외에도 분홍색, 흰색 등이 있고 밭에서 일하다 잠시 이마의 땀방울을 닦는 농부의 시선에 잡힌다면 근심과 기쁨이 함께 출렁거리게 해 줄 것이다. 나는 특히 '자운영'이라는 이름에 포함된 보라색 구름과 노을을 떠올리게 하는 강렬한 기상을 좋아한다. 내가 좋아하는 아가씨도 이런 타입이어야 할 것 같다.

늦봄과 초여름, 자운영의 꽃이 밤하늘 별처럼 활짝 피었다. 한 송이의 작은 꽃은 평범하다. 그러나 백 송이, 천 송이, 만 송이의 꽃이 한데 모이면 찬란해진다. 그리고 사람의 마음속에 파란을 일으킬 수도 있다. 숲 아래의 관목숲은 결코 자운영이 자라기에 적합한 곳이 아니다. 그 씨앗은 새로 갈아엎은 밭에서 바람에 흩어졌다가 가을 후에 푸른 가지, 줄기, 잎이 흙으로 돌아가 땅을 적시는 영양분이 될 것이다. 자운영 꽃은 연꽃을 축소해둔 것처럼 흡사하다. 바람이 연못의 정령을 데려와 황야를 떠돌게 했다고 생각해 보자.

자운영과 연꽃, 꽃과 꽃 사이에 혼백 교환 놀이가 벌어지지 않을까? 자운영이 만개하는 계절에 자운영이 가득 핀 길을 걸으면 발밑에는 부드러운 땅이 있고, 콧속에는 꽃의 향기가 있으며, 연보라색에서 담백색으로 변하는 개똥벌레가 내 시야를 수놓듯 춤을 춘다.

이 글을 쓰는 중에, 내 마음속에도 마찬가지로 자운영이 가득 깔린 들판이 생겨났다. 《시경》에 나오는 마음이 조마조마하고 불안한 황야와 더불어 자운영 들판을 먼 옛날의 시공간과 내가 살아가는 자연과 세계를 연결했다. 이런 입체감 속에서 나의 글쓰기는 영적 여정이 나날이 원만해지는 중이다.

회풍(檜風)

지리적 위치

회(檜)는 《좌전》, 《국어》에 회(鄶)로, 《지리지》에는 회(會)로 기록되어 있다. 그 조상은 운(妘)씨 일족 출신이다. 운씨는 상고 시대의 대제사장이자 축융의 직계 후예로 축융팔성(祝融八姓: 기己, 동董, 팽彭, 독禿, 운妘, 조曹, 짐斟, 우芋) 중 한 명이며, 운족 중에서 회성(檜姓) 일맥이 축융 선조의 발상지에서 내내 살아왔다. 회나라는 일찍 세워진 나라로, '축융씨(祝融氏)가 남쪽으로 묘만(苗蠻)에 진입하였다'는 전설대로 독자적으로 발전해온 나라다. 하나라 초기에 이미 고예주(古豫州, 중국 고대의 행정 구역명) 일대에 세력권이 구축되었다. 하나라를 상나라가 대체하면서 운(妘)의 후예를 '축융지허(祝融之墟)'에 봉했다. 그로부터 회국(會國)이라는 이름이 생겼다. 주 무왕이 상나라를 멸망시킨 후 다시 축융의 후예인 운씨 가문의 전통 세력에 대한 지배권을 다시 한번 인정하고 일족의 우두머리를 회후(會侯)로 봉했다. 선진시대에는 글자의 변동이 심하던 시대다. 각 제후국을 기록할 때 흔히 옛 땅을 그리워하며 국명에다 읍을 편방으로 추가하는 경우가 있었다. 정나라가 정(奠)에서 정(鄭)으로 된 것이 이 때문이다. 그래서 회나라도 회(鄶)가 되었다. 예전에는 회(檜)와 회(鄶)가 통용되었는데, 《시경》에는 회풍(檜風)으로 기록되어 있다. 회나라는 크게 오늘날의 허난 밀현(密縣), 신정(新鄭)과 형양(滎陽)의 일부를 포함하고 있으며, 기본 지역은 숭산(嵩山) 동쪽, 형양 남쪽의 쌍기하(雙洎河) 중상류 일대다. 회나라는 주나라 초기에 동부 지역에서 비교적 큰 제후국이었다. 토지가 비옥하고 교통이 편리하며 부족민의 수도 많았다. 또한 큰 전란을 겪지 않았으므로 서주 시대에는 평안하고 풍요로운 지역에 속했다. 서주 말기 정환공(鄭桓公)은 자손들에게 안전하고 유망한 곳을 찾아주려다 태사백(太史伯)의 조언으로 옛 회나라의 터전을 노렸다. 기원전 770년, 정무공이 평왕의 천도 행렬을 호송하여 동주 시대가 시작되었다. 기원전 767년, 정무공이 회나라 도성을 공략하여 회나라가 멸망하였다. 《시경》 회풍의 격조는 음울하고 망국에 대한 비분의 가락이 있다. 총 네 편이 실려 있는데, 연대는 회나라가 멸망하기 전 창작되었을 가능성이 높다. 다만 망국의 유민이 고국을 회상하며 쓴 시일 수도 있다(예를 들면 〈습유장초隰有萇楚〉). 고문헌에서는 정(鄭)씨의 계보를 기록할 때 우선 회(檜)나라 때의 일을 먼저 말하고 후에 정나라의 계보를 기록하는 경우가 많았는데, 《시경》 연구자 중에서 누군가는 회풍을 정풍에 병합하기도 한다.

47 키위

슬픔의 절창

습유장초(隰有萇楚)

습지에 자란 키위나무, 하늘하늘한 가지가 아름답다
작고 윤기가 흐르니 너는 걱정이 없어 좋겠구나
隰有萇楚, 猗儺其枝,
夭之沃沃, 樂子之無知.

습지에 자란 키위나무, 활짝 핀 꽃이 아름답다
작고 윤기가 흐르니 너는 가족이 없어 좋겠구나
隰有萇楚, 猗儺其華,
夭之沃沃, 樂子之無家.

습지에 자란 키위나무, 가득 열린 열매가 아름답다
작고 윤기가 흐르니 너는 집이 없어 좋겠구나
隰有萇楚, 猗儺其實,
夭之沃沃, 樂子之無室.

잡다한 해설

회나라는 약소한 나라여서 회풍(檜風)은 《시경》에서 그다지 중시되지 않았다. 춘추 후기, 오(吳)의 공자 계찰(季札)이 노나라를 방문하러 갔다. 그때 주악(周樂)을 살펴보고 여러 나라의 시를 들은 후, 들은 후의 느낌을 편안하게 토론했다. 그렇게 이야기가 회풍에 이르자, "회나라 이후로는 할 말이 없다"고 했다. 왜냐하면 회나라가 너무 작아서 회풍을 보고 듣는 것이 오나라 외교에 큰 영향을 미치지 않기 때문이다. 청쥔잉의 《시경주석》 역시 "현존하는 네 편의 시만 보아서는 회풍에 어떤 특징이 있는지 알 수 없다. 〈습유장초(隰有萇楚)〉는 깊고 짙은 염세적 색채를 띠며, 〈비풍(匪風)〉은 정서가 극도로 무거운데 아마도 망국의 노래여서 그런 듯하다"고 했다. 공자는 "시는 흥을 일으킬 수 있고 관찰할 수 있으며 뭉칠 수 있고 원망할 수 있다"고 하며 시가 지닌 네 가지 기능을 설명했다. 이것이 중국 시학 전통 중에서도 가장 낮고 무거운 성부(聲部)에 큰 영향을 미쳤다. 바로 원망 속에서 내면화된 근심 우(憂) 자다. 시로 원망하고 근심할 수 있다는 것은 개인의 내면적 근심을 해소하는 데서 나아가 나라와 백성을 걱정하는 대의로 승화되기도 했다.

중국 역사상 많은 왕조가 교체되었는데 수많은 망국의 노래로 쓸쓸하고 고통스러운 심정을 그려냈다. 한없는 고통과 슬픔으로 호소할 데 없는 절망과 그 정경을 써 내려가는 이런 시가 영원히 존재할 수 있었던 이유는 비관적이고 염세적이어서가 아니라, 시가 무감각한 마음을 찔러 깨우기 때문이다.

일부 현대 학자들은 회풍을 경시하며 〈습유장초〉를 비판한다. 사람의 마음이 초목처럼 적막하여 염세적인 생각에서 마음을 썩히는 것으로 이해한 것이다. 그러나 《시경》

에 실린 시는 그 선정 이유가 온유함과 돈후함이라는 취지를 가지고 있다. 그러므로 〈습유장초〉 역시 원망하지만 분노하지 않는 '온유돈후'와 결을 같이 한다.

어떤 비통과 원망의 감정이 사람들로 하여금 감정 없는 사물에 대해서까지 중얼거리게 할 수 있을까? 심지어는 그 태도가 신경질적인 정도에 이를 수 있을까? 〈습유장초〉의 감정은 "낙자지무지(樂子之無知)", "낙자지무가(樂子之無家)", "낙자지무실(樂子之無室)"이라는 세 구절에 담겨 있다(걱정 없는 것을 부러워하고, 집안에 얽매이지 않는 것을 부러워하고, 자식 때문에 고민하지 않는 것을 부러워한다). 만약 시가 회나라가 멸망하기 전에 쓰였다면, 이 시에 담긴 비극은 회나라가 무너질 것이라는 예언을 쓰고 있는 것이고, 만약 시가 회나라가 멸망한 후에 고국에 대한 유민의 회상으로 쓰였다면, 이 회상에는 정말 약간의 염세적 태도가 묻혀 있을 것이며, 또한 이 염세적 태도 깊숙한 곳에는 고국의 죽지 않는 영혼을 간직하고자 하는 은밀한 격정이 있다.

〈습유장초〉는 연애시로 보면 시의 정서상 앞뒤가 전혀 통하지 않는다. 비극적인 웅장한 시로 볼 때, 이 시의 진짜 정서적 면모가 요동친다. 류사허는 "각 장의 마지막 구절이 갑자기 기이한 봉우리처럼 솟아오른다"고 평가했다. 마음의 큰 기복이 가슴 속 정서도 기이한 봉우리의 험준함을 만들어낸다. 시 속의 깊은 근심이 읽는 이의 마음을 뒤흔들며, 그렇게 형성된 불멸의 기세가 바로 〈습유장초〉가 《시경》의 300수 중 하나로 뽑힐 수 있었던 이유다.

내가
《시경》에
주석을 단다면

1
隰有萇楚, 猗儺其枝, 습지에 자란 키위나무, 하늘하늘한 가지가 아름답다
夭之沃沃, 樂子之無知. 작고 윤기가 흐르니 너는 걱정이 없어 좋겠구나

습유장초(隰有萇楚) 습(隰), 저습한 곳. 장초(萇楚)는 옛날에는 양도(羊桃) 또는 양도(陽桃)라고 불렸다. 지금은 키위과 키위속의 덩굴식물이다. 상세한 설명은 '식물 이야기'를 참고하기 바란다.

의나기지(猗儺其枝) 의(猗)는 명사로서 거세된 개를 말한다. 형용사로 쓰이면 아름다움을 위해 성대하게 만들어진 모양을 말한다. 나(儺)는 오래된 역병을 물리치는 신비롭고 원시적인 제사 무용이다. 원매(袁梅)의 《시경이문회고변증(詩經異文匯考辯證)》에는 "의나(猗儺)는 유순하고 아름답고 성대한 것이다"라고 했다. 뜻이 의니(旖旎)와 같다. 아나(婀娜)는 용모가 수려하고 몸매가 가녀린 것을 말한다.

요지옥옥(夭之沃沃) 《모전》에서 "요(夭)는 작은 것이다"라고 했다. 마서진의 《통석》은 "도지요요(桃之夭夭)"와 "초목이 번성하여 요(夭)라는 이름을 얻었다" 등을 인용하면서 신선하고 풍성하게 자라는 것을 가리킨다고 설명했다. 옥옥(沃沃)은 장교(壯佼)와 같은 뜻이다. 교(佼)는 교(姣)의 통용자다. 촉촉하고 광택이 있는 것을 말하며, 몸매가 늘씬하고 아름다운 것을 가리킨다.

낙자지무지(樂子之無知) 낙(樂)은 부러워하다, 좋아하다라는 뜻이다. 자(子)는 장초(萇楚)를 가리킨다. 무지(無知)는 지각이 없으므로 고민도 근심도 없다는 것이다. 첸중수의 《관추편》은 지(知)를 정욕으로 해석한다. "지(知)는 생각할 줄 안다는 뜻이자 동시에 정욕을 말한다. 장초는 마음이 없는 사물일 뿐이라서 비옥하며 무성할 수 있으나 사람은 몸이 아프고 기다림도 귀찮아하며 화를 잘 내니 근심 때문에 늙어서 아름다움을 영원히 보존할 수 없기 때문에 초목을 보고 부러워하게 된다."

2
隰有萇楚, 猗儺其華, 습지에 자란 키위나무, 활짝 핀 꽃이 아름답다
夭之沃沃, 樂子之無家. 작고 윤기가 흐르니 너는 가족이 없어 좋겠구나

화(華) 옛날의 화(花) 자다. 꽃을 가리킬 뿐만 아니라 만개할 징조도 포함하고 있다.

3
隰有萇楚, 猗儺其實, 습지에 자란 키위나무, 가득 열린 열매가 아름답다
夭之沃沃, 樂子之無室. 작고 윤기가 흐르니 너는 집이 없어 좋겠구나

실(實) 과실.

무실(無室) 옛날 사람들은 "여자는 가(家), 남자는 실(室)"이라고 했다. 그 외에도 가(家)는 고대에는 일반적으로 배우자·가족·친족·부속물 등의 혈연과 혼인으로 연결된 관계 자체를 가리키며, 실(室)은 보통 처소·가옥을 가리킨다. 여기에서 가도 없고 실도 없다는 것은 사실 아무런 걱정이 없다는 것을 의미한다. 류사허는 관리의 시각으로 한 말이라고 보아 "아내도 없고 첩도 없다"고 해석한다.

獼猴桃

隰有萇楚猗儺
其枝夭之沃沃
樂子之無知

식물 이야기

장초(萇楚)는 키위다. 키위과에 속하는 낙엽 혹은 상록 덩굴이다. 키위는 주로 아시아에서 생산되며 품종이 모두 54종 이상이다. 중국은 키위의 주산지로, 52가지 품종이 생산된다. 집중적인 생산지는 친링(秦嶺) 산맥 남쪽과 헝돤(橫斷) 산맥 동쪽의 내륙이다. 키위 열매는 대부분 먹을 수 있다. 〈습유장초〉를 보면 옛날 중국 사람들이 2,000여 년 전부터 야생 키위를 채취하는 습관이 있었다는 것을 추측할 수 있다. 키위에 대한 해석 중 가장 오래된 기록은 《이아》의 "장초는 요익(銚芅)이다"라고 한 것이다. 곽박의 주해를 보면 이렇게 설명하고 있다. "오늘날의 양도(羊桃)다. 잎은 복숭아와 비슷하고 꽃은 희며, 씨앗이 밀과 같고 복숭아와도 비슷하다." 지금도 후베이성 이창(宜昌), 촨둥(川東)에서는 키위를 양도(羊桃)라고 부른다. 육기의 《육소》에서는 키위 중에서도 잎이 긴 종류를 설명하는 듯하다. "오늘날의 양도(羊桃)다. 잎이 길고 좁으며 꽃은 적자색이다. 그 줄기가 약하여 한 자 정도 자라면 풀에 덩굴을 뻗친다. 오늘날 사람들은 이것이 물을 끌어온다고 생각하는데 버드나무만 못하다."

양도(羊桃)였던 이름이 지금과 같이 미후도(獼猴桃)로 바뀐 것은 당나라 때에 이르러서 나타난 현상으로 보인다. 또 야생에서 정원으로 가져와 인공재배한 기록이 있다. 당나라 시인 잠삼(岑參)의 시에 "중정 우물 위에 키위 한 그루(中庭井欄上, 一架獼猴桃)"라는 묘사가 있다. 송대에 이르러 《개보본초(開寶本草)》에는 키위를 "등리(藤梨), 목자(木子), 미후리(獼猴梨)"라고 부른다는 기록이 있다. 송대의 약학자 구종석(寇宗奭)은 《본초연의(本草衍義)》에서 "미후도(獼猴桃)는 지금의 영흥군(永興郡) 남산에 많다. 먹으면 열이 내린다. (……) 10월이 되면 무르익어 빛깔은 담녹색이며 날것은 매우 시다. 씨앗이 많고 가늘며, 색깔이 겨자 같다. 가지는 연약하고, 높이는 2~3장이나 되는데 나무에 붙어 자란다. 낮은 산의 옆길에 자라면 깊은 산에서는 주로 원숭이가 먹는다"고 했다.

명나라 때 이시진은 《본초강목》에서 미후도(獼猴桃)라는 이름을 이렇게 설명했다. "그 모양은 배 같고, 색깔은 복숭아 같으며, 원숭이가 먹는 것을 좋아하기 때문에 여러 이름이 있다." 《본초강목》에 기재된 양도(羊桃)가 사실은 미후도(獼猴桃)인데, 이시진이 두 식물이 서로 다르다는 것을 인지하지 못하고, 하나는 과일로 하나는 풀로 나누어서 기재한 듯하다. 1904년 뉴질랜드 사람이 후베이성에서 야생 키위를 뉴질랜드로 가져갔다.

중국 키위를 표본으로 하여 살펴보면, 이 식물은 낙엽목 덩굴로 어린 가지는 회백색 또는 회갈색 솜털로 덮여 있다. 다음 해 오래된 가지가 벗겨지면 털이 없다. 잎은 두껍고 종이와 비슷하며, 원형 혹은 뒤집힌 넓은 계란형이다. 잎의 표면은 짙은 녹색이고 잎맥에 드문드문 털이 있다. 잎 뒷면은 회녹색이고 갈색의 털이 빽빽하게 나 있다. 잎자루는 길이가 3~10센티미터이고 꽃은 취산화서로 피며 1~3송이가 난다. 꽃잎은 흰색에서 점차 노란색으로 바뀐다. 꽃잎 수는 5장이며 꽃받침도 5장이다. 수술은 빽빽하게 나고 씨방이 여러 개로 나뉜다. 열매는 황갈색이고 계란형이며 4~6센티미터다. 과육은 녹색이고 즙이 많으며 종자는 작고 검은색이다.

중국에서 키위를 문자로 기록한 역사는 이미 2~3천 년이 된다. 그러나 과실수로 대규모 인공 재배를 한 것은 최근 몇십 년의 일이다. 키위는 비타민 C가 풍부한데 일반 과일이나 채소보다 10배에서 수십 배까지 높다. 단맛과 신맛이 적당하고 풍미가 좋으며 익히지 않고 먹을 수 있다는 점과 가공이 쉽다는 점 등 여러 장점이 있어서 세계 식품 시장에서 인기 있는 상품이다. 키위속에 속하는 식물은 열매를 먹을 수 있고 잎은 돼지 사료로 사용한다. 또한 가지에서 추출한 수지는 종이를 만드는 데 쓸 수 있고, 건축용 시멘트, 석회, 황토, 모래 등에 넣으면 경화 작용을 하므로 도로를 깔거나 지붕을 올릴 때 쓰인다. 뿌리는 살충제로 쓰고, 꽃은 훌륭한 밀원(蜜源)이다. 가지, 잎, 꽃, 열매가 다 아름다운 식물로, 정원을 조성할 때 심는 관상용 식물로도 적합하다.

《시경》이
나에게
주석을 단다면

　　장초(萇楚)와 미후도(獼猴桃)라는 두 가지 이름을 보면, 하나는 덩굴이 높이 기어오르는 것을 보는 듯하고, 다른 하나는 맛있는 과일이 윤기나고 즙이 많은 것이 떠오른다. 무한한 상상력을 주는 이름이다.

　　옛사람들은 장초라고 불렀는데, 마치 눈앞에 이 풀을 보고 있는 것 같다. 황야에서 자라며 긴 덩굴을 뻗고 있는 것을 보면 '장초'라는 이름이 절로 나올 것 같다. 이 이름에는 2천 년의 세월이 따라온다. 지금의 '미후도'라는 이름처럼 친근하지는 않지만, 또 다른 심오하고 그윽한 운율이 있다.

　　이 시는 시의 내용을 보고 추측하자면 관리가 쓴 것 같다. 비바람이 몰아치는 격동의 시대에 말단 관리로 일하기란 정말 힘들다. 혹독한 정무에 시달려 생계가 곤궁하고, 가족이 살기 어려워지니 이 관리가 숨쉬기 힘들 정도로 근심에 짓눌려 있는지 모른다. 아마도 그는 몰락한 왕족으로, 그 과정에서 점점 비관적이고 절망적인 생활을 해왔을 것이다. 원이둬는 〈습유장초〉가 연애시라고 여겼는데, 그것도 경쾌한 해석이라고 할 수 있다.

　　시의 뜻은 간결하고 명료하다. 감정은 오락가락하지만 내심은 거의 마음속의 절망을 불러내는데 치중하고 있다. 〈습유장초〉는 사실적이지만 또한 허황된 필치로, 드러나지만 드러나지 않는 팽팽한 긴장감을 내포하고 있다.

　　이 시의 마음을 읽다 보면 세상사를 싫어하는 이 사람이 절망감에 사로잡히지 않을까 하는 걱정마저 든다. 사회의 존중과 가정의 따뜻함은 어느 시대에나 한 사람의 삶의 가치를 지탱하는 중요한 기둥이다. 바로 이 두 기둥의 지지에 의지하기 때문에, 한 사람이 온 힘을 다해 사회에서 입신 분투할 수 있다. 기어오르며 자란 키위, 어린 새 가지, 윤기 나는 꽃, 알찬 열매는 모두 한 생명의 묵직한 가치를 부각시킨다. 이러한 알찬 자태는 오히려 이면의 거울처럼 시인 내면의 블랙홀을 비추고 있다. 후대 사람들이 시의 광경을 읽어낼 때는 '미후도'에 마음속 감정을 기대어 표현하는 작품으로 보이는데, 그럴 때는 〈습유장초〉보다 가볍고 묵직한 작품을 보기 드물다. 가벼움은 물상의 고통이고, 묵직함은 곧 울음을 터뜨리려는 시인의 절망이다. 가벼움과 묵직함을 이동하며, 자연 속 키위와 생활 세계의 고통이 시인의 마음속에서 슬픔과 무력감을 여러 번 확대시킨다.

키위의 종류는 매우 많은데, 중국에서는 친링 산맥 이남과 헝돤 산맥 동부의 내륙에 분포한다. 일찍이 베이징 교외의 산골짜기에서 키위의 일종인 구조미후도(狗棗獼猴桃)의 열매를 따온 적이 있다. 엄지손가락만한 크기에 과일 맛이 달았다. 슈퍼마켓에서 흔히 볼 수 있는 것은 중화미후도(中華獼猴桃) 품종이다. 상표에 '과일의 왕'이라는 이름이 표기되어 있는 것을 보면 키위는 틀림없이 재배하는 농민들의 마음속의 자랑거리다. 《중국식물지》에 따르면, 중국에서 키위에 관한 문서 기록은 〈습유장초〉로부터 이미 2천~3천 년의 역사를 가지고 있다. 잠삼의 시에서 "중정 우물 위에 키위 한 그루"라고 했으니 적어도 키위는 당나라 때 이미 정원에 들어와 재배 수종이 되었음을 짐작할 수 있다.

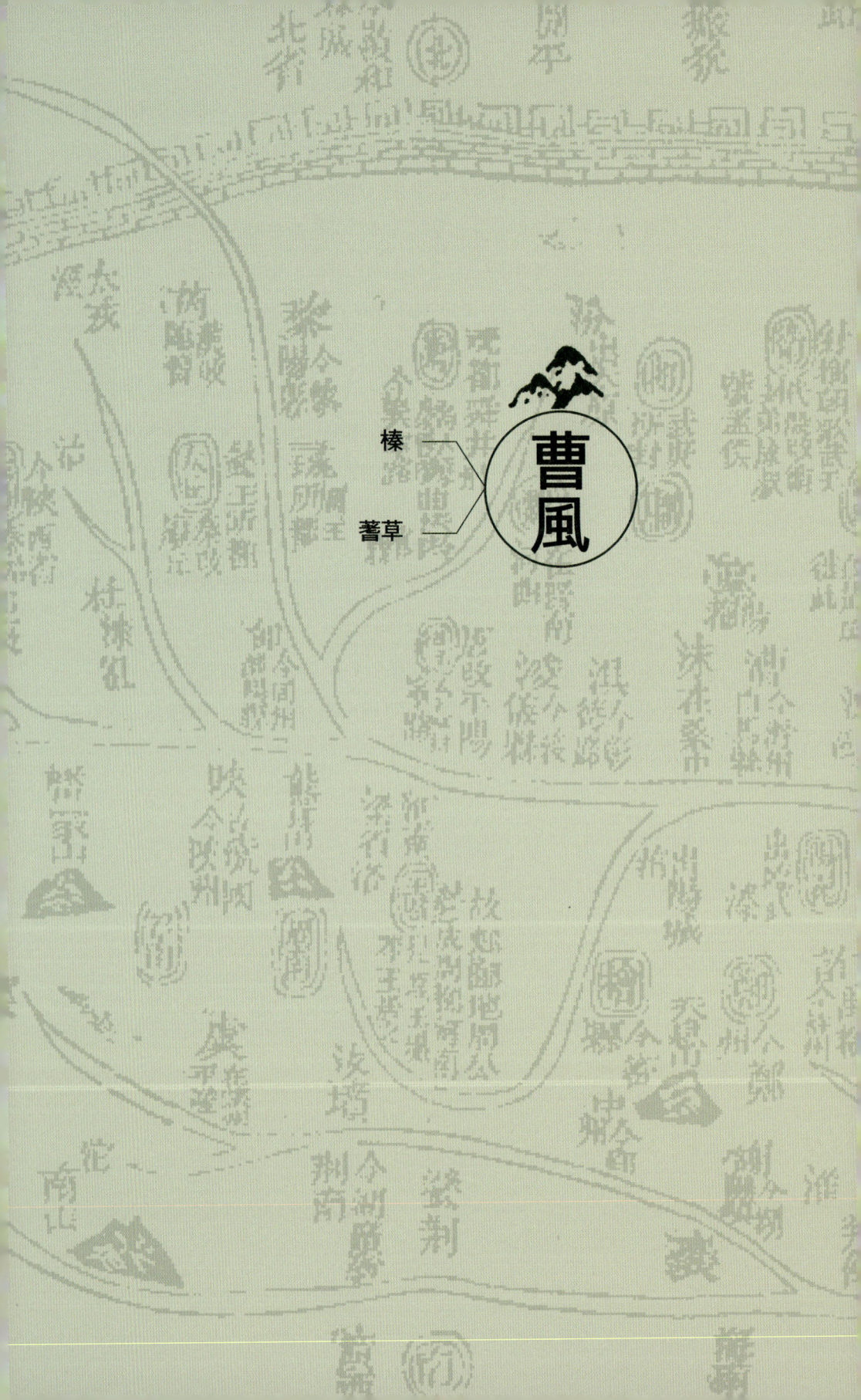

조풍(曹風)

지리적 위치

주 무왕이 주왕(紂王)을 멸망시키고, 서주를 세웠다. 무왕은 문왕의 적자 중에서 여섯째다(모든 아들 중에서는 열셋째). 무왕의 친동생인 숙(叔) 진탁(振鐸)은 조(曹) 땅에 봉해졌다. 도읍을 도구(陶丘, 오늘날 산둥 허쩌菏澤시 딩타오定陶구)에 정하고 조나라를 세웠다. 서주 시대에 조나라는 대국에 속하며 노나라와 같이 주 왕조의 동쪽에 해당했다. 춘추시대 조나라는 주요한 12제후(노魯, 제齊, 진晉, 진秦, 초楚, 송宋, 위衛, 진陳, 채蔡, 조曹, 정鄭, 연燕) 중 하나였다. 조나라는 평원에 위치하여 도로를 수리하기 쉽고, 수레가 다니기 쉬우며, 또 도구가 제수(濟水) 남쪽 강변에 위치하여 주나라의 수륙무역의 중심지였다. 《사기》에서 도구를 '천하지중(天下之中)'의 비옥한 땅이라고 부른 바 있다. 《시지리고》에서는 "과거 제요(帝堯)가 성양(成陽)에서 죽어 그곳에 묻혔다. 순(舜)이 뇌택(雷澤)에서 낚시를 하여 민속이 교화되기 시작했다. 그 유풍이 중후하고 군자가 많으며 농사에 힘쓰고 의복과 음식은 검소했다. 노나라와 위나라 사이에 끼어 있으면서 환난이 적었다. 말기에는 부유하나 가르침이 없어 교만해졌다"고 했다. 여기서 조나라 땅의 민풍을 살필 수 있다. 동주시대 초기에 조나라는 혼란에 빠져 쇠약해졌다. 진나라와 초나라가 패권을 쟁탈할 때, 중이(重耳, 진문공晉文公)가 재난을 만나 조나라를 지나가다가 조공공(曹共公)에게 무례한 대우를 받았다. 그 후 진문공은 조나라와 위나라를 공격하여 조공공을 포로로 잡는다. 조나라가 토지를 할양하여 조공공이 풀려났다. 이후 조나라는 진나라의 명령을 들어야 했으므로 국력이 더욱 쇠약해졌다. 춘추시대 말기에 조나라와 송나라는 사이가 나빠졌다. 송경공(宋景公)이 조백양(曹伯陽)을 주살하여 서기 487년에 조나라가 멸망하였다. 조풍에 수록된 네 편의 시는 대개 동주로 천도한 이후에 지은 것이다. 조나라의 영토는 오늘날 산둥 허쩌(菏澤), 딩타오(定陶), 차오(曹)현 일대다.

㊽ 개암나무

이어받은 숲에
내려앉는
새

시구(鳲鳩)

뻐꾸기가 뽕나무에 있으니 그 새끼가 일곱이라
선량한 군자여 그 모습이 한결같네
한결같은 모습으로 마음 모아 기원하네
鳲鳩在桑, 其子七兮.
淑人君子, 其儀一兮.
其儀一兮, 心如結兮.

뻐꾸기가 뽕나무에 있고 그 새끼가 매실나무에 있네
선량한 군자여 허리띠를 색실로 장식했네
색실로 장식한 허리띠에 줄무늬 장식을 단 가죽 모자
鳲鳩在桑, 其子在梅.
淑人君子, 其帶伊絲.
其帶伊絲, 其弁伊騏.

뻐꾸기가 뽕나무에 있고 그 새끼가 멧대추나무에 있네
선량한 군자여, 그 모습에 틀림이 없네
틀림없는 모습으로 각국에 본이 되네
鳲鳩在桑, 其子在棘.
淑人君子, 其儀不忒.
其儀不忒, 正是四國.

뻐꾸기가 뽕나무에 있고 그 새끼가 개암나무에 있네
선량한 군자여, 백성을 바로잡으시오
백성을 바로잡으시면 어찌 1만 년을 살지 못하리까
鳲鳩在桑, 其子在榛.
淑人君子, 正是國人.
正是國人, 胡不萬年.

잡다한 해설

경학의 전통에서 《시경》이 중시하는 것은 첫째는 풍자, 둘째는 아름다움이다. 〈시구〉라는 시는 풍자시로 이해할 때에 특별한 감응을 준다.

《시경》은 한나라에서 청나라까지, 왕조 시대에 조정에서 민간에 이르기까지 줄곧 "온유하고 돈후한" 교화 기능을 담당하였다. 그래서 직접적으로 시의 뜻을 살피면, 〈시구〉는 군자, 즉 통치자에 대한 칭찬과 찬사가 된다. 비록 조그마한 공적이라도 무한히 확대될 것이다. 아마도 바로 이러한 언사가 귀를 현혹시키는 것을 방지하기 위해서, 《모시서》는 시의 뜻에서 풍자를 첫째로, 아름다움과 흥성을 둘째로 둔 것 같다.

시는 본질적으로 진실의 보여주는 것을 목적으로 하지 않으며, 오히려 감각과 운율과 영혼의 합을 추구한다. 다만 삶과 생명에 대한 감각에 대해서 초연한 경각심과 미묘한 통찰을 가지고 있어야만 한 호흡 한 호흡씩 놀랍게 써내려 간 율동하는 언어를 《시경》이 오랫동안 유지해온 형식으로 변화시킬 수 있다. 《모시서》에서는 "〈시구〉는 한결같지 않음을 풍자한 것이다. 군주의 지위에 있으면서 마음이 한결같지 않았다"라고 했다. 비록 시 전체가 칭찬하는 말이고 풍자하는 뜻은 보이지 않지만, 《모시서》는 여전히 이 시를 "아름다움으로 풍자하는" 작품이라고 설명한다. 이렇게 강압적으로 해석한 것이 후대에 많은 비판을 받았다. 그러나 모든 시는 본래 말의 깊은 곳에 아름다움과 풍자가 서로 대체되는 것을 숨기고 있다. 〈시구〉와 같은 시는 찬미시의 한 구석에서 웅장하고 대범한 조화를 나타낼 수도 있고, 풍자시의 한 구석에서 현실의 부패와 참상, 붕괴를 보여줄 수도 있다.

《모시서》의 깊은 뜻을 이해하면(이것도 《시경》 연구에 줄곧 강한 복고 의지가 존재하는 중요한 이유 중 하나이다), 이 시가 찬미시라고 말하는 주희의 마음도 이해할 수 있다. 둘 다 틀리지 않았다. "숙인군자(淑人君子)"라는 네 글자는 보기에는 가벼워 보이지만, 이 시에서 없어서는 안 될 시의 핵심이며, 그중 더욱 중요한 것은 '군자'라는 두 글자에 있다. 군자는 유가 사상의 주요 개념 중 하나로, 고대 예악 문화의 핵심이기도 하다. 군자라는 단어는 원래 통치자에 대한 존칭이다. 주나라에서는 도덕적으로 모범이 될 수 있으며 비범한 재능과 학문을 지닌 왕과 귀족만이 비로소 '군자'의 미칭을 얻을 수 있었다. 각 국가의 군왕은 반드시 군자의 덕과 군자의 뜻을 품어야만 비로소 국가를 강성하게 이끌 수 있었다. 〈시구〉가 가진 "온유하고 돈독함"의 성질은 바로 기대하고 격려하는 것이다. 방옥윤은 《시경원시》에서 이 시는 조(曹)나라의 창시자인 조숙(曹叔) 진탁(振鐸)을 찬미하는 것을 인용하여, 낭대의 군왕이 군사의 덕을 생각하도록 이끌었다고 추측한다(당시 왕의 품성이 얼마나 보잘것없었는지 알게 해 주는 부분이다). 군웅들이 분쟁했던 춘추시대에 국가의 성쇠에 대한 약소국인 조나라의 위기의식은 〈시구〉에 나타난 검소하고 신중한 태도만 보아도 이 나라를 둘러싼 위기를 짐작할 수 있다.

〈시구〉의 중첩된 수사 기법은 매우 주도면밀하다. 마치 마음속의 호연지기를 이 쇠퇴하고 곤궁한 국면에서 깨어나게 하려는 듯한 매 장의 두 구절마다 앞뒤로 연결된 첩구는 정말 절묘한 필치로 마치 연이어 일어나는 파도처럼 군자란 어떠해야 하는지를 내면의 덕성부터 형식의 장엄함까지 매 물결마다 원대하고 강성한 결과로 보여준다. 시의 의도에 내재된 초연한 기세는 바로 군자가 가져야 할 '수신, 제가, 치국, 평천하'라는 포부의 근본이다.

이 시의 찬미하는 표현을 두고 우운진은 《시지》에서 "평이하고 우아하지만 풍(風)에서는 이런 방향을 찾기 어렵다"고 했다. 그러나 이 시의 모든 찬사는 사실 반어법이다. 《시경》의 좋은 점도 바로 여기에 있다.

내가 《시경》에 주석을 단다면

1
鳲鳩在桑, 其子七兮. 뻐꾸기가 뽕나무에 있으니 그 새끼가 일곱이라
淑人君子, 其儀一兮. 선량한 군자여 그 모습이 한결같네
其儀一兮, 心如結兮. 한결같은 모습으로 마음 모아 기원하네

시구재상(鳲鳩在桑) 시구(鳲鳩)는 마서진의 《통석》에 《이아》에 시구(鳲鳩)는 알국(鴶鵴)이라고 했다. 《방언》에는 '포곡(布穀)이다. 관 동쪽으로는 양초(樑楚) 사이에서는 결고(結誥), 주위(周魏) 사이에서는 격곡(擊谷)이라고 부른다. 관 서쪽으로는 포곡(布穀)이라 한다'고 했다." 오늘날 중국에서 대두견(大杜鵑, 뻐꾸기)이라고 한다. 속칭으로 포곡조(布穀鳥)라고 부른다. 시구(尸鳩)라고도 부르는데, 몸길이가 1척에 이르며 상체는 회갈색 하체는 흰색이다. 어두운 색의 가로 무늬를 가지고 있다. 두드러진 특징은 두 개의 음절로 된 울음소리다. 알을 다른 둥지에서 낳아 부화시킨다.

기자칠혜(其子七兮) 칠(七)은 허수로, 아주 많다는 뜻이다. 조식(曹植)이 《책궁응조시서(責躬應詔詩序)》에서 "칠자(七子)를 고르게 키웠으니 시구(鳲鳩)의 인(仁)이다"라고 했다. 옛날 이야기 중에 포곡조는 아들이 일곱 있어서 아침에 전부 먹이를 주고 저녁에 다시 전부 먹이를 주어 고르게 돌보았다는 말이 있다. 그래서 이 구절에서는 시구가 새끼를 평등하게 키우면 군자의 덕성이 한결같다고 말하고 있는 것이다.

숙(淑) 상냥하고 착하다. 군자의 타고난 천성이다.

기의일혜(其儀一兮) 의(儀)는 《정전》에서 "의(義)이다. 선인과 군자가 그 뜻을 모을 때 한결같아야 한다"고 했다. 《순자(荀子)》는 "군주란 의(儀)이다. 바르게 의논해야 바르게 된다"고 했다. 마서진은 《통석》에서 "사람이 나무를 세워 표시하는 것을 의(義)라고 하고, 백성을 위하여 규칙을 표시하는 것도 의(義)라고 한다"고 했다. 이 시는 의표(儀表), 의식(儀式), 의도(儀度)를 말하며 모두 군자가 마음을 한결같이 써야 의표(儀表)가 바르게 되는 것과 같다고 말한다. 류사허는 의(義)가 배우자를 뜻한다고 여겼다. 일(一)은 시종일관 한결같음을 말한다.

결(結) 주희의 《시집전》에서 "사물이 굳게 결합하여 흩어지지 않는다"고 했다. 여기서는 마음을 안정시키는 것을 말한다. 류사허는 이 시에 나오는 결(結) 자가 동심결(同心結)이라는 표현의 가장 오래된 출처라고 생각한다. 같은 마음, 같은 뜻으로 나라를 지키고 부강하기를 바라며 천하가 태평하길 빈다. 개인에게는 가정이 원만하고 행복하기를 축복한다.

2

鳲鳩在桑, 其子在梅. 뻐꾸기가 뽕나무에 있고 그 새끼가 매실나무에 있네
淑人君子, 其帶伊絲. 선량한 군자여 허리띠를 색실로 장식했네
其帶伊絲, 其弁伊騏. 색실로 장식한 허리띠에 줄무늬 장식을 단 가죽 모자

매(梅) 《이아》에서는 "매(梅)는 매(柟)이다"라고 했다. 《이아주》에서는 "살구와 비슷한데 열매가 시다"고 했다. 《강희자전》에는 여러 학자의 논술을 집약하여 "《서(書)》'설명(說命)'은 죽을 끓일 수 있는 것은 염매(鹽梅)뿐이라고 했다. 《예(禮)》'내칙(內則)'은 매제(梅諸)라고 했다. 《명물소(名物疏)》는 육기가 이것을 '매(梅)' 편에서 설명했다고 했다. 매목(柟木)은 예장(豫章)과 닮았다. 예장(豫章) 중 큰 나무로는 배를 만들 수 있다. 죽을 끓이는 매(梅)는 말린 것으로 살구와 비슷하지만 열매가 시다"라고 했다. 매(梅)는 남목(楠木)일 수도 있

고, 매실나무일 수도 있다. 마서진의 《통석》에는 "매(梅)는 매실의 매로 여겨야 마땅하다. 이하 극(棘), 진(榛) 등의 나무는 다 작은 나무이므로 매(梅)라고 보기 어렵다"고 했다. 청쥔잉은 매(梅)로 '숙인군자'의 덕이 넓게 미치는 것을 표현했다고 여긴다.

기대이사(其帶伊絲) 대(帶)는 허리띠다. 조복에 두르는 큰 띠를 말한다. 이사(伊絲)는 《정전》에서 "큰 띠는 색실로 장식했다"고 했다. 허리띠를 만드는 실은 모두 유일하다.

기변이기(其弁伊騏) 변(弁)은 가죽 모자를 말한다. 기(騏)는 검은 줄무늬가 있는 흰 말이다. 여기서는 가죽 모자에 흑백으로 줄무늬 장식이 있는 것을 말한다. 이기(伊騏), 즉 가죽 모자에 있는 무늬와 색상 역시 유일하다.

3
鳲鳩在桑, 其子在棘. 뻐꾸기가 뽕나무에 있고 그 새끼가 멧대추나무에 있네
淑人君子, 其儀不忒. 선량한 군자여, 그 모습에 틀림이 없네
其儀不忒, 正是四國. 틀림없는 모습으로 각국에 본이 되네

극(棘) 멧대추나무.

특(忒) 오류, 변경. 단옥재의 《설문해자》 주에서는 "무릇 사람에게 과실이 있을 때 이를 고치는 것을 특(忒)이라 한다"고 했다.

정시사국(正是四國) 정(正)은 원이둬가 《풍시류초》에서 "정(正)은 법(法)이고 칙(則)이다. 정시사국(正是四國)이란 네 나라의 법칙을 말한다"고 했다. 정(正)은 시범, 본보기를 말한다. 사국(四國)은 여러 나라를 말한다. 여기서는 군자의 덕을 가리키며, 그것이 각국에 영향을 준다는 의미로 말한 것이다.

4
鳲鳩在桑, 其子在榛. 뻐꾸기가 뽕나무에 있고 그 새끼가 개암나무에 있네
淑人君子, 正是國人. 선량한 군자여, 백성을 바로잡으시오
正是國人, 胡不萬年. 백성을 바로잡으시면 어찌 1만 년을 살지 못하리까

진(榛) 개암나무. 상세한 설명은 '식물 이야기'를 참고하기 바란다.

정시국인(正是國人) 정(正)은 바로잡는다는 뜻이다. 이러한 군자를 본보기로 삼아 나라의 나쁜 풍조를 바로잡는 것을 의미한다. 국인(國人)은 조나라 백성을 말한다.

호불만년(胡不萬年) 호(胡)는 하(何)와 같다. 《시집전》에서는 "호불만년(胡不萬年)은 장수를 비는 말이다"라고 했다. 조나라의 국운이 오래가지 못할 리 없다.

5

현대인의 눈으로 본 〈시구〉를 한 마디로 평가하겠다. "모범적인 힘은 무궁무진하며, 군자의 모범은 더욱 깊은 영향을 끼친다." 그리고 그것이 시경의 '온유돈후'에 담긴 깊은 뜻을 보여준다.

榛子
鳲鳩在桑
其子在榛

식물 이야기

진(榛)은 자작나뭇과 개암나무속 식물의 통칭이다. 《중국식물지》에는 중국이 원산지인 개암나무속 식물로 8가지 품종과 2가지 변종이 있다고 한다. 8가지 품종은 천진(川榛), 전진(滇榛), 화진(華榛), 유서진(維西榛), 평진(平榛), 자진(刺榛), 모진(毛榛), 융포진(絨苞榛)이다. 변종은 변종 평진과 변종 융포진이 있다. 신석기 시대의 양사오(仰韶) 문화를 대표하는 산시(陝西) 반포촌(半坡村) 고인류 유적지에서 대량의 개암 껍데기가 발견되었는데, 이는 중국인이 개암을 채집한 역사가 적어도 6천여 년임을 말해 준다.

《주례》 '변인(籩人)'에서는 "음식을 주는 그릇에 그 열매인 대추, 밤, 복숭아, 간료(幹樛), 개암이 가득하다"라고 했다. 이것은 개암이 주나라 때 중요한 제사용품이었음을 말해 준다. 《시경》에서는 뽕나무와 개암을 함께 언급하였는데, 이는 개암이 당시에 이미 보편적으로 재배된 수종이었음을 알 수 있다.

흔히 말하는 개암은 개암나무의 익은 열매를 말하며 개암에는 지방과 단백질이 다량 함유되어 있어 풍미가 좋고 영양이 풍부하며 기름도 짜낼 수 있다. 고대에는 행군할 때 개암을 군량미로 사용했다. 《좌전》에는 "여자의 폐백(贄)은 개암, 밤, 대추, 수(脩, 육포)로, 공경을 표현한다"고 했다. 《모시명물도설》에서는 "개암은 맛이 밤처럼 향기롭고 여성을 만나서 인사드릴 때 선물했다"고 했다. 여기서 말하는 진(榛)은 평진, 모진의 열매일 것이다. 평진의 열매는 산판율(山板栗), 첨율(尖栗)이라고도 하는데, 세계 4대 견과에 포함된다(호두, 아몬드, 개암, 캐슈너트). 개암나무는 단단하고 촘촘하여 각종 기구를 만들 수 있으며, 고대에는 개암나무의 줄기로 등촉을 만들기도 했다. 이백의 시 중에 "왕풍(王風)은 풀이 무성하고, 전국(戰國)은 형진(荊榛)이 많다(王風委

蔓草, 戰國多荊榛)"는 내용이 있다. 여기서 말하는 형진(荊榛)은 개암이 아니라 다른 관목을 말하는 것이지만, 선진시대에 이미 중국 북부 어디서나 개암나무를 볼 수 있었다는 뜻이다.

개암의 기본적인 형태적 특성은 낙엽관목 또는 작은 교목이며 높이는 1~7미터다. 나무껍질은 회색이고 가지는 암회색이며 털이 없다. 작은 가지는 황갈색이며 짧고 부드러운 털이 빽빽하게 있고 드문드문 긴 털이 난다. 잎의 윤곽은 뒤집힌 계란 모양으로 길이 4~13센티미터, 너비 2.5~10센티미터이며, 잎의 꼭대기는 오목하거나 절단되어 있고 중앙에 삼각형의 뾰족한 돌기가 있으며 아래쪽은 심장 모양이다. 암술이 퇴화하여 없는 수꽃차례로 따로 핀다. 종 모양의 열매를 맺으며 견과는 거의 구형이다.

《시경》이 나에게 주석을 단다면

《주례》'변인(籩人)'에서는 "음식을 주는 그릇에 그 열매인 대추, 밤, 복숭아, 간료(幹橑), 개암이 가득하다"라고 한 것을 상상해 보자. 주나라 사람들의 제사에는 개암이 가득하다. 개암의 밤빛 광택과 제사 촛불의 빛과 그림자가 교차하는 것을 상상할 수 있다. 《모시명물도설》에서 말한 "밤처럼 향기로운" 개암은 일찍이 주나라 때부터 중요한 제사 음식이었을 뿐만 아니라, 친척이나 친구를 방문할 때 항상 가져가던 선물이었다.

나는 어려서부터 시베이 지역의 황토고원에 살면서 가뭄으로 이름난 민둥산에서 컸기 때문에 개암나무를 본 적이 없다. 개암을 먹은 적도 없고, 가끔 먼 친척에게 개암 열매가 무슨 맛인지 전해 들은 것뿐이었다. 그래서 내 기억 속에서 개암은 줄곧 은밀하게 존재하였다. 마치 자연이 인간에서 맛있는 선물을 준 것 같다. 나는 기억 속 깊은 곳에 미뢰(味蕾)의 즐거움과 탐구의 호기심을 보존해 두었다. 화베이 지역의 산림 속을 여행할 때 식물을 해설해 주던 사람이 있었는데, 어느 나뭇가지에 매달린 열매를 가리키며 개암이라고 말해 주었다. 그가 개암을 따서 우리 일행에게 맛보여 주었는데, 그 덕분에 마음속에 오랫동안 숨겨둔 개암에 대한 궁금증을 풀었다.

자연에 대한 인간의 소외는 사실 자연에 대한 우리의 인식과 밀접한 관련이 있다.

소로의 《월든》은 20세기 인류 생활에 심원한 영향을 끼쳤다. 책에는 그가 월든 호숫가에서 생활한 일기와 자연에 대한 관찰기록, 자연 탐구의 여정이 담겼고, 핵심은 정신적 자유를 추구하고자 하는 인간의 독립적인 의지라고 이야기한다. 이 책을 읽으면 월든 호숫가의 동식물이 어떤 생태 습성을 보이는

지 행간에 숨은 내용이 별처럼 빛난다. 책 속에 등장하는 동식물의 생과 사는 사계절의 변화에 따라 월든 호수 전체의 고요함과 풍요로움, 그리고 비범한 활력을 독자의 내면세계에 투영한다. 자연의 깊은 곳에는 바로 이렇게 각자 이름을 가진 동식물의 생명이 있어서 우리가 시간을 인식하고, 공간을 느끼고, 자아를 이해하는 좌표를 일깨워 주는 것이다.

내가 《시경》의 세계를 읽으며 한 편의 시가 가진 의미와 그것이 나타내는 생명력을 이해하고 천인일체(天人一體) 관념의 맥동을 느끼게 되었을 때, 때때로 눈에 들어오는 풀과 나무의 모습은 사회, 자연, 인간의 마음이 이렇게 높은 조화와 균형을 나타내게 한다. 마음과 만물 사이의 감응은 마치 신비로운 악기와 같아서, 사물과 사람, 자연과 시가 감동적인 악장을 연출해 내는 것을 보면 언제나 놀랍기만 하다. 내가 《월든》을 읽을 때 느꼈던 맑음과 아늑함은 바로 《시경》에 나타난 맑음과 아늑함이다. 이 장엄하고 균형 잡힌 두 세계는 정신 체험에 있어서 반드시 하나로 합쳐지는 것은 아니다. 그러나 종종 내 마음의 둔감함, 심미관의 협소함, 사상의 공허함과 천박함에 대하여 갑자기 예민한 감응이 생길 때가 있는데, 이처럼 자신의 미미한 감응을 알아차리는 일은 늘 나를 부끄럽게 하고 또 더욱 분발하게 한다.

《시경》의 개암나무는 군자의 모습을 비추는 배경이다. 국태민안한 국가를 주제로 할 때 〈시구〉는 매우 자연스럽게 군자를 칭송하는 시가 된다. 시의 뜻은 군자를 칭송하는 것 외에도 하늘의 이치와 사람의 마음을 담은 의식을 감독하는 것도 있다. 곤경에 빠진 나라에 〈시구〉는 완곡한 풍자의 말로 아름다운 미래를 부르고 있다. 이런 부르는 소리에는 무감했던 사람을 찔러 각성시키는 힘이 더욱 크다.

〈시구〉를 쓸 때, 조나라의 상황은 분명히 낙관적이지 못했을 것이다. 그리고 〈시구〉를 통해 의도했던 군주의 각성은 이미 가망이 없게 되었다. 《시경》은 조풍 중에서 〈하천(下泉)〉에 숨겨진 차가운 절망도 300수의 하나로 거두었다. 기원전 487년, 조나라는 송경공(宋景公)에 의해 멸망하고, 그 후 11년 뒤(기원전 476년), 주 경왕(敬王)이 죽자, 본격적인 전국시대의 난세에 접어들었다.

49 시초

강신술사의
도구

하천(下泉)

차가운 물 솟는 저 하천에 강아지풀 다발을 적시네
분노하며 탄식하다 깨어나면 주나라 수도를 생각하네
冽彼下泉, 浸彼苞稂.
愾我寤嘆, 念彼周京.

차가운 물 솟는 저 하천에 참쑥 다발을 적시네
분노하며 탄식하다 깨어나면 주나라 수도를 생각하네
冽彼下泉, 浸彼苞蕭.
愾我寤嘆, 念彼京周.

차가운 물 솟는 저 하천에 시초 다발을 적시네
분노하며 탄식하다 깨어나면 주나라 수도를 생각하네
冽彼下泉, 浸彼苞蓍.
愾我寤嘆, 念彼京師.

기장 싹이 무성한 모습이여, 비가 내려 윤택해지네
천하에 왕이 있으니 순백(郇伯)이 노고하심이라
芃芃黍苗, 陰雨膏之.
四國有王, 郇伯勞之.

잡다한 해설

〈하천〉은 난세에 태평성대를 그리워한 시로 유명하다. 우운진은《시지》에서 "〈하천〉은 우아하고 바른 기쁨이 가득하여 혹자는 소아(小雅)에 들어갈 시가 잘못 빠진 것이 아니냐고 한다"고 했다. 청나라 사람인 저흔(儲欣)이 국풍의 변천을 평하며 이렇게 말했다. "회나라의 멸망은 춘추시대의 시작이었다. 조나라의 멸망은 춘추시대의 끝이었다. 공자가 시를 고를 때 조풍과 회풍을 국풍의 맨 뒤에 넣었는데, 그래서 회풍의 마지막 구절이 '주나라의 도(道)를 그리워하며, 천하에 왕이 없음을 슬퍼하다'가 되었고, 조풍의 마지막 구절이 '태평성대를 그리워하며, 천하에 백(伯)이 없음을 슬퍼하다'가 되었다"고 했다. 여기서 말하는 것이 바로 〈하천〉의 슬픔이다.

《모시서》는 "〈하천〉은 사치(思治, 치세를 그리워하다)다. 조나라 사람이 공공(共公)의 폭정으로 살아갈 터전을 잃으니 근심하여 과거의 현명한 왕과 백을 그리워하였다"고 했다. 그 밖에도 진(晉)의 대부인 순력(荀躒)을 칭송한 시라는 해석이 있다. 청궨잉의《시경주석》에 의하면,《좌전》및《사기》에 역사적 배경이 이렇게 나와 있다. 노소공(魯昭公) 22년, 주 경왕(景王)이 죽자, 태자 수(壽)가 먼저 죽었으므로 왕자 맹(猛)이 즉위했다. 왕자 조(朝)가 반란을 일으켜 맹을 공격해 죽였다. 윤씨(尹氏)가 조를 옹립했다. 왕자 개(丐)는 적천(狄泉)에 머무르고 있었는데 이곳이 바로《시경》에 나오는 〈하천〉이라고 한다. 훗날 진문공(晉文公)이 대부인 순력(荀躒)을 파견해 조를 폐위하고 맹의 아우 개를 옹립하여 경왕(敬王)이 되었다. 〈하천〉이라는 시는 경왕이 즉위한 기원전 516년 이후에 지어졌다.《시경》에서 지어진 시기가 가장 늦은 시다.

이 시의 구조는 '시는 원망할 수 있다'는 말에 담긴 힘을 훌륭하게 활용한다. 시의 각 장에 걸쳐 실망과 희망의 극치를 서로 침범하면서 확장함으로써 대립의 형식으로 시를 온전하게 통합한다.

처음 세 장의 끝 구절은 현실과 이상을 대비하고 있으며, 마지막 장은 별도의 형식과 리듬이 되어 태평성세의 풍작과 성군에 의한 국가 안정을 기대하는 말로 마무리했다. 시 속에 천지와 시운의 격변을 감지하는 은근한 힘이 있다.

〈하천〉의 '일영삼탄' 기법은 어조가 매우 나지막하다. 주나라의 나랏일에 조그마한 조나라 사람들이 참여하게 된 터라 마음이 복잡했을 것이다. 시 속에는 약소국으로서 다가올 운명을 파악하기 어려운 깊은 한숨과 주 왕실을 등에 업고 부강해지길 바라는 간절한 기대가 담겨 있다. 〈하천〉의 내용 흐름은 정면에서는 과장하고 그 뒤에서 실제 의도를 부각한다. 시의 정서는 "봉봉기성(芃芃其盛)"의 기대감을 잘 드러내고 있다.

동한 말년에 "건안칠자" 중 한 명인 왕찬은 처음으로 장안을 떠나 난민이 아들을 버리는 참상을 보고, 〈칠애시〉를 지었는데, 그 시에서 '하천' 사람의 심정을 깨달았다고 했다. 이것이 조풍 〈하천〉의 시가 후대에 공명하여 생긴 감응이다.

남송이 몰락했을 때 일생 고달프면서도 자신만의 뜻에 따라 삶을 살았던 시인 정사초(鄭思肖)는 친구에게 당부하여, 그가 죽은 후 위패에 '대송불충불효(大宋不忠不孝) 정사초(鄭思肖)'라고 적으라고 했다. 〈덕우이년세단(德佑二年歲旦)〉이라는 시에 나오는 "일심중국몽, 만고하천시(一心中國夢, 萬古下泉詩)"를 적어달라고 부탁했다. 그는 중원을 통일하고자 하는 갈망을 이 시구로 표현한 것이다. 정사초가 〈하천〉이라는 시의 정서와 감응한 방식은 '개와 중국인은 출입 금지'라는 표지판을 봐야 했던 근대인의 울분과도 일맥상통한다.

내가
《시경》에
주석을 단다면

1
冽彼下泉, 浸彼苞稂. 차가운 물 솟는 저 하천에 강아지풀 다발을 적시네
愾我寤嘆, 念彼周京. 분노하며 탄식하다 깨어나면 주나라 수도를 생각하네

열피하천(冽彼下泉) 열(冽)은 엄찬의 《시집》에서 "옆에 세 개의 점이 있으면 물과 관련이 있다. 옆에 두 개의 점이 있으면 얼음과 관련이 있다"고 했다. 하천(下泉)은 밑에서 올라오는 물이다. 《이아》에서 "옥천현출(沃泉縣出)"이라고 했다. 현출(縣出)이란 아래에서 올라오는 것을 말한다. 지하에서 차가운 물이 올라오는 하천이라는 뜻이다.

침피포랑(浸彼苞稂) 포(苞)는 무리 지어 무성하게 자라는 것을 말한다. 마서진의 《통석》에서 "포(苞)는 옛날 보(葆)와 통용되었다. 《설문》에서 보(葆)는 풀이 무성한 모양이라고 하였다"고 설명했다. 낭(稂, 강아지풀)은 《모전》에서 "동량(童粱)이다. 개초(漑草)가 아니라 물을 얻으면 병이 난다"고 했다. 《본초강목》에서는 이름을 해석하며 낭(稂), 낭모(狼茅), 맹(孟), 숙전옹(宿田翁)이라고도 부른다 했다. 모두 강아지풀이다. 《시초목금석》에서는 목초(牧草)라고 하면서 옛날에는 구황식물이었을 수 있다고 했다. 낭(稂)은 화본과 낭미초(狼尾草) 속의 여러해살이풀이다.

개아오탄(愾我寤嘆) 개(愾)는 적개심이다. 큰 소리로 탄식하며 감정의 복잡함과 깊이를 드러낸다. 오(寤)는 깨어나는 것이다.

염피주경(念彼周京) 염(念)은 무한한 감동과 탄식의 느낌을 포함하고 있다. 주경(周京)은 주나라 수도인 호경(鎬京)이다. 거의 300년간 이어진 수도다. 종주(宗周)라고도 한다. 이하 경주(京周)와 경사(京師) 모두 호경을 말한다. 다만 경주는 동주(東周)의 수도인 낙양을, 경사는 조나라의 수도를 지칭하는 것이라는 견해도 있다.

2
冽彼下泉, 浸彼苞蕭. 차가운 물 솟는 저 하천에 참쑥 다발을 적시네
愾我寤嘆, 念彼京周. 분노하며 탄식하다 깨어나면 주나라 수도를 생각하네

소(蕭) 육기의 《시소》에서 "소적(蕭荻)은 오늘날 사람들이 말하는 적호(荻蒿)다. 혹은 우미호(牛尾蒿)를 말하며, 백호(白蒿)와 비슷하다"고 했다. 루원위의 《시초목금석》에서는 옛날에 초의 대용으로 썼으며, 향기가 있다고 했다. 또한 제사 때 바치던 풀이라고 했다. 우미호(牛尾蒿)는 국화과 호속의 반관목형 풀이다.

3
冽彼下泉, 浸彼苞蓍. 차가운 물 솟는 저 하천에 시초 다발을 적시네
愾我寤嘆, 念彼京師. 분노하며 탄식하다 깨어나면 주나라 수도를 생각하네

시(蓍) 국화과 시(蓍)속 여러해살이풀이다. 자세한 내용은 '식물 이야기'를 참고하기 바란다.

4
芃芃黍苗, 陰雨膏之. 기장 싹이 무성한 모습이여, 비가 내려 윤택해지네
四國有王, 郇伯勞之. 천하에 왕이 있으니 순백(郇伯)이 노고하심이라

봉봉(芃芃) 초목이 우거진 모습. 《모전》에서는 "봉봉(芃芃)은 아름다운 모습이다"라고 했다.

고(膏) 본디 기름진 고약을 가리키는데, 여기에서는 동사로 사용했기에 '윤택하게 하다'라는 뜻이 된다.

사국유왕(四國有王) 사국(四國)은 천하를 말한다. 《정전》은 "유왕(有王)은 조정이 천자에게 책봉된다는 것이다"라고 했다.

순백로지(郇伯勞之) 순백(郇伯)은 《모전》에서 "순후(郇侯)다"라고 했다. 《정전》에서는 "순후(郇侯)는 문왕의 아들이며 주백(州伯)이다. 제후를 다스린 공로를 세웠다"고 했다. 순수는 문왕의 아들이고 무왕의 동생이다. 성왕에게는 숙부가 된다. 현명하고 권위가 있었다. 하해(何楷)의 《시경세본고의》에서는 제시(齊詩)를 근거로 들며 순백이 진의 대부 순력이라고 했다. 순(郇)과 순(荀)은 음이 같은 통용자다. 노(勞)는 애쓰다, 노고하다라는 뜻이다.

5

〈하천〉의 애절함은 중국 역사를 관통하며 고통 속에서 호응하는 슬픔의 목소리를 그대로 드러낸다. 이 슬픔의 목소리에 공감하는 문화적 맥락은 금세 하나로 연결되는 장력을 가지고 있다.

식물 이야기

시초(蓍草)는 국화과의 식물로, 북반구 온대 기후에 널리 분포하며 중국에는 10종이 있다. 명칭의 유래에 대한 설명은 《논형(論衡)》'복서편(卜筮篇)'을 참고하겠다. 자로가 공자에게 물었다. "돼지 어깨와 양 팔뚝으로 점괘를 얻을 수 있고, 갈대나 쑥도 수를 얻을 수 있는데 왜 꼭 시초와 거북으로 해야 합니까?" 공자가 대답했다. "그렇지 않다. 그 이름을 보고 쓰는 것이다. 시(蓍)는 늙을 기(耆)를 딴 이름이고, 구(龜)는 옛 구(舊)를 딴 이름이다. 의심스러운 일을 밝히려면 늙고 오래된 것에 물어야 하는 것이다." 시초와 거북은 모두 장수하기 때문에 미래를 예견할 수 있다고 여긴 것으로, 노인에게 조언을 구하는 것과 같다는 뜻이다.

고대에는 서(筮), 시(蓍), 기(耆)가 모두 음이 같았다. 기(耆)는 60세의 노인을 가리킨다. 시초에는 동식물의 도움으로 화와 복을 예측하려 한 인간의 원시적 종교관과 소박한 자연 철학이 숨어 있다. 고대 점술에서는 왕은 거북이 등껍질을, 귀족은 짐승 뼈를, 백성은 시초로 썼다. 점을 칠 때는 무당은 설시법(揲蓍法)을 쓰는데, 시초를 순서대로 나누어 놓고 숫자를 세어 기록한 후 연산을 통해 길흉을 표시했다.

시초는 점을 칠 때 신령과 연결된다. 《박물지》에서는 "시초는 1천 살이고 줄기가 300개여서 오래되었기에 길흉을 알 수 있다"고 했다. 옛날에 시초 중에서 한 그루에 줄기가 50개 이상이면 영시(靈蓍)라고 불렀다. 60줄기가 넘고 길이가 6척 이상인 영시로 점을 쳤다. 전설에 따르면 천하가 태평할 때는 턴도가 올바르게 되므로 자연에서 시초가 1장까지도 자랄 수 있고 줄기가 100줄기에 이를 수도 있다고 했다. 만약 국가가 쇠락하면 권력은 도를 이루지 못하고, 나라의 일이 패하여 덕이 쇠락하면 시초가 땅에서 자라지 않는

莕草
刺彼六泉浸彼苞莕

다고 했다. 이런 것들이 다 시초를 둘러싼 전설이다. 시초의 속칭은 서초(筮草)인데, 점을 치는 데 쓰기 때문에 붙은 이름이다. 잎 가장자리에 톱니가 있어서 거초(鋸草)라고도 불린다.

《중국식물지》에서 시(蓍)는 다른 이름으로 구시(欧蓍), 천세시(千歲蓍)라고 불린다고 했다. 국화과 시속의 여러해살이풀이며 한의학에서는 고산시(高山蓍), 구시(欧蓍), 운남시(云南蓍)가 있는데 전부 통칭하여 시초(蓍草)라고 한다. 시초는 가느다란 뿌리가 나며 줄기는 곧게 선다. 높이는 40~100센티미터이고 부드러운 털로 덮여 있다. 잎은 잎자루가 없고 피침형이며, 날개 모양으로 깊게 갈라져 있다. 갈라진 잎의 아래쪽이 줄기를 감싸고 있다. 꽃은 두상화서로 모여서 피며 여러 개나 난다. 머리 모양을 이루는 꽃 중 가장자리에 있는 꽃은 혀 모양이고 나머지는 관 모양이다. 꽃은 흰색에서 연한 분홍색이다. 꽃과 열매는 7~9월에 난다. 중국 각지의 정원에서 볼 수 있는 관상용 재배 식물이다. 시초는 오래전부터 순화하여 인공재배했다.

《시경》이 나에게 주석을 단다면

과학이 엄밀한 논리로 만물의 면모를 근거 있게 설명하기 전에 사람들은 천지에 신이 있고 만물에 영혼이 있다고 믿었다. 중국인의 뼛속까지 침투한 폭넓은 종교관은 좀 더 현실에 가까운 범신론이다.

시인은 과학자와 무엇이 다를까? 가장 큰 차이점은 시인은 절대 벗어날 수 없는 신비주의자라는 것이다. 시인이 신비주의자라는 것은 고대에 무당이 제사를 지내던 전통과 관련이 깊다. 상주시대, 중국에서 문학 의식이 깨어나기 직전의 시기가 바로 시인이라는 존재가 싹트기 시작한 때다. 인간의 마음에 대한 미묘한 통찰과 천지의 신비에 대한 곤혹스러움이 한 무당의 마음속에 공존하였다. 그는 점복의 환상을 뚫고 세상사와 사람의 마음속에 숨겨져 있는 진실 하나를 보았다. 그는 무한히 밖으로 확장되는 장엄함과 웅대함을 믿었을 뿐만 아니라, 끊임없이 안으로 응집되는 미묘함과 신비로움을 믿었다. 그는 어둠과 빛 사이에 영원한 무언가가 존재한다고 은근히 생각했다. 글을 쓰는 사람은 영혼의 본체를 응시하는 것에서부터 시작하여 생존의 신비를 끊임없이 탐구하기 때문에 끊임없이 글을 쓰고자 하는 충동과 열정을 갖게 된다.

나는 시초의 신비에 가까이 다가가려고 할 때, 수천 년 전 그 무당의 무겁고 장엄한 깊은 정을 상상하고서 그 알 수 없는 신적인 환상을 통해 그의 내면에 존재했을 은밀한 동요의 동기를 찾아보려고 했다.

시의 근원을 거슬러 올라가 보자. 서주시대의 선조들은 농경과 방목의 고달픈 생활을 했다. 그런 생활을 하면서 지금 현대인처럼 스스로 세상을 바꿀 수 있다고 생각하는 자신감을 형성하기란 쉽지 않다. 알 수 없는 천체 현상, 자연 변화의 신비, 죽음의 도래는 이성적으로 설명할 수 없는 일이다.

그렇기 때문에 토템 숭배와 자연 숭배가 인간의 정신 활동에 추가되었다. 옛사람들은 마음속에 '하늘을 믿고 땅을 믿는다'는 천명관을 담았다. 신을 두려워하는 마음과 신을 숭앙하는 마음이 사람들의 내면에서 균형을 찾았다. 이제 점을 쳐서 신의 뜻을 알아보는 것은 천지와 사람이 서로 소통을 유지하는 중요한 의식이 되었다.

상주시대 각 나라에서는 지식을 기록하고 보존하며 탐구하는 것이 무당이 해야 할 가장 중요한 임무였다. 길흉을 점치고 득실을 따져서 행동하니 위로는 왕실부터 아래로는 보통의 백성까지 점치는 활동은 일상생활에서 없어서는 안 될 의식이었다. 군왕은 거북의 껍데기를, 귀족대부는 짐승의 뼈를, 백성은 초목을 사용해 점을 쳤다. 《만행경(萬行經)》에는 이렇게 기록되어 있다. "시초는 은나라 때부터 1천 년을 살았다. 100년이 되었을 때 49줄기가 되었고 하늘과 땅의 수(數)를 감당할 수 있었다. 500년이 되었을 때 차차 단단해져 700년이 되었을 때는 가지와 잎이 없었다. 900년이 되자 색이 자색에서 철색(鐵色)으로 바뀌었다. 1천 년이 되자 자색 기운이 생겼으며 아래에 영룡(靈龍)과 신구(神龜)를 두고 부리게 되었다."

〈하천〉에서 시초(蓍草)는 비록 시의 운을 위해 사용되었을 뿐이지만 당시 신단에서 제사를 지낼 때 시조가 차지하는 위치를 알 만하나. 좋은 것과 나쁜 것, 생과 사를 점치는 장엄한 순간에 만물의 비밀스러운 결은 무당이 차례로 나누어 놓은 시초의 수를 세는 것으로 비밀이 풀린다. 오직 무당만이 그 은밀한 언어를 읽을 수 있다. 그것은 독특한 신의 어조를 갖고 있다. 신의 언어가 사람의 머리속으로 돌진해 사람의 생존 가치를 크게 긍정하는 동시에, 사람의 영혼에 남은 혼란과 더러움을 정화한다.

《시경》은 분명 강신술사의 도구가 아니다. 그것은 〈하천〉에 나오는 차가운 물의 생각과 감응하여 작은 조나라가 최후에 멸망할 운명을 명백히 보여주었다. 이에 더해 시초는 이미 한 나라의 처량한 비극을 알고 있는 듯 어떤 말도 없이 생과 사의 연결을 남김없이 표현한다.

만물의 우주를 탐색하는 무궁한 여정에서, 미지의 노력과 접촉하고 전력을 기울인다면 과학과 점술의 의미는 사실 똑같이 신비롭다. 점술 도구로서의 시초와 식물 분류학에서 제 이름을 가진 시초, 양쪽의 가치와 의의는 마치 분리된 듯 보이지만, 사실은 겹치는 것이다.

EPILOGUE 인류의 봄날에서 온 마취사

주(周)와 진(秦)의 재난

1938년 셰궈전(謝國楨) 선생이 7권의 《오각재척독(吳慤齋尺牘)》을 편저할 때, 우다정(吳大澂)이 선배인 천제치(陳介祺)와 서신을 나누며 금석(金石)에 관한 것을 상의했다. 서신에는 아름다운 필체로 갑골문, 금문, 전서, 예서, 해서, 행서, 초서까지 다양한 서체가 다 나왔으며 각 서체의 오묘함이 빠짐없이 담겨 있었다. 천제치는 《진전문자지어(秦前文字之語)》로 우다정의 문의와 토론에 답변해 주었다고 한다. 이런 이야기를 들으면 나는 종종 《시경》이 어떤 문자 형식으로 전해져 내려왔는지 궁금해진다. 아직 종이가 발명되기 전인데, 문헌을 보존하기가 쉽지 않았을 것이다. 우리는 흔히 《시경》은 상고 사람들의 노래이자 주나라 사회의 가요라고 말한다. 그러나 그 뒤에 얼마나 많은 실재하는 아픔이 있는지, 그 소식은 세상에서 기념되지 않고 하늘과 땅만 알 것이다. 주나라와 진나라가 몇 차례나 재난을 겪으며 3천 년간 기장으로 밥을 지어 먹었던 시간에 말이다. 비록 언덕이 깎이지 않고 여전해도 시간은 맹렬히 삭제된다. 시간은 인류 활동에서 큼직한 움직임을 좋아한다. 시간에 무엇이라도 남길 수 있는 것을 보면 그건 정말 운명에 달린 일인 것 같다. 《시경》은 바로 이와 같다.

너는 나의 천둥

중요한 물건일수록 우리는 더 쉽게 잊어버린다. 공기가 얼마나 중요한지 보통 누가 따지겠는가? 모정이 얼마나 감동적인지도 잊고 지내다가 얼마나 많은 사람들이 어머니가 떠나신 후에야 모든 것이 영원할 수 없다는 사실을 깨달을까? 자연이란 본래 얼룩덜룩하고 다원적인데다가 우리 인류의 장식까지 더해졌으니 그 속에 있는 것이 얼마나 흡족한지 모른다. 그러나 안타깝게도 여러 해 동안 동물이 얼마나 눈길을 끄는지, 식물이 얼마나 무성한지, 산수가 얼마나 아름다운지, 우리는 바라볼 눈도 없고 도달할 마음도 없었다. 밤새 산속에 비가 내리고 나뭇가지 끝에서 수없이 많은 물줄기가 강처럼 흘렀더라도, 당신이 도시라는 '무덤'에 갇혀 있으면 그처럼 대단한 생명력을 상상조차 하지 못할 것이다.

지금, 우리가 자연을 대하는 태도는 파스테르나크(Pasternak)의 시구로 경각심을 불러일으킬 만하다. "2월, 먹물로 통곡하기에 충분하다." 오경(五更)이 되면 매미 소리도 뚝 그친다는데, 먹물로 어떻게 푸른 나무 한 그루의 '무정함'을 통곡할 수 있을까? 식물은 아무 뜻도 없는 것인지, 아니면 우리가 무정한 것인지 이것이 문제다.

짝사랑 같은 마취

모든 식물은 나고난 광재가 있으나 인류는 그 내면을 장악할 능력이 없기 때문에 자신의 심정으로 설명할 수밖에 없다. 이것은 일종의 비밀스러운 일방적인 애정이다. 왜냐하면 모든 문자의 인공적인 맛은 이슬에 대한 절도를 결정하였고, 식물에 대한 습격을 결정하였으며, 더욱이 대자연에 대한 도용을 결정하였기 때문이다. 아무리 좋은 이름을 붙여도 식물 자체에 대해서는 모두 필명에 불과할 뿐이지만 할 수 있는 한 사물 그 자체에 접근하고자 한다. 그러나 식물 이름의 마취 작용은 너무나 거대해서 식물이 인간 세상에서는 평범하다는 것을 잊어버릴 정도였다. 어성초는 귀뿌리가 부러져 '저비공(豬鼻孔, 돼지 콧구멍)'이라고도 한다. 부이(芣苢)는 일명 차전자(車前子)라고 하고 또 저이초(豬耳草, 돼지 귀)라고도 한다. 사람에게 표자(表字)·군망(郡望)·직관(職官)·시호(諡號) 등등이 있듯 만약 식물의 라틴명과 기타 별명을 합치면, 식물학을 공부하는 사람은 할 일이 많아질 것이고 보통 사람의 찬탄을 받게 될 것이다. 《시경》에는 이런 예가 비일비재하다. 다만 마취 중에만 고통을 잊고 자연에 대한 갈증과 그리움을 치유할 수 있다.

이것은 불면의 개요

경전에 관해서 논하자면 칼비노는 절대 인류의 마지막 수다쟁이가 아닐 것이다. 고전에 대한 우리의 논쟁과 해석은 무궁무진하다. 경전에 대한 절묘한 해석은 1945년 늦가을에 사상가 베를린(Berlin)과 밤을 새워 길게 이야기하며 모딜리아니의 화필 아래서 온화하고 고귀한 아흐마토바(Akhmatova)가 한 말보다 더 정확한 것은 없다. "이것은 불면의 개요다." 경전에 대한 어떠한 궁색함도 모두 간략한 개요에 불과하다. 경전을 해석하여 경전을 만드는 것은 사람을 흥분시키는 불면의 개요다.

《시경 식물 노트》(원래는 《시경 속 식물》)는 인터넷에서 탄생한 책이다. 인터넷의 이점은 시공간이 재배치되어 시간과 공간이 다른 곳에서도 교류와 상호 작용이 가능하게 하는 것이다. 구셰강(顧頡剛) 선생의 역사에 관한 '층루(層累)' 학설은 20세기 중국 사학에 고대를 의심하는 물결을 일으켰는데, 이러한 물결은 옛것을 배워도 전부 소화하지 못하고, 옛것을 믿고 자만하며, 이전에 활개쳤던 민족주의 자만심을 고치는 약이다.

반면 대만 작가 왕딩쥔(王丁鈞) 선생은 《시경 식물 노트》에 이런 댓글을 달았다. "고전의 위대함은 마치 대대손손 후손들이 쌓아 올린 것 같다. 후대의 사람들이 끊임없이 해석하고 좋은 점을 받아들여서 모방하고 재창작하여 정제했을 뿐 아니라 그 영광을 원전에 돌렸다." 원래 경전도 '층루'로 이뤄진 것이지만 결국에는 영광을 원전에 돌려야 한다. 이와 함께 저자인 '심천일석(深圳一石, 저자의 인터넷 이름)'은 누리꾼의 질의에 답하면서 "한 권의 《시경》만 있으면 어떤 상상을 다 해도 지나치지 않을 것이며, 무수한 해석과 어떠한 곡해라도 그 빛을 덮지 못할 것이다. 그러므로 글을 쓸 때 우리의 부족함만 있을 뿐, 원전의 부족함은 없다"고 했다. 이런 것이 바로 고전을 대하는 겸손한 자세다.

누가 《시경》의 가늠자를 가지고 있을까? 이것은 당연히 어리석은 질문이다. 왜냐하면 고증은 과학에 가까운 일을 하고 있기 때문이며, 우리는 과학이 시에도 그 효력이 있다는 것을 부정할 수 없다. 물론 고증하는 이 역시 억측을 해서는 안 될 것이다. 자신의 감각에 대해 책임을 지고 더 많은 사람들의 공감을 얻을 수 있다면, 그가 어떤 의도를 가셔서가 아니라 그저 느껴지는 대로 맛을 평했을 뿐이니 그것을 같이 즐겨도 좋을 것이다. 같은 사물에 대하여 제각기 이해하는 바가 있으니 말이다. 그러면 흠이 나와서 원만하게 상황을 수습하게 될 것이다. "흥미는 논쟁의 여지가 없다."

인생은 본래 혹독한 겨울이라 우리는 봄날의 마취를 필요로 하는데, 나는 《시경》에 나오는 그 봄날의 이름 없는 마취사들에게 감사한다. 동시에 나를 다시 이 이름 없는 마취사들에게로 안내해 주신 저자께도 감사드린다.

2007년 5월 청두에서
란윈페이(冉雲飛)

참고문헌

《모전(毛傳)》── 【한(漢)】모형(毛亨),《모시고훈전(毛詩故訓傳)》

《정전(鄭箋)》── 【한】정전(鄭箋),《모시전전(毛詩傳箋)》

《육소(陸疏)》── 【진(晉)】육기(陸璣),《모시초목조수충어소(毛詩草木鳥獸蟲魚疏)》

《정의(正義)》── 【진】공영달(孔穎達),《모시정의(毛詩正義)》

《집전(集傳)》── 【송(宋)】주희(朱熹),《시집전(詩集傳)》

《육소광요(陸疏廣要)》── 【명(明)】모진(毛晉),《모시초목조수충어소광요(毛詩草木鳥獸蟲魚疏廣要)》

《계고편(稽古編)》── 【청(淸)】진계원(陳啓源),《모시계고편(毛詩稽古編)》

《통론(通論)》── 【청】요제항(姚際恒),《시경통론(詩經通論)》

《소학(小學)》── 【청】단옥재(段玉裁),《시경소학(詩經小學)》

《후전(後箋)》── 【청】호승공(胡承拱),《모시후전(毛詩後箋)》

《통석(通釋)》── 【청】마서진(馬瑞辰),《모시전전통석(毛詩傳箋通釋)》

《전소(傳疏)》── 【청】진환(陳奐),《시모시전소(詩毛詩傳疏)》

《명물도설(名物圖說)》── 【청】서정(徐鼎),《모시명물도설(毛詩名物圖說)》

《집소(集疏)》── 【청】왕선겸(王先謙),《시삼가의집소(詩三家義集疏)》

《모시다식(毛詩多識)》── 【청】다륭아(多隆阿),《모시다식(毛詩多識)》

《품물도고(品物圖考)》── 【일본】가메이 쇼요,《모시품물도고(毛詩品物圖考)》

《시초목금석(詩草木今釋)》── 루원위(陸文鬱)《시초목금석(詩草木今釋)》

《시경주석(詩經注析)》── 청쥔잉(程俊英)《시경주석(詩經注析)》

《시경회평(詩經匯評)》── 장훙하이(張洪海)《시경회평(詩經匯評)》

《시경이남회통(詩經二南匯通)》── 류수칭(劉毓慶)《시경이남회통(詩經二南匯通)》

《시지리고(詩地理考)》── 【송】왕응린(王應麟)《시고시지리지詩考詩地理考)》

《본초도경(本草圖經)》── 【송】소송(蘇頌)《본초도경(本草圖經)》

《본초강목(本草綱目)》── 【명】이시진(李時珍)《본초강목(本草綱目)》

《명실도고(名實圖考)》── 【청】오기준(吳其濬)《식물명실도고(植物名實圖考)》

《명실도고장편(名實圖考長編)》── 【청】오기준(吳其濬)《식물명실도고장편(植物名實圖考長編)》

《이아(爾雅)》──《이아(爾雅)》

《이아(爾雅)》곽주(郭注) ── 【진(晉)】곽박(郭璞)《이아주(爾雅注)》

《비아(埤雅)》── 【송】육전(陸佃)《비아(埤雅)》

《이아익(爾雅翼)》── 【송】나원(羅願)《이아익(爾雅翼)》

《설문(說文)》── 【한】허신(許愼)《설문해자(說文解字)》

《설문(說文)》단주(段注) ── 【청】단옥재(段玉裁)《설문해자주(說文解字注)》

《광아(廣雅)》── 【한】장집(張揖)《광아(廣雅)》

詩經植物筆記

Copyright © 2021 by Han Yusheng, illustrated by Gao Qiang
Korean Translation Copyright © 2025 by Sun Publisher
This translation is published by arrangement with CHEMICAL INDUSTRY PRESS CO., LTD. Through
SilkRoad Agency, Seoul, Korea.
All rights reserved.

이 책의 한국어판 저작권은 실크로드 에이전시를 통해 CHEMICAL INDUSTRY PRESS CO., LTD.와 독점 계약한 도서출판 선에 있습니다.
저작권법에 의해 한국 내에서 보호를 받는 저작물이므로 무단 전재와 복제를 금합니다.

시경 속 식물

글 한위성(韓育生) | **그림** 남곡소련(南穀小蓮) | **번역** 강초아 | **발행인** 김윤태 | **교정** 김창현 | **북디자인** 디자인이즈
발행처 도서출판 선 | **등록번호** 제15-201 | **등록일자** 1995년 3월 27일 | **초판 1쇄 발행** 2025년 9월 30일
주소 서울시 종로구 삼일대로 30길 23 비즈웰 427호 | **전화** 02-762-3335 | **전송** 02-762-3371

값 50,000원
ISBN 978-89-6312-639-5   03820

이 책의 판권은 지은이와 도서출판 선에 있습니다.
잘못된 책은 바꾸어 드립니다.